本书由浙大城市学院资助，
为浙大城市学院科研成果

“古希腊罗马哲学原典集成”
编 委 会

古希腊罗马哲学原典集成

主编　王晓朝

斐洛全集

中卷

[古罗马] 斐洛　著　王晓朝　译

人民出版社

"古希腊罗马哲学原典集成"
丛书要目

第1册

《苏格拉底以前的哲学家残篇汇编》

《色诺芬哲学著作选》

第2—4册

《柏拉图全集》

第5—8册

《亚里士多德全集》

第9册

《伊壁鸠鲁学派著作残篇汇编》

《斯多亚学派著作残篇汇编》

《学园派著作残篇汇编》

《物性论》(卢克莱修)

《塞克斯都·恩披里柯著作集》

第10—12册

《斐洛全集》

第13—17册

《西塞罗全集》

第18册

《古代诺斯替主义经典文集》

第19—20册

《普罗塔克哲学著作集》

第21册

《哲学文集》(琉善)

《沉思录》(马可·奥勒留)

《爱比克泰德著作集》

《神学要义》(普罗克洛)

《论风格》(德米特里)

第22册

《塞涅卡哲学著作集》

第23册

《九章集》(普罗提诺)

目　录 Contents

论预备性的学习

提 要

本文的希腊文标题是"ΠΕΡΙ ΤΗΣ ΠΡΟΣ ΤΑ ΠΡΟΠΑΙΔΕΥΜΑΤΑ ΣΥΝΟΔΟΥ"，意为"论与初步学习相结合"，英译者将其译为"On the Preliminary Studies"。本文的拉丁文标题为"De Congressu Eruditionist Gratia"，缩略语为"Congr."。中文标题定为"论预备性的学习"。原文共分为31章（chapter），180节（section），译成中文约2.7万字。

本文的主题是解释《创世记》16：1—6，经文有少量省略。在喻意解经中，作者对斯多亚学派的思想做了充分处理，把斯多亚学派的教程当做哲学的恰当准备。此外，本文还谈论了不同的价值，并在解经的背景下加以鉴别。

（1）"亚伯兰的妻子撒莱不给他生儿女。撒莱有一个使女，名叫夏甲，是埃及人。"（《创世记》16：1）首先指出撒莱象征美德或智慧，她决不会不育，只是在这个故事中，她尚处于个别智慧阶段，所以还不能生育（1—12节）。撒莱自己没有提到这种限制，不成熟的灵魂必定回归使女，即初等教育，列举这种教育的科目，说明它们各自的价值（13—19节）。我们首先要注意这位使女的种族。她是埃及人，是属身体的，表示这些科目依赖于感觉，而哲学属于高等教育，不具有这种方式（20—21节）。其次要注意这位使女的名字夏甲，意思是"寄居者"，这些教育科目与哲学的关系就相当于寄居者与完全公民的关系（22—23节）。亚伯拉罕的思想需要夏甲，他的灵魂通过教训来学习，而雅各的灵魂要通过实践取得进步。他有两个妻子和两个妾，她们的功能得到详细描述（24—33节）。另一方面，以撒只有一位妻子，没有妾。以撒是自学者，这样的灵魂需要外来的帮助（34—38节）。然后谈到其他事例：玛拿西的妻妾（39—43节）；亚伯拉罕的兄弟拿鹤的妻子（44—53节）。恶人的心灵也有妻子，会产生邪恶，恶人的身体也有妾，会产生情欲。从斥责以扫之子以利法之妾转为斥责以扫的心灵本身，其本性既顽固又虚伪（54—62节）。

（2）“撒莱对亚伯兰说，耶和华使我不能生育。求你和我的使女同房，或者我可以因她得孩子。亚伯兰听从了撒莱的话。”（《创世记》16：2）哲学家们就美德高谈阔论，但他们的听众没有注意听，而是在胡思乱想，即使听了，也极少会有人去实践（63—68节）。用“听话”取代“听声音”。实践者必须是生活的模仿者，不是话语的聆听者（69—70节）。

（3）“于是亚伯兰的妻子撒莱将使女埃及人夏甲给了丈夫为妾。那时亚伯兰在迦南已经住了十年。”（《创世记》16：3）美德（或哲学）通过智慧主动给不成熟的灵魂做准备，哲学的地位始终是妻子，而其他科目的地位只是妾（71—73节）。作者用个人经验来说明这一点。他年轻时对文学、数学和音乐产生兴趣，但它们只是迈向地位更高的伦理学的垫脚石，伦理学告诉我们如何控制本性，如何避免把这些低级的学习当做终生职业（74—80节）。灵魂一开始也有不适应的时候。我们在童年时期受身体的控制，我们在少年时期学习对错之间的差别。埃及象征身体和情欲，迦南象征邪恶，只有在过了某些阶段以后，我们才知善恶，才有能力进行这些学习（81—88节）。对数字十的意义进行解释，第一位义人挪亚是亚当的第十代后嗣，亚伯兰与九位国王开战，数字九表示敌对，加上一得十，表示友好（89—93节）。奉献是一种义务，在各种情况下都要奉献十分之一（94—106节）；赎罪日和禧年的宣告也在这一天（107—108节）。下面讲述以撒追求利百加、神的居所帐幕里的十幅幔子，用四样东西代表四元素（109—119 节）。摩西总结，讲述这些例证其实没有必要，因为十诫本身足以证明他的观点（120 节）。

（4）“亚伯兰与夏甲同房，夏甲就怀了孕。她见自己有孕，就小看她的主母。”（《创世记》16：4）用这句经文说明学生对老师的态度（121—122 节），老师也会经常取得进展，如利亚对雅各（122—123 节），知识可以蒙上帕子考验学生的诚信，如他玛试探犹大（124—125 节）。有些老师认定学生的成就只能归功于老师（126—127 节）。一种看法是灵魂在子宫中接受，另一种看法是灵魂在子宫中拥有，后者用自豪的语言设定她们自己拥有，而前者宣布自己只是在接受，没有什么东西属于她们自己（128—130 节）。这位立法者也用技艺播下了我们凡人喜爱的种子。摩西是最纯洁的心灵，他拥有通过神的激励而来的智慧，拥有立法的技艺和预言。他有勇气说，我必定荣耀神，我只荣耀神，而不荣耀神以下的任何事物（131—134 节）。灵魂的生育能力是“接受”来的，而非子宫“拥有”的。有一种惩罚是无限的，另一种惩罚是为了使之完善，这是一种专门的惩罚（135—138 节）。

（5）“撒莱对亚伯兰说，我因你受屈。我将我的使女放在你怀中，她见自己有了孕，就小看我。愿耶和华在你我中间判断。”（《创世记》16：5）技艺可以定义为出于某种有用的目的而协调工作的观念体系。知识可以定义为无法被论证所动摇的确定理解。灵魂是感觉的感觉，知识是技艺的技艺。使女孕育的东西属于比较低级的教育，作为主母的哲学看得比使女更清楚（139—145 节）。所有技艺都有它们的起源和萌芽，都从哲学产生，哲学使各种技艺达到圆满。几何学和语言学都来自哲学，下定义是哲学的领地（146—150 节）。哲学抱怨技艺对她的怠慢，她的学生会用亚伯拉罕的话作回应，“她是你的使女，你可以随意待她”。苦待是好的和有益的，对那些犯了错需要指责的人来说，苦待就是训诫（151—157 节）。

（6）“亚伯兰对撒莱说，使女在你手下，你可以随意待她。撒莱苦待她，她就从撒莱面前逃走了。”（《创世记》16：6）作者没有讨论会采取什么形式告诫，而是转为讨论苦待。强烈的鞭策对那些生活在安逸中的人确实是有益的。“苦饼”这个词的意思延伸为辛苦，出于善意的灵魂通过辛苦而达到圆满（158—162节）。在那个玛拉的苦水的故事结尾处我们读到，神在那里为以色列人定了律例和典章，用辛劳试探以色列人（163—165节）。玛拉的苦水变甜，对辛苦的热爱使它变甜，让人们不要以为苦饼有害无益，逃避这样的痛苦。律法禁止把任何酵或蜜带上祭坛，因为这些东西的本性是亵渎的（166—169节）。经上说“神使你苦恼，苦炼你，任你饥饿，并将吗哪赐给你吃”。读了以后，我们明白折磨是一种约束，饥荒是情欲和邪恶的缺乏（170—174节）。所以以撒赐福给雅各，奴役也成为赐福的一部分，“主所爱的，他必责备”（175—177节）。

作者最后得出结论：律法说“不可苦待寡妇和孤儿”，它的意思是“我可以被美德所责备，被智慧所管教，我不认为所有折磨和苦待是应受谴责的”。听到夏甲受到撒莱的折磨或苦待，不要以为这是一件因妇女妒忌而产生的事情。这里说的不是妇女，而是心灵在初步学习中锻炼自己，并努力赢得美德的棕榈叶（178—180节）。

正 文

【1】[1]“亚伯兰的妻子撒莱不给他生儿女，她有一个使女，名叫夏甲，是埃及人，撒莱对亚伯兰说，看呀，主使我不能生育。求你和我的使女同房，可以因她得孩子。”①[2]解释起来，撒莱这个名字的意思是“我的主权”，我的智慧，我的自制，个别的公义和每一地位受限于“我”的美德是在我之上的一种主权。这种主权统治和支配我，我自愿顺服它，因为它天然地就是女王。[3] 摩西马上把这种统治力描述为不育的和非常多产的，因为他承认她要做多国之母。这是一个令人吃惊的悖论，然而却又是真实的。确实，美德不育被当做坏事，但却又表明她自身是善的多产之母；她的母性不需要产婆，因为她在产婆到来之前就分娩了。[4] 动物和植物的恰当生殖在时间上要有一段间隔，一年顶多一次或两次，由其本性决定，按季节调节。但是美德没有这样的间隔。她不断地生育，一刻不停，她的后代不是婴儿，而是诚实的话语、无邪的目的、值得赞赏的行为。

【2】[5] 但是，正如不能使用的财富不会有益于它的所有者，所以，如果美德的后代不能有益于我们，美德的母性也不会有益于我们。她判断有些后代配得上分享她的生活，而另外一些后代尚未抵达向她奉献可敬的、纯洁的、清醒的家庭生活的年纪。她允许这样的人举行订婚仪式，希望他们将来能够圆房。[6] 所以，统治我灵魂的撒莱是一位母亲，但不是我的母亲。因为我还年轻，还不能接受她的后代，智慧、公义、虔诚，因为空洞的想象给我生了许多私生子。抚养它们，不断地看护，不停地焦虑，使我几乎没有想过要有真正的、生而自由的儿子。[7]所以应当很好地祈愿美德不仅生育(她充分地生育但没有我们的祈愿)，而且还要为我们生育，使我们通过分享她

① 《创世记》16：1—2。“亚伯兰的妻子撒莱不给他生儿女。撒莱有一个使女，名叫夏甲，是埃及人。撒莱对亚伯兰说，耶和华使我不能生育。求你和我的使女同房，或者我可以因她得孩子（得孩子原文作被建立）。亚伯兰听从了撒莱的话。”

播种和生养的东西可以享有幸福。因为在一般情况下，她只为神生育，感恩地把她所获赐福的最初果实献给神，如摩西所说，神打开了她的子宫，却没有使她失去童贞。①[8] 为了证实这一点，我们读一下经上讲的灯台，它是后来摹本的最初原型，它只有一个部分放光，那个看上去朝着神的部分。它作为第七个部分，位于六个分枝之间，它们三个一组分为两组，分列两边守卫，朝着存在者放光，尽管它的光对看它的人眼来说太明亮了。②

【3】[9] 就是由于这个原因，摩西没有说撒莱不生育，而只是说她没有生下某个具体的人。因为我们不能使美德怀孕，除非我们和她的使女同房，智慧的使女是通过学习学校里的初级课程而获得文化。[10] 因为，就好像房子，我们在房间门的外面有房门，也好像城市，通过城门我们可以从郊外进入城内，所以学校的课程先于美德；前者就像一条道路，通向后者。[11] 现在我们必须明白大主题需要大介绍；所有主题中最大的是美德，因为它要处理质料中最大的，也就是整个人生。所以，美德当然不会使用小介绍，而要使用语法、几何、天文、修辞、音乐，以及理智研究的其他所有部门。这些部门由撒莱的使女夏甲来象征，下面我就开始说明。[12] 我们知道，撒莱对亚伯兰说："耶和华使我不能生育。求你和我的使女同房，或者你可以因她得孩子。"在当前的讨论中，我们必须排除所有以快乐为目标的肉体结合或交媾。它的意思是心灵与美德的结合。心灵希望能与美德生孩子，如果美德不能马上生孩子，心灵就会得到指示去和美德的使女同房，使女是比较低级的教导。

【4】[13] 我们现在可以很好地对智慧的周到考虑表示深深的敬仰。她没有责备我们在生育方面的落后和完全无能，尽管如经文真实叙述的那样，由于我们的不适应，所以她不能生育，而不是由于她妒忌我们有后代。所以她说"主已经使我不能生育"，没有再添上"为你"。她好像不希望由于其他

① 参见《创世记》29：31。"耶和华见利亚失宠，就使她生育，拉结却不生育。"

② 参见《出埃及记》25：37。"要作灯台的七个灯盏。祭司要点这灯，使灯光对照。"《出埃及记》25：37。"要用精金作一个灯台。灯台的座和干与杯，球，花，都要接连一块锤出来。"

人遭遇不幸而训斥和责备他们。[14] 她说："去吧，和我的使女同房，她就是由学校知识的较低部门传授的较低的教导，你可以先和她生孩子。"然后你自己就能够陪伴主母，生下出身较高的孩子。[15] 语法教我们学习诗人和历史学家的文章，由此产生理智和知识的财富。通过讲述这些文献中所说的英雄和半神遭遇的灾难，它还教导我们要藐视那些空洞的想象带来的空洞幻觉。[16] 音乐会用它的节奏治愈无节奏的东西，用它的和谐治愈不和谐的东西，用它的旋律治愈那些无旋律的东西，由此使不和走向协和。几何会在灵魂中播撒热爱学习相等和比例的种子，它的逻辑连续性的魅力会从这些种子中产生一种追求公义的热情。[17] 修辞学能强化心灵观察事实的能力，能训练思想善于表达，能使人成为真正的语言和思想的大师，能使人掌握自然没有赋予其他任何生灵的独特天赋。[18] 辩证法，如某些人所说，是修辞学的姊妹和双胞胎，它区别论证的真假，宣告貌似有理的智术有罪，由此治疗灵魂的大瘟疫——欺骗。接触这些科目和其他相似的科目对我们的合作是有益的，对我们的初步学习是有益的。辩证法也许确实和我们在一起，就像它与许多人在一起一样，通过那些侍从，我们才获得美德女王的知识。[19] 请注意，我们的身体在其早期阶段也不是用昂贵的、固体的食物来滋养的。婴儿最先接触的是简单的、乳汁般的食物。正因如此，你们可以考虑用学校里的科目和属于每个科目的具体知识来滋养幼年的灵魂，而美德是成年人的食物，适合那些真正的人。

【5】[20] 初等教育的基本特点可以用两个标志来表示，一个表示它的种族，另一个表示它的名称。种族方面的标志是埃及，它的名称是夏甲，意思是"寄居"。热心学校里的学习的人，广泛学习的朋友，必定要和属土的和埃及的身体相连；因为他需要用眼睛去看和读，他需要用耳朵去听，他需要用其他感官去接触感觉的对象。[21] 因为没有判断者，被判断的事物就不能被理解，感觉在给可感事物下判断，所以没有感觉，就不可能获得可感世界里的任何现象的准确知识，这个可感世界构成了哲学的主题。感觉作为灵魂属于身体的部分与作为整体的灵魂铆接在一起，这个灵魂的器皿被象征

性地称做埃及。所以，这是美德的使女的标志之一，亦即种族的标志。[22] 现在让我们来考虑另一个标志的性质，亦即名称的标志。初等教育处于寄居者的地位。因为知识、智慧、各种美德，在最真实的意义上都是土生土长的，是本地的，是公民，在这个方面它们是独一无二的，而其他种类的训练位于外国人和公民的分界线上，它们将赢得第二、第三或最后的奖赏。它们不属于这两种纯粹的形式，然而，依据某种程度的合作的美德，它们涉及两种纯粹的形式。[23] 寄居者就其待在城邦里而言，他和公民是一样的，但这不是他的家，就此而言，他和外国人是一样的。以同样的方式，我要说，领养的子女，就他们是领养者的继承人而言，他们是这个家庭的成员；就其不是领养者真正的子女而言，他们是外人。我们将发现，作为美德的撒莱和作为教育的夏甲有着主母和使女一样的关系，或者合法妻子和妾一般的关系，所以很自然，心灵渴求学习，想要获得知识，我们把心灵称做亚伯拉罕，心灵将有撒莱，也就是美德，做他的妻子，将有夏甲，整个学校文化，做他的妾。[24] 所以，通过引导获得智慧的他并不排斥夏甲，因为获得这些初等教育的知识是相当必要的。

【6】[25] 但是，任何人用心参与以美德为奖品的竞赛，都会为了这个目的而持续不断地练习，在自我修养方面不屈不挠，他会有两个合法的妻子，她们的使女也就是两个妾。她们各自都有不同的本性和相貌。就这样，一位合法妻子是活泼的、健全的、健康的、和平的，摩西讲她的故事时，叫她利亚或“光滑”。另一位合法妻子就像磨刀石。她的名字是拉结，心灵喜欢这块磨刀石，用它来使自己敏锐锋利。她的名字的意思是“亵渎的景象”，不是因为她观看事物的方式是亵渎的，而是正好相反，她判断这个可见的感觉世界不是神圣的，而是亵渎的，与不可见的心灵世界的纯洁无污的本性相比。[26] 由于我们的灵魂是双重的，一部分是理智，另一部分是非理智，各有它自己的美德或优点，利亚是理智的，拉结是非理智的。[27] 我们把美德叫作拉结，通过感觉和我们非理智本性的其他部分，训练我们藐视名声、财富、快乐，而普通大众接受这种欺诈的传闻，接受同样不诚实的其

他感觉法庭的判断，认为这些东西值得他们钦佩和努力。[28] 利亚教导我们要避免崎岖不平的道路，因为热爱美德的灵魂不能通过，要行走在平坦的大道上，那里没有绊脚石，不会滑倒。[29] 所以，利亚必定给她的使女用语言器官表达的能力，在思想方面发明能干的论证技艺，它强大的说服力是一种欺骗的工具，而拉结给她的使女必要的维持生计的工具，也就是吃与喝。[30] 摩西把悉帕和辟拉给了我们，这是两位使女的名字，① 悉帕的意思是“口齿伶俐”，表示用语言表达和阐述思想的能力，而辟拉的意思是“吞食”，这是可朽的动物最先和最必要的支撑。因为我们的身体锚定在食物上，我们生命的锚索系在食物上，以食物为基础。[31] 用所有上述的能力，实践的人与两位生而自由的合法妻子圆房，而把另外两位当做使女和妾。因为他希望光滑者的运动，亦即利亚，能在身体中产生健康，能在灵魂中产生高尚的生活和公义。他爱拉结，在与情欲摔跤和训练自制时，他坚持与一切感觉对象相对立。[32] 因为帮助可以有两种形式。它可以给我们提供善物来享用，这是和平的形式，也可以通过反对和消除疾病来提供帮助，这是战争的形式。所以通过利亚他获得了较高的、主要的赐福，通过拉结他赢得了我们可以称做战争土壤的东西。这就是他与合法妻子的生活。[33] 但是这位实践者也需要辟拉，亦即“吞食”，尽管她只是个使女和妾，因为没有食物和用食物维持的生命，我们就不能过良好的生活，因为较低的善必定用做较高的善的基础。他也需要悉帕，用语言阐述思想的能力，语言和思想可以对这个完善的过程做出双重贡献，通过心灵产生思想的基础，通过舌头和嘴唇流出思想。

【7】[34] 现在，亚伯拉罕和雅各，如圣经所说，成了几名女子的丈夫，她们有的是妾，有的是合法妻子，而以撒只有一个妻子，没有妾，但他的合法妻子与他完全共享他的家。[35]为什么会是这样？因为美德通过教育而来，

---

① 《创世记》30：3。“拉结说，有我的使女辟拉在这里，你可以与她同房，使她生子在我膝下，我便因她也得孩子。”《创世记》30：9。“利亚见自己停了生育，就把使女悉帕给雅各为妾。”

亚伯拉罕追求教育，需要有几种学习的儿女，既有那些嫡出的子女，处理智慧，又有庶生的子女，处理学校里的初等知识。美德同样也要通过实践来完善，而雅各好像实现了他的目标。因为真理有许多，各不相同，实践在真理中找到它实施的基础，真理既引导实践又跟随实践，它匆忙与实践相见，又落在实践的后面，有时候出大力，有时候出力较少。[36] 但是还有一种自学者，以撒是其中的一位成员，这就是喜乐，它是良好情感中最优秀的，它的本性很简单，不混杂，既不需要实践，又不需要教导，只有妾才需要教导以及知识的合法形式。神从天上降雨的时候，善者自身既是教师又是学生，它不可能仍旧生活在纳妾制度之下，凭着一种奴仆的技艺生活，就好像想要成为那些杂种思想和结论的父亲。获得这种奖赏的人被登记为美德女王和美德主母的丈夫。她的名字在希腊文里的意思是“节操”，在希伯来文里面是“利百加”。[37] 获得这种智慧的人来到而无须辛劳，因为他的本性天然快乐幸福，他的灵魂富有善的成效，不用寻求任何改进的手段；在他周围已经充满了神的恩赐，由神的气息传递更高的恩惠，而他希望和祈愿这些恩惠能永久留存。[38] 因此，我想他的施恩者也希望祂的恩惠一旦被收到就会永久驻留，所以不断地给他添加配偶。

【8】[39] 还有，回忆占据记忆之下的第二的位置，被提醒者和记忆者也一样。二者的情况分别与连续的健康和从疾病中康复相似，因为遗忘是记忆的疾病。[40] 被提醒的人必定遗忘他以前记得的东西。所以神圣的道把记忆称做以法莲，意思是“开花结果”，而提醒或回忆在希伯来文中被称做玛拿西，意思是“避免遗忘”。[41] 因为记忆者的灵魂确实拥有他学到的没有失去的成果，而被提醒者的灵魂离开他被提醒以前拥有的遗忘。所以，记忆者要与合法妻子结合，也就是和记忆结合；遗忘者要与妾结合，也就是与回忆结合，回忆从种族上来说是亚兰①的，它是自负的和傲慢的，因为亚兰的意思是“高傲”。[42] 这位妾有一个儿子，希伯来文

① 即叙利亚。

的名字叫玛吉，意思是与我们在一起的“父亲的东西”，因为能回想起来的人认为，作为父亲的心灵是他们被提醒的原因，他们不会想到这个心灵也包含遗忘，如果记忆能在心灵中呈现，它也就不会再有空间了。[43] 我们读到：“玛拿西的儿子是那位亚兰的妾为他生的，其中有玛吉，玛吉生基列。”① 亚伯拉罕的兄弟拿鹤也有两位妻子，一位是合法的，一位是妾，合法妻子的名字是密迦，妾的名字是流玛。②[44] 现在让神志清醒的人不要以为我们在这几页讲的是这位聪明的立法者的家谱。我们在这里讲的是一些通过事实的象征所产生的有益于灵魂的启示。如果我们把这些名字译成我们自己的语言，我们会认出这里所应许的实际上是一些事实。让我们来逐一考察它们。

【9】[45] 拿鹤的意思是“静止的光”，密迦的意思是“女王”，流玛的意思是“看见某些东西”。心灵中有光是好的，然而静止的、安静的、不动的东西是完全不好的；恶的事物应当处于静止状态；另一方面，运动是善者的恰当条件。[46] 一位笛手无论演奏得有多么好，但若他保持不动，不演奏，那么他这个笛手有什么用呢？或者说要是琴师不使用他的竖琴，或者一般地说来，匠人不使用他的技艺，那么匠人有什么用呢？如果不与实践相结合，仅仅掌握教授们的理论知识是无益的；一个人可以知道如何进行角斗、拳击、摔跤，然而若把他的双手反绑，那么他不可能从体育训练中得到好处；所以，掌握了跑步知识的人，若是患了痛风或其他腿疾，其结果也是一样。[47] 现在，知识是灵魂最大的阳光。正如阳光照亮了我们的眼睛，智慧也照亮了心灵，心灵就像受膏者，眼睛用它们所获得的常新的知识为心灵涂油，使心灵成长，让它习惯于观看更加清晰的美景。[48] 因此，把拿鹤称做“静止的光”是恰当的；因为他是聪明的亚伯拉罕的亲属，他获得了一份

---

① 这句经文没有出现在希伯来文圣经中。参见《创世记》46：20。“约瑟在埃及地生了玛拿西和以法莲，就是安城的祭司波提非拉的女儿亚西纳给约瑟生的。”

② 《创世记》22：23—24。“这八个人都是密迦给亚伯拉罕的兄弟拿鹤生的。拿鹤的妾名叫流玛，生了提八、迦含、他辖和玛迦。”

智慧的光明；但就他没有陪伴亚伯拉罕从被造的世界到非被造的世界、从这个世界到世界的创造者的旅程而言，他获得的知识是停止的、不完整的，停留在某个地方休息，或者说站着不动，像一尊雕塑。[49] 他没有离开迦勒底的土地，也就是说他没有离开星相学的研究；他在荣耀创造者之前荣耀被造物，在荣耀神之前荣耀这个世界，或者倒不如说，他认为这个世界不是神的作品，而这个世界本身就是拥有绝对权能的神。

【10】[50] 至于密迦，她嫁给了一位国王，而不是嫁给了一个男人或城邦统治者，或者说他们名称相同，含义不同。就好比天空，作为被造物中最优秀、最伟大的，可以正确地被称做我们感觉世界的国王，所以占星师或迦勒底人特别追求的天空的知识，可以被称做知识的女王。[51] 所以，密迦是合法的妻子，而能够看见存在事物的那个人是妾，尽管她是最低贱的。能看见最优秀的，亦即真正存在的，是种族中最优秀的，也就是以色列，因为以色列的意思就是看见神。努力谋取第二位的种族或种类能看见次优秀的，也就是我们可感的天空，那里有秩序良好的繁星，就像朝着最完善、最真实的音乐前进的一支歌队。[52] 处于第三位的是怀疑论者，他们自己不关心本性最优秀的事物，无论是感觉可感的事物还是心灵可察觉的事物，而是把精力耗费在诡辩和微不足道的争论上。这些人是流玛的同居者，他们"看见了某些东西"，乃至于最小的东西，但他们没有能力探寻那些能给他们的生活带来益处的比较好的事物。[53] 对医生来说，所谓话语的治疗远不能给病人以实际的帮助，因为治病要用药物、手术和处方，而不是用话语；在哲学方面也是这样，有些人只会舞文弄墨，玩弄辞藻，既不希望也不实施对他们充满疾病的生活进行治疗，从年少到年老，终其一生从事语词和音节的论战，并不感到脸红。他们表现得似乎很幸福，依赖无数诸如此类吹毛求疵的语词，而不是在一个较好的基础上有所建树，这个基础就是人生活的源泉，把邪恶从它的边界驱逐出去，把美德种在那里取代邪恶。

【11】[54] 邪恶者也把意见和学说当做妾。因为他说，亭纳是以扫的儿

子以利法的妾，给以利法生了亚玛力。① 如果你放下这些语词在指称人时的所有意思，把你的注意力转到被我们称做灵魂本性的解剖上来，那么在这里非常明显地提到了他的后裔的堕胎！[55] 所以，他把非理智的、无法测量的情欲冲动或嗜好叫做亚玛力，因为这个词翻译过来的意思是“吞噬者”。就好像火的力量把摆在它面前的燃料耗尽，所以沸腾的情欲吞噬和摧毁阻拦它的一切。[56] 这种情欲可以正确地宣布以利法是它的父亲，因为以利法的意思是“神将我驱散”。那么当神的临在驱散和排斥灵魂时，不会马上造成非理智的情欲吗？真正热爱神的心灵，拥有关于神的景象，是神“植入”心灵的，作为高贵出生的一个部分，祂的根深深地扎下去，抵达永恒，使其成果丰硕，获取和享有美德。[57] 正是由于这个原因，摩西祈祷说：“你要将他们领进去，栽于你产业的山上。”② 神栽培的树苗不能只活一天，而是长久的、不朽的。另一方面，祂驱逐不义和亵渎的灵魂去极远之地，去那快乐、淫荡、不义之地。那地最适合被称做亵渎之地，但它不是哈得斯③ 中的不虔诚的神秘之地。因为真正的哈得斯是恶的生活，是受诅咒的杀人犯的生活，是各种诅咒的牺牲品。

【12】[58] 我们在别处有这样一段经文，像刻在石头上一样不可磨灭，“至高者分封列邦，分散亚当的子孙”④，也就是说，当祂驱散所有属地的、不愿观看天赐善物的思维方式，使它们无家可归，无国可回时，它们确实散乱了。因为没有一个恶人能保持家园和邦国，也不能找到同伴，而是四下散乱，居无定所，不断地改变位置，找不到任何地方立足。[59] 所以恶人通过他的合法妻子生下恶，通过他的妾生下情欲。因为灵魂作为一个整体是理

① 《创世记》36∶12。“亭纳是以扫儿子以利法的妾。她给以利法生了亚玛力。这是以扫的妻子亚大的子孙。”

② 《出埃及记》15∶17。“你要将他们领进去，栽于你产业的山上。耶和华阿，就是你为自己所造的住处，主阿，就是你手所建立的圣所。”

③ 哈得斯（Ἅιδης），希腊神话中的地狱。

④ 《申命记》32∶8。“至高者将地业赐给列邦，将世人分开，就照以色列人的数目立定万民的疆界。”

智合法的终生伴侣，如果它是一个有罪的灵魂，那就会产出邪恶。身体的本性是妾，我们看到通过它产生情欲，因为身体是快乐和淫荡的区域。[60] 这位妾被称做亭纳，这个名字的意思就是“动荡眩晕”。因为灵魂由于接受来自身体的汹涌澎湃的情欲而变得衰弱和失去所有力量，呈现为一种不受约束的嗜好。[61] 以扫在这里被描述为整个宗族所有成员的祖先，整个族类之首——以扫这个名字的意思我们有时候说它是“橡树”，有时候说它是“造成的事物”。说它是橡树，因为它的本性是坚定的，坚强的，不服从的，顽固的，以愚蠢为其顾问，确实像一棵橡树；说它是造成的事物，因为以愚蠢为伴的生活就是虚构和编造，一方面充满悲剧的夸大，另一方面充满喜剧的滑稽；它没有任何东西是健康的，而是完全虚假的，没有一丝真理；它不会对本性作出解释，因为本性是性质、型相、成形，是实践之人喜爱的本性。[62] 摩西为此作证。他说：“雅各为人安静，或者说他是个未成形的人，常住在帐篷里。”① 所以与他对立的以扫必定是无家的、虚构的、打扮过的，是传说中的邪恶朋友，或者说他本身就是演员的舞台，是编剧的传奇。

【13】[63] 我们现在来看我们描述与理智相结合的最佳能力，理智渴望看见和了解它们的能力，合法妻子的和妾的。我们必须沿着讨论的线索，继续考察下面的话语。经上说，亚伯兰“听从了撒莱的话”②。因为学习者必须服从美德的命令。[64] 然而并非所有人都会服从，只有那些对知识的强烈渴望变得根深蒂固的人才会。几乎没有哪一天哲学家们不在教室里和剧场里高谈阔论，不断地探讨美德。[65] 然而，他们在那里的谈论有什么益处呢？因为听众们没有注意听，而是在胡思乱想，有些人想着他们的旅行和贸易，有些人想着他们的农场和收成，有些人想着荣耀和市民生活，有些人想着从他们的生意中赢利，有些人想着对他们的敌人进行报复，有些人想着享受他

---

① 《创世记》25：27。“两个孩子渐渐长大，以扫善于打猎，常在田野。雅各为人安静，常住在帐篷里。”

② 《创世记》16：2。“撒莱对亚伯兰说，耶和华使我不能生育。求你和我的使女同房，或者我可以因她得孩子。亚伯兰听从了撒莱的话。”

们的爱情，不同阶层的人实际上有不同的思想。因此，就那些哲学家正在证明的观点而言，他们是聋子，他们的身体到场了，但他们的心灵缺席了，就好像绘画或塑像。[66] 有人一直坐在那里听，但他们离开时什么也不记得，他们到这里来的目的实际上就是让他们的听觉感到高兴，而不是获得任何好处；这样一来，他们的灵魂就不能怀孕和生育，这些引起灵魂快乐的原因也使它们丧失对其他事物的关注。[67] 还有第三类人，他们对这些已经说过的观点表示呼应，但他们表明自己是智者而不是哲学家。他们的话语值得赞扬，但他们的生活应受谴责，因为他们能够说出最华丽的辞藻，但就是做不到。[68] 所以我们很难发现把关注、记忆、行胜于言结合在一起的人，这三者在热爱学习的亚伯兰那里得以确证，他"听从了撒莱的话"，因为这里说的不是他在听，而是他在倾听，这个词准确地表达了赞同和服从的意思。[69] 还有一个地方要注意，这里说的是"听话"，而不是"他注意到撒莱的声音"。因为听声音或听话是学习者的典型标志，只有通过实践而非通过教导才能获得善，学习者的注意力不是放在所说的内容上，而是放在谁在说，以便模仿他们成功的、无可指摘的生活。[70] 因此，我们在雅各的事例中读到他被派到他母亲的家族去结婚，"雅各听从父母的话往巴旦亚兰去了"①。这里说的是"听从他们"，不是听他们的声音或话语，而实践者必须是生活的模仿者，不是话语的聆听者，因此后者是教训的接受者的典型标志，前者是努力的自我练习者。就这样，这段经文对我们来说也是一个教训，由此我们可以明白学习者和实践者之间的差别，二者中有一个人的进程由他说些什么来决定，另一个人的进程由当事人本身来决定。

【14】[71] 经文继续说道："于是亚伯兰的妻子撒莱将使女埃及人夏甲给了丈夫为妾。那时亚伯兰在迦南已经住了十年。"② 邪恶的本性是恶毒的、酸臭的、恶意的，而美德是温和的、友善的、仁慈的，以各种方式表现出它

---

① 《创世记》28：7。"又见雅各听从父母的话往巴旦亚兰去了。"

② 《创世记》16：3。"于是亚伯兰的妻子撒莱将使女埃及人夏甲给了丈夫为妾。那时亚伯兰在迦南已经住了十年。"

是自愿的，要么是它本身，要么是其他人，去帮助那些需要帮助的人。[72]就这样，在我们当前这个例子中，由于我们还不能通过智慧生育，所以她把她的使女交给我们，如我前述，使女就是学校里的文化；我们几乎可以说，她不会躲避求爱和新娘的婚礼；因为我们得知，是主母自己把夏甲给了她的丈夫为妾。[73] 为什么在这个地方摩西又把撒莱称做亚伯兰之妻，这一点值得仔细考虑，因为他实际上已经说了好几遍；摩西在这里并没有使用最差的冗长的形式，亦即无谓的重复。那么我们一定要说些什么呢？是这样的。当亚伯兰要和智慧的使女，学校的文化，圆房时，他没有忘记他和妻子的约定，经文蕴涵着这个意思，他知道一个是依据律法审慎选择的妻子，另一个只是受必然性驱使所发生的事情。这也是每一位学习的热爱者会发生的事情；个人的经验是最准确无误的证明。[74]比如，我一开始受到哲学的刺激，在很年轻的时候就想要与她的使女语法结合，我把我生下来的所有东西，也就是写作、阅读和学习诗人的作品，全都奉献给她的主母。[75] 还有，我与另一位使女，亦即几何相伴，被她的美色迷惑，因为她的每个部分都显示出匀称和合乎比例。然而我没有把她的孩子拿来自己使用，而是把它们当做献给我的合法妻子的礼物。[76] 还有，我的激情又使我与第三位相伴；她富有节奏、和声与旋律，她的名字是音乐，从她那里我获得了全音阶，色彩学，等音，连结的与分离的旋律，它们与第四位、第五位的协和音程或者是间隔的八度音相吻合。还有，这些东西我都不会偷偷地藏起来，我希望看到这位合法妻子是一位很富有的女士，有一大群仆人侍候她。[77] 有些人受到使女的诱惑而藐视年迈的主母，有些人过分喜爱诗歌，有些人过分喜爱几何图形，有些人过分喜爱调和音乐的“色彩”，以及其他一大堆东西，但从来没能触及合法妻子的羽翼。[78] 每一种技艺都有它的魅力和吸引力，有些人以此消磨时光，忘记他们对哲学许下的诺言。但是守约的他在任何地方任何事情上都能侍候她。所以当他纳使女为妾的时候，神圣的道崇敬地说出他的誓言，撒莱是他的合法妻子，这样说是很自然的。[79] 确实，正如学校里的科目有助于获得哲学，哲学也有助于获得智慧。因为哲学是智慧的实践或学习，智慧是关于神的事物、人的事物及其原因的知识。因此，正如各门知识是哲学的使女一样，哲学也是智慧的使女。[80] 现在，哲学教导我们要控制肚子和肚子以下的部分，也要控制舌头。据说这样的控制力本身是需要的，如果我们为了荣耀和为了事奉神而实施控制，那么需要设定一个比较宏伟和高尚的方面。所以，当我们将要向使女求爱时，我们一定要记得那位拥有主权的女士，让我们被称做她们的丈夫，让她们不仅被称做而且实际上真的是我们真正的妻子。

【15】[81] 撒莱把夏甲给了丈夫为妾，不是在他刚刚到达迦南的时候，而是在他已经在那里住了十年的时候。这里的意思需要仔细考虑。在我们生成存在的第一阶段，只有情欲在滋养灵魂，除此别无其他同伴，悲伤、痛苦、激动、期望、快乐，所以这些都通过感觉产生，而理智还不能看见善与恶，对它们形成准确的判断，它还处在蛰伏状态，眼睛是闭着的，就好像在深沉地睡眠。[82] 然而，随着时光流逝，我们度过童年，进入青少年，从同一条根上长出两根茎，美德与邪恶，我们形成对二者的理解，必定要二者选一，本性较好的选择美德，本性较差的选择邪恶。[83] 按照这一初步的梗概，我们必须知道埃及象征感觉，迦南地象征邪恶，所以当摩西带领民众出埃及的时候，他当然会把他们带进迦南人的国家。[84] 如我所说，人最初生成的时候接受了埃及人的情欲为他的居所，他的根扎在快乐与痛苦之中；但过了没多久，他移居到一个新家，也就是邪恶。这一次，理智进入到一个较高的程度，理解了善与恶这两件可供选择的事情以后，它选择了最糟糕的情况，因为死亡是理智的一大要素，恶当然与死亡相对，善当然与神圣事物相对。

【16】[85] 与本性相一致，它们是两个时代的与本性相符的土地；埃及，亦即情欲，是童年时代的土地；迦南，亦即邪恶，是青少年时代的土地。但是神圣的道，它完全知道我们这个可朽种族的土地本性是什么，把我们应当做什么、什么事情对我们有好处，摆在我们面前，吩咐我们要仇恨在那些土地上实施的习俗。[86] 从下面的话可以看出事情是这样的。主对摩西说：

“你去对以色列人说话，你要这样说，‘我是主你们的神。按照你们居住的埃及之地的实践，你们不可效法那里人的行为；按照我要领你们到的迦南地的实践，那里人的行为也不可效法，也不可照他们的恶俗行。你们要遵我的典章，守我的律例，按此而行。我是主你们的神。所以，你们要守我的律例典章，人若遵行，就必因此活着。我是主你们的神。”①[87] 所以真正的生活是按照神的典章律例行走的人的生活，而那些不信神者的实践必定是死亡。我们已经知道什么是不信神者的实践。它们是情欲和邪恶的实践，从这里产生众多不虔诚者和不神圣的匠人。[88] 所以当我们移居到迦南十年以后我们将与夏甲同房，因为一旦我们变成理智的存在者，我们就会变得无知和无纪律，我们的本性将变得如此可悲，只有过了一段时间，当我们处于十这个完全数之下的时候，我们才能达成对我们有益的遵纪守法的愿望。

【17】[89] 有关十的具体知识已经在音乐学校里得到详细讨论，最神圣的人，摩西，高度赞扬十，把它与具体的优点、统治、初熟的果子、祭司经常性的馈赠、逾越节的观察、赎罪祭等事情联系起来，他还提到在第十五年要归还原有财产、会幕的永久装饰，等等。这些事情若要全部提到可能太冗长了，但是重要的例子一定不可省略。[90] 例如，他把圣经中记载的第一个义人挪亚说成是用土造出来的那个人的第十代后嗣；在这样做的时候，他不希望把任何具体年份摆在我们面前，而是清楚地告诉我们，正如十是从最完善的一开始的数字的终结，所以灵魂中的正义是我们生命行为的完善真实的终结。[91] 三与其自身相乘，得到数字九，神谕宣称它是一个敌对的数，而再加上一得十，神谕就说它是一个友好的数。[92] 这件事在亚伯兰与九位国王的事件中也得到说明。内战爆发，四情欲与五感觉开战，整个灵魂像一座城邦遭到烧杀掳掠，聪明的亚伯兰率兵上阵，作为战场上的第十支力

① 《利未记》18∶1—5。“耶和华对摩西说，你晓谕以色列人说，我是耶和华你们的神。你们从前住的埃及地，那里人的行为，你们不可效法，我要领你们到的迦南地，那里人的行为也不可效法，也不可照他们的恶俗行。你们要遵我的典章，守我的律例，按此而行。我是耶和华你们的神。所以，你们要守我的律例典章，人若遵行，就必因此活着。我是耶和华。”

量，成为其他九支力量的终结。①[93] 他在暴风骤雨之处提供了安宁，为疾病提供了健康，我们确实可以说，为死亡提供了生命，作为胜利赐予者的神宣布他是胜利者，亚伯兰也把所得的十分之一作了奉献，为他的胜利作感恩祭。②[94] 还有，“从法纪之杖下经过的”每一样东西都是非常驯服温顺的家畜，每第十只都要归给神为“圣”③，就这样，经过许多提醒，我们可以知道十与神有密切联系，九与我们人有密切联系。

【18】[95] 确实，经上命令要奉献第十样东西作为初生的果实，指的不仅是家畜，而且是地上所生的所有果实。经上说：“地上所有的十分之一，无论是地上的种子，是树上的果子，凡牛群羊群，一切从杖下经过的，每第十只要归给主为圣。”④[96] 请注意，他认为头生的果实应当来自我们的身体，而出自地上和树上的果实确实很笨重。它们的生命、生存、成长和健康都来自神的恩惠。也请注意，经上还吩咐我们，要奉献我们身上的非理智生灵的头生果实，也就是感觉，因为视、听、嗅、味、触也是神的馈赠，对此我们必须感恩。[97] 然而，我们得到教导，不仅要为地上和树上的果实、非理智的生灵感觉赞美施恩者，而且也要为心灵感恩，心灵真的可以称做人中之人，较差事物中的较好部分，可朽中的不朽。[98] 我相信，由于这个原因，他认为要取来一切头生的事物中的第十样作为它们的赎价，亦即利未族的人，他们应当遵守律法，保持圣洁和虔诚，奉行荣耀神的祭仪。理智是我们身上最先的和最优的东西，正是由于它的睿智、精明、理解、审慎，以及其他属于它的性质，我们应当把头生的果实奉献给神，因为理智的思想生育力是神赋予它的。[99] 这种情感推动了实践者，他立誓说“凡你所赐给

---

① 参见《创世记》14。

② 《创世记》14：20。“至高的神把敌人交在你手里，是应当称颂的。亚伯兰就把所得的拿出十分之一来，给麦基洗德。”

③ 《利未记》27：32。“凡牛群羊群中，一切从杖下经过的，每第十只要归给耶和华为圣。”

④ 《利未记》27：31。“地上所有的，无论是地上的种子，是树上的果子，十分之一是耶和华的，是归给耶和华为圣的。”

我的，我必将十分之一献给你”；[①] 这种情感也推动了下述神谕，神把胜利赐给拥有祭司权的麦基洗德，除了他自己，他不向其他任何人学习。因为经上说：“他把所得的拿出十分之一来，给了麦基洗德”；[②] 来自可感的事物，就是正确使用感觉；来自语言的事物，就是很好地讲话；来自思想的事物，就是良好地思维。[100] 所以，从侧面添加的这些话是令人敬佩的，是事实需要的，在告诉我们如何记住神和上苍赐给我们的食物，把它供在金罐中以后，他继续说：“俄梅耳乃伊法十分之一。”[③] 我们似乎有三个尺度：感觉、语言、心灵；感觉测量可感的对象，语言测量语言的部分和我们说的话，心灵测量心灵的事物。[101] 我们必须奉献三种尺度中的每一种，把它当做神圣的第十样东西，按照神的标准，用语言、感觉、理解方可做出健全的、无可指摘的判断，因为这是真正的、公正的尺度，而我们的尺度是虚假的，不公正的。

【19】[102] 所以，拿十分之一伊法细面与供品一道送上祭坛也很自然，[④] 而一直到九为止的数离开了十，仍旧会跟我们自己在一起。[103] 祭司们常用的供物是这样的，他们得到指示，要始终奉献十分之一伊法细面[⑤]，因为他们已经学会如何数到第九，第九好像是感觉世界的神，他们已经学会如何崇拜真正的神，只有祂位于第十。[104] 这个世界有九个部分，八个在天上，一个是不运动的恒星，七个是运动的行星，尽管它们的秩序保持同一，由土、水、气构成第九个部分，因为这三者形成一个家族，它们会发生各种

---

① 《创世记》28：22。“我所立为柱子的石头也必作神的殿，凡你所赐给我的，我必将十分之一献给你。”

② 《创世记》14：20。“至高的神把敌人交在你手里，是应当称颂的。亚伯兰就把所得的拿出十分之一来，给麦基洗德。”

③ 《出埃及记》16：36。“俄梅珥乃伊法十分之一。”俄梅珥和伊法是容量单位，一俄梅耳约为二公升，十俄梅珥为一伊法。

④ 《出埃及记》29：40。“和这一只羊羔同献的，要用细面伊法十分之一与捣成的油一欣四分之一调和，又用酒一欣四分之一作为奠祭。”

⑤ 《利未记》6：20。“当亚伦受膏的日子，他和他子孙所要献给耶和华的供物，就是细面伊法十分之一，为常献的素祭，早晨一半，晚上一半。”

变化和转型。[105] 大多数人荣耀这九个部分以及由它们构成的世界，但是抵达完善的他荣耀这九个部分之上的祂，甚至荣耀它们的创造者神，祂是第十。因为他不断地向上翱翔，高于这位匠人的所有作品，想要抵达这位匠人本身，甚至渴望成为祂的乞援者和仆人。这就是祭司不断地把十分之一献给祂的原因，因为祂是第十，是独处的和永久的。[106] 我们发现在灵魂的逾越节的故事中这个“十”说得很清楚，灵魂超越各种情欲和感觉的领域，抵达第十，这是心灵和神的领域；因为我们读到：“本月初十日，各人要取羊羔，一家一只。”① 由此开始的第十天，我们要把灵魂中培育的供品奉献给祂，我们的脸被出自三个部分的两个部分照亮，直到全部变得光明，对着天空放射光芒，就好像一轮两周内不断增长的满月。这样不仅能够保证供品的安全，而且作为清白无污的牺牲能够在献祭的行列中行进。[107] 我们在一个月的第十天找到了同样的劝慰，② 灵魂是作为第十的神的乞援者，它通过学习知道了谦卑和虚无，相信被造理智的睿智，相信非被造的善者有多么超越和至高无上。所以祂变成慈悲的，甚至在没有乞援者的时候也是慈悲的，对那些伤害和轻视自己而非自吹自擂的人慈悲。[108] 我们发现，在“赎罪日”③，完全自由的灵魂摆脱了以往的流浪，发现了新的港湾，回归以往岁月接受的传统，当时它的气息还很新鲜，很强大，还有很强的生育力，能够获取奖品。因为神圣的道赞赏它的努力，荣耀它，给它永恒的遗产作为特别奖赏，在不朽事物的秩序中赋予它地位。[109] 我们发现，在贤哲亚伯拉罕的乞援中，当烈火就要吞噬所多玛的土地的时候，实际上是不能生育良善的灵魂和盲目的理智在祈求能够发现“十”这个公义的象征，可以豁免对它的某

---

① 《出埃及记》12：3。“你们吩咐以色列全会众说，本月初十日，各人要按着父家取羊羔，一家一只。”

② 参见《出埃及记》23：27。“凡你所到的地方，我要使那里的众民在你面前惊骇，扰乱，又要使你一切仇敌转背逃跑。”

③ 《利未记》25：9。“当年七月初十日，你要大发角声，这日就是赎罪日，要在遍地发出角声。”

些惩罚。[①] 他的祈愿确实是从五十开始的，这个数表示释放，但是到十就结束，由此关闭救赎的可能性。

【20】[110] 在我看来，就好像是本着同样的原则，摩西拣选能人，让他们作千夫长，百夫长，五十夫长，最后任命了一位十夫长，[②] 所以，若是心灵不能通过长者的工作变得较好，那么通过最后这一位就可以净化涤罪。[111] 这也是最高的真理，当那位热爱学习者的仆人掌握了以后，他就执行使命，充当使者与自觉者之间智慧地订婚，向最适合他的“节操”求爱；[③] 从他主人的无数记忆中，他取了“十匹骆驼”，亦即“提醒”，这是在用十样产物象征正确的指点。[112] 他也拿了主人的“财物”，这显然不是指金银或其他任何可朽的东西，因为摩西决不会把这些东西称做善物；只有灵魂是真正的善物，他带了这些善物当盘缠和做生意——教导、进步、真诚、渴望、热情、灵感、预言，以及功德。[113] 通过这些方面的自我练习和实践，当他离开大海的时候，也就是当他在海港抛锚的时候，我们发现他拿了两个金耳环，重一德拉克玛[④]，两个金镯，用十倍重量的金子打的，给了那名女子，这就是他为主人定的亲。[⑤] 这确实是极好的装饰，首先，这里说的是一德拉克玛，没有零头，我们的听力也应当专注于这个故事，用卓越的语言给我们讲述唯一的神；其次，手镯应是用十倍重量的金子打的，因为智慧的行为坚定地依从十这个完善数，它们比金子还要珍贵。

【21】[114] 国王的贡物也是这样，当他们的灵魂装备了对智慧的热爱

---

① 《创世记》18：32。“亚伯拉罕说，求主不要动怒，我再说这一次，假若在那里见有十个呢。他说，为这十个的缘故，我也不毁灭那城。”

② 参见《出埃及记》18：25。“摩西从以色列人中拣选了有才能的人，立他们为百姓的首领，作千夫长，百夫长，五十夫长，十夫长。”

③ 《创世记》24：10。“那仆人从他主人的骆驼里取了十匹骆驼，并带些他主人各样的财物，起身往美索不达米亚去，到了拿鹤的城。”

④ 德拉克玛（δραχμή），希腊货币单位，约合银 4.31 克。

⑤ 《创世记》24：22。“骆驼喝足了，那人就拿一个金环，重半舍客勒，两个金镯，重十舍客勒，给了那女子。”

时，他们就挑选他们拥有的最好的东西，以正确的神圣的方式向神感恩，奉献供品，因为神是他们的教师和向导。崇拜者供上“一个金盂，重十舍客勒，盛满了香”[①]，因为只有神是聪明的，能够选择智慧和各种道德献上的馨香。[115] 神判断这些香气是令人愉悦的，这个时候摩西就会以一首胜利颂歌来庆祝，“主闻那馨香之气”。[②] 在这里，他说的“闻”的意思是接受，因为神没有人的形状，也不需要鼻孔或其他任何器官。[116] 还有，他在谈到神的居所帐幕时，说它有十幅幔子，[③] 对包括完全数在内的整个智慧来说，智慧就是万物的统治者、唯一的国君、至高无上的主的庭院和宫殿。[117] 这个居所是可以被心灵察觉的一所房子，然而它也是我们的感觉世界，因为他用这样的质料织成的幔子来象征四元素；它们是捻的细麻线，暗红色的线，紫色的线，朱红色的线，这样一来就有四样东西，如我所说。麻线是土的象征，因为它从地里长出来；暗红色的线象征气，因为它本来就是黑色的；紫色的线象征水，因为通过水制造出染料，有着同样名称的贝壳来自大海；朱红色的线象征火，因为它最接近火焰。[118] 还有，当造反的埃及荣耀心灵，并把象征主权的王座、权杖、王冠送给篡夺神的地位的心灵时，通过瘟疫埃及受到警告，受到万物的卫士和统治者的惩罚。[119] 以同样的方式，祂应许聪明的亚伯拉罕完全摧毁十国，不多也不少，并把这些国家的土地赐给亚伯拉罕的后裔。[④] 就这样，他认为十的意思可以扩展到任何地方，涵盖赞扬和责备、荣耀和惩罚。[120] 摩西把神圣的律法总结为十条，它们是总的律法，包涵大量具体律例，它们也是具体律例的根源或来源，是一道永久的律法喷泉，包括肯定的诫命和否

---

① 《民数记》7：14。“一个金盂，重十舍客勒，盛满了香。”

② 《创世记》8：21。“耶和华闻那馨香之气，就心里说，我不再因人的缘故咒诅地（人从小时心里怀着恶念），也不再按着我才行的，灭各种的活物了。”

③ 《出埃及记》26：1。“你要用十幅幔子作帐幕。这些幔子要用捻的细麻和蓝色，紫色，朱红色线制造，并用巧匠的手工绣上基路伯。”

④ 《创世记》15：18—20。“当那日，耶和华与亚伯兰立约，说，我已赐给你的后裔，从埃及河直到伯大河之地，就是基尼人，基尼洗人，甲摩尼人，赫人，比利洗人，利乏音人。”

定的诫命在内，给遵循律例的人带来好处，到了这个时候，我们为什么还要注意这样一些例子呢？

【22】[121] 因此，这是很自然的，亚伯兰与夏甲同房应当是在他抵达迦南地十年以后；我们不能指望学校里的训练就能把我们变成理智的存在者，因为此时的理智仍然是软弱无力的。只有当我们的理智变得坚硬、心灵变得敏捷的时候，我们对一切事物的判断才不再是轻浮的、肤浅的，而是坚定的、稳固的。[122] 正是由于这个原因，经文继续说“他与夏甲同房”，①因为学习者应当求助于知识，以知识为他的老师，吸取适合人本性的教训。在当前这个事例中，这位学生被说成想要去老师的学校，而知识非常骄傲，不太愿意出来会见有天赋的学生，与他们为伴。[123] 所以我们可以看到，利亚或美德出去会见这位实践者，当他从田里回来的时候，对他说“今天你要与我同寝”②，因为无论他去了哪里，他都是在照料知识的种子或树苗，把它们保存在他耕作的田野里，不是吗？

【23】[124] 不过，有的时候她会试探她的学生，考验他们的热情与真诚；但她不见他们，而是用帕子蒙着脸，像他玛一样坐在十字路口，那些行人看见了，还以为她是妓女。③ 她的希望是，那些前来询问的心灵可以揭开她的帕子，观看她完美无瑕的美貌、稳重和贞洁。[125] 那么这个不愿离开蒙帕子的考察者、学习的热爱者是谁呢？他只能是首领、国王，他的名字是犹大，他坚持不断地赞美神。经上说：“他就转到她那里去，说，来吧。”④ 他说来吧的意思是他不会强迫她，“让我来看这个蒙着帕子的美德是什么，她要

---

① 《创世记》16∶4。“亚伯兰与夏甲同房，夏甲就怀了孕。她见自己有孕，就小看她的主母。”

② 《创世记》30∶16。“到了晚上，雅各从田里回来，利亚出来迎接他，说，你要与我同寝，因为我实在用我儿子的风茄把你雇下了。那一夜，雅各就与她同寝。”

③ 《创世记》38∶14—15。“他玛见示拉已经长大，还没有娶她为妻，就脱了她作寡妇的衣裳，用帕子蒙着脸，又遮住身体，坐在亭拿路上的伊拿印城门口。犹大看见她，以为是妓女，因为她蒙着脸。”

④ 《创世记》38∶16。“犹大就转到她那里去，说，来吧。让我与你同寝。他原不知道是他的儿妇。他玛说，你要与我同寝，把什么给我呢？”

侍候我的目的何在”。[126] 所以我们读到，圆房之后她就怀孕了。① 关于怀孕经上没有说太多的话。但是学习者确实抓住或掌握了所学的技艺或知识，做了她的情人；同理，当学习者定下心来学习的时候，他就有了女教师。[127] 另一方面，有些较低科目的教师经常有机会对有天赋的学生吹嘘他自己的教育力量，认定他的学生所取得的成就只能归于他。所以他用足尖站立，自我吹嘘，昂首翘尾，横眉竖眼，实际上充满浮华，向听课的人索要昂贵的学费；但当他看到他们对教育的渴望与贫困结合在一起的时候，他会转过身去，就好像他独自发现了某些智慧的宝库。[128] 就是这种被称做“在娘胎里”的情况，一种膨胀的、浮华的状况，披着无节制的骄傲的外衣，使得某些人像是要羞辱美德，而去荣耀掌握较低知识部门的主母。[129] 所以怀孕的灵魂伴随着智慧，尽管她们分娩，生下她们自己的孩子，因为她们要把混进来的东西分离出去，正如利百加在她腹内孕育心灵的两国知识，美德与邪恶，区分二者的本性，顺利地分娩。② 但是在怀孕而没有智慧的地方，灵魂要么流产，要么产下的后嗣是好争论的智者，是弓箭手或弓箭手的靶子。③[130] 这种差别是可以预料的。因为一种看法是灵魂在子宫中接受，另一种看法是灵魂在子宫中拥有，这两种看法有巨大差别。后者用自豪的语言设定她们自己拥有，把选择和生育归于自己。前者只是宣布接受，承认没有什么东西是属于她们自己的。她们接受了外来的致孕的种子，敬畏给予者，因此通过荣耀神而驱逐自爱，亦即用至善驱逐至恶。

【24】[131] 以这种方式，立法者的技艺也播下了我们凡人喜爱的种子。经上说：“有一个利未家的人娶了一个利未女子为妻。那女人怀孕，生一个

---

① 《创世记》38：18。“他说，我给你什么当头呢，他玛说，你的印，你的带子，和你手里的杖。犹大就给了她，与她同寝，她就从犹大怀了孕。”

② 参见《创世记》25：23。“耶和华对她说，两国在你腹内。两族要从你身上出来。这族必强于那族。将来大的要服事小的。”

③ 《创世记》21：20。“神保佑童子，他就渐长，住在旷野，成了弓箭手。”

儿子，见他俊美，就藏了他三个月。”①[132] 这就是摩西，最纯洁的心灵，真正“好的”心灵，从神的激励而来的智慧，接受了立法的技艺和预言，他是利未家的，从父亲家来说是这样，从母亲家来说也是这样，与真相有双重联系。这个族的创建者的职业确实是伟大的。[133] 他有勇气说，我必定荣耀神，我必定只荣耀神，而不荣耀神以下的任何事物：大地、海洋、河流、气、流动的风、季节、各种动物和植物、有序运行的日月星辰，乃至整个天空和宇宙。[134] 这颗伟大的、超越的灵魂自豪地说，它要在被造物之上翱翔，超越它的疆界，专门依靠非被造者，遵循我们依靠的这一位的神圣告诫，② 因此，对那些依靠和事奉祂的人，祂不停地把祂自己作为“分”赋予利未人，这个神谕确证了我的断言，“主本身是他的产业”③。[135]就这样，我们看到灵魂的生育能力是“接受”来的，而非子宫中“拥有”的。但是正如身体的眼睛经常在模糊地看和清楚地看，呈现在灵魂的眼睛中的事物有时候是模糊的和混乱的，有时候是清楚的和清晰的。[136] 当这样呈现的景象不清楚和不清晰的时候，它就像在子宫中尚未成形的胚胎；当它清楚和清晰的时候，它就与充分成形的胚胎非常相似，每个内在的部分和外在的部分都变得很复杂，拥有了适合它的形式。[137] 有一条律法非常适合处理这一类问题：“人若彼此争斗，伤害有孕的妇人，甚至坠胎，随后却无别害，那伤害她的，总要按妇人的丈夫所要的，照审判官所断的，受罚。若有别害，就要以命偿命。”④ 这里说得非常好，要摧毁的这两样东西不是一回事：心灵完善的时候产生的东西和心灵不完善的时候产生的东西，凭猜测所做的工作和凭

① 《出埃及记》2：1—2。“有一个利未家的人娶了一个利未女子为妻。那女人怀孕，生一个儿子，见他俊美，就藏了他三个月。”

② 《申命记》30：20。“且爱耶和华你的神，听从他的话，专靠他。因为他是你的生命，你的日子长久也在乎他。这样，你就可以在耶和华向你列祖亚伯拉罕，以撒，雅各起誓应许所赐的地上居住。”

③ 《申命记》10：9。“所以利未人在他弟兄中无分无业，耶和华是他的产业，正如耶和华你神所应许他的。”

④ 《出埃及记》21：22—23。

理解所做的工作，仅仅是希望和已经是现实。[138] 因此，对我们正在谈论的一样东西的惩罚好像是无限的，对我们谈论的另一样东西的惩罚是为了使它完善，是一种专门的惩罚。然而要注意，说“完善”我们指的不是道德方面的完善，而是指凭借某种技艺达到完善，无一例外。这个事例中的婴儿是妇人子宫的产物，而不是接受到子宫里的东西，她的态度是自命不凡的，而不是谦逊的。流产对于“用子宫来接受”的她来说是不可能的，因为可以期待播种者使种植完善；对“在子宫中拥有”的她来说这是相当自然的；她是她的疾病的牺牲品，没有医生能够帮助她。

【25】[139] 不要以为“她看见自己有孕”① 的意思是夏甲看见自己怀孕了。看见夏甲怀孕的是她的主母撒莱，因为撒莱后来说她自己“看见她有孕，就小看我”②。[140] 这是为什么呢？因为较低的技艺，即使看见自己的产物在子宫中，也必定是模糊地看见它们，而这些产物被清楚地看见时，它们的各种形式要由知识来加以理解。因为知识是技艺以外的更多的东西，它增添了稳定性，没有任何论证能动摇它。[141] 技艺的定义如下：它是一种为了某种有用的目的而协调工作的观念体系，对于排除有害的技艺而言，“有用的”这个词是非常恰当的添加。另一方面，知识可以定义为无法被论证所动摇的确定理解。[142] 因此，我们把技艺这个名称赋予音乐、语法和其他各种技艺，与此相应，使用这些技艺达到完善程度的人被称做技艺家，无论他们是乐师还是语法学家；但是我们把知识的名称赋予哲学和其他美德，把有知识之人的名称赋予那些拥有美德的人。只有那些谨慎的人、有节制的人和哲学家，在答出结论时肯定不会犯错误，因为这些结论属于知识，是他们以上述方式勤奋地掌握了的，而那些较低技艺更加理论性的结论则会犯错误。[143] 下面的例证可以说明这一点。眼睛看，但心灵通过眼睛可以比眼睛看

---

① 《创世记》16：4。“亚伯兰与夏甲同房，夏甲就怀了孕。她见自己有孕，就小看她的主母。”

② 《创世记》16：5。“撒莱对亚伯兰说，我因你受屈。我将我的使女放在你怀中，她见自己有了孕，就小看我。愿耶和华在你我中间判断。”

得更远。耳朵听，但是心灵通过耳朵可以比耳朵听得更清。鼻孔闻，但是灵魂通过鼻子可以闻得比鼻子更浓烈，而其他感觉感知与它们相应的对象，理智的理解则更加纯粹和清晰。我们可以颇为恰当地说，心灵是眼睛的眼睛，是听觉的听觉，是每一种感觉净化了的感觉；心灵让它们带路进入法庭，但对所呈现对象的本性下判断的是心灵本身，对某些感觉表示赞同，对有些感觉表示拒绝。以同样的方式，我们称之为较低的或次等的技艺，与它们的身体功能相似，处理它们未经考虑而回答的问题，在每一种情况下，知识这样做都有较大的准确性和详细的考察。[144] 心灵对感觉而言，知识对技艺而言；再重复一下，正如灵魂是感觉的感觉，所以知识是技艺的技艺。所以每一种技艺都会在对自然界下功夫和关注自然界的时候分离或添加某些细小的内容：几何会有它的线条，音乐会有它的音符，而哲学会考虑存在物的整个本性；因为它的主题就是这个世界和各种形式的可见的存在和不可见的存在。[145] 那么，要是能考察整个事物，它也能看见部分，看见这些部分比其他部分更好，就好像拥有更强大的眼睛和更富有穿透力的视觉，这又有什么可惊讶的呢？所以，使女孕育的东西当然属于较低的教导，对于作为主母的哲学而言，主母看得比使女更清楚。

【26】[146] 确实，这也是常识，所有具体技艺都有它们的起源和萌芽，它们达到的结论似乎就是从这里产生的，是来自哲学的馈赠。进一步的内容，比如等腰三角形和任意三角形，圆形、多边形和其他图形，这些都是几何学的发现；不过，当我们提到点、线、平面、立体是上述事物的根基和基础时，我们就把几何留在后面了。[147] 点就是没有部分的东西，线就是没有宽度的长度，平面就是只有长度和宽度的东西，立体就是有长宽高三个维度的东西，她是从哪里得出这些定义来的呢？这些东西属于哲学，所有定义都是哲学的领地。[148] 还有语法的较低阶段，把语法（γραμματική）这个词略加修饰，称做读写（γραμματιστική），教人阅读和写作，而语法较高阶段的任务则是解释诗人和历史学家的作品。所以，当它们在讲述语言的部分时，它们不是在蚕食和随意侵占哲学的发现吗？[149] 因为这是哲学独有的

性能：考察连接词、名词、动词，一般地区分专有名词，在句法中考察不完全变化的、完全变化的、陈述的、疑问的、综合的、祈使的、非祈使的。这就是她的整个体系，包含对完整句、句式和述语的研究。[150] 还有，对半元音、元音、清音或辅音，以及它们各自的用法，语音学的整个领域、声音的元素和语言的部分，都会由哲学产生，并使之达到圆满。在这些研究中，就好像画一条河，有些剽窃者只画了很少一点，就把整条河塞进他们更小的灵魂，并且展示他们窃为己有的东西，一点儿也不感到脸红。

【27】[151] 所以它们在傲慢中轻视真正拥有主权的主母，这些研究的坚实基础应当归于她。而她意识到它们的怠慢，会大声驳斥它们。"我受到虐待，我被你们叛卖，因为你们背弃了对我的信仰。"[152] 每当你开始从事比较低级形式的训练，亦即我的使女的孩子，你就把正妻的荣耀赋予她，你背弃了我，就好像我们从来没有在一起似的。不过，我的这些想法也许只是根据你自己公开与我的使女为伴做出的推论，我不确定你是否真的疏远我。[153] 但是，要确定你的情感是否如我所设想的那样，或者正好相反，这对任何人来说都是不可能完成的任务，只有神才容易做到，因此撒莱恰当地说："神在你我中间判断。"① 她没有马上谴责亚伯拉罕做了坏事，而只是表达了一种疑惑，也许他的心是真实的和真诚的。这一点在后面很快就显示出来，而他进行辩护，从而解决了她的疑惑。他说："瞧，使女在你手下，你可以随意待她。"②[154] 确实，在称她为使女的时候，他作了双重肯定：她是一名仆人，她是幼稚的，使女这个名称就含有这两层意思。与此同时，这些话也承认两方面的对立是必要的和绝对的：成年人与儿童相对，主母与女仆相对。它们几乎相当于这样一个响亮的告白：他会说，我欢迎学校里的训练，它们就好比年少者和使女，但是我会把全部荣耀赋予知识和智慧，它们

---

① 《创世记》16：5。"撒莱对亚伯兰说，我因你受屈。我将我的使女放在你怀中，她见自己有了孕，就小看我。愿耶和华在你我中间判断。"

② 《创世记》16：6。"亚伯兰对撒莱说，使女在你手下，你可以随意待她。撒莱苦待她，她就从撒莱面前逃走了。"

就好比成年人和主母。[155]“在你手下”，这些话的意思无疑是“她受你的支配”，但它们也表示更多的意思，也就是说，奴仆所包含的意思属于身体感觉之手的范围，因为学校里的科目需要身体器官和能力，而主母包含的意思抵达灵魂，因为智慧和知识，以及它们所包含的意思，与理智能力相关。[156] 所以，亚伯拉罕会说：“由于心灵比手更加有力，更加主动，更加优秀，所以我认为知识和智慧比学校里的文化更值得赞扬，更应当赋予它们完全的、特别的荣耀。所以，你可以把我的所有训练科目当做你的使女，既有主母的技艺，又有我掌握的技艺，你甚至可以‘随意待她’。我非常明白，随意待她完全是一件好事，哪怕不能完全一致，哪怕远不是愉快的，它也是有益的。”[157] 是的，它是善的和有益的。对那些犯了错误需要指责的人来说，这就是训诫，圣经说明这一点的时候用了它的另外一个名称——痛苦。

【28】[158] 因此，他添加了“她苦待她”①，意思是她训诫和严惩她。因为强烈的鞭策对那些生活在安逸悠闲之中的人确实是有益的，正如对待那些不服管教的马匹，仅凭鞭子和双手很难驾驭它们。[159] 或者说，你看不到那些不肯接受鞭策的马匹能得到的奖赏吗？它们变得圆滑和肥胖，自我膨胀，精力充沛、身体健壮，可悲地赢得了授予不虔诚者的奖赏，被宣布为这场亵渎的竞赛的胜利者，戴上胜利花冠。由于它们顺利地取得成功，所以它们就像劣币镀上了金银，想象自己就是众神，忘记了祂才是真正的硬币，真正的存在者。[160] 摩西的话可以为证，他说：“他渐渐肥胖，粗壮，光润，离弃造他的神。”② 由此可以推论，如果增长了的放纵是最大的邪恶的根源，那么用律法规范不虔诚这种相反的痛苦可以养育完全的善，那最可敬的训诫。[161] 按照同样的原则，他把无酵饼称做“苦饼”，这是最初的筵席的象征。然而我们全都知道，筵席和节日产生的是欢乐和高兴，不是痛苦。

① 《创世记》16：6。

② 《申命记》32：15。“但耶书仑渐渐肥胖，粗壮，光润，踢跳奔跑，便离弃造他的神，轻看救他的磐石。”

[162] 他显然把这个词的意思延伸为辛苦，作为惩罚者的名称，因为数量众多的重要善物不会起因于费力的争辩和辛苦，出于好意的灵魂的筵席通过辛苦而达到圆满。由于这个原因，我们也得到这条诫命，“要与无酵饼和苦菜同吃”，① 不是当做开胃小菜，而是由于民众认为，当他们的欲望不再膨胀和沸腾，而是受到限制和压制的时候，他们会感到不舒服；他们认为情欲的反制是痛苦，尽管对欢迎努力的心灵来说，这也是欢乐和筵席。

【29】[163] 由于这个原因，我相信在被称做痛苦的地方会提供有关律例的教训，因为不正义是快乐的，而正义是使人苦恼的，这是律法绝对无误的地方。当他们走出埃及的情欲时，经上说：“到了玛拉，不能喝那里的水，因为水苦，所以那地名叫玛拉。百姓就向摩西发怨言，说，我们喝什么呢。摩西呼求耶和华，主指示他一棵树。他把树丢在水里，水就变甜了。祂在那里为他们定了律例和典章。”② [164] “在那里试验他们”，经文继续说到。是的，灵魂需要试验和证明，它们拥有诸多不确定性，经常感到劳累和痛苦，因为灵魂很难取得平衡的方式，经常处于倾斜之中。有些灵魂在开始斗争时变得虚弱，完全失去信心，把辛苦当做无法战胜的对手，就像筋疲力尽的运动员，决定收手不干，返回埃及去享受情欲。

[165] 但是还有其他一些人，他们耐心而又坚毅地面对旷野里的恐怖和危险，直到完成生命的竞赛，保持人身安全，不被打败，坚定地对抗自然的逼迫，饥饿、口渴、严寒、酷暑，以及其他所有奴役人的力量。[166] 但是这个结果不是由无益的辛苦带来的，而是由变甜了的辛苦带来的。他说“水就变甜了”，辛苦的另一个名称是甜，快乐是对劳动的热爱。辛苦中的甜就是向往，就是渴望，就是热情，实际上就是对善的热爱。[167] 所以，让人们不要逃避这样的痛苦，或者以为被称做苦饼的餐桌和筵席必定有害无益。

---

① 《出埃及记》12：8。“当夜要吃羊羔的肉，用火烤了，与无酵饼和苦菜同吃。”

② 《出埃及记》15：23—25。“到了玛拉，不能喝那里的水，因为水苦，所以那地名叫玛拉。百姓就向摩西发怨言，说，我们喝什么呢。摩西呼求耶和华，耶和华指示他一棵树。他把树丢在水里，水就变甜了。耶和华在那里为他们定了律例，典章，在那里试验他们。”

不，还是让教义的训导来喂养受到告诫的灵魂吧。

【30】[168] 这种无酵的肉饼如此神圣，神谕命令要在至圣所的金桌上供上十二个，与支派的数量相应，被称做摆设饼。①[169] 律法还进一步禁止把任何酵或蜜带上祭坛。② 把身体喜欢的甜蜜的东西或者像海绵那样发酵的灵魂作为供品是一件难事，因为这些东西的本性是亵渎的，不神圣的。[170] 那么，这不就是摩西自豪地说出来的预言吗？因为我们看到，“你要记住主你的神在旷野引导你，祂会使你苦恼，检验你和你的思想，看你是否肯守他的诫命。祂苦炼你，任你饥饿，将你和你列祖所不认识的吗哪赐给你吃，使你知道，人活着不是单靠食物，乃是靠神口里所出的一切话”③。[171] 有谁敢如此亵渎，竟然设定神是伤害者或邪恶的派送者，祂给那些没有食物就不能活下去的人送来饥荒这种最为悲惨的死亡形式？神是善的，是善物的原因，是施恩者，是救世主，是滋养者，是致富者，是慷慨的赠与者，祂从神圣的疆界中驱逐了恶意。所以，祂从伊甸园中驱逐了亚当和夏娃，他们是土的累赘变形。[172] 所以，让我们不要被实际的语词误导，而要观察隐藏在语词后面的喻意，说“受折磨”就相当于说“受到约束、告诫和惩罚”，“遭受灾荒”的意思不是祂带来了食物和饮水的缺乏，而是带来了快乐、欲望、恐惧、悲伤和恶行的缺乏，总之，带来一切邪恶或情欲的缺乏。[173] 下面这句话确证了这一点，“祂用吗哪喂养你们”。祂提供的这种食物无须辛劳和痛苦，这种无须凡人照料和看管的食物不是以普通方式从地里生长出来的，而是为了那些食用它的人的利益，奇迹般地从天上降下来的——我们能说祂是灾荒和苦难的派送者吗？正好相反，我们不是应当称祂

① 参见《出埃及记》25：29。“要作桌子上的盘子，调羹，并奠酒的爵和瓶，这都要用精金制作。”

② 《利未记》2：11。“凡献给耶和华的素祭都不可有酵，因为你们不可烧一点酵，一点蜜当作火祭献给耶和华。”

③ 《申命记》8：2—3。“你也要纪念耶和华你的神在旷野引导你这四十年，是要苦炼你，试验你，要知道你心内如何，肯守他的诫命不肯。他苦炼你，任你饥饿，将你和你列祖所不认识的吗哪赐给你吃，使你知道，人活着不是单靠食物，乃是靠耶和华口里所出的一切话。”

为繁荣、幸福、昌盛、安全、有序的生活的创造者吗？[174] 智慧是我们所有人的真正食物，但是从来没有尝试过智慧的芸芸众生会以为那些靠神圣话语喂养的人过着痛苦悲惨的生活，也几乎不知道他们的日子在连续的幸福和快乐中度过。

【31】[175] 就这样，一件如此有益的事情被当成一种痛苦，而它的最可耻的形式，奴役，却被当做一种伟大的赐福。我们在圣经中读到一位父亲要儿子接受奴役，那是最卓越的以撒对愚蠢的以扫说的。[176]在一个地方，他说："你必倚靠刀剑度日，又必事奉你的兄弟。"① 他判断这样做对以扫最有益，不是选择和平而是选择战争，由于内心的骚动和反叛，他好像携带着战争的武器，而实际上他应当成为臣民和奴仆，服从热爱自制者下达的所有命令。[177] 然而，我想，摩西的门徒之一，被称做和平之人，以我们先祖所罗门的名义，确实说过这样的话："我儿，你不可轻看神的管教，也不可厌烦他的责备。因为主所爱的，他必责备。正如父亲责备所喜爱的儿子。"② 所以我们看到责备和训诫被当做一件大好事，能促使我们把对神的承认转变为与祂成为亲属，因为有什么关系能比父亲和儿子，或者儿子与父亲更加亲密呢？[178] 但是，为了不让这一系列论证显得过于冗长和累赘，我在已经提供的证明之上只添加一个最清楚的证明，说明折磨和虐待是美德的工作。有一条律法是这么说的："不可苦待寡妇和孤儿。"③ 他这样说是什么意思？还有比苦待他人更加邪恶的事情吗？如果苦待是邪恶的工作，而不是其他，那么在一件已经一致同意的事情上再作添加是肤浅的，不用再说其他的话就会得到承认。[179] 毫无疑问，他的意思是说"我知道可以被美德所责备，被智慧所管教，因此我不认为所有折磨和苦待是应受谴责的"。当它是公义的工

---

① 《创世记》27∶40。"你必倚靠刀剑度日，又必事奉你的兄弟。到你强盛的时候，必从你颈项上挣开他的轭。"

② 《箴言》3∶11—12。"我儿，你不可轻看耶和华的管教，（或作惩治）也不可厌烦他的责备。因为耶和华所爱的，他必责备。正如父亲责备所喜爱的儿子。"

③ 《出埃及记》22∶22。

作和实施惩罚的律法的力量时，我充满了崇敬。当它是愚蠢和邪恶的工作，因而是有害的时候，我逃离它，用它应有的恶名称呼它。[180] 所以，当你听到夏甲受到撒莱的折磨或苦待时，不要以为你在这里看到的只是一件因妇女妒忌而产生的事情。这里说的不是妇女，而是心灵——一方面，心灵在初步学习中锻炼它自己，另一方面，心灵努力赢得美德的棕榈叶，永不停止，直至获取。

论逃走和遇见

提 要

本文的希腊文标题是“ΠΕΡΙ ΦΥΓΗΣ ΚΑΙ ΕΥΡΕΣΕΟΣ”，英译者将其译为“On Flight and Finding”。本文的拉丁文标题为“De Fuga et Inventione”，缩略语为“Fug.”。中文标题定为“论逃走和遇见”。原文共分为 38 章（chapter），213 节（section），译成中文约 3.4 万字。

本文延续《论预备性的学习》的主题，解释《创世记》16 : 6—12（省略第 10 句）。本文对这些经文的引用是基本完整的，但相关讨论限于其中少数语词：“逃走”（fled）、“遇见”（found）和“水泉”（fountain）。全文可分三个部分：

第一部分（1—118 节）：讨论“逃走”。第一个要点是夏甲的逃走。逃走有三个动机：怨恨、恐惧和羞耻（2—3 节）。夏甲属于第三种情况，她逃走是出于羞耻。她的故事表明，神的使者是监视者，他对夏甲抱有善意，是夏甲的朋友和顾问，夏甲受到他的教育，有了足够的勇气（4—6 节）。怨恨是雅各逃离拉班的原因。雅各和拉班在这里分别代表唯物论和有神论的信条（7—13 节）。雅各的灵魂发现自己不能矫正拉班的灵魂，于是想要逃走，与它断绝关系。雅各的妻子，亦即他的权柄，参与这种断绝。然后谈到神从拉班那里取走财富和荣耀，对什么是真正的财富和荣耀进行思考（15—19 节）。需要逃跑的进一步证据来自拉班的劝告，他用音乐和欢乐送雅各离开，而这位实践者明白这只是在引诱他返回较低的生命（20—22节）。由恐惧引起的逃走，这方面的例子是以扫威胁说要杀死雅各，雅各逃往哈兰拉班处。在这里，拉班代表光彩的世俗生活，从中得出的教训是要用正确的方式回应不正义，对这些宣称世上善物落入其手的人，最好的回答是说明如何正确使用这些善物。因此我们不需要逃避财富、权力或筵席。我们的慷慨宣告吝啬有罪，我们的公义宣告暴君有罪，我们的节制宣告饕餮之徒有罪（28—32节）。那些喜欢禁欲生活的人有许多是伪君子，在外部世界起作用的是较高的沉思生活，对人的事奉必须先于对神的事奉（33—38节）。雅各逃往哈兰，象征灵魂在实践中取得进步。它必须摆脱以扫的无知，但还不能与以撒较高的生活分离（39—43节）。他要去拉班那里，拉班是利百加的兄弟，住在哈兰，像在别处一样，拉班表示感性世界，对于进步而言，感性的知识是必要的，几天之后，他被召唤过一种更加高尚的生活（44—47节）。同理，以撒吩咐他去巴旦亚兰，亦即去波涛汹涌的生命之河，去彼土利那里，亦即去神的女儿智慧的家，她尽管是"女儿"，但也是"父亲"（48—52节）。律法规定，故意杀人要处死，非故意杀人则可以在指定处避难。律法说："打人以致打死的，必要把他治死。"这里的治死表示真正的灵性死亡（53—55节）。其他引用的文本表示，如同美德是真正的生命，邪恶是真正的死亡，尽管在另一种意义上，邪恶决不会死亡，如该隐这个事例所证明的那样（56—64节）。人的过失杀人实际上是神的行为，是神将受害者交到了杀人者手中。神使用杀人者实施惩罚，尽管神仍旧需要发布命令。神与神的权能一道，按照神的形像创造了人（65—74节）。"我要给你一个地方"，可以理解为神本身就是无辜者避难的地方（75—76节）。故意杀人者若在圣地避难，就要将他拉出来处死。亵渎神的人一定不能原谅，如同辱骂父母的人要治死（77—84节）。"逃城"只留给那些能够区分有意和无意行为的人。关于"逃城"提出四个问题：第一，选作逃城的城邑为什么来自利未人的城邑？第二，为什么要选六座逃城？第三，为什么三座逃城在约旦河东，其他的在迦南地？第四，为什么预先指定逃亡者回归的时间是在大祭司死了以后（85—87 节）。对第一个问题的回答是：利未人在某种意义上也是逃亡者，为了令神喜悦，他们抛弃了父母、子女、兄弟和所有亲戚，在《出埃及记》中，神要各人杀他的弟兄与同伴并邻舍。在这里作者把杀人者解释为身体、非理智的本性、话语（88—93 节）。对第二、三个问题的回答是：神的六种权能是无辜者可以避难的地方，有三处高于我们的本性，有三处接近我们的本性（95—105 节）。对第四个问题的回答是：大祭司等同于圣言，对二者进行类比。然后，把律法解释为意义，大祭司生活在灵魂中，由于有遭到驱逐的罪过而不能回归（106—118 节）。

第二部分（119—176 节）：讨论“发现”（遇见）。一共有四种情况：既不发现又不寻找；既发现又寻找；寻找但找不到；发现而不寻找（119—120 节）。第一种情况，既不发现又不寻找，只举了一个例子，提到法老的固执（121—125 节）。第二种情况，既发现又寻找，首先以约瑟为例，在某种内在动力的推动下，约瑟在多坍找到他的哥哥，在那里放弃幻觉（126—131 节）。然后以以撒为例，询问牺牲在什么地方（132—135 节）。然后以以色列人为例，他们起初不知道什么是玛那，最后发现玛那就是圣言（137—139 节）。最后以摩西为例，摩西询问神自己的使命是什么，得到的回答是“我必与你同在”（140—142 节）。第三种情况，寻找但找不到，我们拥有的例子是拉班寻找神像，所多玛人寻找房门，可拉寻求当祭司，法老寻找摩西，想要杀了他（143—148 节）。接下去讲述犹大与他玛同寝的故事，以此象征灵魂的虔诚。灵魂以三样东西作抵押：印、带子、手杖。第一样是坚定和忠诚，第二样是秩序，第三样是严格的纪律。这个故事与“使者未能发现她”这句话所表达的主题有联系（149—156 节）。然后，将《利未记》中赎罪用的公山羊简短地精神化，把燃烧的荆棘这个故事解释为认识事物的原因，但不能取得成果，愿望不断地破灭，但也一直在更新（161—165 节）。第四种情况，发现而不寻找，提示了许多在别处有过解释的要点，其中最主要的是“自学成才”的本性，用以撒来象征，然后用作象征的有不需要接生婆助产的希伯来妇人，雅各发现神交到他手中的肉，安息年在休耕土地上自动生长出来的庄稼（166—172 节）。最后这一象征很自然地导致思考以和平作为安息日的礼物，这方面最好的例子是神向以色列人列祖应许城邑、房屋、水井、葡萄园、橄榄园，他们无须为此而辛劳，这些东西实际上指的是各种灵性的赐福（173—176 节）。

第三部分（177—213 节）：讨论“水泉”。水泉用作五种不同事物的象征：第一种是心灵，圣经创世的故事说到“有清泉上涌，滋润遍地”（177—182 节）；第二种是教育，“以琳”有十二股水泉，“以琳”的意思是门户，象征进入美德的入口，此外，还有七十棵棕树，接下去是一段关于十二和七十这两个数字的离题话（183—187 节）；第三种是愚蠢的水泉，用露了自己血源的妇人为例来说明，妇人是感觉，她的丈夫是心灵，当心灵入睡时，各种感觉会自由发挥（186—193 节）；第四种是智慧的水泉，利百加从这口井中取水（194—196 节）；第五种是神本身，耶利米称之为生命的水泉。比较愚蠢者挖的水池与亚伯拉罕和以撒这样的贤人挖的水井。灵魂在水泉旁遇见由夏甲象征的神圣谕言，但灵魂并没有从水泉中取水（197—202 节）。

文章最后简要解释几句经文，以此结束全文。神的使者说：“你从哪里来，要往哪里去？”神其实并非不知道答案，因为神知道那妇人怀孕要生一个儿子。问题的第一部分表明神斥责她好斗，问题的第二部分表示未来的不确定性（205—206 节）。然后讨论神的使者有关以实玛利的话语或智者的本性（207—211 节）。最后，我们注意到夏甲承认使者为神，因为神的使者事奉神，而她事奉神的使者，就像事奉神本身一样（211—213 节）。

正 文

【1】[1]“撒莱苦待她，她就从撒莱面前逃走了。主的使者在旷野书珥路上的水泉旁遇见她。主的使者对她说，撒莱的使女，你从哪里来，要往哪里去。夏甲说，我从我的主母撒莱面前逃出来。主的使者对她说，你回到你主母那里，服在她手下。①主的使者对她说，你如今怀孕要生一个儿子，可以给他起名叫以实玛利，因为主听见了你的苦情。他将要住在田野里，他的手要攻打人，人的手也要攻打他。”②[2] 在上一篇文章中，我们说了有哪些科目适合初步的训练，还谈到苦待，下面我们要提出逃亡者这个主题来加以讨论。因为这位立法者在几个地方都提到逃跑者，就像他在这里说夏甲受到苦待，从她主母面前逃走。[3] 我认为逃跑有三个动机：怨恨、恐惧和羞耻。出于怨恨，妻子逃离丈夫，丈夫逃离妻子；出于恐惧，子女离开父母，奴仆离开主人；出于羞耻，同伴离开朋友，他们做的某些事情使同伴生气。我知道有些父亲由于自身的软弱而使他们不愿面对儿子严格的哲学生活，出于羞耻，他们宁可生活在乡下也不愿生活在城里。[4] 圣经中可以找到这三种动机起作用的例子。实践者雅各，如我们将要说明的那样，出于怨恨而逃离他的岳父拉班，出于恐惧而逃离他的兄弟以扫。而夏甲逃走的动机是羞耻。[5] 事实上，神的使者，亦即圣言，遇见了她，把正确的办法告诉她，并建议她返回她的女主人的家。神的使者鼓励她说：“神听见了你的羞耻。”③因为羞耻

---

① 《创世记》16：6—9。“亚伯兰对撒莱说，使女在你手下，你可以随意待她。撒莱苦待她，她就从撒莱面前逃走了。耶和华的使者在旷野书珥路上的水泉旁遇见她，对她说，撒莱的使女夏甲，你从哪里来，要往哪里去。夏甲说，我从我的主母撒莱面前逃出来。耶和华的使者对她说，你回到你主母那里，服在她手下。”

② 《创世记》16：11—12。“并说，你如今怀孕要生一个儿子，可以给他起名叫以实玛利，因为耶和华听见了你的苦情。（以实玛利就是神听见的意思）他为人必像野驴。他的手要攻打人，人的手也要攻打他。他必住在众弟兄的东边。”

③ 《创世记》16：11。

既不是由恐惧又不是由仇恨推进的，恐惧是一种无知的情感，仇恨是爱好吵架的灵魂的情感，而羞耻是内在羞怯的外在表达。[6] 若她由于恐惧而逃走，那么神的使者可能不会推动她的转变，从恐惧变得比较平静；到了那个时候，甚至还不到那个时候，逃亡者就可以安全地返回。但是神的使者没有先去责备撒莱，因为她按照自己的心意顺利地处理了这件事情。神的使者是监视者，对夏甲抱有善意，他马上成为夏甲的朋友和顾问，夏甲受到他的教育，不是只感到羞耻，而是有了足够的勇气；我们要指出，离开了自信的羞耻只是半个德性。

【2】[7] 后面的论证会更加细致地揭示羞耻的特性。但我现在必须回过头来提建议，从那些由于仇恨而逃走的人开始。我们知道："雅各背着亚兰人拉班偷偷地走了，不告诉他，就带上他自己的所有东西逃走了。"① [8] 那么，被怨恨的原因是什么？你也许想知道。有些民众用没有性质、样式和形状的实体塑造他们的神；但是他们既不知道动因，也不愿自找麻烦向那些认识祂的人学习。他们既不掌握也不学习一切科目中最好的科目，它是首要的科目，但不是唯一的科目，有关它的知识是他们必须获取的。[9]拉班属于这种人；因为神圣的谕言指定给他的羊群是没有标记的；② 在宇宙中，没有性质的质料是没有标记的，而在人中间，那些无知的、未受教育的灵魂是没有标记的。[10]其他一些人拥有较好的部分，他们说"心灵"的到来使万物有序，存在物中盛行的混乱就像暴民叛乱的结果，要把它转化为一位国王治下的有序统治。雅各是这位同伴的誓约者，他照管杂色的羊群，有显著标记，可以分得很清楚；在宇宙中，事物的形态是各种各样的，而在人中间，理智、训练良好和热爱学习是主要形态。[11] 声名显赫者完全吸取了合作的精神，陪伴真正的君王，如我前述，他用物体

---

① 《创世记》31：20—21。"雅各背着亚兰人拉班偷走了，并不告诉他，就带着所有的逃跑。他起身过大河，面向基列山行去。"

② 《创世记》30：42。"只是到羊瘦弱配合的时候就不插枝子。这样，瘦弱的就归拉班，肥壮的就归雅各。"

的质料来造神，以为这些有效事物之外没有权柄，在这个时候他来到普通人面前——教训他，说他错了。[12] 因为这个世界有生成，它的生成肯定是有某些原因的；祂的圣言使祂自身成为这个世界的印章，每个事物由此接受它的形状。与此相应，外在的形式完善地伴随生成的事物，因为它是完善圣言的印记和形像。[13] 有生成的生灵在数量上是不完善的，可以从它随着岁月流逝而不断生长看出这一点，但在质量上它是完善的；因为同样的质量在延续，它是永久持续的圣言的印记，没有任何种类上的变化。

【3】[14] 看到拉班变得越来越不愿意听取教训和听从合法权柄的话，雅各当然就计划逃跑，唯恐在其手中受害而得不到任何帮助。与没有感觉的人发生联系是有害的，灵魂经常不自觉地留下极为愚蠢的印象；依据事物的本性，有文化者厌恶无文化者，勤勉者反对粗心者。[15] 所以，实践者提高嗓门大声宣布，说出了怨恨的理由："在我们父亲的家里还有我们可得的分么，还有我们的产业么。我们不是被他当作外人么。因为他卖了我们，吞了我们的价值。神从我们父亲所夺出来的一切财物，那就是我们和我们孩子们的。"①[16] 无论是名称还是业绩，他们认为愚蠢者不会是富裕的或荣耀的，可以大胆地说，所有愚蠢者都是贫穷的，不名誉的，哪怕他们在财富方面胜过富有的国王。因为，他们不说自己拥有父亲的财富，也不说拥有父亲的荣耀，然而，财富和荣耀就是来自他们的父亲。[17] 卑微者缺乏真正的财富和荣耀；因为这些善物通过健全的感觉、自制和与此相关的性情而获得，它们就是热爱美德的灵魂所继承的遗产。[18] 与此相应，这些美德与那些无用者无关，而和那些被剥夺者有关，亦即高尚者的影响和声誉。从他身上美德被剥夺，变成高尚者的财产，由此进入别处所说的和谐，"我们要

---

① 《创世记》31：14—16。"拉结和利亚回答雅各说，在我们父亲的家里还有我们可得的分么，还有我们的产业么。我们不是被他当作外人么。因为他卖了我们，吞了我们的价值。神从我们父亲所夺出来的一切财物，那就是我们和我们孩子们的。现今凡神所吩咐你的，你只管去行吧。"

把埃及人所厌恶的祭祀耶和华我们的神”①，因为美德与合乎美德的行为是完善的、无瑕疵的供品，是热衷于情欲的埃及身体所憎恶的东西。[19] 甚至就在这段话中，理智与实在相一致，作为世俗的事物，埃及人在那些敏锐的视觉中被估量为神圣的，全部可以用做献祭用的供物；以同样的方式，愚蠢者被剥夺的东西被那些高尚者的同伴所继承。这些东西是真正的荣耀，与知识没有区别，这些东西是真正的财富，而非虚假的财富，高尚者对真实存在的事物有着最敏锐的视觉，它不接受假币，也不接受任何无灵魂的东西，而它本身是一枚检验过的真币。[20] 因此，雅各应当逃离那个不拥有任何神的善物的人，而这个人甚至在挑另外一个人的毛病时，也说自己不知道，他说：“如果你告诉我，我可以找人送你回去。”② 要是你设定这种统治权和主权，并声称拥有自主权，那么当你是成千上万个主人的奴隶时，仅凭这一点就可以成为你逃走的充足理由。[21] 然而，雅各说，我没有找人帮我发现美德，而是留意吩咐我离开这里的神谕，它们在这个时候指引我的行进。[22] 你会如何送我回去呢？会像你说的那么夸张吗？有“欢乐”但使我痛苦，有“音乐”但没有人懂，有“锣鼓”但声音嘈杂，没有意义，有“竖琴”但通过耳朵使灵魂遭受打击，③ 在这里起作用的不是乐器，而是没有曲调或和声的模式。不，就是这些事情使我计划逃跑；你们似乎发现可以用它们作为劝说我返回的方式，引诱我相信这些感觉中的欺骗和误导，而我却难以获得力量把它们踩在脚下。

【4】[23] 所以，怨恨是我们已经说过的这种逃跑的原因，而恐惧是我们下面要说的原因。我们读到：“利百加对雅各说，你瞧，你哥哥以扫威胁说要杀你。所以，我儿，你要听我的话，起来，逃往哈兰我哥哥拉班那里

---

① 《出埃及记》8：26。“摩西说，这样行本不相宜，因为我们要把埃及人所厌恶的祭祀耶和华我们的神，若把埃及人所厌恶的在他们眼前献为祭，他们岂不拿石头打死我们么。”

② 《创世记》31：27。“你为什么暗暗地逃跑，偷着走，并不告诉我，叫我可以欢乐，唱歌，击鼓，弹琴地送你回去。”

③ 《创世记》31：27。

去，同他住些日子，直等你哥哥的怒气消了，忘了你向他所作的事，我便打发人去把你从那里带回来。”①[24] 这里说的是恐惧的理由，免得灵魂的低劣部分设下埋伏或者公开拿起武器去推翻和颠覆灵魂的优秀部分。这是利百加提出来的卓越的建议，利百加的意思就是明智的“耐心”。[25] 她说，无论何时你看到低劣者全速运动以对抗美德，过度解释那些本应忽略的事情，富裕、名声、快乐，把不义提升为这些事物的制造者，指出大多数作恶者获得名声和大量金银，不要马上朝着相反的方向运动，去践行贫穷、谦卑和严峻孤僻的生活方式；因为以这种方式，你会刺激你的对手，让你更加危险的敌人来反对你。[26] 所以，考虑一下用什么办法来逃避他的阴谋诡计。使你自己不是适应他的追求和实践，而是有助于创造那些对象——荣耀、官位、金银、财产、不同的形体和颜色、美丽的物体。每当遇到这些东西，你要像一名优秀的艺术家那样，尽可能好地给这些物体的实在刻上形状，由此完成可以赢得人们赞扬的作品。[27] 你们非常明白，当一名没有行船技艺的人掌管一条能安全航行的船的时候，他会使船只倾覆，而一名技艺娴熟的舵手经常能够拯救正在下沉的船；你们也明白，那些缺乏经验的愚蠢的家伙，他们的身体会落入非常危险的境地，而那些经验丰富的人可以从危险的疾病中康复。我不需要作详细说明。在各种情况下，有技艺者完成的事情正好宣告了无技艺者的罪过，而对前者的赞扬正是对后者的谴责。

【5】[28] 所以，若你想要彻底揭露富人中的卑贱者，那么不要拒绝充裕的财富。我们可以看见这个可怜家伙的本色，他要么具有奴隶的而非高尚者的本能，要么是个吝啬鬼，一毛不拔；或者另一方面，他就好像生活在慷慨的旋涡中，始终准备抛撒大量金钱，寻欢作乐，寻花问柳，买醉嫖娼，淫

---

① 《创世记》27 : 42—45。“有人把利百加大儿子以扫的话告诉利百加，她就打发人去，叫了她小儿子雅各来，对他说，你哥哥以扫想要杀你，报仇雪恨。现在，我儿，你要听我的话，起来，逃往哈兰，我哥哥拉班那里去，同他住些日子，直等你哥哥的怒气消了。你哥哥向你消了怒气，忘了你向他所作的事，我便打发人去把你从那里带回来。为什么一日丧你们二人呢。”

乱放荡。[29]你要慷慨地资助贫困的朋友，你要把你的财富大量捐赠给国家，你要娶那些无人供养的父母的女儿，给她们提供大量嫁妆；你要把你的私人财产全都变成公共财产，邀请所有配得上你这份善意的人来分享。[30] 以完全相同的方式，当有些人疯狂地追求名声，大肆自吹自擂的时候，如果你希望责备这个可悲的家伙，或是有机会赢得荣耀，那么不要转身朝着民众，接受他们的鼓掌，而要等那可怜的自夸者信心满满地大步前进，误用他的显赫骚扰和羞辱其他比他好的人，而把较差者置于他们之上的时候，你可以使劲把他绊倒，另一方面，你要使所有高贵者分享你的好名声，确保较高种类的位置，用你的倡议去改进较差者。[31] 还有，如果你要去参加豪华的筵席，美酒管够，那就去吧，不要犹豫；因为你可以用你的有节制的行为让那些不节制的人蒙羞。在他张嘴之前，他会抚摸他的肚皮，打开无法满足的胃口，然后不得体地狼吞虎咽，并毫不脸红地攫取邻桌的食物；等他完全吃饱以后，他会像诗人那样说“畅怀痛饮，快哉，快哉”，引得所有看见他的人来嘲笑他。[32] 但是没有人会强制你，你有节制地饮酒，如果在任何情况下你被迫放纵，那么你会将这种冲动置于理智的管制之下，决不会把快乐降低为其他的不快乐，如果我们可以这样说的话，那就等于是在清醒地醉酒。

【6】[33] 因此真理会正确地批评那些人，他们未经充分考虑就宣称放弃日常生活中的生意和财务，说他们轻视名声和快乐。但他们其实不会藐视这些事情，只是在冒名顶替。肮脏的身体、沮丧的脸庞，痛苦、严苛和悲惨的生活，他们放出如此多的假象，使其他人误以为他们是整洁、节制、忍耐的热爱者。[34] 但是，他们不能够欺骗视觉更加敏锐的人，这些人能窥视内里，拒绝被眼睛所见之物蒙骗。因为，他们把所见之物只当做不同事物的外表，想要看到这些事物隐藏在内里的真正本性，如果这些事物是美好的，他们发出赞美，如果这些事物是丑陋的，他们发出嘲笑和厌恶，由于这些事物的虚假。[35] 所以，对这样的人，让我们问：你们喜欢与其他人交往还是喜欢独居？嗯，关于这种高尚的品质你们能提供什么证明吗？你们放弃挣钱吗？你们决定做生意时要保持公正吗？当你们要为肚皮和肚皮以下部分的

快乐付钱时，也就是说当你们有足够的金钱放纵自己去做这种事情的时候，你们会实施节制吗？你们藐视世俗的尊敬吗？嗯，当你们拥有荣耀的职位时，你们还会保持简朴吗？因为对你们的人来说，公共事务是嘲笑的对象。你们也许从未发现这是一件多么有用的事情。[36] 所以，你们要在私人生活和公共生活中得到某些锻炼和实践，通过这些互为姐妹的德性、家政和政治才能，你们变成各个领域的主人，有资格现在就进入，把原来的生活方式改变得不同和更加卓越。因为实际的生活先于沉思的生活，它就像一场比赛的前奏，对手们要在这里据理力争，一决雌雄。沿着这样的道路前进，你们就可以避免受到责难，说你们因为懒惰而逃避努力。[37]也是按照这一原则，利未人被赋予祭司的职责，直到五十岁①，当他们不再担任祭司以后，他们就以一切事物为观察和沉思的对象；他们把这种相当不同的生活当做奖品来接受，作为他们以往履行职责的奖励，这种生活的快乐仅在于知识和对这些原则的学习。[38] 除此之外，有些人宣称他们的目的是得到神的庇佑，这是一件重要的事情，应当与这些人充分地见面；因为，当你们还不能掌握较小的东西时，以为自己能够掌握较大的东西，这只是愚蠢的表现。因此，在和人打交道的时候，首先要使你们自己熟悉这些美德，乃至于到了最后，你们可以进入人与神的关系。

【7】[39] 这就是“耐心”给那个实践者所提建议的本质，但实际的话语仍旧需要具体处理。她说：“你瞧，你哥哥以扫在威胁你。”这里说的不就是那个凶狠的、冷酷无情的人吗？他的无知使他不服从，被称做“以扫”，心里抱有怨恨，想用世俗生活，金钱、名声、快乐，等等，作为诱饵来摧毁你们，一心想要杀死你们。“但是，我的孩子，你要逃离当前的竞争，因为你还没有长大，还不具备足够的力量，而且像孩子一样，你的灵魂的肌肉还不够坚硬。”[40] 就是由于这个原因，她把实践者称做“孩子”，而这个称呼同时也表现出一种仁慈，适用于少年；我们拿这位实践者的性质与完全发

① 《民数记》4∶3。“从三十岁直到五十岁，凡前来任职，在会幕里办事的，全都计算。”

展者相比，他既是年轻的，又是可爱的。这样的少年应当能够赢得给予孩子们的奖励，但是还不能获取给男人的奖励；男人能够获得的最佳奖励是事奉唯一的神。[41] 所以，我们在庭院里事奉，但还没有彻底洁净，而是如我们所想象的那样，刚刚洗去我们生活中的污点，在这个时候我们匆匆忙忙地去事奉，无法忍受严峻的生活方式，而且需要时刻戒备，遵守诫命，不懈努力。[42] 所以，逃走在当前既是最坏的，又是最好的。说它最坏是因为它是难以置信的虚构，是没有韵律或曲调的诗，无知会使观念和信念变得真正僵硬和呆板。以扫的名字就是从这里派生出来的。奉献供品是最好的；因为事奉就是神圣的献祭，大祭司的事奉只献给神。[43]邪恶地度日是最有害的；带着全善这样做是最为有害的。所以雅各逃离了以扫，又逃离了他的父母，因为他倾向于实践，并仍旧在参与竞赛，他逃离了邪恶，但还不能分享完善美德的生活，因为不经过教育就不能学到这种完善的美德。

【8】[44] 因此，他要去国外，去拉班那里，但不是那个亚兰人拉班，而是他的母亲的哥哥拉班。这里的意思是他会抵达生活的光明，因为"拉班"的意思是"明亮"。到达以后，他不会由于交了好运而得意洋洋、神气活现；尽管亚兰人的意思是"高高在上"，但在这里没有提到亚兰人拉班，只提到利百加的哥哥。[45] 因为供卑鄙者使用的生活方式和手段使他的心灵飞往高处，就如健全的感觉那样空虚，这样的心灵被称做"亚兰人"，而对迷恋纪律的人来说，他会坚定地持守高尚的原则，这就是利百加的哥哥，或者"坚持"；他居住在"哈兰"，用我们的话来说就是"空洞"，象征感觉；因为这个人仍旧处于世俗生活的这个阶段，不能免除感官。[46] 因此，这位母亲说："孩子，去同他住些日子。"① 这里讲的不是永远和他同住，而是住些日子。这里的意思是要很好地了解这个感性王国；要认识你自己，要认识构成你的每个部分，它是什么，它是用什么造成的，它如何运作，它是谁；一切不可见者，要么是你的心灵，要么是宇宙的心灵，就像安放木偶，要使它们

---

① 《创世记》27：44。"同他住些日子，直等你哥哥的怒气消了。"

运动，要牵线操纵它们。[47] 当你考察自己的时候，也要具体考察对拉班来说独特的东西，甚至那些得到颂扬的虚假胜利。不要被这些东西捕获，而要像一名技艺娴熟的好工匠，按照你自己的需要来使用它们。若被安放在这个国家和城邦生活的混乱场景之中，你将展示坚定的信仰和遵守纪律的品德，我会打发人去把你从那里带回来①，你可以获得你父母得到的奖品，亦即对唯一睿智的存在者的不变的、持久不懈的事奉。

【9】[48] 他的父亲给了他同样的教导，但有少量添加，因为他说："你起身逃往巴旦亚兰，到你外祖彼土利家里，在你母舅拉班的女儿中娶一女为妻。"② [49] 这里又要注意，当讲到拉班通过婚姻与这位实践者成为亲戚的时候，以撒不是称他为"亚兰人"，而是称他为"利百加的兄弟"。他说"你逃往巴旦亚兰"，也就是逃离生活的激流，不要被它冲走或淹死，而要能坚定地立足，不要在激流中猛烈碰撞，上下翻滚。[50] 你将找到智慧之家，那片安宁和美丽的天空，欢迎你到那里系泊；神谕宣称智慧的名字是彼土利，这个名字在我们的语言中的意思是"神的女儿"；是的，这是一位真正永贞的女儿，她自己像节制一般的理智与神的荣耀生了她，使她获得一种免除各种亵渎的触摸的本性。[51] 他把彼土利称做利百加的父亲。请问，作为神的女儿的智慧怎么能够说成是一位父亲呢？因为智慧的名称是阴性的，而她的本性是男子汉气概的吗？确实，所有美德都有一个女性的名字，但都有成熟的男性的能力和活动。在神之后到来的事物可以界定为阴性的，尽管它是其他一切事物中最主要的，占有第二的位置，以此表达它与阳性的创世主的对立，以及它与其他事物的姻亲关系。

卓越总是与阳性相关，而阴性总是缺乏阳性，小于阳性。[52] 所以，让我们不要注意这些语词在词性上的差别，说神的女儿，甚至说智慧，不仅

---

① 《创世记》27：45。"你哥哥向你消了怒气，忘了你向他所作的事，我便打发人去把你从那里带回来。为什么一日丧你们二人呢。"

② 《创世记》28：2。"你起身往巴旦亚兰去，到你外祖彼土利家里，在你母舅拉班的女儿中娶一女为妻。"

是阳性的，而且是父亲，适宜在灵魂中播种和生育，倾向于学习、训练、知识、健全的感觉、好的和值得赞赏的行为。实践者雅各想要从这个家族找一位新娘。他要在其他什么地方找到无误的判断作为合作者，与她长久度日，而不是在智慧之家呢？

【10】[53] 在确定杀人这个方面的律法时，这位立法者详细地谈论逃走这个主题，考察了各种形式的杀人，非故意的杀人和故意杀人。读一下这些律法："打人以致打死的，必要把他治死。人若不是埋伏着杀人，乃是神交在他手中，我就设下一个地方，他可以往那里逃跑。人若任意用诡计杀了他的邻舍，就是逃到我的坛那里，也当捉去把他治死。"①[54] 我非常明白他决不会说多余的话，他能够非常清楚地表达他的愿望，所以我开始与自己争辩，为什么他要说故意杀人者不仅要被治死，而且要"被死亡治死"。[55] 我问我自己："一个死人最后能有其他什么办法被死亡拯救？"我去听一位聪明的妇女讲课以摆脱我的困惑，她的名字是"考虑"；她教导我说，有些人活着的时候已经死了，有些人死了的时候还活着。她告诉我，恶人拖延他们的日子直到很老的时候，但他们实际上是死人，因为他们缺乏有美德的生活，而善人，哪怕切断与身体的联系，也是永生的，不朽的。

【11】[56] 她确认她说的这些意思神谕也这样说，其中有一条说："惟有专靠你们的神的人，今日全都存活。"② 只有在神那里避难、变成祂的乞援者的人，摩西才认为是活的，而其他人都是死人。确实，通过说"今日全都存活"，他把不朽添加给了前者。[57]"今日"是一个永无尽头的无限的世代；由月和年构成的时期，或者某个长度的时间，是人的观念，源于他们赋予数目的重要性。但是，"无止境的世代"绝对正确的名称是"今日"。太阳决不会发生变化，而是始终同一，有时候在大地之上，有时候在大地之下；以此区分白天与黑夜，它们是衡量无止境的世代的尺度。[58] 用来证实她的

---

① 《出埃及记》21：12—14。

② 《申命记》4：4。

陈述的另一条神谕是这样的:“看哪，我今日将生与死、善与恶，陈明在你面前。”[①] 因此，你是最聪明的教师，善与美德是生命，恶与邪恶是死亡。还有，在另一处:“这就是你的生命和日子，爱主你的神。”[②] 这是不死生命的最高贵的定义，爱神和以神为友就可以拥有这种生命，与肉身无关。[59] 祭司拿答和亚比户之死是为了让他们可以活，得到不朽的生命以替换可朽的存在，从被造物转换成非被造物。经上也宣称他们拥有不朽，“他们死在主面前”[③] 的意思就是“他们苏醒过来”，因为一具尸体是不能出现在神面前的。还有:“这就是主所说的，我在亲近我的人中要显为圣。”[④] 而死人，如我们在《诗篇》中所听到的“不能赞扬主”,[⑤] 这是活人的工作。[60] 另一方面，在律法书中的任何地方我们都没有找到被诅咒的杀弟者该隐之死——不，有一个神谕提到过他，说“主神就给该隐立一个记号，免得人遇见他就杀他”[⑥]。[61] 为什么会这样呢？我想，这是因为不虔诚是一种永无尽头的恶，一经点燃就永不熄灭，所以我们可以把诗人的话恰当地用于邪恶，“她并非有死，而是一个不死的怪物”[⑦]。我们知道它在生命中是“不死的”，而在神那里，就与生命的关系而言，它是没有生命的尸体，“死尸比粪便更应当抛弃”[⑧]，如某人所说。

【12】[62] 把不同的区域分派给不同的事物，把天空分派给善物，把大

---

① 《申命记》30∶15。“看哪，我今日将生与福，死与祸，陈明在你面前。”

② 《申命记》30∶20。“且爱耶和华你的神，听从他的话，专靠他。因为他是你的生命，你的日子长久也在乎他。这样，你就可以在耶和华向你列祖亚伯拉罕，以撒，雅各起誓应许所赐的地上居住。”

③ 《利未记》10∶2。“就有火从耶和华面前出来，把他们烧灭，他们就死在耶和华面前。”

④ 《利未记》10∶3。“于是摩西对亚伦说，这就是耶和华所说，我在亲近我的人中要显为圣，在众民面前，我要得荣耀。亚伦就默默不言。”

⑤ 《诗篇》115∶17。“死人不能赞美耶和华。下到寂静中的也都不能。”

⑥ 《创世记》4∶15。“耶和华对他说，凡杀该隐的，必遭报七倍。耶和华就给该隐立一个记号，免得人遇见他就杀他。”

⑦ 荷马:《奥德赛》12∶118。

⑧ 《赫拉克利特残篇》DK22B96。

地的一些部分分派给恶物，这样做是非常恰当的。出于被造物之父的慷慨，善物会向上飞升；一旦来到我们这里，它就匆忙追溯原来的踪迹；而恶物会停留在这里，尽可能远离神的陪伴，它以我们可朽的生命作为它的栖息地，通过死亡来放弃人类。[63] 这条真理在《泰阿泰德篇》里也有高尚的表达，有一位对话人得到高度尊敬，因其智慧而得到赞赏，他说："恶是不可能消除的；因为必定会有某些东西与善相对抗。不过，恶者不会在众神的界域存在，而是必然盘踞在可朽的存在者之中，在大地上游荡。这就是我们要尽快逃离此岸去彼岸的原因，逃离的意思就是变得尽可能像神，变得尽可能像神也就是带着智慧变得正义和圣洁。"① 所以，作为恶的象征，该隐当然是不死的，他必定永远生活在人类这个可朽的种族中。[64] 此外，还有一些已经指出过的原因，可以确定的是杀人者"被死亡处死"。

【13】[65] 那些不自觉地犯了过失杀人罪的人可以很好地使用这句话，"不是故意的，而是神交到他手中的"。这位作者感到故意的行为是我们自己决定的行为，而非故意的行为是神的行为；我的意思不是指罪恶是对罪恶的惩罚，而是正好相反，所有行为都是对罪恶的惩罚。[66] 由神来惩罚是不得体的，因为祂是最初的、完善的立法者；祂不用祂自己的手来惩罚，而是用祂的使者的手来惩罚。祂适宜扩展恩惠、馈赠和福益，因为祂的本性就是善的和慷慨的，而其他使者做好了实施惩罚的准备，尽管仍旧需要祂以祂的统治权发布命令。[67] 这位实践者证明了我的意思，他说："神牧养我直到今日，使者救赎我脱离一切患难。"② 他把比较重要的善物归于神，灵魂以此得到滋养，他把不太重要的善物归于神的使者，灵魂以此脱离罪恶。[68] 我猜想，由于这个原因，摩西在处理他的创世智慧时，在说了其他所有事物是神创造的以后，只把人说成是与其他创造者合作创造出来的。他的原话是

---

① 柏拉图：《泰阿泰德篇》176a—b。

② 《创世记》48：15—16。"他就给约瑟祝福说，愿我祖亚伯拉罕和我父以撒所事奉的神，就是一生牧养我直到今日的神，救赎我脱离一切患难的那使者，赐福与这两个童子。愿他们归在我的名下和我祖亚伯拉罕，我父以撒的名下。又愿他们在世界中生养众多。"

这样的："神说，让我们照着我们的形像造人。"①"让我们造"，表示创造者不止一个。[69] 所以万物之父与祂的权能一道，祂允许祂的权能模仿祂的技艺塑造我们灵魂的可朽部分，祂认为灵魂中也应当有某种统治权，以统治灵魂的其他部分。[70] 祂使用与祂一道的权能不仅是由于已经讲过的原因，而且还因为，只有在被造的存在物中人的灵魂可能有关于恶物与善物的观念，可以使用一类观念或另一类观念，因为人不可能使用两类观念。因此，神认为要把创造恶物指定给其他创造者，而只把善物的创造保留给祂自己。

【14】[71] 还有，经文在前一种情况下用的是"让我们造人"这样的表达法，就好像有不止一位在做这件事，而后一种表达法"神造人"②则指向唯一者。因为真正的人是绝对纯洁的心灵，是唯一者，甚至是唯一的神，是创造者；而所谓复数的创造者造人，指的是添加与混合感觉。[72] 由于这个原因，提到专门意义上的人要用冠词。"神造人"这句话表示摆脱混合的、不可见的、理智的能力。另一种情况不加冠词；因为"让我们造人"这句话中的人是非理智与理智交织在一起的人。[73] 遵守同样的原则，他描述了对善人的祝福和对不同人的罪过的咒诅。确实，两种情况都得到赞扬，但是那些配得上祝福的人享有获得颂扬的特权，而对邪恶施行咒诅占据第二的位置。因此，出于这个目的，经上任命了支派的首领，共有十二个支派，我们习惯上称他们为族长，他派了六名最优秀的人专司祝福：西缅，利未，犹大，以萨迦，约瑟，便雅悯；指派另外六名最优秀的人专司咒诅：利亚的长子和小儿子，流便和西布伦，还有四个是使女生的。③[74] 国家和宗族的领袖，犹大和利未，在前一序列中拥有地位。所以非常自然，他把惩罚权交到其他人手里，这些人犯下了应当被处死的罪行。他教导我们，恶的本性远离

① 《创世记》1：26。"神说，我们要照着我们的形像，按着我们的样式造人，使他们管理海里的鱼，空中的鸟，地上的牲畜，和全地，并地上所爬的一切昆虫。"

② 《创世记》1：27。"神就照着自己的形像造人，乃是照着祂的形像造男造女。"

③ 《申命记》27：12—13。"你们过了约旦河，西缅，利未，犹大，以萨迦，约瑟，便雅悯六个支派的人都要站在基利心山上为百姓祝福。流便，迦得，亚设，西布伦，但，拿弗他利六个支派的人都要站在以巴路山上宣布咒诅。"

神的陪同，因为连善者也会模仿恶者，用其他办法来批准惩罚。[75] “我要给你一个地方，那些非故意杀人的人可以在那里避难”，这些宣谕中使用的术语在我看来似乎挑选得很好。祂在这里使用“地方”这个词，指的不是被物体完全充满的空间，而是象征神本身，因为祂是包含者，不是被包含者，祂是整个宇宙的庇护所。[76] 因此，一个人感到自己不自觉地犯了罪，说这个罪是神规定的，这样说是合法的，而那些故意犯罪的人不会说这样的话。他进一步说，神不是要把这个地方给杀人者，而是要给正在与神说话的人，这就表明居住在那个地方的人与逃到那里去的人是不同的人。祂的话语，就好像本地的话语，神把祂的知识作为祖国给人居住，而对那个不自觉犯了罪的人，祂把那个地方给他们作庇护所，当做给外国人居住的陌生的土地，而不是当做给拥有公民权的人居住的祖国。

【15】[77] 在处理了这种非故意的行为以后，他继续给攻击和预谋立法，说“人若用诡计杀了他的邻舍”①，甚至逃到已经象征性地被称做“地方”的神那里去，所以祂是万物生存的机会；因为在另一处，经文同样说“无论谁逃到那里就可以存活”②。[78] 由于死亡会逃离祂，所以在祂那里避难不就是永生吗？如果一个人唆使另一个人犯罪，那么这是在使用诡计，是有预谋的犯罪，另一方面，哪怕没有责备无诡计的行为，也不是有预谋的犯罪。[79] 因此，私下抱着敌意，使用诡计犯下过错，说这些事情出自神的计谋，这样说都是不对的；而应当说这些事情都出自我们的计谋。如我所说，恶物的库房就在我们身上，在神那里只有善物。[80] 因此，无论谁为了自己所犯的罪过避难，不是责备他自己而是责备神，那就让他受惩罚，让他的庇护被剥夺，因为那是一个只给乞援者提供拯救和安全的地方，亦即祭坛。这样做适宜，对吗？因为献祭之地完全为无瑕疵的牺牲所占据，亦即被无罪的、纯

① 《出埃及记》21：14。“人若任意用诡计杀了他的邻舍，就是逃到我的坛那里，也当捉去把他治死。”

② 《申命记》19：5。“就如人与邻舍同入树林砍伐树木，手拿斧子一砍，本想砍下树木，不料，斧头脱了把，飞落在邻舍身上，以致于死，这人逃到那些城的一座城，就可以存活。”

洁的灵魂所占据；如果断言神是一切恶物的原因，就如神是其他一切事物的原因那样，那么这是一种几乎无法弥补的瑕疵。[81] 所有这些人爱自己胜过爱神。让他们前往圣地，以其愚蠢和不洁，他们甚至不能把握祭坛上的圣火，而灵魂的圣火是不会熄灭的，对神的献祭是不会削减的。[82] 以大胆高尚的语言，有一位古代贤人道出过我强调的真理。他说："神不在任何情况下，不以任何方式行不义；祂是绝对公义的，没有任何存在者能像祂那样获得最大的公义，超过我们中间的任何人。凭借与祂的联系，人才能真正达到目的，才不会毫无价值，才不会到不了成年。认识神是真正的智慧和美德，不认识神显然是愚蠢和邪恶。其他所有造诣和智慧的证据，若是在获取政治权力中展示，那只是粗俗的，若是在手工制作中展示，那只是机械的。"

【16】[83] 他指出那个亵渎者是个俗人，应当带离至圣处，让他受惩罚。然后，他继续说："打父母的，必要把他治死。"① 还有，"咒骂父母的，必要把他治死。"②[84] 他大声宣告，一定不能原谅反对神的亵渎者。如果辱骂父母的人要治死，那么我们应当如何处罚那些亵渎天父和创世主的人呢？还有什么样的辱骂比这样的说法更愚蠢，恶的源头不在我们门口，而在神的门口？[85] 所以，要赶走神圣秘仪的入会者和导师，赶走会众和流浪者几乎无法洗涤干净的灵魂，让他们把一直张开的耳朵和不受约束的舌头带到他们所去的任何地方，在可悲的困境中期待听到苍穹吩咐我们所听的一切，说出从未有人说过的事情。[86] 但是，所有受过训练，能够区分有意和无意的行为，能够让辱骂的舌头保持神圣沉默的人，当它们走上正道时值得赞扬，当它们没有清楚表达时也不会受到太多的责备，这就是要把"逃城"③ 留给他们的原因。

【17】[87] 这个极为重要的主题的一些细节值得具体处理。这里共有四

---

① 《出埃及记》21∶15。"打父母的，必要把他治死。"

② 《出埃及记》21∶17。"咒骂父母的，必要把他治死。"

③ 《民数记》35∶6。"你们给利未人的城邑，其中当有六座逃城，使误杀人的可以逃到那里。此外还要给他们四十二座城。"

个要点：第一，为什么选作逃城的城邑不是来自分派给其他支派的城邑，而是来自分派给利未人的城邑；第二，为什么要选六座逃城，不多也不少；第三，为什么三座城在约旦河东，其他的城在迦南地①；第四，为什么预先指定逃亡者回归的时间是大祭司死了以后。②[88] 对于每个要点，我们必须说一下与之相关的事情，从第一点开始。逃亡的方向只指向利未人，这是完全恰当的，因为利未人在某种意义上也是逃亡者，为了令神喜悦，他们抛弃了父母、子女、兄弟和所有亲戚。[89] 所以利未族的始祖谈到自己的父母时说："我未曾看见他们，也不认识弟兄，也不知道自己的儿女"③，因此我可以心无旁骛地事奉神。作为真正流放的逃亡就是丧失我们最亲近的人。所以，依据他们行为的相似性，立法者把流亡者交付给"逃城"，让他们的罪过可以在那里得到赦免。[90] 那么，这就是唯一的原因吗？或者说，由于这个原因，照料会幕的利未族要杀死那些铸造金牛犊的愚蠢的埃及人吗？他们这样做受到神的激励，为公义的愤怒所推动，神说"各人杀他的弟兄与同伴并邻舍"④，因为身体是灵魂的兄弟，我们的非理智部分是理智部分的邻居，我们说出来的话语是心灵的同伴。[91] 只有以这种方式，我们身上最优秀的部分才变得能够事奉一切存在者中最优秀的祂。首先，如果这个人分解为灵魂，他的兄弟身体及其无限的存在会中断和分成两半；其次，如我所说，如果灵魂自己摆脱了我们理智要素的邻居，即非理智部分，那么它就像一道有五个分叉的激流，通过所有感官的渠道，激起强烈的欲望；[92] 再次，如果理智能力与其存在最近的自身分离，那么这个自身就是说话的话语。所有

---

① 《民数记》35：14。"在约旦河东要分出三座城，在迦南地也要分出三座城，都作逃城。"

② 《民数记》35：28。"因为误杀人的该住在逃城里，等到大祭司死了。大祭司死了以后，误杀人的才可以回到他所得为业之地。"

③ 《申命记》33：9。"他论自己的父母说，我未曾看见。他也不承认弟兄，也不认识自己的儿女。这是因利未人遵行你的话，谨守你的约。"

④ 《出埃及记》32：27。"他对他们说，耶和华以色列的神这样说，你们各人把刀挎在腰间，在营中往来，从这门到那门，各人杀他的弟兄与同伴并邻舍。"

这些到了最后，心灵中的话语或思想可以被它自身留下，与身体分离，与感觉分离，与可听语言的说话分离；当它被这样留下的时候，它会过一种孤独的、和谐的生活，没有任何干扰，它会向唯一的存在者致敬。[93] 除了已经提到的这些以外，还有一个与心灵相关的要点，这就是利未族是会幕的事奉者和祭司，他们在圣地事奉，但那些无意杀人者也在从事这种事奉，如摩西告诉我们的那样，“神交到他们手中”①，因为这些人要遭受毁灭，这些人做的这些事情应当处死。利未族被指定去弘扬善行，而其他族被指定去惩罚罪恶。

【18】[94] 由于这些原因，非故意杀人者只能在有会幕的城邑里避难。下面我们必须说明这些城邑是什么，为什么有六座城。最主要、最确定、最优秀的那个城邑有时还不仅仅是一个城邑，它是圣言，是人们极为有益的首选的避难地。[95] 另外五座城邑，就像殖民地似的，是言说神圣话语的祂的权能，这些权能的首领是创造的权能，造物主实施这种权能创造了宇宙；第二种权能是国王的权能，凭借这种权能，祂统治有生成的事物；第三种权能是仁慈的权能，凭借这种权能，这位伟大的工匠怜悯与同情祂自己的作品；第四种权能是立法的权能，凭借这种权能祂给我们规定了义务；第五种权能是立法的一部分，借此祂禁止那些不能做的事情。[96] 这些城邑非常漂亮，它们的城墙极为牢固，是高贵的庇护所，灵魂在这里可以找到永久的平安；这里的法令是仁慈的和善意的，起着激励作用，使人抱有希望。还有，有什么法令能够更好地显示有益权能的丰盛，它们适应不同的、非故意的过失，它们的力量和弱点因此各有不同？[97] 它② 吩咐能够快跑的人不要停下来，而要期待超验的圣言，祂是智慧的源泉，为的是让他能够从泉中汲水，摆脱死亡，获得永生作为他的奖品。它指点那跑不快的人走向摩西称之为“神”的权能，因为宇宙凭祂被造和建立秩序。它敦促他去创造的权能

---

① 《出埃及记》21：13。“人若不是埋伏着杀人，乃是神交在他手中，我就设下一个地方，他可以往那里逃跑。”

② 指神圣的道。

那里避难，知道他掌握了这个事实，整个世界会产生巨大的增长，甚至关于它的创造者的知识也在增长，要直接赢得对神的爱，获得自身的存在。[98] 它敦促没有做好准备的人走向统治的权能，因为对统治权的恐惧具有矫正和告诫臣民的力量，在那个地方，没有需要父亲仁慈的子女。因为不能实现刚才提到的那些目标的人，由于他认为他们距离太远，需要另设一套比较近的目标给仁慈的权能，以规定义务，这种权能禁止冒犯，实际上不可缺少。[99] 他确定由于温和的本性，神不是无情的，而是仁慈的，即使一开始犯了罪，但他后来忏悔，希望能得到宽恕；他考虑到神是立法者，愿意服从祂的所有禁令，以获得幸福；这三个人中间的最后一位将获得第三个和最后一个庇护所躲避疾病，哪怕他不能获得一份神的良好的馈赠。

【19】[100] 这就是六座城，摩西称之为"逃避报仇人的地方"①，其中有五座城是用至圣所里的器物来象征的，法柜是禁令的象征；法柜的盖子，他称做施恩座，表示仁慈的权能；而创造性的权能和统治的权能则由施恩座上那两个长翅膀的基路伯来表示。[101] 高于所有权能的圣言不能当做可视的东西加以描绘，祂与任何感性对象都不同。不，祂就是神本身，是神的形像，是一切可理解的事物中最主要的，祂邻近唯一真正的存在者，其间没有间隔。因为我们读到："我要从法柜施恩座上二基路伯中间与你们谈话"②，这些话表明圣言是权能的驭手，祂坐在这驾马车里，指引着紧握宇宙缰绳的驭手。[102] 所以，他表示自己已经摆脱了无意的冒犯——他没有想过要故意冒犯——以神本身为他的产业③，只在祂那里拥有住处；但那些堕落者没有确定的目标，并非出于自愿，他们将会拥有我们已经提到过的、大量的、免费

---

① 《民数记》35∶12。"这些城可以作逃避报仇人的城，使误杀人的不至于死，等他站在会众面前听审判。"

② 《出埃及记》25∶21—22。"要将施恩座安在柜的上边，又将我所要赐给你的法版放在柜里。我要在那里与你相会，又要从法柜施恩座上二基路伯中间，和你说我所要吩咐你传给以色列人的一切事。"

③ 《申命记》10∶9。"所以利未人在他弟兄中无分无业，耶和华是他的产业，正如耶和华你神所应许他的。"

提供的庇护所。

[103] 三座“逃城”在那条河的那一边，远离我们这个种族。它们是什么呢？拥有最高统治权的统治者的道、神的创造的权能和统治的权能，天穹和整个宇宙则是神的同伴。[104] 然而，我们人类实际上是可朽的、唯一会犯罪的种族，与我们最接近的是三种内在的、仁慈的权能，吩咐我们做应当做的事情，禁止我们做不能做的事情；因为这些事情与我们密切相关。[105] 那么，对那些肯定要做错事的人来说，需要禁止什么吗？对那些肯定不会犯下过错的人来说，需要吩咐什么吗？对那些根本不会犯罪的人来说，需要求助于仁慈的权能吗？我们人类的本性天然倾向于故意的和非故意的犯罪，所以我们需要这些权能。

【20】[106] 我们提出来加以考虑的第四个要点，也是最后一个要点，是逃亡者回归的时间，也就是在那位大祭司死了以后。如果按照字义去理解，我感到会产生很大的困难。[107] 律法给予相同罪过的惩罚是不同的，有些逃亡者的流放时间较长，有些逃亡者的流放时间较短；有些大祭司是长寿的，有些大祭司是短命的；有些人很年轻就担任了大祭司，有些人到了老年才担任大祭司；还有，那些犯了非故意杀人罪的人，有些在这位大祭司任职开始时即被放逐，有些到了他临终时才被放逐。所以，有些人长时间远离家乡故土，有些人也许只离开一天就可返回，昂首挺胸、耀武扬威地出现在曾被他们杀死的那些人的最亲密的亲属面前。[108] 所以，让我们求助科学的方式，探寻蕴藏在字面含义中的意思，由此避免困难，给出合理的解释。所以，我们说这位大祭司不是一个人，而是圣言，祂免除一切邪恶，无论是有意犯下的还是无意犯下的。[109] 摩西说，无论是为了他的父亲，亦即心灵，还是为了他的母亲，亦即感知，他都不能被玷污①，在我看来，他是不朽的孩子、完全摆脱污染了的父母，他的父亲是神，所以他也像是万物之父，他的母亲是智慧，宇宙通过她得以生成；[110] 还有，他的头上已

① 《利未记》21∶1。“不可挨近死尸，也不可为父母沾染自己。”

经倒了膏油，我的意思是他的主要部分光明灿烂，因此被认为有资格“穿上圣衣”。现在，祂的至高无上的圣言把世界当做外衣穿着，因为祂用土、气、水、火，以及从这些东西中生成的万物装扮自己；身体是灵魂的衣服，灵魂被视为肉身生活的原则，而这位贤人的理智是灵魂的美德。[111] 摩西还说“他决不会从头上卸下法冠”；也就是说，他决不会放弃这样标示王权的饰物，虽然权威的象征的确不是绝对的，但却是令人敬慕的副王权力的象征；此外，“他也决不可撕裂衣服”①；[112] 正如已经说过的那样，是其所是的祂的圣言是万物存在的纽带，祂使万物结合在一起，形成整体，使它们不会溶解和分离；正如肉体生活的原则，就灵魂获得的力量而言，它不允许肉体的任何部分违反本性地被切割或分解，相反，就责任而言，它要保持所有部分的完整，并在它们相互之间那种未被破坏的和谐与统一的关系中指导它们；以同样的方式，这位贤人完全洁净的心灵在未受损害的处境中保持美德，把它们的亲属和伙伴联系在更加坚实的协和之中，这是它们的天性。

【21】[113] 摩西说“不可挨近死尸”。② 灵魂之死是邪恶陪伴灵魂的一种生活，所以这里的意思是，他决不会接触任何污染的东西，这些东西总是发出恶臭。[114] 他要与神圣宗族的处女订婚，她是纯洁的，清白的，未受侵犯的；他决不会娶寡妇、被休的妇人、亵渎的女人或妓女为妻③，而会对她们兴起一场永无止境的、无情的战争。对他来说，离开美德的寡妇和被休的妇人是可恨的，他确信她们是亵渎的，不洁的。多神论或无神论产生的原因是性生活的杂乱，他甚至不愿屈尊观看娼妓，他正在学习如何爱他收养的女子，统治万物之神是她唯一的丈夫和父亲。[115] 在这个人身上，我们看到事物变得圆满，抵达最高的型相。另一方面，就像那个发了大誓的人，立

① 《创世记》21：10。“在弟兄中作大祭司，头上倒了膏油，又承接圣职，穿了圣衣的，不可蓬头散发，也不可撕裂衣服。”

② 《利未记》21：11。“不可挨近死尸，也不可为父母沾染自己。”

③ 《利未记》21：13—14。“他要娶处女为妻。寡妇或是被休的妇人，或是被污为妓的女人，都不可娶，只可娶本民中的处女为妻。”

法者似乎承认他无意中绊倒了，哪怕他并不是故意的；因为他说："若在他旁边忽然有人死了，以致沾染了他"[①]，这样突然发生的事情会降临在我们的头上，马上污染我们的灵魂，尽管这种污染不是故意的，污染的时间也不是无止境的。[116] 但是，这种非故意的污染，就像那些故意的污染一样，大祭司并不在意，他会站起身来，使它们无法沾染。我的观察并非文不对题，而是想要说明把大祭司的死期确定为流放者返回故乡的时间与事物的本性完全适宜。[②][117] 只要这最洁净的圣言还活着，仍旧在灵魂中呈现，那么无意识的冒犯无疑将返回故乡；因为圣言按其本性是不能分有或接纳任何罪过于自身的。但若圣言死去，不是被其自身摧毁，而是退出我们的灵魂，那么马上以这种方式开启了无意识的谬误之路；而圣言若是继续存在于我们身上，活在我们身上，那么当我们移动的时候，圣言肯定会去其他某个地方，得以恢复。[118] 无污染的大祭司是监督者，他享有某种特权，决不会接纳任何不确定的判断。因此，我们应当祈祷让大祭司和国王马上活在我们的灵魂之中，作为监督者，坐上公义的宝座，因为他掌握了我们的整个理智法庭，而那些不知对错的人被带到这里来受审。

【22】[119] 在说了有关逃亡者的一切之后，我们现在按自然顺序处理下一个主题。下面的经文是"使者在水泉旁遇见她"[③]，这位使者的任务是把神志恍惚的灵魂带回家，陪它重回心灵的框架，不再到处游荡。[120] 这位立法者对发现和寻找的反思是有益的，不应忽略。他把有些人说成既不发现又不寻找任何事物，另一些人则在两方面都很成功，他把有些人说成只掌握了二者之一，但不掌握另一样东西，寻找但不发现，或者发现但不寻找。[121] 那些不想发现或寻找的人，他们的理智能力可悲地受到伤害，由于他

① 《民数记》6∶9。"若在他旁边忽然有人死了，以致沾染了他离俗的头，他要在第七日，得洁净的时候，剃头。"

② 参见《民数记》35∶25。"会众要救这误杀人的脱离报血仇人的手，也要使他归入逃城。他要住在其中，直等到受圣膏的大祭司死了。"

③ 《创世记》16∶7。"耶和华的使者在旷野书珥路上的水泉旁遇见她。""遇见"（found）亦可译为发现、找到。

们拒绝训练或练习，尽管他们的视觉可能是敏锐的，但却变成了瞎子。这就是他的意思，当他说“罗得的妻子在后边回头一看，就变成了一根盐柱”的时候，①他在这里不是虚构一个故事，而是在准确地描述一个事实。[122] 受内在的、习惯性的懒惰的引导，这样的人不会在意他的老师，也会忽略他面前的东西，而正是这种注意力使他能够看、听和使用其他官能，观察自然的事实。他转过身来，心里想的全都是黑暗和隐秘——也就是说，不是身体和身体部分的生命，所以他变成了一根石柱，听不见，也没有生命。[123] 谈到这样的人，摩西说他们不能做到“心能明白，眼能看见，耳能听见”②，他们过着一种没有生命的生活，眼瞎、耳聋、无理智，在各个方面残疾，不需要思考任何东西。

【23】[124] 我们看到，这种陪伴的首领是由身体象征的这个国家的国王；我们读到：“法老转身进宫，也不把这事放在心上”③，这就好比说他不把这事放在心上，而是任它像野草一样枯萎，变得不能开花结果。[125] 在那些精心思考、观察、考察一切事物的人的刺激下，这种注意力会变得敏锐；它在练习中会产生恰当的果实，精明和洞察，可以避免上当受骗；但是缺乏注意力的人会使理智的锋芒变得迟钝。[126] 所以，我们必须任由这些人不合理的陪伴，很好地审视那些实施观看和发现的人。我们的第一个例子就是那个确实参与公共生活的人，但他决不会疯狂地渴望名声；他的雄心是拥有一个比较好的家族，以美德为遗产，他既寻找又发现。[127] 我们得知：“有人遇见他在田野走迷了路，就问他说，你找什么，他说，我找我的哥哥们，求你告诉我，他们在何处放羊。那人说，他们已经走了，我听见他们说要往多坍去。约瑟就去追赶他哥哥们，遇见他们在多坍。”④[128] 多坍的意思是“彻底放弃”，象征那个完全摆脱空洞观念的迷了路的灵魂，它与女子的习惯

① 《创世记》19：26。
② 《申命记》29：4。“但耶和华到今日没有使你们心能明白，眼能看见，耳能听见。”
③ 《出埃及记》7：23。
④ 《创世记》37：15—17。

做法相似，而不像男子的做法。因此，经上说得很好，作为美德的撒拉“月经已断绝了”①，也就是说我们彻底放弃了我们辛劳的方式，过着一种真正女性的生活。但是，如摩西所说，这位贤人的放弃也就是添加，② 与事物的本性完全一致；因为减少空洞的荣耀就是增加实在。[129] 当一个过着这种可朽生活的人充满不同的要素，并假定有那么多阶段时，当他有权力支配丰富的生活资料，过奢侈的生活时，为了创造较好的家庭，他仅仅着眼于道德卓越，如果拥有善物名称和形像的梦幻身影没有上升到表面来制约他，那么他的学习和寻求配得上称赞。[130] 如果为了避免褪色他的灵魂继续探寻，那么他就不会放弃在寻求的道路上前进，直至抵达他渴望的东西。[131]但是，在无价值的事物中他一样东西也发现不了。为什么呢？因为这些东西已经离去，放弃了所有我们在意的东西，移居到找不到恶人的虔诚者的住所。这个讲话者是一位真正的人，是一位置于灵魂之上的监督，看着灵魂的困惑、考察和探索，他担心灵魂走上歧途，错失正确的道路。

【24】[132] 另外一个例子是众所周知的，我对这两个人极为敬佩。一个人充满好奇心，问两样东西之间有什么，他说：“请看，火与柴都有了，但燔祭的羊羔在哪里呢?”③ 另一个人回答说：“我儿，神必自己预备作燔祭的羊羔。” ④ 后来发现了可以替代的东西，“看到有一只公羊两角扣在稠密的小树中”⑤。[133] 所以，让我们首先来看询问者的困难是什么，其次回答者说了些什么，最后找到了什么。嗯，他的询问是这样的：“看呀，动力因，火；其次，看呀，被动的物体，质料，木头；第三，最终的结果在什么地方?”

① 《创世记》18：11。“亚伯拉罕和撒拉年纪老迈，撒拉的月经已断绝了。”

② 《创世记》25：8。“亚伯拉罕寿高年迈，气绝而死，归到他列祖那里。”

③ 《创世记》22：7。“以撒对他父亲亚伯拉罕说，父亲哪，亚伯拉罕说，我儿，我在这里。以撒说，请看，火与柴都有了，但燔祭的羊羔在哪里呢。”

④ 《创世记》22：8。“亚伯拉罕说，我儿，神必自己预备作燔祭的羊羔。于是二人同行。”

⑤ 《创世记》22：13。“亚伯拉罕举目观看，不料，有一只公羊，两角扣在稠密的小树中，亚伯拉罕就取了那只公羊来，献为燔祭，代替他的儿子。”

[134]尽管他会说："看呀，心灵，呼出所有热和火；再看心灵察觉到的物体，似乎就是质料；第三样东西，心灵的感知在什么地方？"或者又说："这是视觉，这是颜色，观看在什么地方？"还有，他会相当一般地说："瞧，这是感觉，形成判断的工具；是的，它是感觉的对象，受感觉影响的质料；那么，察觉这个行动在什么地方？"[135] 面对这些询问，另一个人给出了唯一正确的回答："神本身会观看"；第三样东西是神的特殊工作。因为，凭借祂对它们的惦念，心灵理解，视觉观看，各种感官察觉。[136] 至于"看到有只公羊两角扣在小树中"这句话，指的是理智保持平静，悬而未决。因为最佳奉献是平静，对那些绝对缺乏证据的事务悬搁判断。我们可以说的唯一话语是"神会观看"。对祂来说，一切事物都是已知的；祂看到所有事物都是清楚的，通过最清晰的光线，甚至通过祂本身。关于被造物我们没有其他话要说了，因为被造物完全笼罩在黑暗之中；在黑暗中，安全在于保持宁静。

【25】[137] 再说另外一个例子。如摩西所说："他们不知道这是什么。"①当他们寻找能滋养灵魂的东西时，他们成为学习者，发现神的话语，也就是圣言，就是能滋养灵魂的，各种教导和智慧从圣言中不断地流淌出来。[138] 这是属天的营养，表现为神圣的记载，"第一因"以拟人化的方式说："瞧，这是我从天上降给你们的粮食"②，神确实从天上对心灵降下以太的智慧，而心灵的本性是乐意沉思；他们看到天上降下来的东西，品尝它，充满喜悦，他们非常明白感受到的东西，但对产生这种感觉的原因完全无知。所以他们询问"这是什么"③，什么东西能够使它比蜂蜜还要香甜，比雪还要白？这位先知告诉他们："这就是主给你们吃的食物。"④[139] 所以，告诉我这是一种

---

① 《出埃及记》16：15。"以色列人看见，不知道是什么，就彼此对问说，这是什么呢。摩西对他们说，这就是耶和华给你们吃的食物。"

② 《出埃及记》16：4。"耶和华对摩西说，我要将粮食从天降给你们。百姓可以出去，每天收每天的分，我好试验他们遵不遵我的法度。"

③ 《出埃及记》16：15。

④ 《出埃及记》16：15。

什么样的食物。他说："这种食物就是主吩咐的话语。"① 这种神圣的法规充满灵魂，充满光明和甜蜜，闪耀着真理的光芒，用恩惠说服那些性格高尚的饥渴者，给他们输出甜蜜。[140] 这位先知本人也是寻找者，他知道获取成功的原因，他发现显身的是唯一的神。他提出疑问说："我是什么人，竟能去见法老，并且反对神呢？"② 这时候他得到了神的回答："我必与你同在。"③ [141] 当然了，寻求部分和从属的对象呼唤我们运用精致和深刻的思想；但是寻求神，所有存在者中最优秀的，万物无与伦比的原因，在我们开始的时候就会令我们喜悦，也决不会变成无结果的，因为凭借祂的仁慈本性中的理智，祂带着纯洁和纯贞的恩惠与我们相见，祂向那些渴望见到祂的人显现，但不是显现祂本身，这是一件不可能的事情，因为甚至连摩西都"蒙上脸，因为怕看神"④，而只是在允许的范围内，被造的本性凝视不可思议的权能。[142]这个应许也被包括在告诫之中，经上说："你们必回归主你们的神，你们必寻求祂，你们寻求祂的时候要尽心尽性。"⑤

【26】[143] 关于那些寻求和发现的人，我们说得足够了，下面让我们转到第三种情况，我们说，也就是有寻求但没有后来的发现。拉班属于这种情况。他搜查了这名实践者的整个灵魂住所，但如摩西所说"没有搜出神像来"⑥；它里面充满了真实的东西，而非梦幻和幻影。[144]所多玛人在理智上是盲目的，当他们疯狂地羞辱神圣的、无污染的圣言时，他们找不

---

① 《出埃及记》16：16。"耶和华所吩咐的是这样，你们要按着各人的饭量，为帐篷里的人，按着人数收起来，各拿一俄梅珥。"

② 《出埃及记》3：11。"摩西对神说，我是什么人，竟能去见法老，将以色列人从埃及领出来呢。"

③ 《出埃及记》3： 12。"神说，我必与你同在。你将百姓从埃及领出来之后，你们必在这山上事奉我，这就是我打发你去的证据。"

④ 《出埃及记》3：6。"又说，我是你父亲的神，是亚伯拉罕的神，以撒的神，雅各的神。摩西蒙上脸，因为怕看神。"

⑤ 《申命记》4：29—30。"但你们在那里必寻求耶和华你的神。你尽心尽性寻求他的时候，就必寻见。日后你遭遇一切患难的时候，你必归回耶和华你的神，听从他的话。"

⑥ 《创世记》31：33。"拉班进了雅各，利亚，并两个使女的帐篷，都没有搜出来，就从利亚的帐篷出来，进了拉结的帐篷。"

到路，如经上所说“他们眼都昏迷，摸来摸去，总寻不着房门”①，尽管他们围着房子，不遗余力地寻找，想要满足他们不自然的、亵渎的欲望。[145] 从前，想要当国王而非看门人的人会推翻秩序这种人类生活中最美好的东西，他们不公义的向往不仅不能获得成功，而且会被迫交出他们已经拥有的权益。因为律法告诉我们，可拉这个团队把目标定为担任祭司，不满足于担任会幕的侍从，结果两个职位都不能获得。②[146] 正如男孩和男人不会学习同样的事情，两种年纪各有与之相适应的教导，所以某些灵魂的本性总是幼稚的，哪怕身体已经变老，另外一些灵魂刚刚进入青春全盛期，身体有了充分的生长。所有这些都是因为对事物过于倾心，可以把它们的本性确定为愚蠢，因为超越我们力量范围的每一种努力都会由于过分诉诸暴力而遭受毁灭。[147] 还有，法老想杀摩西③，亦即这位先知的本性，但是找不到他，尽管他听说有人严厉控告摩西，也就是说他曾两次攻打，试图推翻支配整个身体的权能。[148] 第一次，他试图反对埃及人，从快乐的优越地位出发，攻击那个灵魂；因为他“把他打死以后，藏在沙土里”④，这是一种流动的、不连结的实体。他显然把两种学说的作者视为同一个人，一种学说是，快乐是最主要、最大的善，另一种学说是，原子是宇宙的始基。另一次攻击⑤直接针对那个分裂善本性的人，他把一部分本性归于灵魂，一部分本性归于身体，一部分本性归于外在于我们的事物。他拥有的善是一个整体，他用来分派给我们身上最优秀的成分，他只分派给理智，而与其他无生命物无关。

---

① 《创世记》19∶11。“并且使门外的人，无论老少，眼都昏迷。他们摸来摸去，总寻不着房门。”

② 参见《民数记》16。

③ 《出埃及记》2∶15。“法老听见这事，就想杀摩西，但摩西躲避法老，逃往米甸地居住。”

④ 《出埃及记》2∶12。“他左右观看，见没有人，就把埃及人打死了，藏在沙土里。”

⑤ 《出埃及记》2∶13。“第二天他出去，见有两个希伯来人争斗，就对那欺负人的说，你为什么打你同族的人呢。”

【27】[149] 还有，事物的本性与战无不胜的美德是完全一致的，神对于人的荒唐目标甚感烦恼，派信使去寻找她，她的名字是他玛，但寻找她的信使没有找到她；因为经上说："犹大托他朋友亚杜兰人送一只山羊羔去，要从那女人手里取回当头来，却找不着她。他就问那地方的人说：'伊拿印路旁的妓女在哪里？'他们说：'这里并没有妓女。'他回去见犹大说：'我没有找着她，并且那地方的人说，这里没有妓女。'犹大说：'我把这山羊羔送去了，你竟找不着她。任凭她拿去吧，免得我们被羞辱。'"① [150] 哦，这是极好的尝试！哦，这是神圣的考验！虔诚的心灵决心要购买最好的财产，它以三样东西作当头（抵押）：印、带子、手杖。② 第一样，坚定和忠诚；第二样，有生命的话语和有话语的生命之间相对应的秩序；第三样，严格的纪律和遵守纪律带来的益处。[151] 心灵要接受考验，看它能否很好地提供这种抵押。那么，这项考验又是什么呢？就是放出某些诱饵，名望、财富、身体健康，或者诸如此类的东西，来吸引人，查明心灵是否倾向于这些东西，如同在天平上称重；如果它倾向于这些东西，那么抵押是不保险的。所以，他托人送一只山羊羔去，要从那女人手里取回当头来，这样做的目的不是在任何情况下取回当头，而是仅当发现她不配保留当头的时候才这样做。[152] 什么时候可以证明她是这样的？交换东西的时候，她宁可要假冒的物品，也不要真正的物品。真正的物品是忠诚、言辞和行动的秩序和对应，正确纪律的标准（如同另一方面，邪恶是不可信赖的、易变的、缺乏纪律的）；而假冒的东西全都依赖于非理智的冲动。[153] 他在那里寻找，但"没有找着她"；因为要做到道德卓越是很难的，在混乱的生活中甚至不可能找着。如果他仔细询问当妓女的灵魂是否还有道德卓越，那么他会确定地得知，现在没有，从前也没有，因为那里没有任何淫乱者、放荡者、妓女、嫖客，或者外表鲜亮洁净而内里邪恶，或者缺乏自然之美而浓妆艳抹，或者是"人皆可夫"的害人

---

① 《创世记》38：20—23。

② 《创世记》38：18。"他说，我给你什么当头呢，他玛说，你的印，你的带子，和你手里的杖。犹大就给了她，与她同寝，她就从犹大怀了孕。"

虫，追随邪恶，以恶为善，或者喜爱一夫多妻或一妻多夫，或者留意无数不同的对象，或者遭到众人的嘲笑或仇视。[154] 派遣使者的他听到这些事情决不会感到妒忌，而会非常仁慈而又高兴地说：“我的真诚的祈祷者，我的理智应当是一位真正的、出身高贵的女士，她非常贞洁和节制，拥有其他所有美德，她献身于一个丈夫，乐于守护一个家，接受唯一的统治者，不是吗？如果她实际上是这样的人，那么让她保留给予她的东西，那些纪律，那些与有生命的话语相应的东西，其中最重要的是坚定和忠诚。[155] 但是让我们决不要被人嗤笑，以为我们的礼物是不应当接受的；我们确实认为这些礼物是灵魂完全可以接受的。但是，当我希望考察和试验一种品性的时候，我会设下钓饵，派遣使者，而这种品性的本性表明它不是一只容易捕获的猎物。[156] 不过，我说不出为什么一样东西容易捕捉，另一样东西不容易捕捉；我看到大量极为邪恶的东西有时候就像善物一样在行事，但其原因不同，一套东西是将真理转为实践，另一套东西是伪善，二者很难区别，在很多时候是貌似真实而其实未必。”

【28】[157] 还有，美德的热爱者寻找作赎罪祭的公山羊，但是找不着；因为如圣经所说“已经焚烧了”。① 我们必须考虑他这样说是什么意思。不犯罪是神特有的，改悔则是贤人所特有的，后者是一件非常困难的事情，很难找到。[158] 所以神谕说为了赎罪“摩西急切地寻找”改悔的秘密；因为他决心要发现一颗灵魂，它能除去自身的不义，前行而不知羞耻，不过它没有犯罪。但他无论如何找不着，因为火焰，换言之，快速运动的非理智冲动，蔓延和吞噬了整个灵魂。[159] 较少被较多战胜，较慢被较快超越，滞留被在场胜出；忏悔是受限的，缓慢的，滞留的，而恶行是很多的，快捷的，在场的，不断呈现在凡人生活中。所以，很自然地，进入道德缺乏状态的人说他“不能吃赎罪祭”，因为他的内在情感不允许他通过

---

① 《利未记》10：16。“当下摩西急切地寻找作赎罪祭的公山羊，谁知已经焚烧了，便向亚伦剩下的儿子伊莱贾撒，以他玛发怒。”

改悔而受益，因此经上说“摩西听见这话，便以为美”①。[160] 这两种关系是非常不同的：一种是我们和其他被造物的关系，另一种是我们和神的关系；因为对创世来说，所有事情都是清楚的，而对神来说，还有隐秘的事情。反对真理的人会坚持说，继续做忏悔过了的错事的人是疯子。正如病人做健康者的事情，他的身体显然会由于拒绝依靠任何有益于健康的手段而每况愈下。

【29】[161] 还有，这位先知热爱获取知识，曾经在这种爱好的引导下寻求宇宙最基本事件发生的原因；观察了所有被造物的衰亡和生成、毁灭而仍有剩余以后，他极为惊讶地大声喊道：“这荆棘为何没有烧坏呢？”②[162] 他忙于思考的这块地方杳无人迹，他只熟悉神的本性。他从事这种永无止境的、无效的劳动，而世人的救星，神的仁慈和天意使他如释重负，神从圣地之外警告他“不要近前来”③，这就相当于说“不要进行这样的查询”；因为对人的能力而言，要满足无法安宁的好奇心是一项过于庞大的任务，他对一切事物的生成感到惊讶，而那些要么已经生成，要么正在衰亡的理智，则已经停止这方面的忙碌。[163] 经上说：“因为你所站之地是圣地。”④ 这里讲的是什么地方或主题呢？这个主题显然是原因，祂把这个主题只归于神圣的本性，认为凡人不可能处理原因问题。[164] 但是这位先知由于向往知识，所以抬起眼睛来朝着整个天上观看，寻求宇宙的创造者，问什么样的存在者那么难以观看和推测。祂是身体还是无形体的，或者是高于这些东西的某种东西？祂是单一的本性，还是单子？或者是一个复合的存在者？位于所有存在者中的是什么？由于这是一个很难思考和解决的问题，他祈祷说，愿他能向

---

① 《利未记》10：19—20。“亚伦对摩西说，今天他们在耶和华面前献上赎罪祭和燔祭，我又遇见这样的灾，若今天吃了赎罪祭，耶和华岂能看为美呢。摩西听见这话，便以为美。”

② 《出埃及记》3：2—3。“耶和华的使者从荆棘里火焰中向摩西显现。摩西观看，不料，荆棘被火烧着，却没有烧毁。摩西说，我要过去看这大异象，这荆棘为何没有烧坏呢。”

③ 《出埃及记》3：5。“神说，不要近前来。当把你脚上的鞋脱下来，因为你所站之地是圣地。”

④ 《出埃及记》3：5。

神本身学到什么是神；他没有探明这个问题的希望，因为从低于祂的存在者出发不可能解答这个问题。[165] 在寻求神的本质的过程中，他没有成功地发现任何东西。因为他得知“你就得见我的背，却不得见我的面”①。这位贤人完全满足于获得有关一切事物的知识，而那个希望能凝视至高本质的人，在他看见神之前，就被围绕神的光芒晃瞎了眼睛。

【30】[166] 第三种情况就说这么多，下面我们要进到第四种情况，这是要加以考虑的最后一种情况：没有寻求，然而却有发现，不期而遇。在这种情况下，每个贤人都没有老师，都是自学成才者；因为他并不是通过探索、实践和辛劳赢得改进，而是当他生成之际便发现自己手中已经握有从上苍而来的智慧，他就像坐在酒宴上畅饮甘露，不停地喝，微酗而不醉。[167] 圣经把他称做“以撒”，那个灵魂在一个时候没有怀上他，而在另一个时候生了他，因为经上说“她生了一个儿子”，② 就好像不定期似的。因为这样生下来的不是人，而是最纯粹的思想，它不是由于化妆而美，而是由于本性而美。由于这个原因，经上说“她的月经已经断绝了”③，指的就是那些人的习惯方式和纯粹的理智。[168] 自学成才的本性是新的，高于我们的理智，它确实是神圣的，并非由人的意愿或目的而产生，而是因神激励的迷狂而产生。你不知道，希伯来妇人不需要接生婆助产，而是如摩西所说，“在接生婆到来以前”④，也就是在体系、技艺、知识到来之前，已经有了自然的合作，是吗？值得敬佩的、最合适的是这位立法者提出来要界定直接学习者的标志：一个标志是“找得快”，另一个标志是“神赐予的”。[169]“教”需要很长时间，而凭本性这个人是快捷的，我们可以说不受时间影响；一个以人为老师，另一个以神为老师。前者提出问题，“我儿，你如何找得这么快

---

① 《出埃及记》33：23。“然后我要将我的手收回，你就得见我的背，却不得见我的面。”

② 《创世记》21：2。“当亚伯拉罕年老的时候，撒拉怀了孕。到神所说的日期，就给亚伯拉罕生了一个儿子。”

③ 《创世记》18：11。“亚伯拉罕和撒拉年纪老迈，撒拉的月经已断绝了。”

④ 《出埃及记》1：19。“收生婆对法老说，因为希伯来妇人与埃及妇人不同，希伯来妇人本是健壮的（原文作活泼的），收生婆还没有到，她们已经生产了。”

呢?”后者回答说:“使我遇见好机会得着的。”[①]

【31】[170] 此外还有直接学习者的第三个标志，亦即自长。因为经上告诫说:“这年不可耕种，地中自长的，不可收割”[②]，自然生长不需要人工培育，因为神播下了种子，祂的农艺使之完善，它们是自长的，而庄稼是非自长的，就此而言，它们不需要任何人的照料。[171] 祂的这些话不是告诫，而是陈述，因为如果是命令，他会说“不要耕种”、“不要收割”;而以陈述的形式，他说的是“你们不可耕种，地中自长的，你们不可收割”。当我们观察到这种自然的自发生长时，我们发现我们对它们的开端和终结都不用负责任。[172] 现在，播种是开端，收割是终结。这段经文最好以这样一种方式来理解:每个开端和终结都是自动的，它不是我们的所作所为，而是自然的所作所为。比如，什么是学习这种行为的开端?显然是学生身上的本性及其对学习诸种科目的感受。又比如，什么是学习的结束?无疑是本性。这是教师的权能，它引领我们从一个阶段迈入另一个阶段;只有神，亦即处于最佳状态的本性，能够在我们身上产生圆满完成。[173] 受到这些学说熏陶的人享有永久的和平，并摆脱无止境的辛劳。按照这位立法者的看法，“和平”和“七”是一回事;因为在第七天，创世停止了表面活动，休息了。[174] 所以,“地在安息年所出的，要给你们当食物”[③]，这些话是切题的;除了就是依赖神，滋养和享受的食物什么也不是，它确保给予我们最大的恩惠，亦即连战争都无法摧毁的和平。因为一个城邦与另一个城邦缔结的和平与内部战争混杂在一起，而灵魂的和平没有任何不一致的混合。[175] 在我看来，这位立法者似乎用下面这些经文为“发现而不寻找”清楚地提供了一个例证:“主神领你进祂向你列祖起誓应许给你的地，那里有城邑，又大又美，非你

---

① 《创世记》27 : 20。“以撒对他儿子说，我儿，你如何找得这么快呢。他说，因为耶和华你的神使我遇见好机会得着的。”

② 《利未记》25 : 11。“第五十年要作为你们的禧年。这年不可耕种，地中自长的，不可收割，没有修理的葡萄树也不可摘取葡萄。”

③ 《利未记》25 : 6。“地在安息年所出的，要给你和你的仆人，婢女，雇工人，并寄居的外人当食物。”

所建造的，有房屋，装满各样美物，非你所装满的。有凿成的水井，非你所凿成的，还有葡萄园，橄榄园，非你所栽种的。”①[176] 你看到充裕的善物像阵雨一般降落到他们头上，供他们收藏和享用吗？城邑的一般美德是相同的，因为它们极大地扩张；房屋的具体美德是相同的，因为它们限制在较小的范围内；具有天然良好能力的灵魂就像水井接受清泉，准备好接受智慧；葡萄园和橄榄园表示进步和果实的生长；沉思的生活是知识结出的果实，为我们带来纯粹的喜悦，就好像饮酒，亦为我们赢得理智之光，就好像取自橄榄油点燃的烈焰。

【32】[177] 谈论“遇见”之前，我们已经处理了“逃走”。现在我们要按计划转为讨论下一个要点。我们读到：“主的使者在水泉旁遇见她。”②“水泉”这个词在许多意义上使用。第一，我们的心灵被称做水泉；第二，理智的习惯和教育被称做水泉；第三，坏的性情被称做水泉；第四，坏性情的对立面好性情被称做水泉；第五，宇宙的创造主和天父本身被称做水泉。[178] 圣经中的预言为这一陈述提供了证据，让我们来看有哪些。在律法书开头处，就在记载创世之后，有如下宣示：“有清泉上涌，滋润遍地。”③[179] 那些不熟悉喻意和自然真相的人喜欢它隐匿的含义，把这里提到的清泉比做埃及的河流，它每年在洪水泛滥的时候上涨，把平原变成湖泊，似乎展示了一种可与天空相媲美的权能。[180] 其他国家冬季的天空，就好比埃及仲夏时的尼罗河，一则是从上至下降雨在大地上，另一则说来奇怪，是洪水从下至上淹没田野。这就给摩西提供了把埃及人的性情确定为无神论的理由，因为他们偏爱大地胜过天空，偏爱生活在大地上的事物胜过居住在高处的事物，偏爱身体胜过灵魂。[181] 然而，要是有机会，我们以后再来谈论这一点。

---

① 《申命记》6：10—11。“耶和华你的神领你进他向你列祖亚伯拉罕，以撒，雅各起誓应许给你的地。那里有城邑，又大又美，非你所建造的。有房屋，装满各样美物，非你所装满的。有凿成的水井，非你所凿成的。还有葡萄园，橄榄园，非你所栽种的。你吃了而且饱足。”

② 《创世记》16：7。“耶和华的使者在旷野书珥路上的水泉旁遇见她。”

③ 《创世记》2：6。“但有雾气从地上腾，滋润遍地。”

我们当前的讲述需要简洁，这一目标迫使我喻意解释这个段落，我认为“有清泉上涌，滋润遍地”这句话具有我将要提供的这些意思。[182] 我们身上占统治地位的官能就像一道清泉，泉水在大地的管道中流淌，抵达各种感官，眼睛、耳朵、鼻子，等等，浇灌它们。每个动物的头上和脸上都有这些感官。就这样，灵魂占统治地位的官能就像清泉一样浇灌脸孔，这是身体占统治地位的部分，延伸到眼睛这个视觉之灵、耳朵这个听觉之灵、鼻子这个嗅觉之灵、嘴巴这个味觉之灵、整个表面的触觉之灵。

【33】[183] 还有许多教育的水泉，水泉旁长着许多挺拔的棕树，那是理智在有营养的水中成长。因为我们读到：“他们到了以琳，在那里有十二股水泉，七十棵棕树，他们就在那里的水边安营。”①“以琳”的意思是“门户”，象征进入美德的入口；正如门户是房屋的开端，所以学校里的预备性练习是美德的开端。[184] 十二是一个完美的数。天空中的黄道十二宫是这一点的见证，装饰有十二这个数目的明亮的星座；另外一个例子是太阳的轨道，十二个月走完一圈，人们遵守的白天和夜晚的时间数相当于年的月份数。[185] 摩西在好几个地方庆祝这个数，他告诉我们，这个宗族有十二个支派，要在桌上摆放十二个面饼，并吩咐他们将十二块刻着名字的宝石镶在祭司袍的胸牌上。②[186] 他还提到七的十倍，在这段话中提到水泉旁的七十棵棕树，在另一处提到发预言的圣灵只降临在七十位长老身上③，还有住棚节献上七十头牛犊作牺牲，按通常的秩序排列，因为并非一次全部献上祭品，而是按不同的天数分别献祭，从十三头牛犊开始；④ 以这种方式，这

---

① 《出埃及记》15：27。

② 参见《出埃及记》28：17—20。“要在上面镶宝石四行，第一行是红宝石，红璧玺，红玉，第二行是绿宝石，蓝宝石，金刚石，第三行是紫玛瑙，白玛瑙，紫晶，第四行是水苍玉，红玛瑙，碧玉。这都要镶在金槽中。”

③ 《民数记》11：16。“耶和华对摩西说，你从以色列的长老中招聚七十个人，就是你所知道作百姓的长老和官长的，到我这里来，领他们到会幕前，使他们和你一同站立。”

④ 《民数记》29：13。“又要将公牛犊十三只，公绵羊两只，一岁的公羊羔十四只，都要没有残疾的，用火献给耶和华为馨香的燔祭。”

个数逐日减少至七，总数七十。[187]预备性教育这个主题就是美德的门廊，当他们抵达时，看到一起成长的水泉旁的棕树，据说他们就扎营了，不是在树旁，而是在水边。为什么会这样？因为棕树和胸牌是给那些获得圆满美德的人佩戴的装饰品，而那些仍旧处于初步学习阶段的人渴望在知识的水泉旁安居，畅饮清泉，让泉水浇灌他们的灵魂。

【34】[188] 低等教育的水泉就是这样的。现在让我们来考虑愚蠢的水泉，这位立法者已经用过这样的术语加以谈论："妇人有月经，若与她同房，露了她的下体，就是露了妇人的血源，妇人也露了自己的血源，二人必从民中剪除。"① 他把感觉称做妇人，把心灵当做感觉的丈夫。[189] 但是感觉处于分离之中，与心灵相距遥远，抛弃了她的合法丈夫心灵，她诱惑和腐蚀那些感性的对象，热情地拥抱它们。在这样的时候，如果本来应当醒着的心灵睡着了，感觉的水泉，也就是他本人，打开了——因为，如我已经说过的那样，他暴露了他自己，他没有任何防护或遮蔽可以抵挡敌人的进攻。[190] 还有，她也"露了自己的血源"，因为每一感觉在流向感觉的外在对象时，由理智控制，是被覆盖起来的，正直的统治者在鳏居时成为赤贫。对城邑来说，没有城墙是一种最可悲的邪恶，所以，没有护卫者的灵魂是最可悲的。[191] 那么，它什么时候没有护卫者，不就是在这些时候吗，在视觉对象中广泛传播的视觉显露，各种声音泛滥而听觉未经覆盖，那些嗅觉和相似的感觉未经覆盖，做好充分准备抗击敌人的抢劫，言语的官能显露出来，对那些本应保持沉默的成千上万的事物在不恰当的时候加以述说，无人能抑制，是吗？在无法阻拦的感觉的流淌中，生命的航程发生海难，就像风平浪静之时翻了船。[192]"天上的窗户"，也就是心灵的窗户，敞开了，"大渊的泉源"，也就是感觉的深渊，显露出来。② 因为只有以这种方式，暴雨才能降于灵魂，就像来自天上，亦即来自心灵，恶行像洪水一样突然到来；感觉从下面，亦

---

① 《利未记》20∶18。

② 《创世记》7∶11。"当挪亚六百岁，二月十七日那一天，大渊的泉源都裂开了，天上的窗户也敞开了。"

即从大地上，产生，情欲涌现出来。[193] 这就是摩西禁止“露母亲的下体，羞辱父亲”① 的原因，众所周知，不隐藏心灵和感觉的罪恶，而是公布于众，就好像这是一种正义的行为，这样的罪恶该有多么巨大。

【35】[194] 这就是恶行的水泉，现在让我们来考察健全感觉的水泉。这位被称做利百加的“耐心”从上面下来，充满整个灵魂的器皿，然后再上升；因为这位立法者把下降当做上升来叙说，他完全把握了事物本性的真相，因为灵魂决心从上面下来，放弃欺诈，由此上升到美德的高处。[195] 经上说：“她下到井旁，打满了瓶，又上来。”② 这个水泉就是神圣的智慧，既浇灌知识的田野，又使所有热爱沉思的灵魂被这位最佳者占有。[196] 神圣的经文给它提供了最恰当的名称，称之为“审判”和“神圣”。经上说：“他们回到审判的水泉，就是加低斯”③，加低斯的意思是“神圣”。可以认为它在大声喊叫，神的智慧既是神圣的，不包含任何属地的成分，又渗入整个宇宙，一切对立面由此相互区分开来。

【36】[197] 我们现在必须谈论最高、最杰出的水泉，因为万物之父通过先知之口公开宣布了这一点。祂在某个地方说：“他们离弃我这活水的泉源，为自己凿出池子，是破裂不能存水的池子。”④ [198] 因此，神是最主要的水泉，我们可以很好地这样称呼祂，因为整个宇宙就是从祂那里降下来的雨水。但是，当我听到这个水泉是生命之泉时，我感到敬畏，因为只有神是灵魂和生命的原因，尤其是理智的灵魂，而生命之泉与智慧是联系在一起的。质料是死东西，而神比生命更多，是永久流淌的活水的泉源，如祂本身

---

① 《利未记》18：7。“不可露你母亲的下体，羞辱了你父亲。她是你的母亲，不可露她的下体。”

② 《创世记》24：16。“那女子容貌极其俊美，还是处女，也未曾有人亲近她。她下到井旁，打满了瓶，又上来。”

③ 《创世记》14：7。“他们回到安密巴，就是加低斯，杀败了亚玛力全地的人，以及住在哈洗逊他玛的亚摩利人。”

④ 《耶利米书》2：13。“因为我的百姓作了两件恶事，就是离弃我这活水的泉源，为自己凿出池子，是破裂不能存水的池子。”

所说。[199] 但是，他们不虔诚地逃离祂，拒绝品尝不朽之水，他们为了自己疯狂地挖井，而不是为了神，他们把自己的作品置于上苍的馈赠之上，把深谋远虑的结果置于自发地到来、供他们使用的东西之上。[200] 这是他们最初表现出来的愚蠢。然后，他们挖井，不像聪明的亚伯拉罕和以撒① 似的挖得很深，使干涸的理智可以畅饮，而是挖成了一个水池，他们自己没有什么好东西可以充作营养，需要从外部把营养引入水池，这些营养必定来自教导，训导者把构成知识的原则和结论不断地灌输到他们学生的耳朵里，让他们既能掌握灌输给他们的理智，又能将理智珍藏在他们的记忆之中。[201] “池子”是“破裂”的，也就是所有病态的灵魂是破裂的，不能储水，不能使流入水池的东西保持良好状态。

【37】[202] 关于水泉这个主题需要说明的事情现在已经说完了。经过最仔细的考虑，可以看到灵魂在水泉旁遇见由夏甲象征的神圣谕言，但是灵魂没有从水泉中取水。② 因为对灵魂来说，在它逐渐取得进步的时候，它还不能为自己提供智慧的泉水，但是也没有什么东西能够阻止这样的灵魂在水泉旁停留。[203] 现在，训导的道路是一条大路，非常安全，有人保卫。而经上说的是，在通往书珥的路上的水泉旁遇见她，③“书珥”的意思是“墙”或“校正”。所以，内在的监视者在灵魂中说：“你从哪里来，要往哪里去。”④ 在与她交谈的时候，他没有表示疑问或查询；倒不如说，他在责备她，羞辱她；因为我们不可以认为神的使者对于影响我们的那些事情是无知的。[204] 这里有一个证据：哪怕是被造物无法得知的子宫的奥秘，神的使者也肯定能够知道，如他的话语所表明的那样，“你瞧，你如今怀孕要生一个儿子，可

---

① 《创世记》21：30。“他说，你要从我手里受这七只母羊羔，作我挖这口井的证据。”《创世记》26：18。“当他父亲亚伯拉罕在世之日所挖的水井因非利士人在亚伯拉罕死后塞住了，以撒就重新挖出来，仍照他父亲所叫的叫那些井的名字。”

② 《创世记》16：7。“耶和华的使者在旷野书珥路上的水泉旁遇见她。”

③ 《创世记》16：7。

④ 《创世记》16：8。“对她说，撒莱的使女夏甲，你从哪里来，要往哪里去。夏甲说，我从我的主母撒莱面前逃出来。”

以给他起名叫以实玛利”①。人没有能力知道胎儿是男的，也不知道有统治生命者尚未出生这条原则，它是一种乡下人似的粗鲁的方式，而非有教养的城市居民的生活方式。[205] 所以“你从哪里来”这句话可以用来斥责那些逃离较好审判的灵魂，如果这里的事奉是行动而不是名称，那么作为使女提供的事奉使她赢得声望。“你要往哪里去”这句话的意思是“你抛弃了公认的收益，追求不确定的东西”。[206] 我们可以很好地赞扬她，因为她高兴地接受了责备。为了她的高兴，她提供了清晰的证据；她没有责备她的使女，而是责备她的使女逃离她；她不愿回答第二个问题“你要往哪里去”，因为它是不确定的，涉及不确定的东西而悬置判断，这样做不仅是安全的，而且是必要的。

【38】[207] 所以，她的监护者对她的顺从感到很高兴，吩咐她“回到你主母那里去”，因为教师的权威对学习者来说是一种优势，对不完善的她来说，提供这种事奉是一种收益。当你谦卑地服在她的手下时，② 原有的非理智的激情就被颠覆了。[208] 因此，你如今怀孕要生一个儿子，可以给他起名叫以实玛利③，因为你要聆听神的话语，接受斥责；因为“以实玛利”的意思是“神听见”。聆听是第二位的，屈从于第一位的观看，观看是以色列人的宿命，以色列人生而自由，是头生子；因为以色列的意思就是“观看神”。听到虚假的东西而把它当做真的，这是有可能的，因为听觉带有欺骗，而视觉不会有虚假，因为我们凭视觉看清真正存在的事物。[209] 这里描写的首先出生的人是粗鲁的，天资愚钝，但还没有承认真正文明的特权，亦即美德，美德是品性天生的精练者和驯服者；后面的话是“他的手要攻打人，人的手也要攻打他”④，这也正是智者的方式，他们伪装成心胸开阔，喜欢为

① 《创世记》16∶11。“并说，你如今怀孕要生一个儿子，可以给他起名叫以实玛利，因为耶和华听见了你的苦情。(以实玛利就是神听见的意思)”

② 《创世记》16∶9。“耶和华的使者对她说，你回到你主母那里，服在她手下。”

③ 《创世记》16∶11。

④ 《创世记》16∶12。“他为人必像野驴。他的手要攻打人，人的手也要攻打他。他必住在众弟兄的东边。”

争论而争论。[210] 这种品性旨在代表一切知识，反对每一个别的知识和所有普遍的知识，因为它们全都生来好斗，想要保护自己的后代，这就是他们的灵魂生育的各种学说。[211] 他用“他必住在众弟兄的对面”① 这些话添加了第三个特点，几乎刻画了一幅面对面永久争斗的图景。所以，怀着智者原则的灵魂对灵魂的监视者说“你是观看我的神”，这就相当于说：“你是我的希望和后代的制造者。”[212] 她说得很好，因为能使灵魂自由和拥有真正高贵出身的是创造主，而奴仆是奴仆的创造者；使者是神的家仆，在那些仍旧处于辛劳和束缚之中的存在者眼中，它们是众神。经上说：“她把这口井称做井，我在这口井边看到神在我前面。”②[213] 不，灵魂啊，深深沉浸在知识进步之中的你在训练中怎么会在镜子中看不见知识的创造者？位于加低斯和巴列之间的井③ 也是一处最恰当的处境，“巴列”的意思是“在邪恶中”，“加低斯”的意思是“神圣的”，因为处于逐渐进步中的他就好像处于神圣和世俗的边缘，他逃离了恶物，但尚不足以分享全善的生命。

---

① 《创世记》16：12。

② 《创世记》16：14。“所以这井名叫庇耳拉海莱。这井正在加低斯和巴列中间。”

③ 《创世记》16：14。

论 更 名

提 要

本文的希腊文标题是“ΠΕΡΙ ΤΩΝ ΜΕΤΟΝΟΜΑΖΟΜΕΝΩΝ ΚΑΙ ΩΝ ΕΝΕΚΑ ΜΕΤΟΝΟΜΑΖΟΝΤΑΙ”，英译者将其译为“On the Change of Names”。本文的拉丁文标题为“De Mutatione Nominum”，缩略语为“Mut.”。中文标题定为“论更名”。原文共分为48章（chapter），270节（section），译成中文约4.1万字。全文可分为两大部分，喻意解释《创世记》的一些章节。

第一部分（1—129节）：解释《创世记》17：1—5。

亚伯兰九十九岁的时候，主向他显现，对他说我是你的神。评价九十九这个数字的意义，指出九十九邻近神圣的一百（1—2节）。讨论“显现”或者“被看见”，指出不能用眼睛，只能用心灵看见神（3—6节）。心灵不能理解神的本质，但能理解它自身。所以摩西只能看见神的背，不能看见神的脸（7—10节）。由此推论，神没有专门的名字，祂称自己为亚伯兰、以撒、雅各的主神，这是由语言的随意性所致（11—14节）。向亚伯兰显现的不是存在者神，而是祂的统治权能，祂在圣经中被称做主（15—17节），然而这种统治权能也说“我是你的神”。那么，神不是所有人的神吗？不，祂是恶人之主，是最虔诚的努力者之神，是完善者的神和主（18—19节）。就这样，祂被说成是摩西的神，法老的主和以色列的主和神（19—13节）。但是，不仅神是好人的神，而且好人也是神的人，必须记住只有通过后一种关系才能实现前一种关系（24—26 节）。当存在者是绝对的时候，祂的权能是相对的。国王、施恩者、创造者必须统治、施恩和创造（27—28 节）。当神被称做人的神时，意味着神创造了人，但是神没有创造恶人，以及那些非善非恶之人（29—31 节）。因此，神是完全意义上的创造主，拥有神是最高的荣耀。那么，谁能够宣称这一点呢？首先是那些竭力摆脱肉体影响的禁欲主义者（32—33 节）。但这样的人很少。就好比哲学家们说贤人和智慧实际上并不存在（34—38 节）。因此，我们必须承认善者可以声称神是他的创造者，凡人的事奉不仅令神喜悦，而且凡人可以出现在神的面前（39—42 节）。大祭司的两件袍子象征对人和神的双重义务，神实际上在创世之前就已经存在，出自祂的恩惠表示我们必须把对神的最高敬畏与尊重神创造的人的本性结合起来（43—46 节）。

接下去解释“变得无可指责”。与肯定性的美德相比，戒绝过错处于较低的阶段。人不断地处于诱惑之中，所以戒绝过错是对人的最大要求（47—51 节），神因此而在祂自己和人之间立约，把恩惠赐予人（51—53 节）。亚伯兰听到神的应许时俯伏在地，表明他承认神性可以确立，而人性不能确立。“脸”的意思是感觉、话语和心灵，这些东西全都是俯伏的，除非神赐予它们站立的力量（54—56 节）。然后再次保证，“我就与你立约”表示神本身就是约，这是神的特别馈赠，赐予新的名字，表明神本身是一切恩惠的开端和源泉（57—59 节）。通过添加字母给亚伯兰和撒莱更名，体现出神的恩赐，对此进行嘲笑和指责的人不得好死（60—62 节）。更名是神的恩赐，表示本性的改变。亚伯兰的意思是“上升的父亲”，指称迦勒底的星相家，而亚伯拉罕的意思是“卓越的声音之父”，指称智慧的心灵。从研究神的创造物转变为研究神本身，从占星转为虔诚，这是一种道德方面的转变，表示前一种研究没有真正的价值（63—77 节）。撒莱的名字改为撒拉，也就是从“我的主宰”变为“主宰”，表示一般的智慧优于个人的智慧（77—82 节）。为什么在更名以后，人们不再用亚伯拉罕的老名字称呼他，而总是用相同的头衔作为对他的正确称呼，而雅各在被称做以色列以后，仍旧多次被称做雅各？这表明有许多不同的美德，有些通过教导来获得，有些通过实践来获得。受教导之人的耳边会响起警示，而实践之人只能靠自己的意志来克制情欲（83—87 节）。

以撒没有其他名字，对这位自学成才者来说，这是恰当的，他凭借本能而完善，不像亚伯拉罕，要通过学习，或者不像雅各，要通过实践。在约瑟身上我们看到另外一种类型。他原先名字的意思是“添加”，世俗的心灵渴望过剩和奢侈，而法老将他重新命名为“撒发那忒巴内亚”，意思是“士师回答问题的嘴”，据此判断事物的价值（88—91 节）。以大体相同的方式，这位父亲叫他便雅悯，这个名字可以解释为“白昼之子”，而他的母亲叫他便俄尼（悲伤之子），他的母亲象征因生育而死的灵魂。感性生灵的怀孕和生产是一种虚荣，实质上是灵魂的死亡（92—96 节）。接下去，把流便解释为天赋，把西缅解释为学习，把以法莲解释为记忆，把玛拿西解释为回忆。天赋优于学习，记忆以各种方式优于回忆（97—102 节）。

然后是一些双名的例子。摩西的岳父叶忒罗在别处被称做流珥。叶忒罗的意思是“多余的”，象征世俗，把凡人的事务看得重于神的事务，把习俗看得高于律法。叶忒罗建议摩西教导凡人之间订立契约（103—104 节）。流珥的意思是“神的牧养”，道出了叶忒罗的本性较好的一面，他接受了摩西这位好牧人的权柄。米甸这个词可以翻译为“来自审判或筛选”。神的祭司非尼哈针对米甸人发动战争，大获全胜（105—109 节）。米甸的祭司有七个女儿，象征七种非理智的能力：生殖、语言，五种感觉。父亲象征心灵。她们在井边得到摩西的保护，帮助她们摆脱敌人的纠缠（110—120 节）。摩西也把何希阿的名字改为约书亚，“何希阿”的意思是“他得救了”，指的是具体的个人，而约书亚的意思是“主的安全”，这个名称最有可能用于国家。在迦勒身上，我们看到一个人完全改变自身，因为迦勒可以解释为“全心”（121—125 节）。摩西这位大祭司有许多名字。在解释和教导神谕时，他被称做摩西；在给民众祈祷和祝福时，他是神人；当埃及人为他们不虔诚的行为接受惩罚时，他是这个国家的国王法老的神（125—129 节）。

第二部分（130—270节）：解释《创世记》17：16—22。

神对亚伯拉罕说："我要使你从她得一个儿子。"任何给予者必定是把属于他自身的某些东西交出去。所以，以撒在这里指的是内心的喜笑，是神的儿子（130—131节）。主使利亚生育，他玛和犹大的故事，这两个例子被用来说明神圣的出身。撒拉实际上已经断言"主使我喜笑"。以撒就是喜笑，就是神生的（132—137节）。但是她又说"凡听见的必与我一同喜笑"。进而用先知何西阿叙说的神谕来指出，一切善物，整个天空和宇宙，确实是神的果实（138—140节）。有些人把"从她"这个短语解释为在她之外形成，亦即通过神的权能来形成，但撒拉被设定为就是美德或智慧（141—142节）。如果她确实被称做不育的，那么她的不育是恶；哈拿也被说成是不育的，但她后来生了七个儿子（143—144节）。在解释"儿子"的时候，用单一的型相与杂多的具体事物相对照，"孩子"这个词由"生育"这个词派生而来，宣称美是母亲（145—147节）。

"我要赐福给她，她也要作多国之母。"这句经文告诉我们，一般的美德可以分为许多种类，美德是幸福的根源（148—153节）。"必有百姓的君王从她而出。"这句经文可以看出斯多亚学派观点的痕迹，只有贤人才是国王（151—153节）。亚伯拉罕听到这句话以后俯伏在地喜笑。有人把亚伯拉罕和撒拉的喜笑理解为怀疑。作者不认同这种观点，认为亚伯拉罕的俯伏表示承认自己不配得到，喜笑是一种恭顺的欣喜（154—156节）。作者提出问题：作为喜笑和欢乐的以撒还没有出生，如何可能会有喜笑？这一奇怪的观念导致考察预感。描述幼小动物和植物如何预示未来的成熟，黎明如何预示太阳升起，希望如何在事实之前提供欢喜，正如恐惧在事实之前提供悲伤。所以，在喜笑还没有出生之前，人可以喜笑（157—165节）。还有，亚伯拉罕和撒拉的喜笑告诉我们，喜乐只为善人所有。如果恶人喜笑，那么它不是真的（166—169节），所以在雅各和他的儿子们来到埃及的时候，埃及人的喜笑是假装的，或者顶多就是表达一种可以诱惑他们的希望，就好像他们曾经诱惑了约瑟（170—171节）；进一步具体讨论法老给雅各的允诺，然后宣布聪明者的心灵会拒斥对肉身的诱惑（172—174 节）。

然后，解释“一百岁的人还能得孩子么，撒拉已经九十岁了，还能生养么”这句经文。首先解释“在心里”，然后指出怀疑与亚伯拉罕的信心不符，思想十分快捷（175—180 节）。有人认为不能期待虚弱的凡人拥有对神的不动摇的信念（181—187 节）。这些话并不表示怀疑，而只是一种祈祷。举例说明神圣的完全数，九十九和一百（188—192 节）。诚心象征有美德的人，言行不一致象征恶人。闪这个名字象征辛劳，辛劳由愚蠢带来，底拿的言行是对立的（193—195 节）。因此，闪代表不诚实，它胡诌些美德欺骗众人，但最终被真理的卫士解除面具，受到惩罚，西缅和利未是真理的卫士(196—200 节)。

然后解释雅各的话“但愿这以实玛利活在你面前”，考察句中的短语。“以实玛利”等于“聆听神”，但不是占卜者巴兰的误听。“这”主要用来区别外表相似的事物（201—208 节）。生命指的是灵魂的真正生命，相当于实践之人雅各为天然的善的生命祈祷，愿流便存活，不致死亡。加上“在神面前”这个短语，表示神把巨大的祝福赐给相信神的眼睛一直在看着他的那个人（209—217 节）。但是我们一定不要以为，他祈祷让以实玛利存活的时候对以撒的出生感到绝望。倒不如说这个灵魂感到接受神的最高馈赠是不妥的（218—219 节）。但是这种感到不妥的意思一定不能阻止我们奉献我们拥有的东西。如果不能抵达最高处，我们也就没有理由不珍惜我们能做的小事（220—227 节）。举例说明，亚伯拉罕为所多玛城求情，因为那城里有少数义人，以扫希望他的父亲能给他一些祝福，尽管最好的祝福已经给了雅各（228—230 节）。所以灵魂的最佳祈祷是神会给我们有益的东西，弥补我们的弱点，因为主不仅使名声显赫的人得益，而且也使名望低下的人得益(231—232 节)。三种不同的赎罪祭用的供物：绵羊、一对斑鸠或雏鸽，十分之一伊法细面。按照献祭者的能力奉献（233—235 节）。然后提出建议：三种赎罪祭分别用于思想、言辞和行为所犯的罪恶。在这三者中间，错误的想法和意愿是最轻的，行为是最重的，言辞介于二者之间（236—244 节）。对三种献祭的供物进行解释，绵羊是最有用的动物，适合我们最高贵的部分心灵，鸟具有言辞长翅膀的性质，细面是行动的象征（245—251节）。

解释经文，“是的，你妻子撒拉要给你生一个儿子”。“是的”这个回答意味深长，内涵丰富。对神的赐福马上表示赞成，还有什么能比这更有益于神？亚伯拉罕要一样东西，神给了他两样。我们无须教育而获得感官和思想的力量（252—257节）。由以撒象征的美德未经辛劳就从天上获得食粮，就像安息年从天上降下粮食（258—260节）。还有，这名男孩摆脱所有女性的情感，被正确地命名为喜乐，高兴地喊叫（261—262节）。解释“我已经赐福给以实玛利，我要与以撒坚定所立的约”。这句话表示神把较高的自学的智慧赐给强者，而把学校里的较低的智慧赐给弱者。下面的话是“在这个季节，她将给你生育”。可以把“季节”理解为神本身，神远离所有不虔诚者，在富饶多产的灵魂中行走。他种下的大麦“有百倍的收成”（264—269节）。“神和他说完了话，就离开他上升去了。”这表示亚伯拉罕是神的侍从，神希望这位学习者努力学习，独立实践。这是每一位好教师都应当知道的（270节）。

正 文

【1】[1]“亚伯兰年九十九岁的时候，主向他显现，对他说，‘我是你的神’。”① 九加上九十，是一百的近邻，自学成才的以撒的本性照亮了这个数，以撒就是欢乐，就是最好的情感。因为以撒是亚伯兰一百岁的时候生的。[2] 一百也表示利未族的祭司祭献初生的果实。利未人得到以色列人十分之一的劳动成果，就好像是他们自己生产的果实，再从中取十分之一作为祭品献给神。② 十象征进步，一百象征完善。现在，处于中间阶段的他总是使用本性赐给他的天赋，奋力向前，攀登顶峰，摩西告诉我们，看见万物之主的就是这样的人。[3]然而，不要假定这种影像向身体的眼睛呈现。他们看见的只是感觉的对象，这些对象是复合的，充满可朽，而神是非复合的，是不朽的。接受神圣影像呈现的是灵魂的眼睛。[4] 还有，通过光线的合作，他们理解了身体的眼睛看到的东西，光线既不同于先知，又不同于被观看的事物，而灵魂凭借它自身的能力进行观看，无须其他任何事物的帮助。因为心灵的观念就是它们自身发出的光线。[5] 我们学习知识遵循同样的规则。心灵把它永不闭上或入睡的眼睛用于摆在它面前的原则和结论，凭着一种真正的而非借来的、从其自身发出的光线看见它们。[6] 所以，当你听说神被人看见的时候，你必须认为这种事情的发生并没有感官所知的光线在起作用，因为属于心灵的东西只能由精神力量来理解。神是最纯粹的光芒的源泉，所以当祂向灵魂显现自身时，祂发出的光线无比明亮，没有任何阴影。

【2】[7] 然而，不要设想有任何人能够理解这位真正存在的存在者；因

---

① 《创世记》17：1.“亚伯兰年九十九岁的时候，耶和华向他显现，对他说，我是全能的神。你当在我面前作完全人。”

② 《民数记》18：26。“你晓谕利未人说，你们从以色列人中所取的十分之一，就是我给你们为业的，要再从那十分之一中取十分之一作为举祭献给耶和华。”

为在我们身上没有任何器官可以想象祂，我们也没有这样的感觉，因为祂既不能被感觉所感知，又不能被心灵所理解。所以，摩西是本性的探索者，而本性已经超出了我们的视野，如圣经所说，他进入了“幽暗之中”①，这是在描述那不可见的、无形体的存在者，摩西依照自己的意愿搜索了各处的每一事物，清晰地看见了神，祂是我们向往的对象，唯一的善者。[8] 然而，当摩西什么也没有找到，甚至连和他希望发现的略微相似的东西也没有找到的时候，摩西放弃了受教于其他事物的希望，逃往他正在寻找的存在者自身，并向祂祈祷说：“求你将你的道指示我，使我可以认识你。”②[9] 然而他的目的并没有实现。如神所判断的那样，能知道隐藏在存在者之下的东西，质料的或非质料的，这是赐给最优秀的凡人的最丰盛的礼物，因为我们读到：“你就得见我的背，却不得见我的面。”③这就意味着，所有隐藏在存在者之下的事物，质料的或非质料的，是可以理解的，尽管并非能够被真正地理解，而只有祂，就其本性而言，是不能被人看见的。[10] 既然我们每个人身上的心灵尚且不能为我们所知，我们为什么还要对这位存在者不能被人理解而感到惊讶呢？有谁知道灵魂的本质特征呢，这个奥秘在智者中引发了无数纷争，他们提出各种相互矛盾，甚至完全对立的意见？[11] 人的名称甚至没有一个可以恰当地用来指称这位真正的存在者，这是一个合乎逻辑的结论。请注意，有些人问神的名字是什么，这位先知想要知道该如何回答，这个时候神说：“我是自有永有的。”④ 这就相当于说：“我的本性是存在，是不能用话语来谈论的。”[12] 然而，为了使人类不至于对至善完全缺乏称呼，祂恩准他们使用主神这样的称号，仿佛这就是祂的专名，主神这个称号有三个天然的秩序：教导、完善、实践，在圣经记载中用亚伯拉罕、以撒和雅

---

① 《出埃及记》20：21。“于是百姓远远地站立，摩西就挨近神所在的幽暗之中。”

② 《出埃及记》33：13。“我如今若在你眼前蒙恩，求你将你的道指示我，使我可以认识你，好在你眼前蒙恩。求你想到这民是你的民。”

③ 《出埃及记》33：23。“然后我要将我的手收回，你就得见我的背，却不得见我的面。”

④ 《出埃及记》3：14。“神对摩西说，我是自有永有的。又说，你要对以色列人这样说，那自有的打发我到你们这里来。”

各来象征。祂说，这是"我永远的名字"，好像祂的存在也像人的存在似的，这里指的不是那个还未到来的世代，也不是指那些从来没有生成的事物，而是指直到千秋万代的"纪念"。①[13] 那些生而有死的人必定需要某种东西来代替神的名称，以便使他们可以接近神，哪怕不能接近神的实在本身，至少可以接近这至高无上的至善者的名称，在此基础上与祂建立某种联系。从这位万物统治者的口中传出的神谕表明，祂从来就没有把神的固有名字透露给任何人。祂说："我从前向亚伯拉罕、以撒、雅各显现为他们的神，至于我的名称'主'，我没有透露给他们。"② 如果把这句话的词序重新恰当安排一下，可以读作"我的固有名字我没有透露给他们"，祂的意思是，他们所知道的只是一些名字的替代品，之所以如此的原因我们已经讲过了。[14] 要说出这位存在者的名称确实是不可能的，哪怕是那些事奉祂的权能也不能把祂的固有名称告诉我们。所以，那位潜心探寻美德的修行者在与神摔跤以后，对这位不可见的主说"请将你的名告诉我"，而主却说"你何必问我的名"，③ 拒绝说出祂的固有名字。他的意思是，"对你来说，通过我的祝福来获益就足够了，至于名字，这些用来表示受造物的符号，你不需要在不朽的本性中寻找它们"。

【3】[15] 所以，当我们无法说出万物的至高者的名字时，当祂的圣言本身也没有我们可以言说的名字时，不要以为这是一件难以忍受的事情。如果祂的名字确实无法说出，那么祂也是不可察觉的和不可理解的。所以，"主向亚伯兰显现"④ 这句话一定不要理解为万物之因照耀着他，向

---

① 《出埃及记》3∶15。"神又对摩西说，你要对以色列人这样说，耶和华你们祖宗的神，就是亚伯拉罕的神，以撒的神，雅各的神，打发我到你们这里来。耶和华是我的名，直到永远，这也是我的纪念，直到万代。"

② 《出埃及记》6∶3。"我从前向亚伯拉罕，以撒，雅各显现为全能的神，至于我名耶和华，他们未曾知道。"

③ 《创世记》32∶29。"雅各问他说，请将你的名告诉我。那人说，何必问我的名，于是在那里给雅各祝福。"

④ 《创世记》17∶1。"亚伯兰年九十九岁的时候，耶和华向他显现，对他说，我是全能的神。你当在我面前作完全人。"

他显现，因为什么样的人的心灵能够包容如此巨大的影像呢？倒不如说，我们必须认为这是事奉神的权能的显现，是统治的权能，因为主这个头衔表示统治权和王权。[16] 当我们的心灵继续陷入迦勒底人的空洞幻想时，它会把行动的力量归于这个世界，这种力量被视为事物的原因。但是，当心灵离开迦勒底人的信条时，它就认识到这个世界由它的驭手和舵手来统领，这位统治者的影像向世界显现。[17] 因此，“主向他显现”（不是这位存在者向他显现）这句话的意思是这位国王已经显现，它确实从一开始就已经显现，但一直未被灵魂认识，而灵魂虽然无知，却没有一直保持无知的状态，而是察觉到那统治一切的国王的影像。[18] 这位国王在显现时还把一种更高级的礼物恩赐给看到和听见祂的人。国王对他说：“我是你的神。”我会问，在众多被造物中有什么东西不会把你当做它的神？但是，祂的这些解释告诉我，祂在这里谈论的无疑不是祂是创造者和神的这个世界，而是在祂眼中不配得到所有关照的人的灵魂。[19] 祂想要这样的称呼：坏人称祂为主和主人，比较好的人称祂为神，最优秀、最完善的人称祂为神和主。比如，当祂把法老当做不虔诚的极端例证放在我们面前时，祂决不会把自己称做法老的神，而是把神这个名称给了聪明的摩西，“你瞧，我把你当作神给了法老”①。不过，祂经常在圣谕中把自己称为主。[20] 我们发现有许多诸如此类的话语：“你必知道我是主。”② 在祂讲话开头的地方，主对摩西说：“我是主，我对你说的一切话，你都要告诉埃及王法老。”③ [21] 摩西对法老说：“我一出城，就要向主举手祷告，雷必止住，也不再有冰雹，叫你知道全地都是属主的”（全地就是所有由土构成的物体），至于你（由身体携带的心灵）和你的臣仆（保护心灵的几种思想），“我知

① 《出埃及记》7 : 1。“耶和华对摩西说，我使你在法老面前代替神，你的哥哥亚伦是替你说话的。”

② 《出埃及记》7 : 17。“耶和华这样说，我要用我手里的杖击打河中的水，水就变作血，因此，你必知道我是耶和华。”

③ 《出埃及记》6 : 29。“他向摩西说，我是耶和华，我对你说的一切话，你都要告诉埃及王法老。”

道你们还是不惧怕主"①。这里的意思是，这位主不仅被称为主，而且是真正的主。[22] 因为被造者没有一位是真正的主，哪怕被授予统治全世界的权力。只有非被造者才是真正的统治者，敬畏这位统治者的人可以获得祂以训谕的形式赐予的真正有价值的奖励，而藐视祂的人在祂面前，其结局无非就是可悲的毁灭。[23] 所以，祂对愚蠢者显现为主，因为祂适合对他们施加恐吓。而对那些正在取得进步的人来说，祂在圣经中被称做他们的神，比如在当前这段话中，"我是你的神"，或者"我是你的神，你要生养众多"②。[24] 对那些完善的人而言，祂既是主又是神，比如祂在摩西十诫中说："我是你的主和神。"③ 祂在另一处说："你们列祖之主和神。"④ 这是祂的意愿，邪恶之人应当臣服于祂，祂是他们的主人，他们惧怕这位主人；正在取得进步的人应当从作为神的祂那里获益，凭借这些益处臻于完善；完善之人应当由作为主的祂来引导，并从作为神的祂那里获益。因为靠着主的引导，他持之以恒地不犯过错，靠着神的赐益，他整个儿地成为神的人。[25] 这一点在摩西的身上表现得最好。我们读到："这是神的人摩西所祝的福。"⑤ 为了报答神的保佑，他应当把自己奉献给神，他促进的这种报答是多么荣耀，多么神圣啊！[26] 但是，不要以为神变成人的神和人变成神的人的方式是相同的，因为人变成神的人是变成祂的所有物，神变成人的神是人的荣耀和对人的救助。如果你希望拥有神作为你心灵的一部分，那么你自身先要变得配得上祂的接受，如果你能避免由你亲自造成，出于你的自愿的错误，那么你就能够有这样的变化。

---

① 《出埃及记》9：29—30。"摩西对他说，我一出城，就要向耶和华举手祷告，雷必止住，也不再有冰雹，叫你知道全地都是属耶和华的。至于你和你的臣仆，我知道你们还是不惧怕耶和华神。"

② 《创世记》35：11。"神又对他说，我是全能的神。你要生养众多，将来有一族和多国的民从你而生，又有君王从你而出。"

③ 《出埃及记》20：2。"我是耶和华你的神，曾将你从埃及地为奴之家领出来。"

④ 《申命记》4：1。"以色列人哪，现在我所教训你们的律例典章，你们要听从遵行，好叫你们存活，得以进入耶和华你们列祖之神所赐给你们的地，承受为业。"

⑤ 《申命记》33：1。"以下是神人摩西在未死之先为以色列人所祝的福。"

【4】[27] 我们也要记住，“我是你的神”这句话的使用是相当随意的，并非在其专门的意义上使用，因为被视为存在的这位存在者不是相对的。祂是自我完满的，也是自我充足的，在创世之前已如此，此后亦将如此。[28] 祂不会发生变化，也不会有什么改变，完全不需要其他任何东西，所以，万物都是祂的，而祂本身在严格意义上说不属于任何东西。然而，为了祂建构的这个世界的利益而投入到创世之中去的权能，在某些情况下有时候被说成是相关的，比如国王的权能和施恩的权能，因为作为国王总是某人的国王，作为施主总是某人的施主；而国王的臣民和恩惠的接受者必定有所不同。[29] 与这两种权能相似的是被称做神的创造的权能，因为作为万物的生父和创造万物之工匠的这位父亲，借助这种权能创造了整个宇宙，所以，“我是你的神”相当于“我是创造者和工匠”。[30] 我们能够拥有的最大恩赐是有祂作为我们的工匠，祂也是整个世界的工匠，祂不会塑造恶的灵魂，因为祂敌视邪恶，而且在塑造灵魂的过程中，按照最神圣的人摩西的说法，祂不是唯一起作用的，因为这样的灵魂肯定会像蜜蜡一样接受不同的性质，高贵的性质和卑劣的性质。[31] 然后我们读到：“让我们照着我们的形像造人。”① 所以，就好像接受坏的或好的影像的蜜蜡，它会显得像是其他人的作品，或者像是祂的作品，祂只是高尚和善的事物的塑造者。所以，他确实是一个有美德的人，神对他说“我是你的神”，因为只有神作为他的创造者而无其他事物作为他的合作者。[32] 与此同时，摩西在这里通过揭示他经常讲的神只是贤人和善人的创造者这一学说的内涵来教导我们。所有与他相伴的人自觉地剥夺外在的善物，这些善物如此丰盛地提供给我们，再进一步藐视亲近肉身的东西。[33] 用肉身恐吓灵魂，这样的人是优秀的，强健的，精力充沛的。而受惩戒的儿童面色苍白，枯萎凋谢。他们用身体的肌肉事奉灵魂的权能，实际上归结为一种单一的形式，

---

① 《创世记》1 : 26。“神说，我们要照着我们的形像，按着我们的样式造人，使他们管理海里的鱼，空中的鸟，地上的牲畜，和全地，并地上所爬的一切昆虫。”

亦即归结为灵魂的权能，变成无肉身的心灵。[34] 然后，等到心灵以其所有权能有了固定的令神喜悦的目的，属土的元素当然会被摧毁。但是这种情况十分罕见，很难遇到，尽管并非完全不可能。[35] 关于以诺的神谕说明了这一点。“以诺令神喜悦，他就不在世了。”① 因为在什么地方能够找到这样的好事，要渡过什么样的大海，要访问什么样的海岛和大陆？他应当在希腊人中间寻找，还是在野蛮人中间寻找？[36] 确实，在学习哲学这门学问的学生中间，不是仍旧有人说贤人是不存在的，因此智慧也是不存在的吗？他们说，从人的被造直至今日，没有人能够完全摆脱罪过，因为对一个被囚禁在可朽身体中的凡人来说，绝对的幸福是不可能的。[37] 这些说法是事实，我们会在恰当的场合加以考察。而现在，我们会接受这些文字，会说智慧确实是存在的，智慧的热爱者，圣贤，也是存在的，然而，尽管他是存在的，我们这些人仍旧很糟糕地看不到他，因为善者不能与恶者为伍。[38] 我们得知，“他不在世上了”，这种人令神喜悦，他无疑是真实存在的，但却隐藏起来，不需要我们的陪伴。为了确认这一点，我们读到，他“改变了”，也就是说，他改变了他的住所，从今生转到来世，从可朽的生活转型为不朽的生活。

【5】[39] 这些人在旷野里受到上苍的激励而变得迷狂。但是，也有其他人追随温顺驯服的智慧，既杰出地践行虔诚，又不藐视凡人。那个神谕证明了这一点，神作为讲话者对亚伯拉罕说“当令我喜悦”，② 也就是说：“不仅要令我喜悦，也要令我创造的作品喜悦，因为我是审判者，观看和考察你。”[40] 如果你荣耀父母，怜悯穷人，爱你的朋友，保卫你的国家，关心所有人，对他们履行义务，那么你肯定会令你关照的人喜悦，而且也会令神喜悦。因为祂观看万物，决不会入眠，祂召唤善者于自身，给予特殊的偏爱。[41] 因此，这位实践者在祈祷中也把同样的真理告诉我们。他说：“我的列

---

① 《创世记》5∶24。“以诺与神同行，神将他取去，他就不在世了。”

② 《创世记》17∶1。“亚伯兰年九十九岁的时候，耶和华向他显现，对他说，我是全能的神。你当在我面前作完全人。”

祖在神面前令他们喜悦，”① 他实际上把“令祂”和“在他面前”之间的差别告诉了我们。后者把两种喜悦都包括在内，前者只包含一种喜悦。[42]所以，摩西叮嘱说：“你要在你的主神面前令祂喜悦”②，意思是做这样的事情配得上在神面前显现，看到被神认可，人们一般也会把这样的行为扩展到我们的同胞。[43] 这种想法促使摩西在移动会幕时把圣地分为圣所和至圣所两个部分，设置一道幔子把里外隔开；③ 他还给盛放律法的法柜里外镀金，④ 给大祭司两件袍子，细麻布的外袍和杂色的内袍。⑤[44] 诸如此类的事物都是灵魂的象征，内在的事物针对神，外在的事物针对我们的感觉世界和凡人的生活。这些话适合对取得胜利的摔跤手说，他将要获得胜利花冠。“因为你与神与人较力，都得了胜”⑥，这些话宣告了他的胜利。[45]在我们对非被造者和被造者要履行的义务中，要赢得两方面的荣耀，需要的不是一颗狭隘的心灵，而是一颗位于这个世界和神之间的把握事实真相的心灵。总之，高贵的人应当追随神的脚步，因为万物的统治者和父亲关心祂的创造物。[46] 我们全都知道，在这个世界被造之前，神是自足的，而在创世之后，祂仍旧保持着自足的状态，没有变化。那么祂为什么要创造那些不存在的东西呢？为什么，除非因为祂是善的和慷慨大方的？那么，我们这些祂的奴仆怎么能够不抱着最深刻的敬畏追随我们作为原因的主人，然而又不忘记我们共同人性的召唤呢？

---

① 《创世记》48∶15。“他就给约瑟祝福说，愿我祖亚伯拉罕和我父以撒所事奉的神，就是一生牧养我直到今日的神。”

② 《申命记》12∶28。“你要谨守听从我所吩咐的一切话，行耶和华你神眼中看为善，看为正的事。这样，你和你的子孙就可以永远享福。”

③ 《出埃及记》26∶33。“要使幔子垂在钩子下，把法柜抬进幔子内，这幔子要将圣所和至圣所隔开。”

④ 《出埃及记》25∶10。“要用皂荚木作一柜，长二肘半，宽一肘半，高一肘半。”

⑤ 《出埃及记》28∶4。“所要作的就是胸牌，以弗得，外袍，杂色的内袍，冠冕，腰带，使你哥哥亚伦和他儿子穿这圣服，可以给我供祭司的职分。”《利未记》6∶10。“祭司要穿上细麻布衣服，又要把细麻布裤子穿在身上，把坛上所烧的燔祭灰收起来，倒在坛的旁边。”

⑥ 《创世记》32∶28。“那人说，你的名不要再叫雅各，要叫以色列。因为你与神与人较力，都得了胜。”

【6】[47] 在说了“在我面前令我喜悦”以后，祂又添上“变成无过错的”。这二者之间的关系是密切的前因后果。祂的意思是，能够追随卓越是最好的、令神喜悦的，但若做不到这一点，至少也应当戒绝邪恶，以此摆脱谴责。因为公义的行为肯定会给行为者带来赞扬，而戒绝邪恶可以使他摆脱责备。[48] 首先，“令神喜悦”的最高奖赏可以通过积极的行为来赢得，其次，通过躲避罪恶来逃避责备。然而，圣经声称，对可朽的生灵而言，前者与后者有可能是一致的。如约伯所说，谁能使洁净之物出于污秽之中呢，哪怕一辈子也不能，更何况在一天之内？[①][49] 污秽使灵魂变得无比肮脏，要完全清洗干净是不可能的。因为还有一些邪恶与每一位可朽者的生命有密切的关系，这些邪恶可以减轻，但不能完全摧毁。[50] 所以，我们还应当去寻找完全公义、聪明、节制、善良的生命吗？如果你发现有一个人不是非公义的、非愚蠢的、非淫荡的、非胆怯的、非完全邪恶的，你就应当感到满意了。我们可以满足于邪恶的颠覆，而对人来说，要完全获得美德是不可能的，因为我们知道他是人。[51] 所以他有很好的理由说“变得无可责备”，因为神认为摆脱罪过所获得的自由将极大地促成幸福生活。对于受到拣选过着这种生活的人，祂应许与他立约，这种约适合由神来赐予，由人来接受。[52] 祂说：“我要在你和我之间立约。”[②] 这里的约是为了使配得上这项礼物的那些人获益，所以立约象征着神的恩惠，安放在作为恩赐者的神和作为接受者的人之间。[53] 这就是最高的恩惠，除了纯洁的恩惠，神和灵魂之间什么都没有。由于我要用两篇文章来处理立约这个主题，所以在这里我就不再讨论立约，以免重复；这样做的另一个原因是，我不希望打断讨论的连续性。

【7】[54] 圣经中下面的话是“亚伯兰俯伏在地”[③]。啊，听到神的应许，除了认识他自己和我们这个可朽种族的虚无，俯伏在祂脚下，以

① 《约伯记》14∶4。“谁能使洁净之物出于污秽之中呢。无论谁也不能。”

② 《创世记》17∶2。“我就与你立约，使你的后裔极其繁多。”

③ 《创世记》17∶3。“亚伯兰俯伏在地。神又对他说。”

此表现他对自己和神的看法以外，他还能做什么呢？他知道神的位置是不变的，然而却推动宇宙的创造，神的运动是其自身的运动（不用腿，因为祂没有人的形像），凭借这种运动，祂表现出祂不可变更的本性。[55] 亚伯兰知道自己根基不稳，整个生命历程会发生各种变化，会摔跤，滑倒！[56] 之所以如此，有的时候是由于不自觉的无知，有的时候是由于自觉地抗拒诱惑，所以我们也还读到，他俯伏在神面前。“脸”的意思是他的感觉、他的心灵、他的话语，他的这种姿态并不亚于响亮的喊叫。感觉是堕落的，因为要是不能得到神的特许，它只能呼喊，不能察觉到质料的实在；话语是堕落的，它不能用语言表达任何存在的事物，因为祂没有制定和调整声音的和谐，没有敲击音符，没有张开大嘴，给予舌头以力量；高贵的心灵也是堕落的，它的理解力被剥夺，万物的塑造者没有提升它，建立它，没有给它安上敏锐的眼睛，引导它去观看非质料的世界。

【8】[57] 他在神面前退缩，并自发地俯伏在地，由此赢得神的高度赞赏，这位存在者承认只有神是站立的，所有在祂之下的各种事物都是有变化的，受支配的。祂和这个人建立了一种伙伴关系。他说：“你瞧，我与你立约。”① [58] 这里提出的主旨是：约有许多种，要把恩惠馈赠给配得上神的恩惠的人，但是，约的最高形式是“我本身”。祂用“我”和“瞧，我的约”这些话来指称祂本身，就显示而言，祂高于一切被显示者，而“我本身”指的是一切恩惠的开端和源泉。[59] 有些神习惯于通过其他手段，土、水、气、日、月、天和其他非质料的事物，来扩展祂的恩惠，而其他一些事物只通过祂本身，使其自身成为接受祂的那些事物的一部分。[60] 对这些事物，祂现在赐予它们一个不同的名称。“你的名不再叫亚伯兰，要叫亚伯拉罕。”② 在这里，某些喜爱争论、吹毛求疵的人想要提出疑义，然而这个地方并不应当受到责难，我们不能挑战神圣的事物，不能像对待行为和思想那样对待有

① 《创世记》17：4。“我与你立约，你要作多国的父。”

② 《创世记》17：5。“从此以后，你的名不再叫亚伯兰，要叫亚伯拉罕，因为我已立你作多国的父。”

质料的事物，如果发现有什么事物不得体，那么不应当夸张，它实际上是喜欢藏匿的自然本性的象征，我们要仔细寻找真相，而不要蔑视它，毁谤它。他们尤其通过更改名字来这样做。[61] 前不久，我听说有一个不信神、不虔诚的家伙受到人们的嘲笑和指责，他竟敢说“摩西说的出自万物统治者之手的馈赠确实是巨大的，非凡的。通过添加一个字母 α，再通过添加另一个字母 ϱ，祂提供了恩惠，祂使 α 加倍，把亚伯兰（Αβϱάμ）转变为亚伯拉罕（Αβϱαάμ），祂使 ϱ 加倍，把亚伯兰之妻撒莱（Σάϱα）转变为撒拉（Σάϱϱα）”。以这种嘲笑的口吻，他举了许多例子，一刻也不停息。[62] 嗯，没过多久，他就为他这种邪恶的愚蠢受到惩罚。由于这个微不足道的原因，他加速走向死亡，对这种肮脏的恶棍来说，甚至想要干干净净地死也做不到。

【9】为了防止成为同样错误的牺牲品，我们应当消除诸如此类的疑虑，求助于自然的真相，显示最值得我们加以诚挚考虑的事情，这样做才是对的。[63] 字母，无论是元音或者辅音，或者是一般的词性，不是神恩的馈赠，因为当祂创造植物和动物时，祂把它们召唤到那个人面前，让那个人当它们的统治者，那个人运用他的知识，给它们有区别的名字，把它们区别开来。他说：“亚当怎样叫它们，那就是它的名字。”① [64] 如果连神都认为自己不适合给完善形式的活物命名，而是把这项任务托付给这个有智慧的人，这个人类的始祖，那么我们可以假定名字的组成部分，或者音节，或者单个字母，不仅是元音，而且是不发音的辅音，是由神来添加或变更的，是由神馈赠和恩赐的，是吗？但这是相当不可能的。[65] 这样的变更名字是道德价值的标志，标志是微小的，可感的，明显的，而价值是伟大的，理智的，隐秘的。在高贵的真实中，在纯洁无误的观念中，在改善了的灵魂中，可以发现这些价值。[66] 要证明这一点是容易的，让我们就从这里的更名开始，因为亚伯兰被解释为“上升的父亲”，亚伯拉罕被解释为“卓越的声音之父”。

① 《创世记》2∶19。“耶和华神用土所造成的野地各样走兽和空中各样飞鸟都带到那人面前，看他叫什么。那人怎样叫各样的活物，那就是它的名字。”

二者有什么区别，如果我们能够先发现二者的意思，我们就能有更加清楚的理解。[67] 所以，求助于喻意解经，我们说“上升的”表示一个人从大地上升到高处，考察天上的事物，研究上部世界的现象，考察太阳的大小和轨道，考察它如何通过旋转调节一年四季，如何以同样的速度前进和倒退；他也要考虑月亮不同的光照和盈亏，以及其他星辰的运动，包括恒星与行星。[68] 考察这样的事务表明这颗灵魂不是没有天赋的、不会生产的，而是天赋很高，能够生育完善的产物而无瑕疵；因此他把研究上部世界的人称做父亲，因为他不是不能产生智慧的。

【10】[69] 这就是我们对“亚伯兰”这个名字所表达的意思的界定；而由“亚伯拉罕”所表达的意思，我下面开始描述。它有三个意思：“父亲”、“卓越的”、“声音”。我们说声音代表发声的话语，因为发音器官在活物中具有发音的能力。它的父亲是心灵，因为言语的溪流以理智为源泉，从理智中流出。卓越的心灵是聪明的，因为它包含最优秀的东西。[70] 所以，前面这些描述指的是学习的热爱者，是气象学者，而这些公正的描述揭示了智慧的热爱者，或者有智慧的人。所以，停止假定更名是神的馈赠，要知道更名象征着品性的改善。[71] 从前忙于研究天空本性的人——有人称他为天文学家——神召唤他来合作，神既创造了他，又给他命名，赋予他灵性的展望，神重铸了亚伯拉罕的称号，如希伯来人会说的那样，而在我们的语言中，他是卓越的声音之父。[72] 神问道，你出于什么目的考察星辰有节奏地运动和旋转？为什么会有这种跃进，从大地到以太？你这样做只是为了消磨时光吗？这种忙碌有什么好结果呢？这样做能够克服对快乐的追求，能够颠覆强烈的欲望，能够克制恐惧和悲伤吗？对骚扰和困惑灵魂的情欲要动什么手术？[73] 正如树木若是不能结果，那么它是无用的，研究自然也一样，要是不能带来美德的获取，那么它也是无用的。[74] 由于美德是它的果实，因此某些古人把研究哲学比做一块田地，说它的物理部分像植物，说它的逻辑部分像围墙和篱笆，说它的伦理部分像果实。[75] 他们认为，围绕着田地的围墙是由所有者建造的，用来保卫果实和生长果实的树木，在哲学中，

以同样的方式，物理的和逻辑的研究应当带来伦理的果实，由此改善品性，并渴望获得和使用美德。[76] 这就是我们从亚伯拉罕的故事中学到的东西。字面上，他的名字更改了，而实际上他的更改是从研究自然改变为研究道德哲学，他抛弃了对这个世界的研究，而在关于世界创造者的知识中找到一个新家，由此他得到了最好的财产——虔诚。

【11】[77] 我们现在要来处理他的妻子撒拉。她的名字撒莱（Σάρα）添加一个字母 ρ，变成撒拉（Σάρρα）。这些是名字，我们现在要说的是由这些名字表示的事实。[78] 撒莱的意思是“我的主宰”，撒拉的意思是“主宰”。前者是专门美德的标志，后者是一般美德的标志，属大于种，按照这个尺度，第二个名字大于第一个名字。种是小的和易毁的，属是大的和不朽的。[79] 神将要赐予的馈赠是大的和不朽的，用来替换小的和易毁的，这样的工作对祂很合适。在这位善人身上，智慧只对他本人拥有主权，如果他说“智慧在我身上是我的主宰”，那么智慧的拥有者是不会犯错误的。但是智慧的原型，一般的智慧，我们不再拥有具体个别的主权，而是拥有主权本身。[80] 因此，具体的智慧会与它的拥有者一道灭亡，而其他智慧就像印章提供形状那样摆脱任何可朽的元素，永久延续，不会灭亡。技艺也是这样，具体的技艺与其拥有者，几何学家、语法学家、音乐家，一道灭亡，而一般的技艺保持不朽。同时我们还要顺带提到，每一种美德都是女王和主宰，是人的生命历程的统治者。

【12】[81] 我们还发现雅各的名字改为以色列更加合适。为什么会这样呢？因为雅各是取代者，而以色列是“见神者”。取代者在实践美德中的任务是干扰、动摇、颠覆情欲的根基，以及它们拥有的全部坚定性和稳定性。这是一项在竞技场上没有艰苦努力和搏斗就不能完成的工作，仅当能在这场智慧的思想斗争中坚持到底，执着地在灵魂的体育竞赛中投入比赛，方能获胜。这位见神者的任务不是在尚未戴上花冠时就离开神圣的竞技场，而是携带奖品胜利地离开。[82] 他获得了清晰地看见存在者的能力，有什么样的花冠或者花簇能比这更加适合获胜的灵魂？这确实是给这位运动员灵魂的荣

耀的奖赏，应当赋予他在明亮的光芒下理解神的灵魂之眼，只有神值得我们沉思。

【13】[83] 为什么在更名以后，人们不用亚伯拉罕的老名字称呼他，而总是用相同的头衔作为他的正确称呼，而雅各在被称做以色列以后，仍旧多次被称做雅各，这一点值得考察。我们必须回答，这表明有许多不同的美德，有些通过教导来获得，有些通过实践来获得。[84] 通过教导得以改善的人被赋予幸福的本性，在记忆的合作下这种本性得以保持，坚定地把握以往所学的东西，维持不变。另一方面，这位实践者在剧烈运动以后要喘气休息，恢复因疲劳而衰竭的体力。在这个方面，他很像那些给自己的身体抹油的运动员。当他们训练感到疲乏的时候，他们给自己的肢体抹油按摩，防止由于竞赛的紧张和剧烈而完全丧失体力。[85] 还有，教导之人会有话语的帮助，耳边会响起警示，这种警示会像监督者一样不灭，使人绷紧神经；实践之人只能依靠自己的意志来克制被造物的情欲，即使已经抵达顶点，也会由于过分疲倦而返回原处。[86] 相比之下，他更能忍受辛劳，而另一个人更加幸运。后面这个人会有另一个人当他的老师，而辛苦劳动者只能自助，他忙于考察和探索自然的奥秘，不间断地从事劳动。[87] 因此，作为未来生活的标志，亚伯拉罕从神那里得到他的不可更改的新名字，这就表明，神把他的未来建立在一个稳定的基础之上，一直保持相同的本性和状况。但是，神的使者圣言给雅各重新命名，他承认位于存在者之下的事物不能永久，而只能产生和谐，就好像乐器演奏出来的音符，时高时低，时松时紧，要靠艺术家的技艺调制优美的乐曲。

【14】[88] 还有，这个种族有三位创建者，第一位和最后一位是亚伯拉罕和雅各，他们的名字更改了，而中间这位创建者是以撒，他的名字始终相同。为什么会这样呢？因为学习者和实践者的美德形式都是开放的，都愿意接受改进，前者希望知道自己对哪些事情无知，后者希望通过寻求真理的辛劳，获得赋予灵魂的胜利冠冕和奖赏。另一方面，在这种情况下既无老师又无学生，只有实践者自己，与其说依靠本性，倒不如说凭借勤

奋，他就像一个偶数，无须其他帮助就能达到相等和完善。[89] 约瑟是身体必需品的控制者，对他来说情况就不是这样的了。因为他改了名，从这个国家的国王那里得到“撒发那忒巴内亚”这个名字。① 这个名字的意思也需要解释。约瑟这个名字的意思是“添加”，祖传财产是自然财产的附属物。前一类财产有金、银、动产、税收、奴仆、祖传遗物、家具、其他奢侈品，以及随手可及的无数提供快乐的器具。[90] 约瑟是这些东西的提供者和监管者，拥有“添加”这个恰当的名字，因为他的任务是在原有的自然财产之上添加外来的财产。有条神谕证明了这一点，他聚敛粮食，为整个国家供应粮食。②

【15】[91] 我们在约瑟身上发现的品性是这样的。现在让我们来考虑撒发那忒巴内亚。他这个名字的意思是“士师回答问题的嘴”。因为每个傻瓜都以为生活在财富海洋之中的富人必定能够正确推理，回答遇到的问题，判断事物的价值。一般说来，傻瓜会以为机遇指引智慧，而不是智慧指引机会，如他应当做的那样，因为不稳定者在其进程中应当由稳定者来指引。[92] 还有，他的父亲叫他的异父兄弟为便雅悯，而他的母亲却叫他“悲伤之子”，这是符合事实的。③ 因为便雅悯这个名字可以解释为白昼之子，白天是用我们感官可见的阳光照亮的，我们的虚荣可以比做阳光。[93] 这样的虚荣会对外在的感官发出某种光芒，大众百姓会对它发出赞美，比如颁布法令，奉献雕像和图画、紫袍和金冠、驷马高车、堆积如山的财富。喜欢这些东西的人有很好的理由被称做白昼之子，也就是可见的光芒之子，虚荣的光芒之子。[94] 这个名字准确地表达了这一事实，给他起这个名字的是理智，也就是他的父亲，一家之主。但是灵魂也给了他一个与他母亲

---

① 参见《创世记》41：45。“法老赐名给约瑟，叫撒发那忒巴内亚，又将安城的祭司波提非拉的女儿亚西纳给他为妻。约瑟就出去巡行埃及地。”

② 参见《创世记》41：48。“约瑟聚敛埃及地七个丰年一切的粮食，把粮食积存在各城里。各城周围田地的粮食都积存在本城里。”

③ 参见《创世记》35：18。“她将近于死，灵魂要走的时候，就给她儿子起名叫便俄尼。他父亲却给他起名叫便雅悯。”便俄尼（Benoni）的词义为悲伤之子。

亲身体验到的事情相一致的名字。她称他为悲伤之子。[95] 为什么呢？因为那些被空洞观念的激流裹挟的人以为自己是幸福的，而实际上是最不幸福的，他们的生活充满冲突、妒忌、戒备、连续的争吵、深刻的敌视、至死不能和解、代代相传的世仇，这是一种无法拥有的遗产。[96] 所以，神的解释者不得不把虚荣的母亲刻画为生育的痛苦，在生育中死去。我们读到，拉结难产而死，① 因为感性生灵的怀孕和生产是一种虚荣，实质上是灵魂的死亡。

【16】[97] 还有，经上说约瑟之子以法莲和玛拿西，就像雅各的两个大儿子流便和西缅，这表明我们拥有和自然一样完全真实的事情，不是吗？雅各说："我未到埃及见你之先，你在埃及地所生的以法莲和玛拿西这两个儿子是我的，正如流便和西缅是我的一样。"② 让我们来观察这两个对子如何相符。[98] 流便这个名字可以解释为"看见的儿子"，象征一种天赋，因为拥有理解力和天赋的人生来具有视力。以法莲，如我们在别处常说的那样，是记忆的象征。他的名字可以解释为"产下果实"，记忆是灵魂的最佳果实。没有哪两样事物可以像记忆和天赋这样关系密切。[99] 还有，西缅是学习和教导的另一个名称，因为西缅可以解释为"听觉"，聆听和注意所说的事情，这是学习者的独特标志，而玛拿西是回忆的标志，因为他的名字的意思是"来自回忆"。[100] 从遗忘出发必定涉及回忆，回忆与学习密切相关。因为学习者获取的东西经常在他心灵里漂浮，由于他的软弱而不能保持它，然后又重新浮现。当这些东西漂走的时候，我们说他处于遗忘状态，这些东西回来了，我们则称之为回忆。[101] 所以，记忆与天赋确实有着密切的相对应的关系，回忆和学习也是这样。西缅或学习与流便或天赋之间的关系，也和玛拿西或回忆与以法莲或记忆的关系相同。[102] 正如与视觉相似的天

---

① 《创世记》35：16。"他们从伯特利起行，离以法他还有一段路程，拉结临产甚是艰难。"《创世记》35：19。"拉结死了，葬在以法他的路旁。以法他就是伯利恒。"

② 《创世记》48：5。"我未到埃及见你之先，你在埃及地所生的以法莲和玛拿西这两个儿子是我的，正如流便和西缅是我的一样。"

赋优于与听觉相似的学习，听觉劣于视觉，所以记忆以各种方式优于回忆，因为与遗忘相混合的记忆从头到尾避免混杂或污染。

【17】[103] 还有，这位大祭司的岳父在圣经中有时候被称做叶忒罗（Ἰοθόρ），有时候被称做流珥（Ῥαγουήλ）。① 当虚荣盛行的时候他是叶忒罗，因为叶忒罗被解释为“多余的”，虚荣相对于真实生活而言是多余的，被嘲笑为奢侈，就好像它荣耀剩余和不平等似的。[104] 叶忒罗把凡人的事务看得重于神的事务，把习俗看得高于律法，把世俗看得高于神圣，把可朽看得高于不朽，总而言之，把外表看得高于本质。但是他冒险祷告，并向这位贤人提建议，说他不应当教导那些值得学习的东西，神的法令和律法，而应当教导凡人之间订立的契约，以此作为合伙人之间的交易规则。地上的大能者接受了他所说的一切，认为应当把大公义给大者，把小公义给小者。[105] 然而，这个自以为是的人经常发生变化，使他的族人群龙无首；他寻找神的牧人，变成其中的一个成员而不受责备；他敬仰神的牧人在放牧中表现出来的本性和统治的技艺。因为，流珥的意思是“神的牧养”。②

【18】[106] 我已经讲述了这件事情的概况，摩西会给我们提供证据。首先，他把他描述为荣耀审判和公义的人。因为米甸这个词可以翻译为“来自审判或筛选”。这里有两重意思。一重意思是过筛或者过滤，在那些进入所谓神圣游戏的人中间我们经常看到这种事情。因为这些侍者得知，成千上万的人受到审判，被判定为不适宜的。[107] 在此意义上，米甸人参加了不洁的巴力毗珥祭仪，③ 张开身体的所有入口（巴力毗珥的意思是皮肤上的口子），接受来自外部的溪水，把占统治地位的心灵沉入最深处，使它不能漂浮或上升到水面上来。[108] 这种境况一直持续到和平之人、神的祭司非尼

① 参见《出埃及记》3：1。“摩西牧养他岳父米甸祭司叶忒罗的羊群，一日领羊群往野外去，到了神的山，就是何烈山。”《民数记》10：29。“摩西对他岳父（或作内兄）米甸人流珥的儿子何巴说，我们要行路，往耶和华所应许之地去。他曾说，我要将这地赐给你们。现在求你和我们同去，我们必厚待你，因为耶和华指着以色列人已经应许给好处。”

② 《出埃及记》2：18。“她们来到父亲流珥那里，他说，今日你们为何来得这么快呢。”

③ 《民数记》25：3。“以色列人与巴力毗珥连合，耶和华的怒气就向以色列人发作。”

哈的到来，他是自赎的拥护者。① 他痛恨邪恶，满有善心。他拿着锋利的长枪，探查每一样东西，他被赋予这种能力，不会受到任何人的欺骗，他孔武有力，刺透情欲所在的腹部，瘟疫从此止息。②[109] 针对米甸人，这个观看的种族发动了最大的战争，而且一个人都没有短少，③ 他们戴着胜利花冠平安返回，没有任何人受伤。

【19】[110] 用米甸这个词表示的类型之一有如上述；另一种类型是司法方面的，与婚姻有关，类似于先知的分配公平。他说，审判和公义的祭司有七个女儿。④[111] 女儿们象征七种非理智的能力，亦即生殖、语言和五种感觉能力。经上又说，"女儿们要饮父亲的群羊"，因为通过这七种能力，作为父亲的心灵在不断地理解中取得进展和成长。每一种能力都会抵达它自己的对象，视觉抵达颜色和形状，听觉抵达声音，嗅觉抵达气味，味觉抵达滋味，其他能力抵达其他恰当的对象，各自的对象都是独特的。也就是说，各种能力"抵达"感官的外部对象，直到充满灵魂的水槽，她们在水槽中饮她们父亲的群羊，我的意思是，这些东西表示最纯洁的羊群，那个能够马上带来保护和装饰的理智的羊群。[112] 后来，又有妒忌和邪恶的同伴到来，带领着邪恶羊群的牧羊人把她们赶走，她们按照本性的规定在使用水槽。⑤ 由于这些女儿们把外在的对象引入心灵，把心灵当做这些对象的法官和国王，希望能在最优秀的统治者的领导下正确履行她们的义务，而其他人

① 《民数记》25：12。"因此，你要说，我将我平安的约赐给他。"《民数记》25：13。"这约要给他和他的后裔，作为永远当祭司职任的约。因他为神，有忌邪的心，为以色列人赎罪。"

② 《民数记》25：7。"祭司亚伦的孙子，伊莱贾撒的儿子非尼哈看见了，就从会中起来，手里拿着枪，"《民数记》25：8。"跟随那以色列人进亭子里去，便将以色列人和那女人由腹中刺透。这样，在以色列人中瘟疫就止息了。"

③ 《民数记》31：49。"对他说，仆人权下的兵已经计算总数，并不短少一人。"

④ 《出埃及记》2：16。"一日，他在井旁坐下。米甸的祭司有七个女儿，她们来打水，打满了槽，要饮父亲的群羊。"

⑤ 《出埃及记》2：17。"有牧羊的人来，把她们赶走了，摩西却起来帮助她们，又饮了她们的群羊。"

则追逐和纠缠她们，给出相反的顺序，也就是说，他们本来应当吸引心灵到外面来，把现象交到心灵手中。[113] 他们以这种方式坚持着，直至热爱美德和由神激励的心灵呼唤摩西，要他从沉默中站起来，保护那些被纠缠的少女，用话语和思想滋养父亲的群羊，让它们畅饮甜美的泉水。[114] 少女们摆脱了心灵的敌人的纠缠，不去追求奢侈的、逢场作戏的生活，她们这时候不是回到叶忒罗那里，而是回到流珥那里。因为她们爱慕虚荣，废弃了她们的亲属关系，变得依附于律法的指引，决心成为由圣言指引的神圣羊群的一部分，因为如名字所示，流珥的意思是“神的牧养”。

【20】[115] 由于照料祂自己的羊群，神给那些人准备了大量的礼物，祂判断他们是顺服的，不会反叛。《诗篇》中有一首这种类型的赞美诗，“主是我的牧者。我必不至缺乏”[①]。[116]所以，看到心灵有圣言作它的牧者和国王，我们不必感到惊讶。他问他的七个女儿，“今日你们为何来得这么快呢?”[②] 在其他某些时候，当你访问感官对象时，你会花费很多时间在那里，极大地受到它们的诱惑，几乎不愿返回。而在这个时候，某些东西说服了你，让你罕见地急于返回。[117] 所以他们会回答，感官仓促地跑向这个感官世界并且返回，不是由于它们自己的缘故，而是由于那个人把它们从野蛮畜群的牧者那里救了出来，他们把摩西称做埃及人。[③] 摩西不仅是个希伯来人，而且具有最纯粹的希伯来血统，只有他是神圣的。也就是说，他们不可能超越他们自己的本性。[118] 因为感官位于理智世界和感性世界的边界线，我们所能希望的全部就是它们应当对两个世界都抱有愿望，而不能只被后者引导。假定它们只喜爱心灵的事物，那是愚蠢透顶，所以它们提供了两个称呼。他们用“人”这个词来表示这个只能用理智来识别的世界，用“埃及人”这个词来表示感性的世界。[119] 听到这些话，父亲又问她们，那个

---

① 《诗篇》23：1。“耶和华是我的牧者。我必不至缺乏。”

② 《出埃及记》2：18。“她们来到父亲流珥那里，他说，今日你们为何来得这么快呢。”

③ 《出埃及记》2：19。“她们说，有一个埃及人救我们脱离牧羊人的手，并且为我们打水饮了群羊。”

人在哪里？[①] 理智的要素居住在你们周围的哪个部分？你们为什么那么轻易地撇下他呢？当你们碰到他的时候，你们为什么不拉上他？他比其他一切都要英俊，他对你们自己非常有益。[120] 如果你们还没有这样做，那么至少现在要这样做，去请他来吃饭，[②] 很好地款待他，进一步亲近他。他也许就会住在你们中间，娶你们为妻，那受到激励的先知本性就被叫做西坡拉。[③]

【21】[121] 这一点就讲到这里。但是，摩西也把何希阿的名字改为约书亚，[④] 由此把体现国家的个人转换为国家本身。因为"何希阿"的意思是"他得救了"，指的是具体的个人。而约书亚是"主的安全"，这个名称最有可能用于国家。[122] 国家优于体现国家的个人，就如音乐优于乐师，医药优于医生，每一种技艺优于艺人，既在持久性和权能方面，又在准确无误地掌握主题方面。国家是持久的、主动的、完善的；个人是有死的、被动的、不完善的；不灭的高于和大于有死的，主动的原因高于和大于被动的，完善的高于和大于不完善的。[123] 因此，从上面的论述我们也还看到人就像一个重铸的硬币，变得比较好。而在迦勒身上，我们看到一个人完全改变了自身。因为我们读到，"他身上有另一个灵"[⑤]，就好像在他身上占统治地位的心灵变得极为完善。[124] 这是因为迦勒可以解释为"全心"，这个比喻表示他的变化不是灵魂的部分变化，摇摆动荡，而是整个灵魂变得非常卓越，通过改悔将灵魂中一切不值得称赞的东西驱赶出去；用智慧洗涤污秽，灵魂必定变得清洁和美丽。

【22】[125] 我们可以证明这位大祭司有许多名字。在解释和教导神谕

---

① 《出埃及记》2∶20。"他对女儿们说，那个人在哪里，你们为什么撇下他呢。你们去请他来吃饭。"

② 《出埃及记》2∶20。

③ 《出埃及记》2∶21。"摩西甘心和那人同住，那人把他的女儿西坡拉给摩西为妻。"

④ 《民数记》13∶16。"这就是摩西所打发，窥探那地之人的名字。摩西就称嫩的儿子何希阿为约书亚。"

⑤ 《民数记》14∶24。"惟独我的仆人迦勒，因他另有一个心志，专一跟从我，我就把他领进他所去过的那地。他的后裔也必得那地为业。"

时，他被称做摩西；在给民众祈祷和祝福时，他是神人①；当埃及人为他们不虔诚的行为接受惩罚时，他是这个国家的国王法老的神。②［126］为什么会有这三个名字？首先，这个人的任务是为了适用者的利益而颁布新律法，他与神保持着联系，受到神的召唤③，这位立法者能讲谕言，他从神那里得到巨大馈赠，有能力用语言表达预言，就像神圣的律法。因为摩西，如果翻译过来，意思是"接受"，它也表示"处理"，如上所述。［127］其次，祈祷和祝福不是为了任何偶然相遇的人，而是为了那个没有眼睛看到他与被造物的亲属关系的人，这个人也不会把自己当做万物的统治者和父亲的一部分。因为一个人如果能够正确地追随理智本身，那么他必定会感到满足，更不必说能确保获得馈赠，得到只有更加伟大、更加完善、受到真神激励的灵魂所能应许的礼物，这样的灵魂的拥有者有很好的理由被称做神人。［128］最后，这同一个人也是一位神，因为他是聪明的，是所有傻瓜的统治者，尽管傻瓜在他的权杖下大声咆哮。由于这个具体原因，他是一位神。［129］尽管有某些人命中注定要为他们不可忍受的恶行受惩罚，但这是万物之主的意愿，他们仍旧需要有某些人来为他们调解，模仿天父仁慈的权能，本着仁慈的精神适度地豁免对他们的惩罚。仁慈是神的具体特权。

【23】［130］我们已经充分处理了名字的改变和更换，现在我们要开始考察下一个要点。这个要点就是关于以撒出生的应许。在把他的母亲撒莱称做撒拉以后，神对亚伯拉罕说："我要使你从她得一个儿子。"④这句话的每一个部分都必须分开考察。［131］首先，就这个词的专门意义而言，任何事物

---

① 《申命记》33：1。"以下是神人摩西在未死之先为以色列人所祝的福。"

② 《出埃及记》7：1。"耶和华对摩西说，我使你在法老面前代替神，你的哥哥亚伦是替你说话的。"

③ 《出埃及记》24：1。"耶和华对摩西说，你和亚伦，拿答，亚比户，并以色列长老中的七十人，都要上到我这里来，远远地下拜。"

④ 《创世记》17：16。"我必赐福给她，也要使你从她得一个儿子。我要赐福给她，她也要作多国之母。必有百姓的君王从她而出。"

的给予者必定是把属于他自身的某些东西交出去，如果是这样的话，那么这里的以撒指的肯定不是以撒这个人，而是有以撒这个名字的最好的情感“欢乐”，以撒是内心的“喜笑”，是神的儿子，神把他当做工具，用来安慰和缓解真正和平的灵魂。[132] 这里有一个人应当是丈夫，另一个人是父母，父母通奸而生下杂种，然而摩西把神说成是那个热爱美德的心灵的丈夫，他说“主看到利亚生育被人痛恨”①。[133] 怜悯与同情遭到凡人痛恨的美德所感动，为了热爱美德的灵魂，他把不育（通过特别的喜爱和荣耀）送给热爱卓越的本性，通过赐予她生孩子的能力，打开幸福之源。[134]他玛也是这样，她的子宫怀上了神圣的种子，但她没有看见播种者。因为我们得知她蒙着脸，② 就好像摩西转过脸去，怕看神。③ 但是她仔细地看过那些信物，心里判断这些东西决不是凡人的东西，她大声喊道：“这些东西是谁的，我就是从谁怀的孕。”④[135] 这个铃铛是谁的？它是信义的保证、宇宙之印、型相的原形，一切没有形状或性质的事物由它盖印而取得形状。这根带子是谁的？它是世界的秩序、命运之链、万物的前因后果、事物坚不可摧的锁链。这根手杖是谁的？它是坚定、稳固、不动摇、不弯曲，它是警告、遏制、惩戒，它是权杖，是王权！它们是谁的？它们难道不是神才会拥有的吗？[136] 因此，表达感恩的性情，亦即犹太，在神的激励下喜乐，做她的主人，他极为大胆地说，“她是有义的，因为我没有将她给任何人”⑤，他认为用世俗的东西玷污神圣的东西是不虔诚的。

【24】[137] 所以，具有母亲身份的智慧也表现出自学的本性，宣称它

---

① 《创世记》29：31。“耶和华见利亚失宠（原文作被恨下同），就使她生育，拉结却不生育。”

② 《创世记》38：15。“犹大看见她，以为是妓女，因为她蒙着脸。”

③ 《出埃及记》3：6。“又说，我是你父亲的神，是亚伯拉罕的神，以撒的神，雅各的神。摩西蒙上脸，因为怕看神。”

④ 《创世记》38：25。“他玛被拉出来的时候便打发人去见她公公，对他说，这些东西是谁的，我就是从谁怀的孕。请你认一认，这印和带子并杖都是谁的。”

⑤ 《创世记》38：26。“犹大承认说，她比我更有义，因为我没有将她给我的儿子示拉。从此犹大不再与她同寝了。”

是神生的。因为当这个孩子出生的时候，她骄傲地说："主使我喜笑。"① 这就相当于说，"祂塑造了以撒，祂做成了以撒，祂生了以撒"，因为以撒和喜笑是相同的。[138] 但是这句话并不是说给所有人听的，邪恶的迷信的浪潮如此强烈地冲击我们的心灵，淹没怯懦的、堕落的灵魂。因此她又说，"凡听见的必与我一同喜笑"②。就好像有少数人的耳朵竖起来听到了这些圣言，这就告诉我们播种和生育杰出者是神独有的任务。除了少数人，其他所有人对这个教训都是聋的。[139] 我也记得先知用热情的话语叙说的一个神谕："我如青翠的松树，你的果子从我而得。谁是智慧人，可以明白这些事；谁是通达人，可以知道这一切。"③ 在这位先知的话语中，我辨认出不可见的主的声音，是祂不可见的手在演奏这架乐器，发出人的声音，我也无比陶醉，高声赞美这句话。[140] 这是因为，一切善的存在者或者说整个天空和宇宙，确实是神的果子，而不可分离的成长似乎就是祂永久决不褪色的本性之树。知道和赞美这样的事物是智慧人和通达人的事，不是微不足道的凡人的事。

【25】[141] "我要使你"这个短语就说到这里。我们现在必须解释"从她"。有些人把它理解为在她之外形成，认为按照正确理智的判断，最佳决定是灵魂宣称没有任何善物属于它本身，而是一切来自外部，通过神的最高仁慈，播撒祂的恩惠。[142] 其他人把"从她"（ἐξαὐτῆς）这个短语理解为"立即"或"迅速"。他们说 ἐξαὐτῆς 相当于"直接"、"马上"、"不拖延"、"不耽搁"，神的馈赠不会以这种方式给予，神的恩赐不需要时间。还有第三种看法，有人说美德是任何生成之善的母亲，她接受不朽存在者的种子。[143] 还有一些人问不育者是否能生孩子，因为神谕早先把撒拉说成是不育的，而现在又承认她要做母亲。我们对这个问题的回答是肯定的，不育的妇女生孩子不合乎本性，这种说法超过说瞎子观看和聋子聆听。但是对已经消除了邪恶和不结果实的情欲的灵魂来说，可以有生育上的繁荣。因为她生了值得喜

① 《创世记》21：6。"撒拉说，神使我喜笑，凡听见的必与我一同喜笑。"

② 《创世记》21：6。

③ 《何西阿书》14：8—9。

爱的后代，得了恩惠，按照哈拿的赞美来说，她生了七个儿子，“不生育的，生了七个儿子。多有儿女的，反倒衰微”①。[144] 她把“多”这个词用于混杂思想的心灵，因为心灵被众多暴民包围，带来无法治疗的邪恶。但是她把“不生育”这个词用于拒绝接受任何凡人播种的心灵，使之与邪恶的结合流产，紧紧把握第七和它提供的至高的和平。她会欣然接受这一和平进入她的子宫，乐意被人称做它的母亲。

【26】[145] 这就是“从她”的意思。现在让我们来考察这句话的第三个部分，“儿子”。首先，我们可以很好地表示惊讶，为什么祂不说会给她许多孩子，而是只给她一个儿子。为什么？因为美德不能用数字来估量，而要用价值来估量。[146] 随便举个例子，有那么多音乐的、语法的、几何的事物，也有正义的、审慎的、勇敢的、节制的事物，但在抽象意义上，音乐、语法和几何，还有正义、节制、审慎和勇敢，各自都是一样事物，原初的东西是作为原型的型相，从这个源头产生众多具体事物，乃至于无限。[147] 关于祂说要给他一个儿子就说到这里，但是实际上，“儿子”这个词在这段话中的使用并非不谨慎，欠思量。祂希望表示这个孩子不是外国的或冒充的，也不是收养的或私生子，而是一颗真正自由出生的灵魂的后代。因为“孩子”（τέκνον）这个词由“生育”（τόκος）一词派生而来，用于表示父母和子女之间的密切关系。

【27】[148] 祂继续说道：“我要赐福给她，她也要作多国之母。”② 祂藉此表示，不仅这种一般的美德划分为相近的种和属，就好像分为国家，而且行动和观念在某种意义上也有它们的国家，就好像生灵一样，对这些国家来说，美德的添加是最有益的。[149] 缺乏或失去审慎是可悲的源起，就好像由于太阳没有放光而使万物处于黑暗之中。凭借美德，农夫更好地照料他的

---

① 《撒母耳记上》2∶5。“素来饱足的，反作用人求食。饥饿的，再不饥饿。不生育的，生了七个儿子。多有儿女的，反倒衰微。”

② 《创世记》17∶16。“我必赐福给她，也要使你从她得一个儿子。我要赐福给她，她也要作多国之母。必有百姓的君王从她而出。”

庄稼；凭借美德，驭手指引他的战车驰骋而不会翻车；凭借美德，舵手驾驶他的船只平安地航行。还有，通过产生好管家、好政治家、好邻居，美德产生较好的家族、城市和国家。[150] 美德还引入最佳的律法，并到处播撒和平的种子。在证明这一点的时候我们看到，在那些与此相反的情况盛行的地方，当然就会产生这些幸福的对立面，亦即战争、违法、恶政、混乱、海难、革命，以及在知识领域里的欺诈，这些知识被称做技艺的滥用，而非技艺。所以，美德必然延伸到国家，也就是生灵的行动和观念必然广泛结合，有益于那些接受美德的人。

【28】[151] 再往下我们读到："必有百姓的君王从她而出。"① 她怀孕和生育的全都是统治者，不是由不确定的命运做出选择，或者通过人们的选举而雇用，而是被自然本身任命为永久的统治者。[152] 这并非我的虚构，而是最神圣的谕言的陈述，经上说，有人对亚伯拉罕说："你是来自神的在我们中间的国王。"② 他们没有考虑他的质料性的来源，因为这样的一位移居者甚至不能算一座城市的居民，而只是一个旷野里的流浪者，不是吗？倒不如说，他们察觉到他的心灵的统治，所以，摩西承认只有贤人才是国王。[153] 实际上，审慎者是非审慎者的统治者，因为他知道他应当做什么和不做什么；节制者是非节制者的统治者，因为他仔细地研究了选择和避免；勇敢者是怯懦者的统治者，因为他确定地知道忍耐什么和不忍耐什么；正义者是非正义者的统治者，因为他旨在公平地给予奖赏；神圣者是非神圣者的统治者，因为高尚的、真正的神的观念说服了他。

【29】[154] 这些应许能够很好地使心灵膨胀高升。而为了证明我们有罪，指出我们因细小的事情而骄傲，所以经上说他俯伏在地喜笑，③ 与它一道喜

① 《创世记》17：16。"我必赐福给她，也要使你从她得一个儿子。我要赐福给她，她也要作多国之母。必有百姓的君王从她而出。"

② 《创世记》23：6。"我主请听。你在我们中间是一位尊大的王子，只管在我们最好的坟地里埋葬你的死人。我们没有一人不容你在他的坟地里埋葬你的死人。"

③ 《创世记》17：17。"亚伯拉罕就俯伏在地喜笑，心里说，一百岁的人还能得孩子么。撒拉已经九十岁了，还能生养么。"

笑的还有灵魂，脸色悲惨，但心灵的喜笑是巨大的、纯粹的喜乐以此处为它的住处。[155] 出乎意外地接受善物的这位贤人希望两件事情同时发生——俯伏和喜笑。他的俯伏作为一项誓言，证明死亡并不能使他避免自吹自擂；他的喜笑表明，只有神才是善物的原因，这一思想是仁慈的馈赠，使他更加虔诚。[156] 让被造物哀痛地俯伏在地吧，这是本性所使然，它的脚有多么软弱，它的心有多么悲伤。所以，让神使他站起来喜笑吧，因为只有神是他的支柱和欢乐。[157] 人们可以合理地问，当笑声还没有来到我们中间的时候，人如何有可能喜笑。因为以撒就是喜笑，按照我们眼前这种观点，他这时还没有出生。就好像我们没有眼睛就不能看，没有耳朵就不能听，没有鼻子就不能嗅，或者没有相应的器官就不能使用其他感官，没有思想力就不能理解，所以，如果笑声还没有创造出来，笑的行为是不可能有的。[158] 所以，我们该说什么好呢？自然经常提供一些标志，把未来将要发生的事情预示给我们。你们不是经常看到那些雏鸟在能够展翅高飞之前如何鼓动双翼，以此预示以后能够具有飞翔能力吗？[159] 或者看到绵羊羔、山羊羔、公牛犊受到挑唆以后就面对敌人，用自然给它们提供的角作为武器，开始保护自己吗？[160] 还有，在斗兽场上，公牛不会马上刺伤它们的对手，而是张开腿，稍微低下头，以一种真正公牛的方式瞪眼看着对方，只有到了这个时候，它们才会表现出它们的决心，向敌人发起进攻。这种事情，一阵冲动预示着另一阵冲动，这被那些练习构词的人称做“震颤”（ὄρουσις）或者“冲动”（ὁρμῆς）。

【30】[161] 同样的事情也经常发生在灵魂身上。在期待善的时候，它由于预见而感到欣喜，因此可以说感到了喜乐之前的喜乐、高兴之前的高兴。我们可以在植物界里发现一种相似性。将要结果的时候，植物也会先长出芽、花和叶。[162] 观察一下葡萄种植吧，这种大自然的产物有多么神奇！细枝、卷须、吸咀、花瓣、叶子，在葡萄树将要结果的时候，它们好像要说话，大声宣告它们的喜乐。黎明时分，由于太阳将要升起，白昼喜笑。模糊的光线预示着万丈光芒，微弱的光明为明亮的日光开路。[163] 所以，

善者在喜乐的陪伴下在希望中到来。因为我们在它到达时喜乐，在它的到来中抱着希望。它们的对立面也一样。恶的呈现产生悲伤，它的期盼是恐惧。所以，恐惧是悲伤之前的悲伤，正如希望是喜乐之前的喜乐。我认为，恐惧对悲伤具有的关系与希望具有的对喜乐之间的关系是一样的。[164] 感觉也一样，它带着清晰的标志，象征我们这里讲述的东西。嗅觉负责滋味，预先对所有在食物和饮料中起作用的味道起作用。因此，有些人基于这一明显的事实，把预先品尝这个恰当的名称给了嗅觉。所以，希望预先品尝是很自然的，就好像这是正在到来的善物，把它推荐给灵魂，而灵魂把它当做固定的所有物。[165]还有，饥渴的旅行者，若是在旅途中突然遇到清泉或者树林，树上长满了新结的果子，那么他会对马上就要到来的享用抱着希望，在他吃果子、喝清水之前，甚至在他取水和摘果子之前，他会有一种满足。如果能让我们饱餐一顿的筵席还没有准备好，那么在我们真的吃到筵席之前，我们能设想心灵不能给我们提供事先品尝的喜乐吗？

【31】[166] 所以，他蛮可以喜乐，尽管在我们凡人的种族中喜乐还没有出生，不仅他可以喜笑，他的妻子也可以。因为我们发现撒拉又笑了，她对自己说“我岂能有这喜事呢”，这种想法很自然，显得有点儿春心荡漾。然而她说，应许她的神是“我的主”①，祂比一切被造物都要老，我必须相信祂。[167]与此同时，摩西教导我们，美德就其本性而言是一样喜乐的东西，拥有美德的人永远喜乐，而邪恶正好相反，它是悲伤的，邪恶的拥有者是最不快乐的。我们以后还需要颂扬那些哲学家吗？他们宣称美德是一种欢乐的感觉。[168] 瞧，我们在摩西那里发现了这种聪明教义的最初权柄，因为他把好人描写为欢乐和喜笑的，而在别处，不仅好人是这样，那些陪伴他的人也这样。祂说：“他一见你，心里就欢喜。”② 他建议，仅仅是高贵的标志就

① 《创世记》18：12。“撒拉心里暗笑，说，我既已衰败，我主也老迈，岂能有这喜事呢。”

② 《出埃及记》4：14。“耶和华向摩西发怒说，不是有你的哥哥利未人亚伦么，我知道他是能言的，现在他出来迎接你，他一见你，心里就欢喜。”

足以使心灵抛弃悲伤这个灵魂最可恶的负担，用喜乐充满心灵。[169] 恶人没有一个能得到喜乐，确实如先知的演讲所宣称的那样："神说，喜乐不归恶人。"① 这确实是神的话语和预言，每个卑微的人的生活都是黑暗的，悲伤的，充满不幸的，哪怕他面带笑容。[170] 当那些埃及人听说约瑟的弟兄们来了的时候，我不认为他们真的感到高兴。倒不如说他们虚伪地露出喜乐的样子。在被定罪的时候，没有哪个傻瓜会为此感到喜乐，超过生活放荡者躺在病床上看医生。因为有益随辛劳而来，有害随安逸而来。说他们是傻瓜，因为他们宁要安逸，不要辛劳，敌视那些建议他们做有益之事的人。[171] 所以，当你听到"约瑟的弟兄们来了，法老和他的臣仆都很喜欢"② 的时候，不要以为他们真的喜欢，除非他们也许是这样想的，他们期望能够再一次把心灵引入歧途，让它为了身体无数的欲望而抛弃灵魂出于善意收养的它的兄弟们，降低其祖传美德之硬币的成色。

【32】[172] 抱着这样的希望，热爱快乐的心灵不会仅仅满足于像引诱年轻人的使者，他们是训练节制的学校里的新生，由于反感这种观念，心灵不能克服更老的思想，情欲的猜想在其中已经过了鼎盛时期。[173] 他也作了其他奉献，奉献意味着损失，尽管他把奉献当做有益。他说："将你们的父亲和你们的财产都搬到埃及来，"③ 也就是说，交给那个恐怖的国王，当我们的父亲和我们真正的财产与肉身分离时，把它们用力掷入无比痛苦的监狱；他派人看守这个监狱，如玄妙的经文告诉我们的那样，波提乏是内臣和主厨，④ 说他是阉人，因为他美德不足，这个灵魂的生殖器官被阉割了，不能进一步播种和生育；说他是厨师，因为他就像一名厨

① 《以赛亚书》48：22。"耶和华说，恶人必不得平安。"

② 《创世记》45：16。"这风声传到法老的宫里，说，约瑟的弟兄们来了。法老和他的臣仆都很喜欢。"

③ 《创世记》45：18。"将你们的父亲和你们的眷属都搬到我这里来，我要把埃及地的美物赐给你们，你们也要吃这地肥美的出产。"

④ 《创世记》39：1。"约瑟被带下埃及去。有一个埃及人，是法老的内臣，护卫长波提乏，从那些带下他来的以实玛利人手下买了他去。"

师那样屠宰牲畜，砍削和切割无生命的动物尸体，这些东西与其说是无形体的，不如说是有形体的；他制作的精美菜肴激起了没有结果的食欲的胃口，而这些食欲本来应当驯服和保持平静。[174] 还有，这位快乐的热爱者说："我要把埃及地的美物赐给你们，你们也要吃这地肥美的出产。"① 但是，我们要回答他："我们不接受身体之善，因为我们已经看见了灵魂之事。对灵魂之事的深深渴望沉入我们心中，使我们忘记所有对肉身最宝贵的东西。"

【33】[175] 这确实就是所谓傻瓜的虚假喜乐。真正的喜乐在上面已经描述过了，这种喜乐只有益于有美德的人。"所以亚伯拉罕就俯伏在地喜笑。"② 他的俯伏不是来自神，而是来自他自己，因为他倚靠着不动的存在者站立，他的俯伏来自他自己的自负。[176] 所以，当聪明自负的灵魂俯伏在地的时候，热爱神的灵魂会起来，坚定地立于不会弯曲的神之上。他马上感到喜乐，并在心里说："一百岁的人还能得孩子么，撒拉已经九十岁了，还能生养么。"[177] 但是，优秀的读者不要以为，当"他说"后面跟的是"在心里"，而不是"用他的嘴"的时候，这种添加几乎是无意义的。不，这样做有特别的目的。为什么会这样？因为在说"一百岁的人还能得孩子么"这样的话时，他似乎在怀疑以撒的出生，而在较早的一个地方，他说他是相信的，如经上神谕所示。那上面讲的是"这人必不成为你的后嗣。你本身所生的才成为你的后嗣"。然后，马上再跟上"亚伯兰信耶和华，耶和华就以此为他的义"③。[178] 由于这种怀疑与他过去的信念并不一致，所以摩西没有把它说成是长久的，或者停留在口头上，而是在心里一闪而过。经上说的是"他心里说"，我们钦佩的那些长着敏捷的脚的动物没有一个能超过心灵的快

① 《创世记》45：18。

② 《创世记》17：17。"亚伯拉罕就俯伏在地喜笑，心里说，一百岁的人还能得孩子么。撒拉已经九十岁了，还能生养么。"

③ 《创世记》15：4。"耶和华又有话对他说，这人必不成为你的后嗣。你本身所生的才成为你的后嗣。"《创世记》15：6。"亚伯兰信耶和华，耶和华就以此为他的义。"

捷，确实，没有哪一种鸟能飞得那么快。[179]我认为，就是由于这个原因，在希腊人中受到最高尊敬的这位诗人说“像鸟的翅膀或思想”。这是在表示强大心灵的快捷，为了能够更加明显地说明这一点，他把思想置于鸟的翅膀之后。因为心灵的运动极为快捷，可以在一瞬间穿越无限，抵达许多有质料的和无质料的事物，抵达大地与海洋的边界。同时，它跳得如此之高，经过天穹的低层抵达高层，几乎不停顿，乃至于抵达恒星所在的极远之处。[180]它火热的本性禁止它休息，它向上的旅程经过可感世界的边界，穿越广阔的太空，进入由型相构成的世界，它与型相是同缘的。所以，在有道德的人身上，这种迂回是短暂的，瞬间的，极小的，它不属于感觉，而只属于心灵，也就是说，它是永恒的。

【34】［181］但是，也许可以问，一旦相信了，他为什么还要说自己不相信任何东西的踪迹、阴影或气息？在我看来，这个问题似乎相当于表达一个希望，把被造者理解为非被造者、把可朽者理解为不朽者、把可灭者理解为不可灭者、把人理解为神，如果这样说不算亵渎的话。［182］这样的人断言，拥有信念的人应当坚强，就好像与属于存在者的信念没有什么差别似的，存在者的信念在各方面都是健全的，完整的。［183］摩西在那首更加伟大的颂歌中说：“神是守信的，祂那里没有不公义。”① 以为人的灵魂能够包含神的坚定不移，那是太无知了。人有能力拥有这些事物的形像，这一点就说到这里，而数和量的形像远低于原型。［184］这确实是在预期之中，神的德性一定不需要混杂，因为神的本性不是复合的，而是单一的，而人的德性是混合的，因为我们也是混合的，我们身上有人性也有神性，按照一种完善音乐的比例形成一种和谐，以不止一种要素形成一种复合，自然的反作用力使每一种要素服从这种复合。［185］人是幸福的，因为在整个生命中，他被授予较好的比较像神一般的部分。而在整个生命

① 《申命记》32∶4。“他是磐石，他的作为完全，他所行的无不公平，是诚实无伪的神。又公义，又正直。”

过程中，要始终如此是不可能的，因为某些时候通向死亡的相反道路占了上风，他在理智的不幸中等候，寻找自己的机会，以此证明这对他来说过于强大。

【35】[186]“亚伯拉罕信了神”，但他这个时候只是一个凡人，所以你们可以认出他的这些弱点，这些凡人的明显标志，你们要知道，若是他转向的话，他的上升只能与自然相一致。如果这种转向是短暂的，瞬时的，那真是谢天谢地了，因为许多其他许多人都会被涌来的潮汐淹没，死在水中。[187] 因为，我的好朋友，如果你相信神圣的摩西，那么美德并非健全地立足于我们可朽肉身的本性之上，而且肢体如此弱小僵硬，我们知道，“他的大腿僵硬了，瘸了”①。[188] 但也许某些更加勇敢的灵魂会涌现出来，它们会说这些讲话并不表示任何不相信，而只是一种祈祷，如果喜乐这种最好的情感出生了，那么它的出生应当限于九十九和一百，这样的话，完全的善可以在这些完全数之下存在。[189] 这里所说的这些数字是完全数，按照圣著尤其如此。下面就让我们分别加以考虑。从义人挪亚的儿子闪开始，他是那个观看的宗族的先祖；据说他活到一百岁的时候生了亚法撒，② 这个名字的意思是“他驱除苦恼”。确实，这个灵魂的后代完全应当侵扰、挫败和摧毁非正义，实际上，它自己被邪恶所充满，受尽折磨。[190] 亚伯拉罕也在地里栽树，丈量墓地长一百肘，③ 以撒种大麦，有百倍的收成，④ 摩西建造帐幕的院子，丈量院子从东到西的长度是一百肘。⑤ [191] 一百这个数字也出现在利未人献给神圣祭司的供品中，他们向以色列人中收取所得的十分之一，摩

① 《创世记》32∶25。“那人见自己胜不过他，就将他的大腿窝摸了一把，雅各的大腿窝正在摔跤的时候就扭了。”《创世记》32∶31。“日头刚出来的时候，雅各经过毗努伊勒，他的大腿就瘸了。”

② 《创世记》11∶10。“闪的后代记在下面。洪水以后二年，闪一百岁生了亚法撒。”

③ 《创世记》21∶33。“亚伯拉罕在别是巴栽上一棵垂丝柳树，又在那里求告耶和华永生神的名。”

④ 《创世记》26∶12。“以撒在那地耕种，那一年有百倍的收成。耶和华赐福给他。”

⑤ 《出埃及记》27∶9。“你要作帐幕的院子。院子的南面要用捻的细麻作帷子，长一百肘。”

西吩咐他们要把这十分之一的十分之一献给祭司，① 称之为神圣的，不能占为己有。[192] 通过观察，我们可以发现在律法中有许多其他例子赞美我们这里提到的这个数字，但对当前来说，我们上面说的已经足够了。如果你从一百中分离出十分之一当做神圣的最初对神的奉献，是祂使灵魂的果实发端、增长和实现，那么你就留下了另外一个完全数，九十，因为它必定需要完全，置于第一和第十个十之间，以此分割圣所和至圣所，就像帐幕里的幔子，② 通过划分，同类事物得以归类。

【36】[193] 然后，这个有美德的人真的"用心"讲了符合美德的话。而这个恶人有时候说些冠冕堂皇的话，表达崇高的思想，但他的行动是最可恶的，它们的方法是一样的。闪，愚蠢的儿子，就是这样一个人，因为他的父亲是哈抹，这个名字的意思是"驴子"，而闪这个名字可以解释为"肩膀"，象征辛劳。辛劳是由愚蠢带来的，是悲惨的，充满苦难，正如才智带来的东西是有益的。[194] 所以，神谕说闪在玷辱那名女子以后"甜言蜜语地安慰她"③。添上"甜言蜜语地安慰她"这些话不是正好表明他的行为与言辞相反吗？因为底拿是纯洁的判断，公义是永恒的贞女神的评审员，"底拿"这个词既可以解释为判断，又可以解释为公义。[195] 这些傻子试图通过密谋诱惑她，通过每日里华而不实的谈话来逃避定罪。现在他们要么使他们的行为与言辞一致，要么如果他们仍旧坚持邪恶，那就保持沉默。因为人们说保持沉默可以使邪恶减半。所以摩西指责那个把主要荣耀归于创世、把第二位的荣耀归于不灭之神的人，说"你犯了罪，保持沉默吧"④！[196] 因为邪

---

① 《民数记》18：28。"这样，你们从以色列人中所得的十分之一也要作举祭献给耶和华，从这十分之一中，将所献给耶和华的举祭归给祭司亚伦。"

② 《出埃及记》26：33。"要使幔子垂在钩子下，把法柜抬进幔子内，这幔子要将圣所和至圣所隔开。"

③ 《创世记》34：2—3。"那地的主希未人，哈抹的儿子示剑看见她，就拉住她，与她行淫，玷辱她。示剑的心系恋雅各的女儿底拿，喜爱这女子，甜言蜜语地安慰她。"

④ 《创世记》4：7。"你若行得好，岂不蒙悦纳，你若行得不好，罪就伏在门前。它必恋慕你，你却要制伏它。"

恶者的行为，加上咆哮和自夸，是双重罪过。然而，在民众中间通常会发生这样的事情：他们会对贞女美德说些友好的、漂亮的话语，但若能够做到的话，他们不会让污辱她、强暴她的机会溜走。有哪个城市不充满赞扬永恒贞女美德的颂歌呢？[197] 他们的话语充斥所有人的耳朵，他们在进行这样的探讨：审慎是必要的，不审慎是有害的；节制值得我们选取，非节制值得我们仇恨；勇敢值得坚持，胆怯值得避免；公义是有益的，非公义是无益的；圣洁是荣耀的，不圣洁是可耻的；虔诚值得赞扬，不虔诚需要责备；对人的本性来说，只要目的正确，讲话和行动就会是最一致的，如果目的错误，讲话和行动会是完全相反的。[198] 他们在法庭、剧场、会议室，以及各种集会上，连续不断地用诸如此类的谈话骗人，就好像把漂亮的面具戴在丑陋的脸上，不让别人的眼睛看到他的真面目。[199] 但是所有这些言行都是无用的。在追求美德的热情激励下，辩护者会坚定勇敢地到来。堕落的谈话者聚集在一起，辩护者会剥去他们所有复杂的外衣和绷带，观看赤裸的灵魂本身，他们会知道隐藏在灵魂本性深处的秘密；然后，他们会把她暴露在光天化日之下，让所有眼睛都能清楚地看见她的耻辱；他们要指出她的真正品性之间是对立的，如此丑恶，如此卑劣，她的虚假外貌包裹在漂亮外衣之下。[200] 做好准备驱逐世俗不洁思想方式的卫士有两人：西缅和利未，但他们的意愿就像一个人。由于这个原因，他们的父亲在为他们祝福时是两人一起说的，① 因为他们的心灵是和谐一致的，他们的目的是同一的，朝着一个方向，摩西甚至不提他们俩，而是把西缅也称做利未人，② 这样一来就把两种本性混合在一起，打上单一的标记，把聆听和行动联系在一起。

【37】[201] 所以，当他理解了这个应许，“按照他的心意”，充满敬畏地说出这些话的时候，这个高贵的人被双重感觉所推动：对神的信仰，对生

---

① 《创世记》49 : 5。“西缅和利未是弟兄。他们的刀剑是残忍的器具。”

② 《申命记》33 : 8。“论利未说，耶和华阿，你的土明和乌陵都在你的虔诚人那里。你在玛撒曾试验他，在米利巴水与他争论。”

灵的不信。他会这样祈祷是很自然的，“但愿这以实玛利活在你面前”①，句中每一个短语，也就是“这”、“活”、“在你面前”，用到他身上都很恰当。我这样说是恰当的，因为许多人被同一术语可以指称不同的事物所欺骗。[202] 你们应当考虑我这样说是什么意思。以实玛利可以解释为“聆听神”，但是聆听神圣的真理对有些人有益，对有些人有害。观察一下那个占卜者巴兰吧。[203] 他被描述为“聆听神的言语，知道至高者的意旨”②，他试图毁灭灵魂最好的眼睛，这个眼睛被训练为只见神，但是从这样的聆听和知道中他能得到什么益处呢？然而，救世主的大能战无不胜，没有什么是神做不到的。因此，他疯狂地杀人，自己也多处受伤，在“那些受伤的人中间”③灭亡，因为他用占卜者模仿的智慧污损了天赐的预言。[204] 所以，这位美德之人只为“这位以实玛利”的健康祈祷，因为其他人不愿诚实地聆听神圣的教训，摩西绝对禁止这些人去万物统治者的教会。[205] 就这样，他们为自己的心灵和感觉感到自豪，以心灵和感觉为人世间发生的所有事务之唯一原因——这些人的灵性被阉割或完全毁损；这也好像那个信条，视众神为杂多，祈求一切荣耀归于神灵的会——这些人是不认识自己丈夫的娼妓的儿子，是热爱美德的灵魂的父亲——这些不都是很好的驱逐和流放的理由吗？④[206] 父母也责备他们的儿子贪食好酒，似乎也在使用这个代词。他们说“这儿子顽梗悖逆，不听从我们的话”⑤，就这样，通过添加“这”，他们表示他们还有其他儿子，固执而自以为是，不服从正确理智的禁令和教训。因为这两人是决不撒谎的灵魂的父母，受到他们的责备是最大的耻辱，就如

① 《创世记》17∶18。“亚伯拉罕对神说，但愿以实玛利活在你面前。”

② 《民数记》24∶6。“得听神的言语，明白至高者的意旨，看见全能者的异象，眼目睁开而仆倒的人说。”

③ 《民数记》31∶8。“在所杀的人中，杀了米甸的五王，就是以未，利金，苏珥，户珥，利巴，又用刀杀了比珥的儿子巴兰。”

④ 《申命记》23∶1—2。“凡外肾受伤的，或被阉割的，不可入耶和华的会。私生子不可入耶和华的会。他的子孙，直到十代，也不可入耶和华的会。”

⑤ 《申命记》21∶20。“对长老说，我们这儿子顽梗悖逆，不听从我们的话，是贪食好酒的人。”

同受到他们的赞扬是最高的荣耀。[207] 再举另外一个例子，“就是这个摩西和亚伦，神吩咐他们把以色列的儿子们从埃及地领出来”①，或者“对埃及王法老说的就是他们”②。在这两个例子中，我们都一定不要假定这些用语是粗心马虎地使用的，这个指示代词的使用没有其他目的，只是为了指出名称。[208] 由于摩西是最纯洁的心灵，亚伦是它的话语，他们各自在神圣的事务中接受训练，心灵像神一样把握这些事务，话语高贵地表达它们，而虚假智慧的传授者模仿这种真正的硬币，往里头掺假，说他们认为最杰出的才是公正的，他们所说的才值得赞扬。③ 所以，当劣币驱逐良币时，用他给我们提供的试金石，我们可以区别它们，尽管它们的外形是相似的。[209] 这块试金石是什么呢？就是那个能使心灵摆脱肉体的羁绊，能够观看和热爱智慧的人。“这个摩西”就是能够这样做的人，而不能这样做的人只是在叫这个名字，用众多头衔包装自己，他会使自己成为笑柄。当他祈祷让以实玛利可以存活的时候，他并不关心这个肉体的生命，而是祈祷他从神那里听到的事情可以被灵魂永远记住，能之成为活的火焰。

【38】[210] 如我们所说，当亚伯拉罕祈祷的时候，听到神圣的话语，知道神圣真理的受惠者可以存活，于是实践之人雅各为天然善的生命祈祷，因为他说“愿流便存活，不致死亡”④。他确实是在这里祈祷，决不想知道死亡和腐朽，但这对人来说是一项不可能的礼物，是吗？当然不是。[211] 所以，让我们来说一下他希望告诉我们的是什么。听到的或学到的所有东西都是一种上层建筑，建立在一种本性能够接受的教导的基础上，这是因为，若是开始的时候没有本性，那么所有其他东西都是无用的。这是因为，那些没

---

① 《出埃及记》6：26。“耶和华说，将以色列人按着他们的军队从埃及地领出来。这是对那亚伦，摩西说的。”

② 《出埃及记》6：27。“对埃及王法老说要将以色列人从埃及领出来的，就是这摩西，亚伦。”

③ 参见《出埃及记》7：11。“于是法老召了博士和术士来，他们是埃及行法术的，也用邪术照样而行。”

④ 《申命记》33：6。“愿流便存活，不致死亡。愿他人数不致稀少。”

有天赋能力的人与橡树或不会说话的石头无异，没有任何东西可以依附或适应它们，而会脱落，就好像从固体上剥离。[212] 但是，在天然为善的灵魂中间，我们看到一种充分的混合，就好像光滑的蜡，既不太硬，又不太软；这种混合很容易接受它所见所听的所有东西，能够完善地复制它得到的印象，用记忆复制它们。[213] 就这样，他一定会祈祷让理智的家族拥有天然之善，摆脱疾病和死亡。因为美德的生命，生命的最真实形式，是由少数人分享的，在平民百姓中找不到这些人，他们没有一个是世俗生活的一部分，而是想要逃避世俗的生活，他们全神贯注于仁慈，只想和神在一起。[214] 因此，这位勇敢的实践之人感到极为惊讶，一个出生在世俗生活激流中的人非但没有被旋涡冲走，而且能够与财富和快乐的强大水流搏斗，他力挽狂澜，坚定地反对虚荣的暴风。[215] 所以雅各对约瑟说，尽管这些话确实是圣言对所有人说的，他们除了关心身体的幸福之外还想要享受奢华，但他们会受到制止，“因为你还在”①。这句话说得好极了！就好比我们从我们过的普通生活穿越到其他领域，如果空气清新，万里无垠，我们的航行能绕过暗礁，一帆风顺，那么我们会让我们的船帆强劲地鼓起，在享受激情的时候，我们一定不要放松对欲望的克制，直到我们整个灵魂之船触礁沉没。

【39】[216] 当我们祈祷让这位以实玛利存活的时候，我们确实做得很好。所以他加上“在神面前”这个短语，认为这一点与幸福的王冠相连——心灵应当享有特权，生活在至高者的监察和关注之下。[217] 这是因为，导师作出的判断是不会搞错的，站在学习者一边的教师会给学习者带来利益，他年长的同伴会给年轻的同伴做出谦虚和自制的榜样，仅仅是父亲或母亲的目光就能无声地阻止儿子想要犯下的恶行。所以，我们必须设想，信神是神的巨大恩赐，神把它赐给一直在看着他的那个人，因为他敬畏始终呈现的神的尊

① 《创世记》46：30。“以色列对约瑟说，我既得见你的面，知道你还在，就是死我也甘心。”

严，他会感到恐惧和颤抖，会尽力飞离恶行。[218] 当他祈祷让以实玛利存活的时候，他并没有对以撒的出生感到绝望，如我前述，而是相信神（他承认了人的弱点），因为神赐予礼物完全不像人接受礼物那么困难，神要馈赠礼物是容易的，无论大小，无论多少，而对我们来说，接受神赐予的恩惠决非小事。[219] 对我们来说，通过辛劳和努力获得好结果就足够了，我们熟悉的果实就在我们中间成长，而那些独立涌现而无须技艺或任何形式的人发明的东西来到接受者的手中，我们甚至不希望得到这样的东西。这些东西是神的恩赐，因此发现它们必不可免的是出于自然的命运，它与神相近，无污染，远离可朽的身体。[220] 然而，摩西教导我们要按照我们的力量奉献和谢恩，[①] 睿智的人会把他的善意和审慎奉献给神，擅长文字的人会致力于用所有卓越的诗歌和散文赞扬存在者，其他人也会跟随他们，致力于自然哲学和道德哲学，同样还会有一些学者致力于他们的技艺和知识。[221] 以这种方式，水手致力于成功的航行，农夫致力于农作物的丰收，牧人致力于牲畜的增长，医生致力于病人的健康，还有，将军致力于战争胜利，政治家或戴王冠的国王致力于合法的统治和主权，简言之，非自我中心主义的人会坦率承认神是灵魂或肉身的一切善物的原因，祂确实是一切事物的唯一原因。[222] 所以，让默默无闻、地位卑贱的人不要由于丧失较好的希望而在向神乞援时退缩，哪怕他不再期待任何更大的恩惠，也要按照他已经接受恩赐的能力谢恩。[223] 这样的礼物数量巨大：出生、生命、养育、灵魂、感觉、记忆、冲动、推理。“推理”作为名称只是一个小小的词汇，但作为事实它是最完善的，最神圣的，它是宇宙灵魂的一小部分，或者说，我们无论如何可以更加恭敬地把它视为摩西哲学的追随者，神的形像的真实印记。

【40】[224] 我们可以很好地赞扬那些搜索队的成员，他们试图把美德

---

① 参见《民数记》6：21。“许愿的拿细耳人为离俗所献的供物，和他以外所能得的献给耶和华，就有这条例。他怎样许愿就当照离俗的条例行。”

连根拔起，把它拿走，当他们做不到的时候，至少要拿走一枝树干或一挂果实，这是他们所能拿走的全部，作为样本或整体的一部分。[①][225] 我们确实应当祈祷我们的进程就在诸多美德的集合体之中。但若这个集合体对人的本性来说太大了，那就让我们满足于和某一种具体美德相伴，与节制、勇敢、公义或仁慈在一起。让灵魂把它藏在她的子宫中，至少生下一样善物，而不要不结果实，或者不育。[226] 你会对你自己的儿子下这样的指令吗？如果你不能仁慈地对待你的仆人，那么你也一定不能要你的邻居仁慈地对待你的仆人。如果你对你的妻子不能温柔体贴，那么你也一定不会荣耀你的父母。如果你轻视你的父母，那么你也一定会对神不虔诚。如果你喜欢快乐，那么你一定不会克制你的贪婪。你觊觎巨大的财富吗？那么你一定会陷入无用的幻想。[227] 你说如果你不能完全这样做、在某些事情上使用自制是错误的，那么我要问你这样说的意思是什么？你的儿子肯定会说，父亲，你这是什么意思？你想要使你的儿子变得全恶或者全善吗，如果他选择的是中道而不是两端，你会不满意吗？[228] 就是这样一种感觉使得亚伯拉罕在所多玛城将要被摧毁的时候，请求神完全放过他们，开始时他说城里有五十个义人，最后说有十个义人。[②] 他恳求神宣告给所有居民自由，[③] 这件事以第五十年为象征，这一年没有被造物到来，可以接受在数字上计为十的接受较低训练的人，以缓解站在定罪边缘的灵魂。[229] 训练过的优于未训练的，熟悉学校文化的优于不会沉思的；他们开始成长时有较好的机会，因为他们从童年开始就浸淫于坚忍、自制和各种美德的洪流之中。因此，如果他们在清洗中不能完全擦去他们的邪恶，那么他们的净化处于中等和半途。[230] 以扫对他父亲说的话似乎有相同的含义，“父阿，你只有一样可祝的福么？我父

---

① 《民数记》13：23。“他们到了以实各谷，从那里砍了葡萄树的一枝，上头有一挂葡萄，两个人用杠抬着，又带了些石榴和无花果来。”

② 参见《创世记》18：24 以下。

③ 《利未记》25：10。“第五十年，你们要当作圣年，在遍地给一切的居民宣告自由。这年必为你们的禧年，各人要归自己的产业，各归本家。”

阿，求你也为我祝福。”[①] 不同的祝福应当留给不同的人，完善的祝福应当留给完善者，一半的祝福应当留给位于半途的人，就好像我们在人的身体中看到的那样，健康的人和生病的人需要不同的锻炼和饮食，在影响他们生活方式的所有其他事情上要对他们同等相待是不可能的。健康者需要的东西可以防止他们患病，生病的人需要适合他们状况的东西使他们康复。[231] 由于自然必须赋予我们的善物很多，哦，主阿，把在你看来适合我的东西赐予我吧，哪怕它是最小的东西，我只寻找一样我能轻易承受的东西，而不寻找同样轻巧却能让我这个虚弱的可怜人晕厥在地的东西。[232] “主的膀臂岂是缩短了么？”[②] 我们认为这句话是什么意思？确实如此，存在者的权能抵达每个地方，不仅使名声显赫的人得益，而且也使名望低下的人得益。祂把对他们有益的东西赐给他们，按照灵魂的度量，祂在自身中按照确定的比例对他们进行度量和评估。

【41】[233] 那些律法使我深感震惊，它们是为那些想要摆脱罪恶，想要忏悔的人制定的。律法首先吩咐他们要奉献一只没有瑕疵的母羊作牺牲，然后经上又说：“如果他的力量不够献一只绵羊，就要因所犯的罪，献上两只斑鸠或是两只雏鸽，一只作赎罪祭，一只作燔祭。[234] 如果他的力量不够献两只斑鸠或是两只雏鸽，就要带供物来，就是细面伊法[③] 十分之一为赎罪祭，不可加上油，也不可加上乳香，因为是赎罪祭，他要把供物带到祭司那里，祭司要取出自己的一把来，献在坛上作为纪念。”[④] [235] 所以，摩西

---

① 《创世记》27：38。“以扫对他父亲说，父阿，你只有一样可祝的福么，我父阿，求你也为我祝福。以扫就放声而哭。”

② 《民数记》11：23。“耶和华对摩西说，耶和华的膀臂岂是缩短了么，现在要看我的话向你应验不应验。”

③ 伊法（ephah），古希伯来人的容量单位，相当于 22 公升。

④ 《利未记》5：7，11，12。“他的力量若不够献一只羊羔，就要因所犯的罪，把两只斑鸠或是两只雏鸽带到耶和华面前为赎愆祭，一只作赎罪祭，一只作燔祭。”“他的力量若不够献两只斑鸠或是两只雏鸽，就要因所犯的罪带供物来，就是细面伊法十分之一为赎罪祭，不可加上油，也不可加上乳香，因为是赎罪祭。他要把供物带到祭司那里，祭司要取出自己的一把来作为纪念，按献给耶和华火祭的条例烧在坛上，这是赎罪祭。”

使用了这里提到的三种悔改方法来作挽回祭：牲畜、飞鸟、小麦制的面粉，这些方法无疑为涤罪的忏悔者采用，因为小罪过不需要大涤罪，大罪过不能用小涤罪，它们所起的作用是一样的，按照比例的原则，它们是相等的。[236] 为什么要有三种悔改的方式，这一点值得考察。实际上，犯罪和取得公义的事例分为三类：思想、言辞和行为。[237] 因此在他的叮嘱中，在说明获得善物既非不可能，又非难以做到的时候，摩西说："你不需要飞上天去取，也不需要去那地极和海外取来，而是离你甚近（用下面这些话他说明非常近，用眼睛就能看见）就在你的口中，就在你的心里，就在你的手中。"① 他用这三个词象征思想、意愿、行为。[238] 他的意思是，好的思想和意愿、好的言辞和好的行为构成了人的幸福，就像它们的对立面构成了不幸一样，因为在这三个地方也都能发现公义和犯罪：心、嘴、手。有些人确实极好地对思想和意愿下判断，说出那些最好的话语，做他们应该做的事情。在这三者中间，错误的想法和意愿是最轻的，在实际中，行不公义是最重的，而说那些我们不应该说的话介于二者之间。[239] 然而在实际中，最困难的事情是使灵魂的变化停滞下来。因为灵魂中的成见就像一道溪流剧烈地奔涌向前，激起无数漩涡，无法阻挡。[240] 因此，这是最好的、最完美的涤罪方式，乃至于绝对不接受邪恶的思想，而要在正义的引导下，与我们的公民一道生活在和平与守法之中。次好的方式是戒绝言语犯罪，包括撒谎、伪证、精明、诽谤，总而言之，抱着用语言毁灭他人的目的，让本该用坚硬的锁链严格束缚的嘴巴和舌头信口开河。

【42】[241] 我们很容易看出为什么错误的讲话比错误的思想更严重。一个人的思想有时候不能归于他本人，亦即并非出自他本人的意愿。有些事情他不愿加以考虑，但他被迫承认某些观念，或者责备他不想责备的事情。[242] 而讲话是自愿的，如果一个人讲了一些冒犯的话，那么他对其他人是

① 《申命记》30：12—14。"是在天上，使你说，谁替我们上天取下来，使我们听见可以遵行呢，也不是在海外，使你说，谁替我们过海取了来，使我们听见可以遵行呢，这话却离你甚近，就在你口中，在你心里，使你可以遵行。"

不公正的，别人也会对此不高兴，在有讲话机会的时候，他也不愿意使用比较温和的话语。这样的人最好能够完全自由地骚扰他人，如果他没有这种自由，那么他最好保持沉默。[243] 不正义的行动比任何讲话更可悲，因为人们说言语是行动的影子，如果影子是有害的，那么行动必定更加有害。因此，摩西豁免了纯粹的意愿，不谴责它，不惩罚它。他知道这主要是行动的主体不自觉地发生了改变，与其说它是一个主动的行为者，不如说它是涌进来的思想的被动的牺牲品。不过，他需要为所有通过嘴产生的问题进行辩护，并依据我们的言语出自我们自己的能力的原则接受审判。[244] 但是，在这些审判中，话语受到的判决比较宽大，有罪的行动受到的判决比较严峻，因为他为重大罪行的行为者指定了重大的惩罚，而这些人采取的实际行动，要么抱着罪恶的意愿精心策划，要么通过他们鲁莽的舌头说了出来。

【43】[245] 关于思想、言辞、行为三者的涤罪，他指定了绵羊、一对斑鸠或雏鸽、十分之一伊法细面，十分之一是一个神圣的尺度，他认为思想应当用绵羊来涤罪，言辞应当用鸟来涤罪，行动应当用细面来涤罪。[246] 为什么？因为正如心灵是我们的最佳元素，绵羊在非理智动物中占据同样的位置，被视为羊的整体，因为绵羊非常温和，可以养活自己，每年又能产出很多东西，有益于人类，同时也装饰和保护自己。衣物可以抵御严寒酷暑，可以为穿衣者遮羞，使穿衣者体面。[247] 所以让我们用绵羊这种最好的动物来象征我们心灵这个最好的部分，同样我们也要用鸟来代表言辞。因为言辞的本性是轻巧的，长翅膀的，能像箭一样快速移动，朝四面八方飞去。言辞一旦说出口就不能再返回，它会转变成声音，高速运动，敲击耳朵，穿越整个可听的领域。[248] 言辞也是双重的，部分真，部分假，因此我想可以把言辞比做一对斑鸠或鸽子。摩西吩咐要用一只作赎罪祭，另一只完整地作燔祭，这是因为真言辞是完全神圣的，完善的，而假言辞是罪恶的产物，需要改善。[249] 如我所说，细面是行动的象征，因为没有磨面人的技艺和筛子，要使面粉进入精细状态是不可能的，而磨面人经历了这个过程。与此相吻合的是他说的话，“祭司要取出自己的一把来作为纪念”，由此引出关于手

工和行动的思想。[250]在谈到这些牲畜和鸟的时候，他作了很仔细的对照。首先，他说“他的力量若不够献一只绵羊”；其次，他说“如果他的力量不能够发现”。为什么会这样呢？因为压制心灵的改变需要很大的力量，而约束言辞的冒犯不需要很大的力量。[251] 有一种补救办法可以用来反对这种声音的冒犯，我在前面说过，那就是沉默，沉默对每个人都有益，尽管有许多饶舌之人找不到任何限制来约束他们的话语。

【44】[252] 美德之人通过教育和实践变得熟悉这些道理、这些分析方法和对事物的区分，因此，如果他不能成为以撒的父亲，那么他祈祷以实玛利存活不是很自然吗？[253] 那么，仁慈的神做了什么？亚伯拉罕要一样东西，神给了他两样。他祈求的比较少，神赋予他的比较多。我们读到，神对他说：“是的，你妻子撒拉要给你生一个儿子。”①“是的”这个回答意味深长，内涵丰富。对神的赐福马上表示赞成，还有什么能比这样做更有益于神？[254]然而，这些从神那里得到赞同迹象的人却被每个傻瓜拒绝。因此，神谕把利亚描述为被恨的，由于这个原因她得到了这样的名字。它的意思是“被拒绝的，令人厌烦的”，因为我们全都厌恶美德，认为美德令人厌烦，她经常给我们下达的告诫几乎都不对我们的胃口。[255] 然而她从万物统治者那里得到奖赏，神打开她的子宫，而她接受了神的种子，② 由此产出高贵的实践和行动。所以，学习是人的灵魂，还有撒拉，那是美德，将要生一个儿子，还有夏甲，较低的教导。夏甲的后代是接受教导的生灵，而撒拉的学习是自学，没有老师。[256] 不要感到惊讶，带来一切善物的神使这类事物存在，尽管在地上的很少，在天上的很多。你可以从其他元素学到这个真理，人就是用这些元素构成的。眼睛是被教会看的吗？鼻子是学会闻的吗？手或脚是服从教练的指挥或鼓励而前进的吗？[257] 至于我们的精神冲动和记忆

---

① 《创世记》17：19。“神说，不然，你妻子撒拉要给你生一个儿子，你要给他起名叫以撒。我要与他坚定所立的约，作他后裔永远的约。”

② 参见《创世记》29：31。“耶和华见利亚失宠（原文作被恨下同），就使她生育，拉结却不生育。”

图像、灵魂的初始状况，运动的或静止的，它们是被教成这样的吗？我们的心灵是去智慧的教授那里学习而学会理解的吗？所有这些都不需要教，有一种独立的本性在起作用，产生相应的活动。[258] 所以，你为什么仍旧对此感到惊讶呢？神毫不费力地播下美德，不需要加以控制，而且美德从一开始就很完美。如果你想要得到进一步的证据，你能找到比摩西证言更可靠的吗？他说其他人从地上获得他们的食物，只有这个观看的宗族从天上获得他们的食物。[259] 产出地上的粮食需要农夫的合作，而天上降下粮食就像下雪，完全是神的单独行为，没有人分担祂的工作。经上确实说："瞧，我要将粮食从天降给你们。"①[260] 除了神把天上的智慧降给渴望美德的灵魂，还有什么食物可以正确地被称做从天上降下来的？祂丰盛地把天上的智慧恩赐给灵魂，主要在神圣的第七年用祂的恩惠浇灌宇宙，而他把这一年称做安息年。然后他说将有丰盛的善物供应，它们自发地生长，哪怕是世上所有的技艺也不能兴起，而是通过自我发生、自我圆满来生长和结果。

【45】[261] 所以美德将给你生下一个男性的孩子，这个孩子会摆脱所有女性的情感，你要用他在你身上激起的情感来称呼他，这种情感就是最确定的喜乐。[262] 正如恐惧和悲伤有它们自己具体的投射，也就是情感硬币的那种压倒性力量，所以快乐的设计或者喜乐会迫使我们迸发话语，恰当而又准确地表达我们的意思，就好比任何研究名称的学问所能设想的那样。[263] 因此，他说："我已赐福给他，我将使他昌盛和繁多，他将生育十二个宗族（亦即职业学校的整个训练），我要与以撒坚定所立的约。"② 就这样，美德的两种形式对人类开放：一种形式有另外一位教师；另一种形式教师和学习者是同一的。他已经做好了准备，在虚弱的地方，他会宣称前者，在强

① 《出埃及记》16：4。"耶和华对摩西说，我要将粮食从天降给你们。百姓可以出去，每天收每天的分，我好试验他们遵不遵我的法度。"

② 《创世记》17：20—21。"至于以实玛利，我也应允你，我必赐福给他，使他昌盛极其繁多，他必生十二个族长，我也要使他成为大国。到明年这时节，撒拉必给你生以撒，我要与他坚定所立的约。"

大的地方，他会宣称后者。

【46】［264］他继续说道："在这个季节，她将给你生育"，也就是说智慧将生下喜乐。主阿，你在我们面前定下的季节是什么？这真是奇迹中的奇迹！这岂不就是与其他季节不同，被造物不能出生的那个季节吗？这是真正的季节，是宇宙的开端，一切应时之物在这个季节涌现，拥有居间本性的活的动物和植物，这样的事物除了是神本身，不会是其他事物。［265］因此，摩西感到害怕，不敢对这些避险者说话，这些人逃避美德对抗其敌人的战争，"荫庇他们的季节已经离开他们，但主在你们中间"①。他在这里几乎毫不掩饰地承认，神就是这个"季节"，神远离所有不虔诚者，在富饶多产的灵魂中行走。［266］祂说："我要在你们中间行走，我要作你们的神。"② 而他们说的季节意味着年度的改变，他们没有仔细研究过这些术语的专门含义，没有研究过事物的真正本性，却被散乱的思想深深地污染。

【47】［267］他继续说——凭着这名儿童高升的荣耀——"到明年这时节"，他会出生。③ 他说到明年的意思不是日月旋转带来的时间间隙，而是某种真正的奥秘，奇异而又新颖，它在视觉和感觉范围之外，在无形体和理智的领域中有它的位置，有它属于时间的模式和原型，是永恒的或者永久的。永久（αἰῶν）这个词表示思想世界的生命，就如时间表示可感世界的生命。［268］也就是在那一年，种下的大麦"有百倍的收成"④，他播下神的馈赠，使神的赐福增长，这种极大的增长将有众多的人分享。而要注意的是，一般说来，播种者是收割者。［269］然而，尽管他播种了，由此表现出仇恨妒忌和邪恶的美德，但经上不说他收割，而说他发现。因为神使赐福像谷穗那样成熟，成为另一样东西，祂甚至准备了更高的希望和更丰盛的奖赏，让那些

① 《民数记》14：9。"但你们不可背叛耶和华，也不要怕那地的居民。因为他们是我们的食物，并且荫庇他们的已经离开他们。有耶和华与我们同在，不要怕他们。"

② 《利未记》26：12。"我要在你们中间行走，我要作你们的神，你们要作我的子民。"

③ 《创世记》17：21。"到明年这时节，撒拉必给你生以撒，我要与他坚定所立的约。"

④ 《创世记》26：12。"以撒在那地耕种，那一年有百倍的收成。耶和华赐福给他。"

寻找它们的人来发现。

【48】[270]“神和他说完了话”[1] 这句话相当于“神使听者本身完善”，听者以前没有智慧，而神用不死的思想充满了他。当这位学习者变得完善，“主就离开他上升去了”[2]。他的意思不是说亚伯拉罕离开了神，因为凭他的本性，这位贤人是神的侍从，他希望表示这位学习者的独立性。他的目的是，当主人的监督退去、没有外在强制的时候，学生可以展示他自己的力量，显现一种自愿的、自我设定的勤奋，展示他努力学到的东西。这是教师给他的学生的建议，而独立实践的机会以最为确定的形式给学生的记忆打上不可磨灭的烙印。

---

① 《创世记》17：22。“神和亚伯拉罕说完了话，就离开他上升去了。”

② 《创世记》17：22。

论 梦

提 要

本文的希腊文标题是“ΠΕΡΙ ΤΟΥ ΘΕΟΠΕΜΠΤΟΥΣ ΕΙΝΑΙ ΤΟΥΣ ΟΝΕΙΡΟΥΣ”，意为“论梦——梦为神赐之物”，英译者将其译为“On Dreams, That They are God-sent”。本文的拉丁文标题为“Quod A Deo Mittantur Somnia or De Somniis ”，缩略语为“Som.”。中文标题定为“论梦”。原文共分为 2 卷（book），第一卷分为 43 章（chapter），256 节（section），第二卷分为 45 章（chapter），302 节（section），译成中文约 7.9 万字。

第一卷（1—256 节）：

从本文开头这段话可以得知，作者有两篇关于梦的文章。第一篇文章处理一些做梦者本人不起什么作用的梦，文章已经佚失。第二篇文章，亦即本文第一卷，处理那些心灵受到激励，从而可以预见未来的梦。第一种梦是神主动发送的，第二类梦是做梦者被神凭附和激励时发生的，因此能够预言。这种梦的例子来自雅各。第一个梦是他在伯特利做的，雅各梦见天梯（2—188 节）。第二个梦记载于《创世记》第 31 章，雅各在梦中看到了他的羊群有花斑，神吩咐他回本地去。第一卷的其余部分（189—256 节）就是对这个梦的解释。

雅各做梦，梦见天梯（2—5 节）。作者提出第一个问题：这口井是什么？这口井是知识之井，而知识就像水一样喜欢隐藏，只能通过辛劳来获得(6—8 节)。以撒在这口井中没有找到水，这表明要想获得圆满的知识是不可能的。我们学得越多，我们越发现有更多的知识要学（8—11 节）。这口井为什么叫“盟誓之井”？不确定的事情要通过誓言来决定，盟誓可以使不确定的事情变得确定，可以把确定性赋予不确定的事物（12—13 节）。我们看到以撒挖了四口井，但只有第四口井得到名字。在宇宙中，有三样东西是可感的，而第四样东西是不可感的。构成整个世界的成分有四种：土、水、气、天。前三种我们可以作一些解释，但有关第四种则有各种各样的理论。作者解释日月星辰的性质（14—24 节）。人也有四种重要因素：身体、感觉、言辞、心灵。我们对前三者拥有部分知识，对第四者则完全无知（25—32 节）。《利未记》说：“第四年是神圣的，用以赞美”，因为天空和人的心灵被造出来就是为了赞美它们的创造者（33—38 节）。作者批评那些只接受四口井的字面含义的人，由此结束这一沉思（39—40 节）。

哈兰象征可感的土地，这是唯一正确的解释，也是很自然的，灵魂有时离开无限的知识之井，即心灵的世界，以哈兰为避难所，但它不是灵魂最后的家（41—45 节）。那里只是拉班的家，拉班与雅各的关系就好似他拉与亚伯兰的关系。当亚伯兰离开哈兰的时候，他拉死在那里（45—47 节）。作者进一步思考他拉，认为这个名称的意思是“气味的观察者”，就好像猎犬的嗅觉特别敏锐，倾心于学问的人对美德散发出来的气味最敏感，他贪婪地吸取知识和健全的感觉，在真理的宴席上有所发现（48—51 节）。这个名称的另外一个组成部分，“观察者”，提醒我们他拉在去哈兰之前居住在迦勒底，他以前的观察是空洞的，而他移居哈兰表明灵魂已经转换为苏格拉底式的“认识你自己”（52—58 节）。但是，他拉没有继续前进，只有亚伯兰离开哈兰，寻求最高的存在者（59—60 节）。他“点灯照亮”或“碰到”的地方是什么？“地方”不是日常意义上的，可以表示神的充满万物的“道”，也可以表示神站立之处，或者表示神本身（61—64 节）。

简短讨论亚伯拉罕的故事。“他就起身往神所指示他的地方去了，他举目远远地看见那个地方。”对这句话中间出现的不一致进行解释（65—67 节），用雅各的故事来说明“地方”就是圣道（68—71 节）。“太阳落了。”太阳在这里是神本身，它在心灵中落下，给神圣的道发挥影响留下空间，举例说明神就是光（72—76节）。然而，我们必须注意，太阳也还有几种象征意义：它可以用来指人的心灵，也可以用来表示感性知觉，还可以用来表示被感觉遮蔽的知识之光（77—84节）。太阳有时候表示圣道（85—86节）。太阳还可以表示宇宙统治者本身，用后续两个例子来说明这一点。第一个例子是把作恶者在主面前对着日头悬挂，以抵消主的怒气，这是宽恕的必要前提（87—91节）。第二个例子是借钱需要抵押的律法，说明这段经文不能仅从字面上理解，在此提到各种相关的论点，展开讨论。借贷者不归还债务人的作当头的衣服，宇宙的创造者和统治者会在如此细微的小事情上表现同情心吗？在这种情况下，制定关于捐助的律法是为了满足民众的需要，而不是使他们成为债务人，或者禁止放贷者收取抵押品，这样岂不是更好？为什么抵押品应在白天归还，仅从字面上理解这些律法是荒唐的（92—101节）。我们不得不将衣服喻意解释为言语或理智，在神圣的太阳在他们心中降落之前，必须将理智还原（102—114节）。把这种解释运用于这个故事，我们看到实践者有时被神的像太阳一般的光芒照耀，有时候被理智不太明亮的光芒照耀，找到充分的福祉（115—117节）。最后指出，有些人同意“地方”就是神圣的道，太阳表示心灵和感觉，它们有各自的弱点，不能获得真理（118—119节）。

经上说：“他拾起那地方的一块石头枕在头下，在那里躺卧睡了。”这里讲的是崇尚俭朴的生活，反对奢华（120—126节）。那个地方的“石头”的寓意是圣道，这里可以界定为灵，石头显然是圣道本身，圣道是他的灵魂的头，石头给他的心灵当枕头（127—128节）。在雅各与天使摔跤的故事中，圣道是雅各的教练员和奖赏者，雅各大腿窝麻木而得到教训（129—132节）。接下去转为考察梦中影像。梯子象征气，气是无形体的灵魂的居所，有些灵魂坠入人体，热衷于属地的事物，而有些灵魂上升。天使是更高的属灵的存在，它们是神与人之间的调停者（133—145节）。在另一种意义上，梯子表示圣道在灵魂中上升和下降（146—149节）。或者说，梯子可以表示实践者前进和倒退的生命旅程（150—152节）。或者说，梯子表示命运的动荡变化，如我们在日常生活中所见的那样（153—156节）。主牢固地呈现在梯子上，就像驭手站立在马车上，神是使一切事物稳固的支撑和支柱（157—158节）。

经文上说："我是主，你祖亚伯拉罕的神，也是以撒的神。"神为什么在提到亚伯拉罕时自称为"主"，而在提到以撒时不这样说？因为以撒象征通过本性获得的知识，通过自学得来的，而亚伯拉罕象征通过教导得来的知识（159—163节）。对之进行喻意解释，号召忠心的灵魂寻求这些教训（164—165节）。亚伯拉罕被称做雅各之父，而以撒没有。在这里，教导、本性、实践三原则对我们的理解有帮助。当雅各仍旧是取代者和具体的实践者时，他与亚伯拉罕的血缘更近，而当他变成看见神的以色列时，他就有了以撒作为他的父亲（166—172节）。作者进一步考察神的话语中的其他短语，指明有神作为同行者是一项巨大的恩惠，神无处不在（173—181节）。作者指出灵魂的不朽性，摆脱身体的灵魂要回归天穹。由此转为解释雅各的话语和情感，指出他恐惧的原因在于知道神不在任何地方，只有通过我们对可感世界的体验，我们才能得到关于心灵世界的知识（182—188节）。

引述经文《创世记》（31∶11—13），然后作者指出天使可以将梦境赋予人，就像神本身一样，神作为主、教师或朋友，以不同的身份讲话（189—190节）。神对雅各说话，就像对摩西和亚伯拉罕一样（191—196节）。公羊和母羊的结合象征思想的结合与生育，正确的思想与智慧的理智相结合，天赋良好的灵魂与完善的美德相结合，产生丰富的成果（197—200节）。圣道被描述为全白的、有斑点的或杂色的、灰色的或花斑的。智慧的热爱者采用上色的技艺，把众多不同事物编织在一起，完成一幅明亮艳丽的作品。制造这种织物的工匠被称做"比撒列"，这个名称的意思是"在神附近"。"上色者"或"刺绣工"的名称可以保留给启示预言的圣贤（201—207节）。作者喻意解释灰白色，指涤罪，给自己洒上灰烬和清垢的清水，大祭司拥有三项特色：洒过水的、彩色的、全白的（208—218节）。与此相对，作为政治家的约瑟有一件彩衣，他的特点是彩色（219—223节）。让我们抛弃这件华丽的衣裳，穿上美德的圣衣（224—227节）。作者辨析"这位神"、"神"、"一位神”之间的区别，结论是由于人类天生的弱点，神允许人以神人同形同性论的术语描述神，所以神以天使或众神的形式显现自身（228—241 节）。“柱子”象征三样事情：建立、奉献、铭刻。只有神才配得上荣耀和建立。罗得的妻子回头看，就变成了一根盐柱（242—248 节）。实践者热爱竞赛和练习，追求高尚的实践，在整个训练过程中拥有全部合乎美德和虔诚的思想，向神奉献最美丽的、牢固竖立的供物（249—254 节）。最后得出结论，鼓励灵魂从这位实践者的故事中吸取教训，如同在最后的话语中所应许的那样，回归到它的出生地（255—256 节）。

第二卷（1—302 节）：

本卷篇幅冗长，结论部分已经佚失。本卷紧跟第一卷，处理三对梦：第一对，约瑟本人还是个孩子时做的梦（1—154 节）；第二对，狱中酒政与膳长做的梦（155—214 节）；第三对，法老做的梦（215—302 节）。后两对梦由约瑟本人解释。

在对三种梦作了区别以后（1—4 节），引入约瑟做的梦（5—7 节）。约瑟在这里并不是作为一名政治家，而更多的是作为一名混合性格的代表，他的灵魂不断地与身体和外在事物争斗；爱慕虚荣在这种品性中肯定会出现（8—16 节）。第一个梦与捆禾稼有关。约瑟说：“我以为我们在田里捆禾稼。”“我以为”这个短语表示他感到困惑，犹豫不决，于是作出某种不确定的猜想（17—20 节）。约瑟有能力区分真实的东西和伪造的东西、有益的果实和无益的果实，圆满美德的标志存在于依据理智产生的事物中，但不存在于土地出产的事物中（21—22 节）。

下面进一步思考灵性的收割（23—24 节）。“收取收割”就像双重割礼，与此相似的还有“割礼的割礼”、“奉献的奉献”、“净化灵魂的净化”。属于这一类说法的还有“双穴”，一则涉及所有生成的事物，一则涉及创造它们的神（25—30 节）。“禾捆”指我们每个人的行为，我们希望能从中发现永久的生命和职业。作者逐一解释约瑟的十一位兄弟的名字所象征的最基本行为和属性（31—41 节）。约瑟的主导属性是虚荣，用约瑟生平中的一些事件来说明这一点，把约瑟的名字解释为“添加”，虚荣是一种虚假的添加（41—47节）。

下面用了大量篇幅讨论反对奢侈，表现在饮食（48—51节）、穿衣（52—53节）、住房（54—55节）、床铺（56—57节）、软膏（58—59节）、酒杯（60—61节）、金冠（62节）等方面。奢侈是吞食一切的残忍的野兽。这就是哀痛的主题，约瑟还活着的时候，雅各就为他哀悼。另一方面，摩西不想容忍拿答和他的兄弟，他为他们哀悼（63—67节）。作者解释“要砍断那妇人抓住下体的手”，列举了三个原因：第一，表示对快乐的欢迎，而它本来应当仇恨快乐；第二，判断这样做会产生对自己的依赖；第三，把创造者的力量归于被造者（68—74节）。灵性的收割和采摘要把初熟的果实带给神，因为神是丰饶的源泉（75—77节）。“你们的捆来围着我的捆下拜。”作者用这个例子说明虚荣，指出在日常政治生活中与僭主打交道需要警醒。在这样的情况下坦率地讲话不是美德，而像是在暴风骤雨中航行，或面对未经驯服的野兽（78—89节）。亚伯拉罕为了双重洞穴而向赫人之子致敬，所以弱者必须讨好强者（90—92节）。然而，那些兄弟们并没有这样做，他们反对约瑟，代表正确理智抗拒灵魂中的虚荣。我们可以看到我们身上较好的部分拒绝承认任何国王，而是只承认神（93—100节）。约瑟承认自己的弱点，感到自己是最无助的，希望能追随较好的判断（101—104节）。启示者摩西记载了约瑟改悔的故事，标志着摩西最终接受约瑟（105—109节）。

接下去解释第二个梦，日月星辰向约瑟下拜。与第一个梦相比，它涉及的是天空的现象，而不是大地的现象。作者联想，认为爱慕虚荣的人竟然愚蠢到无法理解连无头脑的儿童也能理解的事物。人是宇宙的一部分，所以人只有向宇宙纳贡才是正确的（110—116节）。波斯国王薛西斯想把阿索斯山劈开，引入海水，造成一片新的海洋，还想用箭射落太阳（117—120节）。愚蠢的日耳曼人试图用武力驱逐潮汐，亚历山大里亚的一位暴君试图限制犹太人过安息日，把自己看得比自然力量还要强大（121—129节）。这样的人认为一年四季若不合他的心愿，也要加以谴责（130—132节）。有一种更加一般的解释，把太阳当做正确的理智，把月亮当做规范或教育，把星辰当做二者在灵魂中产生的思想（133—135节）。雅各的回答包含这种灵性的冲突（135—138节），正确的理智拒绝服从虚荣（139—140节）。雅各的父亲不断地说心里话，作者在此偏离主题，提及谨慎和自疑，列举一系列生活中的例子（141—149节）。非理智的力量掌控灵魂，会在灵魂中产生混乱，人和动物的经验表明，这种混乱会给幸福带来致命的伤害（149—154节）。

解释关于主厨和膳长的梦，这两个人代表醉酒和饕餮（155—158节）。作者全文引用主厨之梦，葡萄指的是邪恶与邪恶的人，它们面对面。葡萄使我们愚蠢，给我们带来各种伤害（159—163节）。但是，葡萄也可以象征真正的欢乐，作者详细描述两种聚会中的不同的欢乐（164—168节）。由此推论，葡萄象征两样事情：愚蠢和欢乐。寻求美德之人不能携带整棵智慧之树，所以他们砍下一枝葡萄藤，以此彰显快乐（169—171节）。当我们自愿选择追随律法和自然诫命的时候，神会感到喜乐（172—178节），由此推论，使神喜乐是我们的义务（179—180节）。不过，斟酒人的葡萄不是这种葡萄，因为他是法老的斟酒人，而不是神的事奉者，神的事奉者是道本身（181—183节）。法老的斟酒人被称做宦官，而大祭司代表圣道，作者详细描述二者的象征意义（184—190节）。作者进一步引用经文所说的所多玛的葡萄和蛾摩拉的葡萄。所多玛表示盲目，蛾摩拉表示尺度，是人的心灵，人以其自身为万物的尺度，而不以神为万物的尺度（191—194节）。梦中象征愚蠢的葡萄枝迫使灵魂从高处坠落，偏离教导，走向毁灭（195—199节）。“法老的杯在我手中”，表明是我们自己的心灵使情欲扩张（199—201节），“我把葡萄汁挤入杯中”，表明愚蠢者用各种愚蠢的饮料来荣耀自己（202—204节）。作者很快处理了主厨的梦。他头上顶着的三只筐子代表过去、现在、将来的快乐，而飞来吃饼的鸟是对寻求快乐者的惩罚，心灵被当做一具无头的尸体钉在树上（205—214节）。

最后讨论法老做的两个平行的梦：又干瘦又丑陋的母牛吃尽了以前的七头肥母牛，七个细弱的穗子吞了那七个佳美的穗子（215—218节）。世界的稳定性清楚地证明了神的稳定性，用经文提供见证，证明神的不变性(219—222节)。首先，神把这种稳定性主要传给圣道，表明公义者以神为基座(223—225节)；其次，神也把稳定性传给贤人，亚伯拉罕站在神的面前，他介于神和人之间（226—233节）；最后，神也把稳定性传给前进者，他站在美德的圆满生命和邪恶的死亡之间（234—236节）。法老空洞的心灵认为自己能够独立自存(237节)。河流象征语言，具有好的和坏的两重性质(238—240节)。伊甸乐园流出来的河流分为四道，象征四种美德，这位圣贤是统治者和国王（241—244节)。

从诗篇中可以清楚地看到"神的河"表示神圣的道(245节)，这条河"使神的城喜乐"，在这里作者离题去解释什么是神的城。它的一重意义是这个世界，另一重意义是公义的灵魂，它的名称是耶路撒冷，是和平的影像，因为神居住在热爱和平的灵魂之中（246—258节)。神把从埃及河到伯大河之间的大片土地赐给亚伯拉罕，埃及河指无灵魂的讲话和思考，伯大河指灵魂和灵魂热爱的东西；河里产生许多青蛙，河里的鱼死去，鱼象征真正的思想(259—260节)。解释"边"或"唇"，闭上嘴唇表示沉默，张开嘴唇表示讲话，必须选择恰当的时机（261—263节)。作者引用关于沉默的各种经文（264—267节)，指出有很多场合要唱颂歌（268—273节)。邪恶错误的讲话比错误的沉默更加频繁，区分三种这样的讲话（274—275节）：由法老代表的快乐的热爱者，与摩西在河边相遇（276—278节）；由埃及人代表的智者，他们在海边死去（279—282节）；由巴别塔的建造者代表的神圣天命的否定者，他们说"天下人的口音都是一样的"(283—284节)。第三类讲话者陷入混乱，他们是无政府主义的倡导者，悔改可以带来宽恕，而固执只能带来神的惩罚(285—295节)。作者指出，宣称自己有罪可以赢得宽恕（296—299节)。接下去讨论为什么摩西只谈论埃及河的"唇"，而在提到伯大河和其他神圣河流时不这样做（300—302节)。原文到此中断，后续文字佚失。

正 文

第一卷

【1】[1] 先前那篇文章包含第一类神托之梦，在那篇文章中，如我们所说，神自动地把梦发送给我们，而我们在梦中看到这些景象。而在当前这篇文章里，我们要竭尽全力为我们的第二类梦找到正确的位置，摆在我们的读者面前。[2] 第二类梦，我们自己的心灵与宇宙心灵一道突破自身，被神所凭附和激励，能够得到某些预知和先见之明。属于这类梦的第一个例子是出现在那个做梦者梦中的天梯。[3]“他做梦，梦见一个梯子立在地上，梯子的头顶着天，有神的使者在梯子上，上去下来。主站在梯子上，祂说，我是你祖亚伯拉罕的神，也是以撒的神；你不要害怕，我要将你现在所躺卧之地赐给你和你的后裔；你的后裔必像地上的尘沙那样多，必向东西南北开展；地上万族必因你和你的后裔得福。瞧呀，我也与你同在。你无论往哪里去，我必保佑你，领你归回这地，总不离弃你，直到我成全了向你所应许的。”① [4] 为了便于理解，这个梦境是通过一个预备性的段落引入的，如果具体研究它，我们也许能够很容易地掌握这个梦境的意思。那么这段预备性的段落是什么呢？它是这样说的：“雅各出了别是巴，向哈兰走去。到了一个地方，因为太阳落了，就在那里住宿，便拾起那地方的一块石头枕在头下，在那里躺卧睡了。”② 后面跟着的就是那个梦。[5] 所以，在开始的时候，考察下列

---

① 《创世记》28：12—15。“梦见一个梯子立在地上，梯子的头顶着天，有神的使者在梯子上，上去下来。耶和华站在梯子以上（或作站在他旁边），说，我是耶和华你祖亚伯拉罕的神，也是以撒的神。我要将你现在所躺卧之地赐给你和你的后裔。你的后裔必像地上的尘沙那样多，必向东西南北开展。地上万族必因你和你的后裔得福。我也与你同在。你无论往哪里去，我必保佑你，领你归回这地，总不离弃你，直到我成全了向你所应许的。”

② 《创世记》28：10—11。

三个要点是值得的：第一，什么是“盟誓的井”①，为什么要叫这个名字；第二，什么是“哈兰”，为什么出了前面说的那口井，他马上向哈兰走去；第三，什么是“那地方”，为什么他到了那里太阳就落了，他自己就去睡觉了。

【2】[6] 让我们开始考虑第一点。在我看来，这口井好像是知识的象征；因为知识的本性不是肤浅的，而是非常深奥的；它不会公开展示自己，而是喜欢秘密隐藏自身；要发现它不是一件易事，需要克服许多困难，花费许多劳动。所有这些不仅可以在包含诸多重大问题在内的知识部门中看到，而且也可以在最简单的学习中看到。[7] 我请求你按照你的喜欢选择任何一种技艺，但不要选最优秀的技艺，而要选最卑贱的技艺，也许没有哪个自由民会自愿把它带入城市去实施，哪怕在一个国家里，由于主人的苛刻，仆人不得不参加格斗，被迫承担许多灾难性的任务。[8] 可以知道，这不是一件简单的易事，而是非常微妙的，很难发现和掌握的，“需要付出双倍的努力”，不能犹豫不决、粗心大意、漠不关心，而要有充分的热情、艰苦的劳动和焦虑的思想。由于这些原因，这口井的挖掘者说他们没有找到水，② 就好比想要在知识的不同部门实现某些目的，结果证明不仅难以实现，而且绝对不能发现。[9] 由于这个原因，一个人可以比另一个人是更好的学者或几何学家，因为无法限定他的研究主题在所有方向上的扩张。剩下的东西总是超过我们已经学过的东西，在等待我们的全力研究；所以被设定已经抵达知识终点的人在另一个人看来只是处于中途；若是真理来下判断，会宣判他刚刚开始。[10] 有人说：“生命是短暂的，技艺是漫长的。”他最好地理解了知识的伟大，诚实地说出了知识的深厚，就像挖井一样对待知识。所以有一个这样的故事，一个白发苍苍的老头在将死的时候流下眼泪，不是因为胆小怕死，而是因为渴望教育，当他就要离开这个世界的时候，他才第一次有了这个念

---

① 《创世记》21：31。“所以他给那地方起名叫别是巴（就是盟誓的井），因为他们二人在那里起了誓。”

② 参见《创世记》26：32。“那一天，以撒的仆人来，将挖井的事告诉他说，我们得了水了。”

头。当他的身体的花朵经历了岁月而凋谢的时候，他的灵魂之花刚刚开放，开始产生知识。[11]所以在还没有能够更加准确地理解事物之前他就绊倒了，那真是苦命。这种经历对所有热爱学习的人来说都是很普通的，他们看到思想产生新的成果，学习给思想添光增彩。若是没有受到不育的诅咒，灵魂会做许多这样的事情；自然本身也会向理智敏锐的人显现，事先并无任何征兆。所以知识之井，没有限度或终结的井，像我描述的那样显现出来。[12] 我现在必须告诉你这口井为什么叫“盟誓”。不能肯定的事情通过誓言来决定，使不确定的事情变得确定，把确定性给予缺乏确定性的事物。由此我们可以得出结论说，没有任何事情能比本质上没有终结或限制的智慧具有更大的确定性。[13] 哪怕他没有发誓，人们也会同意他讲述的真理，而当他发了誓言，就能使每个人都表示赞同。没有人需要在这样的盟誓面前退缩，因为他可以确定他的名字将会出现在那些发真誓的人的名单上。

【3】[14] 关于这些要点就说到这里。下面要考察的是，当亚伯拉罕、以撒和周围的人挖了四口井的时候，为什么第四口，这最后一口，会得到“盟誓”的名字。①[15] 摩西可能希望喻意地告诉我们，构成宇宙的这两种成分，这些使我们得以塑造而成人形的东西，在数量上是四，它们中的三个可以用这样或者那样的方式理解，而第四个是普遍拥有的，超过了我们的理解能力。[16]所以，我们发现构成整个世界的成分有四种：土、水、气、天。有三种成分的属性已经指定，要想发现它们是困难的，但并非完全不可能。[17] 关于土（大地），我们察觉到它是一种物体，沉重、不会溶解、稳固，形成山脉和平原，被河流和海洋切割，所以它一部分是岛屿，一部分是大

① 《创世记》21：25。“从前，亚比米勒的仆人霸占了一口水井，亚伯拉罕为这事指责亚比米勒。”《创世记》26：19—23。“以撒的仆人在谷中挖井，便得了一口活水井。基拉耳的牧人与以撒的牧人争竞，说，这水是我们的。以撒就给那井起名叫埃色（埃色就是相争的意思），因为他们和他相争。以撒的仆人又挖了一口井，他们又为这井争竞，因此以撒给这井起名叫西提拿（西提拿就是为敌的意思）。以撒离开那里，又挖了一口井，他们不为这井争竞了，他就给那井起名叫利河伯（就是宽阔的意思）。他说，耶和华现在给我们宽阔之地，我们必在这地昌盛。以撒从那里上别是巴去。”

陆；有些土壤贫瘠，有些土壤深厚；有些粗糙，坚硬，多石，寸草不生；有些平坦，柔软，肥沃。我们理解这些要点和其他成千上万的要点。[18]还有，关于水，我们察觉到它有几样属性与土地是共同的，其他一些属性是它特有的；因为有些水是甜的，有些水是咸的，其他部分用其他差异来标志；有些水适合饮用，有些水不适合饮用。我们还知道并非所有这些属性对所有人都是相同的；一种水对某些人来说是可饮的，对其他人来说是不可饮的，某些人不可饮的东西对其他人来说是完全不可饮的；有些东西生来就是冷的，有些东西生来就是热的。[19] 因为各地有成百上千的清泉涌出热水，不仅在陆地上，而且在海洋里。是的，在大洋里会有热水从海底的脉管里喷发出来，自古以来形成大洋的这些大海都无力使它停止喷发。[20] 还有，我们察觉到气具有一种给它周围物体让路的性质；它是生命、气息、视觉、听觉，以及其他感觉；它容许自己变得浓密和稀薄，运动和静止，它会发生各种变化；它是冬季和夏季，秋季和春季的根源，也就是说，它是构成年度循环的固定限度的组成部分。

【4】[21] 所有这些我们都能察觉，但是天没有给我们发送有关它的本性的确定迹象，而是使它的本性超越我们的理解。对此我们能说些什么呢？如某些人所想的那样，它是一堆固定的水晶吗？或者说，它是绝对纯粹的火？或者说，它是第五种实在，循环运动，与四元素没有关系？还有，我们问，固定遥远的天穹有向上的高度吗，或者说它没有高度，只是一个表面，就像几何图形的平面？[22] 还有，星辰是燃烧的土块吗？有些人宣布星辰是山谷和沼泽，或者是燃烧的金属块，因为他们自己应当得到一座监狱和磨坊，这样的设施是用来惩罚不虔敬的。或者说，星辰是完整的，如某人所说，“紧密的”和谐吗？是以太的牢固压缩吗？它们有生命和理智吗？或者说它们没有理智，没有有意识的生命？它们的运动是由选择来决定的，还是由必然性来决定的？[23] 月亮的光线是它自己的，还是借来的，通过太阳光的照射？或者说它既不完全是自己的，又不完全是借来的，而是两种情况的结合，就像我们可以期待一团火，部分是它自己的，部分是借来的？是

的，所有这些要点以及其他相似的要点与天有关，天是第四种，也是最优秀的宇宙实在，它是晦涩的，超越我们的理解，我们对它的看法基于猜测，而非基于可靠的真正的推理；[24] 事情到了这样的程度，以至于人可以自信地发誓，如果凡人能对诸如此类的问题得出清晰的结论，那么白天决不会到来。由于这个原因，这第四口井，无水的井，被称做“盟誓”，天是第四种宇宙区域，对天的追求令人无限困惑。

【5】[25] 让我们来看，以某种方式在我们身上占据第四位置的东西同样也具有如此奇特不可理解的性质。我们身上最重要的因素有四个：身体、感觉、言辞、心灵。在这些因素中有三个因素在各个方面都不晦涩，它们自身包含的标志使它们能够被理解。[26] 我这样说是什么意思？我们知道身体有三重维度，六种运动，三重维度是长、宽、高，三的两倍是六，六种运动是向上、向下、向左、向右、向前、向后。我们并非不知身体是灵魂的器皿，我们完全明白它会成熟，磨损，变老，死亡，分解。[27] 还有，涉及感觉，我们并非完全老眼昏花或眼瞎，我们能够说出感官分成五个部分，每部分都有自然塑造而成的专门的器官：用于看的眼睛，用于听的耳朵，用于闻的鼻孔，还有其他器官各得其所，它们是理智的信使，向理智报告颜色、形状、声音、特别的气味和滋味，总而言之，质料性的实在及其性质，它们是灵魂的保镖，把它们看见或听到的东西公布于众。如果会带来伤害的事物逼近了，它们会事先做好准备，抗拒它，以免它偷偷地潜入，给身体的女主人造成无法治愈的伤害。[28]声音也是这样，它不可能完全逃避我们的察觉。我们知道一个声音是尖锐的，另一个声音是深沉的；一个声音是优美悦耳的，另一个声音是嘈杂刺耳的；还有，一个是洪亮的，另一个是柔和的。它们也还有其他许多方面的差别，一般说来，有音色、音程、相邻的或分离的音调整个系列，第四个方面是和声，第五个方面是八度音。[29] 还有，在所有生灵中只有人在发出清晰声音这个方面占有优势，我们知道这方面的细节；比如，理智发射声音，通过舌头的敲击和划动，声音在嘴里变得清晰，成为具有张力的语言，而不是不成形的噪音，理智是会提建议的心灵的传令

官和解释者。

【6】[30] 所以，我们身上的第四种因素，占统治地位的心灵，能够被理解吗？决不。我们假定它的本质是什么？是气息，血液，还是一般的身体？不，我们必须宣布它没有身体，它是无形体的。我们要把它当做边界线、形式、数、连续、和谐，或存在于一切事物中的东西吗？[31] 它是在我们出生的时候从外部穿入我们身体的吗？或者包裹心灵的气使我们身上温暖的本性变得坚挺吗，就好像在铁匠铺里，烧红了的铁块浸入冷水？灵魂这个名称之所以得名似乎是由于它经历了“冷却”。还有，当我们死亡的时候，灵魂熄灭了吗，它也会像我们的身体一样腐烂吗，或者说它还会存活相当长的时间，或者说它是完全不朽的？[32] 心灵在身体的什么地方筑巢呢？它有指定给他的住处吗？有些人把头部，我们身体的城堡，当做它的神龛，因为感觉就住在头部，心灵就像是某些强大君主的保镖，驻守在那里对它们来说是很自然的。另外一些人执拗地坚信，心是心灵驻留的神龛。[33] 所以在各种情况下，它是第四样无法理解的东西。在宇宙中，天与气、土、水的本性相对；在人身上，心灵与身体、感觉、表达思想的言辞相对。[34] 很可能是由于这个原因，第四年在圣典中被指定为“神圣的，用于赞美”①；在被造的宇宙中，天是神圣的，不朽的，不灭的，有它自己的轨道；在人中间，心灵是神的碎片，如摩西的话语所证明的那样，“神把生命的气息吹在他脸上，他就成了有灵的活人”②。[35] 在我看来，这些东西每一样都被当做“用于赞美”来正确地谈论。因为这种能力居住在天上和心灵中间，它发出庄严的颂歌和祷告，荣耀创造我们的天父。[36] 人是一项特权的接受者，这项特权使他区别于其他生灵，亦即崇拜存在的神的权利；而天空一直有着优美的旋律，当天体通过它们的运动穿越天空时，天空产生完全的和谐。如果它的声音能够抵达我们的耳朵，就会使我们产生不可抑制的渴望、狂乱的

---

① 《利未记》19∶24。“但第四年所结的果子全要成为圣，用以赞美耶和华。”

② 《创世记》2∶7。“耶和华神用地上的尘土造人，将生气吹在他鼻孔里，他就成了有灵的活人，名叫亚当。”

热情、热烈的情欲，迫使我们废寝忘食，不再按照凡人的模式，用那通过喉咙的饮食来获取营养，而是抱着对不朽的期待，让美妙的旋律通过我们的耳朵，到我们身上来激励我们。据说摩西聆听的就是这样的旋律，他把身体放在一边，四十个昼夜，没有吃东西，也没有饮水。①

【7】[37] 所以，天似乎是一切乐器最初的原型，它用完善的技艺调音，因为除了用颂歌荣耀宇宙之父，使之可以有音乐伴奏之外，它没有其他的目的。还有，我们听到利亚或美德说，在生了第四个儿子以后，她不再能生育。她的生育停止了，或者倒不如说被停止了，我想，这是因为她的这些与生育有关的方面干涸了，不再能生了；她生下了犹大或者“赞美”，这是最完善的果实。[38] 说她“停了生育”② 和说以撒的仆人在第四口井里没有找到水③ 意思不同，因为这里的每一个形像都指出万物渴望神，事物通过祂而出生，出生的时候，它们的食物是洒了水的，成为多产的。[39] 拥有有限公民权的人会以为，这位立法者详细谈论了挖井的事，而那些更大国家的人，甚至这整个世界，有着更高思想和情感的人，会相当确定，作为考察对象提出来的这四样东西，对那些公开热爱沉思的人来说，不是四口井，而是这个宇宙的四个部分：土、水、气、天。[40] 对这些部分，他们施加了出色的思想能力，发现它们中有三个包含着某些可以理解的东西，对这些发现，他们提出了三个名字：“不义”、“为敌”、“宽阔”。④ 第四个部分，天，如我们前不久指出的那样，他们发现天不可理解。因为第四口井是干涸的，没有水，由于已经提到过的原因，这口井被叫做“盟誓”。

---

① 《出埃及记》24：18。“摩西进入云中上山，在山上四十昼夜。”

② 《创世记》29：35。“她又怀孕生子，说，这回我要赞美耶和华，因此给他起名叫犹大（就是赞美的意思）。这才停了生育。”

③ 《创世记》26：32。“那一天，以撒的仆人来，将挖井的事告诉他说，我们得了水了。”

④ 《创世记》26：20—22。“基拉耳的牧人与以撒的牧人争竞，说，这水是我们的。以撒就给那井起名叫埃色（埃色就是相争的意思），因为他们和他相争。以撒的仆人又挖了一口井，他们又为这井争竞，因此以撒给这井起名叫西提拿（西提拿就是为敌的意思）。以撒离开那里，又挖了一口井，他们不为这井争竞了，他就给那井起名叫利河伯（就是宽阔的意思）。他说，耶和华现在给我们宽阔之地，我们必在这地昌盛。”

【8】[41] 现在让我们来考察下面的文本，询问哈兰是什么，为什么那个离开井的人要向它走去。① 在我看来，哈兰似乎是感觉的母邦。因为它有时候可以译成“挖”，有时候可以译成“洞”，表示用这两个词指代的事物。[42] 我们的身体非常马虎地挖出一些坑，作为感觉器官的处所，每个感官都被构造为一个感觉的休息地，这是自然为它提供的巢穴。因此，每当有人从名叫“盟誓”的井出发，就好像离开一个港口，他必然会马上抵达哈兰。因为人从知识的处所出发，而知识的处所是无边际的，不需要向导陪伴，感觉的接收不会产生误差。[43] 我们的灵魂经常是自动的，它会将自身与包裹它的身体剥离，逃离嘈杂的感觉，而又经常会被再次包裹。被理智理解的东西只是未被身体包裹的灵魂运动，而由身体陪伴的东西是感性知觉的对象。[44] 因此，一个人绝对不能凭理智自身与理智发生联系，他会在感性知觉中赢得了一个次好的避难所，因为在理智的事物面前犹豫不决的人会立即遭到感性事物的袭击。具有主导地位的心灵驾驭着航船，在这样的船上不能很好地航行的人总要依靠感觉的桨手来划船。[45]但这是一个优秀的航程，哪怕你在其中落入困境，但你生活于其中，就像生活在国外，作为一名旅居者在那里度日，一直在寻求搬迁和返回你的先祖们的故土。这就是拉班，他没有关于种属、类别、原型、观念、理智、理解对象的知识，完全依赖明显的可感事物，靠观看、聆听以及其他同缘的能力来辨识事物。他被认为配得上拥有他的国家作为哈兰，美德的热爱者雅各居住在那里，就好像短暂地在外国居住，他的心灵一直想着要回归故土。[46] 他的母亲利百加，也就是“坚忍”，从她的话中我们可以认出这层意思来，她说：“起来，逃往哈兰，去我哥哥拉班那里，同他住些日子。”② 所以，你注意到了吗？这位实践者并没有在感性世界里忍受一辈子，而是按照被系于其中的身体的需要过了几天，很短的一段时间，但在理智能够察觉的城市里，他终生忍受为他准

---

① 《创世记》28：10。“雅各出了别是巴，向哈兰走去。”

② 《创世记》27：43—44。“现在，我儿，你要听我的话，起来，逃往哈兰，我哥哥拉班那里去，同他住些日子，直等你哥哥的怒气消了。”

备好的东西。

【9】［47］在我看来，似乎由于这个原因，还有他那位有知识的祖父，名叫亚伯兰的那个人，没有忍受长期在哈兰居留。因为我们读到："亚伯兰出哈兰的时候，年七十五岁。"① 尽管他的父亲住在那里，一直到死去。他父亲的名字叫他拉，意思是"发现气味"。［48］圣经中清楚地记载："他拉死在哈兰。"② 因为在那里他是美德的发现者或探索者，而不是特权的拥有者，他依靠气味，但不能享用有营养的食物，可靠的感觉充斥在他周围，不，他甚至不能品尝它，而只能闻它。［49］正如我们所知，用于狩猎的猎犬嗅觉特别敏锐，它们循着气味很远就能找到野兽的尸体，以同样的方式，倾心于学问的人循着公义和其他美德散发出来的甜蜜气味就能找到它们。他乐意找到它们，因为它们散发出来的气味无比芬芳，但由于他不能抵达美德，所以他会掉转困惑的脑袋，使劲地嗅着，因为他无法再吸入高贵的气息，最神圣的食物；他不否认，他对知识和健全的感觉是贪婪的。［50］被赋予热爱智慧的魔咒的人确实是有福的、喜乐的，她在真理的宴席上有所发现，在尽情狂欢之后她仍旧渴望永不满足的知识。［51］但是那些人将拿走次好的奖赏，对他们不是赐予圣桌上的喜乐，而是用大量的食物充满他们的灵魂。他们会加速点燃美德的气息，哪怕这样做是无效的，他们是虚弱的，因为他们不能吸取营养，吸入恢复体力的气息，就好像医生采取有效措施，用来治疗病人的衰竭。

【10】［52］他拉离开迦勒底，移居哈兰，带着他的儿子亚伯兰和其他亲戚，这个消息给我们带来的不是我们可以学习的对象，就好像从撰写历史的人那里得知的那样，某些人成了移居者，离开了他们祖先的土地，以外国的土地为他们的家和祖国，但是有一个教训对我们很合适，它将极大地有助于我们的人生，我们不应当忽视。［53］这个教训是什么呢？迦勒底人是星相

---

① 《创世记》12：4。"亚伯兰就照着耶和华的吩咐去了。罗得也和他同去。亚伯兰出哈兰的时候，年七十五岁。"

② 《创世记》11：32。"他拉共活了二百零五岁，就死在哈兰。"

学家，而哈兰的公民忙于感觉。于是圣经向自然事实的探索者提出某些问题：“你为什么要考察太阳，问它的直径是否一肘长，它是否比整个大地还要大，它的大小是大地的几倍？你为什么要考察月亮的光线，它的光是借来的，还是它自己的？你为什么要考察其他天体的性质、天体的旋转、它们相互之间产生影响的方式、它们对大地上的事物产生影响的方式？[54] 你脚踩在大地上，为什么要跃上云端？当你植根于大地时，你为什么要说你能够把握天上的东西？你为什么敢于决定不确定的东西？你为什么忙碌于你本应当离开的东西，那些天上的事情？你为什么要把你的心灵和巧手延伸到天上？你为什么要研究星相，全神贯注于天穹？我的朋友，你要关注的不是那高高在上的东西，也不是你够不着的东西，而是靠近你自己的东西，或者倒不如说，要把你自己当做你公正观察的对象。[55] 那么，你的考察将采取什么形式呢？让你的灵去哈兰，用那片开挖的土地，身体的开口和洞穴，带着观察用的眼睛、耳朵、鼻子，以及其他感官，参与对人类最重要和最适宜的哲学过程。试着去发现什么是视觉，什么是听觉，什么是味觉、嗅觉、触觉，简言之，什么是感觉。其次，要询问什么是看，你怎么看，什么是听，你怎么听，什么是嗅、尝、触，每一种功能习惯上是怎样实行的。[56] 但是在彻底考察你自己身体里的住户之前，你就要考察宇宙的住户，这岂不是太疯狂了？还有一项更加重大的任务我还没有对你提出，亦即看你自己的灵魂，傲慢地观看和思考你的灵魂和心灵；我说的是‘观看’，因为你决不能理解它们。[57] 去吧！升上高空，夸耀你在那里看到的东西，尽管你还没有获得有如诗人所说的那些关于事物的知识，‘在你家的厅堂里发生过的所有好事和坏事。’① 但是，为了享有对凡人来说恰当的幸福，你要把你的考察从天上降到人间，离开这些考察，‘认识你自己’，也在这个方面花费时间和辛劳。[58] 这个人在希伯来人中间是‘他拉’，在希腊人中间是‘苏格拉底’。因为他们说‘认识你自己’是苏格拉底终生沉思的主题，他的哲学只涉及他

① 荷马：《奥德赛》4：392。

自身。然而，苏格拉底是一个人，而他拉是自知本身，是摆在我们面前的一种思维方式，它就像一棵枝繁叶茂的大树，到了最后，当美德的热爱者采摘道德知识的果实时，可以轻易地发现美德，把它作为最甜蜜的营养物。”[59]我们发现那些参与探索良好感觉的人就是这样的，但是本性优于良好的感觉，被赋予这种本性的人可以训练他们自己参与这种对抗。彻底学习整个感性知觉的所有细节以后，他们以此为特权，挺进到更大的沉思对象，离开这些感性知觉的潜伏地，那里也被称做哈兰。[60] 亚伯兰在他们中间取得了长足的进步和改善，获得了最高的知识；他越是多地认识他自己，他就越对他自己感到绝望，为的是可以获得有关真正存在的神的准确知识。这就是自然法：通过对自己的彻底绝望，他彻底理解了他自己，作为一个步骤，他查明所有被造物的虚无。对自身的绝望就是认识存在的神的开端。

【11】[61] 哈兰是什么，为什么这个人要离开盟誓之井去那里，我们已经说明白了。现在我们当然要考虑后续的要点，我们的第三个要点，也就是他偶然到达或遇见的地方，因为我们读到，“他到了一个地方”。①[62]“地方”有三重意思，第一重意思是物体占据的空间，第二重意思是圣道占据的空间，神自身通过无形体的权能将其完全充满，因为他们说，“摩西说以色列的神站立的那个地方”②。只有在这个地方，他允许他们献祭，禁止他们在别处献祭；他们不能上到“主神选择的祂站立的地方”③，在那里“献燔祭和平安祭”④，以及其他纯洁的供奉。[63] 第三重意思，与神本身相符的地方，祂包含事物，但不被任何事物所包含，祂是一个可供一切事物进入的地方，

---

① 《创世记》28：11。“到了一个地方，因为太阳落了，就在那里住宿，便拾起那地方的一块石头枕在头下，在那里躺卧睡了。”

② 《出埃及记》24：10。“他们看见以色列的神，他脚下仿佛有平铺的蓝宝石，如同天色明净。”

③ 《申命记》12：5。“但耶和华你们的神从你们各支派中选择何处为立他名的居所，你们就当往那里去求问。”

④ 《出埃及记》20：24。“你要为我筑土坛，在上面以牛羊献为燔祭和平安祭。凡记下我名的地方，我必到那里赐福给你。”

因为祂就是盛载祂本身的空间；因为祂是祂本身占据的东西，不是包围祂的东西，而就是祂本身。[64] 你注意听，我不是地方，而是在地方中；每一存在物也一样，因为被包含的事物与包含它的事物有别；而神，不被任何事物包含，祂本身必定是祂自身的地方。亚伯拉罕这个事例中的神谕为我所说的这个道理提供了证据，"他就起身往神所指示他的地方去了，他举目远远地看见那个地方"①。[65] 请你告诉我，他到了那个他远远地看见的地方了吗？没有。同一个词看起来似乎在两重意义上使用：一重是神圣的道，另一重是神圣的道之前的神。[66] 他在智慧的指引下从外国抵达前一个地方，由此在圣言中获得圆满的事奉。但是当他在圣言中拥有了他的地方时，他并非真的触及了神的本质，而是远远地看见了祂；或者倒不如说，不是远远地看见，而是能够沉思神；他看见的全都是这样一个赤裸裸的事实，神远离一切被造物，对祂的理解被移动到很远的地方，远离所有人的思想力。[67]不，也可能是立法者在这部分经文中并没有用"地方"作为象征性的描述，而是想要表示这样的意思，"他来到这个地方，向上看，用他的眼睛看"，他到达的那个地方，那个地方远离神，而神没有名称，没有说话，也没有表达任何恰当的观念。

【12】[68] 让我们搁下这些预备性的定义，继续讲我们的故事。当这位实践者，或者感性知觉，来到哈兰的时候，他"碰到一个地方"。这个地方没有被可朽物体充满，因为所有土生的凡人都有他们的份，他们充斥某个空间，必定占据某个地方。它也不是最优秀的，是上面所说的第三重意思，对他来说，他几乎不可能通过在盟誓之井居住来形成观念，以撒在那里有他的居所，这个自学成才的本性决不会停止对神的信仰，模糊对神的观念。不，由他照亮的"地方"是中间这重意义上的，是神圣的道，由它指明的通往事物的道路是最好的，而神随着各种需要提供这样的教训。[69] 由于不相信

---

① 《创世记》22：3—4。"亚伯拉罕清早起来，备上驴，带着两个仆人和他儿子以撒，也劈好了燔祭的柴，就起身往神所指示他的地方去了。到了第三日，亚伯拉罕举目远远地看见那地方。"

感觉能够察觉神，神派祂的道帮助美德的热爱者，他们就像灵魂的医生那样治疗灵魂的疾病，提供不可抗拒的鼓励和训诫，召唤灵魂去参加锻炼，强健体魄，使之无敌手可以阻挡。[70] 雅各的感性知觉在这里遇见的不是神，而是神的道，就像他聪明的祖父亚伯拉罕那样。因为我们知道，“主与亚伯拉罕说完了话就走了，亚伯拉罕也回到自己的地方去了”①。通过“回到他的地方去”表示与神圣的道相遇，而先于一切事物的神撤退了，祂本身停止向其他事物显现，而只向那些低于祂的权能显现。[71] 不说他来到某个地方，而说他碰到某个地方，这样说格外合适，因为来到是一种选择，而碰到则经常是无选择的。就这样，神圣的道突然显现祂自身，并愿作孤独灵魂的旅伴，给它提供一种未曾预料的喜乐，比希望还要大。因为，当摩西“率领百姓迎接神”②的时候，他也非常明白神会以不可见的方式来到那些渴望神的显现的灵魂那里。

【13】[72] 这位立法者进一步说明原因，为什么雅各“到了”一个地方，经上说“因为太阳落了”，③但不是这个太阳对我们的眼睛显现它自身，而是至高的、不可见的神的最明亮的光芒照耀我们。当这种光芒照耀理智的时候，它使得那些较小的道的发光体落下，使整个感性知觉的世界变得阴暗；但当它去了别处的时候，所有这些地方马上就会迎来黎明和日出。[73] 与喻意解经的规则相一致，太阳若是像宇宙之父和统治者，那么不值得奇怪，因为尽管实际上没有任何事物像神，但在人们看来只有两种东西像神，一种是不可见的，一种是可见的，灵魂是不可见的，太阳是可见的。[74] 这位立法者在别处说明灵魂像神，他说：“神就照着自己的形像造人。”④还有，在反对杀人的律法中，他说：“凡流人血的，他的血也必被人所流。因为神造

① 《创世记》18：33。“耶和华与亚伯拉罕说完了话就走了。亚伯拉罕也回到自己的地方去了。”

② 《出埃及记》19：17。“摩西率领百姓出营迎接神，都站在山下。”

③ 《创世记》28：11。“到了一个地方，因为太阳落了，就在那里住宿，便拾起那地方的一块石头枕在头下，在那里躺卧睡了。”

④ 《创世记》1：27。“神就照着自己的形像造人，乃是照着他的形像造男造女。”

人是照祂自己的形像造的。”[①] 而太阳像神，是用形像来表示的。[75]用其他方式，借助推理过程也很容易察觉这一点。首先，神是光，因为诗篇中有一句话说：“主是我的亮光，是我的拯救。”[②] 祂不仅是光，而且也是其他各种光的原型，不，它先于和高于每一原型，拥有模型的模型的地位。因为道是模型或模式，包含祂的圆满，道实际上就是光；如立法者告诉我们的那样，“神说，让光生成”[③]。而祂本身与从祂而出的任何事物都不相似。[76]其次，太阳造就白天，夜晚造成区别，如摩西所说，神把光暗分开；他告诉我们：“神把光暗分开了。”[④] 尤其是，太阳升起，使得原先隐藏的事物变得可见，所以产生万物的神，不仅使它们能够被看见，而且也使事物从无中生有，祂不只是像一名处理质料的工匠，而且祂本身就是万物的创造者。

【14】[77] 在神圣的启示过程中，“太阳”在几种象征意义上使用。首先，用来指人的心灵，像建造一座城市那样，由被迫事奉创世者的那些人建造。关于他们，我们读到：“他们为法老建造两座牢固的城，就是比东和兰塞”，比东是语言，说服要靠语言，兰塞是感性知觉，灵魂被感觉吞吃，就像被飞蛾吞吃；这个名字的意思是“对飞蛾感到震惊”；摩西把心灵称做太阳神之城。[⑤] 心灵就像太阳，假定它对我们整个躯体具有领导权，它的力量，就像太阳光一样，抵达躯体的每个部分。[78] 接受身体公民权的每一个人选择祭司为岳父和心灵的信徒，约瑟就是这样的人。因为摩西说，法老“把太阳城的祭司波提非拉的女儿亚西纳给他为妻”[⑥]。[79]其次，摩西象征性地

---

① 《创世记》9∶6。“凡流人血的，他的血也必被人所流。因为神造人是照自己的形像造的。”

② 《诗篇》27∶1。“耶和华是我的亮光，是我的拯救。我还怕谁呢。耶和华是我性命的保障，我还惧谁呢。”

③ 《创世记》1∶3。“神说，要有光，就有了光。”

④ 《创世记》1∶4。“神看光是好的，就把光暗分开了。”

⑤ 《出埃及记》1∶11。“于是埃及人派督工的辖制他们，加重担苦害他们。他们为法老建造两座积货城，就是比东和兰塞。”

⑥ 《创世记》41∶45。“法老赐名给约瑟，叫撒发那忒巴内亚，又将安城的祭司波提非拉的女儿亚西纳给他为妻。约瑟就出去巡行埃及地。”

用“太阳”来表示感性知觉，因为太阳把所有感觉对象呈现给理智。摩西谈论过这个贤人，也就是感性知觉，“日头刚出来的时候，他经过神的形像”①。实际上，当我们不再能与最神圣的、无形体的型相相伴的时候，它朝着不同的方向去了别处，而我们被另一种光所引导，这就是感性知觉的回答，与健全的理智相比较，光与黑暗的差别不是一丁点儿。[80] 太阳升起的时候，它唤醒视觉和听觉，当然还有味觉、嗅觉、触觉从它们的睡眠中苏醒，而健全的感觉、正义、知识、智慧，这些东西是醒着的，所以它就进入了睡眠。[81] 由于这个原因，神圣的道说无人可以洁净，② 直到理智受到感性知觉运动的支配。他也以预言的形式，为祭司制定了不可改变的律法，他说：“他若不用水洗身，就不可吃圣物，日落的时候，他就洁净了。”③ [82] 以此作为完善的证据，他宣布无人是绝对纯洁的，不经洗涤就可以参加神圣的秘仪，而世俗生活的辉煌，由于它们是感性知觉的对象，仍旧拥有荣耀。但若一个人蔑视它们，他会被感觉之光照耀，因此他能够完全净化自己，洗去身上的污垢，抛弃那些空洞的意见。[83] 或者说你可以观看太阳本身。你看不到它升起的效果是日落效果的反面吗？当太阳升起的时候，大地上的一切都被点亮，而那些在天上的事物变得模糊不清；与此相反，太阳落下去的时候，星辰出现了，属地的东西隐匿了。这些东西和我们是完全相同的。[84] 当我们的感觉之光像太阳一样升起时，知识的各种形式从视觉中消失，知识的形式确实是属天的；当我们的感觉之光落下去的时候，可见的美德放射出最神圣的星辰般的光芒，到了那个时候，心灵也会变得纯洁，因为其他感觉对象不会使心灵变得黑暗。

【15】[85] 他使用太阳这个称号的第三重意思是神圣的道、模式，太阳如我们已经说过的那样在天空中环行。经上这样说神圣的道：“日头出来了，

---

① 《创世记》32：31。“日头刚出来的时候，雅各经过毗努伊勒，他的大腿就瘸了。”

② 泛见《利未记》11。

③ 《利未记》22：6—7。“摸了这些人，物的，必不洁净到晚上，若不用水洗身，就不可吃圣物。日落的时候，他就洁净了，然后可以吃圣物，因为这是他的食物。”

罗得到了琐珥，主将硫磺与火从天上降与所多玛和蛾摩拉。”①[86] 神圣的道抵达我们属地的构成时，向那些与美德同缘并转向美德的人提供帮助和救援，给他们提供安全的庇护地，不可抗拒地毁灭美德的对手。[87] 如我已说，第四重意思是太阳这个头衔用于宇宙统治者本身，通过神的代理，把那些明显藏匿起来无法补救的罪恶揭露出来。因为神知道一切事物，甚至可以说一切事物都是可能的。[88] 与此相一致，我们看到祂给太阳带来了灵魂的活力，灵魂由于淫荡好色，与心灵的女儿感觉交合而变得松懈，心灵的女儿就好像是普通的娼妓。[89] 他说“百姓住在什亭②”，“什亭”这个名字的意思是“荆棘”，象征情欲刺伤灵魂，“与摩押女子行淫”指的是心灵的女儿感觉；因为“摩押”可以译为“出自某位父亲”。这位立法者又把诫命给他：“将百姓中所有的族长在主面前对着日头悬挂，使主向以色列人所发的怒气可以消了。”③[90] 不仅如此，在他的欲望中，不义的、隐藏的行为应当被显现，他使太阳的光芒照耀它们。更有甚者，他把太阳这个比喻的头衔用于宇宙之父，对祂的视力而言，一切事物都是公开的，哪怕是那些深层的理智都无法看见的事物。他说，当它们被显明以后，可以看到仁慈的存在者“元一”是仁慈的。[91] 为什么会这样呢？这是因为，如果理智明白任何事物要想比神还要洁净是不可能的，如果理智展示自身及其全部行为，公开它们，暴露它们，就好像在阳光之下，在注视万物的祂的眼光之下，如果理智对先前拥有的依据错误判断而产生的错误意见感到后悔，如果理智承认没有任何事物可以逃离祂的注视，而是万物都是知道的，对祂显现的，不仅是那些已经完成了的事情，而且那些尚处于未来沉思中的事情，如果理智能够获得洁净和福益，让步于公义的愤怒，接受对它的鞭笞，那么当理智想象它的恶行能够

---

① 《创世记》19：23—24。“罗得到了琐珥，日头已经出来了。当时，耶和华将硫磺与火从天上耶和华那里降与所多玛和蛾摩拉。”

② 什亭（Shittim），摩押人的国都。

③ 《民数记》25：1。“以色列人住在什亭，百姓与摩押女子行起淫乱。”《民数记》25：4。“耶和华吩咐摩西说，将百姓中所有的族长在我面前对着日头悬挂，使我向以色列人所发的怒气可以消了。”

逃避神的注意，就好像神看不见万物似的，它会陷入罪恶的深渊，无论是理智本身在引导，还是其他事物在引导。所以，理智若拥抱改悔，那么理智是彻底无罪感的弟弟。

【16】[92] 还有其他一些情况，这位立法者显然用太阳比喻第一因，就好像律法规定借钱需要抵押。律法说："你即或拿邻舍的衣服作当头，必在日落以先归还他，因他只有这一件当盖头，是他盖身的衣服，若是没有，他拿什么睡觉呢？他哀求我，我就应允，因为我是有恩惠的。"[①] [93] 这位立法者对这件作抵押的衣服表示担忧，所以有些人假定，这里的意思哪怕不是责备，至少也是提醒。[94] 这些提醒是用这样的话语来表达的：先生，你在说什么？宇宙的创造者和统治者会在如此细微的小事情上富有同情心吗，借贷者不归还债务人的作当头的衣服？[95] 热情关注这样的观念标志着这些人完全看不见无限伟大的神的卓越，反而把凡人的琐事归于无起源的、不会腐朽的、充满所有幸福的存在者。放债人索要抵押以确保他出借金钱的安全，直到这些钱回到他们自己手中，这样做有什么值得奇怪的？有些人可能会说，债务人是穷人，值得同情。但在这种情况下，制定关于捐助的律法以满足这样的民众的需要，而不是使他们成为债务人，或者禁止放贷者收取抵押品，岂不是更好？[96] 但是，允许这样做的立法者不能合理地对那些人表达义愤，放贷者在没有收回借款之前不会放弃抵押品，他们把债务人当做缺乏诚信者。一个衣衫褴褛、实际上已经赤贫的人，还会努力吸引新的放贷者对他表示的同情吗？这种同情可以说并未被人注意，它大量出自所有观看者，在室内，在神庙里，在市场上，在所有地方，针对那些如此不幸的人。[97] 但是在这个事例中，设定他会拿来他唯一拥有的可以遮挡他的私处的遮蔽物。这里说的抵押到底是为了什么？告诉我吧。这里若有一件比较好的衣服，岂不是更好？因为无人不知他需要食物，只要泉水还在喷涌，河流在冬季还在流淌，大地还在按季产出果实。[98] 债权人要么是在以这种方式

① 《出埃及记》22：26—27。

吞没财富，要么是极端残忍，乃至于不愿付一个小银币①（或者更少）给任何人，或者借钱给这样的穷人，而不是向他们赠送物品，或者索要这个人唯一的衣服作为抵押品，这种行为完全可以有另外一个好名字，可以称做抢衣，不是吗？因为这是“抢衣者”的方式，剥去他人的衣服，把衣服拿走，留下衣服的所有者赤身裸体。[99] 为什么他想到的是那个人在夜晚若无衣服无法睡觉，而不关心那个人在白天若无衣服就不能体面地外出行走？或者说是这样一种情况，黑暗在夜晚遮蔽一切，赤身裸体会引起的害羞比较少或者根本没有，而在白天，一切都暴露在光天化日之下，人们更容易感到害羞，不是吗？[100] 为什么他吩咐的不是把衣服送人，而是归还衣服？因为我们把属于别人的东西归还给他，抵押品属于出借方，而不属于借款人。你难道没有注意到，他并没有对借款人说什么，借款人用衣服当睡毯用，天亮了他就起床，拿起衣服交给放款人？[101] 这段话用词之奇特会使理智最迟缓的读者也能察觉到字面含义以外的某些意思，因为这段话是在对律法作解释，而不是在规劝。进行规劝的人会这样说：“如果借款人只有作为当头的这一件衣服，那么在天黑前归还它，让他在晚上有盖头。”但若是在解释，他会这样说：“你要把衣服还给他，因他只有这一件当盖头，是他盖身的衣服，若是没有，他拿什么睡觉呢？”②

【17】[102] 对那些容易满足的迂腐学究来说，我们已经说过的话以及其他同类考虑足够了，现在让我们按照喻意解经的规则，把这段话确定为恰当的。嗯，我们说衣服象征理智的语言。衣服可以抵挡严寒酷暑给身体带来的不幸，遮掩身体的私处，还可以恰当地装饰人。[103] 以同样的方式，神把理智的话语作为最好的礼物馈赠给凡人。首先，它是一种防御的武器，可以用来抵抗用暴力威胁他的人。就好比自然赋予其他各种动物以恰当的保护手段，打败那些试图伤害它们的动物，自然也把理智语言这一最强大的、无

---

① 希腊小银币（tetradrachma），约值 4 德拉克玛（drachma），约合银 18 克。

② 《出埃及记》22：27。“因他只有这一件当盖头，是他盖身的衣服，若是没有，他拿什么睡觉呢，他哀求我，我就应允，因为我是有恩惠的。”

法攻克的堡垒赋予人。像士兵掌握武器一样全力掌握这些手段，他就有了适合他的各种需要的卫士。有了卫士在他前面开路，就能够避免敌人给他造成的伤害。[104] 其次，理智语言是耻辱之事的最为必要的掩饰，它有巨大的能力隐藏和掩饰人的罪行。最后，它起着装饰整个生命的作用，因为它使每个人变得更好，引导每个人上升得更高。[105] 但是，某些人是可怜的贱人，他们实际上以理智语言为抵押，抢劫理智语言的拥有者，当他们本来要培养语言的时候，他们却使它的生长完全停止，就好像蹂躏敌人的田地，努力摧毁田野里的麦子和其他谷物，如果他们扔下这些事情不管，那反而是对拾麦人的极大恩惠了。[106] 我的意思是，有些人不屈不挠地发动战争，反对理智的本性，他们砍倒理智最初生发出来的嫩枝，试图阻遏它的生命，使它的所有意图和目的没有结果，使高尚的行为毫无价值。[107] 理智有时候在接受教育方面有着不可抑制的冲动，对哲学发现的真理着迷，由于感到妒忌和邪恶的恐惧，受到巨大的激励和提升，理智为了推翻真理而像洪流一般提出吹毛求疵的问题和似乎有理的虚构，通过曲解的技艺而改变这道河流的流向，形成一条通道，通向低下的、无教养的技艺和知识。与其本性不符，它们经常休耕和受到阻塞，就像孤儿的坏监护人，使肥沃多产的农田成为荒野。事实上，所有人都缺乏同情心，剥夺一个人唯一的一件衣服，亦即理智，他们并不感到羞耻；因为经上说："他只有这一件衣服可以盖身。"① [108] 除了是理智，它还能是什么？就如马嘶声对马来说是独特的，狗叫声对狗来说是独特的，牛鸣声对牛来说是独特的，狮吼声对狮子来说是独特的，讲话和理智本身对人来说是独特的。对一切生灵之神来说人是最亲近的，理智被独特地赋予人，成为人的堡垒、防卫、盔甲、围墙。

【18】[109] 由于这个原因，他又说"他只有这一件衣服可以盖身"②。谁能像理智那么公平，移动视线以避免在凡人的生活中引起羞耻或者责备？

---

① 《出埃及记》22：27。"因他只有这一件当盖头，是他盖身的衣服，若是没有，他拿什么睡觉呢，他哀求我，我就应允，因为我是有恩惠的。"

② 《创世记》22：27。

[110] 因为，作为非理智本性的亲属的无知使人羞愧，而作为理智近亲的文化是人恰当的装饰。“若是没有，他拿什么睡觉呢?”或者换句话说，除了在理智中，人到哪里去发现完全的安宁和休息呢？理智给我们中间那些命运最悲惨的人带来安慰。理智甚至作为朋友的仁慈、友谊、礼貌，多次治疗和安抚那些受到悲伤、恐惧或者某些其他疾病重压的人，这种事情不是稀罕的，而是理智总是在抵挡悲伤，只有理智能够解除不幸置于我们同伴身上的重担，或者避免那些未曾预料到的、从天而降的大难。[111] 理智是我们的朋友、熟人、伙伴、同事，与我们关系密切，或者说通过一种无形的、不能分解的、天然的胶水，理智与我们黏合在一起。因此，理智既可以预言哪些事情有利，又可以主动提供帮助，当某些不受欢迎的事情发生时，它不是只提供一种帮助，或者只提供建议，而是两样事情都做，但它自己并不动手，或者说它只是当一名不讲话的战友。[112] 因为理智实施的力量不能只发挥一半，而会运用到各个方面，如果计划失败了，或者在实施的时候失败了，就会求助于第三种模式，亦即安慰。就好比有伤口需要治疗，灵魂的混乱需要理智来治疗，所以这位立法者说，它“在日落之前”① 必须复原，这样说的意思是，在神的光芒落下之前，神是最伟大的，最能提供帮助的，神怜悯我们这个种族，把祂的理智光芒从天上映入凡人的心灵。[113] 光是无形体的，当它居于最像神的灵魂中时，我们要使作为抵押的理智回归，就像归还那件衣服，为的是使他能够重新拥有做人的特权，有机会遮掩凡人生活的可耻之处，从神的馈赠中得到充分的福祉，通过这位真正的顾问和卫士的显现而享受安宁，他确定自己决不会放弃所承担的职责。[114] 因此，当神仍旧向你倾泻祂的神圣的光芒时，你要尽快把你得到的抵押品在白天归还给它的所有者。因为太阳下山以后，你就像“整个埃及”② 一样，经历似乎摸得着的黑暗，被黑暗和无知吞食，你自以为是其主人的一切都会被剥夺，那些人尽管

① 《出埃及记》22∶26。“你即或拿邻舍的衣服作当头，必在日落以先归还他。”

② 《出埃及记》10∶21。“耶和华对摩西说，你向天伸杖，使埃及地黑暗，这黑暗似乎摸得着。”

凭本性可以免除奴役，但被你们抓来，被迫为奴。

【19】[115] 除了显示这位实践者的心灵历程，我们在这一漫长的过程中没有其他目的。他的运动是不稳定的，有时候成果丰硕，有时候颗粒无收，有时候不断地上升和下降。在成果丰硕和令人喜悦的时候，无形体的原型、源于理智的光芒，以及作为圆满完成者的神，照耀着心灵，未能阻止下降的时候，它的光芒是这些光线的影像，“不朽的话语”习惯上被称做天使。[116] 由于这个原因，在这段话中他说“他到了一个地方，太阳落了”①。借助神之光可以远距离地获得对事物的理解，而当灵魂被神之光遗弃时，会在灵魂里升起比较弱的第二种光，它不像前一种光芒那么真实，就如这个质料世界的情况，而是话语之光；太阳下山以后，月亮排在第二位，发出一道暗淡的光照耀在大地上。[117] 还有，发现一个“地方”或“话语”对那些不能看见神的人来说是一项充足的礼物，神先于“地方”和“话语”，就好像由于失去光明而不能发现他们的灵魂，但是当原先未曾变暗的光明移出他们的天空的时候，他们获得了已经变暗的亮光。我们在《出埃及记》中读到：“以色列人家中都有亮光。”② 所以，夜晚和黑暗被永远驱逐了，他们生活中的黑暗不是身体的黑暗，而是灵魂的黑暗，因为灵魂不认识美德之光。[118] 有些人假定这段话中的“太阳”是一种象征性的表达，表示感觉和心灵，感觉和心灵是我们自己下判断的标准，所以他们以这种方式理解这段话：“当可朽的、凡人的光亮消失的时候，这位实践者碰到了神圣的道。”[119] 只要心灵和感觉想象自己有了坚定的把握，心灵把握心灵的对象，感觉把握感觉的对象，它们就这样在空中移动，而神圣的道在远处。它们各自认可自己的弱点，随着视觉逐渐消失，正确的理智就前来与实践的灵魂相见，正确的理智是灵魂自愿的卫士，而灵魂对自己感到绝望，等待突如其来的救助。

---

① 《创世记》28∶11。“到了一个地方，因为太阳落了，就在那里住宿，便拾起那地方的一块石头枕在头下，在那里躺卧睡了。”

② 《出埃及记》10∶23。“三天之久，人不能相见，谁也不敢起来离开本处，惟有以色列人家中都有亮光。”

【20】[120] 接下去我们读到："他拾起那地方的一块石头枕在头下，在那里躺卧睡了。"① 我们的敬佩之意油然而生，不仅受到立法者的鼓励，喻意的和哲学的教导，而且借助文字叙述的方式给我们反复灌输实际的辛劳和忍耐精神。[121] 这位立法家不认为这样的人配得上美德，他心里把美德视为奢侈品，认为有美德的人过着一种奢华的生活，美德影响味觉和雄心，这些人被称做幸运的，但实际上充满不幸，他们的生活在最神圣的立法家眼中是睡眠，是做梦。[122] 白天，这些人在法庭、议事会、剧场里，在任何地方侮辱别人，当他们回家的时候，可怜的人啊，他们毁灭自己的家，这个家不是由房屋组成的，而是灵魂的天然居所，我指的是身体。他们把可吃的东西不断地提供给身体，把身体浸泡在大量的烈酒之中，直到理智能力被淹死，感性的情欲不断滋生，无节制地生长，与它们相遇的一切纠缠在一起，发泄和减轻它们的巨大疯狂。[123] 夜晚，到了睡觉的时间，这些人睡在精致昂贵的卧榻之上，盖着华丽的铺盖，模仿贵妇的奢侈，她们的本性允许她们过一种比较轻省的生活，与其身体比较柔弱的标记相一致，这是造物主给她们打上的烙印。[124] 这样的人都不是圣道的门徒，而只是喜爱节制、体面、自尊的真正凡人的门徒；这些人是奠基者，也就是说，他们的整个生命是自控的、节制的、忍耐的，那里是灵魂安全的锚地，在那里可以安稳地停泊，避免危险；这些人优于那些受金钱、快乐、名望诱惑的人，他们不在意食物、饮水和其他实际生活需要，只要缺乏食物还没有危及到他们的健康；这些人完全做好了准备，为了获得美德而甘冒饥渴寒暑以及其他难以忍受的危险；这些人渴望得到的东西是最容易生产的，他们从来不会为穿上一件便宜的披风而感到羞耻，而是正好相反，他们把昂贵的花费斥为耻辱和浪费。[125] 对这些人来说，稍微柔软一点儿的土地就是昂贵的卧榻，灌木丛、草坪、树叶，就是他们的铺垫，一块石头或稍微隆起的土墩就是他们的枕头。像这样的生活方式，奢侈者会把它称做难以忍受的，而那些追求完善和高尚

---

① 《创世记》28：11。

的人会把它称做最愉快的，因为这样的生活适合那些人，他们不仅口头上是人，而且是真正的人。[126] 你难道没看见，在当前这个段落中，立法者描写这位高尚的追求者在享受一种非常舒适的生活，他在地上睡觉，用一块石头当枕头，稍后他又祈求得到自然的财富，面饼和衣服，是吗？① 因为他一直嘲笑依赖人的空洞意见的财富，嘲笑那些敬畏这种财富的人。在他身上，我们有了这位实践者的灵魂的最初原型，它向每个女子气的、阉割了的男子开战。

【21】[127] 关于这段话的字面含义，赞扬辛劳和美德的热爱者，我们就说到这里。我们下面还要探索它象征的教导。在这样做的时候，重要的是要知道神圣的“地方”和神圣的土地充满无形体的“圣道”，这些圣道是不朽的灵魂。[128] 他挑选了一个最好的圣道枕在头下，让它占据整个身体最高的地方，也就是头部，这里接近他的理智，② 因为我们可以说理智是灵魂之首。他就睡在地上，而实际上它在圣道之上安睡，度过他的整个生活，担起最轻省的担子。[129] 圣道乐意听从和接受这个身强力壮的人，首先让他当学生，然后，当他的自然需要得到满足以后，圣道戴上手套，像一名教练，召唤他前来练习，然后接近他，强迫他摔跤，直到他具备不可抗拒的力量，在神的气息的激励下，他把耳朵改成了眼睛，由此重塑以色列这个名称的新形式，所谓以色列就是“看的人”。[130] 然后，教练员还把胜利花冠授予他。这个冠冕有一个怪异的，甚至病态的名称，因为我们读到，“大腿窝麻了”③。这真是一项对胜利者的最神奇的奖赏。[131] 如果灵魂被造就为分有不屈不挠的力量，在美德的竞赛中获得圆满的胜利，抵达良善和美丽的极限，而非傲慢自大，目空一切，它意识到大步行走的健康的腿会变得麻

---

① 《创世记》28：20。“雅各许愿说，神若与我同在，在我所行的路上保佑我，又给我食物吃，衣服穿。”

② 《创世记》28：11。

③ 《创世记》32：25。“那人见自己胜不过他，就将他的大腿窝摸了一把，雅各的大腿窝正在摔跤的时候就扭了。”

木，由于狂妄它的大腿会肿胀，会变成瘸子，落在无形体的存在者的后面，尽管表面上看起来他是胜利者。[132] 放弃奖赏对人来说是更好的选择，他这样做不是被迫的，而应被视为更加有益，因为在这场竞赛中，即使是二等的奖赏也会在荣耀方面无限超越其他所有竞赛中的一等奖赏。

【22】[133]所以，这就是神遣影像的序曲，现在我们应该转向影像本身，详细考察它的几个要点。经上说："他梦见一个梯子立在地上，梯子的头顶着天，有神的使者在梯子上，上去下来。主稳稳地站在梯子上。"①[134] 在这里梯子象征气，运用于宇宙，大地是宇宙的脚，天空是宇宙的头。气朝着各个方向延展，从地极一直到月亮，星相学家把气说成天空的终极区域，但它又是与我们发生联系的第一个区域。[135] 气是无形体的灵魂的居所，因为在它们的创造主看来，让生灵充满宇宙的所有部分是好的。祂把陆生的动物安放在大地上，把水生动物安放在海洋和河流中，把星辰安放在天空中，据说它们各自都不仅仅是一个活物，而且是一颗完全纯粹的心灵；因此，在气这个宇宙的剩余部分里也有活物。若感官不能理解它们，它们又能是什么呢？[136] 灵魂也是一种不可见的东西。确实，可以预期气比土和水更加是生灵的保姆，因为赋予陆上动物和水中动物以活力的就是气，伟大的工匠把气造就为静止物体中的协调原则，气在身体中推动生长，但它不接受感觉印象，而在拥有冲动和感觉印象的身体中，祂把气造就为生命的原则。[137] 说其他事物通过这些元素获取活力，又说这些元素缺乏活灵，这样说岂不是前后矛盾吗？所以，不要让任何人从生灵中消除它的最佳本性，亦即消除气这种大地的最佳元素；这是因为，迄今为止，在所有事物中，只有气是未被占用的，它就像一座拥有众多居民的城邑，它的居民是不朽的、不灭的灵魂，其数量和星辰一样多。[138] 在这些灵魂中，有些灵魂具有向地的趋势和品尝质料的喜好，它们快速地向下进入凡人的身体；而其他一些灵魂，按

① 《创世记》28：12—13。"梦见一个梯子立在地上，梯子的头顶着天，有神的使者在梯子上，上去下来。耶和华站在梯子以上。"

其本性决定的数量和时间，受到拣选而上升，回归天庭。[139] 在后面这些灵魂中，有些灵魂渴望熟悉的、习惯的凡人生活方式，会再次跟踪它们原先的步伐，而其他有些灵魂声称这种生活极为愚蠢，它们把身体称做监狱和坟墓，它们逃避身体，就像逃离牢房和坟墓，它们振翅高飞，在高空永久居留。[140] 其他有些灵魂是完全纯洁的、卓越的，具有更加高尚和神圣的性情，从来不会渴求地上的事物，只追求宇宙统治者的胜利，也就是说，它们拥有伟大君王的耳朵和眼睛，注视和聆听一切事物。[141] 它们被其他哲学家称做“恶魔”，但是圣经习惯称之为“天使”或信使，这些头衔很小，但都表示传达天父给祂的子女的命令和子女对他们的天父的需要。[142] 与此相一致，立法者把他们说成上升的和下降的。这里说的不是已经朝着各个方向呈现的神所需要的消息提供者，这是一种恩惠，而是说当我们处于悲惨境地时可以用“话语”来为我们服务，让话语代表我们作调解员，我们对神的敬畏是巨大的，在宇宙的君主及其至尊的大能面前，我们战栗颤抖。[143] 一旦我们恳求某个调解者，对他说：“求你和我们说话，不要让神和我们说话，免得我们会死亡”①，那么拥有这种想法就是我们的成就。如果祂不差遣任何使者，而是向我们伸出祂自己的手，我不说惩罚我们，那么哪怕是递给我们极大的、纯洁的恩惠，我们也不能接受它们。[144] 做梦者看见由一架梯子象征的气，稳固地竖立在大地上，这是一个很好的想法；因为大地蒸发，产生稀薄的气，所以大地是气的根，天空是气的头。[145] 他们告诉我们说，月亮不是一团纯洁的以太，像其他那些天体一样，而是以太和空气的混合；它呈现黑色，有些人称之为脸，除了是纯黑色的、向所有方向延伸的混合的气，它还能是什么呢？

【23】[146] 所以，这就是在宇宙中被象征性地称做梯子的东西。如果我们要在人身上找到也可以这样称呼的东西，那么我们会发现这就是灵魂。

---

① 《出埃及记》20：19。“对摩西说，求你和我们说话，我们必听，不要神和我们说话，恐怕我们死亡。”

感觉是灵魂的脚，是灵魂属地的元素，心灵是灵魂的头，是完全纯粹的灵魂属天的元素，我们这样称呼它是可以的。[147] 神的“圣道”始终不停地上下运动，贯穿整个宇宙，当它们切断与可朽之物的联系时，它的整体就上升，只展现值得我们凝视的对象；当它们下降时，它们并没有被抛弃，因为神也好，圣道也好，都不会带来伤害，而会屈尊爱人，同情我们这个种族，做我们的助手和同道，有了这种气息上的治疗，人的灵魂可以很快地获得新生，这些灵魂与身体一道出生，像在同一条河里似的。[148] 在那些极为纯洁的人的理智看来，宇宙统治者悄无声息地独自行走，是看不见的，因为这位贤人确实得着一则神谕，经上说，“我要在你们中间行走，我要作你们的神”①。但在那些仍旧还在洁净之中的人理智看来，是天使或圣道在行走，用所有善良美好的教义使他们变得光洁明亮，他们未曾完全洁净他们污染了的生命，并被身体的重量所拖累。[149] 那些邪恶的租户显然要被驱逐，为的是唯一者，善良者，可以进入和占据此处。因此，灵魂啊，你们要热心，要成为神之殿，一座神圣的殿宇，一处最美丽的永久居所；因为很有可能，整个世界的这个居所，它的主人也可能就是你的主人，祂会将你置于祂的关照之下，把你当做祂的特别住所，使你得到持久的、坚强的保护，不受伤害。[150] 也有可能是这位实践者把他自己的生活形像呈现为一张梯子；因为实践本身就不是平坦的，在某一时刻会向上，攀登高峰，在某一时刻会向下，返回原处，在一个时候生命的航船一帆风顺，在另一个时候碰上暴风骤雨。如某人所说，实践者的生活是“轮流”② 的，有些时候是活的、觉醒的，有的时候是死的、熟睡的。[151] 这一建议并非不着边际。因为在属天的奥林普斯地区居住是好人的命运，他们一直在学习要上到高处，而哈得斯的深渊是指派给坏人的住所，他们从头到尾以死亡为职业，从摇篮到年迈习惯于腐

---

① 《利未记》26：12。“我要在你们中间行走，我要作你们的神，你们要作我的子民。”

② 荷马：《奥德赛》11：303。宙斯赐给波吕克斯永生，卡斯托耳死后，波吕克斯不愿比自己的孪生兄弟长寿，因此，宙斯把赐给波吕克斯的永生分了一半给卡斯托耳。他们“轮流一人活在世上，一人死去”。

败。[152] 而实践者位于通向端点的中途，他经常上上下下，就好像在爬梯子，要么被较好的命运拉上去，要么被较差的命运拉下来，直到神，这种争斗和冲突的仲裁者，把奖赏授予比较优秀者，把与之相反者带向沉沦。

【24】[153] 我一定不要忘记提及呈现在梦幻中的另一个观念。我们可以很自然地把人类事务比做梯子，因为它的进程是不平坦的。[154] 如某位诗人所说，一个人可以在一天之内跌入地府，也可以在一天之内上升到人间，凡是和人有关的事务，一切皆变，无物常住。[155] 个别的公民不断地变成官员，官员不断地变成公民，富人变成穷人，穷人变成富人，默默无闻的小人物变成出身于名门望族，无名小卒变成高贵者，弱者变成强者，无关紧要者变得大权在握，愚蠢者变成贤人，无知者变得学富五车，不是吗？[156] 这就是人事的沉浮之路，这条道路动荡不安，摇摆不定，它的崎岖的进程显然要接受时间无误的考验。

【25】[157] 这个梦指明，牢固地呈现在梯子上的是天使的统治者，甚至可以说是主；祂就像驾驶马车的驭手，高高地站立在马车上，或者像一名舵手站在高处驾船，我们必须把祂理解为站立在物体之上、灵魂之上、行为之上、话语之上、天使之上、大地之上、空气之上、天空之上，在我们感官所能感受到的权能之上，在不可见的存在者之上，在一切可见的和不可见的事物之上；整个宇宙依赖和依靠祂本身，祂是一切庞大的被造物的驭手。[158] 听到他依靠神的时候，不要以为人与神协作的任何事情是为了帮助神稳固地站立。这个比喻象征的真理就相当于说，神确实是使一切事物坚定和稳固的支撑和支柱，就好比给事物打上祂的印记，祂的力量毫不动摇。这是因为，祂使这个被造物的体系稳定下来，把所有事物牢固地维系在一起，使其不至于毁灭。[159] 所以神站在天梯上对梦境中的他说："我是主，你祖亚伯拉罕的神，也是以撒的神，你不要害怕。"① 这个神谕是这颗实践着的灵

① 《创世记》28：13。"耶和华站在梯子以上（或作'站在他旁边'），说：'我是耶和华你祖亚伯拉罕的神，也是以撒的神。我要将你现在所躺卧之地赐给你和你的后裔。'"

魂的堡垒和最坚强的拱壁。这就清楚地教导这个人，祂是宇宙之主和宇宙之神，也是这个人的家族之主和家族之神，他的父亲和祖父证明祂拥有这两个头衔，直至整个世界的尽头，美德的热爱者可以拥有这样的产业，因为经上说："主本身是他的产业。"①

【26】[160] 不要以为在这段话里这样讲是没有特殊含义的，讲到亚伯拉罕与神的关系时用的是"主和神"，而讲到以撒与神的关系时只用"神"。以撒象征通过自然获得的知识，这些知识不是从其他人那里听来的或学到的，而是它自己学到的，而亚伯拉罕象征着通过教导得来的知识；以撒是他那块自然的土地的居住者，而亚伯拉罕是这块土地上的移居者和陌生人。[161] 亚伯拉罕抛弃了迦勒底人那种外邦人的腔调，那种夸夸其谈的占星术的语言，让以撒努力适应有理智的生灵才拥有的语言，乃至于崇拜万物的第一因。[162] 担负这种角色需要两种维持的力量，支配和仁慈，为的是可以把人们对统治者权威的关注引向对他的法令的关注，而通过他的仁慈，则能使臣民极大地受益。另一个角色只需要仁慈的力量，因为他的本性拥有善和美的特性，他不是一个需要通过统治者的告诫来加以改进的人，而是上苍所赋予的天赋产生的结果，从外部开始显示他自身的善与完善。[163] 嗯，表示这种仁慈力量的名称是"神"，表示这种王权统治力量的名称是"主"。所以，除了那纯粹、无限的仁慈，我们能说什么善物是第一位的？除了把统治与赐予混合在一起的仁慈，他还会把第二位的位置赋予什么东西？在我看来，这似乎就是引导这位实践者进行祈祷的原因，他极为崇敬地说，这位主必会成为他的神，② 因为他希望不再把祂当做统治者来害怕，而是把祂当做仁慈的施恩者来荣耀。[164] 我要问的是：难道不能期待这些教训，以及其他相同的教训，能使那些理智盲目的人，通过接受最神圣谕言这种视觉

---

① 《申命记》10∶9。"所以利未人在他弟兄中无分无业，耶和华是他的产业，正如耶和华你的神所应许他的。"

② 参见《创世记》28∶21。"使我平平安安地回到我父亲的家，我就必以耶和华为我的神。"

天赋而变得视觉敏锐，使他们能够判断事物的真实性质，而不是仅仅依靠字面上的意思？哪怕我们闭上我们的灵魂之眼，要么是不愿意找麻烦，要么是无力再次获得视力，那么神圣的向导啊，你们自己来当我们的监视者吧，敦促我们的步伐，不厌其烦地擦亮我们的眼睛，直至引导我们走向你展示给我们的神圣话语的隐秘光芒，而那些尚未入会者是看不见这种光芒的。[165]这样做似乎是合适的，所有品尝过这种神圣的爱的灵魂会站起来，好似沉睡方醒，驱散迷雾，毫不犹豫地观看这种所有眼睛都想看见的景象，你们可以全然领受这些竞赛的祖师爷为你们准备的福利，因为你们观看了、聆听了。

【27】[166] 可以用来说明这些事情的明显例子多得数不清。刚才引用的这段经文是其中之一。这节神谕讲到的作为父亲的那个人，在血缘上是这位实践者的祖父；而在提到他的真实父亲时，却没有用父母的头衔称呼他。经上说“我是你父亚伯拉罕的主神”——而实际上他是他的祖父，经上还说“也是以撒的神”[①]，但没有添上“你父”这些字眼。[167] 那么，考察为什么这样说难道就没有价值吗？让我们来仔细考察事情的真相。这位立法者说，获取美德要么通过本性，要么通过实践，要么通过学习，然后记载了这个民族的三位族长，他们全都是贤人。他们并非从一开始就具有相同的品性，但全部倾向于实现一个相同的目标。[168] 亚伯拉罕是三人中最先的，以神的教训为指导，他行进在通往善与美的道路上，我们在另外一篇论文中将尽力说明这一点。三人中位于中间的以撒以本性为指导，听从本性，只向本性自身学习。雅各是他们三人中的最后一位，依靠练习和实践，为了经受这个竞技场上的艰苦辛劳而做准备。[169] 所以，有三种获取美德的方法，第一种方法和第三种方法之间的关系最密切，这是因为，通过实践产生的东西就是通过学习得来的产物；而通过本性得来的东西的确与它们有近亲关

① 《创世记》28：13。“耶和华站在梯子以上（或作‘站在他旁边’），说：‘我是耶和华你祖亚伯拉罕的神，也是以撒的神。我要将你现在所躺卧之地赐给你和你的后裔。’”

系，就像三者有同一个树根，通过本性获得的东西不需要通过竞争，也不需要付出努力。[170] 这样说相当自然，亚伯拉罕的改善在于教导，他是雅各之父，雅各通过锻炼而发展成形，说亚伯拉罕并不是雅各的父亲，这就好比说听力是学习最现成的工具，能够产生锻炼的能力和实践的能力，而这两种能力在竞争中是最有用的。[171] 然而，我们的实践者发挥他自身的作用，跑向比赛的终点，看清了他原先在梦中模糊地看见的东西，接受了一种比较高贵的品性的和“以色列”这个名字，“看见神的雅各”作为“乞援者”，不再宣称有学问的亚伯拉罕是他的父亲，而以撒依靠本性，他生来就是善的。[172] 这不是我虚构的故事，而是刻在圣书上的神谕。我们读到：“以色列带着一切所有的，起身来到誓言之井，就献祭给他父亲以撒的神。”① 你现在明白了吧，我们当前的谈话不是关于可朽者的，而是如上所述，是关于事实本性的？你观察到，同一个主体在一个时候被称做雅各，亚伯拉罕是他的父亲，而在另一个时候被称做以色列，以散是他的父亲，其中的原因我们上面已经作了详细讲解。

【28】[173] 所以，在说了“我是你祖亚伯拉罕的神，也是以撒的神”② 以后，他又说“不要害怕”。这样说是很自然的，因为有祢做我们的保卫者、有了能把我们从恐惧和情欲中拯救出来的武器，我们怎么还会害怕？还有，是祢把我们最初的教育模式从模糊变得清晰，祢是亚伯拉罕的老师，祢是以撒的父母，因为祢被屈尊担当一个人的教育者，担当另一个人的父亲，赋予一个人学生的地位，赋予另外一个人儿子的地位。[174]因为祢确实应许了，祢也会给他土地，我指的是像丰盛果实一般的美德，当这位实践者在这块土地上睡眠的时候，他的感性生活睡着了，在休息，但他的灵魂是清醒的。祢仁慈地批准他平静地休息，他并非不经战争和战争的艰险就取得了胜利，一场他不携带武器、不摧毁任何人（用他的念头）的战争，但会推翻情欲的部

① 《创世记》46：1。“以色列带着一切所有的，起身来到别是巴，就献祭给他父亲以撒的神。”

② 《创世记》28：13。

队，以及与美德相对的邪恶。[175] 智慧的种族就像地上的尘沙，[①] 既因为它的数量是无限的，又因为沙洲逼退大海的侵蚀，就好像受过训练的理智逼退那些罪恶的、不义的行为。与神的应许相一致，这个种族会扩展到世界的地极，占据世界的四大部分，向东西南北各个方向扩张，因为经上说“它必向东西南北开展”[②]。[176] 高尚的人不仅对他自身是善的，而且对所有人都是善的。他从他现成的库房里取出善物赐给其他人。因为太阳好比所有拥有眼睛者的光，贤人也是这样，他是其他分有理智者的光。

【29】[177] 祂说：“地上万族必因你得福。”[③] 神的这一话语运用于人，既表示人与其自身分离的存在的关系，又表示社会的存在与其他人的关系。如果我的心灵被完全的美德变得纯洁，那么在我身上的、属地的“部落”是它净化的分享者，我指的是身体这个容纳感觉的最主要的容器。[178] 还有，如果一个属于家庭、城邑、国家、民族的人变成一名健全理智的热爱者，那么家庭、城邑、国家、民族必定有一个较好的生活模式。因为就像那些靠近芳香药草的人也会散发芳香，以同样的方式，一位贤人的圈内人和邻居吸取他广泛传播的气质，品性也会得到改善。

【30】[179] 对辛劳和奋斗的灵魂来说，有神作为同行者是一项巨大的恩惠，神无处不在，因为我们读到，“看呀，我与你同在”[④]。祢使我们完全行进在通向美德的大道上，只有祢是真正的财富，当我们拥有祢的时候，我们还需要什么财富？理智趋向于一般的公义和美德，与理智相一致的生命不是只有一个部分，而是有无数个部分，在通往智慧的大道上，它们各自有一个新的起点。

【31】[180]“我必领你归回这地”[⑤]，这些话说得也很好。因为卓越的理

---

① 《创世记》28：14。“你的后裔必像地上的尘沙那样多，必向东西南北开展。地上万族必因你和你的后裔得福。”

② 《创世记》28：14。

③ 《创世记》28：14。

④ 《创世记》28：15。“我也与你同在。你无论往哪里去，我必保佑你，领你归回这地，总不离弃你，直到我成全了向你所应许的。”

⑤ 《创世记》28：15。

智能力应当留在自身中，而不应为了感觉而离开它的家；但若做不到这一点，那么灵魂自身就会再次返回。[181] 还有，在这些话中，他暗示了灵魂不朽的教义；因为如前所说，它放弃了在天上的住所，来到身体中，就像进入一块外国的土地。但是赋予他出生的天父说祂不会长久忽视处于监禁之中的灵魂，而会怜悯它，给它松开锁链，牵着它的手，把它安全地护送到它的母邦，直至实际行动应验了言语的应许，否则祂不会松开他的手；因为它是神的特殊属性，只有祂说的话语将会成为现实。[182] 然而，为什么要这样说呢？祂的话语和祂的行为没有区别。所以，这个实践中的灵魂完全被唤醒，打算考察与祂的存在相关的问题，起先推测祂处于某个空间，稍后，它惊恐地把握这一考察的无可辩驳的本性，开始改变它的心灵。[183] 我们读到："雅各睡醒了，说主在这里，我竟然不知道。"① 我要说，不知道比假定神在某处要好，因为祂包含和容纳一切事物。

【32】[184] 因此，他当然会感到害怕，并用敬畏的口吻说，"这地方何等可畏"②。在研究自然真相的学问中，研究"地方"确实是最困难的，人们要问的是存在者在什么地方，存在者是否处于任何事物之中。有人说每个事物都占有某个空间，这个存在的"一"拥有这个空间，那个存在的"一"拥有那个空间，无论是内在于这个世界，还是外在于这个世界，也就是说位于两个世界之间的某个地方。还有人认为，在被造物中非原初的事物不与任何事物相同，而是完全超越它们，哪怕最敏捷的理智也无法理解神，并承认理智的失败。[185] 为此他直接喊道"这不是"③，我以为这样说的意思就是"主并非在某个地方"④；因为按照真正的解释，祂包含，而非被包含。但是我们可以指出和看出，这个世界是可感的，如我所知，它只是神的一个家，是存在者的权能之一，亦即

① 《创世记》28：16。"雅各睡醒了，说，耶和华真在这里，我竟不知道。"

② 《创世记》28：17。"就惧怕，说，这地方何等可畏，这不是别的，乃是神的殿，也是天的门。"

③ 《创世记》28：17。

④ 《创世记》28：16。

权能是祂的善意的表达。[186] 他把这个世界称做“家”，也称做“真正的天门”。① 这个世界又是什么呢？是那个唯有理智才能察觉的世界，它源自与神的仁慈相一致的永恒的型相，除非从这个凭我们的感觉可以看见和察觉的这个世界去到那个世界，否则它无法被理解。[187] 除非以物体性的对象作为我们的起点，我们在存在物中确实无法得到关于无形体事物的任何观念。当这些事物处于静止的时候，我们得到是地方的观念，当它们处于运动的时候，我们得到时间的观念，以及点、线、面的观念，简言之，就像用一个长袍的表面覆盖它们。[188] 所以，与此相应，理智世界的观念来自我们感官察觉的那个世界；因此它是我们进入理智世界之门。就好比想要看见我们城邑的人要经过城门，所以那些希望理解这个不可见世界的所有人都可以被在这个可见的世界中接受的印象引进不可见的世界。除了形状和图形，这个世界的实在无法用理智来辨别，唯有通过看见作为原型的永恒型相在这个世界上塑造出来的影像，而无阴影的干扰，方能辨别——这个世界将改变它的名称，当它的所有城墙和城门被消除，人们可以从外面的某些地点看见它，但人们看见的是不变的美，是这个世界的真实样子，没有任何言语能够讲述或表达它。

【33】[189] 关于这个问题我们已经说够了。另外还有一个梦与我们已经研究过的这个梦类型相同。这个梦讲到一群羊有不同的颜色和斑点。他用这么一些话来讲述他的梦：“神的使者在梦中对我说‘雅各’，我说，‘怎么啦？’他说，你举目观看，跳母羊的公羊都是有纹的，有点的，有花斑的。凡拉班向你所作的，我都看见了。我是在神的处所向你们显示的神。你在那里用油浇过柱子，向我许过愿。现今你起来，离开这地，回你本地去吧，我会和你在一起。”②[190] 你们瞧，圣言宣称这个梦来自神，不仅是那些在心

---

① 《创世记》28：17。

② 《创世记》31：11—13。“神的使者在那梦中呼叫我说，雅各，我说，我在这里。他说，你举目观看，跳母羊的公羊都是有纹的，有点的，有花斑的。凡拉班向你所作的，我都看见了。我是伯特利的神。你在那里用油浇过柱子，向我许过愿。现今你起来，离开这地，回你本地去吧。”

灵中显现的最高原因的直接行为，而且通过祂的解释者和使者的权能显现，它们之间相会以接受天父所托之梦，它们由于祂而成为神圣的、幸福的部分。[191] 下面的内容也请你们注意。圣道与某些人交往好像国王，命令他们要做什么；圣道与某些人交往像教师，用对他们是好的东西启迪学生；圣道与某些人交往像参议，向他们提供最好的决定，极大地有益于他们，因为他们自己不知道如何采取有益的进程。对其他人，祂像一位朋友那样行事，甚至屈尊把许多秘密的真相告诉他们，而这些事情原本不允许进到无经验者的耳朵里。[192] 有时候，祂向某个人质询，就好像问亚当“你在哪里”①？对于这个询问，人们可以恰当地回答“我不在任何地方”，因为没有任何适宜的事物与人相关，而是万物都处在运动之中，对灵魂来说是这样，对身体来说是这样，对外在的事物来说也是这样。因为我们的理智的特点是不稳定，它们从相同的对象接受到的印象不是相同的，而是相反的。这也是我们身体的特点，从婴儿到老年的每个时期发生的变化表明了这一点。它也是影响我们的那些事情的特点，瞬息万变，好似处于永不停息的激流之中。

【34】[193] 然而，当神来到祂朋友的同伴那里时，祂没有对每一个这样的朋友说话，喊他们的名字，这是为了让他们竖起耳朵，安静地聆听神圣的诫命，使他们永远牢记，就好比经上另一处也说“要默默静听”②。[194] 贤人摩西是在荆棘丛被呼叫的，因为我们读到：“神见他过去要看，就从荆棘里呼叫说，摩西，摩西。他说，我在这里。”③ 亚伯拉罕在燔祭他钟爱的独生子时也这样被神呼叫，当他开始献祭时是这样，当他被阻止对以撒下手时也是这样，他证明了自己的虔诚，而非按照人的本性消失或逃匿。[195] 我们得知，开始的时候神要考验亚伯拉罕，就呼叫他说，“亚伯拉罕，亚伯拉

---

① 《创世记》3：9。“耶和华神呼唤那人，对他说，你在哪里。”

② 《申命记》27：9。“摩西和祭司利未人晓谕以色列众人说，以色列阿，要默默静听。你今日成为耶和华你神的百姓了。”

③ 《出埃及记》3：4。“耶和华神见他过去要看，就从荆棘里呼叫说，摩西，摩西。他说，我在这里。”

罕”。他说：“我在这里。”祂说：“带着你最钟爱的儿子，就是以撒，把他献为燔祭。”亚伯拉罕带着这个牺牲到了祭坛，然后“神的使者从天上呼叫他说，‘亚伯拉罕，亚伯拉罕’，他说，‘我在这里。’天使说，‘你不可在这童子身上下手，一点不可害他。’”①[196] 这位实践者是神的朋友之一，如我们可以期待的那样，他们拥有相同的特权，神用名字呼叫他；我们读到：“神的使者在梦中喊我说，雅各，我说，我在这里。”②[197] 神用名字呼喊他，引起他的注意，让他努力观看出现的征兆；这里用动物来象征思想的结合与生育；我们读到：“他举目观看，看到公山羊和公绵羊跳母山羊和母绵羊。”③[198] 公山羊是一群山羊的领头羊，公绵羊是一群绵羊的领头羊；这些动物象征两种完善的思想方式：一种是纯洁的，灵魂受过洗涤；另一种的灵魂需要喂养，使之取得圆满成功。这就是位于我们身上这个畜群的领先位置的思想，而这个畜群拥有各种性情，对代表它们的绵羊和山羊的名字作出回应，急切地向前奔跑。[199] 睁开迄今为止闭着的理智之眼，雅各看见与公山羊和公绵羊相对应的完善思想，便使之相互砥砺，消除罪恶，增加我们必做之事；雅各看山羊和绵羊如何结合，也就是说灵魂仍旧是年轻的、脆弱的，就好像盛开的鲜花；雅各看它们结合，不是在追求非理智的快乐，而是在运用理智教义的不可见的种子。[200] 这种结合会产生丰富的成果，因为它不是使一个身体与另一个身体相拥，而是使天赋良好的灵魂与完善的美德结合。所以，全部正确的思想与智慧的理智结合、怀孕、配种，每当你看到灵魂深

① 《创世记》22：1，2，9—12。“这些事以后，神要试验亚伯拉罕，就呼叫他说，亚伯拉罕，他说，我在这里。”“神说，你带着你的儿子，就是你独生的儿子，你所爱的以撒，往摩利亚地去，在我所要指示你的山上，把他献为燔祭。”“他们到了神所指示的地方，亚伯拉罕在那里筑坛，把柴摆好，捆绑他的儿子以撒，放在坛的柴上。亚伯拉罕就伸手拿刀，要杀他的儿子。耶和华的使者从天上呼叫他说，亚伯拉罕，亚伯拉罕，他说，我在这里。天使说，你不可在这童子身上下手。一点不可害他。现在我知道你是敬畏神的了。因为你没有将你的儿子，就是你独生的儿子，留下不给我。”

② 《创世记》31：11。“神的使者在那梦中呼叫我说，雅各，我说，我在这里。”

③ 《创世记》31：12。“他说，你举目观看，跳母羊的公羊都是有纹的，有点的，有花斑的。凡拉班向你所作的，我都看见了。”

厚的处女地，不是走开，而是邀请它与你自身结合，使它怀孕，使之圆满；由此带来的所有雄性后代都是“全白的，有点的，有花斑的”①。

【35】[201] 我们必须寻找这些后代的力量和意义。所以，全白的是最明亮的、最显而易见的，“全”这个词经常用于巨大的事物，习惯上用来称呼显著的、明显的、著名的事物。[202] 所以，他的愿望是，接受神圣种子的灵魂的头生子是“全白的”，不像昏暗的光，而像明亮的光，就像大晴天中午时分的阳光。他希望这些头生子也有花斑，但不像变化多端的、污秽的麻风病，它有许多种形式，但并非命中注定，由于缺乏判断的坚定性，导致一种不稳定的、焦虑不安的生活，而是一种清晰的铭刻和烙印，这些印记相互之间有区别，但全都是真的，它们之间这些恰当标志的结合产生一种类似音乐生活的和谐。[203] 上色的技艺被某些人视为昏暗和无价值，他们把这种事务归于织布工。与此相反，我不仅对这种技艺本身，而且对它的名称抱有敬畏之心，我定睛观看大地的各个部分、天穹、各种不同的动植物、各种花纹的刺绣，在这个时候我认为我们的这个世界是最重要的。[204] 这些情况迫使我马上想到织造所有这些织物的工匠是上色这门技艺的发明者，我向发明致敬，我珍视发明，我对发明的结果感到钦佩不已，尽管我甚至看不到这个世界的最小部分，而在我的视线范围内，如果确实可以使用类比，那么我可以对“全体”形成一种详细的猜测。[205] 再说，我钦佩这位智慧的热爱者，因为他采用同样的技艺，以他认为适宜的方式，发现了众多不同的事物，把它们聚拢到一起，编织在一起。例如，他取来“语法”，用最初的两个科目，书写和阅读，教育孩子；再取来比较高级的“语法”，让他们熟悉诗歌和古代历史；再取来算术和几何，让他们学会绝对精确地处理需要计算和比例的事务；再取来韵律、节拍和乐曲，让他们学会等音、半音、全音，还有结合与不结合；取来修辞、概念、表达、安排、处理，让他们学会记忆

① 《创世记》31：10。“羊配合的时候，我梦中举目观看，见跳母羊的公羊都是有纹的、有点的、有花斑的。”

和传达；取来哲学，让他们学会在已经提到的事项中省略掉的一切，以及构成人类全部生活的其他所有内容，通过这些结合，把泛读与精读结合在一起，他完成了一幅明亮艳丽的作品。[206] 这种织物的工匠被神圣的话语称做“比撒列”，[1] 这个名称的意思是“在神附近”。因为他是这些副本的主要建造者，而摩西是原本的建造者；由于这个原因，一个人画了轮廓线，就好像它是影子，另一个人没有塑造影子，而是制造用作原型的存在物本身。但若神圣的帐幕是用上色者的技艺建造的，那么“上色者”或“刺绣工”的名称可以保留给启示预言的圣贤。

【36】[207] 充满一切智慧的知识把神圣美丽的彩色织物，甚至把我们这个世界，带向圆满，除了把上色当做一种制造知识的工具来加以欢迎，我们还能做些什么？[208] 它的最神圣的影像将被置于智慧女神位于所有天地之间的神龛中。这位实践者的辛劳创造的多种思想从中派生出来，在那些全白的事物之后他直接看见了那些携带着训练印记的彩色事物。第三种颜色是灰白色。[209] 然而，有理智的人哪个不会说这些颜色也是斑驳陆离的？事实上，这里说的不是这位立法者深切关心的那些牲畜之间的区别，而是在谈论导向高尚生活的道路。[210] 他希望寻求这条道路的人给自己洒上灰烬和清垢的清水，如圣书所记载的那样，造物主把土和水调和在一起，用它塑造出人的身体来，但它不是手工作品，而是完全不可见的自然的产物。[211] 所以，人本身切不可忘记这是智慧的开端，应将其构成要素永远置于眼前；因为用这种方式，人可以净化自身的傲慢，而这是神憎恶的最邪恶的事情。这是因为，心里记得土和水构成了存在的开端，还有谁会受骗而自我膨胀和高升？[212] 就是由于这个原因，这位立法者要求那些献祭的人要把我提到的这些东西洒在身上。他认为这些人并非最

---

① 参见《出埃及记》31：2—5。“看哪，犹大支派中，户珥的孙子，乌利的儿子比撒列，我已经题他的名召他。我也以我的灵充满了他，使他有智慧，有聪明，有知识，能作各样的工，能想出巧工，用金，银，铜制造各物，又能刻宝石，可以镶嵌，能雕刻木头，能作各样的工。”

先认识自己和理解人的虚无，所以依据构成人的元素来推论，人不是高贵的，无人配得上献祭。

【37】[213] 全白的、彩色的、灰白的，这些特色表示这位实践者不完善和尚未完善，而在完善者身上，这些特色也应当是完善的。让我们来看在何种情况下这样说是真的。[214]这位大祭司遵从律法，将要施行公共献祭，这个时候圣道要求他首先用清水和灰烬洗身，① 以此提醒自己，须知，连聪明的亚伯拉罕在与神讲话时也说自己是土和灰尘，② 然后他应该穿上长袍，戴上绣花的或彩色的胸牌，③ 胸牌是对闪烁的星座的再现和模仿。[215] 显然，神有两座神庙：一座是宇宙，其中有大祭司，圣道，作为祂的头生子；另一座是灵魂，这位真人是它的祭司；那个献祭之人和从我们祖先那里传递下来的祭仪是它的外在的、可见的形像，他要穿上前面所说的袍服，这件袍服是整个天穹的摹本和复制品，这样做的目的是为了在神圣的祭仪中宇宙可以与人结合，人也可以与宇宙结合。[216] 现在这位大祭司被展示为拥有两个特色：洒过水的、彩色的；第三个最完善的特色被称做全白的，现在我们马上来说明这一特色。[217] 当这位大祭司进入至圣所的时候，他脱去彩色长袍，穿上洁白的细麻布长袍，④ 麻这种强有力的纤维象征不灭的、光芒四射的光；麻非常坚韧，不是可朽的凡人制造的，还有，经过精心漂洗以后，麻布拥有明亮的色彩。[218] 在那些虔诚地崇拜祂的人中间，没有一个不会用这些形像来象征：首先，实施意志和判断，对人的利益表示轻视，这些利益设下圈套伤害我们，使我们衰弱；其次，嘲笑所有凡人的不确定的目标，立志追求不朽；最后，用真理的光彩照亮生活，不再与任何几近黑暗的虚假意见打交道。

---

① 《出埃及记》29∶4。“要使亚伦和他儿子到会幕门口来，用水洗身。”

② 《创世记》18∶27。“亚伯拉罕说，我虽然是灰尘，还敢对主说话。”

③ 《出埃及记》29∶5。“要给亚伦穿上内袍和以弗得的外袍，并以弗得，又带上胸牌，束上以弗得巧工织的带子。”

④ 《利未记》16∶4。“要穿上细麻布圣内袍，把细麻布裤子穿在身上，腰束细麻布带子，头戴细麻布冠冕，这都是圣服。他要用水洗身，然后穿戴。”

【38】［219］我在上面用全白、彩色、灰白这三种颜色作为大祭司的三样特色。而对这个决心治国的人来说，他的名字是约瑟，我们可以看到，他宣称这些特色中的第一样和第三样都不是约瑟的特色，而介于二者之间的彩色才是他的特色。［220］我们知道他有一件彩衣。① 他没有在涤罪仪式上给自己洒上灰烬和清水，从这种祭仪中他会学到他是灰烬和水的混合物，不能触及全白的和闪光的衣裳，亦即美德，而要给自己穿上象征治国才能的编织的长袍，这件长袍色彩丰富，但缺乏真理，包含大量虚假的、似乎可疑的、推测性的内容，从中产生所有埃及的智者，占卜师、艺人、算命的，他们擅长诱骗、迷人、魔法，要逃避他们的伎俩不是一件易事。［221］所以摩西表现出一名哲学家的洞见，引入这件染了血的衣裳，② 因为这位政治家的全部生活沾染了冲突和对抗，遭受灾祸从天而降的打击。［222］再来看完全沉湎于公共事务的这个人，国家利益依靠这个人，他不会在敬佩他的人面前退缩。你会发现他身上潜伏着许多疾病，有许多有害的东西，它们各自剧烈地揪住他的灵魂，与之进行不可见的搏斗，努力颠覆它，抛弃它，要么是由于民众对他的领导不满意，要么是由于更加强大的对手在攻击他。［223］妒忌再次成为重要的敌人，难以摆脱，在人们称做“顺利”的时候总会滋长妒忌，很难摆脱。

【39】［224］既如此，我们为什么还要沉湎于重要的政治事务，就好像穿着昂贵的衣裳，得意洋洋，傲慢自负，被眼睛遇到的美丽所欺骗，不能察觉它的隐藏的、危险的丑陋，这是看不见、观察不到的吗？［225］来吧，让我们抛弃这件华丽的衣裳，穿上绣花的、美德的圣衣。因此，我们也能逃避伏击和毁灭，陌生、无知、无约束，这些东西属于拉班的同伴。［226］圣道洒水洗涤我们，为我们的神圣化做准备，把我们带向考验，给我们装饰大量真正的哲学秘密，使我们洁净、显著和明亮，而谴责邪恶的品性会糟蹋上面

① 参见《创世记》37：3。“以色列原来爱约瑟过于爱他的众子，因为约瑟是他年老生的。他给约瑟作了一件彩衣。”

② 《创世记》37：31。“他们宰了一只公山羊，把约瑟的那件彩衣染了血。”

所说的这种处理效果。[227]因为他说,“凡拉班向你所作的,我都看见了”①,也就是说,它们与我赐给你的所有东西相反,乃至于是极为不纯的、虚妄的、完全黑暗的东西。但这并不意味着依靠神圣友情的人需要退缩或担忧,因为神对他这样说:“我是在神的位置上向你显示过的神。”②[228]灵魂肯定有正当的理由夸耀,神屈尊显现祂自身,与祂交流。不要忽视这里的用语,而要仔细考察这里是否有两位神;因为我们读到“我是向你显现的神”,这里说的神不是“在我的位置”,而是“在神的位置”,就好像还有另外一位神似的。[229]那么,我们该说些什么呢?真正存在的神只有一位,而不恰当地被称做神的则有许多位。因此,圣道在当前这个事例中使用定冠词来表达唯一真神,说“我是(这个)神”,而在省略定冠词的时候提到神就是不恰当的,比如说“在这个位置上向你显示”,不是说“(这个)神的”,而只是说“神的”。[230]在这里,“神”这个头衔给了祂的主要的圣道,但这样做不是出于使用名称的任何迷信态度,而是在他面前有一个目标,用话语表达事实。就这样,在另一处考察神是否有名字的时候,他终于透彻地明白神没有任何专有名称,任何人都有权把任何名称用于神;因为被描述谈论不是神的本性,存在才是神的本性。

【40】[231]摩西的问题是神是否有名称,神对这个问题的回应也为此提供了证据,“我是自有永有的”③。神之所以这样说,乃是因为神里面的事物是人无法理解的,但是人可以承认祂的存在。[232]确实,对于崇拜神的无形体的灵魂而言,祂应当按其所是向灵魂启示自身,与它们谈话如同朋友;但对仍旧处于身体之中的灵魂而言,祂使其自身像天使,不是变更祂自己的本性,因为祂是不可改变的,而是以一种不同的形式对那些印象的接受者传

① 《创世记》31:12。“他说,你举目观看,跳母羊的公羊都是有纹的,有点的,有花斑的。凡拉班向你所作的,我都看见了。”

② 参见《创世记》31:13。“我是伯特利的神。你在那里用油浇过柱子,向我许过愿。现今你起来,离开这地,回你本地去吧。”

③ 《出埃及记》3:14。“神对摩西说,我是自有永有的。又说,你要对以色列人这样说,那自有的打发我到你们这里来。”

达神的临在，因此它们得到的印象不是副本，而是原本自身。[233] 确实，有一则仍旧在流行的寓言说，神像人一样周游列邦，记录人的恶行和过失。这个流行的故事可能不是真的，但无论如何它对我们是好的和有益的，所以它才会流行。[234] 圣道一直使用更加神圣和庄严的神的观念，然而与此同时，也期待对那些缺乏智慧的人提供指导和教诲，就像神对人一样，然而，祂的教导并不针对任何具体的个人。[235] 由于这个原因，人们说神有脸、手、腿、嘴、声音，说祂会愤怒和生气，除此之外，祂还有武器、入口、出口、各种运动，追随这种一般的原则，和这些说法有关的不是真相，而是听者的利益。[236] 有些人的本性完全愚拙，没有形体就不能够构成有关神的任何观念，除了用这种方式，他不能教导其他人，只能说神像人一样到来和离去、下去和上来、使用声音、对恶行感到生气、无法克制愤怒，除此之外，还给祂带上刀剑以及其他复仇的武器，说祂反对不义之行。[237] 如果他们能对这些事情感到恐怖而学会自控，那倒是应当感谢的事情。宽泛地说来，整部律法的字句只有两个要点：一是要不断地观察真相，因此提供“神不是人”的思想①；另一是看到众人的愚蠢，对这些人经上说：“主神管教你，好像人管教儿子一样。”②

【41】[238] 为了对这些人进行救助，祂取了人的形像，所以对于祂取了天使的形像我们为什么还要感到惊讶呢？祂说“我是神，在神的位置上看见你”③，考虑到还不能看见真神的这个人的利益，祂在这个时候占据了迄今为止显现的天使的位置，但没有发生改变。[239] 正如那些不能看见太阳本身的人看到日晕上的光点，以为那就是太阳，还有，把围绕月亮的光环当做月亮这个发光体本身，所以某些人把神的影像，祂的天使圣道，当做祂本

---

① 《民数记》23：19。“神非人，必不致说谎，也非人子，必不致后悔。他说话岂不照着行呢？他发言岂不要成就呢？”

② 《申命记》8：5。“你当心里思想，耶和华你神管教你，好像人管教儿子一样。”

③ 《创世记》31：13。“我是伯特利的神。你在那里用油浇过柱子，向我许过愿。现今你起来，离开这地，回你本地去吧。”

身。[240]你们没看到作为学校教育的夏甲对天使说："你是看顾我的神吗?"① 因为，作为血统上的埃及人，她没有资格看见最高的原因。而在我们一直讨论的那段话中，心灵是开端，作为改善的结果，是构成全部诸如此类的潜能的至高统治者的精神影像。[241] 因此，祂自己说"我是神"，你们以前确实看见过那些影像，把它们当做我本身，在那里用油浇过柱子，还刻上了最神圣的铭文，② 铭文的主旨是只有我是站立的，③ 只有我建立万物的存在，把混乱和无序变得有序，我确定地依赖强大的圣道，祂是我的统领，使宇宙坚定地确立。

【42】[242]"柱子"是三样事情的象征：建立、奉献、铭刻。建立和铭刻的意思已经说清楚了，而奉献需要解释。[243] 整个天穹和整个世界都是奉献给神的供品，是祂创造了这些供品；所有神所钟爱的灵魂和世界公民奉献它们自己，不允许凡人把它们拉向相反的方向，在奉献它们自己不朽生命的过程中也决不会感到厌烦。[244] 用油浇柱子不是为了向神献祭，而是向他自己献祭，这样做是愚蠢的，竖起与被造物相关的柱子，以这样或那样的方式摇动它，把可赞美的碑刻看得非常高贵，认为它值得谴责和非难，最好从来就没有铭刻，或者一旦这样做了以后又立即抹去。[245] 由于这个原因，圣道清楚地说："你不可为自己设立柱像"④，因为人实际上不能建立任何东西，尽管有些人错误地这样认为，直至他们突然发作。[246] 不，他们不仅认为他们可以坚定地设立，而且还认为他们配得上荣耀和铭刻，不知道只有神才配得上荣耀和坚立。当他们在通向美德的道路上偏离或迷失的时候，妇女在她们的本性中内在地拥有的感觉使她们进一步迷失，迫使她们停顿下来。[247] 因此，就像一条船破成了碎片，整个灵魂像一根石柱那样竖立起

---

① 《创世记》16：13。"夏甲就称那对她说话的耶和华为'看顾人的神'。因而说，在这里我也看见那看顾我的么。"

② 《创世记》31：13。

③ 参见《出埃及记》17：6。"我必在何烈的磐石那里，站在你面前。你要击打磐石，从磐石里必有水流出来，使百姓可以喝。摩西就在以色列的长老眼前这样做了。"

④ 《申命记》16：22。"也不可为自己设立柱像。这是耶和华你神所恨恶的。"

来。因为圣书说罗得的妻子回头朝后面一看，就变成了一根盐柱。①[248] 这是自然的和恰当的，因为若不能清晰地看到远处，不知道什么值得看和听，也就是说，她不知道什么是美德和合乎美德的行为，而是回头朝后面看；如果他追求聋的荣耀，瞎的财富，愚蠢的身体强壮，心灵空洞的外在的美，所有这些东西都是同缘的，那么他就像一根没有灵魂的石柱竖立，但它的实体是流动的，因为盐是不坚固的。

【43】[249] 好吧，通过不断的练习，这位实践者学会了被造物本身是运动的，而无起源的东西才是没有变更和运动的，他向着神竖起石柱，用油浇柱子；因为我们读到："你为我用油浇过柱子。"②[250] 但是，我们不要设想就在这里我们有一根石柱浇了油；倒不如说，我们要相信神是唯一存在者这个教义，这位教练的知识在实践者的灵魂中实施，其结果不是身体因此变得结实和强壮，而是理智因此获得活力和气力，没有任何对手能够将它征服。[251] 他是一个竞赛和练习的热爱者，由此出发去追求高尚的实践。因此，在彻底掌握了医生的姊妹技艺，亦即教练的技艺以后，他在整个训练过程中拥有全部合乎美德和虔诚的思想，他将向神奉献一样最美丽的、牢固竖立的供物。[252] 因此，在奉献石柱以后，他继续说："你向我许过愿。"③ 许愿是最完全意义上的奉献，因为人就是献给神的一样礼物，他不仅把拥有的财产交给神，而且把这些财产的拥有者交给神。[253] 这位立法者说："要由发绺长长了，他就圣洁了。"④ 这里指的就是许愿的这个人；如果他是圣洁的，那么除了是一样奉献的供品之外，他什么都不是，因为他不再接触任何不圣洁的、亵渎的东西。[254] 我所说的在女先知和先知之母哈拿身上得到证明，哈拿的名字在我们的语言中是"恩惠"的意思。因为她说她的儿子撒

① 《创世记》19：26。"罗得的妻子在后边回头一看，就变成了一根盐柱。"

② 《创世记》31：13。

③ 《创世记》31：13。

④ 《民数记》6：5。"在他一切许愿离俗的日子，不可用剃头刀剃头，要由发绺长长了。他要圣洁，直到离俗归耶和华的日子满了。"

母耳是神恩赐给她的礼物，① 这里的意思与其说是指一个人，倒不如说是指气质受到激励，为神赐的迷狂所依凭。“撒母耳”的意思是“归与神的”。[255] 哦，灵魂啊，你为什么还要在这些无益的劳动中花费气力，倒不如变成这位实践者的学生，学习使用武器，从事抗拒情欲和虚荣的斗争？或许，等你学会了，你将变成一名牧人，但你牧养的不是一群无标记的牲畜，没有理智，没有训练，而是一群有真实标记的、赋有理智的、有各种特色的牲畜。[256] 如果你变成畜群的领袖，那么你会对人类表示哀叹，但你决不会停止靠近神，向神求援；你也不会厌倦宣扬神的赐福，不，你会将神圣的颂歌刻在石柱上，不仅要展示雄辩的口才，而且要歌唱甜蜜的颂歌，赞美存在者的卓越。所以，你将回归你的父家，停止漫长的、无终点的在外国遇到的苦难。

第二卷

【1】[1] 要考察神遣的第三种梦，请摩西来帮助我们是恰当的，因为他在无知的时候进行了学习，因此当我们对这些事情处于无知的时候，他也可以教导我们，给我们以启发。每当灵魂入睡时，这第三种梦就产生了，它本身处在运动之中，会自动地变得迷狂，带着预见未来的力量。[2]我们看到，第一种梦是神产生运动，把那些对我们晦涩而对祂本身新奇的东西在无形之中建议给我们；而在第二种梦中，理智与宇宙灵魂相呼应产生运动，充满神圣的迷狂，预见许多未来的事情。[3] 与这些区别相一致，这位神圣的向导清晰地解释了第一类描述的影像，就好像神通过这些梦把神谕的本性告诉我们。他解释了第二类描述，既不是完全清晰，也不是十分模糊。这种描述的

① 《撒母耳记上》1：11。“许愿说，万军之耶和华阿，你若垂顾婢女的苦情，眷念不忘婢女，赐我一个儿子，我必使他终身归与耶和华，不用剃头刀剃他的头。”

一个样本就是出现在天梯上的影像。这个影像确实是神秘的，但也并非隐藏得极深。[4]第三类影像比前面的描述更加晦涩，因为涉及的秘密更加深厚，无法穿透，需要很深的学问才能察觉梦的意义。因此，所有这种由这位立法者记录下来的梦在我们上面说的这种学问的专家手中得到解释。[5] 那么，这些梦是谁的梦？不是每个人都认为它们是约瑟的、埃及国王法老的、膳长与主厨的梦吗？[6] 我们从最先到来的梦开始似乎是恰当的；最先出现的梦是约瑟的梦，他看见宇宙分成两个部分，天与地，向他呈现。梦中又涉及收割庄稼。这位贤人说："我想我们在田里捆禾稼，我的捆起来站着。"① 他的另一个梦与黄道十二宫有关，"太阳，月亮，与十一个星向我下拜"②。[7]对前一个梦，他以一种恐吓的口吻作了这样的解释："难道你真要作我们的王么？难道你真要管辖我们么？"③ 对后一个梦，他又表现出极为不满："难道我和你母亲，你弟兄果然要来俯伏在地，向你下拜吗？"④

【2】[8] 关于这些梦的根据就说这么多。由于我们要在此基础上建立上层建筑，让我们追随喻意解经的方向，亦即这位建筑大师的方向，对这两个梦的细节进行考察。然而，关于这两个梦都有某些前言性的评论需要事先听取。有些人把广泛的性质给予梦，用梦来解释许多事情，而有些人只把最卓越的性质给予它；前者是混合的，而后者是不混合的。[9] 现在，那些仅仅保持道德之美的事物是好的，为了使它不混合，要把善归于我们身上最高尚的理智能力；而那些被视为混合的东西与三样东西相连：灵魂、身体、外在于我们的事物。最后一类事物属于松散的、奢侈的生活方式，一个人大部分时间在妇女的摇篮中长大，会养成女人的习气。而那些严峻的生活属于男

① 《创世记》37：7。"我们在田里捆禾稼，我的捆起来站着，你们的捆来围着我的捆下拜。"

② 《创世记》37：9。"后来他又作了一梦，也告诉他的哥哥们说，看哪，我又作了一梦，梦见太阳，月亮，与十一个星向我下拜。"

③ 《创世记》37：8。"他的哥哥们回答说，难道你真要作我们的王么。难道你真要管辖我们么，他们就因为他的梦和他的话越发恨他。"

④ 《创世记》37：10。"约瑟将这梦告诉他父亲和他哥哥们，他父亲就责备他说，你作的这是什么梦。难道我和你母亲，你弟兄果然要来俯伏在地，向你下拜吗？"

人，在精神气质上它们也属于男人，它们渴望得到善，而非为了快乐，它们选择适合运动员的善，着眼于力气和活力，而非着眼于快乐。[10] 摩西把以撒和约瑟当做两种伙伴的领袖。高尚的伙伴由以撒来领导，他没有老师，自学成才，摩西把他说成断了奶，① 他绝对蔑视使用任何适合婴儿和幼儿使用的柔软的和乳状的食物，只使用适宜成人的食物，因为从婴儿时期开始他就是健壮的，一直获得新的活力，更新他的青春。[11] 约瑟领导的伙伴是打算放弃的，因为他确实不注意灵魂的卓越，而只是在意身体的幸福和外在的事物；他很自然地被引向不同的方向，因为在他面前有许多生活目的，随着他经历一个又一个的对抗，他就不断地动摇，无法获得稳定。[12] 因为我们的目标确实不是谋求和平，就像协议下的城邦，而是从事战争、发起进攻，进行抵抗，轮流赢得胜利和遭受失败。因为欲望不时地猛烈流向财富和名望，彻底掌控身体和灵魂，然后再次与对立的力量相遇，被二者征服，或者被其中之一征服。[13] 以同样的方式，身体的快乐会聚集力量攻击我们，就好像发洪水，一样样地抹去心灵中的所有事情；然后，间隔没多久，智慧对快乐发起强大的反攻，减缓和熄火感觉在我们身上点燃的欲火。[14] 这就是在多面的灵魂中循环发生的战事；因为，一个对手被打倒了，另一个对手还有力量站起来，就好像多头的许德拉② ；我们知道它的一个头被砍掉，就会长出另一个头来；这是在象征性地告诉我们征服不死的邪恶有多么艰难，邪恶的形式是多种多样的，它的后代也是多种多样的。[15] 所以，不要选择任何单一事物作为约瑟的组成部分，而要确保他代表混杂各种成分的意见。[16] 一方面，他显现出自控的理智约束，这是属于男性家庭成员的，由他的父亲雅各塑造而成；另一方面，他又显现出对感觉的非理智滥用，他吸收了源于他母亲的成分，他的组成部分属于拉结的类型；他还显示出身体的快乐，与膳长、酒政和主厨的联系给他留下深刻印象；虚

---

① 《创世记》21：8。“孩子渐长，就断了奶。以撒断奶的日子，亚伯拉罕设摆丰盛的筵席。”

② 许德拉（ὕδρας），希腊神话中的九头蛇。

荣的成分也显现出来，就好像他坐上马车，高高在上，受到人们的奉承，失去与他人的平等。①

【3】[17] 在已经说过的这些话里，我们大体上说了一下约瑟的品性。现在我们必须具体考虑他的第一个梦。这个梦与禾稼有关，我们必须加以考察。他说："我以为我们在田里捆禾稼。"② 第一个短语"我以为"，是感到困惑的人说的话，他犹豫不决，提出某种不确定的猜想。[18]"我以为"是一个短语，表示从沉睡中醒来，但仍处于梦境，而不是完全清醒，可以清楚地看见事物。[19] 你看到实践者雅各是不会说"我以为"的，经上说他"梦见一个梯子立在地上，梯子的头顶着天"③，还说"羊配合的时候，我梦中举目观看，见跳母羊的公羊都是有纹的，有点的，有花斑的"④。[20]因为那些被视为拥有美德的人在梦中所见的异象自身必定更加清晰，更加纯洁，甚至他们白天的行为也更值得称赞。

【4】[21]听他讲述这个梦，我对他感到惊讶，他认为他们在田里捆禾稼，而不是在收割庄稼。前者是无技艺的佣工的工作，而后者是精通农活的长工的工作。[22] 他有能力区分生活必需品和废物、提供营养的植物和不能提供营养的植物、真实的东西和伪造的东西、有益的果实和无益的果实，圆满美德的标志在依靠理智产生的事物中，而不在那些土地产出的事物中。[23] 所以，这个神圣的故事把睁开眼睛的人说成是在收割庄稼，而最意想不到的是，他们收割的东西不是大麦或小麦，而是收割本身；因此经上说："在你们的地收割庄稼，不可割尽田角，也不可拾取所遗落的。"⑤[24] 这位立法者

---

① 《创世记》41：43。"又叫约瑟坐他的副车，喝道的在前呼叫说，跪下。这样，法老派他治理埃及全地。"

② 《创世记》37：7。"我们在田里捆禾稼，我的捆起来站着，你们的捆来围着我的捆下拜。"

③ 《创世记》28：12。"梦见一个梯子立在地上，梯子的头顶着天，有神的使者在梯子上，上去下来。"

④ 《创世记》31：10。"羊配合的时候，我梦中举目铱看，见跳母羊的公羊都是有纹的、有点的、有花斑的。"

⑤ 《利未记》19：9。

希望有美德的人不仅要判断不同的事物，区分生产的事物和它们的产物，而且要消除他有能力区别的各种自负，割除他自己的心灵的作品，服从和相信摩西所说的“审判只属于神”①，由祂来比较和区分其他事物；承认在他们手中失败是一件光荣的事情，比声名远扬的胜利更为荣耀。[25]“收取收割”就像双重割礼，我们遇到的这种情况就像这位立法者发明的新的“割礼的割礼”②。或者就像“奉献的奉献”③，也就是净化灵魂的净化，当我们屈服于神以获得明亮和洁净的特权时，决不要有这样的想法，认为离开神的监察和指导，我们自己足以洗涤我们的生命，消除充满生命的污垢。[26]属于这一类说法的还有“双穴”④，讲的是一对珍贵的纪念物，一则涉及所有生成的事物，一则涉及创造它们的神。这些内容构成了高尚者的教养，因为宇宙万物均为考察的对象，热爱考察的人也会涉及使万物生成的天父。[27]我以为，音乐中的双重合音也可以归为这一类发现。因为创作者必定需要两首非常完善的乐曲来庆祝，但这两首乐曲并不相同。[28]由于受赞扬的主题不同，为了与和谐的音乐相对应，所以这些乐曲必定也是独特的；混合的东西指派给由各个不同部分组成的混合的宇宙，分离的东西指派给神的存在，甚至指派给祂，祂的存在与一切被造物分离。[29]还有一句圣言以神圣向导的口吻表达出对美德的热爱：“你们不可拾取所有遗落的。”⑤他没有忘记他确立的规矩，承认要取出一些战利品作为贡物⑥，以此确定主权和这些事情。[30]然而实际上人决不可能搞懂收割的奥秘，他自负地说“我和其他人在田里捆

① 《申命记》1∶17。“审判的时候，不可看人的外貌。听讼不可分贵贱，不可惧怕人，因为审判是属乎神的。若有难断的案件，可以呈到我这里，我就判断。”

② 《创世记》17∶13。“你家里生的和你用银子买的，都必须受割礼。这样，我的约就立在你们肉体上作永远的约。”

③ 《民数记》6∶2。“你晓谕以色列人说，无论男女许了特别的愿，就是拿细耳人的愿（拿细耳就是归主的意思下同），要离俗归耶和华。”

④ 参见《创世记》23。

⑤ 《利未记》19∶9。“在你们的地收割庄稼，不可割尽田角，也不可拾取所遗落的。”

⑥ 《民数记》31∶28。“又要从出去打仗所得的人口，牛，驴，羊群中，每五百取一，作为贡物奉给耶和华。”

没有打过的禾稼”①，但如我前面所指出的那样，他没有顾及这是由缺乏技艺的奴隶所做的工作。[31] 当我们指出这些话语的象征性意义时，我们说“禾捆”就是我们每个人的行为，是我们恰当的滋养，我们希望能从中发现永久的生命和职业。

【5】[32] 禾捆的种类非常多，也就是说行为可以称做我们的滋养，对禾捆的种类进行选择的人也非常多，乃至于想要数一下都是不可能的，甚至连想象一下都不可能。然而，以他梦中故事引用的某些种类为例，这样做不算过分。[33] 因为他对他的兄弟说：“我以为我们在田里捆禾稼。”② 他有十个兄弟，与他为同一父亲所生，还有一位兄弟，与他为同一母亲所生；他们各自的名字象征一种最基本的行为。流便③ 象征良好的天赋，他被称做“看见儿子”，就他不是完善的儿子而言，但他是一个有着“看”和敏锐视觉的人，这是自然赋予他的。[34] 西缅④ 这个名字的意思是“勤勉地聆听”，象征适合学习；利未⑤ 象征卓越的活动、实践和神圣的事工；犹大⑥ 象征奉献给神的颂歌；以萨迦⑦ 象征报答，对高尚的行为进行补偿，行为本身也许构成完善的报答；西布伦⑧ 象征光，因为他被命名为“夜晚的流逝”，当夜晚衰退的时

① 《创世记》37：7。

② 《创世记》37：7。“我们在田里捆禾稼，我的捆起来站着，你们的捆来围着我的捆下拜。”

③ 《创世记》29：32。“利亚怀孕生子，就给他起名叫流便（就是有儿子的意思），因而说，耶和华看见我的苦情，如今我的丈夫必爱我。”

④ 《创世记》29：33。“她又怀孕生子，就说，耶和华因为听见我失宠，所以又赐给我这个儿子。于是给他起名叫西缅（就是听见的意思）。”

⑤ 《创世记》29：34。“她又怀孕生子，起名叫利未（就是联合的意思），说，我给丈夫生了三个儿子，他必与我联合。”

⑥ 《创世记》29：35。“她又怀孕生子，说，这回我要赞美耶和华，因此给他起名叫犹大（就是赞美的意思）。这才停了生育。”

⑦ 《创世记》30：18。“利亚说，神给了我价值，因为我把使女给了我丈夫。于是给他起名叫以萨迦（就是价值的意思）。”

⑧ 《创世记》30：20。“利亚说，神赐我厚赏。我丈夫必与我同住，因我给他生了六个儿子。于是给他起名西布伦（就是同住的意思）。”

候，黎明之光必定出现；[35] 但① 象征区别与分析事理；迦得② 象征海盗式的攻击和反攻；亚设③ 这个名字的意思是“有福”，象征天然的财富和赐福的名声；[36] 拿弗他利④ 的名字表示“扩展”或者“开放”，所以他象征和平，由此万物开放，正如它们由于战争而关闭。便雅悯⑤ 象征时间，无论是青年还是老年，据说他的名字的意思是“日子之子”，青年和老年都可以用白天与黑夜来度量。[37] 因此，他们中的每个人抓住了对他来说恰当的禾捆，而他把这些部分全都捆在一起。拥有天赋的人很快地抓住理解、毅力、善记、天赋，才能在这些性质中展示自身；恰当的学习者抓住聆听、沉默、关注；有进取心的男人抓住冒险和勇敢，敢于冒险；[38]感恩的男人掌握赞扬、颂词、颂诗，既有讲话也有歌曲；决心奖赏的人抓住坚定不移的勤勉、决不放弃的坚韧、速度与慎重相结合的谨慎；[39] 追求光明取代黑暗的人抓住警醒和精明；旨在分析和精确区分的人抓住锋利的论证，以此抵抗混淆相似与相同的错觉的力量、公正的力量、正直的力量；[40] 用埋伏来对付埋伏的海盗似的反击者抓住了诡计、欺骗、巫术、谬误、伪装、捏造，这些练习本身应受谴责，但用来对付敌人的时候又值得赞赏；致力于发财的人会抓住自控和吝啬；热爱和平与良好秩序的人会抓住平等，摆脱傲慢。

【6】[41] 这些东西就是做梦者的那些同父兄弟的禾捆的组成部分，而他的同母兄弟的禾捆则是由日子和时间构成的；它是一切事物的原因，但它不以任何事物为原因。[42] 做梦者本身，此外还有释梦者，抓住了虚荣，认为它对人生极为重要、显赫和有益。于是，在梦中，它是最初的事情，夜

---

① 《创世记》30：6。“拉结说，神伸了我的冤，也听了我的声音，赐我一个儿子，因此给他起名叫但（就是伸冤的意思）。”

② 《创世记》30：11。“利亚说，万幸，于是给他起名叫迦得（就是万幸的意思）。”

③ 《创世记》30：13。“利亚说，我有福阿，众女子都要称我是有福的，于是给他起名叫亚设（就是有福的意思）。”

④ 《创世记》30：8。“拉结说，我与我姊姊大大相争，并且得胜，于是给他起名叫拿弗他利（就是相争的意思）。”

⑤ 《创世记》35：24。“拉结所生的是约瑟，便雅悯。”

晚喜欢的事情，他变得出名是由于对身体土地的统治，不是出于“行为”这种不证自明的事实，而是由于需要白天来展示它们的事情。[43] 下一步是，他被任命为整个埃及的行政官和保护者，他的荣耀仅次于拥有至高无上主权的国王，而在聪明的判断中，国王这个位置被认为是无关紧要的，这比遭受侮辱和失败还要荒唐。[44] 然后，国王把金项链戴在他的颈项上，这些东西显然是束缚，而不是出自本性的行为的标志；① 这些东西是他玛的财产，她的装饰品不是颈圈，而是项链。② 是的，国王摘下手上的戒指戴在约瑟的手上，③ 这是礼物和抵押，这个民族的王看到，甚至是以色列看到，在这里没有什么给予，也没有保证什么，与犹大给予他玛的东西形成鲜明对照。[45] 因为这位王把印给了灵魂，④ 这是一件极为美妙的礼物，他以此教导说，宇宙的本体没有形状，神把形状赋予宇宙；当宇宙没有确定品性时，神把它塑造成确定的，当神使之完善时，他把整个宇宙盖上祂的影像和理想的型相，乃至于盖上祂的道。[46] 再返回约瑟。受到空洞的欺骗，他坐上国王的副车，⑤ 得意洋洋地成为粮食供应者⑥ 和身体库房的管理员，给世界各地供应粮食；就这样，灵魂受到严重威胁。[47]对他的原则和生活雄心而言，他的名字并非毫无效果的微小证明。约瑟的意思是“添加”，而虚荣总是一种虚假的添加。它给真实的东西添加了虚假，它给恰当的东西添加了不宜，它给充分的东西添加了过分，它给活力添加了放荡，它给生命的维护添加了浮华。

---

① 《创世记》41：42。“法老就摘下手上打印的戒指，戴在约瑟的手上，给他穿上细麻衣，把金链戴在他的颈项上，又叫约瑟坐他的副车，喝道的在前呼叫说，跪下。”

② 《创世记》38：18。“他说，我给你什么当头呢，他玛说，你的印，你的带子，和你手里的杖。犹大就给了她，与她同寝，她就从犹大怀了孕。”

③ 《创世记》41：42。

④ 《创世记》38：18。

⑤ 《创世记》41：43。“又叫约瑟坐他的副车，喝道的在前呼叫说，跪下。这样，法老派他治理埃及全地。”

⑥ 《创世记》41：48。“约瑟聚敛埃及地七个丰年一切的粮食，把粮食积存在各城里。各城周围田地的粮食都积存在本城里。”

【7】[48] 请注意我希望澄清什么。食物和饮水给我们提供营养，哪怕是最简单的大麦饼和清泉水。那么，为什么还要虚荣地添加无数种牛奶饼和加蜂蜜的点心，精心制作无数的调味品，放纵快乐，而不是只吸取营养？[49] 还有，最简单的调味品有小葱、蔬菜、果子、奶酪，以及其他诸如此类的东西；假如这些人不是素食主义者，那么如果你喜欢的话，我们可以把这些东西放在鱼肉的旁边。[50] 如果这样做还不够，那就用炭火简单地烧烤一下不就可以吃了吗，就好像真正的英雄曾经做过的那样？不，这样做完全不是你们美食家所渴望的。他与虚荣结盟，他的贪婪被搅动了，他寻觅和搜索美味佳肴，给食物添上各种调味品，招待那些技艺大师。[51] 这些东西其实很久以前就被发现，它们起着诱饵的作用，引诱我们可怜的胃，它们按照恰当的顺序排列专门的滋味，对舌头进行哄骗，使之顺服；于是，它们向前钩住味觉，然后进到一般的感觉；依靠味觉，暴食者很快就表明他是一名奴隶，而不是自由人。[52]众所周知，衣服最初制作出来是为了保护身体，不让身体受到酷暑严寒的伤害，诗人说衣服在冬天防风，在夏天遮阳。[53] 那么，是谁制作了这些美妙的衣服，昂贵的紫袍、薄如蝉翼的夏服、蛛网式的披肩？是谁给那些服装染色，或者用手工纺织灰色服装，它们哪一样没有超出画家模仿自然的能力？我要问，它是谁？它难道不是虚荣吗？

【8】[54] 还有，出于同样的原因，我们感到要有房屋居住，不能忍受野兽或者那些比野兽更坏的人的侵袭。然而，我们为什么要用昂贵的大理石去装饰小径和墙壁呢？我们为什么要遍寻亚细亚、利比亚、整个欧罗巴和各个海岛，挑选石柱和横梁呢？[55] 我们为什么要竞相使用多利亚式、伊奥尼亚式、哥林多式风格的雕刻柱头，并且蔑视原来的风格呢？我们为什么要建造饰有金色天花板的男女住宅呢？这难道不是为了虚荣吗？[56] 睡眠所需要的所有东西就是一小块柔软的土地（据说印度天衣派哲学家时至今日仍旧保持着他们原初的习俗，以大地为床），或者说，如果需要更多的东西，那么这些需要只是一张草垫、一块未经雕刻的石头、一块普通的木头。[57] 然而，人们实际上花费大量的金钱和时间，给卧榻安装象牙腿，用昂贵的

珠母、玳瑁镶嵌沙发。有些寝具是全银的，全金的，或者镶金嵌银的，滚花边，这显然不是为了日常使用，而是为了炫耀。这样的虚荣属于艺术家。[58] 除了用橄榄果榨油，人们还有寻找软膏的需要吗？因为橄榄油确实能使皮肤光滑，对抗身体疲劳，给身体带来良好的状态。如果肌肉得以放松，身体就能变得坚硬和结实，而说起给皮肤着色和给身体带来活力，没有任何东西能超过橄榄油。[59] 但是，爱慕虚荣而使用的精美软膏损害了这种有益于健康的涂料的地位。叙利亚、巴比伦、印度、西徐亚这些大国生长和供应香料；这些地方的人花费大量的辛劳制造香料。

【9】[60] 还有，饮用什么东西需要自然之杯以外的技艺杰作？自然之杯以我们的双手为材料。人可以把双手并在一起，形成中空的容器，然后掬起一捧清泉，将它们送入口中。他获得的东西不仅是解渴的，而且是数不清的快乐。[61] 如果另外一个人一定要找到什么能盛水的东西，那么用这只手做成的粗糙的大碗不就够了吗？他还有必要继续寻找其他著名艺人的作品吗？他有什么必要为了虚荣而使用大量的金银制造高脚酒杯，这样做该有多么傲慢，他自负到了什么地步？[62] 还有，我们看到人们戴上的花冠或花环不是月桂或者常春藤做的，也不是紫罗兰、百合花、玫瑰花、橄榄，或者其他任何花做的，而是与神的馈赠擦肩而过，祂随一年四季分发这些礼物；当他们在集市上把沉重的金冠戴在头上的时候，除了认为他们是虚荣的奴隶，我们还能怎么想，尽管他们断言自己不仅是自由的，而且实际上是许多其他人的主人和统治者？[63] 在我讲完腐败的人类生活之前，白天就要过去，所以，我们为什么最终还要依赖它们？有谁没有听说过它们，有谁没有看见过它们？确实，有谁不熟悉它们？因此，圣道极好地赋予了添加者的名字，它是简洁的敌人和虚荣的朋友。[64] 正如我们可以看到的那样，农夫会清除树木过分的生长，砍去多余的树枝，亦即那些虚伪和虚荣的寄生生活，迄今为止，没有哪个农夫会让树木过分生长，而是要过一种真正简洁的生活。[65] 所以，健全理智的实践者察觉到约瑟首先与他的感觉在一起，后来与他的理智在一起，追求这种不自然的方式，所以他大声喊道，“有恶

兽把他吃了"[1]。[66]确实，人类这种混合的生活充满病态虚假的发明，拥有无数贪婪和欺诈，所以，除了是吞食一切邻近之物的残忍野兽，它还能是什么？因此，这就是哀痛的主题，尽管它们已经死了；哪怕它们还活着，它们的生活仍旧是令人遗憾的，可叹的；我们得知，约瑟还活着的时候，雅各就为他哀悼。[67]另一方面，摩西不想允许那些神圣的原则，拿答[2]和他的兄弟，为他们哀悼。[3]他们不是被野蛮的恶兽抓走了，而是被不能遏制的火焰吞食了，因为他们遇到怠惰和耽搁，把真诚抛在了一边，他们凭着不死的辉煌，奉献炽热的情感，他们的热情与神相似。他们不能上祭坛，这是律法禁止的，[4]但他们的热情被令人喜悦的和风吹拂，甚至升上旋转的苍穹，就像完全烧毁的缥缈的祭物，直上九霄云天。

【10】[68] 所以，哦，灵魂啊，你要忠于你老师的技艺，当你开始抓住下体的时候，你必须砍断你的手，也就是消除你的能力，无论它们是被造物还是人类在意的目标。[69] 他经常吩咐我们要砍断那妇人抓住下体的手。[5]这是因为，第一，这表示对快乐的欢迎，而本来它应当仇恨快乐；第二，它判断这样做会产生对我们自己的依赖；第三，它把创造者的力量归于被造者。[70] 看哪，亚当，那团泥土，当他触摸那两棵树的时候，他就命中注定要死，[6]以此荣耀二前面的元一，他对被造物的敬畏超过了对创造主的敬

---

① 《创世记》37∶33。"他认得，就说，这是我儿子的外衣。有恶兽把他吃了，约瑟被撕碎了。"

② 《利未记》10∶1—2。"亚伦的儿子拿答，亚比户各拿自己的香炉，盛上火，加上香，在耶和华面前献上凡火，是耶和华没有吩咐他们的，就有火从耶和华面前出来，把他们烧灭，他们就死在耶和华面前。"

③ 《利未记》10∶6。"摩西对亚伦和他儿子伊莱贾撒，以他玛说，不可蓬头散发，也不可撕裂衣裳，免得你们死亡，又免得耶和华向会众发怒，只要你们的弟兄以色列全家为耶和华所发的火哀哭。"

④ 《出埃及记》20∶26。"你上我的坛，不可用台阶，免得露出你的下体来。"

⑤ 《申命记》25∶11—12。"若有二人争斗，这人的妻近前来，要救她丈夫脱离那打她丈夫之人的手，抓住那人的下体，就要砍断妇人的手，眼不可顾惜她。"

⑥ 《创世记》2∶9。"耶和华神使各样的树从地里长出来，可以悦人的眼目，其上的果子好作食物。园子当中又有生命树和分别善恶的树。"

畏。而你就不一样。你在浓烟和波浪中消失，逃离愚蠢的关注和世俗生活的目标，就如逃离可怕的卡里狄斯①，不去触碰它，诚如俗话所说，踮起你的脚趾尖。[71] 当你脱去衣裳、事奉圣仪时，你用大手和力量很好地掌握教导和智慧的教训，因为有一条律法是这样的："若有人献礼或献祭，要用细面。"然后经上继续说："要从细面中取出一把来，并取些油和所有的乳香，他要把这些东西作为纪念，烧在坛上。"②[72] 这段经文说得好极了，事奉祭仪的祭司应当是无形体的灵魂，而非可朽与不朽的混合物。因为祈祷者、感恩者、真正纯洁无瑕祭仪的奉献者，必定如他所说的那样，只是一个灵魂。[73] 那么无形体的灵魂奉献的是什么呢？只能是细面，意愿的象征，经过议事会的洗涤，适宜产生营养，不会产生疾病，过一种无罪的生活。[74] 这位祭司在这样的献祭中用他的手，亦即用他的整只手，亦即心灵的把握，献上最好的祭仪，甚至献上整个充满真理、诚实、纯洁的灵魂——这颗丰富和丰满的灵魂，也对从正义和其他美德中散发出来的神圣的光明和芳香感到喜悦，适宜享受永久甜蜜芳香的生命。这由祭司用手取来的油、乳香，以及细面来象征。

【11】[75] 因此，为了"初熟的谷物"，摩西也奉献一种专门的筵席，因为他说："你们到了我赐给你们的地，收割庄稼的时候，要将初熟的庄稼一捆带给祭司。"③[76] 这就意味着："我的心灵啊，你来到美德的土地上，这里有牧场、耕地和果园，这里的产物只适宜献给神，如果你在这里播种，当神作为成全者使之增加的时候，你会获取善果，要你不要承受丰收的意思就是说不要把生产的原因归于你自己，而要将初熟的果实带给祂，祂是丰饶的源泉，是祂推动你施行农耕，发财致富。"[77] 我们得知要带一捆"初熟的庄稼"，这就表明我们自己可以收割庄稼，以便奉献卓越生长的各种营养。

---

① 卡里狄斯（Χάριβδις），荷马史诗中的女妖，该亚与波赛冬的女儿。

② 《利未记》2：1—2。"若有人献素祭为供物给耶和华，要用细面浇上油，加上乳香，带到亚伦子孙作祭司的那里，祭司就要从细面中取出一把来，并取些油和所有的乳香，然后要把所取的这些作为纪念，烧在坛上，是献与耶和华为馨香的火祭。"

③ 《利未记》23：10。"你晓谕以色列人说，你们到了我赐给你们的地，收割庄稼的时候，要将初熟的庄稼一捆带给祭司。"

【12】[78] 他在梦中既是发动者，又是被推动者，他大胆地说他的禾捆立起来站着。① 确实，就好像顽劣的马匹傲慢地抬起颈项，所以所有爱慕虚荣的崇拜者自视高于一切，高于城邦、律法、祖宗习俗、诸多公民事务。[79] 然后，从领导民众开始发展为对民众实行独裁，他们使他们的邻居跌落，使自己上升和直立，从而使那些心灵天然自由的灵魂服从他们。[80] 由于这个原因，他又说“你们的捆来围着我的捆下拜”②。因为谦逊的热爱者受到颈项强硬者的威慑，公平的荣耀者受到不平等者的威慑，既与其自身不平等，又与其他人不平等。[81] 这确实是很自然的，因为高贵的人不仅考察人生，而且考察世界的所有现象，他知道必然、命运、机会、力量、暴力、权威的狂风有多么强大，知道有多少事项，知道如何翱翔直上云霄，然后一头撞击地面的好运有多么伟大。[82] 因此，他必定需要小心谨慎，保护自己，就像需要一位不可分离的保镖来防止突如其来的巨大灾难降落在他头上，因为谨慎对个人来说，就好像城墙对城市。[83] 他们确实全都是愚蠢的和疯狂的，他们不合时宜地努力展现坦白，有时候竟敢用言行反对国王和僭主。他们没有察觉到，不仅他们的脖子像牛脖子一样架着牛轭，而且他们的整个身体和灵魂戴着全套的马具，通过情感，他们的妻儿、父母、朋友、亲戚与他们联系在一起，驭手可以轻松地鞭策和驾驶，随意给予或大或小的处置。[84] 因此，他们受到鞭打，被打上烙印，承受各种残忍的虐待，这种虐待短时间内就可以造成死亡，最终会导向死亡本身。

【13】[85] 这些就是给那些不合时宜、随意讲话者的惩罚，在有理智的法官眼里，他们的讲话根本不是自由的；倒不如说，他们是病人、疯子，他们的脑子有病，无法治愈。为什么会这样呢？如果看到狂风怒吼，海浪滔天，有谁还会出海远航，而不是留在海港里呢？[86] 有哪个舵手或者船长如此痴迷，乃至于想要冒险出海航行，只为了让他的船被大海灌满海水，让

---

① 《创世记》37∶7。“我们在田里捆禾稼，我的捆起来站着，你们的捆来围着我的捆下拜。”

② 《创世记》37∶7。

全体船员被吞噬呢？想要安全航行的人总会等候阳光明媚的天气，让温和的海风送他安全地航行。[87] 还有，看见熊、狮子、野猪发起攻击，有谁不是尽力安抚它们，使它们平静下来，而是激发它们的野性，就好像把自己充作宴席上的酒肉，以满足这些食肉动物残暴的食欲？[88] 我们也许会认为，与蝎子和埃及毒蛇，以及其他所有带有致命毒液，咬一口就能致死的动物进行搏斗是可取的——我们可以很好地用符咒来驯服它们，确保它们不会给我们带来严重伤害。[89] 有些人不是比野猪、毒蝎、毒蛇还要凶狠，只能用某些办法使他们驯服吗？所以，我们看到聪明的亚伯拉罕向赫人下拜，①赫人这个名称的意思是“消除”，环境适合他这样做。[90] 他本人向赫人致敬并非出于对本性和种族的尊敬，习俗是理智之敌，而是为了消除灵魂的真正硬币，亦即教导，将它改变为劣币，可悲地浪费。或者倒不如说，他这样做只是因为他当时害怕他们力量强大，小心翼翼地躲避，不去挑衅他们。他会赢得大量的财产，这是对美德的奖赏，而双重洞穴是聪明的灵魂最好的居留地；这个洞穴不是靠战争和打斗赢来的，而是用理智表现出来的顺服和敬重。[91] 还有，当我们在市场上闲逛的时候，我们不也是在路旁伫立，看着我们统治者的车马经过吗，尽管我们的动机在两种情况下是完全不同的？在统治者，这样做是为了显示他们的荣耀，而在动物，是因为恐惧和不想遭受它们的严重伤害。[92] 如果条件允许，那么攻击和压制敌人的暴力是好的；但若条件不允许我们保持和平的进程，那么我们希望帮助他们，也就是软化和驯服他们。

【14】[93] 因此，在这里也应当赞扬那些考虑这个问题的人，因为他们没有放弃担当虚荣者的卫士，而是反抗虚荣，说“难道你真要作我们的王么”②。他们看到他还没有变得很强大，还没有像一团完全点燃的火焰，随着大量燃料的添加而熊熊燃烧，而仍旧只是一团冒烟的火苗，这个人看见了荣

---

① 《创世记》23 : 7。“亚伯拉罕就起来，向那地的赫人下拜。”

② 《创世记》37 : 8。“他的哥哥们回答说，难道你真要作我们的王么。难道你真要管辖我们么，他们就因为他的梦和他的话越发恨他。”

耀，但却是在梦中看见的，他还没有在清醒的时候追求荣耀。[94] 在他们的灵魂中，他们抱有一个舒心的希望，甚至认为自己能够逃脱他的手掌，所以他们说："难道你真要作我们的王么。" 这也就是说："你以为你能在我们仍旧还拥有生命、存在、力量、气息的时候就统治我们吗？当我们变得非常虚弱的时候，你也许拥有统治权，但当我们还很强大时，你只能屈从于臣民。"[95] 这是很自然的，因为当正确的理智在心灵中变得强大的时候，虚荣就会变得低下，而当理智虚弱的时候，虚荣就会获得力量。然而，当灵魂仍旧保持着它的力量、它的部分还没有被切割的时候，要让它鼓足勇气，用标枪和飞箭打击对立的虚荣，用完全自由的话语打击虚荣。[96] 经上说，你不要作我们的主和王，当我们还活着的时候，你也不要管辖别人，但是我们可以在长枪和盾牌的帮助下，一举置你于死地，也就是说借助健全理智之子，因为经上说他们由于他的梦和他的话越发恨他。①[97] 所有幻觉不是由虚荣创造的，而是由梦和话语创造的，不是吗？而与正确的生活和思想相关的所有事情是事实和清楚的实在，前者由于它们的虚假而值得我们仇恨，后者由于它们充满了对真理的热爱而值得我们热爱。[98] 所以，在此之后不可大胆地指责这些美德如此丰厚的人，尽管他们表现出愤世嫉俗和不爱兄弟的品性，但我们要理解在这里无人受到审判，而是一种存在于每个灵魂中的品性或感情（在这个例子中是渴望虚荣和空洞的爱）在受审判，让他赞同那些在不可调和的憎恨和敌意的推动下反对这种品性的心灵，但决不要容忍他们痛恨的对象。[99] 他确定地知道，这样的审判决不会错误地提出健全的结论，而作为他们最初的训练，他们得知他是真正的王和真正的主，他们痛恨向他致敬、荣耀他的这种想法，因为这个人占用了原来归于神的荣耀，召唤那些神的乞援者来服事他自己。

【15】[100] 因此，他们会大胆地说："你真的是我们的王的王吗？你难道不知道我们并非自己统治自己，而是处在一位不朽的王的统治之下，也就

① 《创世记》37∶8。

是处在唯一神的统治之下吗？你确实是一位要作我们的主的主吗？我们不是处在一位主人的统治之下吗，我们不是一直有一位相同的主人，受他的约束所能给予我们的快乐多于他的自由给予其他任何人的快乐吗?”因为在这个被造的世界上，把荣耀归于神的所有事物是最好的。[101] 所以我本人会进行祈祷，但愿我能坚定地使用他们的判断，因为他们是斥候、观察者，是精神事务的监察员，而不是物体性事务的监察员，但愿我在审查中非常清醒、严格，不出差错，不被人误导，不上当受骗。[102] 然而，我迄今为止就像一个喝醉酒的人，被连续的不确定性所困扰，也像一个瞎子，需要手杖和人的引导，要是有手杖可以依赖，我也许就不会绊倒或摔跤。[103] 但是这些人知道自己缺乏自我检验和思考，然而又不能尽力跟随那些经过考验和仔细思考一切的人，那些知道自己无知的人，所以可以确定他们被无法通过的山峦所牵制，尽了一切努力而仍旧不能继续前进。[104] 当我酒醒以后，我和他们处于亲密联盟之中，我把他们的朋友当做我的朋友，把他们的敌人当做我的敌人。甚至在我当前状态下，我确实会排斥和仇恨做梦者，因为他们仇恨他；没有一种理智可以为此而责备我，因为多数人的投票和决定总是占上风。[105] 然后，他把自己的生活改变得比较好，并且放弃了他愚蠢的幻觉，放弃在虚荣的空洞幻想中伺机而动和奉承拍马，放弃夜晚和黑暗时出现的模糊和晦涩；[106] 他从深沉的睡眠中醒来，欢迎不确定之前的清晰、虚假推测之前的真理、夜晚之前的白天、黑暗之前的光明；他在渴望节制的推动下，在追求虔诚的巨大热情的推动下，拒斥身体的快乐，因为那个埃及人的妻子要与他同寝；①[107] 他宣称要获取他似乎没有权利继承的同胞和父亲的财物，他以此为义务，要恢复他命中注定拥有的这种美德；他一步又一步地变得越来越好，抵达了他的生命的新的高度和顶点，响亮地说出经验给他的如此圆满的教训，[108]“我属于神”②，不再属于其他任何被造的感性对

---

① 《创世记》39 : 7。“这事以后，约瑟主人的妻以目送情给约瑟，说，你与我同寝吧。”

② 《创世记》50 : 19。“约瑟对他们说，不要害怕，我岂能代替神呢。”

象，然后，他的兄弟在这样的时候与他订立了和解的契约，把他们的仇恨改变为友好，把他们的恶意改变为善意，而我，他们的追随者和仆人，学会了把他们当做主人来服从，不再错误地为了他的改悔而赞扬他。[109] 这样做也有很好的理由，因为启示者摩西改悔的故事保存了下来，值得我们热爱和记忆，这里用骨头来象征不允许把他永久埋葬在埃及。① 因为他认为，忍受美丽的灵魂发生枯萎、身体被埃及的情欲之河所泛滥和淹没、通过所有感情渠道不停地倾泻，这样的事情是极为可耻的。

【16】[110] 这个取材于大地、与禾捆有关的幻觉，以及相关的解释，就说到这里。现在我们来考察另外一个梦，看如何运用解梦的规则来对它进行适当的解释。[111] 经上说，他又作了一个梦，并且把梦告诉他的兄弟和父亲。他说："好像太阳，月亮，与十一个星向我下拜。"他父亲责备他说："你作的这是什么梦。难道我和你母亲，你弟兄果然要来俯伏在地，向你下拜么?"他的兄弟们全都嫉妒他，而他的父亲把这话存在心里。②[112] 嗯，研究上部世界的学者告诉我们，黄道，天穹最大的那个圆圈，是由十二个星座组成的，被称做十二宫或"被造物"，黄道十二宫这个名称由此而来。他们说，太阳和月亮始终沿着轨道旋转，经过每一个星座，尽管二者运动速度不同，但它们的速度之间有一种比例，太阳行进三十天，月亮大约行进三十天的十二分之一，亦即两天半。[113] 然后，梦见天穹的这个人感到十一颗星在向他致敬，所以他把自己划为黄道的第十二个区域。[114] 我记得，曾经有一个人粗疏或懒惰地研究天文，他说，不仅人对荣耀有疯狂的追求，而且星辰在优先权上也有竞争，较大的星辰以较小的星辰为侍从，这样做是对的。[115] 这样做在多大程度上是对的，或者说这仅仅是一种闲聊，这个问

① 《出埃及记》8：19。"行法术的就对法老说，这是神的手段。法老心里刚硬，不肯听摩西，亚伦，正如耶和华所说的。"

② 《创世记》37：9—11。"后来他又作了一梦，也告诉他的哥哥们说，看哪，我又作了一梦，梦见太阳，月亮，与十一个星向我下拜。约瑟将这梦告诉他父亲和他哥哥们，他父亲就责备他说，你作的这是什么梦。难道我和你母亲，你弟兄果然要来俯伏在地，向你下拜么，他哥哥们都嫉妒他，他父亲却把这话存在心里。"

题我必须留给上部世界的考察者。但是我们说，那些热爱片面的目标、非理智的争论和虚荣的人总是由于愚蠢而自傲，声称自己得到提升，不仅高于其他人，而且高于自然界，认为一切事物的生成都是由于他的缘故，土、水、气、天，它们各自必须把他当做国王，向他纳贡。[116] 最为偏激的是，他竟然愚蠢到没有理智的力量，无法看见甚至连无头脑的儿童也能理解的事物；没有一名匠人会为了部分的缘故而制造整体，倒不如说他们为了整体的缘故而制造部分，人是全体的一部分，所以人的生成只是有助于宇宙的完成，只有人向宇宙纳贡才是正确的。

【17】[117] 但是，我们看到有些人充满愚蠢，乃至于若是整个世界没有追随他们的意愿，他们就感到自己受了伤害。[118] 波斯国王薛西斯① 希望他的敌人对他感到恐惧，他在自然界进行了一次革命，搞了一次大规模的展示；他把两种元素进行转换，把大地转变为大海、把大海转变为大地，又把干燥的土地转变为大洋、把大洋转变成干燥的土地，他想在赫勒斯旁海峡架桥，想把阿索斯山劈开，形成一片凹地，引入咸水，造成一片新的人工海，完全改变它原来的性质。[119] 如他所设想的那样，他让巫师在大地上施展魔法，然后大胆地对天空进行谋划，他以不虔诚者作为他攀登的同伴，凡此种种，实在是太可悲了。他想要移动不可移动者，推翻神圣的主人，引用一句谚语，他要从这条“神圣的路线”开始。[120] 他用箭瞄准最优秀的天体，想要射落统治白天的太阳，几乎无人不知他的愚顽和精神错乱，不仅是他希望建立的功绩是不可能的，而且是它们完全是亵渎神的，这两个方面都反映出尝试者的极不可信。[121] 我们得知，日耳曼人居住的那个地区人口非常稠密，洪水泛滥的时候，他们渴望击退洪水的进攻，于是排兵布阵，挥舞出鞘的刀剑，迎接将要到来的波浪。[122] 他们竟敢拿起武器，反对并非我们奴仆的自然的某个部分，这种无神论值得我们的憎恨。他们也配得上我们的嘲笑，因为他们试图把不可能的事情

① 薛西斯一世（Xerxes I，公元前 486 年—前 466 年），波斯国王。

当做可能的事情来做，认为水也像动物一样可以用枪来刺伤和杀死，或者说他们认为水也能感到痛苦和恐惧，水在遭受攻击时会在恐惧中逃跑，他们认为水实际上能够感受到有生命的灵魂的所有感觉，快乐的感觉和痛苦的感觉。

【18】[123] 不久以前，我知道统治阶层中有一个人，在掌管埃及、将埃及置于他的权柄之下时，他想要扰乱我们祖先的习俗，尤其想要消除有关第七日的律法，我们把这条律法当做最应当敬畏的。他试图迫使人们为他服务，实施其他与我们已有习惯相对立的行为，他以为要是能够摧毁我们祖先有关安息日的规矩，就能引导人们废除其他习俗，在这方面引起大倒退。[124] 他看到被他施加压力的那些人不愿意服从他的命令，其他人则从容应对，愤愤不平，表现出悲哀和忧郁，就好像他们的母邦被攻占和洗劫，母邦的公民被当做战俘出售，在这个时候，他认为与他们争论如何打破律法是好的。[125] 他说："假定敌人发起突袭，或者河水上涨，漫过堤坝，引起洪水泛滥，或者大火燃烧，或者发生霹雳、饥荒、瘟疫或地震，或者发生其他任何麻烦，或者是人的，或者是神的，你还能完全安宁地待在家里吗？[126] 或者说，你还会穿上日常服装，右手放在长袍① 的里面，左手靠近斗篷的侧翼，悠闲地出现在大庭广众之下，无意识地做出那些也许能够拯救你的事情吗？[127]你们会与同伴们一起坐在会所里面，安心阅读你们的圣书，解释晦涩之处，从容悠闲地详细讨论你们祖先的哲学吗？[128] 不，你们会把这些东西全都抛弃，嘲笑你们自己、你们的父母、你们的子女，以及其他与你们最亲近的人，而且你们也会用你们的财富来避免毁灭。"[129] 他继续说道："好吧，看一下站立在你们面前的我和我提到的所有这些事物。我是旋风、战争、洪水、闪电、饥荒、瘟疫、疾病，我是使一切坚固稳定的东西发生动摇的地震；我是约束一切的命运，不是命运这个名称，而是它的力

---

① 罗马长袍（tunica），中文译为束腰外衣，其实是一种简单的长袍，形式有几种，均是从肩膀到臀部与脚踝之间的长度。在古罗马时期，男人和女人都穿这种长袍。

量，而命运是你们肉眼可见的，命运站立在你们身旁。”[130] 一个人竟然说出这样的话，甚至仅仅是想到这些事情，我们该怎么说？我们难道不应当把他称做闻所未闻的魔鬼吗，他真是在一块怪异土地上产生的怪物，或者倒不如说他是一个奇葩，想要超越大洋和宇宙，竟然把他全然可悲的自我比做全然幸福者？[131] 如果他不希望或者不情愿每年有四季变化，如果夏季给他带来酷暑，冬季给他带来严寒，如果春季不能带来果实的孕育，秋季不能彰显它的生育力，那么他会推迟亵渎日月星辰吗？[132] 不，他不会放松他那不受约束的嘴巴和粗鄙恶劣的舌头，他会指责星辰不纳贡，没有把本应赋予天上事物的荣耀和敬意献给地上的事物，他想要更加丰富地荣耀他自己，认为自己作为一个人要优于其他生灵。

【19】[133] 这就是我们对爱慕虚荣的领袖的描述，现在让我们分别考虑追随他们的普通民众。他们甚至密谋反对美德的实践者，当他们看到这些人用诚实的真理之光照亮他们的生命、用日光和月光指引他们前进的道路时，他们就用欺骗和暴力阻止这些人，把他们驱赶到没有阳光的区域，那里有无止境的黑暗、无数鬼魅的部落和幻影。他们把这些人带到他们的区域，在那里迫使这些人把他们当做主人来服从。[134] 凭借智慧的实践者太阳，我们有了理解，因为太阳为物体性的事物提供了光明，它甚至也向灵魂这样非物体性的事物提供了光明。凭借月亮，我们理解了服务于贤人的这些教导，因为在夜晚的光明下提供的服务是最纯洁、最有用的，而思想和推理是卓越的，它们就像教导和实践的灵魂子女，它们是亲兄弟。它们指引着生命之道，而那些故意什么也不说、什么也不想的人是审慎的，他们想要使用多种摔跤技巧，掐住对手的脖子，或者把对手踢倒在地。[135] 因此，这种教导之一是由他的父亲所进行的温和的驳斥，这位父亲不是雅各，而是比雅各更加高尚和伟大的正确理智。[136] 他说：“你作的这是什么梦？”① 他的意思

① 《创世记》37：10。“约瑟将这梦告诉他父亲和他哥哥们，他父亲就责备他说，你作的这是什么梦。难道我和你母亲，你弟兄果然要来俯伏在地，向你下拜吗？”

是:“你没有做梦吗，或者你以为自然可以被迫当人的奴隶，统治者可以变成隶属的力量吗，更加不合理的是，使臣民不是其他人的臣民，而是统治者的臣民，使奴隶不是任何人的奴隶，而是那些本身处在奴役中的人的奴隶，是这样的吗?”这种事情只有神才能做到，神可以移动不可移动者，可以使稳定者变化无常，把处于当前状态的事物变成处于相反状态的事物。[137]不，你没有做梦！因为我们在什么意义上可以责备一个在梦中看见幻影的人，或者对他表示愤怒？他会说:“看见它出于我的自愿了吗？为什么要像责备故意犯错误的人那样来指责我？我只能把我碰到的事情告诉你，这些事情并没有通过我自己的行为而对我的心灵产生冲击。”[138] 但是，我们实际上在这里关心的不是梦，而是那些与梦相似的事情；这些事情似乎是伟大的、辉煌的，是那些不太纯洁的人想要得到的，但实际上它们是渺小的、平淡的，在未曾污染的真理看来是可笑的。

【20】[139] 他的意思是这样的:“我是正确的理智。我应当到来吗？富有成果的教导，渴望知识的灵魂同伴的母亲和保姆，她们也应当到来吗？我们俩的子女奋力向前，我们全都应该面对面地站着，举起手来荣耀我们祈祷的对象吗？[140] 我们要首先向你下拜，俯伏在地，向你致敬吗?”不，愿太阳在这些时候决不要发光，因为深沉的黑暗适合邪恶的事情，而万丈光芒适宜善良的事情，在那里还有什么事情比虚荣更邪恶，虚构和欺骗应当接受赞扬和赞赏，夺取它的对立面的位置，在它身上是简洁，没有虚构和虚伪。[141]在这些话语中还有一个良好的教训，“他父亲把这话存在心里”①。因为，这确实是灵魂的事务，这灵魂不是年轻的、不育的，而确实是在生育方面真正的、年长的、有技艺的，它为生活伴侣接受警告，不藐视任何事物，而是敬畏地俯伏在神的大力面前，小心翼翼地观看它的最终结局，因为任何事物都不能逃避或打败神。[142]所以神谕说，“摩西的姐姐远远地站着”②，我们

① 《创世记》37:11。“他哥哥们都嫉妒他，他父亲却把这话存在心里。”

② 《出埃及记》2:4。“孩子的姊姊远远站着，要知道他究竟怎么样。”

在喻意解经时赋予她“希望”这个名称，她坚定地看着这件事情的圆满完成，这件事是完成者从高高的天上发来的良好征兆。[143] 有许多时候会发生这样的事情，人们在微风的陪伴下安全地航行，穿越广阔的水域，然而就在要抛锚的时候，他们在港口里面翻了船。[144] 许多人在残酷的战争中勇敢地征战多年，没有受伤，甚至没有一点儿擦伤；他们在欢笑中班师回朝，就好像去参加公共庆典和宴饮，没有一个肢体残废或不健全，然而就在他们自己的家里，他们被人设计杀害，如俗话所说，就像“畜栏里的公牛”。

【21】[145] 正如突如其来的恶习把这些外在的伤害带给我们，它们也会推动灵魂的官能趋向反面，或者如果能做到的话，使其偏斜，或者设法用暴力阻止它们。[146] 这是因为，进入人生舞台的人有谁能够保持永不堕落？有谁从来没有摔过跤？很少摔跤的人是幸福的。命运女神对谁不是在伺机埋伏，聚集力量，在他准备与她相会之前就裹挟他，把他卷走？[147] 依凭从小到老的个人经验，我们知道，由于自然的保佑，或者通过抚养和训练他们的人的照顾，或者通过二者，他们没有感受到灵魂的任何纷扰，这种人充满深刻的内在和平，这种和平是唯一真正的和平，而城邦的和平只是它的一个摹本；所以人们拥有幸福，他们甚至不知道情欲在梦中点燃了内战，这是一种最残忍的战争，然后在黄昏时候，他们生命的航船触礁沉没，由于不加约束的口舌、无法满足的肚腹之乐、下体无法控制的淫乱。[148] 因为有些迈入老年门槛的人在像年轻人一样挥霍生命，过着一种恣意放荡的、无耻的生活。另外一些人过着一种欺诈的、诽谤的、干坏事的生活，这样做起始于他们的不知餍足，这样做成为他们的习惯，而我们期待他们抛弃这种习惯。[149] 所以我们应当诚挚地恳求神，请祂不要从我们这个正在灭亡的种族旁边经过，而要以祂的仁慈与我们始终在一起；品尝纯洁的和平时，我们却由于自身膨胀而无法接受和平，那可真是一件可悲的事情。

【22】[150] 然而，这种可以被呻吟和愿望所缓解的对和平的饥饿是一种比口渴还要轻的疾病；当我们希望平息我们的口渴时，我们必须喝下另外

一口泉眼里的水，这口泉里的水是浑浊的，有臭味的，我们获得又苦又甜的快乐，我们必须引导这种不值得活的生命，去追求有害的东西，尽管处于对我们自身利益的无知之中，但我们却以为它是有益的。[151] 当灵魂的非理智力量攻击和克服理智力量的时候，这些邪恶汇成的洪流变得极为剧烈。[152] 畜群服从牧人，或者说绵羊群服从牧羊人，山羊群服从牧羊人，那么一切顺遂；然而，一旦居于控制地位的牧人变得比他们管辖的对象弱小，那么所有事情都出了差错。排列让位给混乱，顺序让位给无序，稳定让位给纷扰，组织让位给困扰，因为合法的控制不再存在。如果说它一度存在的话，那么它现在被摧毁了。[153] 接下去该怎么办呢？由于非理智的军队使灵魂成为它的领地，所以我们一定不要相信在我们自身中也有一群野蛮的畜生和一位牧人，亦即占据统治地位的心灵，不是吗？[154] 但当这个心灵是强大的、足以发挥牧人的作用时，一切事情可以公正、有益地得到管理；而当这位国王变得懦弱，那么这些臣民必定也要受苦，当这个牺牲品认为它最自由的时候，它就变成了最容易获得的奖品，无论是谁都能赢得比赛，而无须做任何准备。因为这就是无政府状态的本性，而荣耀律法和公义的地方可以获得拯救，这就意味着基于理智的统治。

【23】[155] 至此我们可以得出结论，结束我们对虚荣之梦的考察。至于暴饮暴食，有两种基本形式，喝与吃，前者需要复杂的调料，而后者需要的调味品更是不计其数。这些工作托付给两个人：液体的都托付给酒政，而那些精心制作的食品都托付给膳长。[156] 描述同一个夜晚做的这两个梦，有一个意思值得精心考虑。他们都服务于相同的需要，因为做这些事情不是准备简单的营养品，而是伴随着快乐与喜悦。[157] 尽管他们各自的劳动所处理的只是一半营养品，但他们都涉及全部吃喝；这两个部分相互吸引，因为人吃了东西以后会马上想要喝，在喝了东西以后也马上想要吃；给两个梦指定相同的时间，这样做的主要原因之一就在于此。[158] 现在，喝酒属于酒政的主要领域，饕餮属于主厨的主要领域。他们各自看见适宜他们职业的东西，在第一种情况下是酒和酿酒的植物，葡萄，而在第二种情况下，是放

在筐子里的美味的烤饼，膳长梦见自己头上顶着盛白饼的筐子。①[159] 我们最好先考察前一个梦。经上是这样说的："我在梦中看见在我面前有一棵葡萄树，树上有三根枝子，好像发了芽，开了花，上头的葡萄都成熟了。法老的杯在我手中，我就拿葡萄挤在法老的杯里，将杯递在他手中。"②[160] "我在梦中"，开头的这句话真的给人以深刻印象。他确实在给愚蠢的醉酒者让路，而非抱怨正直站立和清醒的人，醉酒者俯伏在地，像沉睡者一般，闭上他的灵魂的眼睛，看不见或听不到任何值得看或听的东西。[161] 就这样，他意志消沉，就好像无路可走，他的眼睛和双手都不能引导他。他被荆棘刺穿，有时候在悬崖峭壁上攀爬，给他自己和其他人带来毁灭。[162] 这场睡眠深不可测，控制了所有心灵的真知之光，使心灵充满虚假的、不可信的幻影，并且说服心灵表示同意，把应受谴责的东西当做值得赞赏的；就这样，在当前这个例子中，做梦者把悲伤当做喜乐，不认为葡萄是产生愚蠢和疯狂的植物。[163] 他说："我面前有一棵葡萄。"③ 这里指的是他想要的东西和他想要的人，也就是邪恶与邪恶的人，它们是面对面的。葡萄使我们愚蠢，而我们几乎想不到它会给我们带来什么伤害，我们吃喝它的果子，把它当做营养品，这种东西带来的伤害不是一半，而是全部。

【24】[164] 但是，我们不应当把葡萄酿造的酒当做对饮用者毫无影响的东西；酒的行事方式经常是相反的，所以它可以使有些人变好，使有些人变糟。[165] 在有些人身上，它可以帮助人放松，摆脱忧郁，减轻压力，缓解愤怒和恐惧，改变急躁的脾气，使灵魂满足和自得。而在另外一些人身上，它缓解愤怒，减轻忧伤，激发情欲，使人失礼。它能开启人的嘴巴，放松人的舌头，解禁人的感觉、愤怒和欲望，使人的心灵变得狂野，对遇到

---

① 《创世记》40：16—17。"膳长见梦解得好，就对约瑟说，我在梦中见我头上顶着三筐白饼。极上的筐子里有为法老烤的各样食物，有飞鸟来吃我头上筐子里的食物。"

② 《创世记》40：9—11。"酒政便将他的梦告诉约瑟说，我梦见在我面前有一棵葡萄树，树上有三根枝子，好像发了芽，开了花，上头的葡萄都成熟了。法老的杯在我手中，我就拿葡萄挤在法老的杯里，将杯递在他手中。"

③ 《创世记》40：9。

的任何东西感到惊慌失措。[166] 就这样，前一种情况就好像万里无云的天空，或者像宁静的大海，或者像安宁和平的城市；而后一种情况就像是天空中的霹雳，大海里的汹涌波涛，骚乱的城市，这种城市里的骚乱甚至比野蛮的战争更加可恨。[167] 因此，在这两种聚会中，我们在一种狂欢中只能发现欢笑、游戏、嘉宾、期待和善意、令人愉快的情感和谈话、欢乐的脸庞和心灵，无拘无束；[168] 而在另一种狂欢中我们只能发现焦虑、忧郁、争吵、谩骂、伤害，前来赴宴的宾客大呼小叫，脸色阴沉，咬牙切齿，手足并用，打斗、摔跤、互殴，在这种决非神圣的竞赛中，用各种错误的行为展示他们酗酒的一生。

【25】[169] 由此可以推论，葡萄象征两样事情：愚蠢和欢乐。它们各自都有许多证明，但为了避免冗长，我只举少许例子。[170] 曾经有一个时候，在他的引导下我们走上哲学的道路，这是一条荒野小径，没有情欲和恶行，他把我们领向高地，在那里建立视野开阔的正确理智，让心灵考察道德的全部领地，无论它是土壤肥沃的、草木丰盛的、适宜种植庄稼或者培育果树的，或者与这些情况相反；我们也要考察心灵的城邦，看它是否防卫得很好，或者说没有任何城墙那样的防卫措施；我们也要考察那里的居民，看他们是否在数量和力量上有所增长，或者看他们是否会由于人数减少而变得虚弱，或者由于虚弱而人数减少。① [171] 然后，由于不能携带整棵智慧之树，所以我们砍下一枝葡萄藤，把它举起，以此彰显快乐，就好像一副最轻省的担子，我们用丰富的葡萄来表示敏锐的视力，向它们显现高尚生活的发芽结果。②

【26】[172] 我们只能拿起其中一截的这枝葡萄很像喜悦，对此我拥有

---

① 参见《民数记》13 : 18—21。“看那地如何，其中所住的民是强是弱，是多是少，所住之处是好是歹，所住之处是营盘是坚城。又看那地土是肥美是瘠薄，其中有树木没有。你们要放开胆量，把那地的果子带些来。（那时正是葡萄初熟的时候。）他们上去窥探那地，从寻的旷野到利合，直到哈马口。”

② 参见《民数记》13 : 24。“因为以色列人从那里砍来的那挂葡萄，所以那地方叫作以实各谷。”

证据，古代的先知受到神的激励说："万军之主的葡萄园就是以色列家。"①[173] 以色列就是沉思神和世界的心灵，因为以色列的意思是"看见神"，而整个灵魂是心灵之家，这是最神圣的葡萄园，是它的果实美德神圣地生长的地方。[174] 幸福的思考有多么伟大和美好，因为那是快乐的原初含义，或者就是审慎②；摩西告诉我们，神不会鄙视人，尤其当人远离他的罪恶，倾向正义，回归正义，自愿选择追随律法和自然的诫命的时候。[175]他说："主，你的神，会喜悦你，就好像从前喜悦你的列祖，如果你听从祂的话，谨守这律法书上所写的祂的所有诫命和律例。"③[176] 向心灵灌输对美德的向往或者对高尚生活的激情，还有什么能比这样做更好？哦，心灵啊，你希望神喜悦吗？你自己喜乐，给祂也带去并不昂贵的礼物。因为除了你们在接受祂的一切善物时的喜乐，你有什么东西是祂需要的呢？[177] 因为当接受者配得上祂的恩惠时，这样做令祂喜乐，使祂愿意赐予，而你肯定会承认，如果说那些过着有罪生活的人引发了神的愤怒，这样说是对的，那么说那些生活值得赞扬的人令祂喜悦，这样说同样也是对的。[178]凡俗的双亲，父亲和母亲，会有许多缺陷，但他们从其他任何事情中感受到的喜乐不如他们子女的美德使他们感受到的快乐那么多。所以，没有任何缺陷的万物的生育者会为祂的创造物的高尚生活感到喜悦吗，不是吗？[179] 所以，我的心灵啊，要知道神的愤怒是一种多么大的恶，神的喜悦是一种多么大的善，所以千万不要在任何事情上激起神的愤怒，带来你自己的毁灭，而只能做那些令神喜乐的事情。[180] 这些东西在无人行走的漫长的道路上是找不到的，在无船航行的大海中是找不到的，在陆地和大海的边界是找不到的。因为它

① 《以赛亚书》5∶7。"万军之耶和华的葡萄园，就是以色列家，他所喜爱的树，就是犹大人。他指望的是公平，谁知倒有暴虐(或作'倒流人血')。指望的是公义，谁知倒有冤声。"

② 审慎（εὐφροσύνη）。

③ 《申命记》30∶9—10。"你若听从耶和华你神的话，谨守这律法书上所写的诫命，律例，又尽心尽性归向耶和华你的神，他必使你手里所办的一切事，并你身所生的，牲畜所下的，地土所产的，都绰绰有余，因为耶和华必在喜悦你，降福与你，相从前喜悦你列祖一样。"

们并不居住在遥远的地方，也没有远离这个有人居住的世界，而是如摩西所说，① 善物就在你们身旁，是你们的本性所拥有的，与你们的三个最基本的部分，心、嘴、手，亦即心灵、语言、行为，在一起，因为思考、讲话、行善是三样基本的事情，善良的目的、行为、言语是一种圆满的构成。

【27】[181] 所以，让我们对那些狼吞虎咽、以暴食暴饮为乐的人说："这是主厨的事，你们这些傻瓜为什么要陷入这种邪恶？你以为你的这些准备工作会使心灵产生喜乐，而实际上你点燃了心灵缺乏自制的火焰，过分大方地用丰富的食物喂养心灵。"[182] 不过，他也许会回答说："你不要那么严厉地训斥我，请先考虑我是如何承受的。我的既定任务是当一名斟酒人，不是做一个自控的、虔敬的、拥有其他美德的人，而是做一个习惯于贪婪、淫荡、不义的人，我会为我的不虔敬感到自豪，我曾大胆地说：'我不认识主。'② 当然了，我正在忙于做那些能给他提供快乐的事情。"[183] 心灵篡夺神的地位，它不想认识神和法老，会在相互对立的事物中寻找快乐。那么，谁是神的斟酒人？首先，倾倒和平之奠酒、接受神的永久慈爱之杯的人是真正的大祭司，他在倾倒纯洁的、原汁原味的奠酒本身时会偿还它们。请注意斟酒人与他们事奉的人之间的差别。[184]就这样，作为冷漠的法老的仆人，我被阉割了灵魂的生殖器官，③ 既不能在男人中间安身，又从女人中被驱逐，我既不是男的，又不是女的，既不能射精，又不能接受种子，我具有两重属性，但却又是中性的，是卑劣的冒牌货，我的子孙后代的永恒延续被割除了，我被永远驱逐出公会。"凡生殖器被阉割的，绝对不可入会。"④

---

① 《申命记》30：12—14。"不是在天上，使你说，谁替我们上天取下来，使我们听见可以遵行呢，也不是在海外，使你说，谁替我们过海取了来，使我们听见可以遵行呢，这话却离你甚近，就在你口中，在你心里，使你可以遵行。"

② 《出埃及记》5：2。"法老说，耶和华是谁，使我听他的话，容以色列人去呢。我不认识耶和华，也不容以色列人去。"

③ 《创世记》40：7。"他便问法老的二臣，就是与他同囚在他主人府里的，说，他们今日为什么面带愁容呢。"

④ 《申命记》23：1。"凡外肾受伤的，或被阉割的，不可入耶和华的会。"

【28】[185] 但是这位大祭司是无可指责的、完善的，他娶处女为妻，① 这真是一个奇怪的悖论，或者倒不如说，通过她丈夫的陪伴，她抛弃了女人的气质。② 他不仅是她的丈夫，能够播撒完好的种子和纯洁的思想，而且也是一位神圣理智的父亲。[186] 他们中间有些人，比如以利亚撒和以他玛，考察和观看自然的事实。③ 另外一些人是神的使臣，急于点燃和保持天上的火焰。把话语和思想神圣地糅合在一起，产生虔敬这种最神圣的品质，就好像用火种点燃大火。[187] 他马上就成了神圣公会里的导师和父亲，他不是普通成员，而是这个灵魂公会不可或缺的成员，是它的主持人、校长、主要管理者，只有他，只有他自己，而没有其他人，能够考虑和实施所有的事情。[188] 当他与其他人站在一起时，他是少数人中的一个，但当他独自站立时，他是“多数人”，是一个完整的法庭，是一个完整的议事会，是全体人民，是整个多数，是整个人类，或者倒不如说，他的性质实际上介于人和神之间，小于神而优于人。[189] “当大祭司进入至圣所的时候，他不是一个人。”④ 如果他不是人，那么他是谁呢？他是神吗？我不会这样说，因为这个名称拥有特权，是指定给大祭司摩西的，当他还在埃及的时候，他被称做法老的神。⑤ 然而他也不是一个凡人，而是拥有两个端点，一则为头，一则为脚。

【29】[190] 我们已经解释了一种葡萄，它具有喜乐的性质，给人们提供烈性饮料，这是一种未经稀释的、聪明的忠告，这位斟酒人也从搅拌碗中斟酒，神亲自给这只碗中斟满美德。[191] 另一种葡萄是愚蠢的、悲伤的、

---

① 《利未记》21：12—13。“不可出圣所，也不可亵渎神的圣所，因为神膏油的冠冕在他头上。我是耶和华。他要娶处女为妻。”

② 《创世记》18：11。“亚伯拉罕和撒拉年纪老迈，撒拉的月经已断绝了。”

③ 《出埃及记》28：1。“你要从以色列人中，使你的哥哥亚伦和他的儿子拿答，亚比户，以利亚撒，以他玛一同就近你，给我供祭司的职分。”

④ 《利未记》16：17。“他进圣所赎罪的时候，会幕里不可有人，直等到他为自己和本家并以色列全会众赎了罪出来。”

⑤ 《出埃及记》7：1。“耶和华对摩西说，我使你在法老面前代替神，你的哥哥亚伦是替你说话的。”

狂怒的，它也以某种方式得到解释，但在别处更加伟大的颂歌里描写得更加典型。他说：“他们的葡萄树是所多玛的葡萄树，蛾摩拉田园所生的。他们的葡萄是毒葡萄，全挂都是苦的。他们的酒是大蛇的愤怒，是虺蛇无法治愈的愤怒。”①［192］你瞧愚蠢有效的葡萄酒杯能产生什么：怨恨、坏脾气、易怒的激情、深刻的愤怒、残忍、恶意的伤害、恶意。当他说这种愚蠢的植物在所多玛的时候，他的话是最有说服力的，因为所多玛的意思是盲目或使之不育，愚蠢是盲目的，不能产生卓越，通过它的劝说，有些人想用他们自己的善的标准来度量、称重和计算一切事物，蛾摩拉的词义是“尺度”。［193］但是摩西认为，神，而不是人的心灵，是称量和计算一切事物的尺度。他用这些话表示这样一种意思：“你囊中不可有一大一小两样的砝码。你家里不可有一大一小两样的升斗。当用对准公平的砝码，公平的升斗。”②［194］真正公平的尺度是只把神当做衡量万物的公平尺度和升斗，用数字、尺度和边界限定宇宙属性的界限，而虚假的和不公平的尺度是以为这些事情都随人的心灵指引而发生变化。［195］这位宦官和主厨去见法老，在幻觉中看到愚蠢的植物葡萄以后，又看到它有三条根，表示在罪中能够触及的极端，因为根就是端点。

【30】［196］然后，当愚蠢遮蔽和掌握了整个灵魂，整个灵魂自由自在、为所欲为的时候，愚蠢迫使灵魂犯罪，不仅犯下可以治愈的罪，而且犯下不可治愈的罪。［197］接受治疗的罪被说成是轻的，放在前头；无法治愈的罪被说成重的，放在后头，它们最后到来，相当于这些根。［198］正如智慧起始于它的益处，带着较为轻省的行为，终结于它们的最高点，所以我想，愚蠢迫使灵魂从高点降落，一步步离开教导，把它的居所建立在远离正确理智之处，使之在极远处走向毁灭。［199］在这些根的后面，梦对他显示葡萄发

① 《申命记》32：32—33。“他们的葡萄树是所多玛的葡萄树，蛾摩拉田园所生的。他们的葡萄是毒葡萄，全挂都是苦的。他们的酒是大蛇的毒气，是虺蛇残害的恶毒。”

② 《申命记》25：13—14。

芽、开花、结果。“它本身开了花，长出枝子。整串葡萄都成熟了。”①[200]不结果实会是它的命运吗，它决不会发芽，而是一直枯萎，因为有什么邪恶能比愚蠢地开花结果更大？还有，醉酒指的是终身迷乱和不停的奢侈生活，他说，“法老的杯在我手中”②，也就是说，我把这件事掌握在手中，因为没有我心灵的活动，情欲本身不会取得什么进步。[201]缰绳应当掌握在驭手手中，船舵应当掌握在舵手手中，因为只有这样，马车才能正确地前进，船只才能正确地航行。尽管如此，在匠人的手中和权能中，他生产出一种形式上的肚腹之乐，亦即嗜酒，他的任务就是填满无节制者的肚腹。[202]他没有避免自吹自擂，这种行为需要否定而非认可，但他是怎么想的呢？承认自己是一位不能节制的教师，描写激发情欲和无节制，他自身作为虚构者和卑劣的作者，过一种无骨气的生活，这难道不是一个更好的过程吗？[203]事实上，愚蠢为它自身那些本应感到羞耻的事情感到自豪。在这个事例中，它不仅荣耀地递送酒杯，以无节制的灵魂作为托座，展示给所有人，而且拿葡萄挤在杯中，这表明制作葡萄汁就是把情欲添至圆满，把它从隐蔽处带到明亮处。[204]正如想要吃奶的婴儿会挤压奶妈的乳房，所以不节制的制作者会挤压葡萄，嗜酒的诅咒会像下雨一样倾泻，这就是甜美的、有营养的葡萄汁。

【31】[205]所以，让我们来描述一下发酒疯、胡言乱语、无可救药的害虫，以及喝酒丧失了理智的人。而他的同伴，还有他本人，也是肚皮的奴隶，是暴食暴饮的朋友，是美味佳肴的制造者，这在必要之处也必须加以考虑。[206]然而，在我们寻找他的时候，我们几乎不需要什么思想，因为做梦者的幻觉最有可能接近他的影像，通过对梦的精心研究，我们能够看见他，就好像看见镜子中反射出来的影像。[207]经上说：“我以为我头上顶

---

① 《创世记》40：10。“树上有三根枝子，好像发了芽，开了花，上头的葡萄都成熟了。”

② 《创世记》40：11。“法老的杯在我手中，我就拿葡萄挤在法老的杯里，将杯递在他手中。”

着三筐白饼。”[①] 我们把“头”喻意解释为灵魂的统治部分，亦即联系一切事物的心灵，心灵确实曾经痛苦地大喊：“这些事都归到我身上了。”[②][208] 所以，在安排用来反对不快乐的肚皮的所有技艺时，他本人头上顶着祭仪用的筐子而并不感到羞耻，这个可怜的傻瓜，他头上顶着的三筐白饼指的是划分为三部分的时间。[209] 这是因为，据快乐的崇拜者说，快乐由回忆过去、享受现在、希冀未来所组成。[210] 因此，三只筐子就像划分为三个部分的时间，筐子里的烤饼就伴随着时间的每个部分，回忆过去，参与当前，期待未来，承担所有这些事情的是快乐的热爱者，他给餐桌摆上的不是一种一般的不节制，而是各种放荡，这张餐桌上没有和平，也缺乏友谊之盐。[211] 坐在这张桌子旁的只有一位赴宴的客人，然而对他来说，这是一场公宴；这位客人就是法老王，他在散布和扩展他的事务，废除节制，因为他的名称的意思是“散布”。他显示了他的重要性和王权，并对此感到高兴，他认为有节制的欢乐是得体的，但荣耀欢乐是不得体的，这是一种卑劣的实践，就好像他在无法满足的欲望、贪婪、奢侈生活中触礁沉没。[212] 所以，有飞鸟过来，[③] 这就是我们遇到的无法预见的偶然事件，就好像突如其来的大火，很快吞噬草木，没有留下任何碎片能够被头顶筐子的人使用，他希望能永久平安地携带他的发明，没有谁能拿走他的创造。[213] 我们要感谢胜利之神，无论情欲爱好者的技艺如何完善，胜利之神总是使之失效，不可见地反对和摧毁它们。就这样，被剥夺了技艺的创造物的心灵会被当做一具无头的尸体，困厄无助地被钉在树上，为贫穷所困。[214] 只要来访者不伤害它们，它们的活动方式就是突如其来的，看不见的，它们提供食物、享受快乐的技艺似乎是繁荣兴旺的。而当来访者突然发动袭击，颠覆这些技艺，这些匠人

---

① 《创世记》40：16。“膳长见梦解得好，就对约瑟说，我在梦中见我头上顶着三筐白饼。”

② 《创世记》42：36。“他们的父亲雅各对他们说，你们使我丧失我的儿子，约瑟没有了，西缅也没有了，你们又要将便雅悯带去。这些事都归到我身上了。”

③ 参见《创世记》40：17。“极上的筐子里有为法老烤的各样食物，有飞鸟来吃我头上筐子里的食物。”

就会与这些技艺一起灭亡。

【32】[215] 我们现在来解释这两位味觉作坊里的合作者，他们在那里生产两种可以吃的东西，饮料和食物，但他们生产的东西不是生活必需品，而是奢侈品，是多余的。我们下面最直接的任务就是考察那个人所做的梦，他相信自己是这两个人的国王，他是灵魂的另一种官能，也就是法老。[216] 他说："我梦见我站在河边，有七只母牛从河里上来，又肥壮又美好，在芦荻中吃草。你瞧，随后又有七只母牛上来，又软弱又丑陋又干瘦，在埃及遍地，我没有见过这样不好的。[217] 这又干瘦又丑陋的母牛吃尽了那以先的七只肥母牛，吃了以后却看不出是吃了，那丑陋的样子仍旧和先前一样。[218] 后来我就醒了。我又梦见一棵麦子，长了七个穗子，又饱满又佳美，随后又长了七个穗子，枯槁细弱，被风吹焦了。这些细弱的穗子吞了那七个佳美的穗子。"①[219] 你们要注意这位自爱者开头的话，在身体和灵魂两个方面，他都是运动和变化的。他说："我以为我站着"，表明他不知道稳定和不动只属于神，只属于神的朋友。[220] 始终保持不变的这个世界最清楚地证明了神的不变的权能，由于这个世界是稳定平衡的，它的创造者必定也是稳定的。[221] 在神圣的谕言中，我们还有其他绝对可靠的证据，因为我们拥有神作为讲话者所说的话语："我必在何烈的磐石那里，站在你面前。"②这里的意思是，我作为显现者，就在这里，但我也在那里，我无处不在，因为我充满一切事物。我一直坚定地站在你面前，或者存在于任何生成的事物之中，建立最古老的力量源泉，那就是万物生成之处，那就是智慧之河流淌之处。[222] 如经文在别处所说的那样，"我就是那使水从坚硬的磐石中流出来的"③。摩西也为神的不变性提供了他的证词，他说："他们看见以色列的神

① 参见《创世记》41：17—23。

② 《出埃及记》17：6。"我必在何烈的磐石那里，站在你面前。你要击打磐石，从磐石里必有水流出来，使百姓可以喝。摩西就在以色列的长老眼前那样做了。"

③ 《申命记》8：15。"引你经过那大而可怕的旷野，那里有火蛇，蝎子，干旱无水之地。他曾为你使水从坚硬的磐石中流出来。"

站立的地方”①，因为通过站立或建立，祂显示出祂的永恒性。

【33】[223] 神的稳定性确实巨大无比，祂挑选一些性质传给民众，作为他们最丰厚的财产。比如，祂说祂的盟约充满祂的恩惠，亦即最高的律法和原则，也就是说，最高的律法统治着现存事物，把神的影像坚定地种植在公正的灵魂中，而灵魂就像影像的台座。所以，对挪亚说话的时候，祂宣布："我要与你们立约。"②[224] 这些话有两个进一步的意思。第一，公正和神的约是同一的；第二，由其他人馈赠的礼物与接受者接受的礼物不同，神不仅赐予礼物，而且也把接受者本身赐予他们。因为祂把我本身赐给我，把任何事物本身赐给事物，因为"我要与你们立约"和"我要把你自己给予你"相同。[225] 逃离日常事务的狂风暴雨和惊涛骇浪，在美德的锚地寻求安全的庇护，这是神的所有钟爱者最诚挚的愿望。[226] 我们来看这里是怎么讲到聪明的亚伯拉罕的，他"站在神面前"③，除了站在神的面前，他看见神，也被神看见的时候，我们可以期待心灵什么时候站立，不再摇摆？[227] 因为心灵从两个来源得到它的平衡：一是来自看，因为当它看见无与伦比者的时候，它不会再屈服于像它自己那样的事物；二是来自被看，因为被这位统治者判断配得上被看的这个心灵进入祂的视野，祂宣布它是独一的，最好的，也就是属于祂自己的。这条神圣的诫命也给予摩西，"你可以站在我这里"④，这就引出上面提到的两点意思，亦即高尚者的坚定性质和祂的绝对稳定性。

【34】[228] 这是因为，接近神就会进入一种依附性的存在，由此这种

---

① 《出埃及记》24：10。"他们看见以色列的神，他脚下仿佛有平铺的蓝宝石，如同天色明净。"

② 《创世记》9：11。"我与你们立约，凡有血肉的，不再被洪水灭绝，也不再有洪水毁坏地了。"

③ 《创世记》18：22。"二人转身离开那里，向所多玛去。但亚伯拉罕仍旧站在耶和华面前。"

④ 《申命记》5：31。"至于你，可以站在我这里，我要将一切诫命，律例，典章传给你。你要教训他们，使他们在我赐他们为业的地上遵行。"

不变性就变成了自立。当心灵处于静止的时候，它清楚地认识到幸福的静止有多么伟大，并对它的美貌深感惊讶，它会想到静止要么只属于神，要么具有介于可朽与不朽之间的存在形式。[229] 所以他说，“我站在神和你们中间，”① 这样说的意思并不是他的脚坚定地站立在那里，而是希望说明这位圣贤的心灵摆脱了暴风骤雨和战争，平静安宁，他的心灵优于人的心灵，但是劣于神的心灵。[230]普通人的心灵在偶然事件的作用下是动摇的，旋转的，而另一方面，凭借它的幸福和幸运，它的罪恶被赦免。所以我们可以说，这位善人确实处在边界线上，恰当地说，他既不是神，也不是人，而是位于两者的边界和端点，他由于他的人性而是有死的，他由于他的美德而是不朽的。[231] 与此相同的是关于这位大祭司的神谕，经文说“他进入至圣所的时候，他不是人，直等到他出来”②。[232] 如果他在这个时候已经变得不是人了，那么他显然不是神，而是神的使臣，通过他的可朽性与被造者亲和，通过不朽性与非被造者亲和，他保持这个中间的位置，直到他再次进入肉身的王国。之所以如此是很自然的。当心灵被对神的热爱所把握的时候，当它竭力进到圣所最里面的时候，当它竭尽全力努力前进的时候，在神的力量的推动下，它忘记了其他的一切，忘记了它自己，一心一意只想着神，它是神的随从和仆人，它对神的奉献不是可见的供物，而是馨香，神圣美德的馨香。[233] 当灵感停留的时候，它的强烈渴望有所弱化，它匆忙从神那里返回，变成了凡人，与人的利益旨趣相遇，伺机抓住它们，只有在这一刻，它才显露出来。

【35】[234] 然后，摩西描述了这个既不是神又不是人的完善者，但是，如我已说，他位于非被造者与有可朽形体的存在物之间的分界线上。[235] 另一方面，这个人沿着位于活人和死人之间的道路前进，前者指的是那些拥

---

① 《申命记》5：5。“那时我站在耶和华和你们中间，要将耶和华的话传给你们，因为你们惧怕那火，没有上山。”

② 《利未记》16：17。“他进圣所赎罪的时候，会幕里不可有人，直等到他为自己和本家并以色列全会众赎了罪出来。”

有智慧作为终身伴侣的人，后者指的是那些愿意愚蠢的人，因为我们得知，亚伦“站在活人死人中间，瘟疫就止住了”①。这个前进中的人既不能算作美德生活的死人，又不能算作过着完善幸福生活的活人，因为他仍旧缺乏圆满，只是对二者均有触及。[236] 所以他相当合适地使用“止住瘟疫”这个短语作为结论，而不是用“停止”。因为在趋向完善的时候，灵魂确实会由于被打破和粉碎而停止，但在它们变得弱小的过程中，它受到的顶多就是被砍倒和受限制，不会更多。

【36】[237] 所以，我们发现，稳定性、确定性，或者永久的不动性，首先是就祂的不动和不变的性质而言的，这是存在者最初的属性，其次是就被祂称做祂的约的道而言的，再而是就这位圣人而言的，最后是就这个逐渐前进的人而言的。那么，当心灵的身体在急流旋涡中上下翻滚的时候，是什么能使应受各种诅咒的邪恶心灵认为自己能独自站立呢？[238] 他说：“我以为我站在河边。”② 我认为，河流在这里象征语言，因为话语既像急流一样涌出，又像旋涡一样猛烈旋转，在一种情况下是水，在另一种情况下是讲话，水流湍急的时候，河道和讲话有时会产生后果，而在松弛或消退的时候，河道和讲话有时不会产生后果。[239] 通过灌溉，二者可以是有益的，一种情况下是田野，另一种情况下是听讲人温顺的灵魂；二者有时候会带来伤害，洪水泛滥的时候，河水会淹没土地，而语言一不留神就会削弱精神的力量，使灵魂陷入混乱。[240] 以这样一种方式，语言就像一条河，具有好的和坏的两重性质，好的性质是有益的，坏的性质必然是有害的。[241] 摩西提供了两方面的例子，对拥有这些影像为礼物的人来说，它们是最清晰的。[242] 他说：“有河从伊甸流出来，滋润那园子，从那里分为四道。”③ 他所起的伊甸这个名称可以解释为“乐”，对存在者的智慧而言，因为智慧对神来说无疑是快乐的源泉，而神对智慧来说无疑也是快乐的源泉，所以在诗

---

① 《民数记》16：48。“他站在活人死人中间，瘟疫就止住了。”

② 《创世记》41：17。“法老对约瑟说，我梦见我站在河边。”

③ 《创世记》2：10。“有河从伊甸流出来，滋润那园子，从那里分为四道。”

篇中，歌者吩咐我们："要以主为乐。"① 神圣的道从智慧的源泉下降，像一条河浇灌天上乐园里的草木，热爱美德的灵魂就处于这个乐园中。[243] 这个神圣的道"分为四道"，这里的意思是道分成四种美德，每一种美德都是高贵的。因为分成道或分成条，不像划分为地区，而像划分为王国，当他针对美德的时候，他的意思是借此宣布拥有它们的这位圣贤是一位国王，他不是由人任命的，而是由自然任命的，自然是绝对可靠的，不会腐败的，是唯一自由的挑选者。[244] 因此，那些看到亚伯拉罕高贵之处的人对他说："你在我们中间是从神那里来的国王。"② 就这样，他们为这位哲学的学生奠定了这种学说，只有这位圣贤是统治者和国王，作为统治者的和王权的美德，它的权柄是不可更改的。

【37】[245] 就是这个道，摩西的一位同伴把它比做河流。他在诗篇中说："神的河满了水。"③ 确实，假定这些话指的是大地上的任何一条河流，那都是没有意义的。不，他把神圣的道说成水满了的智慧之河，没有哪个部分缺水，而是像它被称做河流那样，充满来自源泉四季不断的湍急水流。[246] 还有另外一首诗是这样写的："湍急的河流使神的城欢喜。"④ 这是什么城？现存的圣城也是神庙的所在地，那里并不比大海更靠近河边。因此，这样写显然是为了把不同于表面意思的喻意告诉我们。[247] 这样说完全是真的，神圣的道伴随着急流奔涌向前，永不停息，在整个世界泛滥，使整个宇宙喜乐。[248] 这是因为，在一种意义上，神的城是这个世界的名称，它像一只大碗，接受神圣的甘露，人们在其中宴饮，它在任何时候都不会消停。在另一种意义上，神的城是这位圣贤灵魂的名称，神在其中行走，就好像在城里

---

① 《诗篇》37∶4。"又要以耶和华为乐。他就将你心里所求的赐给你。"

② 《创世记》23∶6。"我主请听。你在我们中间是一位尊大的王子，只管在我们最好的坟地里埋葬你的死人。我们没有一人不容你在他的坟地里埋葬你的死人。"

③ 《诗篇》65∶9。"你眷顾地，降下透雨，使地大得肥美。神的河满了水。你这样浇灌了地，好为人预备五谷。"

④ 《诗篇》46∶4。"有一道河。这河的分汊，使神的城欢喜。这城就是至高者居住的圣所。"

行走。经上说:“我要在你们中间行走,我要作你们的神。”①[249] 所以,幸福的灵魂握着它自己的理智的圣杯,往杯中倒满真正的喜乐,而圣道是神的斟酒者和宴饮的主人,它也是甘露的倾倒者,这甘露是它自己的,没有稀释,甜美可口,令人喜乐,是神的饮品,或者按诗人的说法,我们可以拿来饮用,它的效用是提供喜乐,不是吗?

【38】[250] 神的城在希伯来语中称做耶路撒冷,这个名称可以译为“和平的影像”。因此,不要在大地上寻求这位存在者的城,因为它不是用木头和石头建造的,而要在心灵中寻找,在这个心灵里没有战争,它的视力是敏锐的,神的城安放在它面前作为目标,它生活在沉思与和平之中。[251] 这个心灵渴望见到所有事物,但决不会在梦中希望看见混乱和骚动,除了寻求影像的心灵,我们还能发现什么完全适合神居住的宏伟的或神圣的住所呢?[252]我再次听到了不可见的灵的声音,这位熟悉的秘密的房客,它说:“朋友,似乎有一样伟大和宝贵的东西你一无所知,我愿意把它告诉你,因为我适时给过你其他许多教训。[253] 所以,好朋友,要知道只有神是真正的、名副其实的和平,没有任何虚幻,而持久的战争只是要消亡的实在的被造物。神是拥有自由意志的存在者;这个物体的世界是死亡。所以无论什么东西有力量放弃战争和死亡、被造物与消亡,跨越非被造物的营地,拥有不朽、自愿、和平,都可以公正地被称做神的居所和城邦。[254] 这件事情微不足道,你应当给予同一对象两个不同的名称:神的影像与和平的影像。因为存在者的权能确实拥有许多名称,而陪伴和平的事物不仅是一位成员,而且是一位领袖。”

【39】[255] 还有,神把“从埃及河直到伯大河之地”② 应许给聪明的亚伯拉罕,这里的地的意思不是国家的一部分,倒不如说是指我们自身较好的部分。因为我们的身体和在其中生成的情欲就像埃及河,而灵魂和灵魂热爱

① 《利未记》26:12。“我要在你们中间行走,我要作你们的神,你们要作我的子民。”

② 《创世记》15:18。“当那日,耶和华与亚伯兰立约,说,我已赐给你的后裔,从埃及河直到伯大河之地。”

的东西就像伯大河[1]。[256]在这里，他提出了一种极为重要的、对生命极有价值的学说，也就是说，善人接受他的这部分灵魂和灵魂的美德，尽管恶人拥有身体和邪恶，邪恶属于身体，从身体中产生。[257]“从”在这里有两种意思，一种是产生我们所讲的这些事物的那个地方，包括它的起点，另一种是它被排除在外的那个地方。因为当我们说从早到晚有十二个小时，或者说从新月到一个月结束有三十天的时间，我们在前一个例子中把第一个小时算作开始，在后一个例子中把新月本身算作开始。但是，当一个人说从野外到城里有三四个斯塔达[2]远的时候，他显然没有把城市包括在内。[258] 所以在这个例子中，我们必须设定“从埃及河”这个短语中的“从”是在排除的意义上使用的。因为摩西会让我们直接消除物体性的事物，这些事物处于无休止的流动和变化之中，摧毁和被摧毁，把灵魂和美德当做我们的遗产来接受，而美德是不可毁灭的，值得接受。[259] 就这样，我们的考察表明了当值得赞扬的话语被比做河流的时候，这样说是什么意思。由此可以推论，需要谴责的话语无非就是埃及河，亦即训练不良的话语，它是无知的，实际上是无灵魂的。因此它变成了血，[3] 因为它不能提供营养，受到约束的话语不能喝水。后来又出现了许多青蛙，这是一种无血气、无灵魂的动物，它的叫声怪异，令听者痛苦。[260] 我们还得知河里的鱼都死了，[4] 鱼在这里象征思想。因为思想在话语中游泳和生长，话语就像一条河。河水赋予河里的动物以生命。但是，理念会在不受约束的话语中死亡。因为在这样的话语中找不到意义，只有无序的叫喊和哭泣，以及“不规范的”诗句。

【40】［261］这些要点就说到这里，但由于在“我以为我站在河边”这

① 伯大河（Εὐφράτου），又译幼发拉底河。

② 斯塔达（σταδίους），希腊人的长度单位，意译为“希腊里”，一斯塔达约合 606.75 英尺，约合 185 公尺。

③ 《出埃及记》7：20。“摩西，亚伦就照耶和华所吩咐的行。亚伦在法老和臣仆眼前举杖击打河里的水，河里的水都变作血了。”

④ 《出埃及记》7：21。“河里的鱼死了，河也腥臭了，埃及人就不能吃这河里的水，埃及遍地都有了血。”

句话中，他宣布他的梦不仅包括“站”与“河”，而且包括河边或河的“嘴唇”，所以我必须进行这样的考察，以便适合“嘴唇”这个主题。[262] 自然把嘴唇专门赋予动物和人，这显然有两个最重要的目的。一个是保持安静，因为嘴唇对声音构成最强大的屏障和阻挡。另一个是表达思想，因为话语之河通过嘴唇流出。当嘴唇合上的时候，这条河就被挡住了，无法通过。[263] 以这种方式，嘴唇使我们得到两种训练和练习，这就是讲话和保持安静，它们教导我们要寻找恰当的时机讲话和保持安静。比如，这些事情说出来值得听吗？按照摩西的吩咐，不要反对它，而要默默静听。①[264] 但凡那些陷入口舌之争的人没有一个能够恰当地讲话或聆听；他在真实的意义上会发现沉默是有用的。[265] 还有，在战争和苦难生活中，你们看到神的仁慈之手像盾牌一样保护你们，而你们要静默。因为这位保护者不需要帮手，对此我们在圣经宝库中拥有证据，经上说“主必为你们争战，你们只管静默”②。[266] 还有，你们看到埃及人的长子，③ 他们父母的真正子女死亡了，欲望、快乐、悲伤、恐惧、不义、愚蠢、荒淫，乃至于他们所有的兄弟和亲戚，都敬畏地站立，保持静默，在神的强大权柄面前弯下腰来。[267] 经上说：“无论是人是牲畜，连狗也不敢向他们摇舌。”④ 这里的意思是，像狗一样大声狂吠的舌头、在我们中间占据统治地位的心灵、像牲畜一样的感觉，都不应当自傲，所有的衰败都是我们自己的，我们的自夸并不能保护我们。

【41】[268] 但是也经常有这样的机会，与沉默一致的疾病兴起，以歌曲或散文呼唤话语，在同一库房中我们也能发现有益的事例。为什么会这样呢？假定某些善物突如其来地降临在我们身上。那么好，我们可以对恩赐者

---

① 《申命记》27 : 9。“摩西和祭司利未人晓谕以色列众人说，以色列阿，要默默静听。你今日成为耶和华你神的百姓了。”

② 《出埃及记》14 : 14。“耶和华必为你们争战，你们只管静默，不要作声。”

③ 《出埃及记》11 : 5。“凡在埃及地，从坐宝座的法老直到磨子后的婢女所有的长子，以及一切头生的牲畜，都必死。”

④ 《出埃及记》11 : 7。“至于以色列中，无论是人是牲畜，连狗也不敢向他们摇舌，好叫你们知道耶和华是将埃及人和以色列人分别出来。”

唱颂歌谢恩。[269] 这种善是什么呢？假定攻击我们的情欲死了，我们把它扔出去，没有举行葬礼。让我们不要迟延，而要站好队列，让我们的歌队唱起最神圣的颂歌，要对所有人说，“让我们向主歌唱，因他大大战胜，将马和骑马的投在海中”。①[270] 尽管摧毁和消除情欲无疑是一件好事，然而它不是一样完全的善，而智慧的发现是极好的事。当智慧被发现的时候，所有人都会一起歌唱，不是只用一种音乐，而会用所有和谐的乐曲。[271] 经上说：“以色列人向这井歌唱。”② 我认为“井”的意思是知识，它长时间隐藏起来，人们适时寻找，最终可以发现，知识的本性如此深藏不露，对那些想要看见知识的人的灵魂来说，知识起着浇灌理智的田野的作用。[272] 还有，当我们收取心灵的真正产物时，圣道吩咐我们要取来这些产物，盛在筐子里。③ 关于我们的理智能力，卓越事物的初熟谷物，开花结果，发芽，我们自己的果实，当我们在神的面前大声展示它们的时候，神使之圆满，我们是这样说的：“我已将涤净了的圣物从我家里拿出来，储存在神的家里，那些拣选出来的人看守和护卫神的家，他们是神圣庙宇的管家。”④[273] 这些人是利未人和寄居者，是孤儿与寡妇⑤；首先是乞援者，其次是那些离开家在神那里避难的人，再次是孤儿与寡妇，他们以神为合法丈夫和担当仆从的灵魂的父亲。

【42】[274] 讲话和保持沉默，这就是最合适的规则。但是恶人的习惯与此相反。因为他们热心追求一种怀有内疚的沉默和应受谴责的话语，二者

---

① 《出埃及记》15：1。“那时，摩西和以色列人向耶和华唱歌说，我要向耶和华歌唱，因他大大战胜，将马和骑马的投在海中。”

② 《民数记》21：17。“当时，以色列人唱歌说，井阿，涌上水来。你们要向这井歌唱。”

③ 《申命记》26：2，4。“就要从耶和华你神赐你的地上将所收的各种初熟的土产取些来，盛在筐子里，往耶和华你神所选择要立为他名的居所去。”“祭司就从你手里取过筐子来，放在耶和华你神的坛前。”

④ 《申命记》26：13。“你又要在耶和华你神面前说，我已将圣物从我家里拿出来，给了利未人和寄居的，与孤儿寡妇，是照你所吩咐我的一切命令。你的命令我都没有违背，也没有忘记。”

⑤ 《创世记》26：13。

均为毁灭其自身和其他人的内在动力。[275] 然而，在讲话中，在说出他们不该说的话时，他们自己进行的练习最多。因为他们口无遮拦，张嘴说出杂乱无章的话语，用诗人的话来说，就好像未经阻拦的急流，携带着大量无益的东西。[276] 所以有些人为快乐和欲望辩护，用不合理的情欲恐吓占据统治地位的理智。另外一些人使自己摆脱争执，希望因此而看不见幻觉，把它们扔下悬崖峭壁，使它们无法再兴起。[277] 还有一些人，把自己放在美德的对立面上，不仅针对人的美德，而且针对神的美德；他们竟然疯狂到这个地步。这样的三个人中间的一个，那个快乐的热爱者的同伴，被描写为把埃及国王当做他们的领袖。因为神对这位先知说："你瞧，他出来往水边去，你要往河边迎接他。"①[278] 这是他的特点，他应当走出去，遇上散布各处的非理智的情欲，就好像这位贤人遇见河里的急流，也就是快乐和欲望，不仅用他的脚碰到水，而且要用他的判断，坚定地，不动摇地，去河边，也就是用他讲话的器官，嘴唇和舌头。有这些东西的坚定支持，他能够推翻和打倒那些导致情欲的似是而非的原因。[279]其次，我们发现这个种族的敌人，亦即法老的民众所具有的幻觉，不停地攻击、迫害、奴役美德，直到他们受到以恶制恶的回应，在恶行的大海里，被淹没在惊涛骇浪之中，在这样的时候，他们的胡言乱语产生了无与伦比的奇观，这是一场无可争辩的胜利，给人们带来无比的欢乐。[280] 所以我们读到："以色列人看见埃及人的死尸都在海边了。"② 能束缚这些战士的嘴、唇、话语的力量是强大的，那些拿起武器反对真理的人倒下了，所以是他们自己的武器，而不是那些陌生人的武器，给拿起武器反对其他人的人带来了死亡。[281] 这段经文对灵魂宣布了三个最好的信息：第一，埃及的情欲灭亡了；第二，它们的死亡就像这个泉眼里流出来的水，也就是从嘴唇里流出来的反对美德的诡辩的话语，就像海

---

① 《出埃及记》7：15。"明日早晨，他出来往水边去，你要往河边迎接他，手里要拿着那变过蛇的杖。"

② 《出埃及记》14：30。"当日，耶和华这样拯救以色列人脱离埃及人的手，以色列人看见埃及人的死尸都在海边了。"

水一样苦涩；第三，它们的毁灭是可见的。[282] 我们可以祈祷，愿一切好的和美的事物都能被看见，它们都应当置于光明和阳光之下，而与它们相反的邪恶只能被放置在深沉的黑暗中，放置在夜晚。愿我们决不要看到邪恶，哪怕只是偶然的一瞥，但愿我们的每一缕眼光都能看到善。善者生存，恶者死亡，还有什么能比这更好？

【43】[283]列在第三位的是那些把他们能干的言辞运用于天空本身的人，这些人进行的研究直接反对自然，或者倒不如说反对他们自己的灵魂。他们宣称，在我们视力和感官能及的这个世界之外，无物存在，这个世界既不是被造的，也不会灭亡，而是非被造的，不灭的，没有保护者、掌舵者、监护者。[284] 然后，他们层层堆积，建起一座令人厌恶的教义高塔。因为我们读到："天下人的口音都是一样的。"① 这是一种不和谐的和谐，是灵魂所有部分的混合，它强行消除了宇宙中最大的约束力对它的统治。[285] 因此，这些人希望在心灵和思想上展翅高飞，摧毁永久的王权，而有一只强大的、不可摧毁的手把他们打倒，颠覆了他们的学说大厦。[286]这个地方被称做"混乱"，对于鲁莽大胆的革命来说，这是一个恰当的名称。因为还有什么能比混乱更需要政府？没有统治者的房子不是充满冒犯和骚乱吗？[287] 无国王的城邦，那些由最邪恶的暴民统治的城邦，不是被相反的有国王统治的城邦摧毁了吗？当它们的政府被瓦解的时候，大地上的国家、民族和区域不是失去了它们原有的幸福生活吗？[288] 我们为什么要诉诸人这个例子？因为其他种类的动物，无论是天上的、地下的，或者水里的，都不会比想要捕捉它们的人更加团结一致，人类总是想要有一位恰当的领袖，把他当做他们幸福的保障来荣耀他，没有他，他们就会分散，会被毁灭。[289] 所以我们能够这样假设吗？大地上的动物，它们只是宇宙的一小部分，发现它们幸福的原因是政府、苦难的原因是无政府，如果没有神作为统领这个世界的国王，那么这个世界就不能拥有最高的幸福？[290] 所以，这些冒犯天空的侵略者

---

① 《创世记》11：1。"那时，天下人的口音，言语，都是一样。"

受到与它们的企图相适应的惩罚。它们把无序带入神圣，看到由于自己的无政府而带来的不圣洁；它们陷入混乱和困惑之中。但只要它们处于不受惩罚的状态，被幻觉所迷惑，它们就会用不圣洁的话语给这个宇宙政府带来毁灭，并把它们自己当做统治者和国王，取代神的不可毁灭的主权，而它们是被造物，会衰竭、会灭亡，不能保持同一。

【44】[291] 因此，这就是它们言过其实、自吹自擂的讲话方式，比如说："我们是领袖，我们是统治者；万物以我们为基础。除了我们，谁能引起善或它的对立面？除了我们，谁能带来真正的益处或伤害？他们说万物均与一个不可见的权能相连，认为这种权能掌管着世上的一切事物，无论是人的还是神的，他们这是在胡说八道。"[292] 这就是他们的自以为是。然而，如果他们能从这种陶醉的状态恢复清醒，回归本身，如果他们能够明白他们以往的软弱，感到可耻，责备他们的错误判断导致他们犯下的罪，如果他们为他们不受奉承和贿赂影响的顾问表示改悔，如果他们恳求神的仁慈，改变他们以前说的亵渎的话语，用圣洁取代不敬，那么他们会获得完全的宽恕。[293] 但若他们继续执迷不悟，就像顽劣的驽马一样不服从驾驭，尽管它们是自由的、独立的，是其他人的统治者，那么无情的和不可调和的必然性会使它们感到，在大大小小的一切事物中，它们一无是处。[294] 驾驭世界这辆长着飞翼的马车的驭手会给马匹装上马勒和缰绳，用力拉紧，用皮鞭和马刺呼唤它们傲慢的本性，统治者的仁慈与温和会使它们忘记自己的本性，就像坏仆人所做的那样。[295] 因为主人的这种温和会被误解为统治失败，就像那些没有主人的状态，直到这个宇宙的所有者止住疾病的大洪水，在应当治疗的地方使用惩罚。[296] 就这样我们读到："这个无法无天的灵魂用它的唇区别做得好与做得坏，然后宣布它的罪。"① 哦，狂妄自大、愚蠢至极的灵魂啊，你宣布的是什么？你知道什么是真正的善、优秀、公义、神圣，或

---

① 《利未记》5：4—5。"或是有人嘴里冒失发誓，要行恶，要行善，无论人在什么事上冒失发誓，他却不知道，一知道了就要在这其中的一件上有了罪。他有了罪的时候，就要承认所犯的罪。"

者知道什么东西有益于谁吗？[297] 不，这些知识，以及对这些知识的把握，只留给神和神的朋友，无论他是谁。有一则神谕可以提供证明，我们读到："我使人死，我使人活。我损伤，我也医治。"①[298] 确实，当这个自以为聪明的灵魂进入超越其视野的梦中，它没有稍纵即逝的思想，而只有懊悔，因为它骄傲地发誓，这些梦中的事物是坚定地存在的，而这只是它虚假的想象。[299] 如果它的热病开始减轻，健康的苗头开始生长，那么这种力量迫使它首先"宣布它的罪"，也就是责备它自己，然后作为祈援者走上祭坛，用祈祷、誓言、献祭来求得恩惠，只有这样，它才能获得宽恕。

【45】[300] 接下去，我们可以合理地考察为什么摩西只谈论埃及河的"唇"，而在提到伯大河和其他神圣河流时不这样做。因为，我们在一个地方看到，"你要往河边迎接他"，②……③[301] 然而有些人可能会冷笑着说，这样的观点不应当进入我们的考察，因为这些事情太烦琐，对我们无益。但我认为，这些事情就像圣经的调味品，可以启迪它的读者，这样的考察不能视为牵强附会和吹毛求疵，正好相反，如果他们不能进行这样的考察，那么他们是玩忽职守了。[302] 因为我们现在考察的主题不是关于河流的知识，而是关于生命的知识，我们把生命比做河流，河流有相反的种类。好的生命和坏的生命已经得到说明，一种生命在于行为，另一种生命在于话语，话语属于舌头、嘴巴和嘴唇……④

---

① 《申命记》32：39。"你们如今要知道，我，惟有我是神。在我以外并无别神。我使人死，我使人活。我损伤，我也医治，并无人能从我手中救出来。"

② 《出埃及记》7：15。"明日早晨，他出来往水边去，你要往河边迎接他，手里要拿着那变过蛇的杖。"

③ 此处原文有佚失。

④ 此处原文已佚失。

论亚伯拉罕

提　要

本文的希腊文标题是“ΒΙΟΣ ΣΟΦΟΥ ΤΟΥΚΑΤΑ ΔΙΔΑΣΚΑΛΙΑΝ ΤΕΛΕΙΩΕΝΤΟΣ Η ΝΟΜΩΝ ΑΓΡΑΦΩΝ Ο ΕΣΤΙ ΠΕΡΙ ΑΒΡΑΑΜ”，意为“论亚伯拉罕，这位贤人的生命通过教导而变得完善，或关于不成文律法的第一卷”，英译者将这个标题译为“On Abraham”。本文的拉丁文标题为“De Abrahamo”，缩略语为“Abr.”。中文标题定为“论亚伯拉罕”。原文共分为 46 章（chapter），276 节（section），译成中文约 3.6 万字。

在讨论成文律法之前，作者表示要追随摩西，谈论生活，然后开始处理第一个较小的和完善的三一体（1—6 节）。第一个人是以挪士，这个名字的意思是“人”，他是一名信靠希望者，信靠希望是真人的第一个标志（7—10 节）。第二个人是以诺，他是悔改者，是“转移了的”，亦即过上一种较好的生活，他“看不见了”，因为善者是稀少的，喜欢独处（17—26 节）。第三个人是挪亚，与大洪水之前的邪恶一代相比，挪亚是公义的（27—46 节）。这个三一体也体现了人走向完善的三个阶段：希望者是不完善的，渴望美德，但还没有获得美德；悔改者从恶走向善，最终转入美德，被神接走；完善者则从一开始就是完善的。

然后讨论由三位族长组成的更高的三一体。“前者可以比做儿童的学习，后者可以比做运动员的训练，为真正神圣的比赛做准备。”（47—48 节）这三位族长是亚伯拉罕、以撒和雅各，分别象征通过教导、本性和实践获得美德。教导、本性和实践不仅是三一体的典型，而且也是以色列的父母，以色列的字面意思是“看见神的人”（48—59节）。亚伯拉罕迁移的故事表明他追求最高的美德虔敬。他对虔敬的追求首先体现在他绝对服从神的命令。神叫他离开本国、本民，他就毫不犹豫地立即出发。当然这是灵魂上的移居，是有喻意的，也就是“热爱美德的灵魂”开始真正地追寻真神。迦勒底人热衷于占星术、天文学，只能看到天象，看不到真神。若不离开此地，抛弃这个民族的学问，就不可能接近真神。因此亚伯拉罕离开迦勒底，来到哈兰，他的心灵第一次恢复了视力，具备了从哈兰这个“洞穴”隐约看见神的能力，神向他显现（60—88节）。亚伯兰改名为亚伯拉罕，他从一名占星学家变为追求美德的贤人。神命令他进入旷野，因为寻求神的人必须离群索居，才能提升自己的理智，凝视世界的创造者。然后解释亚伯拉罕带妻子下埃及的遭遇，表明神对他们的眷顾（99—106节）。

然后详尽解释亚伯拉罕接待三位使者（107—118节）。三位使者象征自有永有者、有益的权能和统治的权能，灵魂在有益的权能和敬畏的推动下可以上升到圆满的境地，即使人不相信这些动机，神也不会认为他们没有价值（119—132节）。两位权能有一位使人得益，有一位叫人受罚。平原上五座繁华的城邑有四座被烧毁，只有一座留下，表示自有永有者把这些事情留给下属去完成（133—146节）。这五座城邑表示我们的五官，其中视觉器官眼睛是最高贵的，由琐珥来表示，其他四种器官会激发情欲，必须毁灭（147—166节）。

然后讨论亚伯拉罕用独生子以撒献祭的故事。亚伯拉罕之所以得着神的恩惠，乃是因为他的种种行为表现出虔敬的美德，他用独生子以撒献祭这个故事最能体现他的这种美德（167—177节）。指出其他民族也有许多杀子献祭的故事，分析它们与亚伯拉罕杀子献祭的区别（178—199节）。亚伯拉罕的这个故事表示忠心的灵魂经常感到有义务献出它的“以撒”（喜乐），而通过神的仁慈，奉献者可以重新得到以撒（200—207节）。

然后讲述亚伯拉罕仁慈待人，与罗得解决定居点的纷争（208—216节）。这一纷争象征灵魂两种不相容的热爱：一种是对善的热爱；一种是对肉体的、外在事物的热爱（217—224节）。在四王与五王的征战中取胜，显示出亚伯拉罕的勇气（225—235节），喻意解释为四种激情与五种感觉之间的冲突，理智的干预成为反对激情的标准（236—244节）。

然后讲述两件事，说明亚伯拉罕为人处世的美德。一件事情是处理与侄子罗得之间的纠纷，体现出他的勇气和智慧。从喻意上理解，这是理智得到美德的装备，在神的大能的帮助下，战胜四种激情和五个感官，即一切可朽的事物（245—254节）。第二件事情是亚伯拉罕的妻子撒拉去世，他信靠神，以理智战胜忧伤，表现出自制的美德（255—261节）。

论文最后赞扬亚伯拉罕的坚定信仰，他得神教诲，成全美德，他遵守律法，他本人就是一部未成文的律法（262—276节）。

正 文

【1】[1] 有五本书书写神圣的律法，其中第一本的名称和标题是《创世记》，它的开篇之处包含着对这个世界的生成或被造的解释。尽管包含其他数不清的事情，但这本书还是有了这个标题；它谈论和平与战争、多产与不育、匮乏与丰富，谈论火与水如何大量摧毁大地上的事物，植物和动物如何产生，如何在温暖的空气和四季的循环中繁衍生息；还有，人也是这样，有些人过着一种合乎美德的生活，有些人过着一种邪恶的生活。[2] 在这些事物中，有些是世界的组成部分，有些是降临这个世界的事件，而世界是包含万有的完整大全，所以他用整本书描写这个世界。[3] 我们在前面的文章①里已经尽我们之所能，在其中详细阐述了这个被造世界的秩序，但由于我们必须按常规顺序来考察律法，所以我们要推迟考察专门的律法，可以说，专门的律法是一些副本，而我们首先要考察的是那些更加一般的、可以称做那些副本之原本的律法。[4] 这种律法就是过着善良而又清白生活的人，他们的美德永远记载在最神圣的经文中，这样做不仅是为了赞美他们，而且是为了教导读者，激励读者去追求同样的生活；在这些人身上，我们看到了拥有生命和理智的律法，而摩西赞美他们则是出于两个原因：[5] 首先，他想要表明这些已经制定的法令与本性并不相悖；其次，那些愿意按照律法生活的人其实并没有承担什么艰巨的任务，因为在成文的律法制定之前，初民们非常轻松地遵守着非成文的律法。所以我们完全可以恰当地说，成文的律法不是别的什么东西，而就是对古人生活的回忆，把他们的真实言行保存下来，留给后代。[6] 他们不是学者或者其他人的学生，也没有在老师的教导下学习怎么说或怎么做才是对的；他们聆听自己的声音和教导，乐意接受与自然相一致的事物，把自然本身视为最可敬的法令，事实也确实如此，所以他们

① 指斐洛的《论创世》。

的整个生活就是快乐地遵守律法。他们不会出于自愿或目的而犯罪，一旦偶然做了错事，他们就恳求神的怜悯，长久祷告，求祂息怒，从而在两个领域里都得到正确的引导，完善地生活，这两个领域就是预先计划过的行动和并非出于自愿和目的的行动。

【2】[7] 由于希望是朝着幸福前进的第一步，希望就像一条大路，是由热爱美德的灵魂在渴望获得真正美德时建造和开启的，所以摩西把第一位希望的热爱者称做“人”，把这个整个族类共同的名称做为特殊的恩惠赐给他，迦勒底语的“人”是“以挪士”，① 因为只有他是期盼美好事物的真正的人，坚定地信靠给人安慰的希望。②[8] 这就清楚地表明，他把失去希望的人不当做人，而当做人形的野兽，因为这个人的灵魂拥有的最亲近、最宝贵的财富，亦即希望，被剥夺了。[9] 因此，尽管列祖列宗当时已经产生，但当他想要给予拥有希望者最高赞美的时候，他首先叙述了对万物之父和造物主抱有的希望，然后他又说“这是一本关于人类生成的书”。他认为列祖列宗只是这个混合种族的祖先，而以挪士是这个清除了一切不洁的、真正有理智的族类的祖先。[10] 尽管除了荷马之外还有许多诗人，但我们由于荷马的杰出品德而称他为“诗人”，尽管凡是不是白的东西都是黑的，但我们把用来书写的材料称为“墨水”③，尽管雅典的执政官共有九位，但我们把名列执政官之首的执政官称为“阿康”，以他的名字命名雅典的纪年，④ 同理，摩西把“人”这个称号赋予这个珍视希望的杰出的人，而认为其他许多人不配得到这一称号。[11] 有关这位真正的人的产生，在说到这本书的时候，他也说得很好。这样说是恰当的，因为这位拥有希望的人配得上记载，不是用将要毁于蛀虫的纸张，而是用自然这本不朽的书，把一切美好行为记录在

① 斐洛在本文中和后面的一些文章中经常把迦勒底当做希伯来的同义词。以挪士（Ἐνώς）这个名字的字义是“人”。

② 参见《创世记》4∶26。“塞特也生了一个儿子，起名叫以挪士。那时候，人才求告耶和华的名。”

③ 墨水（μέλαν）。

④ 雅典首席执政官称做“阿康”（ἄρχων），以他的名字命名纪年（ἐπώνυμος）。

案。[12] 还有，若从最先从土中产生的那个人算起，我们会发现在迦勒底语里被称做“以挪士”、在我们的语言里被称做“人”的这个人，属于第四个人。①[13] 那些致力于无形体的概念性实在的哲学家极为尊崇“四”这个数字，尤其是全智的摩西，他在赞美这个数字的时候说它是“圣洁的，值得赞美的”，而在前一篇论文中我们已经说明他为什么要这样做。[14] 满怀希望的人也是圣洁的和值得赞美的，就好像反过来，心中无望的人是罪恶的和该受谴责的，因为他在所有事情上都把恐惧当做他的邪恶谋士；诚如人们所说，没有哪两样事物比恐惧和希望更加彼此为敌，这是非常自然的，因为二者都是期待，希望是对善的期待，而恐惧是对恶的期待，它们的本性不能和解，不能达成一致。

【3】[15] 有关希望这个主题，我们就不需要再多说些什么了，本性把它确定为一名看门人，站在王宫门口，守卫着高贵的美德，若不首先向她表示尊敬，我们就不能得到通行的许可。[16] 诚然，每个民族的立法者和律法都花费了大量精力，使自由民的心中充满令人安慰的希望；但他获得满怀希望这种美德不是出于劝告或者命令，而是出于由自然制定的律法的教导，这条律法是未成文的，要靠直觉来把握。[17]排在希望之后的是悔罪和改善，因此，摩西按照顺序提到这个人从比较邪恶的生活转向比较良善的生活，希伯来人叫他以诺，但在我们的语言中，这个名字的意思是“恩典的接受者”。[18]我们知道，他证明自己“令神喜悦，神将他转移，他就不在世了”②，转移意味着转向和改变，而且是改变得比较好，因为这是神的先见所引发的。凡是借助神成就的事情，都是卓越的、真正有益的，同理，凡是没有祂的引导和眷顾的事情，都是无益的。[19] 这些话用来描写这个被转移之人，说看不见他了，这样说很好，之所以如此，或者是因为从前应受谴责的生活被

① 以挪士是亚当的孙子，当然可以算做第三个人，或者把亚伯和该隐计算在内，以挪士就是第五个人。斐洛在这里可能略去了亚伯，因为《创世记》3：25 处讲到塞特替代亚伯，他也可以略去该隐，因为该隐是该诅咒的。

② 《创世记》5：24。“以诺与神同行，神将他取去，他就不在世了。”

抹去，消失了，再也看不见了，就好像从来不曾有过似的，或者是由于被转移而在比较好的等级占据一席之地的人当然很难找到。邪恶是广泛传播的，所以知者甚多，而美德是稀有的，所以知者甚少，乃至于即使知道也无法理解。[20]此外，卑鄙者的生活长期躁动不安，他经常光顾市场、剧院、法庭、议会厅、集会、人群和聚会；他放任自己的舌头，说起话来无所顾忌，没完没了，无话不谈，把真的与假的、恰当的与不妥的，公众的与私人的、圣洁的与渎神的、合理的与荒谬的，一股脑儿都混合在一起，因为他没有受过训练，不懂得适时的沉默是金。[21] 他的耳朵总是保持警觉，充满好奇心，爱管闲事，渴望知道邻居家的事情，无论是好事还是坏事，若是好事，就心生嫉妒，若是坏事，就幸灾乐祸；卑鄙者本质上就是一个心怀恶意的人，仇恨善良而喜爱邪恶。

【4】[22] 另外，高尚者愿意过安静的生活，退隐山林，乐意独居，不愿被众人关注，这不是因为他厌恶人类，他其实非常热爱人类，而是因为他拒斥为众人所欢迎的邪恶，这些人在需要悲哀的时候喜乐，在应当高兴的时候忧愁。[23] 因此，他通常把自己关在家里，大门不出，二门不迈，若是来访者络绎不绝，他就离开城镇，住到偏僻的乡下去，与整个人类中最高尚的人为伴，在那里寻找令人欢娱的团体，时间将把这些人的身体化为尘土，但他们美德的火焰会在文字记载中保持活力，他们将活在诗歌或散文中，有助于促进灵魂善性的生长。[24] 由于这个原因，他说“被转移”就是不在世，难以寻找。所以他从无知转为获得教导，从愚拙转为明智，从胆怯转为勇敢，从渎神转为虔敬，从纵欲转为自制，从虚荣转为朴素。哪一种财富能与这些美德相提并论，或者拥有哪一种统治权或支配权能比拥有这些美德更加有益？[25] 没错，充分的美德就是使你视力敏锐的财富，而不是使你盲目的财富，所以，我们偏要认为，这才是公正地统治万物的真正公平的主权，而与此相反的，则是那些所谓的、不合法的、虚假的统治。[26] 但是我们一定不要忘了，在通向完满的道路上，悔改占据第二的位置，就好比从患病恢复为健康的变化对摆脱疾病的身体来说是第二位的；也就是说，未损

坏的、完满的美德距离神圣的权能最近，而在时间进程中，改善和提高是自然赐给灵魂的独特财富，能使它不再停留在幼稚的思想状态，而是变得更加精力充沛，富有真正的男子汉气概，从而达到一种宁静安详的状态，追求卓越的景象。

【5】[27] 因此，他很自然地把美德的热爱者和神所钟爱者放在悔改者之后，这个人在希伯来语中叫做挪亚，而在我们的语言中叫做安宁或公正，二者都是这位贤人非常恰当的称号。公正显然如此，没有任何事物比公正更好，它是众美德之首，就像最漂亮的少女在舞蹈中占据最高的位置。而安宁也是恰当的，因为它的反面，不合本性的运动，可以被证明为骚动、混乱、分裂和争战的原因。卑鄙者追求这样的运动，而平静、安宁、安详、和平的生活乃是那些拥有高尚行为的人所追求的目标。[28] 当他把第七日，也就是希伯来人所说的安息日，称做休息日的时候，他也表现得前后一致；他这样说，并非如有些人所想的那样，是因为众人在工作六天之后放下了手头的工作，而是因为七这个数字，无论是在世界上，还是在我们自身中，确实始终远离分裂、争战和纷扰，它是所有数字中最和平的。[29] 我们身上的官能可以证明这个说法，因为它们中的六个官能，也就是五种感官加上语言能力，一刻不停地在陆上和海中争战，前者渴望获得感觉的对象，缺乏感觉对象对它们来说会感到痛苦不堪，而语言与不受约束的嘴巴一道，总是在应该沉默的时候喋喋不休。[30] 第七种官能是占统治地位的心灵，它战胜其他六种官能、胜利凯旋之后，欣然独处，享受自我，感到自己不需要他者，完全满足于独处，所以它摆脱了常人的一切顾虑和牵挂，乐意接受平静和安宁的生活。

【6】[31] 摩西对美德的热爱者大加赞赏，在描述自己的族谱时，他没有像通常那样列举祖父、曾祖父、父系的祖先、母系的祖先，而是提到某些美德，这就几乎相当于直接断言，除了美德和高尚的行为，贤人没有家，或者没有亲人，或者没有祖国。他说：“挪亚的后代记在下面。挪亚是个义人，

在当时的世代是个完全人，深得神喜悦。”① [32] 但是我们一定不可忽视，他在这段话里称之为人的，不是按照通常的语言，不是指被赋予理智的可朽动物，而是指杰出的人，这个人把未经驯服的狂暴情欲和真正野兽一般的邪恶从灵魂里驱逐出去，由此证明他名副其实地拥有人这个名称。[33] 举例来说，他在“人”前面加上“公正的”，通过这样的合成表示不公正的人不是人，或者更确切地说，是具有人形的野兽，只有追随公正的人才是人。[34] 他还说挪亚是“完全的”，由此表明他获得的并非只是一种美德，而是所有美德，并且在获得美德之后，只要时机恰当，他就会逐一践行这些美德。[35] 给他冠以争战中的胜利者的称号以后，摩西进一步用非比寻常的、赞美的话语来给他添加非凡的荣耀，说他“深得神喜悦”。自然赐予的事物还有比这更美妙的吗？关于高尚的生活，还有比这更清晰的证明吗？若说那些不曾使神喜悦的人注定遭受厄运，那么，那些生来深得神喜悦的人必定幸福快乐。

【7】[36] 但是，摩西在赞美他拥有所有这些美德之后，又准确地指出他是当时那个世代的完全人，以此表明他不是绝对地善，而是与那个世代的人相比他是善的。[37] 因为我们很快就会看到他提到的其他贤人，这些贤人拥有无可比拟的美德，他们不是相对于恶人来说是善的，他们之所以被判定为值得赞许和优先考虑，不是因为他们比他们的同时代人要好，而是因为他们拥有天赐的本性，并且能够保持天性，不至于扭曲天性，他们不必为了避免恶道而费力费神，更不可能与邪恶相遇，因为他们的生活是用最美好的语言和最高贵的行为装饰的，他们在践行美德中达到了卓越。[38] 所以，最高的赞赏应当归于那些出身自由而高贵的人，他们接受卓越和公正只是为了他们自身，而不是为了模仿或与别人对抗。不过，赞赏也应当归于那个远离同时代人、不随波逐流、不盲从众人目标和愿望的人。他将获得第二块奖牌，尽管自然会把第一块奖牌奖给其他人。[39]

① 《创世记》6 : 9。“挪亚的后代记在下面。挪亚是个义人，在当时的世代是个完全人。挪亚与神同行。”

然而，第二名本身也是伟大的，因为凡是神彰显赐予的东西，有哪一样不伟大、不值得我们尽力获取呢？有关这一点最清晰的证据就是挪亚获得了极为丰厚的奖品。[40] 他那个时代邪恶盛行，每个国家、每个民族、每个城市、每个家庭、每个个人，都恶贯满盈；所有人，如同在一个种族中，全都有意识、有预谋地争夺罪恶第一的位置，热心投入竞争，努力争取犯下比邻人更大的罪恶，凡是有可能导致罪恶、可遭诅咒的生活的事情，没有哪一样未曾尝试。

【8】[41] 这样做当然会引发神的愤怒。试想，人原本是一切生灵中最优秀的，曾被判定与神有亲属关系，因为人分有理智之恩赐，但如今他不行该行的美德，反倒热烈追求邪恶以及各种具体形式的邪恶。于是，神指定了与他们的邪恶相适应的惩罚。祂决定用大水毁灭当时的所有活物，不仅包括住在平原和低地上的那些活物，而且包括住在最高的大山上的那些居民。[42] 那些海底的深渊高高升起，水涨到前所未有的高度，并且聚集力量冲向出口处，进入我们的各个大海，这些高涨的潮汐淹没了岛屿和大陆，四季不断涌出的泉水和奔腾不息的河水合在一起，水流不断地上涨，升上极高的高度。[43] 空气也没有静止，因为浓厚的乌云笼罩天空，狂风大作，电闪雷鸣，霹雳震天，暴风骤雨，连绵不绝，乃至于可以认为宇宙的不同部分正在迅速地分解为单一的水，一方面，水从天上倾泻而下，另一方面，水从低处往上涨，水面不断抬高，到了最后，不仅平原和低地被水淹没，消失得无影无踪，就连最高的山峰也无从寻觅。[44] 大地的所有部分都沉入水下，就好像被暴力完全清除，这个世界由于失去了一大部分而变得残缺不全，其完整性和完全性遭到破坏和毁损，这样的事情可怕得无法言说，甚至无法想象。确实，除了属于月亮的那一小部分空气以外，连空气也被完全清除，在大水的冲击和肆虐下销声匿迹。[45] 在那个时候，所有庄稼和树木马上遭受毁灭，滔滔洪水就像干旱无水一样是毁灭性的，无数动物死去，家养的或野生的；可以预料，既然连最高等的动物人都灭绝了，低级动物当然都不会留下，因为它们的被造原本就是为了满足人类的需要，在一定意义上，它

们就是奴仆，要服从主人的命令。[46] 所有这些邪恶，如此众多而又广泛，如同暴雨一般降临这个世界，反常地在世上肆虐，撼动着除了天空之外的其他各个部分，像一场严重的毁灭性的瘟疫席卷而过，在这个时候，只有一户人家，也就是那个被称为义人和神所钟爱之人的家庭，保存下来。因此，他领受了两项最高等级的恩赐：第一，如我所说，他没有和其他人一道灭亡；第二，将会轮到他成为新人类的创始人。因为神认为他配得上做我们人类的末位和首位，他是生活在大洪水之前的最后一个人，也是生活在大洪水之后的第一个人。

【9】[47] 他那个时代最优秀的人就是这样的，赐给他的奖赏就是这样的，圣书里清楚地说明了这些事情的性质。现在来说我们上面提到的这三个人，无论我们把他们当做人，还是当做灵魂的某种样式，他们都构成一个等级分明的系列："完全人"从一开始就是完全的；"被转移的人"位于中间，因为他早年过着邪恶的生活，而晚年转向美德，最后发生迁移；"怀有希望者"，如其名称所示，是有缺陷的，尽管他总是在渴望还未能获得的卓越，就像水手渴望驶进港湾，但却仍旧在海上漂泊，无法抵达港湾。

【10】[48] 到此为止，我们已经解释了渴望获取美德的第一个三一体；现在我们要谈论更加伟大的第二个三一体。前者可以比做儿童的学习，后者可以比做运动员的训练，为参加真正神圣的比赛做准备，这些人轻视身体训练，但重视培育灵魂的力量，想要战胜他们的对手，即各种情欲。[49] 尽管他们追求同一目标，但相互之间却有差异，这一点我们以后会详细描述；不过在此之前，有些事情我们需要从总体上先说一下，不可忽略。[50] 我们发现，这三个人属于同一家庭和家族。第三个人是第二个人的儿子，是第一个人的孙子。他们全都热爱神，也为神所钟爱，他们对真神的情感得到神的回报，如神的话语所表明的那样，神承认他们终身奉行的高尚品德，愿意俯就与他们为伴，把祂自己的专名与他们的名字放在一起，用三一体的名称来称呼祂自己。[51] 祂说："亚伯拉罕的神，以撒的神，雅各的神，这是我的名，

直到永远。”[①] 这些名称是相对的，不是绝对的，诚然，它肯定是合乎自然的。神确实不需要名字，但祂为了俯就人类，还是给自己起了一个名字，赐给人类，好让他们在祷告和祈求中能摆脱困境，不至于丧失使人得安慰的希望。

【11】[52] 这些话确实适用于过圣洁生活的人，但它们也是关于事物秩序的论述，这些事物并非那么显而易见，而是远远高于感官所能感知的事物。圣言似乎在探查灵魂的样式，所有样式都具有高贵的价值，一个通过教导追求善，一个通过本性追求善，还有一个通过实践追求善。第一个被称做亚伯拉罕，第二个被称做以撒，第三个被称做雅各，分别象征通过教导、本性和实践而获得的美德。[53]但我们也不可不注意，他们各自拥有三种品质，只不过根据各自最主要的品质而得名；因为教导若无本性或实践，就不能达到顶峰；本性若无学习和实践，也不能达到高点；实践若无本性和先前确立的教导为源泉，同样不能成就大事。[54] 所以，摩西非常恰当地把这三个人放在一起，名义上是人，实际如我所说是德性——教导、本性、实践。人们还给他们起了其他名称，称他们美惠三神，数字上也是三；要么由于这些德性是神赐予人的恩惠，使人的生活变得完全，要么由于他们把自己交给理智灵魂，作为完美的、最好的礼物。因此，他的话里所显露的永恒之名意在指出这三位所指的是上述三种价值，而不是真实的人。[55] 人的本性是可灭的，但美德的本性是不灭的。所以，更加合理的说法是，永恒之物指的是不灭之物，而不是可朽之物，因为不灭类似于永恒，而死亡则与永恒相对。

【12】[56] 还有一件事情我们也一定不可不知：摩西把世上第一个人、那个从土中出生的人，说成是大洪水以前生活的所有人的祖先，把因其公正和其他优秀品质而在大毁灭中全家唯一幸存下来的挪亚说成将要重新生发出来的新人类的祖先，这些神谕把这个庄严而又宝贵的三一体说成是这个种族中的一个族类的父母，这个族类被称做“高贵的”、“作祭司的”、“圣洁的”

① 《出埃及记》3：15。“神又对摩西说，你要对以色列人这样说，耶和华你们祖宗的神，就是亚伯拉罕的神，以撒的神，雅各的神，打发我到你们这里来。耶和华是我的名，直到永远，这也是我的纪念，直到万代。”

民族。[1][57] 从这个名称可以看出其地位之高；这个民族在希伯来语中叫做以色列，意思是“看见神的人”。眼睛的视力是所有感觉中最优秀的，只有依靠视力我们才能领会现存事物中最优秀的事物：太阳、月亮、整个天空和世界；而心灵的视力，也就是占据灵魂主导地位的部分，超过心灵其他所有官能，亦即作为理智的视力的智慧。[58] 然而，赐予他的不仅是凭借知识理解自然必须显明的一切，而且也是看见万物之父和造物主，以便确信自己将要上升到幸福的顶点；因为没有任何事物高于神，凡是延伸灵魂的视线而抵达祂的，必定祈求自己能够在那里停留，坚强挺立；上山的道路艰辛缓慢，下山的道路轻省快捷，可以像一阵风似的掠过。[59] 有许多东西会使我们坠落，但只要神能让灵魂依附于祂的权能，并以强大的力量把它们吸引在祂周围，这样的事情就不会得逞。

【13】[60] 关于这三个人有什么共同之处，暂且讨论到这里。我们现在必须谈论一下他们各自表现出什么卓越的功绩，先从第一个人开始说起。亚伯拉罕内心充满虔敬这种最高尚、最伟大的美德，渴望追随神，服从祂的诫命；所谓对诫命的理解，不仅是指理解那些通过语言和书写表达的诫命，而且也指理解那些自然用清晰的记号显现、由那最忠实且高于听力的感官来感知的诫命，因为听力是不可靠的。[61] 任何人沉思自然的秩序和世界之城拥有的规制，其卓越无法言喻，更无须其他人教他如何践行守法的、和平的生活，努力使自己与世界之美相吻合。圣书中包含最清晰的证据，证明他的虔敬，而首先应当提到的是按顺序最先记载的事情。

【14】[62] 有神谕[2] 命令他离开他的本国和本民，去寻找新家，在神谕力量的作用下，他想到，快速执行命令与完成任务同样重要，于是他就急切服从，就好像不是离开本家，去那陌生之地，反倒是从陌生的地方返回自己的本

---

① 《出埃及记》19：6。“你们要归我作祭司的国度，为圣洁的国民。这些话你要告诉以色列人。”斐洛似乎认为这条诫命是给予在迦勒底的亚伯拉罕的，而不是给予在哈兰的亚伯拉罕的。

② 《出埃及记》19：6。

家。[63] 还有谁能像他那样对目标如此坚定，乃至于不为亲人和国家的魅力所吸引？可以说，对亲人和祖国的渴望是我们每个人与生俱来的，与日俱增的，是我们本性的一部分，就像构成整体的其他部分那样不可或缺，甚至比其他部分更加重要。[64] 可以为此作证的是，立法者把流放确定为仅次于死刑的惩罚，判给那些罪大恶极的人，尽管在我看来，若在进行判决的是真理，那么流放不是次于死亡的惩罚，而是比死亡更加严厉的惩罚，因为死亡终结了我们的痛苦，但流放不是终结，而是其他新的不幸的开始，流放使原先只要一次死亡就可以终结的痛苦变成要活生生地承受千百次的死亡。[65] 有些人为了赚钱而外出商旅，有些人担任使节而出使他国，有些人热爱文化而去异域观光。很多事情都会促使他们留在国外，只要有机会，为了经济利益，或者为了报效祖国，就成为他们最重要的利益诉求，还有一些人是为了求知，了解他们原本不知道的事情，既有乐趣，也有益于灵魂，因为家居者之于出门旅行者，就好比瞎子之于目光敏锐者。[66] 然而，这些人全都渴望看见自己的家乡，向它致敬，渴望听到家人的消息，与亲戚朋友相聚，享受这种甜美而又最令人向往的天伦之乐。看到他们离家处理的事务会拖延，回家之日遥遥无期，他们就宁可克制自己追求财产的欲望而放弃外出。[67] 然而，亚伯拉罕一接到命令，就带上少数几个人立即出发，甚至独自一人前往，他的移居是灵魂的，而不是身体的，因为他对上苍之爱压倒了他对可朽事物之欲。所以，他不考虑同胞、护卫、同窗、伙伴、父系亲属、母系亲属、国家、祖宗习俗、教育团体、家庭生活，这些东西全都具有强大的吸引力，任何人都很难摆脱，但他却不假思索，只愿追随一种自由自在、无拘无束的动力，全速出发，首先离开迦勒底，当时那里时运极佳、繁荣昌盛，移居到哈兰，不久以后又离开哈兰移往别处，我现在开始讨论别的事情，然后我们会谈到这个地方。①

① 《创世记》11：31。“他拉带着他儿子，亚伯兰和他孙子，哈兰的儿子罗得，并他儿妇亚伯兰的妻子撒莱，出了迦勒底的吾珥，要往迦南地去。他们走到哈兰，就住在那里。”《创世记》12：5。“亚伯兰将他妻子撒莱和侄儿罗得，连他们在哈兰所积蓄的财物，所得的人口，都带往迦南地去。他们就到了迦南地。”

【15】[68] 圣书经文中讲述的迁移是由一位贤人记载的，而按照喻意解经的法则，这种迁移表示热爱美德的灵魂追寻真神。[69] 迦勒底人特别热衷于从事占星术，把一切事情都归因于星辰的运动。他们认为，世上的现象受包含在数和比例中的力量的引导。因此，他们赞美可见的存在者，不考虑理智的、不可见的存在者。他们探讨日月星辰的运行、一年四季的变化、天上地下各种现象的相互依存，研究这些事情的数字秩序，得出结论说世界本身就是神，从而亵渎地把被造物当做造物主。[70] 亚伯拉罕在这种信条中成长，很长一段时间他仍旧是个迦勒底人。然而，他的灵魂之眼在长久沉睡之后睁开了，开始看见纯粹的光，而不是深重的黑暗，他追随光线看见了原先不曾见过的事物，知道有一位驭手和舵手掌管这个世界，指引祂自己的作品，指挥并监管那个作品以及它的所有部分，认为它们配得上神的眷顾。[71] 为了进一步坚定已经显现在亚伯拉罕理智中的视野，跟随他的圣道对他说："朋友，伟大的事物经常通过将其外形显现在较小的事物上而为人所知，观察者在观看它们的时候会发现自己的视野已经无限扩大。所以，抛弃天空的漫游者和迦勒底的学问吧，暂时离开最大的城，即这个世界，去那较小的城，这样你就能更好地理解万物的监管者。"[72] 这就是圣书说他首先离开迦勒底，然后来到哈兰的原因。①

【16】在我们的语言里，哈兰的意思是"孔穴"，表示我们感官的处所，每个感官很自然地就像透过孔穴那样去察觉各自的对象。[73] 然而，我们可以问，如果没有无形体的心灵像魔术师那样运用各种能力，时而放松绳索，让木偶自由活动，时而施加大力，把木偶拽回来，使它时而和谐运动，时而静止不动，那么这些木偶，亦即感官，又有什么用处呢？[74] 以你自身为例，你可以很容易理解这些你真诚渴望知道的事情。既然在你身上有心灵做你的支配者，你的整个身体服从于它，你的每个感官跟随它，那么这个

---

① 《创世记》11：31，12：5。关于哈兰的更为详细的寓意解释参见《论亚伯拉罕的移居》176 以下，《论梦》I.41 以下。

世界，一切事物中最美丽、最伟大、最完全的作品，其他所有事物都是它的一部分，就不可能没有一位国王把它聚拢为一个整体，并按公义的原则驾驭它。这位国王是看不见的，对此你不必感到惊讶，因为你自己身上的心灵也是看不见的。[75] 凡是反思这些事情的人，不是在从遥远的源泉汲取知识，而是在向手边的源泉，亦即向他自身以及存在的事物汲取知识，他会确定地知道，这个世界不是原初之神，而是原初之神和万物之父的一样作品，祂虽然是不可见的，却显明万物，揭示大大小小事物的本性。[76] 祂认为不应该用身体的眼睛来进行理解，这也许因为凡人触碰永恒者是违反圣洁的，也许因为我们的视力有弱点。我们的视力不能承受来自祂的光芒，甚至无法直视阳光。

【17】[77] 紧接着这位贤人迁移的故事之后有一句话，可以清楚地证明这颗心灵离开了占星术和迦勒底信条。经上说："神向亚伯拉罕显现。"① 这就表明神以前不曾向他显现，因为他那个时候还是一名迦勒底人，他的思想凝固在星辰的群体运动上，不理解这个世界和感觉之外的和谐与理智的秩序。[78] 等他离开迦勒底，改变了居所之后，他就肯定会认识到，这个世界不是主宰者，而是依附者，不是统治者，而是被统治者，这个世界被它的创造者和第一因所统治。他的心灵用他恢复了的视力第一次看见这一点。[79] 从前，感性之物如同被庞大的薄雾笼罩，唯有更高真理的温暖和炽热的空气才能艰难地把它驱散，使之能像清澈而广阔的天空承受长期隐藏、不可为人所见的神的影像。灵魂来到神的面前，出于对人类的爱，神没有转过脸去，而是上前迎接，向他显现自己的本性，这位观看者的视力能接受多少，祂就显现多少。[80] 由于这个原因，我们得知不是这位贤人看见了神，而是神向他显现。因为若非神显现其自身，任何人不可能依靠自身的力量理解真正的存在者。

---

① 《创世记》12∶7。"耶和华向亚伯兰显现，说，我要把这地赐给你的后裔。亚伯兰就在那里为向他显现的耶和华筑了一座坛。"

【18】[81] 以上所说的事情可以从他更名得到证明，因为他原来的名字叫亚伯兰，后来被称做亚伯拉罕。① 听起来只是重复了一个字母 α，而实际上通过这一重复表达了一种极为重要的改变。[82] 亚伯兰这个名字的意思是“被举起的父”，而亚伯拉罕的意思是“被拣选的声音之父”。前者指一位被称做占星学家和气象学家的人，他关心迦勒底的信条如同父亲关心自己的孩子。[83] 后者指这位贤人，因为他用“声音”来表示言说出来的思想，用“父”来表示占统治地位的心灵，因为内心的思想凭其本性就是言说之父，它比话语年长，是话语的秘密生育者。“拣选者”表示高尚者，因为卑鄙者是随意的、混乱的，而高尚者是被拣选的，因其功绩而从众人中脱颖而出。[84] 在气象学家看来，没有什么东西能比宇宙更大，他还相信宇宙就是事物生成的原因。但是这个贤人有着更加敏锐的洞察力，他能够看到由心灵所认知的更加完全的事物，这一事物是其他一切事物的主人和驭手。因此他严厉地谴责自己从前的生活，感到以往的岁月茫然无知，除了感性世界，没有什么东西可以作为支柱，而感性世界本质上是不可靠的、不稳定的。[85] 这位高尚者的第二次迁移同样出于对神谕的顺服，但不像从前那样从一个国家迁移到另一个国家，而是进入旷野之地，然后继续流浪，但他并不抱怨这种流浪和由此引发的不安定的生活。②[86] 然而，不仅要离开自己的祖国，还要抛弃所有城市里的生活，进入那无路可走的茫茫旷野，有谁会不觉得这是一种负担？几乎不再关心未来的希望，急于逃避当前的困境，认定为了某种不确定的善良的缘故而接受邪恶是一种愚蠢的选择，有谁不会匆忙掉头，踏上回家之路？[87] 不过，也许只有他对这一切有相反的感觉，认为没有哪种生活比离群索居的生活更愉快了。他这样想是非常自然的，因为那些寻求神、渴望找到神的人热爱祂所珍爱的独处，就这样，所有这样的人首先会以这样的方式使自己喜爱神的赐福和快乐的本性。[88] 所以，把字面意义

---

① 《创世记》17：5。“从此以后，你的名不再叫亚伯兰，要叫亚伯拉罕，因为我已立你作多国的父。”

② 《创世记》12：9。“后来亚伯兰又渐渐迁往南地去。”

应用于人，把比喻意义应用于灵魂，我们这两种阐释都表明人和灵魂都配得上我们的爱。我们已经表明，服从神圣诫命的人如何离群索居，不再固守自己原先的社会关系，我们也已经表明心灵并非始终受骗，并不总是立足于感性世界，并不以为这个可见的世界就是全能者和原初的神，而是使用它的理智，向上凝视高于可见世界的理智的秩序，凝视二者的创造者和统治者。

【19】[89] 这就是关于这位神友的故事的开端，接下去是绝对不可轻视的行为。不过，它们的伟大并非人人清楚，只有那些品尝过美德、认识属于灵魂善事之伟大、习惯于嘲笑博取民众仰慕者的人才清楚。[90] 神赞许上述行为，马上给予这个高尚的人以极大的恩赐；当他的婚姻由于受到某个淫乱放荡的掌权者的图谋威胁时，神使它安然无恙。① [91] 导致民众试图暴乱的原因如下：在相当长的一个时期内，庄稼颗粒无收，有的时候是因为降雨过多，形成涝灾，有的时候是因为干旱和风暴；叙利亚的城邦连年饥荒，处境困顿，居民们为了寻找食物和维持生存而去四处逃荒。[92] 后来，亚伯拉罕得知埃及出产丰富的谷物，那里的河流定期泛滥，把平原变成池塘，柔和的季风使谷物茁壮成长，于是他就带领全家出发，去了埃及。[93] 他的妻子心地善良、容貌俊美，超过其他所有女子。埃及的臣宰见到她，对她的美貌赞不绝口，由于不可对居高位者隐瞒，他们就把这件事报告给了法老。[94] 法老召这个妇人进宫，看见她极其美貌，就不顾律法的庄重或尊敬客人的礼节，放纵自己的淫欲而决定娶她，但实际上是羞辱她。[95] 身处异

① 参见《创世记》12：11—20。“将近埃及，就对他妻子撒莱说，我知道你是容貌俊美的妇人。埃及人看见你必说，这是他的妻子，他们就要杀我，却叫你存活。求你说，你是我的妹子，使我因你得平安，我的命也因你存活。及至亚伯兰到了埃及，埃及人看见那妇人极其美貌。法老的臣宰看见了她，就在法老面前夸奖她。那妇人就被带进法老的宫去。法老因这妇人就厚待亚伯兰，亚伯兰得了许多牛，羊，骆驼，公驴，母驴，仆婢。耶和华因亚伯兰妻子撒莱的缘故，降大灾与法老和他的全家。法老就召了亚伯兰来，说，你这向我作的是什么事呢，为什么没有告诉我她是你的妻子，为什么说她是你的妹子，以致我把她取来要作我的妻子，现在你的妻子在这里，可以带她走吧。于是法老吩咐人将亚伯兰和他妻子，并他所有的都送走了。”

国他乡，受制于淫荡而残忍的暴君，无人能够保护她，而她的丈夫也无能为力，受到恐怖力量的更大威胁，所以她与丈夫一道诉诸最后留存的避难所，这就是神的保佑。[96] 神原本就是仁慈的、善良的，保护受害者，祂垂怜这些外来者，把几乎难以忍受的痛苦和沉重的惩罚加到法老头上，使法老的身体和灵魂充满各种难以医治的瘟疫。法老享受快乐的所有欲求都被难以忍受的痛苦所取代，他渴望摆脱把他折磨得死去活来的痛苦。[97] 法老的整个家庭也和他一样分有惩罚，因为无人对法老的凌辱行为表示义愤，相反，他们全都表示同意，几乎就是恶行的共犯。[98] 就这样，这位妇人的贞节保住了，这个男人的高尚和虔敬也从神那里得到证明，神屈尊赐给他这一巨大的恩惠，他的婚姻几乎直接受到暴力威胁，而现今他的婚姻免遭伤害和欺凌，从这婚姻里产出的不只是一个有几个子女的家庭，而是整个民族，是神最珍爱的民族，如我所认为的那样，这个民族已经代表全人类接受了当祭司和说预言的恩赐。

【20】[99] 我还听说，有些自然哲学家① 喻意地理解这段话，他们的理解并非没有很好的理由。他们说，这里的丈夫指的是优秀的心灵，依据对这一名字的解释可以判断，它代表灵魂的某种优秀气质。他们说，这里的妻子就是美德，她的名字在迦勒底语里是撒拉，而在我们的语言中指的是极好的妇人，因为没有什么东西能比美德具有更加崇高的地位或者更有支配权。[100] 依靠快乐而产生结合的婚姻，这种合作关系只是身体与身体之间的；而依靠智慧产生的婚姻，是思想与思想之间的结合，寻求净化和完全的美德。这两种婚姻截然对立。[101] 在身体结合的婚姻里，男性播种，女性接种；而在灵魂的结合中，尽管美德表面上看去如同妻子，但她的自然功能是播种好的建议和卓越的话语，传授真正有益于生命的原则，而思想尽管居于丈夫的地位，却在接受圣洁的播种。然而，上述说法也许是错误的，因为这

① 相当于“神学家”。

些名词会产生误导，[①] 在实际使用中，思想（νοῦς）是阳性的，美德（ἀρετή）是阴性的。[102] 若有人愿意剥除使这些术语含义模糊的外衣，清楚地看见它们的真身，那么他会明白美德是阳性的，因为它引起运动，改变条件，提出高尚言行的观念；而思想是阴性的，思想被推动、被训练、被帮助，总的说来属于被动的范畴，被动性是它得以保存的唯一途径。

【21】[103] 所有人，甚至连最卑鄙的人，表面上看来都尊重和仰慕美德，但只有高尚的人才实施美德发出的禁令。所以，象征迷恋身体之心灵的埃及国王，就像在戏中扮演一个角色，假设淫乱与贞洁、放荡与自制、不义与公义拥有一种虚假的伙伴关系，为了在民众中博取好名声，请来美德与他结合。[104] 神是监察者，只有祂能洞察灵魂，看到这件事，祂厌恶和拒斥虚假，对他进行最残酷的折磨。这些用于考验的工具是什么呢？当然是美德的各个部分，进入他的体内，折磨他，残酷地伤害他，不是吗？节俭使贪婪受到折磨，节制使淫荡感到痛苦。所以，当朴素盛行的时候，虚荣如坐针毡，当公正受到赞美的时候，不义坐立不安。[105] 须知，一个灵魂不可能让两种敌对的本性，邪恶和美德，同时在它里面居住，它们一旦相遇，就会发生纷争，一旦开始争战，就不可能休战与和解。然而，美德的本性是最和平的，所以他们说她在发生冲突之前会非常仔细地检查自己的力量，若能战斗到底，她就参加战斗，若发现自己的力量太薄弱，她就避免参加竞争。[106] 邪恶绝不会由于打败仗而感到丝毫羞耻，恶名和她与生俱来，而对美德来说，恶名就是谴责，因为美名是她最亲近、最宝贵的东西，这就使她很自然地成为胜利者，或者至少使她立于不败之地。

【22】[107] 我已经描述了埃及人的冷淡和放肆。[②] 现在，我们若回过头来看这一恶行的受害者，就会敬佩他内心的善良。中午时分，他看见三位旅行者，以人的模样出现，因为他们的神性没有向他显示，他跑过去，诚恳地

---

① 希腊语名词有三种性：阳性、阴性、中性。

② 相当于“神学家”。

邀请他们，不要绕过他的帐篷，而要进入他的帐篷，接受款待，这才合乎礼仪。不过，与其说根据他说的话，不如说根据他表现出来的热情，他们知道他说的是真心话，于是就毫不犹豫地同意了。[108] 他的灵魂充满喜悦，急切地希望马上招待他们，他就对妻子说："你快去拿三细亚细面调和作饼。"① [109] 与此同时，他自己也匆忙跑到牛棚里去牵出一头又嫩又好的牛犊，交给仆人，仆人急忙杀了牛犊，将它清洗干净。在这个贤人家里，没有哪个人在表现善意上是迟缓的，无论男男女女，仆人主人，全都热情地招待客人。[110] 享用了为他们准备的丰盛食物、接受了主人无比巨大的善意以后，他们赠送给他一份奖赏，远远超出他的期望，他们应许他会有一个嫡出的儿子。这个应许明年就会应验，是由三位中最高的那一位恩赐的。精致高贵的话语不需要三位一起说，只需要有一位说，其他两位表示同意。[111] 但对亚伯拉罕和撒拉来说，这件事显得不可思议，所以他们对这三位的应许甚至没有太当真。试想，他们早就已经过了做父母的年龄，年事太高使他们断了生子的愿望。[112] 所以，圣书说撒拉刚听到他们讲话时心里暗笑，但后来听到他们说"神岂有难成的事"就深感羞愧，否认自己发笑，因为她知道在神那里凡事皆有可能，她很久以前就知道这个真理，甚至还在摇篮里的时候就知道了。[113] 我想，就是在这个时候，她第一次从站在面前的客人身上看见了他们更加重要的另外一个方面，就是先知或天使，他们的灵性，或者像灵魂那样的本性，变成了人的模样。

【23】[114] 我们描述的亚伯拉罕的好客只是一种更大美德的副产品。这种美德就是虔敬，我们在前面已经说过这种美德，而在这个故事里可以相当清楚地看到好客这种美德，哪怕我们把这些客人当做凡人。[115] 有人可能会感到，如果这些拥有智慧的人看到这家人的灵魂有不可救药的过错，因而不愿停留，就在门口止步，哪怕如此，这家人也必定是幸福的，被赐福的。如果事情果真如此，我不知道该如何表达这家人的巨大幸福和被赐福，

① 第107—118节参见《创世记》第18章。

因为天使并没有止步不前，而是欣然接受人的款待——天使，亦即那些圣洁而又神圣的存在者，是神首要的仆从和副手，神用他们做信使，他们按神的旨意对我们人类宣告预言。[116] 要是他们不知道这整个家庭就像一个秩序井然的团队，服从那指引他们前进的舵手的召唤，他们又怎么会进入他家的帐篷呢？若非认为设宴款待他们的人是他们的同类，与他们同为仆人寻求主人的庇护，他们又如何能感到他们受到宴请，得到款待呢？确实，我们必须认为，他们一进来，这家里的每个人都在善性上有了进一步的提升，在美德的完善上也有某些进展。[117] 请客人吃饭本来就应当这样。客人向款待他们的主人表现出喜庆集会上的坦诚和淳朴。他们坦率地对主人说话，不隐瞒什么事情，他们的交谈也与这个场合相应。[118] 实在令人惊奇的是，他们既没有吃也没有喝，但是看上去又吃又喝。不过这个问题还是次要的，最大的奇迹在于，尽管他们是无形体的，但却披戴了人的样式，对高尚者行善。发生这种神迹的原因不就是为了让这位贤人接受更加清晰的影像，让他知道天父不会不知道他的智慧吗？

【24】[119] 在此我们可以撇下字面含义，转向喻意解释。包含事物象征的口头语句只有理智才能理解。正午时分，神照耀着灵魂，灵魂充满心灵之光，笼罩灵魂的阴影被驱散，心灵只显现一个三一体的影像，一位表示实在，另外两位表示实在的反映。我们在日常生活中使用我们的感官察觉的光使我们多少有了一些相似的经验，因为静止的或移动的物体经常会同时投下两个影子。[120] 然而，谁也不会认为把影子当做神来谈论是恰当的。这样的谈论是不严谨的，只是为了对我们所解释的事实有一个更加清晰的了解，因为真正的真理是另外一回事。[121] 倒不如说，任何最接近真理的人都会说，宇宙之父占据中心的位置，圣书中称祂为自有永有者，以此为祂的专名，而在祂的两边是两大年长的权能，离祂最近，一个是创造的，一个是统治的。前者的头衔是神，因为祂创造并规范了大全；后者的头衔是主，因为统治和控制他创造的东西正是创造者的基本权力。[122] 所以，那个位于中心的存在者与祂的两种作为护卫者的权能向心灵呈现，有时候呈现出一的形

像，有时候呈现出三的形像：心灵高度净化，不但超越了数的多样性，而且超越了仅次于一元的二元，加紧趋向于完全没有混合与复合的理想形式，因为心灵完全自足，不需要其他任何东西，这个时候心灵看见的是一的形像；当心灵尚未进入最高的奥秘，仍旧在奉行一些琐碎的仪式，不能离开其他一切而依靠自身来理解存在者本身，只能通过祂的活动，创造性的活动或者统治性的活动，才能认识祂，那么这个时候心灵看见的是三的形像。[123] 如他们所说，这是一个"次好的避难所"①，因为在它里面仍旧包含一种为神所认可的思维方式的要素。但是前一种心灵状态拥有的不仅仅是一个要素。它本身就是神所认可的方式，或者毋宁说，它就是真理，比思维方式更高，比任何仅仅是思想的东西更加宝贵。不过，我们最好还是用人们比较熟悉的方式来阐述这个要点。

【25】[124] 人的气质有三类，各以上面提到的三种方式之一显现它的影像。它以位于中间的那种样式向最好的人呈现，也就是最基本的存在者的样式；它以位于右边的样式向次好的人呈现，也就是仁慈者的样式，祂的名字叫神；它以左边的样式向第三类人呈现，也就是统治者，被称做主。[125] 最后一类人② 的气质适宜敬拜独一自存者，没有任何事情能使他们偏离这一点，因为他们只受单一力量的吸引，所以只敬拜一位。其他两类气质的人，一类借助仁慈者的权能，另一类借助统治者的权能而为天父所知。[126] 我的意思有如下述：有人看见别人打着友谊的幌子接近他们，想要从他们那里获得好处，那么他们定会避而远之；他们害怕虚假的奉承和温情，视之为极端有害。[127] 由于神不会受到伤害，因而凡是荣耀祂的，不论以什么方式，祂都乐意邀请，在祂眼中这样的人没有一个应该遭到拒斥。[128] 确实，我们几乎可以说，神显然会对那些有耳朵的灵魂说："我的第一等的奖励要留给那些因我本身而荣耀我的人，第二等的奖励要留给那些为了他们自

① 关于这个成语参见《论梦》第 1 卷第 42 节。

② 似应为"第一类人"。

己的缘故而荣耀我的人，他们或者希望得到赐福，或者希望得到赦免，这是因为，尽管他们的崇拜是为了得到回报，并非无私，但它仍然停留在神圣的范围之内，没有游离其外。[129] 留给那些因我本身而荣耀我的人的奖励是友谊的恩赐；奖励对那些抱着自私动机的人来说不表示友谊，但我也不会把他们看做外人。因为我既接受那些希望享受我有益的权能、分有赐福的人，也接受为了避免惩罚而劝慰主的人。因为我非常明白，通过他们持之以恒的敬拜，通过践行纯洁无瑕的虔敬，他们不仅不会变坏，而且实际上肯定会变好。[130] 尽管他们的品性各不相同，但其动机都是为了使我喜悦，所以不应对他们有什么指责，他们有同一的目标和目的，就是事奉我。”[131] 这个三一体的影像实际上是一个对象的影像，这一点不仅依据喻意解经的原则可以看清楚，而且从包含下列解释的这段经文的字面意思也能看清楚。[132] 当这位贤人恳请三位以人的形像显现的客人接受自己的款待时，他跟他们说话，就好像是在对一个人说话，而不是在对三个人说话。他说：“我主，我若在你眼前蒙恩，求你不要离开仆人往前去。”在这里，“我主”、“在你”、“求你不要”，以及其他类似的短语，肯定是对一个人而不是对多个人说的；当他们接受款待，向主人表示礼貌时，我们看到也只有一个人应许他们会有嫡出的儿子，而其他两个人似乎并不存在：“到明年这时候，我必要回到你这里，你妻子撒拉必生一个儿子。”①

【26】[133] 他极为清楚地提出这个观点，并且作了如下解释。② 所多玛是迦南地的一部分，后来被称做巴勒斯坦的叙利亚，此地充满数不清的邪恶，尤其是贪婪和淫荡引发的邪恶，其他各种可能的寻欢作乐在不断增加和扩展，形成极为可怕的威胁，最终受到全能审判者的惩罚。[134] 居民们把

---

① 《创世记》18：3，10。“说，我主，我若在你眼前蒙恩，求你不要离开仆人往前去。”“三人中有一位说，到明年这时候，我必要回到你这里。你的妻子撒拉必生一个儿子。撒拉在那人后边的帐篷门口也听见了这话。”

② 《创世记》19：26—27。“罗得的妻子在后边回头一看，就变成了一根盐柱。亚伯拉罕清早起来，到了他从前站在耶和华面前的地方。”

这种极端放荡的行为归咎于他们永不枯竭的财富源泉，因为此地确实土壤肥沃，雨水充沛，地上每年都盛产各种果子，有人说得没错，邪恶的主要源泉就是过量的财富。[135] 无法承受过度的饱足，他们就像牲口一样，扔掉他们颈上的自然律法之轭，投身于酗酒、美食、受到禁止的性交形式。他们不仅疯狂追求女人，破坏邻居家的婚姻，而且还在男性之间交媾，毫不顾及自然的交媾乃是主动方与被动方的共同参与；所以，试图生儿育女的时候，他们发现自己无能为力，只有不育的种子。然而这种发现对他们并没有好处，主宰他们这种欲望的力量非常强大。[136] 于是，他们逐渐使那些本性上是男人的人乖乖地扮演女人，还使他们背上某种女性疾病的可怕诅咒。他们不仅由于贪图享受和荒淫无度使自己的身体软弱，还使自己的灵魂进一步堕落，所以他们的所作所为是在竭力腐蚀整个人类。确实，若是希腊人和野蛮人联合起来攻打这样的群体，城邑会一个个荒芜，就像遭受瘟疫的袭击而人口骤减。

【27】[137] 然而，神是人类的救世主和热爱者，出于对人类的怜悯，祂使自然结合的夫妇尽可能多地生儿育女，但祂憎恨并且想要灭绝逆性的、犯禁的交媾，给追求这种性关系的人降灾，处罚他们，不是用通常的方式，而是以令人吃惊、非比寻常、专门创造的方式。[138] 祂吩咐天空突然乌云密布，降下倾盆大雨，不过落下来的不是水，而是火。火苗成团地、源源不断地倾泻下来，点燃了田野和草地、茂密的树丛、沼泽地和密集的灌木丛。火苗点燃了平原，烧着了各种谷物和庄稼。火苗点燃了山上的林地，把树干和树根一并烧毁。[139] 大火烧着了牛棚、房屋、城墙，以及建筑物里所有私人的和公共的财物；曾经繁华的城邑变成居民的坟茔，石头和木头建造的房屋化为灰烬和尘土。[140] 烧毁地上一切有形体的事物以后，大火又钻入地下，摧毁土地固有的生命力，使它变得十分贫瘠，完全不能再结果子和长出草木。直到今天，这场大火仍在燃烧，因为这种霹雳之火从未熄灭，不是在继续肆虐，就是在焖烧。[141] 现今仍旧可以看见的一些事物是最清楚的证据，这场灾难留有遗迹，矿工在不断冒着烟雾的矿山里找到硫磺；这个国

家旁边幸存下来的一个邻邦，以及围绕在它周围的土地，最清楚地证明这个国家曾经有过的繁荣；这个城邑人口众多，土地肥沃，盛产谷物，牧草丰美，从而为这场神圣的判决提供了永久的证明。

【28】[142] 然而，我提供这些细节不是为了描述神的伟大作品所产生的史无前例的灾难，而是想要表示其他意思。圣书告诉我们，以人的形像向这位贤人显现的三位中，只有两位前往要打击的地方，毁灭那里的居民，而第三位认为不与它们同去为好。[143] 在我看来，这一位就是真正的存在者，祂认为借助祂自己的力量赐予美好恩赐的时候祂应当在场，而与美好相对的降灾之事则完全交由祂的权能去执行，让它们做祂的执行者，好叫祂显得只是良善的原因，而不是任何灾难的直接原因。[144] 我认为这也是仿效神性的国王们的做法。他们在赐恩时就亲自出面，在施刑时就派别人去执行。[145] 这两种权能，一种使人得益，一种实施惩罚，所以二者都出现在所多玛的土地上是合乎自然的，因为五座最繁华的城邑，有四座被烧毁，有一座被留下，逃脱一切可能伤害它的邪恶。使用惩罚的权能来施行毁灭，使用有益的权能来进行保存，这样做是合理的。[146] 然而，被保存下来的这部分美德是不完全和不完备的，虽然借着存在者的权能得了益处，却不配直接看见祂的影像。

【29】[147] 这就是对这个故事合理而又浅显的解释，适合大众。下面我们马上开始解释这个故事隐秘而又内在的含义，这对少数研究灵魂特点而非身体形式的人具有吸引力。在象征意义上，五座城就是我们身上的五官，是我们得以快乐的工具，快乐无论大小，莫不借助感官来实现。[148] 我们获取快乐，要么是通过看见斑斓的色彩和物体的形状，无论它有无生命，要么通过聆听美妙的声音，要么通过嗅到迷人的香味，要么通过触摸柔软、温暖、光滑的物体。[149] 在五种感觉中，味觉、嗅觉和触觉这三种最具动物性和奴性，它们使牲畜和野兽受到特别的刺激，最能激发食欲和性欲。它们不知饱足地日夜进食，或者发情交配。[150] 其他两种感觉，听觉和视觉，与哲学有一定联系，占据主导地位。但是耳朵在某种意义上要比眼睛迟缓和

柔弱。眼睛有勇气触及可见事物，不会等着事物来作用于它，而是主动与之相遇，并且试图作用于事物。由于听觉的反应比较迟钝和柔弱，只能位居第二，那特定的在先位置必须给予视觉，因为神把它造就为其他感官的女王，位于其他感官之上，也把视觉建造为一个要塞，使它与灵魂有最紧密的联系。[151] 眼睛会随着灵魂的不同状态发生变化，从中我们可以找到一项证明。当灵魂感到忧愁时，眼睛充满焦虑和沮丧。相反，当灵魂感到喜乐时，眼睛满含笑意和欢快。当灵魂充满恐惧时，眼睛充满混乱和困惑，不停地颤抖和滚动。[152] 如果愤怒占了上风，视觉器官会充血，而在冥思苦想的时候，眼睛显得安宁和深邃，几乎可以说，眼睛使自己成为心灵的外观。当心灵心旷神怡、轻松自如的时候，眼睛也会镇静自若、怡然自得。[153] 有朋友来临时，眼睛安宁和快乐的外表报道内心美好的情感，而在敌人靠近的时候，它会提出警告，表示灵魂的不悦。勇气使眼睛向前快速地投射视线。谦逊使它们温和与安宁。简言之，我们可以说视觉是作为灵魂的形像被造的，借助完美的技艺造出与原型完全一致的副本，清晰如镜地反映其原本，而其自身是不可见的。[154] 确实，与其他感官相比，眼睛的卓越之处不仅表现在这个方面，而且还表现在它们清醒的时候也可以停止起作用，而它们睡眠时如何停止起作用我们就不必考虑了。没有外部事物推动它们，它们很安静，而一睁开眼，它们就不停地活动；它们总是有空间接纳更多的对象，由此可以看出它们与灵魂有亲密的关系。[155] 不过，当灵魂始终在运动、日夜清醒的时候，眼睛的主要成分虽然是属肉体的，但也会在人生的一半时间里面保持连续的运动，眼睛对神的这种恩赐会感到心满意足。

【30】[156] 现在要说我们从视觉获得的最重要的益处。神使光只照耀在视觉器官上，而光是现存事物中最美好的，它在圣书中最先被称做好。[157] 光有双重本性：一重本性是日常用火产生的光辉，如同火的产生者一样是可朽可灭的；另一重本性是不灭的和不朽的，来自上苍，每个星辰在那里放射光芒，如同来自一个永久不断的源泉。视觉对这两种本性的光都很熟悉，通过它们把视力投到可见的物体上去，以便完全准确地把握它们。[158]

当神已经把对眼睛的真正赞美铭刻在天穹上，亦即刻在那些星辰上，我们还需要尝试用言辞来赞美眼睛吗？除了服务于眼睛的活动和照料视力，创造太阳、月亮、其他星辰，行星或恒星的光芒，还能有其他什么目的吗？[159]所以，人所能得到的最好的恩赐就是用光来思考这个世界的内容，大地、植物、生灵、果实、海洋及其潮汐、春蓄冬涌的河流、各种热的或冷的泉水、性质各异的种种气象，其形式变幻莫测，令人捉摸不定，根本无法用语言说清；尤其是天空，真的可以说是世界里面的世界，还有使天空美不胜收的各种神圣可敬的形相。所以，其他还有哪个感官能夸口说自己的作用有如此大的跨度？

【31】[160] 这些感觉只能使我们人性中的那头野兽，亦即情欲，在其食槽中育肥，让我们停止思考这些感觉，考察那诉诸理智的听觉。听力在其旅行中会变得紧张，抵达极限，狂风夹带的声音势不可当，可怕的霹雳震耳欲聋，此时听力在围绕大地的空气中停滞不前。[161] 眼睛瞬间离开大地，仰望苍天，抵达宇宙边缘，东南西北一览无余，就在它们抵达的那一刻，也就理解了它们看见的事物。[162]以同样方式受到影响的理智并非静止不动，实际上，它时刻戒备，不断运动，把视觉当做观察心灵之事的起点，然后开始考察这些现象是非被造的，还是有一个被造的开端，是无限的，还是有限的，只有一个世界，还是有多个世界，四种元素是否构成万事万物；另一方面，天穹及其组成部分有其自身独特的本性，获得某种与其他一切事物不同的实体，而且更加神圣。[163] 还有，如果世界是被造的，谁是造物主？祂的本质和品性是什么？祂创造世界的目的是什么？祂现在在做什么？祂有什么样的工作方式和生活方式？还有其他各种问题，会有好奇的心灵辅以敏锐的感觉对它们进行探索。[164] 但是这些问题以及相似的问题属于哲学，由此可见，智慧和哲学并非起源于其他感觉，而是起源于视觉这位感觉女王。在身体的所有部位中，神在毁灭四种感觉时唯独保留了这种感觉，因为这些感觉受制于肉体和情欲，而只有视觉有力量把头高高抬起，仰望天穹，在沉思这个世界及其组成部分的时候找到比身体的快乐好得多的喜乐。[165] 所

以，五种感官就像五座城市构成的城市群，其中一座城市得到特别的恩惠，继续存在，而其他四座城市被摧毁，这样做是适宜的，因为这一感官不像其他感官，把自己的范围局限于可朽之物，而是渴望在不灭的存在者中找到新家，以沉思它们为喜乐。[166] 因此，神谕先说这座城很小，后来又说它不小，这样说非常巧妙。① 说视觉器官是小的，乃是因为在我们拥有的所有器官里，它只是很小的一部分；而说它是大的，乃是因为它的愿望很大，渴望考察整个世界和天空。

【32】[167] 我已经尽力讲述了向亚伯拉罕显现的这个异象，故事中的好客与款待发生了奇妙的转换，看起来像是主人设宴招待客人，但实际上是主人自己在享用这道盛宴。② 不过，他的最伟大的行为值得讲述，不可忽略。我大体上可以说，能够赢得神青睐的所有其他行为与此相比都黯然失色，有关这个主题我要说一些必须说的话。[168] 这位贤人的妻子给他生了一个相貌俊美、心灵高雅的儿子，这是他钟爱的唯一嫡子。超越年龄，他的儿子很早就显示出完全的美德，所以这位父亲不仅出于自然亲情对他宠爱有加，而且作为道德品质的监察员他也会深思熟虑地下判断，因此对儿子十分钟爱。[169] 这就是他对儿子的感情，当时他突然得到那条令他惊讶的神谕，要他到某座高山上把他的儿子作为祭品献祭，那座山非常遥远，离城有三天的路程。[170] 尽管对儿子怀有无以言表的钟爱，但他得到神谕之后却面不改色心不跳，一如既往地保持坚定的信念，没有丝毫动摇。对神的热爱支配了他的情感，他竭尽全力克服亲情这样的术语所表达的魅力，没有把神的呼召告诉家里任何人，只从他的无数随从中挑选了两名最年长和最忠诚的，加上儿子一共四个人，他们就出发了，似乎只是去履行常规的祭仪。[171] 就像一名奉命行事的斥候③，他远远地看见神指定的地方，就命令仆人留下，把火

---

① 《创世记》19：20。“看哪，这座城又小又近，容易逃到，这不是一个小的么。求你容我逃到那里，我的性命就得存活。”

② 参见《创世记》22：1—19。

③ 指侦察员。

种和柴火交给儿子背上；他认为应当让祭品自己来背负献祭的工具，这副担子其实很轻，因为没有比虔敬更不辛苦的事了。[172] 他们以相同的速度，不是脚下的，而是心里的，走直路到达尽头，这尽头就是圣洁，来到指定的地点。[173] 然后，父亲搬来石头筑坛，儿子看到燔祭用的一切都已经准备好，只是没有活物，就看着他父亲，问："我父那，请看，火与柴都有了，但燔祭的活物在哪里呢？"[174]对其他任何人来说，明明知道自己要做什么，但却只能把它隐藏在心中，猛然听到这样的问话，肯定会困惑迷乱，流泪哭泣，由于极度悲伤而无言以对。[175] 然而，亚伯拉罕的身体或心灵都没有发生偏移，他面不改色，镇定自若地回答说："我儿，神必定自己预备祭品，而在这广袤的旷野中，你可能会放弃找到祭品的希望；要知道，对神来说凡事都是可能的，包括那些对人来说不可能的事情或无法克服的困难。"[176] 说完这些话，他一把抓住儿子，放倒在祭坛上，右手拿着脱鞘之刀，准备杀死儿子。然而，就在他要动手之际，救主神有声音从天上传来，命令他住手，不可在童子身上下手。神两次呼唤这位父亲的名字，使他转过身来放弃目标，阻止了他的杀人行为。

【33】[177] 就这样，以撒得救了，因为神归还了亚伯拉罕的礼物，并用虔敬献给他的祭品回报献祭者；而对亚伯拉罕来说，尽管没有实现献祭的意愿，他的行动已经完成和完善，这样的故事不仅在圣书中记载，不会磨灭，也永远存在于读者心中。[178] 但是有些爱好争论的批评者曲解一切，把批评看得重于赞扬，我们认为亚伯拉罕的行为是伟大的或神奇的，而他们却不以为然。[179]他们说，其他也有许多人对自己的同胞和孩子充满了爱，但他们舍弃了自己的孩子，有些为了国家而奉献他们，作为使国家免遭战争、旱灾、涝灾、瘟疫的代价，有些是为了所谓虔敬的缘故，尽管实际上并非如此。[180] 他们确实说过，在那些声名远扬的希腊人中间，不仅有平民百姓，还有国王，不假思索地把自己的孩子处死，以此拯救被围困的大军，赢得盟友的信任，不战而屈人之兵。[181] 他们还说，野蛮人长期以来把奉献童男童女当做圣洁的行为，以为这是神所悦纳的。摩西提到过他们的这种

习俗，视之为可憎恶之事，因为在指责他们行这种污秽之事时，他说："他们甚至将自己的儿女用火焚烧，献给他们的神。"①［182］他们还指出，即使在今天，印度的天衣派信徒要是晚年得了绝症，甚至在还没有完全落入病魔手中之前，就堆起火葬堆，把自己放在上面焚烧，尽管他们实际上还能活上许多年。有些妇女看到丈夫在自己面前自焚，就急切地奔向柴堆，乐意把自己与男人的尸体一同焚烧。［183］这些女子的勇气无疑应当赞扬，她们是伟大的，但是更加了不起的是她们对死亡的轻视，她们带着炽热的感情冲向火堆，似乎这样做能够不朽。

【34】［184］他们问，既然平民百姓、国王和整个民族在形势所迫时都会这么做，那么我们为什么还要赞美亚伯拉罕，似乎他的行为史无前例似的？对于这些人恶毒和辛辣的批评，我的答复如下：在那些以儿童为祭品的人中间，有些人是按照习俗办事，按照上面批评者的看法，有些野蛮人就是这样的；有些人则是出于重要而又痛苦的原因才这么做，因为若不这样做，他们的城邑和国家就要毁灭。这些人献出自己的孩子，部分是出于更高权威的强迫和压力，部分是出于他们自己对荣耀和尊贵的渴求，想要在当下赢得声誉，在未来博得美名。［185］按照习俗进行这种献祭的人，他们的行为似乎并没有什么了不起，因为长期存在的习俗往往会变得与自然相同，在那些凭借忍耐和刚毅都难以成就的事情上，习俗能把人的恐惧降低到适当范围，使人感到轻松和安慰。［186］出于恐惧而奉献的礼物没有赞美的价值，因为赞美是自愿所行善事的记录，至于那些并非出于自愿的事情，则有外在之事作为其原因，比如有利的环境、机遇，或者人施加的力量。［187］如果出于对荣耀的渴望而抛弃儿女，那么这个人应当受到的是谴责而不是赞美，因为他竟然拿最亲爱之人的生命去购买本来应当抛弃的荣耀，哪怕他拥有荣耀，那也应当是为了保障孩子们的安全。［188］所以，我们必须考察，当亚伯拉

① 《申命记》12：31。"你不可向耶和华你的神这样行，因为他们向他们的神行了耶和华所憎嫌所恨恶的一切事，甚至将自己的儿女用火焚烧，献与他们的神。"

罕打算献祭他的儿子时，他是出于何种动机，是因为习俗、对荣耀的热爱，还是由于恐惧。我们知道，在巴比伦和美索不达米亚没有这样的习俗，他在那里成长并且生活了大半生的迦勒底也没有杀子女献祭的习俗，所以，不能认为这种惊世骇俗之事是一种习惯，所以他做起来感到不那么害怕。[189] 同样可以肯定的是，没有人使他感到害怕，因为没有人知道他单独领受的神谕；他也没有面临任何公共灾难的压力，只有宰杀具有特殊价值的孩子献祭才能消灾避难。[190] 那么，难道是为了寻求众人赞美这种动机促使他采取了这样的行动？不，在一个荒凉偏僻的地方，没有人在场能向后世传扬他的名望，甚至连两名仆人也被故意远远地留在后面，免得有人以为他带人见证他的虔敬行为，以便日后可以夸耀，在这样的地方，他能寻求什么赞美呢？

【35】[191] 因此，让他们停止放肆的诽谤，控制他们对卓越者的妒忌和厌恶，不要再中伤过着善良生活的人的美德，他们应当大力赞美，帮助弘扬这样的美德才对。从许多方面都很容易看出，亚伯拉罕的行为确实值得我们赞美和热爱。[192] 首先，他特别实践了对神的顺从，每个思维正常的人都会认为这种义务完全值得尊敬和努力。迄今为止，他不曾忽略神的任何命令，他在接受命令时也没有任何抱怨或不满，无论需要付出怎样的艰辛和劳苦，因此他高尚而又坚定地承担了任务，向他的儿子宣判。[193] 其次，人祭在有些国家也许是习俗，但在其他一些国家并不为习俗所认可，所以人祭不可能由于不断重复而使人变得不那么害怕，否则的话，他就是第一个引入一种全新且奇异的程序的人；在我看来，对这样的事情，哪怕灵魂是铁或石头做的，也无法下定决心，因为如上所说，与本性作战是一件难事。[194] 另外，除了以撒，他没有生过真正意义上的儿子，所以他对以撒的感情必然与真理处于同一层次，甚至高于纯洁的爱，也高于人们谈论得很多的友谊纽带。[195] 还有，他有一个非常有力的动机宠爱这个儿子，他是老年得子，而不是在壮年的时候生子。父母对较晚生育的孩子总是宠爱有加，要么是由于他们多年盼望有孩子，要么是由于他们实际上已经不指望再有孩子了，因为他们的自然能力已经到了最后的底线。[196] 子女众多的父亲奉献一个孩

子，作为缴纳给神的什一税，这没有什么奇特，他的其他孩子仍旧能给他带来快乐，这种安慰的作用可不小，能够减轻他对奉献孩子的悲痛。倘若他奉献的是至爱的独生子，那么这样的行为没有恰当的语言可以描述，因为他在亲情关系上没有任何退路，他的全部分量都放在天平的那一端，亦即神的悦纳。[197]下面这一点是异乎寻常的，他的行为确实独一无二。其他的父亲，哪怕为了国家或军队的安全而把他们的孩子献出去作祭品，他们自己要么待在家里，要么远离祭坛，即使在场，他们也要把脸转过去，因为他们无法忍受目睹这样的场景，只能让别人下手杀死他们的孩子。[198] 而在这里，我们看到，拥有各种亲情的这位父亲亲自担任祭司，而用他最优秀的儿子当祭品。根据燔祭法，他可能还要肢解儿子的身体，一块块地在祭坛上奉献。因此，我们看到他并非部分倾向于儿子，部分倾向于虔敬，而是全心全意致力于圣洁，而无视他们共同的血缘。[199] 上面提到的各个要点，其他人也能做到吗？有哪个要点不是完全自足、无须描述的？所以，只要没有恶意，不是好恶之人，任何人必会对他这种非凡的虔敬无比佩服；他无须同时考虑我所提到的所有要点，无论哪一点都足以说明问题。因为只要在心里刻画一个要点，不论这幅画多么小，都足以表明他的灵魂的伟大和高尚，尽管贤人的行为没有哪一点是小的。

【36】[200] 这里讲的故事并不限于字面的和明显的意义，它似乎还包含着有待进一步解释的因素，这在许多人看来是模糊的，而那些喜欢精义而非字义，且有能力看见它的人却是认得出来的。这种因素如下：[201] 这个打算奉献的祭品在迦勒底语里称做以撒，这个词翻译成我们的语言，意思就是“笑”。当然了，这里的笑不是指在身体上引起欢愉，而是指理智的美好情感，亦即喜乐。[202] 这里说这位贤人把献祭视为自己的义务，以此形像表明唯有喜乐与神关系最密切。人类很容易忧伤，对灾难充满恐惧，无论是当下的灾难，还是预料中将要到来的灾难，所以人要么由于眼前的不愉快之事而满怀忧愁，要么由于担心将来之事而焦虑不安。但神的本性中没有忧虑或恐惧，祂完全摆脱这些情欲，只享有完全的快乐和幸福。[203] 心灵既然

已经对神作出真正的认信，神就出于祂的善良和对人类的爱，驱除嫉妒，按照接受者的能力适当地回报给他相应的恩赐。[204] 确实，我们几乎可以听见他的声音，说："我清楚地知道最大的欢乐和欣喜不是拥有别的什么东西，而只是拥有我这万物之父。然而，我不吝惜让那些高贵的人拥有我，所谓高贵的人就是追随我和我的旨意的人，因为他将证明，如果他穿越这条情欲和邪恶不可能踏上而唯有美好的情感和美德才能行走的道路，他终将完全摆脱忧愁和恐惧。"[205] 但是，谁也不可认为喜乐从天上降到地下以后还是纯粹的，不沾染任何忧伤。不，它是喜乐与忧伤的混合体，只不过比较好的因素更强一些，就如天穹上的光是纯粹的，不混杂任何黑暗，而月亮照耀下的区域，显然混杂了暗淡的空气。[206] 我想，正是由于这个原因，负有美德之名的撒拉先是发笑，然后在回答询问者时又否认自己笑了。她害怕自己被抓住，因为喜乐不属于被造物，只属于神。因此，圣道吩咐她可以开心一点，说："不必害怕，你确实笑了，确实分享了喜乐。"①[207] 天父不会承受人类缓解忧愁、痛苦和重压的整个过程，这个过程是无法缓解的，而是往这个过程中掺入某些较好的东西，认为灵魂应当时不时地处在明媚阳光和安然恬静之中；至于这个贤人的灵魂，祂希望它的生命的大部分时间都能在快乐的沉思中度过，沉思这个显现的世界。

【37】[208] 处理亚伯拉罕的虔敬，这些例子肯定够了，尽管其他例子还很充足。但是，我们还要考察他在为人处世方面所表现出来的善良而又明智的行为。虔敬的本性往往也是仁慈的，一个人会同时展现两种品性：对神的圣洁和对人的公正。要描述他的所有行为确实太过冗长，但提到他的两三件事并不过分。[209] 尽管他极为富有，拥有大量金银和牲畜，完全可以与那些富甲一方的原住民相媲美，超出一个移居者所能获得的财富，但他并没有招致接纳他共同生活的人的任何指责，反而一直得到与他打过交道的人的

---

① 《创世记》18：12，15。"撒拉心里暗笑，说，我既已衰败，我主也老迈，岂能有这喜事呢？""撒拉就害怕，不承认，说，我没有笑。那位说，不然，你实在笑了。"

赞扬。①[210] 但若像通常会发生的事情那样，他的仆人或随从与他的邻人发生争执或产生分歧，他会尽量不动声色地解决问题，凭借他高大的人格尊严，消灭和剔除灵魂里面一切倾向于纷争、混乱和分裂的东西。[211] 看到他对那些与他同属一族，但在道德准则上与他相当疏远，孤立无援，财产也远不如他多的人，表现出何等的节制，当他完全可以利用他们的时候，却情愿让自己处于不利地位，看到他对外人如此忍辱负重，我们不会感到惊讶，因为他若是不讲道义地攻击他们，他们就会联合起来，用更强大的力量把他驱逐出境。[212] 他有一个侄子，陪他一起离开家乡迁移到这里。这个侄子很不可靠，总是犹豫不决，踌躇不定，有时候充满深情地问候他，讨好他，有时候又变得非常叛逆，桀骜不驯，难以控制。②[213] 他的仆人也变得好斗和狂暴，因为没有人管束他们，远离主人的牧人尤其会变得如此；放任自流，脱离管束，他们总是与这位贤人的牧人发生争吵，后者因为主人的温和，则对他们一再忍让。于是，他们得寸进尺，更加放肆，厚颜无耻，心中滋生的情欲之火越烧越旺，无法平息，直至他们的对手迫不得已开始反抗不公正，保护他们自己。[214] 眼看争斗变得非常严重，这位高尚者虽然听说了那些挑衅者如何遭到反击，也知道自己这一方在力量和人数上远远超过对方，但他没有放纵他们，让争端自行分出胜负，因为他不希望他的侄子遭受挫败而陷入困境。所以，他站在他们中间进行协调，使争吵者和解，这样做不仅对当下有益，对未来也有好处。[215] 他知道，如果他们住在一起，分享同一住处，就会发生难以遏制的争吵，迟早会引起纷争，产生分裂。为

---

① 参见《创世记》13：2，24：35。“亚伯兰的金，银，牲畜极多。”“耶和华大大地赐福给我主人，使他昌大，又赐给他羊群，牛群，金银，仆婢，骆驼，和驴。”

② 参见《创世记》13：5—11。“与亚伯兰同行的罗得也有牛群，羊群，帐篷。那地容不下他们，因为他们的财物甚多，使他们不能同居。当时，迦南人与比利洗人在那地居住。亚伯兰的牧人和罗得的牧人相争。亚伯兰就对罗得说，你我不可相争，你的牧人和我的牧人也不可相争，因为我们是骨肉（原文作弟兄）。遍地不都在你眼前么。请你离开我，你向左，我就向右。你向右，我就向左。罗得举目看见约旦河的全平原，直到琐珥，都是滋润的，那地在耶和华未灭所多玛，蛾摩拉以先如同耶和华的园子，也像埃及地。于是罗得选择约旦河的全平原，往东迁移。他们就彼此分离了。”

了阻止这一切，他想最好不要让他们继续住在一起，而是让他们彼此相距遥远，安排各自的居所。于是他打发人把侄子喊来，让他选择一个比较好的地区，欣然同意他可以带走他选中的任何东西；因为他考虑的是获得和平，这才是最大的收获。[216] 然而，人若是强者，有谁会向弱者让步，哪怕一丁点儿？人若是有力量取胜，有谁愿意被打败，而不使用自己的力量？只有他不以施展力量、自我扩张，而以摆脱纷争、享受安宁为理想，以此表明他自己是最可敬的人。

【38】[217] 这个故事的真实用意是对作为一个人的亚伯拉罕的赞美；但是依据那些从字面解释进到灵性解释的人的看法，这个故事也指明了灵魂的品德，因此在这里考察一下灵魂的品性也是件好事。[218] 这样的品德数不胜数，发端于无数起点，兴起于各种环境；但是现在需要考察的品德只有两个：一个是高级的、较为年长的；一个是低级的、较为年轻的。高级的品德荣耀最主要的、占主导地位的事物，低级的品德则荣耀处于最低的、处于从属地位的事物。[219] 智慧、节制、公义、勇敢，作为一个美德的整体，以及由美德激发的行为，是高级的和占支配地位的，财富、名誉、职位、好出身，是低级的，这里说的好不是真正意义上的好，而只是大众以为好，还有，在灵魂和身体之后产生的其他一切事物位居第三，它们是必然的，也是最后的。[220] 拥有这两种品德的人都拥有我们可以称之为羊群和牛群的事物。热爱外在事物的，拥有银子、金子、衣服、各种质料的财富、获取这些财富的手段，还有武器、装备、三层桨座的战船、骑兵、步兵、海军。它们是产生安全保障的统治基础。而热爱卓越美德的人拥有各种独立的美德原则和智慧本身发现的真理。[221] 可以说，那些负责掌管这两类事物的人就是看管牲畜的牧人。热爱财富或荣誉的人、以将军自诩的人，以及一切追逐支配大众之权力的人，关心这些外在的事物；而灵魂之事，则是热爱高尚道德和美德的人所关心的，他们喜爱真正的财宝，胜过伪造的财宝，而不是正好相反，喜爱虚假的财富胜过喜爱真正的财富。[222] 所以，他们之间很自然地会发生冲突，因为他们没有任何共同的原则，而只有激烈的争论——什么

是生活中最重要的事情，什么是真正的财富。[223] 曾经有一段时间，灵魂处于战争状态，处于这种冲突的场景，因为灵魂还没有完全净化，情欲和疾病仍然占据上风，超越它的健康原则。但是，随着它开始变得越来越强壮，借助更高的力量粉碎了对立的教义对它的威胁，此后，它就展开翅膀，它的灵也同时完全长成，于是在它与它的品德中仰慕外在事物的那个部分之间竖立高墙和篱笆。[224] 它与那个部分谈话，就像与人谈话一样。它说："你不可能与热爱智慧和美德的人拥有共同的家园和共同的纽带。走吧，改变你的住所，走得远远的，因为你没有，或者不可能有他的友谊。因为凡是你认为在右边的，他就认为在左边，反之，凡是你认为是错的，在他看来全是对的。" ①

【39】[225] 所以，这个高尚的人并非只是和平温顺、追求公正，而且也是充满勇气，敢于打仗，这样做不是由于他好斗或者任性，而是为了保障将来的和平、那些对手想要破坏的和平。[226] 他的行动是最明显的证据。这个有人居住的世界的东部在四位国王手中，他们管辖幼发拉底河两岸的东方各国。其他国家都一直远离骚乱，遵守君主法令，毫无疑义地缴租纳税。只有这个所多玛国，在被大火毁灭之前，通过长期谋划的暴乱，开始破坏和平状况。[227] 此地极其繁华，由五位国王统治，他们向这些城邑和土地课税；此地面积虽然不大，却盛产谷物，树木葱郁，果子挂满枝头，其他国家得到了广大的国土，而所多玛国得到了美丽，因此它有多个喜爱它的统治者，他们都被它的魅力所吸引。[228] 迄今为止，出于对更高统治者总督的尊敬和畏惧，这些国王一直缴纳固定的贡赋给税务官。但是，他们一直沉溺于对美物的享受，饱腻无度，从而产生傲慢，生出超越能力之外的野心，于是他们首先抖落背上的轭，然后像恶奴一样攻击主人，指望骚乱或暴动能够取得成功。[229] 然而，这些主人意识到自己的高贵出身，武装了更加强大

---

① 参见《创世记》13：9。"遍地不都在你眼前么。请你离开我，你向左，我就向右。你向右，我就向左。"

的军队，他们对那些国王的攻击不屑一顾，认为不费吹灰之力就可以制服敌人。一经开战，他们就使有些对手狼狈不堪地逃走，有些对手成群结队地被杀死，更多的对手被活捉，投入监牢，还缴获了其他无数战利品。在这些战俘中间，他们带走了这位贤人的侄子，就是不久前移居到五城之一来的那个人①。

【40】[230] 有个人从溃败的人群中逃出来，向亚伯拉罕报告这一消息，使亚伯拉罕大为不安。他无法再保持平静，因为这个打击实在太大，比听到侄子的死讯更令人忧伤。他知道，死或死亡，如这个名字本身所表示的那样，就是生命中一切事情的终止，尤其是生活中的灾难停止，而活着却有数不清的艰难困苦在等待。[231] 但是当他打算追踪敌人、营救他的侄子时，却不知道该找谁做帮手，因为他是个外乡人和移居者，考虑到众王军队人数之多和新近所获得的胜利，无人敢对抗这支不可战胜的力量。[232] 不过，他在这个相当陌生的地方还是找到了帮手，因为只要行为公正和仁慈，就能在没有资源的地方找到资源。他把自己的仆人召集起来，吩咐那些购买来的奴隶留在家中，因为他担心这些人会逃跑，然后点验家养的奴隶，把他们编成百人队，分为三支部队开拔。不过，他并不信靠这些人，因为他们的数量只是众王军队的一小部分，他信靠的是神，公义的卫士和守护者。[233] 所以，他急切地前进，决不迟缓，到了晚上的时候他追上了敌人，当时敌人已经吃了晚饭，准备就寝，他逮着机会，对敌人发起攻击。有些敌人毫无防备，在床上成了刀下之鬼，有些敌人拿起武器抵抗，被全部歼灭，敌军与其说是被他指挥的军队击败的，不如说是被他的勇气压倒的。[234] 他不停地杀敌，直到彻底消灭敌军和他们的国王，让他们全都横尸营前，方才罢手。他取得了一场伟大的胜利，救回了侄子，夺得敌人骑兵的所有马匹、其他牲畜和大量战利品。[235] 至高神的大祭司看见他带着战利品靠近，领袖和军队毫发无损，他和他的随从一员未折，对此壮举大为惊讶，他心里想，事实

① 指罗得。

也确实如此，这样的胜利若无神对亚伯拉罕的军队的引导、眷顾和帮助，是不可能获胜的，于是，他伸出双手代亚伯拉罕向荣耀的神祷告，为胜利献上感恩祭，慷慨地宴请那些参加战斗的人，欣然分享他们的快乐，似乎这胜利是他自己的；没错，这胜利确实也是他的胜利，因为如谚语所说，“朋友的东西是共同所有的”，对那些以神的喜悦为唯一目的的人来说，更是如此。

【41】[236] 这就是我们在圣书中读到的字面意义；但那些能够沉思无形体的事实和赤裸裸真相的人，那些与灵魂而不是与身体同在的人，会说这九位国王之中，有四位是指我们身上的四种激情，即快乐、欲望、畏惧、忧愁，所产生的力量，而五位是指五个感官，即视觉、听觉、味觉、嗅觉和触觉。[237] 因为这九样东西在某种意义上被赋予支配权，是我们的国王和统治者，但它们并非以同一种方式统治。这五种感官服从四种激情，前者生来就得向后者缴纳贡赋。[238] 忧愁、快乐、畏惧和欲望源于我们的所见、所闻、所嗅、所尝、所触的东西，若无感官提供的感觉材料，激情本身不可能有任何力量；[239] 正是这些供给构成了激情的力量，颜色和形状、说出来或被听见的声音、滋味、香味、附着于有形事物的性质，柔软的和坚硬的、粗糙的和光滑的、温暖的和冰凉的，所有这些性质都由感官输送给各种激情。[240] 上述贡物若能提供，那么众王之间的联盟保持良好，但若它们不再纳贡，那么不和与征战立即产生；当人的老年及其痛苦来临，这样的事情显然就会发生。因为到了那个时候，激情没有一样变得弱小，而是有可能变得更加强大，而视力已经模糊，听力逐渐衰退，其他感官也都迟钝起来，无法像以前那样准确地判断每件事情，或者提供同样的贡物了。既然它们确实在各方面都已经变得弱小，已经快要垮台，那么反对它们的激情肯定能够轻易地打败它们。[241] 说五位国王中有两位掉在坑里，另外三位仓皇逃跑，此话包含很多哲学真理。因为触觉和味觉下降到身体最低的隐秘处，把原先由它们恰当处理的东西转移到身体内部，而眼睛、耳朵和嗅觉基本上跑到身体外面，摆脱身体的奴役。[242]这个高尚的人从自己的住处观察到这一切，当他看见原本是同盟者和朋友的人产生纷争，九国之间的战争取代了和平，

四王与五王为争夺统治权而相互攻伐，他就会抓住机会，发动突然袭击，热切希望在灵魂里建立民主制，用这种最好的体制取代暴君和领主的独裁统治，用法律和公正取代迄今为止一直盛行的非法和不公正。[243] 所有这些都不是我杜撰的故事，而是事实。在我们自己身上可以非常确定地看到。因为感觉尽管可以与激情保持一致，为它们提供感知的对象，但也经常反叛，不愿意再缴纳同样的贡赋，或者由于理智这位惩戒者的在场而无法做到。因为理智只要披戴上它的全套甲胄，即美德、教义，以及体现它们的学说，就能装备起不可抵御的力量，大获全胜。[244] 可朽者和不朽者是不可能住在一起的。这九大霸王，即四种激情和五种感觉，是可朽的，而且是腐朽的源头；而真正圣洁的道，其要塞筑于美德，其地点位于数序中的十这个至高无上的完全数，圣道前来争战，并在神之大能的帮助下，轻而易举地胜过上述国王。

【42】[245] 此后，随着时间的流逝，他失去了至爱的、拥有各样美德的妻子。她用无数的证据表现出妻子的爱，她与丈夫一起离开本族，毫不犹豫地离开自己的家乡，一直在异国他乡漂泊，在贫困饥荒中流浪，始终与丈夫并肩作战。[246] 她在任何地方总是站在丈夫一边，不与他分离，是他生命和生活事件中的真正伴侣，坚定地与他同甘共苦。她不像有些妇女，遇到不幸就远远避开，遇有好处就扑上前来，而是欣然接受自己的位分，无论是幸运还是不幸，视之为对合法妻子的适当考验。

【43】[247] 我可以讲述许多故事来赞美这位妇女①，不过，在这里，我只说一个故事，这个故事能够最清楚地证明其他故事也是真的。[248] 没有

① 参见《创世记》16：1—6。“亚伯兰的妻子撒莱不给他生儿女。撒莱有一个使女，名叫夏甲，是埃及人。撒莱对亚伯兰说，耶和华使我不能生育。求你和我的使女同房，或者我可以因她得孩子。亚伯兰听从了撒莱的话。于是亚伯兰的妻子撒莱将使女埃及人夏甲给了丈夫为妾。那时亚伯兰在迦南已经住了十年。亚伯兰与夏甲同房，夏甲就怀了孕。她见自己有孕，就小看她的主母。撒莱对亚伯兰说，我因你受屈。我将我的使女放在你怀中，她见自己有了孕，就小看我。愿耶和华在你我中间判断。亚伯兰对撒莱说，使女在你手下，你可以随意待她。撒莱苦待她，她就从撒莱面前逃走了。”

生育，膝下无子，由于担心神所钟爱的这个家庭会断绝子嗣，她来到丈夫面前，对他说："我们彼此相悦、生活在一起已经很久了。但是，我们夫妻结合的目的，生儿育女，却还没有实现，将来也没有什么希望，至少无法通过我来实现，因为我已经过了生育的年龄。[249] 但是，不可因为我不能生育而连累你，不能因为你对我的感情而使你无法做你能做之事，成为一名父亲，我不会由于你再娶而嫉妒，因为你娶另一个女人不是出于非理智的情欲，而是为了成全不可违抗的自然律法。[250] 因此，我很乐意为你迎娶一位新娘，我自己缺乏的由她来补上。如果我们祈求生子的祷告得到回应，那么这个孩子就是你亲生的孩子，当然也是我收养的孩子。[251] 为了避免我会嫉妒，你若不介意，就娶了我的使女，她外表上是个仆人，内里却具有自由而高贵的出身，从她进入我家的第一天起，我观察了很多年，证明她的出身是埃及人，但在生活规范上却是个希伯来人。[252] 我们拥有大量的财产，不是移民通常能够拥有的，如今我们使那些以兴旺发达闻名的本地人也相形见绌，但我们却没有后嗣，没有继承人，如果你能听从我的劝告，也许就会有了。"[253] 亚伯拉罕对妻子敬爱有加，这种爱决不会变老，始终新颖如初，她对未来的精心预见也使他大为叹服，于是就娶了她赞同的配偶，与使女同房，直到她生了孩子，或者，如这个故事最可靠的版本所说的那样，只同居到她怀孕，等她有了身孕以后不久，他就出于天生的节制和对合法妻子的尊重，不再亲近使女。[254] 所以，使女当时生了一个儿子。再往后，这对原本对怀孕生子不抱希望的夫妇也有了他们自己的孩子，这是对他们高尚品德的回报，是慷慨之神的恩赐，超越了他们的所有希望。

【44】[255] 我们不需要举更多例子来证明这位妻子的功绩。① 能够证明这位贤人功绩的例子更多，其中有些我在前面已经详尽地赞颂。现在我要说一下他妻子死亡的事，他在这件事情上的行为我们不可忽略不讲。[256] 他失去了终生伴侣，她的品德我们已经作了描述，神谕中也有记载，当时忧伤

---

① 参见《创世记》23。

兴起要与他的灵魂搏斗，而他迎上前去与忧伤搏斗，如同在竞技场上那样，并且占了上风。他把力量和百倍的勇气给予理智这个激情的天敌，他始终以理智为自己的谋士，此时更是下定决心服从理智，听从理智卓越和有益的劝告。[257] 理智的劝告是他不可过度悲痛，视之为全新的、闻所未闻的不幸事件，也不可无动于衷，似乎没有发生令人心痛的事，而要选择中道，舍弃两端，以感情适度为目标；欠下自然的债务理应归还，不要由此生怨，而要安静地、慢慢地减轻打击的痛楚。[258] 圣书中可以找到这方面的证据，那是永远不可能被证伪的。这些证据表明，他伏在尸体上悲泣了一阵之后，就迅速起身，控制自己，不再号啕大哭，显然这是由于他持守智慧，智慧教导他，死亡不是灵魂的消灭，而是与身体的分离，回归它过来的地方；它来自神，如创世的故事所表明的那样。[259] 正如有理智的人不会因为偿还债务或者归还别人存放在他这里使他受益的东西而发怒，同样，自然既然已经将她收回，他就一定不可恼怒，而要镇定自若地接受不可避免之事。[260] 这样，当那个国家里的大臣前来表示慰问时，他们没有看到在他们中间习以为常的那种哀号，没有哭泣，没有哀歌吟唱，没有捶胸顿足，男人女人都没有，只有一种极为节制的忧愁弥漫在整个家中，他们感到大为惊讶，而他的余生亦使他们极为敬佩。[261] 由于他伟大的美德闪耀出来的荣光远非他们自己所能谨守，所以他们靠近他，呼喊道："你就是从神那里来到我们中间的王。"这句话讲得对极了，因为其他王国都是在人中间建立的，伴随着战争、战役和无数的灾难，追求统治权的野心通过步兵、骑兵和海军强加给彼此杀戮的双方。而这位贤人的王国来自神的恩赐，领受它的有道德之人不给任何人带来伤害，而是让全体臣民获得并享受美好事物，对臣民来说，他是向他们传递和平与秩序的先锋。

【45】[262] 另外还有一段记载，用摩西说预言的口中说出来的话检验这种赞颂。这段话中说他"信靠神"。这话若是只用话语来衡量，那是微不足道的，但若用行动来证明，却是极为重大的。[263] 因为除了神，人还应信靠什么？信靠高位、美名、荣耀、充足的财富、高贵的出身、健康的身

体、敏锐的感觉、身体的力气和美貌吗？然而，职位是非常不稳定的，周围有无数对手窥视它，即使有幸得到保障，这种安全也伴随着无数的邪恶，那些处于高位的人要么是邪恶的行动者，要么是邪恶的受害者。[264] 名望和荣耀是最不稳定的所有物，在鲁莽者不计后果的脾气和轻狂的话语中飘荡颠簸；即使能够持久，按其自身的本性它也不可能保持真正的善。[265] 至于财富和高贵的出身，它们甚至依附于最卑鄙的无耻之徒，即使限定在有德性的人身上，那也不是对实际拥有者的赞颂，而是对他们祖先和运气的致谢。[266] 还有，我们也不可因为身体的天赋而过分自豪，在这个方面非理智的动物比我们更有优势；因为有谁能比家畜中的牛或野兽中的狮子更加强壮，更有力气？谁拥有比鹰或雕更加敏锐的视力？谁的听力能与最愚蠢的动物驴子相媲美？至于嗅觉，谁能比猎犬更加准确地识别？猎人告诉我们，猎犬能跟随气味，准确无误地奔向它看不见的遥远的猎物；在狩猎和追踪中，其他动物使用的是视觉器官，而猎犬使用的是它们的鼻孔。[267] 信靠健康吗？但为什么大多数非理智动物都极为健康，几乎不生病。信靠美貌吗？相比之下，我得说，有些无生命的事物比人更加俊美，无论是男的还是女的。比如画家、雕刻家所创作的绘画和雕塑，总之一切大获成功的作品，无论是在艺术上登峰造极的，还是能够激发希腊人和野蛮人的热情的，均如此，他们把这些作品安放在最显眼的地方，装饰他们的城邑。

【46】[268] 所以，信仰神是一种确凿无误的善行，是对生命的安慰，是正确希望的实现，是免除疾病、收获善物、减少痛苦、增添虔诚，是幸福的遗产，是灵魂的全面改善，这种灵魂能够与作为万物之因的神待在一起，神无所不能，但意在最佳。[269] 正如行走在泥泞小径上的人容易摔跤，而行走在平坦大道上的人可以大步前进，所以那些使灵魂按着属肉体和外在事物的道路行走的人只能让灵魂练习摔跤，所有这样的东西都非常滑，毫无安全性可言；而那些沿着美德的教义加紧走向神的人则行走在安全的和平坦的道路上，所以我们完全可以真实地说，信仰前一类事物就是不信神，不信仰它们就是相信神。[270] 但是，神谕不仅证明他拥有美德之女王，信仰存在

者，而且还证明他是第一个被称为长者的人，① 尽管在他之前的那些人，有的寿命比他长三倍或许多倍。然而，我们没有听说过他们有哪一位配得上长者这一头衔，因为真正的长者不是凭借他活的天数，而是凭借可加赞美的、完善的生命。[271] 那些在身体的存在中活了很多年，但却没有显现生命之善或美的人，必被称为长寿的儿童，他们从未在与头发灰白的老年人相匹配的学问中得到训练；而倾心健全的理智和智慧、信仰神的人，可以公正地被称为长者，这个名称的意思相当于“首位”。[272] 因为这个贤人确实就是人类的首位，相当于船上的舵手、城邦的统治者、战争中的将军、身体里的灵魂、灵魂中的心灵，或者相当于世界里的天、天上的神。[273] 神惊讶于亚伯拉罕对祂的信心，就用信实回报他，通过起誓确认曾经应许给他恩赐，在这里，祂不再作为神对人说话，而是作为朋友与熟人说话。神原本说一个词就是一个誓言，但祂说“我指着自己起誓”②，以便使这个人的心灵变得比以前更加明确和坚定。[274] 如此说来，这个高尚的人就是长者和首位，必定被呼召；而每一个追求反叛、处于最后一位的傻瓜，就是年轻人和末位。[275] 以上所说全都是对这位贤人的赞扬，如此众多而又伟大，而摩西画龙点睛地说：“这个人遵守神圣的律法和命令。”③ 他这样做，不是因为有那些文字在教导他，而是有不成文的本性赋予他热心，使他跟随健全、纯洁的冲动。既然有神的应许在面前，除了笃信神的应许之外，他们还能做什么呢？[276] 这就是这个人的生平，他是民族的首位和创建者；有人会说，他是个遵守律法的人，但如我们的讨论所示，毋宁说，他本人就是一部律法，一部不成文的律法。

① 参见《创世记》24∶1。“亚伯拉罕年纪老迈，向来在一切事上耶和华都赐福给他。”

② 参见《创世记》22∶16。“耶和华说，你既行了这事，不留下你的儿子，就是你独生的儿子，我便指着自己起誓说。”

③ 参见《创世记》26∶5。“都因亚伯拉罕听从我的话，遵守我的吩咐和我的命令，律例，法度。”

论约瑟

提要

本文的希腊文标题是“ΒΙΟΣ ΠΟΛΙΤΙΚΟΥ ΟΠΕΡ ΕΣΤΙ ΠΕΡΙ ΙΩΣΗΦ”，意为“论约瑟，即这位政治家的生平”，英译者将这个标题译为“On Joseph, That is, the Life of the Statesmen ”。本文的拉丁文标题为“De Iosepho”，缩略语为“Jos.”。中文标题定为“论约瑟”。原文共分为 44 章（chapter），270 节（section），译成中文约 3.4 万字。

本文与《论亚伯拉罕》一样，是一篇传记性的文章。文章开篇提到牧羊的技艺与政治家的学识非常接近。约瑟成为政治家的第一项才能就是牧羊的技艺，他年轻时接受了这方面的训练。约瑟作为雅各晚年所生的小儿子，拥有高贵的气质，深得父亲喜爱，却遭兄长们的嫉妒，被他们卖给过路的商队，商队又把他带到埃及，卖给法老的内臣波提乏。兄长们派人把虚假消息告诉雅各，说约瑟已经死了，他的尸首已被野兽吞食（1—27 节）。

作者把约瑟这个名字的意思解释为“主人的添加”，约瑟的政治家身份是对按照自然本性生活的人的一种身份上的添加。约瑟穿的彩衣比喻政治生活的斑驳陆离，变化无常；约瑟被卖为奴，预示他将来作为受欢迎的演说家登上讲坛，如同受束缚的奴隶，表面上百般尊荣，实际上却成为一千个主人的奴仆；他成了野兽的腹中食，也就是说，虚荣潜伏在暗处，只要沉溺其中，就会被这头野兽撕毁。他被转卖，指政治家总是朝三暮四，变换主人

（28—36 节）。

约瑟在埃及主人家中表现出家政管理方面的才能，这是他预备成为一名政治家的条件。约瑟的女主人千方百计地勾引他，他表现出高度的自控能力。他没有接受引诱，受到诬告、身陷囹圄的时候也没有进行辩解（37—53 节）。在这个故事中，作者用购买这位政治家的这位宦官比喻盲目的大众，大众追求欲望，好比男人追求女人；这位宦官是一名大厨，就像民主政制下聚集在一起的民众；大众的欲望就像淫荡的女子，向政治家示爱，要求他抛弃与真理有关的一切，只服从于她，取悦于她。约瑟是位真正的政治家，他清醒地知道自己的身份、地位、职责，知道如何才能维护人民的真正福利，所以他宁愿经受磨难也毫不妥协（54—79 节）。

约瑟在狱中成为实际的牢头，以其高贵品德感染周围的人，用智慧的话语教诲囚徒，使监狱成为感化院，表现出他的政治能力。他后来为国王的两位内臣（酒政和膳长）解梦，表现出卓越的预言天赋。后来，他蒙召来到国王面前，为国王解梦，深得国王赏识，当上宰相，被委以管理全埃及的重任（80—124 节）。

政治家必定是一个解梦者，但他解的不是一般的梦，而是人们的生活。人的身体以及身体方面的事情不就是充满混乱、无序和不确定的梦吗？睡着的时候做夜梦，醒着的时候做白日梦，政治家的真实任务就是揭示梦的真相，指明善恶、好坏、美丑、损益，等等（125—147 节）。然后对约瑟得以提升的一些事情作更加明确的喻意解释，说明民主制对政治家的态度，说明法老处理大厨、酒政、膳长的不同态度代表热爱身体的心灵对待奢侈品和生活必需品的不同方式（148—156 节）。

接下去详细讲述约瑟的十名兄长籴粮的故事。由于饥荒遍地，约瑟的父亲派了十个儿子下埃及籴粮。这十名兄长害得他几乎丧命，但约瑟见了他们以后没有进行报复，而是考验他们是否有悔改之心，于是就先把他们当做奸细，从中挑选一个人当人质，让其余的兄弟回去把最小的弟弟，也就是约瑟的胞弟带回来，同时吩咐人把粮食装满他们的米袋，把银子放在他们米袋里

（157—181 节）。

回家以后，十兄弟对父亲说了原委，父亲满心悲伤地把小儿子交给他们带去埃及。这一次他们受到了约瑟的热情接待，并得以与他同饮。但是约瑟还是没有与他们相认，他想要考验他们。送他们回去的时候，他命人悄悄地把自己的银杯放在弟弟的米袋里。正当他们满心欢喜的时候，约瑟派出的家人追上他们，搜出银杯，指控小童盗窃，判他为奴受罚。此时老四站出来为他辩解，并勇敢承担责任，愿为小童代罚为奴（182—236 节）。

到此为止，约瑟相信他的种种试探和考察都有了最后的结论，即他自己的经历，小时候受的苦难很可能是出于神的安排，是神借他们之手这样做的。于是他与兄弟们相见，尽诉亲情。兄弟们大赞他的美德：宽宏大量、重视亲情、审慎明智，不怨恨、不报复，沉默、自制、正直、高贵、善良。最后他们一起赞颂他最高的美德，即虔敬，把一生最高的功德归于神（237—260 节）。约瑟的父亲去世以后，他的兄弟们怕他心存芥蒂，就来到他面前请求他的宽恕。约瑟说，我是属于神的，神把你们的邪恶计划转变为丰盛的祝福。约瑟一共活了一百一十岁，他在父亲家中度过十七年，然后十三年受苦受难，其后八十年在全盛中治理埃及国家。他的一生是真正的政治家（261—270 节）。

正　文

【1】[1] 使美德得以完善的因素有三个：学识、本性和实践。这些名称由三位贤人来代表，摩西赋予他们长者的地位。由于我已经描述了这三个人的生平，指出他们的生活分别源于教导、自学和实践，所以下面我要按照这个顺序描述第四种生活，亦即政治家的生活。这个名称同样也有一位族长作代表，如摩西所说，他从年轻的时候起就接受职业训练。[2] 大约在十七岁的时候他第一次接受这种训练，学习牧羊的技艺，① 这种技艺与政治家的学识非常接近。因此我想，难怪有许多诗人经常把国王说成是民众的牧人，② 牧羊的成功将产生最好的国王，因为通过管理不需要很多思考和照料的羊群，他也就学会了如何统治最高贵的生灵——人类。[3] 正如对将要在战争或军队指挥中担当将领的人来说，狩猎场上的实践是最需要的、最必要的，所以对那些想要管理国家的人来说，没有比牧羊更合适的训练了，牧羊给他们提供了实践的机会，练习行使权威和指挥。[4] 所以，他的父亲观察到在他的身上有一种鹤立鸡群的高贵气质，于是对他大加赞赏，格外器重，而且这个孩子是这位父亲晚年所生——没有什么能比这更能使人产生慈爱——他对这个儿子的爱超越对其他儿子的爱。由于父亲本人就是一个热爱美德的人，所以对这个孩子他也特别关注，想要培养这个孩子本性中的火花，希望它不是在阴燃，而是能迅速燃烧为一团烈焰。③

【2】[5] 然而，嫉妒一直是成就大事的敌人，在这个事例中嫉妒也开始作祟，它在这个各方面都很兴旺的大家庭里制造分裂，煽动多位弟兄与这个

---

① 参见《创世记》37：2。“雅各的记略如下。约瑟十七岁与他哥哥们一同牧羊。他是个童子，与他父亲的妾辟拉，悉帕的儿子们常在一处。约瑟将他哥哥们的恶行报给他们的父亲。”

② 参见荷马：《伊利亚特》1：263。

③ 参见《创世记》37。

孩子作对。他们厌恶约瑟，对抗父亲对约瑟的善意，父亲对他有多爱，他们对他就有多恨。不过，他们并没有大声说出他们的仇恨，而是彼此心照不宣，保守秘密，所以这种仇恨很自然地变得越来越深。这是因为，被禁锢的情绪要是找不到宣泄的通道，就会变得越来越强烈。[6] 约瑟本性单纯，天真无邪，他对他的哥哥们心中潜藏的嫉恨一无所知，相信他们都是友好的，把他自己梦见的一个意味深长的梦告诉他们。他说："我想当时正值丰收时节，我们全都去了田里收割庄稼。我们拿起镰刀正在收割的时候，我的禾捆突然站了起来，直直地立着，而你们的禾捆，似乎听到了号令，令人惊讶地迅速上前，对着我的禾捆跪地下拜，致以崇高敬意。"[7] 他的哥哥们原本都是聪明机智之人，擅长象征符咒，通过合理推论揭示晦涩含义，所以他们答道："你以为你将要做我们的主人和国王吗？你编造的这一异象岂不就是暗示了这样的意思吗？"他们原先的仇恨找到了新增的理由，心中的怒火熊熊燃烧起来。[8] 但他却毫无察觉，几天以后他又做了一个梦，比前一个梦更加令人吃惊，他又把这个梦告诉了他的哥哥。这一次他梦见太阳、月亮和十一颗星向他下拜。这件事令他父亲惊讶，他父亲把这件事记在心里，留心观察，看结果会怎样。[9] 由于担心这个孩子犯了严重错误，他重重地责骂他说："你的意思好像是说，这个太阳就是你的父亲，这个月亮就是你的母亲，这十一颗星就是你十一个哥哥。难道我、你的母亲、你的兄弟要向你跪拜吗？我的儿呀，不要让这样的想法进入你的心里，让你在梦中看见的景象渐渐消退，忘了它吧。在我看来，希望并且急切地渴望统治这个家庭是非常可恶的，而且我认为，凡是在意亲人之间平等和公正的人肯定都会同意我的看法。"[10] 担心约瑟如果与兄长们继续待在一起，他们对这个做梦者的嫉妒会滋生骚乱和争吵，于是雅各就打发他们出去放羊，而把约瑟留在家里，让他们分开一段时间，这样做是必要的。他知道，人们都说时间是医治灵魂疾病和失调的医生，能够消除忧伤、平息愤怒、治愈恐惧、缓解一切，甚至能治好自然难以医治的疾病。[11] 然后，当他估计他们心里已经不再满怀嫉恨的时候，就派约瑟出行，一方面去问候他的兄长，另一方面让他去看看他们过得怎么样，他们的羊群看管得怎么样。

【3】[12] 最终情况表明他的这次出行是大恶和大善的源头，在这两个方面都出乎人们的预料。遵从父亲的吩咐，约瑟到他的哥哥那里去，他们看到他远远地走来，就彼此谈论，用语险恶。他们甚至不愿俯就称呼他的名字，而是称他为做白日梦的、贩卖异象的，以及诸如此类的用语。他们的愤怒抵达顶点，尽管不是全体一致，却也是大多数人同意，想要杀死他，为了不被人发觉，他们决定把他的尸首扔进地下的深坑。那个地方有许多这样的深坑，是用来储存雨水的。[13] 最后他们勉强听从了老大的劝告，没有做弑弟这种最可诅咒的事情。老大敦促他们让灵魂保持清洁，不可染指如此可恶的行为，说只要把他扔进深坑就行了，他这样说是想找到某种方法救他，希望等他们走开以后再把他拉上来，把他完好无损地归还他们的父亲。[14] 他们同意这么办，这个时候约瑟走近了，问候他们，而他们却一把抓住他，剥掉他的外衣，就好像他是战场上的敌人。然后他们用绳子把他吊下深坑。他们用羊羔血染红了他的外衣，打发人送到他父亲那里，撒谎说野兽把他吃了。

【4】[15] 那一天正好有一支商队经过那里，他们经常从阿拉伯到埃及运货。兄弟们把自己的弟弟从坑里拉上来，卖给这些商人，领头做这件事的是老四。[16] 我想，他担心其他因愤怒而变得残忍的兄弟杀害约瑟，所以劝他们把他卖了，用把约瑟卖为奴仆这种较小的恶来代替杀人这种较大的恶。他们卖他的时候，老大并不在场。他往坑里看，但没有看到前不久被扔在里面的童子，于是就大声哭喊起来，他撕裂自己的衣衫，捶头揪发，疯狂地横冲直撞。[17] 他喊道："告诉我他究竟怎么样了。他是死还是活？要是死了，让我看见他的尸体，我好扶尸哀号，使这灾难显得轻省。如果看见他躺在这里，我就得了安慰。我们为什么对死人还要怨恨？嫉妒不能强加给死去的人。但若他还活着，那么他去了哪里？他落到了谁的手中？你们要把实情告诉我，不能像怀疑他一样怀疑我，拒不相信我。"[18] 他们说，他们已经把童子卖了，并拿出卖人所得的钱给他看。他说："你们做了一宗好买

卖。我们把这钱分了吧。我们与奴隶贩子竞争作恶之奖赏，让我们戴上胜利花冠，夸耀我们在残忍上已经超过了他们，因为他们的目标是外人，而我们的目标却是我们最亲近的人。[19] 一种重大而又新颖的方式产生了，一种名声远扬的耻辱。我们的祖先留给这个世界每一部分的是关于他们高贵行为的记载，而我们留给子孙后代的是有史以来最大的有关我们背信和残暴的丑闻。意义重大的事情一旦完成，有关它们的传闻就会传遍各地，事情若是值得赞美，就会引起敬佩，事情若是罪恶，就会受到指责，被人轻视。[20] 关于这件事情，我们的父亲会得到怎么样的报告呢？他原来特别幸福和快乐，但我们使他的生活变得无法忍受。究竟是谁最可怜，是被卖为奴的人，还是残忍地出卖他的人？我们肯定比他更可怜，因为受恶者不如行恶者那么痛苦。前者得到两种伟大力量的支持，亦即怜悯和希望；后者什么都没有，还要被众人论断为最邪恶的。[21] 但我何必疯狂哀叹呢？我最好还是保持平静，免得自己也成为某种可怕命运的牺牲品。因为你们的脾气极为野蛮，毫无怜悯之心，你们每个人心中的残暴仍然剑拔弩张。”

【5】[22] 他们的父亲听到的不是这个儿子被卖的真消息，而是说他已经死了的谎言，并且说他好像被野兽吞吃了，他们的父亲听到的这些话和看见的东西就像一记重拳，打在耳朵和眼睛上。送到父亲面前的约瑟的外衣破烂不堪，污迹斑斑，染有大片殷红的血。极度的悲伤使他晕倒，他双唇紧闭，在地上躺了很长时间，无法抬起头来，这一噩耗把他彻底击垮。[23] 后来，他突然泪如泉涌，泪水打湿了双颊、下巴、胸口和衣襟，他剧烈抽泣，呜咽着说道：“儿啊，不是你的死亡，而是你的死法，使我如此悲伤。你若能埋葬在自己的土地上，我也能得着些安慰，我能在你的病榻边看望你、照顾你，在你临死前与你互道再见，帮你合上双眼，扶着你的尸体哀哭，按照习俗为你举行隆重的葬礼，不遗漏任何祭仪。[24] 不，哪怕是在异国他乡，我也会对自己说：‘唉，你节哀吧，是自然收回了属于她的东西。’独立的国家只跟活人有关，而每块土地都是死人的坟墓。死亡不会过早地降临于任何人，或者毋宁说，死亡总是过早地降临每个人，因为与永恒

相比，寿命很长的人的也只是活了没有多少年。[25] 确实，你若不得不死于暴力或阴谋，为什么不被人杀死，若是这样的话，我会感到轻省一些，人或多或少总会怜悯受害者，他们可能会抔起泥土撒在尸体上。就算他们是最残忍的人，那么顶多也就是抛尸荒野，拂袖而去，即便如此，还会有过路人经过，停下脚步，看到尸体，对同类产生一丝怜悯，认为应当将它埋葬。然而你实际上却成了那些凶残的食肉动物的美餐，它们竟然吃了我的骨肉。[26] 我经历过逆境的长期锻炼，经受过许多突如其来的打击，做过漂泊者、异乡人、仆人、奴隶，我的生命和灵魂刻满了那些人的恶意，他们根本没有理由这样对待我。我见过和听说过许多令人绝望的灾祸，还亲身经历过成千上万的灾难，我已经训练有素，懂得如何克制自己的感情，在灾难降临时可以做到无动于衷。然而，没有什么能比这件事更让人无法承受，它颠覆和毁灭了我灵魂的力量。[27] 还有比这更大、更伤心的事情吗？我是他的父亲，送到我面前的是我儿的外衣，而不是他身体的哪个部分，不是他的手脚，不是他的某个小小的部分。既然他已经完全消失，根本不可能进行埋葬，那么他的衣服也不应当送到我面前来，徒生我无限的悲伤，使他的不幸遭遇一次次向我再现，无法消除。”他就这样痛哭流涕。而那些商人在埃及又把这位童子卖给了担任国王大厨的一位内臣。①

【6】[28] 对这个故事作出字面解释之后，应当进一步解释它隐秘的含义，因为从广泛的意义上说，整部或者大部分律法书就是一个寓言。这里所讨论的人物在希伯来语中称做“约瑟”，而在我们的语言里的意思则是“主人的添加”，这是一个名副其实而且十分重要的头衔，因为在各民族中都可以看到的政体对被授予普遍主权的人来说是一种添加。②[29] 这个世界就是大都市或“大城市”，它有单一的政体和法律，这就是自然的话语或理智，规定了该做什么和不该做什么。但是我们看见的地方性城市在数量上是无限的，

① 参见《创世记》37：36。“米甸人带约瑟到埃及，把他卖给法老的内臣护卫长波提乏。”内臣即太监、宦官。

② 把约瑟这个名字的意思解释为“添加”，参见《论更名》89；《论梦》Ⅱ.47。

拥有各种各样的政体，它们的律法也绝不可能相同，因为不同的民族有不同的习俗和法规，全是额外的发明和添加。[30] 导致这种状况的原因在于人们相互之间不愿联合，不愿组成团体，不仅希腊人不愿与野蛮人联合、野蛮人不愿与希腊人联合，而且在希腊人或野蛮人内部，他们也不愿与同族人来往。然后，我们发现他们承认一些不是真正原因的原因，比如不合时宜的季节、地力贫乏、土壤贫瘠，或者国家所处的地理位置，邻海、内陆、岛屿、大陆，等等。他们从不提起真正的原因，其实正是由于他们的贪婪和彼此不信任，使他们不能满足自然的律令，而把一切有利于保持相同观点和社群利益的东西冠以律法之名。[31] 因此，倒不如说具体的政体就是单一自然政体的一种添加，因为不同国家的律法是自然之正当理智的一种添加，政治家是始终按自然本性生活的人的一种添加。

【7】[32] 还有，这里说他穿了一件彩衣是非常恰当的，① 因为政治生活是多种多样的，人物、环境、动机、个人行为、不同场合，都会发生数不清的变化。[33] 舵手依据风的变化来掌舵，以便顺利航行，不限于只用一种驾船方法。医生不会只用一种治疗方法来处理所有病人，哪怕只医治一名患者，只要他的身体状况发生变化，治疗方法也决不会一成不变；医生会观察病人的情绪，看他精神是饱满还是空虚，以及观察所有症状的变化，及时采用有利于健康的治疗方案，有时候用这种方法，有时候用那种方法。[34] 同理，政治家也必定是一个多面人，有多种样式。他在和平时期肯定与在战争时期不同，反对他的人很少或很多时，他肯定也有不同的表现，对少数人他采取强有力的行动，对多数人他使用劝说的方法，面临危险，为了共同的利益，他会身先士卒，挺身而出，但若前景良好，只需要继续保持就行，他就会站在一旁，让其他人来伺候他。[35] 再者，说这个人被卖掉是正确的，因为当冒充的演说家登上讲坛的时候，他就像市场上的奴隶，成了受束缚的

① 参见《创世记》37：3。“以色列原来爱约瑟过于爱他的众子，因为约瑟是他年老生的。他给约瑟作了一件彩衣。”

仆人，而不再是自由人，通过他得到的表面的荣耀，他成了一千名主人的俘虏。[36] 还有，他也被说成是野兽捕食的猎物，而虚荣确实潜伏在暗处，它就是一头野兽，抓住和摧毁那些沉溺于虚荣的人。买他的人又把他卖了，因为政治家并非只有一个主人，而是有许多主人，每个主人都按顺序轮流使唤奴仆，那些被反复出售的奴隶就像反复变换主人的坏仆人，因为他们的秉性可以说是反复无常、变化多端、爱好猎奇，不能忍受他们的老主人。

【8】[37] 这个主题也讲得差不多了。让我们再回到故事本身，① 这名童子被带往埃及，如我所说，那位内臣当了他的主人，几天之内童子就证明了自己的品德和本性的高贵，因此得到管理其他仆人的权力，并主持整个家务；因为他的主人已经观察到许多迹象，发现他所说的或所做的一切都在神的指引和眷顾之下。[38] 所以，表面上看来是他的主人任命他当家宰，实际上这是自然的作为，使他逐步获得权力，统治所有城邑、民族和伟大的国家。因为未来的政治家首先需要在家政管理上得到训练和实践，一个家庭就是一个微型城市，家政管理也可以称做一种政府管理，正如一个城市也是一个大家庭，治理国家就是对广大民众的家庭进行管理。[39] 所有这些都清楚地表明，家宰和政治家是同一的，无论二者在管辖范围的数量和规模上有多大差异。雕塑和绘画也是这样，对好的雕塑家或画家来说，无论他创作的作品多而大或者少而小，他都是同一个人，表现的是同样的技艺。

【9】[40] 然而，当他在家政上赢得崇高声誉时，他主人的妻子把他当做淫乱的对象；她被这个年轻人俊美的身体弄得神魂颠倒，对自己炽热的情欲毫不抑制，提出要与他交合，但他坚决抵制，断然拒绝，因为他体面和节制的意识非常强烈，这些意识是自然本性和自制的训练在他心中种下的。[41] 主人的妻子给她自己无视律法的情欲添火助燃，直到爆发成一团烈焰，她想方设法勾引约瑟，但却一次次地失败，最后她在情欲爆发时不得不使用暴力。她抓住他的外衣，凭借主人的权力强行拉他上床，因为情欲经

① 参见《创世记》39。

常使人振作，甚至能使最弱小的人产生新的力量。[42] 然而，约瑟在这种困境中表现得游刃有余，以其种族具有的坦率说出下面这些话："什么？你要强暴我吗？我们希伯来人的子孙遵守我们特有的律法和习俗。[43] 其他民族允许年满十四岁的人召妓嫖娼，与那些出卖身体的人交往，不受干涉，而在我们这个民族里，妓女甚至不允许活命，凡从事这种交易的女子要判处死刑。① 在合法的结合之前，我们不知道与其他女子交媾，而是作为贞女和童男到来。我们追求婚姻的目的不是为了快乐，而是为了合法地生育子女。[44] 时至今日，我仍旧持守纯洁之身，不会在通奸的道路上迈出第一步，这是最大的罪。哪怕我迄今为止一直过着不合律法的生活，被年轻人的欲望所吸引，追求此地的奢侈生活，我也不会掠夺别人的合法妻子。谁不渴望喝通奸者的鲜血？人们虽然在其他事情上习惯于各自为政，但在这件事情上，所有人或任何地方的人都意见一致；他们认为这种犯人应当死上千百次，所以不经审判就把他们交给那些发现他们有罪的人。[45] 你放肆的言行会把第三种污染强加于我，你不仅吩咐我通奸，而且吩咐我玷污我的女主人和我的主人的妻子。你不能认为我进入你家是为了这样的目的，拒不履行仆人的职责，却像一名醉汉那样对待购买我的主人的期待，辱没他的床笫，他的家庭、他的家属。[46]说实话，我必须尊敬他，不仅作为主人，而且作为恩人。他把所有的一切都托付给我，无论大小，没有一样不叫我管理，除了你，他的妻子。我难道要用你催促我做的事情来报答他吗？这难道是一样好礼物，是我对先前所受恩惠的恰当回报？[47] 主人见我是个没有人身自由的外国人，就尽其所能，用他的仁慈使我成为自由人和公民。我这个做奴仆的难道要这样对待主人，反过来把他当做外国人和没有人身自由的人？我若赞成这种邪恶的行为，我的内心会有什么样的感受？就算我是铁石心肠，我在面对他的时候会有什么样的表情？不，良心会揪住我，使我哪怕不被人发现，也无法直视他的脸。[48] 而不为人发现是不可能的，因为有成千上万的人坐

① 参见《申命记》23：17。"以色列的女子中不可有妓女。以色列的男子中不可有娈童。"

在审判台上审判我的秘密行为，他们不可能保持沉默；更不要说有以下这种可能，哪怕无人知道这件事，或者知道了也不报告，但我的脸色、表情、声音同样也会泄密，如我刚才所说，我的良知会判决我有罪。哪怕无人告发我，难道我们就不害怕或敬畏神的陪审员、审察我们一切行为的公正吗？”

【10】[49] 约瑟明智地说了那么长一番话，但主人的妻子充耳不闻。欲望强大的时候，能够蒙蔽最敏锐的感官。看到这种情况，约瑟只好逃走，把被她抓住的衣裳丢在她手里。[50] 约瑟的这一行为使她有机会杜撰故事，策划指控，惩罚这个年轻人。当她的丈夫从市场上回来，她就装做贞洁而端庄的妇人，对淫荡行为大为义愤。她说：“你给我们领来一个希伯来小伙子作仆人，轻率地把你的家交给他掌管，他不仅腐蚀了你的灵魂，还无耻地羞辱了我的身体。[51] 他不满足于霸占那些女仆，表现得极为淫荡好色，还竟然企图强暴我，他的女主人。有关他的疯狂堕落行为的证据是清楚的，明显的，因为我当时极为愤怒，大声叫喊，把那些在家的人喊来帮我，他对我出其不意的行为极为害怕，丢下他的衣服匆忙逃走，害怕被人抓住。”她拿出这件衣服，好像在为她编造的故事提供证据。[52] 约瑟的主人信以为真，命人把约瑟下到监里，但这样做实际上犯了两个大错：首先，主人没有给约瑟任何辩解的机会，没有听取这个完全清白无辜之人的解释，就认定约瑟犯了这种最严重的罪行；其次，他的妻子提供的这件年轻人留下的衣服确实是使用暴力的证据，但使用暴力的不是约瑟，而是他的妻子。试想，如果是约瑟使用暴力，那么应该是他手中拿着女主人的衣袍；如果遭受暴力的是约瑟，那么是约瑟失去了自己的衣服。[53] 不过，他主人的这种十足的无知也许情有可原，因为他的时间全都花在充满血污、油烟、灰烬的厨房里，在那里，生活在混乱之中的与其说是身体，不如说是理智，或者理智和身体一样，根本没有机会安静地退隐自省。

【11】[54] 至此，摩西为我们确立了这位政治家的三种品德——他的牧羊技艺、他的家政管理、他的洁身自制。我们已经处理了前两种品德，而最后一种品德对国家管理具有重大意义。[55] 在一切生活事务中，自制都是

利益和安全的源泉，在国家事务中更是如此，愿意者可以通过大量显而易见的例子了解这一点。[56] 有谁不知淫荡给民族、国家和整个位于陆地和海洋的文明世界带来多么大的灾难？因为大多数战争和那些规模最大的战争，都是由于女子的通奸、偷情和欺骗造成的，通奸消耗了希腊人和野蛮人中最重要的精华部分，也摧毁了他们各个城邦的年轻人。[57] 如果说荒淫的结果是内乱、战争和无数的不幸，那么自制的结果显然是稳定、和平，获取和享受完全的幸福。

【12】[58] 不过，现在是时候了，我们应当揭示这个故事给我们留下的教训。购买我们考察的这位主人公的据说是一位内臣；这样说是非常正确的，因为购买政治家的大众确实是阉人，徒有全部生育器官的外形，却没有使用它们的能力，正如那些患白内障的人，虽然有眼睛却不能使用，不能看。[59] 那么，大众怎么会与宦官类似呢？这是因为大众看起来似乎在实践美德，却不能收获智慧。当一大群品德相异的人聚到一起，他们说的话是正确的，他们想的和做的事情却是相反的。他们喜欢虚假的东西胜过喜欢真实的东西，因为他们处在表象的支配之下，他们所行的事情并非真正卓越的。[60] 因此，尽管很荒谬，这位宦官还是娶了妻子。因为大众追求欲望就像男人追求女人，使女人在他所说和所做的事情上做他的媒介，在所有事情上听取她的意见，无论事情大小，不论是否得体，而对理智的提议置若罔闻。[61] 摩西称他为大厨也是非常恰当的，正如厨师的全部职责就在于无止境地为肚子提供多余的快乐，被认为是政治家的众人同样也选择喜人悦耳的事物，就这样，理智的张力松弛了，也就是说灵魂的精力消散了。[62] 至于厨师与医生之间的差别，这是众所周知的事。医生的全部精力放在准备有利于健康的事物上，哪怕味道难闻；而厨师只做使人快乐的事情，不管对人是否有益。[63] 在民主体制中，法律代表医生，那些人依法实施统治，议事会成员和陪审团成员考虑共同体的安全和稳定，反对阿谀奉承；蜂拥而来的年轻人则代表厨师，他们不在意是否有益，只想如何在当前获取快乐。

【13】[64] 大众的欲望就像淫荡女子一样向政治家求爱。她说：“过来，

小伙子，做我大众的配偶。忘掉你自己原有的生活方式和习惯，忘掉你受教育的言语和行动。顺从我，服事我，做一切使我快乐之事。[65]坚定、严谨、真理毫不妥协的朋友，在与人打交道的时候呆板、严厉、坚定不移，只坚守有益之事，根本不在意听众的喜好，这样的人我无法忍受。[66] 我要搜集一切对你不利的证据，在我的丈夫，你的主人，也就是在大众面前控告你。因为在我看来，你的行为迄今为止似乎不受约束，你好像没有意识到自己已经成了一个暴君式的主人的奴仆。但若你知道独立为自由人专门拥有而奴仆是没有独立的，你就会规范自己，放弃自我意志，指望我，他的妻子，也就是欲望，做可以令我快乐的事情，以此为确保获得他的青睐的最佳方式。”

【14】[67] 现在这位真正的政治家非常明白这些民众拥有主人的权利，然而他不承认自己是个奴仆，而是把自己当做自由人，他的所作所为要取悦于自己的灵魂。他会坦率地说：“我从未学会如何迎合民众，我也绝对不会这样做。但是，既然领导和管理国家的重任在我身上，我知道要像优秀的守护人或慈爱的父亲那样去拥有它，正直而又真诚地拥有，但无我憎恨之虚伪。[68] 既然有这样的心意，我就不需要像小偷那样去掩饰和藏匿什么，而要使我的良知清洁，如在光天化日之下，因为真理就是光。我不会害怕暴君的任何威胁，哪怕他用死亡来威胁也无济于事，因为比起虚伪来，死亡倒是小恶。[69] 我为什么要向它屈服？尽管民众是主人，但我不是奴仆，而是像这个世界上最美好、最伟大国家的任何公民一样出身高贵。[70] 既然献礼、诉求、渴望荣誉、谋求职位、自命不凡、追求名声、放纵、怯懦、不公正、任何情欲和邪恶的产物都不能使我屈服，那么还有什么东西能够支配我，使我恐惧呢？[71] 能控制我的显然只有人，但是人虽然能主宰我的身体，却不能主宰真实的我。因为真正的我来自我的较好的部分，亦即来自我里面的理智，我准备凭借这个部分生活，几乎不考虑必定朽坏的身体，而身体就像包裹我的外壳。[72] 尽管也许有人会恶待它，但只要我摆脱了里面冷酷的主人和主妇，我就没有什么痛苦可言，因为我已经摆脱了最残忍的暴君。如果必须担任陪审员，那么我就要做出公正的判决，既不因富人拥有大

量财富而偏袒富人，也不因同情穷人的不幸而偏袒穷人，我要给尊严者和诉讼者拉上帷幕，完全诚实公正地判决。[73] 如果担任议员，我会为了共同利益而提出议案，哪怕它们并不令人愉快。如果在公民大会上讲话，我会抛开一切谄媚之言，只讲有益的话，我会有意使用谴责、告诫和矫正，显示清晰的坦诚，而非愚蠢而又疯狂的傲慢。[74] 不乐意接受改进建议的人，必定始终责备父母、监护人、老师和所有主管，因为他们有时训斥，甚至打骂自己的孩子、被监护人或者学生，而实际上把这样的处理方式视为诽谤和暴行而非友爱和仁慈，那是违反所有道德的。[75] 作为一名政治家，民众把全部利益托付给我，而我在为他们谋福利的时候，要是表现得不如使用医学技艺的人，那是完全说不过去的。[76] 医生不像人们所认为的那样，关心他的病人有多么幸运，或者是否出身高贵，是否有钱，是否是当时最有名的国王或君主，他全身心地专注于实现一个目标，尽其所能，治病救人，哪怕必须使用烧灼术，或者要动手术，他也会拿起火和刀，作为臣民用于他的统治者，作为所谓的仆人用于他的主人。[77] 我既奉召为整个国家服务，而不是为某个个人服务，因其内在固有的欲望，这个国家患有严重的疾病而备受煎熬，那么我应该怎么办呢？我怎能牺牲众人的未来福利，关照这个人或那个人的喜好，像奴仆一样阿谀奉承，做出与自由人完全不配的事情呢？我宁愿死，也不愿说谄媚的话，掩盖真相，无视真正的幸福。[78] 如某位悲剧家所说：'烧死我吧，吃我的肉，喝干我的乌血；除非星辰落到地下，大地升到天上，你们才能从我嘴里听到奉承的言语。'①[79] 因而，政治家带有真人的精神，远离一切激情，超越快乐、恐惧、痛苦、欲望，暴君似的民众不能离开他，而是抓住他，把他的朋友和对他抱有良好祝愿的人当做敌人来惩罚。因此，与其说他把最大的惩罚施予那些受害者，不如说他把最大的惩罚，亦即混乱无序，施加于自己头上，所以他没有学会服从统治这门课，这门课是极为优秀的，使人终身受益，学会了这门课也就学会了如何统治。"

---

① 欧里庇得斯：《腓尼基人》521。

【15】[80] 对这些事情作了充分讨论以后，让我们开始讨论后面的事情。[①] 这位青年被一个害相思病的女子诬告，说他使主人蒙羞，而这些指控实际上是她自己所犯的罪行，这名被告下到牢里，甚至没有任何自我辩护的机会。他在狱中表现出充分的美德，连最卑鄙无耻的牢友也为之震惊，认为他们在他身上找到了对自己的不幸的安慰和对未来厄运的抵抗。[81] 众所周知，牢头们是一帮毫无人性、冷酷无情的家伙；他们的本性冷漠，而他们的工作使他们的心肠变得更加坚硬，日复一日地兽化，变得非常野蛮，因为他们从来不曾有任何机会见过、说过或做过任何善事，有的只是极端的残暴和冷酷。[82] 正如体型健美之人，若再加以训练，就会变得更加健壮，获得不可抗拒的体力和无与伦比的精力，所以，本性尚未开化、尚未软化的人无论何时加上残酷无情的实践，就会变得加倍冷酷，不为善性所动，不受怜悯的情感的影响。[83] 正所谓近朱者赤，近墨者黑，与好人结伴，由于吸取了同伴的喜乐，就会在品德上得到提升；同理，与恶人同住，也会受其恶行的影响。习俗有一种神奇的力量，能把一切事物强行纳入同样的模式。[84] 牢头们整天和拦路贼、盗贼、夜贼、暴徒、恶棍，以及那些犯有强奸、谋杀、通奸、渎圣之罪的人在一起，从他们每个人身上吸取一点儿腐败，积累起来，然后再从这个混合体中产生融合各种污秽的邪恶体。

【16】[85] 然而，这样的人中间有一个人被这位年轻人的高贵品质所感染，不仅保障他的安全，让他远离暴力和苦劳，还让他指挥全体囚徒；于是，这个人尽管在名义上还是监狱的看守，实际上把职位让给了约瑟，使监狱成为对囚徒大有益处的地方。[86] 所以，哪怕是这个地方，如他们所感受的，已经不能再正确地被称为监狱，而是感化院。他们不再像以往那样日夜遭受折磨和惩罚，鞭笞、镣铐，各种可能的酷刑都被取消；他们受到他睿智的话语和哲学理论的谴责，而他们老师的行为对他们产生的影响超过任何语言。[87] 把他节制的和合乎各种美德的生活呈现在他们面前，就像技艺

① 从此处至 124 节，参见《创世记》39：20—41：45。

高超的工匠的原作，他甚至改变了那些看起来似乎完全无法医治的人，他们的心灵里面长期存在的疾病减轻了，所以他们谴责自己的过去，懊悔地说出以下这些话："啊，如此伟大的赐福过去在哪里，我们怎么一开始没有看见呢？你们瞧，当它照耀我们的时候，我们就像在镜子里看见自己不恰当的行为，真可耻！"

【17】[88] 当他们变得越来越善良的时候，国王的两位内臣被带了进来，一位是酒政，一位是膳长，两人都受到指控并被判决犯有玩忽职守罪。约瑟对他们也像对其他人一样关注，真诚地希望他手下的那些人尽可能上升为无罪的清白之人。[89] 不久以后，他去看望囚犯，发现他们俩非常沮丧和消沉，甚至不如以前，就猜想肯定有什么非同寻常的事情落到他们头上，所以如此悲伤乃至于绝望，于是就询问原因。[90] 他们回答说他们做了梦，但是无人能够解梦，所以使他们十分烦恼和不安。他对他们说："振作起来，把梦讲给我听，只要神愿意，我们定能知道它们的含义，而神确实愿意向那些渴求真理的人显明其中隐藏的意义。"[91] 酒政先开口说："我梦见一棵大葡萄树，一根十分精美的藤条从三条根上长出来。当时正值葡萄收获旺季，藤叶茂盛，果实累累，我摘了一些成熟变黑的葡萄，把葡萄汁挤满法老的杯子，送去给国王。"[92] 约瑟想了一会儿，然后说："你的异象向你宣告好运，你要官复原职。葡萄的三条根表示三天，三天以后国王会想起你，派人来提你出监。然后他会赦免你，允许你官复原职，批准你再任酒政，递杯给你的主人。"酒政听了这个解释，大为欢喜。

【18】[93] 那位膳长对这样的解释也表示赞同，心想自己也做了个好梦，尽管这个梦与事实完全相反，他看到另一位内臣有了令人鼓舞的希望，误以为自己也会有，于是就开口说："我也做了一个梦。我想，我当时头上顶着三个筐子，装满点心，最上面的筐子里装的通常是为国王预备的各种食品，负责国王膳食的厨师精心制作了各种美味佳肴。然后有鸟儿飞下来吃我头上筐子里的食物，它们贪婪地吃着，直到吃得一干二净，没有留下一丁点儿。"[94] 约瑟回答说："我愿你从未见过这样的异象，即使见过，也没有向人提

起，即使把这样的故事说给人听，至少要远离我的耳朵，使我不能听见。因为没有人比我更不愿意做一个传达噩耗的信使了。我同情那些遭遇不幸的人，仁爱之心使我与真正的受苦者感同身受。[95] 但是，解梦者必须说真话，因为他们是解释神谕的先知，所以我要毫无保留地说实话；诚实在一切问题上都是最好的品质，而在讨论神谕的时候，不诚实就是亵渎。[96] 那三个筐子表示三天。三天之后，国王定会下令把你吊起来，砍你的头，定有飞鸟来吃你身上的肉，直到全部吃完。”[97] 可想而知，膳长听了预言以后困惑不安，眼前浮现大限之日，心里感到阵阵剧痛。三天以后，国王的生日到了，举国上下欢庆节日，尤其是宫里的那些人。[98] 所以，当权贵们在参加筵席、仆人们欢度公共节日时，国王想起了关在牢里的内臣，下令将他们提出监来。见到他们以后，他下令将一个砍头，并且钉在柱子上，另一个官复原职，完全应验了解梦时的预言。

【19】[99] 不过，当这位酒政与主人和解以后，却忘了预言这种和解并减轻降在他身上的各种不幸的人；这也许是因为忘恩负义的人总是忘掉自己的恩人，也许是神的旨意，祂希望把幸福降临到这个年轻人头上，这种事情应当归于神，而不应当归于人。[100] 两年以后，这个国家将要遭遇的好事和灾难在梦中向这位国王显示，他梦见的两个异象都包含着同样的含义，重复出现是为了强化他的信念。[101]他梦见七头公牛从河里上来，膘肥体壮，在河边吃草。然后，又有七头公牛从河里上来，与前面七头公牛一同吃草，它们丑陋体瘦。然后，比较差的七头公牛突然吞噬了比较好的七头公牛，而且在吞噬以后，牛肚子不仅没有变大，反而变小，或者至少不比原来的大。[102] 这个时候国王醒了，然后他又睡着，被另一个异象所困扰。他梦见一棵麦子上长了七个麦穗。它们大小完全一样，茁壮成长，肥大而又强壮。然后，在它们旁边又长出七个麦穗，瘦小而又柔弱，但却蔓延过来吞噬了长着肥大穗子的麦子。[103] 看到这一情景，国王再也无法入睡，一直醒着挨到天亮，心里惴惴不安，像针刺一般隐隐作痛。[104] 天亮以后，他派人去把他的博士们请来，把异象讲给他们听，但没有一个人能够提出合理猜测，找

到洞悉真相的线索。此时酒政走上前来，他说："主人，我们有希望找到你需要的人。当时我和膳长犯了罪，被您下到监里，在那里遇到一个希伯来人，他是大厨的仆人，我们把做过的梦告诉他，他对梦作了非常准确而又巧妙的解释，他所预言的事情在我们身上正好完全应验，膳长遭受惩罚，而我蒙陛下之仁慈和恩典重回宫里。"

【20】[105] 国王一听，命令他们尽快把这名青年召来。他们领命前去，先让他剃了胡子，剪了头发，因为在监禁期间他的头发长得又长又乱，下巴上胡子拉碴。然后他们给他换掉肮脏不堪的囚衣，穿上光鲜干净的衣服，又把他打扮得仪表堂堂，然后带到国王面前。[106] 国王一看他的外表就断定他是一个出身高贵的自由人，因为我们看见的那些人的内在品性并非所有人都能看见，只有那些理智之眼敏于洞察的人方能看见。国王说："我的灵魂有一种预感，我的梦不会永远隐藏在晦暗不明之中，而这位青年身上有智慧的象征和迹象。他定能揭示真相，就像光穿透黑暗，他的知识定能揭穿我们术士的无知。"然后，国王把梦告诉了他。[107] 约瑟丝毫不因这位讲话者身居高位而心生畏惧，而是坦诚直率、不卑不亢地对他讲话，与其说是作为臣子对国王讲话，不如说是作为国王对臣子讲话。他说："神已经把祂将要在这地上所行之事的警告赐给你。但是，你不要以为两个异象是两个不同的梦。它们其实只是同一个梦的重复，尽管这种重复不是多余的，是为了使你更加坚定地相信它的真实性。[108] 七头肥牛和七个硕大的麦穗都表示七个丰年，而随后出现的七头干瘦丑陋的公牛和七个细小枯萎的麦穗都表示接踵而至的七个荒年。[109] 所以，第一个七年将产出大量的谷物，河水每年上涨，田野变成池塘，平原变得前所未有地肥沃。但在此之后，接踵而至的是另一个相反的七年，各地普遍发生饥荒，人们丧失一切生存手段，河水不再上涨，土地不再肥沃，所以人们会忘掉先前的繁荣，原来显示丰裕的一切迹象都将销声匿迹。[110] 依据解释，事实显得就是这样，不过我也听到神的声音在提醒，要设法预防疾病，如我们所称呼的那样；各个城邦和各个地区的饥荒是最严重的疾病，我们必须设法抗拒它，免得它发展到极致，吞

噬居民。[111] 那么，怎样才能抗拒饥荒呢？在七个丰年里面要对民众的粮食实施必要的定量供应，大约五分之一剩余的粮食应当在各个城邦和村庄贮存，要鼓励当地居民不要把粮食运往别处，而应当就在产地保存。[112] 谷物要按照收割时那样成捆地贮存，没有用任何方式打过或筛过，这样做有四个理由。第一，谷物成捆贮存能存放更长时间，不易腐烂。第二，每年扬谷筛糠时，人们就会想到这是一个丰收年，因为我们总是能够发现，对我们真实幸福的模仿能够带来重复的快乐。[113]第三，成捆带穗的谷物无法计算，因此在数量上是不确定的。这样做可以防止居民们过早地感到沮丧，因为假如谷物数量是确定的，看着谷物逐渐消耗，他们就会产生恐慌。与此相反，居民们会持有勇气，他们有比谷物更好的粮食的滋养，因为希望是最好的营养，有了希望就能比较轻松地承受匮乏的沉重打击。第四，每次扬谷的时候筛出的糠麸和谷壳可以为牲畜提供饲料。[114] 你必须任命一个极其谨慎、头脑清醒、大家都认可的人来负责这一切，这个人必须能够胜任工作，不会引发仇恨或公然抵制，由他来承担这里所说的准备工作，不让民众知道将要到来的饥荒。如果民众变得胆怯、丧失希望、心灰意冷，那将是非常可悲的事情。[115] 如果有人问为什么要采取这样的措施，那就告诉他，正如我们在和平时期必须深谋远虑地备战，我们在丰年里也必须预防饥荒。战争、饥荒和困境一般都是不确定的，我们必须随时准备迎接它们，不要等到它们找上门来，而我们无计可施，才去找寻药方。”

【21】[116] 听到约瑟对梦作出如此准确的解释，并且巧妙地预示真理，又见他对将来不确定之事的建议显示出非凡的益处，国王吩咐侍从们靠近身边，不让约瑟听到他说的话，国王对侍从们说：“诸位，我们还能找到另外一个像他一样有神灵的人吗？”[117] 他们一致赞扬、附和他的话，他看着站在一旁的约瑟对他说：“你吩咐我们寻找的人近在咫尺，这个审慎而睿智的人就在眼前。按照你的建议我们要寻找的人就是你自己，因为我想，你说出这样的话来神必与你同在。那就来吧，请你掌管我的家，管理整个埃及吧。[118] 没有人会指责我轻率，因为我这样做并非出于自负这种很难医治

的激情。伟大的本性不需要花很长时间来证明自己，他们的力量迫使别人马上接受他们；事实表明，这件事情不可拖延和耽搁，时间紧迫，我们必须马上做好必要的准备。”[119] 然后，他任命约瑟为国家的宰相，或者毋宁说他把国王这个头衔留给自己，而把实权交给了这位年轻人，并尽一切可能增添他的荣耀。[120]国王把王家的印信交给约瑟，给他穿上圣袍，戴上金链，又叫约瑟坐他的副车，出行时有开道的在前面呼喊，向那些还不知道的人宣告国王的任命。[121] 他根据约瑟解梦的技艺，赐给约瑟一个埃及名字，还把埃及最出色的女子，太阳神祭司之女，许配给约瑟。这些事情发生时，约瑟大约三十岁。[122] 这就是虔敬者后来的结局；他们虽然被扭曲，但没有完全折断，而是坚定地站起来，顽强挺立，再也不低头。[123] 谁能想到，仅仅在一天之内，同一个人从奴仆变成主人，从囚犯变成最显赫的权贵，从牢头的手下变成国王的副手，住在宫殿里而非监牢里，由此赢得最显赫的地位而非最卑鄙的耻辱？[124] 然而，只要神愿意，这些事情就这样发生了，而且还会经常发生。只是灵魂中必定藏有某种高贵的活炭，一旦煽起火星，就会变成烈焰，发出耀眼的光芒。

【22】[125] 由于我们的目标是在解释字面含义之后考察更高的寓意，所以我还必须说一下这个方面。也许有些粗心的人会嘲笑我的话，但我非常坦诚地说，政治家肯定是一位解梦者，而不是食客或空谈家，为了挣工钱而卖弄自己的聪明，把解释梦中异象当做挣钱的工具；政治家习惯于准确地判断伟大而又普遍的宇宙之梦，它不仅是入睡者做的梦，而且也是醒着的人做的梦。[126] 在最真实的意义上说，梦就是人的生活，正如在睡梦中的异象里，我们看见看不见的东西，听见听不见的东西，品尝尝不到的东西，触摸摸不到的东西，说出没有说的话，行走没有行走的路，做出其他没有做的动作，摆出根本没有摆的姿势，它们全都是心灵的空洞虚拟，没有任何现实基础，却产生虚无之物的图画和形像；同理，我们醒着的时候看见的所有影像也和梦中的异象相同。它们来了，又走了；它们出现了，又消失了；我们还未牢固地抓住它们，它们就飞快地跑掉了。[127] 让每个人考察一下自己的

内心，就能直接证明这一道理，而无须由我来提供证明，如果他已经上了年纪，那么事情更是如此。他曾经是婴孩，然后是幼儿、少年、青年、壮年，最后成为老人。[128] 但是这些都去了哪里呢？婴孩岂不是消失在幼儿里，幼儿岂不是消失在少年里，少年岂不是消失在青年里，青年岂不是消失在壮年里，壮年岂不是消失在老年里，而老年之后岂不就是死亡？[129] 也许每一阶段都由于把自己的统治权交给后继者，因而确实预先经历了一次死亡，由此自然无声地教导我们不要惧怕终结一切的死亡，因为我们已经如此轻省地承受了先前的死亡：婴孩的死、幼儿的死、儿童的死、少年的死、青年的死、壮年的死，而当老年来临之际，这一切都不复存在。

【23】[130] 身体的其他器官难道不是梦吗？美难道不是昙花一现，还未开放就已枯萎了吗？健康由于随时可能发作的疾病而毫无稳定性可言吗？体力不是很容易成为由于无数原因而发作的疾病的牺牲品吗？感觉的准确性难道不是不稳定的，只要有一点儿情绪，就有可能被颠覆吗？[131] 至于外在的财富，有谁不知道它们是不稳定的？万贯家财可以在一天之内化为乌有。众多一开始赢得最高荣誉的人最终会落得个光环散尽、默默无闻、无人问津的地步。如果时运不济，天平倾斜，最伟大的国王会眼睁睁地看着自己的帝国大厦倾倒。[132] 我所说的有哥林多的狄奥尼修斯为证，他原来是叙利亚的暴君，失势以后逃到哥林多，这位掌大权者在那儿成了一名小学教师。[133] 另一位证人是吕底亚国王克娄苏，他原来是最富裕的君主，曾经想要推翻波斯帝国，但是后来他不仅丧失了自己的王国，还被掳为囚，直到被活活烧死。[134] 这些全都是梦，不仅个人可以证明这一点，城邑、民族、国家也同样可以证明这一点，希腊人、野蛮人，大陆人、海岛人，欧洲人、亚洲人，西方人、东方人，无一不可证明这一点。无物常住，一切皆变。[135] 埃及曾经统治过许多国家，但如今却受人奴役。马其顿人在他们兴旺发达的时候曾经主宰整个有人居住的世界，但如今却在主人的强迫下每年纳税进贡。[136] 托勒密王族在哪里，几位继任者的名望在哪里，他们的光芒曾经照射到最遥远的陆地之陲和海洋之端？独立国家和城市的自由在哪

里，附庸之地的奴役又在哪里？波斯人曾经统治帕提亚人，如今不是成了帕提亚人统治波斯人吗？沧海桑田，世事难料，就像下跳棋，忽前忽后。[137] 有些图景显示他们的未来是好运滚滚，结果却是巨大的灾难，而他们竭尽全力加以保护的他们以为美好的传统，结果却发现是可怕的厄运，与此相反，当他们以为要遭受邪恶时，遇到的却是好事。[138] 对自己的体力、肌肉和强壮感到非常自豪、希望能取得确凿无疑胜利的运动员，常常无法通过测试，被拒在赛场之外，哪怕被接纳参加比赛，也会失败而归，而那些甚至不指望拿银牌的人却取得金牌，戴上胜利花冠。[139] 有些人夏季启航，以为这是航行安全的季节，却遭遇翻船之灾；有些人在冬季出发，以为可能会翻船，却安全抵达港口。对商人来说，有些匆忙奔向确定无疑的赢利，却不知等待他们的是巨大的灾难。而当他们估计要遭受损失时，却获得大利。[140] 因此，运气在两个方面都是不确定的，人事就像两边重量不等的天平上下起伏，轻的一头往上翘，重的一头往下沉，不确定是可怕的，它使生活被黑暗所笼罩。[141] 我们在生活中挣扎，就像在沉睡中那样，凭着准确的推论并不能确定什么，也不能牢固地把握什么，因为一切都是影子和幻象。好比长长的游行队伍，前面部分已经消失不见，又好比冬季的湍流，水急切而快速地流过，我们的观察实属徒劳，同理，生活事件从我们身边经过，一路向前，虽然看起来有所停留，实际上哪怕一刻也不曾驻留，总是一扫而空。[142] 那些醒着的人，由于没有确定地理解，不能区别睡眠和清醒，因而自我欺骗，以为自己能够凭借明白无误的推理过程分辨事物的不同本性。每一种感觉都阻碍它自己去获得知识，受到它所看见的影像的引诱，或者受到它所听到的声音的引诱，或者被各种气息和味道引诱，它不时地转向，被这些不同的引诱物拖来拖去，使灵魂作为一个整体无法站立，无法毫无羁绊地沿着大路前进。因此，感觉产生高与低、大与小，以及一切不均等和不规则的东西的混合，而灵魂的视觉必然在它们制造的大混乱中产生眩晕。

【24】[143] 由于人类生活充满混乱、无序和不确定，政治家必须走上前来，就像某些聪明的解梦者，解释那些自以为醒着的人做的白日梦和幻

觉，按照理智给他们提建议，把每个异象的真相告诉他们：这个是美好的，那个是丑陋的；这个是公正的，那个是不公正的，等等；向他们说明什么是谨慎的、勇敢的、虔敬的、宗教的、有益的、有利的，或者相反，说明什么是无益的、无理的、卑鄙的、不敬的、非宗教的、有毒的、有害的和自私的。[144] 他还要立下其他教训，比如：这是别人的东西，你不要眼红；这是你自己的东西，你可以使用，但不要滥用；你有充足的财富，要分出一份给其他人，因为财富的优点不在于鼓鼓的钱包，而在于帮助需要的人；你的财产很少，但不要嫉妒有钱人，因为好嫉妒的穷人不可能得到别人的怜悯；你享有崇高的声望，得到荣耀，但不可骄傲；你处境卑微，但不可让你的情绪低沉；你应有尽有，但要准备变化；你经受了很多挫折，但仍旧要对美好生活心存盼望，因为事物往往会物极必反。[145] 太阳、月亮和整个天空清晰、明确地显现，因为那里的一切事物都保持不变，真理本身的标准规范了它们按照和谐的秩序运行，如同最庄严的大合唱；而地上的事物充满无序和混乱，在最完全的意义上体现了不一致与不和谐这样的词汇，因为在地上的事物中，深沉的黑暗做了王，而在天上，万物都在最纯洁的光中间运行，或者毋宁说，天空本身就是光，是最纯洁无瑕的光。[146] 确实，要是有人愿意观察内在的实体，就会发现天是一个永恒的白昼，那里没有黑夜，也没有影子，因为不会熄灭的、纯洁无污的光不停地照耀着天。[147] 醒着的人与睡着的人之间的差别也存在于整个宇宙中，就是天上的存在者与地下的存在者之间的区别，前者凭借主动的力量总是处于不眠的清醒状态，这些力量不会犯错、不会误入歧途，总是行事正确，而属地的生命陷入睡眠之中，即使醒来一会儿，也马上被拉下来，重新昏昏入睡，因为它的灵魂看不到任何稳定的事物，错误的意见迫使它做梦，它只能在黑暗中来回徘徊，蹒跚而行，从未碰到过任何实在，所以不可能确定和稳定地理解任何事物。

【25】[148] 还有，说约瑟登上国王的副车也包含象征意义，其理由是这样的：政治家位于国王之后，因为他既不是普通人，也不是国王，而是处于二者之间。在绝对权力方面，他比普通人权力大，但比国王权力小，因为

他以民众为他的国王，他给自己规定的任务是以纯洁诚实的善良信念为国王服务。[149] 他也高高地坐在马车上，既因为他所处理的事务而高高在上，也因为围绕在他周围的民众而显得高贵，尤其是在他得心应手地处理一切大小事务、没有遇到任何强烈抗议或反对意见、在神的指引下一帆风顺的时候。国王赐给他的戒指最清楚地表明作为国王的民众对政治家持有的美好信念，以及政治家在作为国王的民众中具有的美好信念。[150] 他脖子上的金项链似乎既表示崇高的名望，也表示惩罚，当国家事务在他手中得到很好的治理时，他就得意，众人就尊重和荣耀他，而灾难一旦降临，哪怕不是他有意为之，而是由于运气不佳，他仍然被脖子上的装饰品拖累，跌倒在地，而那原是可宽恕之事，当他跌倒的时候，你几乎可以听到他的主人说："我赐给你这条项链，当我的事业兴旺发达的时候，它是装饰品；而当事业不顺利的时候，它就是绞刑架上的绳索。"

【26】[151] 然而，我听说有些学者对故事的这一部分作了不同形式的喻意解释。这种解释是这样的。他们说，埃及国王就是我们的心灵，是我们每个人的身体这块土地的统治者，对身体行使王权。[152] 当心灵迷恋身体的时候，它的精力就花费在它认为最值得关心和劳神的三样东西上：饼、酒、肉；为此设置三个相应的职位：膳长、酒政、大厨，第一位掌管食物，第二位掌管酒，第三位负责给肉调味。[153] 担任这些职位的都是内臣，因为热爱享乐的人都是不育者，不能产生最主要的必需品，不能产生节欲、谦虚、自制、公正，以及各种美德；因为没有哪两样东西比美德与享乐更加彼此敌对，这种敌对使得许多人忽视唯一真正值得关注的美德，却去满足永无止境的欲望，无论欲望提出什么要求，他们都完全顺从。[154] 如此说来，大厨没有被关进牢中，没有受到任何虐待，乃是因为他预备的额外的调味品并非必需品，不属于享乐，而只是对享乐的诱发，这种诱发是完全可以消除的。另外两个人，亦即膳长和酒政，却不是这样，他们的职责在于满足可怜的肚皮。因为生活最基本的需要就是吃与喝，掌管这两项事务的人，若是尽职尽责，自然应该受到称颂；若是玩忽职守，就会引发怒火和惩罚。[155]

二者所受的惩罚也有区别，因为二者的功用不同，饼和食物是必不可少的，而酒略逊一筹，因为人若无烈酒，只喝生水也能活命，因此酒政可能得到赦免，他只是在较不重要的事情上犯了过错。[156] 膳长就不一样了，他在最重要的事情上犯了罪，他引发的怒火要了他的命。因为缺乏饼和食物的结果就是死，而在这件事情上犯了罪的人应当被绞死，以其人之道，还治其人之身，他让别人怎样受死，他自己也就怎样受死，他确实把饥饿者吊起来，用饥饿把饥饿者折磨致死。

【27】[157] 这一点就说到这里。这个故事接下去是这样的，① 约瑟被任命为国王的宰相，监管整个埃及，然后他就开始旅行，让所有人都认识自己。他视察全国各个省份，埃及的行政区划被人们称做省，他逐个走访城邑，看见他的人对他的到来表示热烈欢迎，不仅因为他们从他那里得到好处，而且因为他的形像和行为举止非常引人注目，格外具有魅力。[158] 头一个长达七年的丰收到来了，如他解梦所预言的那样，他雇用当地官员和其他行政助理从年收成中征收五分之一的税，就这样，他征集到的禾捆的数量惊人，给人们留下深刻记忆。有关这一点最清晰的证据就是，虽然有些感兴趣的人花了大量时间和精力，但想要精确计算，却根本无法清点。[159] 当七个丰收的年头结束以后，饥荒开始了，并且迅速扩散和加剧，直到埃及无法承受。饥荒迅速蔓延到埃及东部和西部的边境地区，迅速掌控埃及周围的整个文明世界。[160]事实上，如此大规模的灾祸以前从未降临整个共同体。这有点类似医学上所说的疱疹，它侵袭人体的每一个部位，逐步蔓延，像一团烈焰吞噬整个溃烂的身体。[161] 于是，每个城市都挑选最能干的人，派去埃及，因为约瑟按照预见贮存大量粮食的故事已经传遍每个角落。[162] 他首先下令打开所有粮仓，心想让他们看了就能增添他们的勇气，也就是说，在喂养他们的身体之前，先用令人安慰的希望喂养他们的灵魂。然后，他通过供粮专员把粮食卖给那些想买的人，同时一直预测将来的情形，对未

① 参见《创世记》41：46—47：12。

来保持敏锐的洞察，而非只注意当下。

【28】[163] 在这样的情形下，由于生活必需品越来越匮乏，他父亲对约瑟所交的好运全然不知，派了十个儿子前去籴粮，但是让最小的儿子留在家里，他是这位王家宰相的同母兄弟。[164] 这十个人来到埃及，与他们的兄弟相见，却不认识他，以为他是陌生人，出于对他所居高位的敬畏，他们按传统方式向他伏地下拜，从而一见面就应验了他的梦。①[165] 看到这些曾经出卖他的人，他马上就认出他们，但他们谁也没有认出他来。出于某种继续保守秘密的令人信服的理由，神此时还不愿意揭示真相，因此祂既没有改变这位摄政者的容貌或者添加庄严的仪容，也没有使这些兄弟们的理智失常，无法恰当领会他们所看见的事情。[166] 所以，约瑟此时年纪轻轻，就已经升到如此高位，权力仅次于国王，为东方和西方所尊敬，他精力旺盛，位高权重，正是他报仇的好机会，完全可以实施报复，但他没有这样做。他坚决遏制自己的情感，使之置于他灵魂的管辖之下，出于某种深思熟虑，他假装对他们非常冷淡，他的表情、声音和其他行为举止都装作生气的样子。他说："先生们，你们的意图不是谋取和平。国王的一位仇敌派你们来做奸细，你们答应为他提供这种卑鄙的服务，以为不会被人发觉。但是，任何阴险的行为都不可能不被发觉，无论它藏匿得有多么深。"[167] 兄长们试图为自己辩解，坚持说这种指控没有任何事实根据。他们说，他们没有受恶人指派，他们自己对这个国家的人民也没有任何敌意，决不可能受雇于人做这样的事情，他们原本是爱好和平之人，几乎从摇篮里就在行为严谨的父亲的教导下开始学习崇尚和平而安宁的生活，并且备受神的宠爱。"这位父亲有十二个儿子，最小的一个留在家里，因为他还未到出门旅行的年龄。十个就是站在你面前的我们，第十二个没有了。"②

---

① 参见《创世记》42 : 9。"约瑟想起从前所作的那两个梦，就对他们说，你们是奸细，来窥探这地的虚实。"

② 《创世记》42 : 13。"他们说，仆人们本是弟兄十二人，是迦南地一个人的儿子，顶小的现今在我们的父亲那里，有一个没有了。"

【29】［168］听了这些话，发现这些出卖他的人竟然把他当做死人来谈论，让我们猜想一下他心里会有什么样的感受？他没有说出他的感受，但他们的话点燃的隐秘之火在他心中燃烧。［169］尽管如此，他用一种十分威严的口气说："如果你们真的不是来窥探这块土地的，那么你们就在这里待一段时间，写信让你们的小弟弟到这里来，以此表明你们对我说了真话。如果你们急于离开，因为担心你们的父亲由于和你们长期分离会感到惊慌，那么你们可以走，但要留下一个做人质，直到你们带着你们的小弟弟回来。对这命令若有不从的，必处以死刑。"［170］他露出狰狞的表情威胁他们，然后愤怒地拂袖而去。而他们满心忧伤和沮丧，开始自怨自艾以前谋害兄弟的事情。他们说："我们做的错事是我们今天陷入邪恶困境的原因。监察人间事务的正义女神正在策划我们的毁灭。有一阵子她保持安静，但现在清醒了，向那些罪有应得之人显示出无法和解、不徇私情的本性。［171］还有谁能比我们更加罪有应得？我们残忍地无视我们兄弟的祈求，降祸于他，尽管他并没有犯下什么过错，只是出于亲情，把他梦中的异象告诉我们，而我们却因此怨恨他，无比残忍和野蛮地对他作恶。什么样的真相迫使我们承认这些罪行？［172］因此，让我们期待今天这种境遇，更有甚者，尽管人类中几乎只有我们由于父亲、祖父和前辈非凡的美德而拥有高贵的出身，但是我们羞辱了自己的家族，仓促地把卑鄙的行为和丢脸的事情加于自身。"［173］诸兄弟中的老大在他们策划阴谋的时候原本就表示反对，他说："对已经做过的事情后悔是没有用的。我曾经对你们说过这是一桩大罪，恳求和劝告你们不要放任自己的怒火，但是你们不接受我的忠告，任凭你们邪恶的意愿自行其是。［174］我们的任性和不虔敬定将自食恶果。我们对他实施的阴谋正在接受审判，只不过这位审判者不是凡人，而是神、圣道，或神的律法。"

【30】［175］他们不知道被他们卖掉的那位兄弟听得懂他们所说的话，因此就这样小声议论着，有一名通司在为他们传话；听了他们的话，约瑟情难自禁，几乎落泪，他转身退出，免得被他们发现，到外面痛痛快快地大哭一场。然后，等到情绪平复以后，他擦去脸上的泪痕，回到他们面前，当众

下令把老二捆绑起来。这位兄弟对他自己对应，因为在一个大数里面，第二与倒数第二相对应，老大与老小相对应。[176] 他也许还认为这个兄弟对这件恶事负有最大的责任，因为几乎可以把老二称做他们的总指挥，老二是他们所行之事的罪魁祸首。他虽然比老大年轻，但比其他兄弟年长，他若能与老大并行，商讨善良和仁爱之事，那么这一恶行完全可以被制止。两个地位和尊严最高的人如果能团结起来，拥有相同的观点和目标，这本身就有很大的分量，足以使命运的天平发生改变。[177] 然而结果却是，他离开温和善良这一面，跑到残忍野蛮这一面，担任他们的首领，极力怂恿与他合谋的犯罪者，使他们毫无顾忌地参与犯罪的竞赛。我想，正是由于这个原因，在他们中间只有他被捆绑起来。[178] 当其他兄弟准备返程时，这位摄政者首先吩咐售粮者把粮食装满他们的麻袋，把他们当做客人对待；然后悄悄地把他们支付的购粮银子放在各人的米袋里，不让他们知道购粮款已经归还；最后，还给了他们额外的施舍，亦即专门供他们路上食用的粮食，好叫他们所籴的粮食颗粒不少地带到目的地。[179] 这些兄弟们上路了，心中很自然地可怜那个被他们丢下的被捆绑的兄弟，心中的忧伤不亚于想念他们父亲时的忧伤，担心他们的父亲又将听到噩耗，感到每次出远门都会损失孩子。他们说："确实，他甚至不会相信这个儿子被捆绑扣押了，而会认为捆绑只是掩饰死亡的借口，受过沉重打击的人会发现自己经常遭遇同样的灾难。"他们这样说着话，不知不觉地夜晚降临，他们卸下驴背上驮的担子，这些牲口是放松了，但他们自己却感到忧虑，因为压在他们灵魂上的负担更重了。当身体休息的时候，心灵会对灾难有更加清晰的认识，从而感到极度痛苦和压抑。

【31】[180] 他们中间有一位解开一个米袋，看到里面放着鼓鼓的银包，一数，正是籴米所付的银钱被如数归还了。他满心惊讶，把这件事告诉兄弟们，他们怀疑这不是礼物，而是圈套，便害怕起来。[181] 原本应当检查所有的米袋，但他们害怕有人追赶，就匆忙出发，全速赶路，几乎是一口气跑到底，走完了许多天的路程。[182] 然后，他们围在父亲周围，流着泪拥抱

他，他们的父亲又亲吻每个人，把他们紧紧地搂在怀里，尽管这个时候他的灵魂已经预感到某种灾难。当他们走近、向他问安的时候，他就注意到他们有点异样，但他以为那个被扣留的儿子只是落在后面，便一面抱怨他的迟缓，一面朝着不同方向张望，希望看到孩子们全数归来。[183] 看到他由于门外没有人再出现而变得焦躁不安，他们说："就灾难而言，知道真相比感到疑惑要少一些痛苦。知道真相的人可能发现通向安全的路径，不知道真相的人徒劳无益地感到疑惑而无路可行。所以，请听一个故事吧，它虽然令人痛苦，但我们必须讲出来。[184] 与我们一同去籴粮，但没有回来的那个兄弟仍然活着，你心里千万不可有他已经死了这种更加糟糕的担心，只是他虽然活着，但却被埃及的摄政王扣压，或者是有人提出指控，或者是出于他自己的怀疑，他指责我们是奸细。[185] 我们做了所有必要的辩解。我们对他说起你，我们的父亲，说起没有和我们在一起的兄弟，一个死了，另一个留在你身边，如我们所说，他年纪太小，考虑到他的年龄，就把他留在家里。但是，我们虽然毫无保留地说出我们家庭的全部事实，却丝毫没有消除他的怀疑。他对我们说，唯一能使他承认我们所言不假的证据就是把我们最小的弟弟带到他面前，为了确保这一点，他扣留了老二当人质。[186] 这个命令比任何事情都令人更加痛苦，与其说是他强加于我们的，不如说是时世的需要，因为我们必须听从这一命令，以便得到唯有埃及才能提供的粮食，供给深受饥荒之苦的百姓。"

【32】[187] 他们的父亲长叹一声，说"我该先为谁哀悼呢？为我次小的儿子吗？他在不幸的遭遇方面不是最后一名，而是名列第一？或者说为我第二个儿子吗？他得了邪恶的第二位奖赏，虽然没死，却被捆绑？或者说为我最小的儿子，他若是去了，必定踏上一次凶险的旅程，而他以前从未经受过他的兄长们所经历的磨难？我的肢体被一部分一部分地分解，因为孩子就是父母的组成部分，似乎要成为无子女的老人，而不久前我还被认为是一个美满大家庭的父亲"。[188] 然后，他的大儿子说："我把我仅有的两个儿子交给你当人质。如果我不能把你托付给我的这位兄弟平安地带回来，你就杀

了他们。这位兄弟去埃及会给我们带来两大好处，首先是清楚地证明我们不是奸细或敌人，其次是解救我们被捆绑的兄弟。”[189] 这位父亲非常悲伤，说他不知道该怎么办，两个同母的兄弟，一个已经死了，留下另一个凄凉而孤独，现在又要面对可怕的旅程，一路上回想兄长所遭受的恐怖，岂不如同活受罪。当他这样说的时候，他们推举他们中间最勇敢的兄弟老四代表他们出来说话，把他们大家所有想法都说出来，因为他具有智者风范，很会说话。[190] 他们想说的是，由于生活必需品的匮乏，他们带回来的第一批粮食已经所剩无几，饥荒变得更加紧迫，他们要去购买更多的粮食，但若不带上最小的兄弟，他们就不可能去籴粮，因为没有他，那块土地的统治者就不允许他们出现。[191] 他们的父亲依据他的智慧下判断，认为把一个人交给模糊不定的未来去摆布，好过让众人遭受确定无疑的毁灭，因为严重的饥荒这种致命的灾难将把这样的命运降临全家人，[192] 于是他说：“不，既然必然性的呼召胜过我的愿望，那么我只能服从，更何况万一自然有什么美好的恩赐存留，它只是不想让我们知道而已。[193] 所以，就像你们所提议的那样，带上你们的小弟弟一同出发吧，但不要像前一次那样，因为前一次你们不为对方所知，不曾碰到什么致命的灾难，只要拿钱去购买粮食即可，但这一次你们必须带上礼物，其原因有三：安抚你们说认识你们的那位统治者和粮食供应商；尽快用不菲的赎金救出被囚者；尽你们所能消除认为你们是奸细的嫌疑。[194] 所以，带上我们土特产的样品，也可以说是初果，再带上双倍的银子，把你们上次带去又被归还的银子也一并带上，那也许是由于某个人的疏忽，总之要带足籴粮的银钱。[195] 还有，带上我向拯救我们的神献上的祷告，你们作为那块土地的外人，但愿能使当地居民感到满意，也愿你们能平安归来，把被迫做人质的兄弟，还有他的儿子，归还你们的父亲，包括先前扣留捆绑的和现在你们带走的这个没有生活阅历的童子。”

【33】[196] 他们出发，急匆匆地上路。几天之后，他们到达埃及，宰相看见他们非常高兴。他吩咐他的家宰准备丰盛的饭食，并带他们进屋分享他的盐和宴席。[197] 他们被带进屋，但由于不知道这样做有什么目的，所

以他们感到有点惊慌和困惑，猜想肯定是有人诬告他们是贼，偷走上次他们在米袋里发现的籴粮的银子。于是他们挨近家宰，为自己辩解，说明他们是诚实的，无人能够指责他们，同时拿出带来的银子给家宰看。[198] 家宰用亲切而又友好的话语使他们振作起来。他说："无人会如此不敬地诽谤我所求告的神的施舍。祂在你们的米袋里赐给你们财宝，不仅赐给你们果腹的粮食，而且赐给你们需要花的银钱。"[199] 受到鼓励以后，他们开始拿出从家里带来的礼物，想等这家的主人回来就把礼物呈上。约瑟向他们问好，又问他们先前说过的那位父亲是否还健在，他们回话时没有说自己，只是说他们的父亲还活着，身体健康。[200] 约瑟为父亲祈福，称他是最受神眷顾的，然后举目环顾四周，看见了他的同母兄弟便雅悯，他无法控制自己的感情，因为此时相认的时机还未成熟，为了不被他们察觉，他借口有急事赶紧离开，退到家中角落放声大哭，让眼泪尽情流淌。

【34】[201] 然后他洗了一把脸，用理智强忍难以平复的心情，回到客人面前，引他们入席，在此之前那个被扣押作为小儿子的人质的囚犯已经释放。其他一些埃及权贵与他们一同宴饮。[202] 招待客人的方式遵循各自祖先的习惯，因为他极不赞成忽视古老的习俗，尤其在快乐多于烦忧的节庆时期。[203] 客人们都按照他的吩咐依长幼顺序入座，在喜庆的聚会上斜靠着不合乎当时的习俗；他们很惊讶地发现埃及人的风俗与希伯来人有相同的地方，很在意长幼次序，知道长幼有别，享有不同的荣耀。[204] 他们说："这个国家以前的生活方式不那么文明，直到这个人执掌国家大权，引入良好的秩序，不仅在和平与战争时期至关重要的大问题上讲究秩序，而且在生活的次要方面亦如此。因为节庆需要的欢乐，过分严肃和拘谨的客人没有立足之地。"[205]就在他们悄悄赞美他的时候，饭菜摆了上来，只是并非豪门盛宴，因为他们的主人考虑到正在饥荒时期，不喜欢在别人挨饿的时候有奢侈的念头；而他们又敏锐地把这一点也纳入对他的歌颂之中，说他拒绝毫无品位地摆阔这种可恶的错误。他们说，他既保持了对穷人的同情，也保持了宴会主人的风度，执两端而持中，不因扮演任何一种角色而受到指责。[206]所以，

这样的安排不会损坏客人的胃口，而是非常适宜，即使有所不足，也在频频干杯、祝愿和劝吃体现出来的热情和善意中得到补偿，慷慨大方、温文尔雅的气质比美味佳肴给人提供更多的快乐，那些追求奢侈宴饮的人为自己和别人提供美味佳肴只是在炫耀和卖弄根本不值得在意和重视的事情，没头脑的人才会这么做。

【35】[207] 第二天黎明，他派人找来家宰，吩咐他把那些人带来的米袋全部装满粮食，又把各人籴粮的银子全部放回各人的米袋，并把最精美的银器，亦即他平时用的银杯，放在他那个弟弟的米袋里。[208] 趁无人的时候，家宰很轻松地按照主人的吩咐办事，而他们对这些秘密一无所知，高高兴兴地出发，到现在为止，他们交的好运远远超出他们期待。[209] 他们原本以为会受到诬告，说他们偷了放回他们米袋里的那些银子，无法找回那个作为人质被扣留的兄弟，还可能会失去他们的小弟弟，强迫他们把他带来的宰相很可能会强行扣留他。[210] 然而实际发生的事情比他们最乐观的指望还要好。他们没有受到指控，而是受邀赴宴，分享主人的盐，这是人们发明出来表示真正友谊的象征。他们未经任何祈求和调停就找回了毫发无损的兄弟。他们还把小弟弟平安健康地带回去，还给父亲，他们洗刷了奸细的嫌疑，同时带回大量粮食，怀着轻松的心情展望将来。他们想道："万一粮食不够，我们不必像从前那样满心恐惧地离家出走，而可以高高兴兴地去埃及，因为我们知道那个国家的统治者待我们不像外人，而像私人朋友。"

【36】[211] 正当他们心情愉快、忙着想这些事的时候，一种突如其来、意想不到的难堪降临在他们头上。那名家宰按照主人的命令，带着一大群仆人追了上来，他朝着他们挥手，要他们停下。[212] 气喘吁吁地赶到他们面前，他说："你们已经坐实了先前对你们的指控。你们恩将仇报，再次踏上同一条邪恶的道路。你们偷了籴粮的银钱，犯了更大的罪，正好比恶行得到宽恕就会变本加厉。[213] 你们偷走了我主人最精美、最值钱的酒杯，他用这些酒杯饮酒时向你们作出庄严的承诺，而你们表现得感恩戴德、热爱和平，你们甚至完全不知道'奸细'的含义，你们带了双倍的购粮款来支

付以前应付的款项，但这显然是陷阱和圈套，你们想掠夺更多的财物。不过，邪恶终究不会长久盛行，尽管它总是隐藏起来，但最终将被人察觉。”［214］当他继续以这样的口气说话时，他们站在那里目瞪口呆，陷入痛苦的情绪之中，既悲伤又恐惧，所以他们甚至无法张口说话。突如其来的灾难甚至能使雄辩家变成哑巴。［215］然而，他们虽然感到气馁，但并不希望他们的沉默被理解为他们的良心在受审判，所以他们回答说：“我们要怎样才能为自己辩解，我们该向谁辩解？你是我们的审判者，但你也是我们的指控者，根据你对我们的了解，当我们受到指责的时候，你更应当是我们的辩护人。我们在我们的米袋里发现了银钱，尽管无人挑战我们，我们还是把银钱带来偿还，既然如此，难道我们的品性一下子完全改变，乃至于抢夺和偷窃款待我们的恩人吗？不，我们没有这样做，愿这样的念头从来不曾进入我们的心灵。［216］在我们兄弟中，无论从谁那里搜出酒杯，就处死他，如果真的有人犯了这样的罪，我们判定这种罪行应得的惩罚是死亡，理由很多：第一，贪婪和觊觎别人的东西违反所有法律；第二，试图伤害恩人是最邪恶的行为；第三，对那些为自己的高贵出身而自豪的人来说，若是犯了辱没祖先名望的罪行而被人指控，那是最可耻的事情。如果我们中间有任何人犯了这样的偷窃罪，所有这些解释都适合他，那就让他去死吧，因为他的行为应该死上一千次。”

【37】［217］说完这些话，他们就取下驮畜背上的米袋，让家宰仔细搜查。家宰清楚地知道那只杯子放在小儿子的米袋里，因为是他自己悄悄地放进去的，但他假装从老大开始，然后按照年纪逐个搜查，他们各自把米袋打开让他搜，最后搜到小儿子。看到要搜的物品真的在小儿子的财物中找到，所有人发出一声悲叹。他们撕裂衣衫、哭泣、哀号，为他们现在还活着却已经在等死的弟弟感到悲哀，也为他们自己和他们的父亲感到悲哀，他们的父亲曾预言灾难会降临在他的儿子头上，因此一直不同意他们把这个弟弟带着去旅行。［218］他们满心悲哀、不知所措地沿着原路回到城里，为这件事感到胆战心惊，认为这件事要归于某种邪恶的阴谋，而不能归于他们的弟弟的

贪婪。然后，当他们被带到统治者面前时，他们以真挚的情感表现出对他们的弟弟的真情爱意。[219] 他们全体下跪，就好像他们全都犯了盗窃罪，因为这种指控仅仅提及就是一种侮辱，他们哭泣着恳求他，愿意任他处置，甘愿做他的奴仆，他们称他为主人，称自己为他的奴仆，任何形式的奴仆，被弃的、家养的、市场上买来的；凡是屈辱的名称，他们都加诸己身。[220] 但是，为了进一步试探他们，统治者装出非常严厉的样子说："我相信我决不会这样做，为了一个人的罪囚禁这么多人。有什么理由让没有犯罪的人一同受罚？在那边的那个人，是他一个人做了这件事，那就让他一个人受罚。[221] 我听说你们进城之前也说过赞成处死这样的罪人，但我总是倾向于比较温和的、符合人性的办法，所以我会减轻处罚，判他为奴，而不是处死他。"

【38】[222] 这一严厉的决定让他们感到非常痛苦，对他们的诬告使他们极为沮丧，此时他们中间的老四站出来说话，他勇敢大胆而又彬彬有礼，说起话来非常坦率，但绝非厚颜无耻，他靠近宰相说："我主，求你不要如此愤怒，也请你不要未听我们的申辩就给我们定罪，因为你的职位仅次于国王。[223] 当初我们第一次来访的时候，你问起我们的兄弟和父亲，我们回答说：'我们的父亲已是一名老人，说他是老人与其说是由于年纪，不如说是由于不断地遭受不幸，就好像在训练场上不断地操练，他经受了诸多劳苦和磨难。而我们的这个兄弟还太小，他是父亲的宠儿和至爱，因为他是父亲晚年所生的儿子，他的母亲生了两个儿子，大的横死，只剩下这个小的。[224] 你吩咐我们把这个兄弟带到这里来，还威胁我们说他若不来我们就不能再次来到你面前，我们带着忧伤离去，到家以后，我们极不情愿地把你的要求告诉了我们的父亲。[225] 他起初由于对这个小儿子极为担心而反对，但后来，生活必需品越来越匮乏，由于你先前给我们的严厉警告，我们谁也不敢不带童子同行而前来籴粮，要说服他让这个兄弟与我们同行非常困难。他好多次指责我们为什么要承认我们还有一个兄弟。他好多次由于要与这个小儿子分离而自怨自艾，因为他只是个孩子，毫无阅历，不仅没有在外国生活的经历，也没有在一般城市里生活的经验。[226] 所以，由于我们父

亲是这样一种情感，我们怎么能够就这样回去呢？没有这个小儿子，我们又如何能够再见他的面呢？听到小儿子没有回来，他肯会极其悲惨地死去，而我们也肯定会被所有心怀叵测、幸灾乐祸的人称做杀人犯和弑父者。[227] 一连串的指责主要针对我，因为是我把许多东西抵押给了我父亲，还宣布说我收下这个小儿子如同收下押金，需要什么时候归还就什么时候归还。但你若不肯息怒，我又怎能归还呢？我恳求你可怜这位老人，要知道他原先就很不情愿把小儿子交到我的手中，若不能看到小儿子回去，他将遭受多么大的痛苦。[228] 不过，你完全可以为你相信自己所受到的伤害实施惩罚。我非常乐意接受。从今天起，你就把我写在你的奴仆的名单上。只要你宽恕小儿子，我会欣然承受一名新买的奴隶所要承受的一切。[229] 你若真的同意这样做，那么这项恩惠不只是对小儿子本人的，更是对目前不在这里的那一位，也就是所有恳求者的父亲，你将解除他的焦虑。我们来到你这里就是恳求你高贵的友谊和帮助，愿我们的恳求决不要落空。[230] 所以，怜悯这位老人吧，他一生都在美德的竞赛场上辛劳。他赢得了叙利亚各城邦的接纳与尊重，尽管他的风俗习惯是他们所陌生的，连外国人也对他大为敬重。他生活高尚、言行一致、表里如一，影响深远，乃至于那些原本出于民族情感而对他抱有偏见的人也改变立场，采纳他的方式。[231] 你将获得这样的人的感恩，还有比这更大的收获吗？对一位父亲来说，还有什么恩惠能比原本对其安全已经不抱希望的儿子能平安归来更大？”

【39】[232] 所有这些事情和以前做的事情都是为了试探他们在宰相面前对他的同母兄弟具有什么样的感情。因为他担心他们会很自然地疏远继母所生的孩子，对继母不如对自己的亲生母亲那么尊重。[233] 正因如此，他指控他们是奸细，盘问他们家中还有哪些人，以便了解那个兄弟是否还活着，有无成为阴谋的牺牲品；他还扣留了其中的一个而让其余的回去，把小弟弟带来，渴望与他相见，由此摆脱压在他身上的沉重的烦恼。[234] 也正是由于这个原因，尽管他前来与他们团聚，看见自己的小弟弟以后略感宽慰，后来又设宴款待他们，给他的同母兄弟比其他人更加丰盛的招待，但

与此同时他观察他们每个人，从他们的表情判断他们是否还怀有秘密的嫉恨之心。[235] 最后，他欣喜地看到他们非常尊重那个兄弟，并通过两个证据确信他们中间并不存在隐匿的恶意；出于同样的原因，他还设计了第三个证明，即假装杯子被偷，指控童子是贼。这是考察每个人真实情感的最清晰的方式，看他们对遭受诬告的兄弟有无手足之情。[236] 依据所有这些证据，他相信没有任何内讧式的阴谋在破坏他母亲的家庭，再考虑到发生在他自己身上的事情，他最终得出结论，他的经历可能并不能过多地归于他们的阴谋，而可能更多的是出于神的安排，因为神知道遥远的事件，看未来如同看现在。

【40】[237] 想到这里，一席亲情涌上心头，于是他决定马上与他们和解。他不再对兄弟们的行为做任何指责，他认为与他们初次相认最好没有埃及人在场。[238] 于是，他吩咐家丁全部退下，然后一下子泪如泉涌，他用右手招呼他们再靠近一些，免得有外人偶然听到他的话。他说："我要告诉你们一件长期隐藏在黑暗中的秘事，我要在和你们单独相处时这样做。你们当初卖到埃及的那个兄弟就是我，就是你们看见站在你们身边的这个人。"[239] 听到这个出乎意料的消息，他们目瞪口呆，像生了根似的站在那里一动不动，同时眼睛死死地盯着地上，似乎受到某种强力的牵引。他继续说："你们不必垂头丧气，我原谅你们，忘掉你们对我所做的一切。不要你们做任何辩解。[240] 出于我的自愿，我想与你们和解。在这件事上我有两个同谋：一个是我对我们父亲的尊敬，这是我偏爱你们的主要原因；另一个是我对所有人的博爱，尤其是对那些与我同宗的人。[241] 我想这件事发生的原因不在于你们，而在于神，祂要用我做祂的仆人，看管祂在人类最需要的时候俯就赐给他们的恩惠和礼物。[242] 从亲眼所见之事，你们可以清楚地得到证明。整个埃及都交在我的手上，我拥有与国王同等的最高荣耀，尽管我小他大，但他尊我如父。我不仅自愿服务于此地的居民，而且服务于其他许多国家，无论是附属国还是独立国，由于饥荒，他们全都需要我站在前列。[243] 金银完全由我贮存，而比金银更加必不可少的是填饱肚子的粮食，凡是来要粮食的，我都会根据他们的实际需要分给他们，就这样，他们既没有多余的

粮食可用于奢侈的生活，也不会缺乏实际需要的粮食。[244] 我把这些全都告诉你们，不是因为我自鸣得意，而是要叫你们知道，没有人能使如此伟大的事情发生在一个曾经是奴仆，后来又成为囚徒的人身上，我曾经因受诬告而被囚，而神将我极端恶劣的处境转变为交上无与伦比的好运，在神一切皆有可能。[245] 我既然这样想了你们就不必再害怕，只管放下心中的负担，高兴起来。你们最好尽快回到我们的父亲那里去，首先把你们找到我的好消息告诉他，因为传闻会迅速地向四面八方传播。”

【41】[246] 这些兄弟们开始自由地说话，不停地赞美他的各种美德。每个人都有一个不同的主题，有的称颂他宽宏大量，有的表扬他重视亲情，有的赞美他谨言慎行，所有人一致赞美他的虔敬，说他把一生最大的成功归于神，尽管在人生的早期他有过种种悲惨而难以接受的经历，却能抛弃一切怨恨，冰释前嫌。[247] 他们还赞扬他适度的节制和沉默寡言。他经历了种种悲欢离合，然而在被迫为奴时他没有公开指责他的哥哥们出卖他的事情，当他被投入监狱时也没有在悲观中泄露这一秘密，在漫长的牢狱生活中，他没有像一般人那样抖搂隐私，因为囚犯很容易喋喋不休地谈论自己的不幸。[248] 他的一举一动就好像对以往的经历一无所知，当他为内臣或国王解梦时，虽然有绝佳的机会揭露事实，但他仍然没有说起自己的高贵出身。当他被任命为国王的宰相、掌管全埃及时，他也没有说，以免人们认为他出身卑微、地位低下，而事实上他确实出身高贵，绝非奴仆出身，只是那些最不应当伤害他的人的残忍的阴谋诡计，使他成了不幸的受害者。[249] 此外，他们滔滔不绝地赞美他为人公正和善良，因为他们知道其他统治者的傲慢与粗俗，敬佩他没有那种鲁莽和狂暴的品性。记得上一次来埃及的时候，他一下子就认出他们，尽管他当时完全可以置他们于死地，或者至少可以拒绝给他们抵抗饥荒的粮食，而他不仅完全没有报复，还认为他们配得上他的友爱，白白地把粮食供给他们，还吩咐下人把籴粮的银钱还给他们。[250] 事实上，他们设计伤害他、卖他为奴的事情完全不为人所知，所以当那些埃及官员听到宰相的兄弟们首次前来探望时，都替他欢喜。官员们热情地招待他们，并

且赶快向国王报告这个好消息，到处都喜气洋洋，不亚于田地里盛产果子、饥荒成为过去的时候。

【42】[251] 国王得知他的宰相有父亲，其家族非常庞大，就催促他让全家人离开现在的住处，许诺把埃及最肥沃的土地赐给他们所期待的定居者。于是，约瑟把大量装满给养的车辆和牲畜送给他的兄弟们，还配备了足够的仆人，使他们能够安全地把他们的父亲接来。[252] 他们到家以后，把约瑟的故事说给父亲听，由于这个故事太不可思议，超过他的所有期望，所以他根本不在意，因为无论讲述者有多么可信，但这故事的离奇使他无法相信这是真的。[253] 然而，当这位老人看见他们带回来的那些车辆和大量的生活必需品，与他们告诉他的有关这个儿子的故事一致，这个时候，他赞美神弥合了他家里表面上的裂缝。[254] 不过，想到要离弃祖先的生活方式，他在喜乐的同时也产生了恐惧。因为他知道，年轻人很容易失去他的根基、纵情于异域邪恶的生活，尤其是在埃及这个把被造和易朽的东西当做神来崇拜，因而对真神一无所知的地方。他知道财富和名誉对缺乏识别能力的心灵具有多么大的冲击，况且他的父家无人与他一同上路，给他指导和监督，他孤身一人，远离美好的教训，很容易受到影响而转向外族的生活方式。[255] 这就是他当时的感受，唯一能洞察不可见之灵魂的神垂怜于他，在他晚上入睡时向他显现。神说："你下埃及去，不要害怕，我将亲自给你引路，让你旅途平安和快乐。还有，我要把你如此强烈想念的儿子还给你，你以为他已经死了，但多年以后，你发现他不仅活着，还成了那个大国的统治者。"于是，他满怀极大的希望，第二天黎明就快乐地启程。[256] 守在大路上的探子报来了父亲已经启程，现在离边境已经不远的消息，他的儿子立刻前去迎接。两人在被称为英雄之城[①] 的地方相遇；他们伏在彼此的颈项上，紧紧拥抱，久久不愿分开。最后，他们努力克制，停止哭泣，向国王的王宫走去。

① 参见《创世记》46 : 29。"约瑟套车往歌珊去，迎接他父亲以色列，及至见了面，就伏在父亲的颈项，哭了许久。"

[257] 国王一看见他，就被他庄重的外貌所折服，极其谦恭而满怀尊敬地欢迎他，好像他不是宰相的父亲，而是他自己的父亲。行过常规的和更加庄重的礼节以后，国王赐给他一块肥沃多产的土地。得知他的儿子都是拥有大量牲畜的牧人，国王就指派他们牧养牲畜，把数不清的牛羊交给他们看管。

【43】[258] 这位年轻人诚实、正直、伟大，尽管时代和世态给他提供了很多发财机会，他完全有可能很快成为同时代人中间最富有的人，但他看重的是真正的财富，而非虚假的财富，是看得见的财富，而不是盲目的财富，所以他把卖粮所得的全部金银都存入国库，拒不私自占有一个德拉克玛，他满足于国王支付给他的报酬，此外别无他求。[259] 他治理埃及和其他遭受饥荒的土地和国家，把它们当做一个大家庭来治理，他的才能无以言表，他按照适当的标准分配土地和食物，不是只顾及眼前利益，还展望未来的利益。[260]于是，当第七个荒年到来之后，由于有理由期待来年大丰收，他派人到农夫那里，把大麦和小麦种子交给他们，为了确保无人盗用种子，能把种子全部撒在地里，他选派品德高尚的人做监督，检查播种事宜。[261] 这场饥荒过去许多年以后，他的父亲去世了，他的哥哥们心中产生了顾虑和恐惧，怕他仍然心怀怨恨，会向他们报复，于是带着妻子和家人来到他面前，真诚地恳求他的宽恕。[262] 他被感动得直流泪，说："在那些被判决犯了不可饶恕之罪的人心里，而不是在其他人心里，可能会产生顾虑。我父亲的离世唤醒了你们在我们彼此和解之前就存有的担心，以为我宽恕你们只是为了使我父亲不至于太过悲伤。[263] 但是时间并未改变我的品性，既然答应与你们和平相处，我就永远不会做出违反它的事情来。说实话，我之所以没有执意寻找复仇的机会，一次次推延，无条件地、一次性地让你们免受任何处罚，一部分原因无疑是由于尊敬我的父亲，但还有一部分原因是出于我对你们的亲情。[264] 即使是由于我父亲的缘故，我才对你们如此友善和仁爱，我也会在他去世以后一如既往地对待你们。在我看来，善人不死，善人永生，善人不会衰老，他的灵魂不朽，他的灵魂的本性不再受制于身体的羁绊。[265] 但是我为什么要提到这位父亲也是被造的呢？因为我们还有

非被造的父亲，祂是不灭的、永恒的，祂‘全视和全听’①，即使不置一词，祂也听得一清二楚，祂总能看到心灵深处，我求祂见证我的良心，证实我们之间的和解绝对不是虚假的。[266] 因为我——请不要对我的话感到吃惊——是属于神的，祂把你们邪恶的计划转变为丰盛的祝福。所以，去掉你们的担心吧，将来会有好事降临你们，比我们的父亲在世时你们所享有的好事更大。”

【44】[267] 他用这样的话鼓励他的兄弟，并且用他的行为来确证他的诺言，尽一切努力关心他们的利益。在那场饥荒之后，居民们欣喜地看到繁荣再现，丰收在望，所有人都荣耀他，他们在逆境中从他那里得到好处，现在则用这种方式回报他。[268] 这样的消息传到邻国，使他誉满全地。他高寿而终，活了一百一十岁，他具有无比杰出的容貌、智慧和语言能力。[269] 他的容貌之俊美可以由一位妇人对他产生狂热的激情来证实；他的智慧和杰出的判断可以从他一生遇到无数挫折时所表现出来的心平气和得到证实，这种气质能在混乱中创造秩序，使一切本性不和谐的地方变得和谐一致；他的语言能力从他解梦，以及解梦时表现出来的口才和说服力，得到见证，这种能力使他的每一位手下都顺服，不是被迫顺服，而是心悦诚服。[270] 在一生的岁月中，他有十七年在他父亲家中度过他的少年时代，十三年在痛苦的磨难中，成为阴谋的受害者，被卖为奴，受到诬告，被囚于监牢，余下的八十年他做了统治者，处于全盛之中，无论丰年还是荒年，他都是最受人尊敬的监督者和仲裁者，最有能力处理任何事务。

---

① 参见荷马：《伊利亚特》3∶277；《奥德赛》11∶109，12∶323。

摩 西 传

提 要

本文的希腊文标题是“ΠΕΡΙ ΤΟΥ ΒΙΟΣ ΜΦΥΣΕΩΣ ΛΟΓΟΣ ΠΡΩΤΟΣ”，意为“论摩西的生平”，英译者将其译为“Moses”。本文的拉丁文标题为“De Vita Mosis”，缩略语为“Mos.”。中文标题定为“摩西传”。原文共分 2 卷（book），第 1 卷分为 60 章（chapter），334 节（section），第 2 卷分为 51 章（chapter），292 节（section），译成中文约 8 万字。

本文作者在第 2 卷开头处指出，本文实际上由两篇文章组成。前一篇文章（即第一卷）处理摩西的生平，相关论述平铺直叙，只在讲到燃烧的荆棘时作喻意解释；后一篇文章（即第二卷）考察摩西作为国王、立法者、大祭司、先知的身份和品性。

第一卷概要：

摩西是迦勒底人，但在埃及出生和长大。他的整个家族由于饥荒而迁徙到埃及。埃及平原辽阔，土地肥沃，盛产谷物。摩西的父母属于同一个支派。摩西属于在埃及的第七代定居者，他是整个犹太民族的创始人。埃及国王担心新迁徙来的民族人口增长过快，下令杀死族中男婴。摩西的父母无视暴君的命令，隐藏孩子，最后出于无奈，把摩西放在河岸边。埃及公主出行，收养了摩西。作为王子，摩西在王宫里得到应有的服事和教育，坐享尊荣，抵达人间繁华的顶点，被视为王权的继承人，但他热衷于祖先的教养和文化。埃及国王把犹太人降为奴隶，发布苛刻的命令，派遣他们做苦工。摩西杀死一名最残暴的监工，退隐到阿拉伯（1—50 节）。

摩西听从心灵的召唤，要为正义和弱者争战。他看到凶恶的牧人欺负软弱的女孩，就挺身而出，不是用武力，而是用言语使他们折服，改邪归正（51—59 节）。摩西娶妻以后承担看管羊群的任务，这是担任国王的预备性训练。他在管理羊群上表现出卓越才能。他从不推卸责任，在履行职责中保持纯洁的心和无伪的真诚（60—64 节）。神向摩西显示了异象：荆棘在火中燃烧，却没有烧毁；然后神用谕言敦促摩西迅速掌管整个民族，担任领袖，把他们带出埃及，领他们回另一个家。神应许在一切事情上帮助摩西，并向他解释三个奇迹（65—84 节）。

摩西回到埃及以后，秘密召集族中长老，把神谕告诉他们，并向国王提出要求，离开埃及到旷野去向他们的神献祭。但是埃及国王不认识这位神，断然拒绝。摩西向他显示神迹，但也未能改变他的态度。于是，神借助摩西和他的兄长降下十样灾难，对埃及这块土地实施惩罚，最终使以色列人能够离开埃及（85—146 节）。本着善良、高贵和博爱之心，摩西被以色列人推举为领袖。神也赋予他王位，把各种自然物赐给他做助手。所以，他一路上施行大量神迹，无论是云柱引路、过红海、苦水变甜水、天降吗哪、磐石出水，还是战胜敌人，这些都出于神的应许（147—226 节）。

在这批以色列人即将进入应许之地之前，摩西派出探子去侦察那块土地的情况。然而，在探子回来的报告中又出现对神大不敬的观念。为此，这个民族又在旷野里流浪了三十八年，直到第四十年，他们再次来到应许之地的边境地区。经过多次战争，他们才又做好进入应许之地的充分准备（227—334 节）。

第二卷概要：

第一部分（1—65 节），作为国王和立法者的摩西。蒙神的眷顾，摩西成为国王、立法者、大祭司和先知。作为立法者，摩西具备四种德性：爱人类、爱公正、爱美德、恨邪恶（1—11 节）。摩西的荣耀首先基于他的律法的永久性（12—16节），其次在于其他民族对律法的尊敬（17—24节）。旧约圣经希腊文七十子译本的翻译过程可以作为这一点的证明（25—44节）。指出律法书本身的伟大、律法因素以历史因素为前导、如何对恶人进行惩罚，对善人进行拯救，详细解释挪亚方舟（45—65）。

第二部分（66—186节），作为祭司的摩西。作为大祭司，摩西不仅具备最重要的品质，即虔敬，而且他的身体和灵魂都得了洁净，所以他在西奈山上得到神的训示，明白了祭司的职责。下山以后，他依据圣殿制造帐幕和帐幕里的所有设施和器具（66—108节），精心设计大祭司的衣袍和祭司的服饰（109—135节），他拣选祭司（141—158节），然后规定献祭的规程（159—173节）。最后，利未人被拣选出来，祝圣为祭司支派。摩西借神迹证明（大祭司亚伦的木杖开花结果）这一支派是因美德而为神所喜悦的（174—186节）。

第三部分（187—292节），作为先知的摩西。摩西与神问答，或者被神凭附，由此得到预见能力，对未来之事说预言（181—191节）。摩西规定了对大不敬之人的处罚方式（192—208节）、对不过安息日之人的处罚方式（209—220节）。摩西对逾越节作出许多规定（221—232节）。摩西就继承权制定了许多律法（233—245节）。摩西最重要的预言有：（一）过红海摧毁埃及人时的预言（246—257节）；（二）关于吗哪的预言（258—269节）；（三）关于屠杀偶像崇拜者的预言（270—274节）；（四）关于摧毁可拉及其同伙的预言（275—287节）。最后几节提到摩西最后的日子。摩西预言了自己的死亡、死后的埋葬和纪念。总之，摩西的一生是作为国王、立法者、大祭司和先知的一生（288—292节）。

正 文

第一卷

【1】[1] 我决心撰写摩西的生平，有些人把他说成犹太人的立法者，有些人把他描述为神圣律法的阐释者。我希望这个最伟大、最完美的人的故事能为人们所了解，对这样一个人表现出无知是不应该的；因为他留下的律法已经传遍整个文明世界，甚至传到地极，而这个人本身的真正品质却几乎无人知晓。[2]希腊人的作家拒绝把他当做值得纪念的人，这可能是出于嫉妒，也是由于在许多情况下不同城邦的立法者所制定的法规与他制定的法规相反。[3] 这些作家大多数滥用教育赋予他们的权利，撰写诗歌、散文、喜剧以及各种庸俗不堪的作品，让他们的可耻事情广为流传，而本来他们应当使用他们的天赋，利用善人及其生平来进行充分的道德教化。以这种方式，他们可以确保一切优秀的事物，无论是老的还是新的，都不会被人遗忘，其光芒不会彻底消失，也可以使他们自己不至于抛弃较好的主题而选择其他不值得注意的主题，全力以赴地用优美的语言表达恶劣的问题，就可耻的主题进行卓越的讨论。[4] 但是我不在意他们的恶意，我要讲述我所知道的摩西的故事，这些故事来自圣书，这些书卷是他留给后人的杰出丰碑，也来自这个民族的某些长老；因为我总是把我听到的和我读到的东西交织在一起，因此自信比别人更加熟悉他的生平。

【2】[5] 我要从肯定正确的地方开始讲述。摩西是迦勒底人，但在埃及出生和成长，一场旷日持久的饥荒使巴比伦和周边居民深受其害，为了寻找食物，他的祖先与整个家族一起迁徙到了埃及。[6] 埃及平原辽阔，土地肥沃，盛产人类需要的各类农作物，尤其是谷物。其他地方的河流到了冬季或者夏季急流汹涌，而这个国家的这条河流在仲夏时分会上涨泛滥，使田地变

成湖泊，所以，只要神没有因愤怒而降下灾祸惩罚居民中盛行的亵渎行为，他们的田地就不需要雨水，每年都能长出各种大量的庄稼。[7] 摩西的父亲和母亲都是同时代人中最优秀的，属于同一个支派，尽管他们彼此之间的感情纽带比他们的家族关系更加牢固。从第一代定居者算起，摩西是第七代，他成为整个犹太民族的创始人。①

【3】[8] 他是作为一名王子长大成人的。这一地位的提升说来话长。当这个新迁徙来的民族的人数越来越多的时候，这个国家的国王担心定居者人口增长太快，其主要力量超过原来的居民，于是想出一条极其恶毒的计谋来削弱他们的力量。他下令女婴可以养大，因为女性天生软弱，难以参加战事，而男婴必须处死，以此阻止各城邑男性数量增加；因为男丁兴旺是进攻者的一大有利条件，很难消除或摧毁。[9] 再说，这个孩子一生下来就非常俊美，② 所以他的父母无视暴君的命令，用心把孩子隐藏起来。我们得知，实际上几乎无人知道他的出生，他三个月来一直藏在家里，吃母亲的奶。[10] 然而，在君王统治之下，往往会有探子无孔不入，总是想要找到一些新消息报告给国王，他的父母担心他们救他的努力会导致更多人，亦即他们自己，与他一同灭亡，于是含泪把他放在河岸边，然后痛哭着离去。他们可怜自己被迫成为杀死自己孩子的刽子手，如他们在自责中所说的那样，同时也可怜孩子要以这种不人道的方式死去。[11] 然后，像在如此残忍的情况下通常会发生的那样，他们开始指责自己把事情搞砸了。他们说："我们为什么不在他刚生下来的时候就扔了他呢？没有吃过奶而活下来的孩子通常还不能算是人。而我们这两个好事者整整养了他三个月，给自己带来了更多的痛苦，也给他带来了折磨，要不是到了他已经完全能够感受快乐和痛苦的时候才让他去死，他又怎么会意识到自己的处境日益悲惨呢？"

【4】[12] 他们克制悲痛，茫然离去，这时候被抛弃的这个孩子的姐姐，

---

① 参见《出埃及记》6∶16 以下。文中说从雅各算起，摩西是第五代，因此从亚伯拉罕算起就是第七代。

② 参见《出埃及记》2∶2。"那女人怀孕，生一个儿子，见他俊美，就藏了他三个月。"

一个尚未出嫁的女孩，出于亲情，在远处站着，想看看到底会发生什么事情。在我看来，所有这些全是按照神意发生的，她是在看护这个孩子。[13]这个国家的国王只有一个宝贝女儿，我们得知她结婚很久了，却没有怀孩子，她当然非常渴望有个孩子，尤其是男孩，好继承她父亲庞大的王国，如果他的女儿没有给他一个外孙，产业就会落到外人手中。[14]所以，她经常忧郁沮丧，痛苦哀伤，而这一天她的忧愁更加无以复加，几近崩溃；尽管她平时习惯留在家里，甚至从未迈出过大门，但这天她带着使女向河边走来，就是那个孩子被抛弃的地方。然后，当她准备在清水中沐浴时，看见那个孩子躺在植物茂密的沼泽地里，于是就吩咐使女把孩子抱过来给她。[15]她把这个孩子从头到脚打量了一番，对孩子的俊美和健康感到满意，看到孩子在哭泣，她心生怜悯，心中产生母亲对待自己的孩子所具有的那种感情。认出这是个希伯来孩子，是国王下令要除灭的人，她就考虑找人喂养，因为此时把他带回王宫是不安全的。[16]当她还在反复思量的时候，这个孩子的姐姐猜到了她的难处，就像一名侦探似的从站立的地方跑过来，问她是否愿意将孩子交给一名刚生过孩子的希伯来妇女喂养。[17]公主同意了，她就把孩子带给她自己的也就是那个婴孩的母亲，假装互不相识；母亲欣然答应喂养婴儿，假装是为了工钱。就这样，在神的安排下，这个孩子最初的喂养来自他的亲生母亲。由于公主是从水里得到他的，就给他取名摩西，因为“摩”（Μωυ）在埃及语里的意思就是水。

【5】[18]由于他长得很快，没有一点耽搁，所以他们很早就给他断了奶，而他的母亲，也就是他的乳母，把他交给了公主，亦即那个把孩子交给她喂养的人，因为这个孩子此时已经不需要吃奶了。[19]他的相貌看上去高贵而又俊美；公主看到他长得这么好，远远超过他的实际年龄，就比以前更加喜爱他，把他收为儿子；其实她早就假装成大肚子，使他能成为她真正的儿子，而不是冒充的儿子。神意使一切变得容易，无论事情有多么困难，都得以成全。[20]他理所当然地得到一名王子应有的培养和服事。然而，他的表现却不像一个幼儿，他不喜欢玩，不喜欢笑，也不喜欢运动，尽管那些

负责照看他的人并非不愿意让他放松，或者对他过分严厉；但他总是带着一种害羞而严肃的神态，专注地聆听和凝视那些肯定对灵魂有益的事物。[21]随后就有教师从不同地方到来，有些自愿来自邻国和埃及的行省，有些以高价从希腊请来。但在很短的时间里，他的水平就超越了他的老师；他的天赋里预先储存了老师的教导，所以与其说他是在学习，不如说他是在回忆，他们确实很难解答他提出来的问题。[22]伟大的本性往往能在知识之路上开拓出许多新的东西来；正如身体，如果各方面都很强壮和灵活，那就不需要训练者给予特别关照，只要一点儿普通的关注，甚至连这一点关注也不需要；树木如果长势良好、茁壮健康，那么不需要农夫费神照料就能自然成长，同理，具有天赋的灵魂在来自它自身，而非来自老师的教育中处于主导地位，并从中得益，只要它掌握了某种知识的首要原理，就如谚语所说，它就会努力向前，像一匹马奋力奔向草地。[23]算术、几何，关于尺寸、韵律、谐音方面的学问，整个音乐知识，包括对乐器的使用，课本和更加专业的论文，都由博学的埃及人传授给他。这些人进而教他用符号表达哲学，如在所谓的神圣铭文和对动物的崇拜中使用符号，他们甚至像崇拜神一样崇拜那些动物。至于其他常规的学校课程，由希腊人负责教他，邻国的人教他亚述人的字母和迦勒底人关于天体的科学。[24]他也从埃及人那里获得关于天体的知识，他们特别关注占星术。他掌握了两个民族的知识，知道它们之间相同的地方和不同的地方，这时候他就避开所有的纷争和分歧，直奔真理而去。他的心灵不同于宗派主义者的样式，不能接受任何虚假，无论何种教义，凡是他自己提出的，都要为之辩护，要考察它们能否经得起仔细审视，从而把自己置于和那些既不考虑也不关心公正的受雇的提倡者同等的地位。

【6】[25]随着他逐渐长大成人，他的理智变得越来越活跃。尽管宫里提供的大量资源给人无穷的刺激，完全可以点燃欲望的火焰，但他并没有让青春的情欲恣意奔放。他用自制和自控的缰绳把情欲牢牢地控制，用力把它们从向前急驰中拉回来。[26]只要放任自由，任何情欲都会疯狂肆虐，但他驯服它们，使其变得缓和，归于平静；只要它们有一点儿骚动或悸动，他

就给予训斥，比任何语言所能给予的指责更加严厉；总之，他观察灵魂最初的方向和冲动，就像观察难以驯服的驽马，唯恐它们带着应当控制它们的理智逃跑，从而引起大混乱。这些冲动，既能产生善，也能导致恶，当它们服从理智的指导时就产生善，当它们脱离正常轨道、陷入混乱时便导致恶。[27] 因此，他的同伴和其他人很自然地对他感到大为惊讶，就好像看到了一项奇观，急切地想要知道他身体里的心灵——就像神殿里的一尊神像——究竟是什么样的，是属人的，还是属神的，还是二者的结合，为什么它与大多数人的心灵如此不同，它展翅高飞，高耸入云。[28] 对于肚子，他只给予本性所指定的必不可少的东西，至于肚皮以下的快乐，除了合法的生育之外，他甚至完全忘掉有这回事了。[29] 他想要只为灵魂活，而不为身体活，所以他的生活非常节俭，对奢侈生活无比轻视。他的日常行为表现了他的哲学信条。他的言语表达了他的感受，他的行为与他的言语一致，所以言语与生活和谐统一,二者彼此合一，如同在乐器上一道奏出美妙的旋律。[30] 大多数人要是感到有繁荣昌盛的迹象落在他们身上，哪怕微乎其微，也会不遗余力地鼓吹，夸口自己比卑微者高大，误称后者为世上的废物、讨厌鬼、累赘，以及使用其他类似的名称，就好像他们自己的繁荣昌盛是永恒的、牢不可破的，尽管到了明天他们就有可能面目全非，繁华不再。[31] 没有什么东西比命运更不可靠，命运推动着人间事务在生活的棋盘上颠来倒去，在一天时间里可以打倒高贵者，提升卑贱者；尽管他们明白，也完全知道，这是经常发生的事情，但仍旧轻视他们的亲戚朋友，把他们生于斯长于斯的律法视为粪土，颠覆无可指责的祖先习俗，采用不同的生活方式，并且满足于现状，丧失对过去的全部记忆。

【7】[32] 但是，尽管摩西抵达了人间繁荣的顶点，被人们当做公主的儿子，一般来说他有望继承外祖父的王权，按常规他也确实被称为小王，但他却热心于同胞与祖先的教养和文化。[33] 他认为，他的收养者的好运是虚假的，尽管环境使它熠熠生辉；而他亲生父母的命运，尽管目前看来没有那么显赫，但无论如何是他们自己的，是真实的；所以，他就像一名不偏不

倚的法官评估他亲生父母和养父母的需要，对前者报以美好而深厚的亲情，对后者感激他们的养育之恩。若非发现国王在全国采取一种新的更加亵渎的行为，他可能会继续这样做。[34] 我前面说过，犹太人是外来的，由于遇上饥荒，缺少食物，他们的创立者从巴比伦和辖地迁徙到埃及。他们在某种意义上是祈援者，他们在国王的信任中找到了避难所，得到了原居民对他们的同情。[35] 在我看来，外来的陌生人一定要被视为接受他们的人的祈援者，他们不仅是祈援者，也是急于获得与自由民几乎同等权利的定居者和朋友，因为他们与原来的居民几乎没有什么区别。[36] 所以，这些外来者离开了自己的国家，来到埃及，希望能够安全地生活在那里，把那里当做第二祖国，但却被这个国家的统治者降为奴隶，沦落为战俘或者购买来的家养奴隶。这些人原来不仅是自由人，而且还是客人、求援者、定居者，而他却使他们成为农奴，他这样做毫无羞耻之心，或者毫无畏神之心，对客人和求援者来说，神是自由之神，好客之神，公义之神，祂监管着诸如此类的事务。[37] 然后，国王发布苛刻的命令，派遣他们做额外的苦工，超越了他们的承受能力；当他们由于身体虚弱而无法完工时，就对他们实施铁腕手段；他挑选最残忍、最野蛮的人做监工，他们对任何人都毫无怜悯之心，把他们称做“追捕者”是名副其实的。[38] 有些工人用土制砖，有些工人从各处捡来麦秆捆砖。有些被派去造房子、砌墙、建城或开河。他们夜以继日地搬运各种建筑材料，没有轮班替换，也没有假日休息，甚至只能小睡片刻，然后就起来继续工作。事实上，他们被迫做所有工作，包括技工和助手的工作，所以他们很快就极度沮丧，这是身体筋疲力尽之后必然产生的心理反应。[39] 这种情况也表现在他们一个接一个死去，好像染上了瘟疫，被主人扔到郊外，暴尸荒野，这些主人甚至不允许仍旧活着的人用土撒在他们的尸体上，更有甚者，不允许他们对悲惨死去的亲友落泪。尽管自然赋予灵魂自由的本质，就算在其他事情上几乎完全丧失自由，但它在情感上是不受约束的；然而，这些主人威胁对情感也要实施专制，以远超本性的、令人无法忍受的强制力约束他们。

【8】[40] 所有这些事情都使摩西感到压抑和愤怒，但是，他既没有力量惩处那些作恶者，也没有力量帮助那些受害者。凡是能够做到的事情，他都做了。他用他的话语来提供帮助，奉劝监工们要仁慈一些，执行规定要宽松一点，他又劝告工人们要勇敢地承受当前的处境，表现出男子汉的气概，不要让他们的灵魂因身体的疲惫而沮丧，而要用求善来取代恶。[41] 他告诉他们，世上的一切事物都会向对立面转化，乌云密布变成晴天，暴风骤雨变成风和日丽，波涛汹涌变成风平浪静，人事就更是如此，因为它们更加不稳定。[42]就像一名良医，他想用这些安慰人的话语使病人摆脱可怕的困境。然而，当这种困境有所缓和之后，却会遭受新的打击，病人在短暂喘息之后又会聚集新的悲惨，比先前更加剧烈。[43]有些监工异乎寻常地残忍和野蛮，与凶猛的食肉动物没有什么区别，他们只不过是披着人皮的野兽，外表上取了文明人的样子，而实际上只是为了诱骗和抓捕猎物而更加铁石心肠。[44] 监工中有一人是所有监工中最残忍的，他被摩西杀了，因为他对摩西的劝告不仅充耳不闻，毫不收敛，而且变本加厉，不停地鞭打不执行他的命令的工人，逼迫他们到死亡的边缘，不放过任何一种暴行。摩西认为杀死这名监工的行为是正义的。凡活着只为毁灭他人的人，他自己首先应当被毁灭，这才是公义的。[45] 国王听到这个消息极为恼怒。他之所以有如此强烈的反应，不在于一个人被另一个人杀死，无论此事合理与否，而在于他自己女儿的儿子竟然不和他一条心，不认国王的朋友为自己的朋友，不认国王的仇敌为自己的仇敌，而是正好相反，仇恨他喜爱的人，热爱他拒斥的人，同情他冷酷无情地对待的人。

【9】[46] 那些怀疑这个年轻人动机的掌权者知道他会记住他们的恶行，并会伺机报复，所以当他们得到这一把柄时，就唆使许多人从四面八方把恶毒的建议灌进他祖父的耳朵里，使他充满恐惧，担心自己的王权被孙子夺走。他们说：“他会攻击你，他野心十足。他一直在忙着策划将来的阴谋。他急于抢班夺权，篡夺王位。他对有些人奉承恭维，对有些人威胁恐吓，对矢志忠于您的人，未经审判就斩首。您为何还要犹豫不决，而不是迅速摧毁

他的阴谋呢？任何迟缓都会极大地有利于阴谋者。”[47] 正当这样的谈话四处流传的时候，摩西隐退到阿拉伯邻国，他在那里是安全的，与此同时，他求告神拯救被压迫者，使他们脱离无助、悲惨的困境，惩罚那些无恶不作、罪有应得的压迫者，他求告神再赋予他双倍的恩赐，让他亲自看到这两件事情得以成全。爱善恨恶的神对他大为赞赏，垂听他的祷告，很快就按其本性审判了那块土地及其各种作为。[48] 然而，神圣的审判尚未到来的时候，摩西已经开始在一位令人敬佩的教练员的指挥下践行美德，这位教练员就是他的理智，在它的训导下，他努力使自己适应最高形式的生活，包括理论的和实践的。他甚至一直打开哲学书卷，用敏锐的理智领会其中的学说，牢牢铭记，永不遗忘，并立即使他的个人行为与它们一致，这在无论哪个方面都值得赞扬；他渴求真理而非表面的道理，因为他为自己所立的标杆乃是符合本性的正当理智，那是美德唯一的出处和源泉。[49] 其他人要是逃离了国王无情的愤怒，首次来到国外，不熟悉当地的习俗，不了解当地人的好恶，那么他很可能会渴望宁静的生活，尽量不引起大众的注意；如若不然，那么他可能希望进入公共领域，通过持久的奉承拍马，谋求最高权威和掌权者的好感，如果遇不到这样的人，他也会期待获得其他人的帮助，博得他们的好感，万一有人对他动武，也好求救。[50] 然而，摩西所走的路径与我们的预期相反。他追随灵魂的有益冲动，不会因任何冲动而坠落于地。因此，他时不时地表现出超越自身力量的英勇无畏，因为他视公正为所向披靡的力量，这种力量驱使他投身于他自己确定的保护弱者的任务。

【10】[51] 这一次，我要描述他的一个行动，尽管事情似乎很小，但表明这颗心灵并不微小。阿拉伯人是养羊的，他们不仅雇用男人，还雇用妇女，以及少男少女放羊，放羊的不只是出身卑微的人，也有出自名门望族的人。[52] 有七位少女，她们都是祭司的女儿，来到井边，把水桶系在绳子上，然后一个接一个地轮流汲水，各尽其职。[53] 她们费了好大的力气才把井边的水槽灌满，而在这个时候，另外一些牧人也来到这里，看到女孩软弱好欺，他们就想把她们的羊群赶走，好占用别人的劳动，让他们自己的牲

畜喝那些已经预备好的井水。[54]摩西当时就在不远处，看到所发生的事情，他迅速地跑过来，站在他们面前，对他们说："住手，别干这种坏事。你们以为这个地方偏僻，就想占便宜。你们难道不觉得羞耻吗？你们这些四肢发达头脑简单的家伙真不像男人。这些女孩像小伙子一样干活，尽心尽职，谁也不偷懒，而你们这些小伙子却让自己的手脚闲着。[55] 走开吧，把这个地方还给先来的人，这些水属于她们。原本应当是你们帮她们汲水，使牲畜有更充足的水喝；而现在你们却想夺取她们已经预备好的水。不，这断然不可，在公正天眼的注视下，这水你们绝不可拿；因为即使在最偏僻的地方，那天眼也在洞察一切。[56] 而对于我，上苍至少分派了一位你们意想不到的卫士，因为我与一只大能之手联合，奋力帮助这些受欺负的少女。贪婪的人看不见这只手，但你们若不改变行为方式，就会感受到它无形的摧毁力。"[57] 他在说这些话的时候，他们惊恐万分，像是听到某种神谕，因为他受到圣灵的启示，转变为一位先知。他们心服口服，让女孩们的牲口到水槽边喝水，把自己的牲畜赶开。

【11】[58] 女孩们兴高采烈地回到家中，把未曾意料到的这件事告诉了父亲，她们的父亲产生了强烈的愿望，想要见这位陌生人，从他责备女儿忘恩负义的话可以看出这种愿望。他说："你们怎么啦，为什么要让他离开？你们应当直接把他带回来，要是他不肯，你们就再三恳请。你们现在这样做，岂不是让他指责我不懂礼仪？你们难道没有想到你们还会受到那些人的伤害？忘记善行的人肯定缺乏保护人。不过，你们所犯的错误还不是无可救药。尽快跑回去，请他接受我的邀请，首先让我尽地主之谊，把他作为客人来款待，其次让我们报答他的恩惠。"[59] 她们迅速返回，在离井不远的地方找到他，向他表达她们父亲的意思，劝他跟她们回家。她们的父亲一见到他的面，就对他敬慕万分，随后立即对他的气质产生由衷的敬佩，因为伟大的本性是透明的，无须什么时间就能识别。于是，他把自己最漂亮的女儿嫁给摩西，用这一行为证明他的全部高贵品质，也表明唯有美德永远值得我们热爱，它不需要无谓的赞美，因为其自身就带着为人所知的记号。[60] 摩

西娶妻之后，就接过看管羊群的担子，由此接受了管理的第一课；因为人类是最文明的畜群，对一个注定要管理人群的人来说，牧羊是他当国王的训练基础和初级练习，正如狩猎是武士的预备训练，当将军的人首先要练习追击。[61] 就这样，无理智的动物被用作训练材料，人在这样的实践中获得处理紧急事务的能力，无论是和平还是战争时期；因为狩猎是将军御敌的基础训练，而照料家畜则是国王治理臣民的演练，因此国王被称做“民众的牧人”，这不是一个表示责备的术语，而是最荣耀的称呼。[62] 不是依据多数人的意见，而是依据我自己对这个问题真相的探索，我的观点是，精通牧羊技艺的人是唯一完全的国王（有人若想嗤笑，那就笑吧），一个接受管理低级动物训练的人可以管理高级动物。因为，参透了较小奥秘的人必定能够参透较大的奥秘。

【12】[63] 让我们回到摩西，① 他比同时代的任何人更擅长管理羊群，为他的羊群提供有益的东西。他之所以具有这样的能力，在于他从不推卸任何责任，不论需要担负什么样的职责，他都会表现出深切的热情，在履行职责时，始终保持纯洁的心和无伪的真诚。[64] 结果，羊群在他的照料下数量大增，引起其他牧人的嫉妒，他们从未在自己的羊群中看到类似的事情发生。对他们来说，如果羊群能够保持原来的数量，那就已经是万幸了，而摩西的羊群要是有哪天不增长，那就是不正常的；摩西的羊群取得了巨大进步，他的羊儿越来越肥壮，又保持着旺盛的生育能力，数量大增。[65] 嗯，他赶着羊群来到一个草肥水美的地方，那里正好长满羊爱吃的草，他发现自己在一个山谷里，在那里他看见了令人惊讶的一幕。有一丛荆棘，一种带刺的植物，也是最软弱的植物，没有任何人点火，却突然着火了；虽然大火从荆棘根部一直烧到末梢，好似泉水般喷涌而出，但这荆棘仍旧完好无损；它没有被烧毁，似乎是一种不怕火的实在，它不是烧火的燃料，而是在火中得到滋养。[66] 火焰中呈现出一个最美的型相，它不像任何可见之物，而是

① 本章至第 14 章，参见《出埃及记》3：1—4：17。

最神圣的影像，闪耀着比火焰更加明亮的光芒。我们完全可以认为那就是存在者的影像；但我们更愿意称之为天使或使者，因为可以说它利用视觉的奇迹预告未来之事，虽然寂静无声，却比言语更加清晰。[67] 燃烧的荆棘是遭受冤屈者的象征，熊熊的火焰是逼迫者的象征。然而，那被焚烧的并没有被烧毁，这就表明，遭受苦难者不可能被逼迫者毁灭，逼迫者会发现逼迫徒劳无益，遭受苦难者会安然无恙，毫发无损。天使是神的旨意的象征，它总是在最危险的时候寂静无声地带来慰藉，胜过任何希望。

【13】[68] 但是这一比喻的细节必须思考。如我所说，荆棘是一种软弱无力的植物，然而荆棘多刺，若是猛然触及，就会受伤。还有，尽管火生来就是破坏性的，但是荆棘没有被它吞噬，反而得到火的保护，保持着以前的完整状态，毫发无损，变得格外明亮。[69] 所有这些都是对这个民族当时真实情况的描述，我们可以认为它就如同一种声音，对受苦者说："不要丧失信心；你们的软弱之处正是你们的力量所在，也就是说你们能够刺人，成千上万的人会被你们刺伤。那些企图消灭你们的人，将在不知不觉中成为你们的拯救者，而不是毁灭者。你们的患难必使你们没有患难。不，正是由于仇敌切切地蹂躏你们，你们的名望才闪耀着最大的光芒。" [70] 还有，具有毁灭作用的火元素证实了歹毒者的罪恶。它说："不可夸耀你自己的力量，要对你不可战胜的力量保持低调，要学习智慧。火焰的特点原来是烧毁，现在却是被烧毁，就像木头一样。木头的本性原来是被烧毁，但现在却表现为烧毁者，就好像它就是火。"

【14】[71] 神向摩西显现这奇异的征兆，清楚地告诉他将要发生的事情，然后用神谕的言语敦促他迅速掌管整个民族，不仅是协助百姓获得解放，而且是担任领袖，把他们带出埃及，领他们回到另一个家。[72] 神应许在所有事情上帮助他。神说："他们长期遭受苦难和虐待，承受无法忍受的暴行，得不到任何安慰和同情，而我却亲自垂怜他们。我知道他们每个人个别地、整个民族团结一致地祷告和祈援，希望从我这里得到帮助，而我对真正的祈援者仁慈而又宽厚。[73] 你们现在就去见那片土地的国王，不必有丝毫惧

怕，因为你们要逃离的先前的国王已经死了，你们逃离他，担心他要害你们，现在这块土地属于另一位国王，他不记得你们的任何行为，因此报复你们。带上你们族里的长老一起去，告诉他已经从我领受了命令的民众要走三天的路程，离开这个国家，按照他们列祖的仪式在那里献祭。”[74] 摩西清楚地知道自己的族人和所有其他人都不会相信他的话，所以他说：“要是他们问差遣我的是哪一位，而我自己不能告诉他们，那么他们不会认为我是个骗子吗？”[75] 神答道：“首先告诉他们，我是自有永有的，好叫他们知道自有者与非自有者之间的分别，也进一步明白根本没有哪个名字适用于我，唯有存在属于我。[76] 如果出自本性的软弱，他们寻找某个头衔来用，那就告诉他们我不仅是神，而且还是这三个人的神，这三个人的名字表达了他们各自的美德，每个人都是他们各自所获智慧的典范——亚伯拉罕通过教导获得智慧，以撒凭本性获得智慧，雅各靠实践获得智慧。如果他们仍旧不相信，那么从前见所未见、闻所未闻的三个奇迹足以转变他们。”[77] 这些奇迹是这样的。他吩咐摩西把他所带的手杖扔在地上，手杖立刻变成活的，开始爬行，并成为爬行动物王国里的国王，一条非常巨大的蛇。摩西迅速逃离这条蛇，并且惊奇地发现自己已经在飞翔，然后神又叫住他，在神的命令和鼓励下，他鼓足勇气抓住蛇的尾巴。[78] 蛇原本还在扭动，但是一碰到他的手，就立即伸得笔直，变回原来手杖的样子，于是摩西对这双重变化惊讶万分，无法确定哪一个奇迹更令人震惊，所以两样变化在他的心灵里产生了完全对等的深刻印象。[79] 这就是第一个奇迹，第二个奇迹接着第一个发生。神吩咐他把一只手藏到胸口，过一会儿再伸出来。他按命令而行，他的手突然显得比雪还要白。他又重复做了一遍，把手藏到胸口，再伸出来，他的手变回原来的颜色，恢复了原来的样子。[80] 这些教训是他与神单独相处时领受的，就像学生和老师，而显示奇迹所使用的工具，手和杖，都是他的所有物，是他为传道而携带的装备。[81] 不过，第三个奇迹发生在埃及。这个奇迹他不能随身携带，也不能预先演练，但它引发的惊讶与前两个奇迹完全可以等量齐观。这个奇迹是这样的。神说：“你从河里汲上来的水倒在地上要变成深红的血，不仅是颜色发生改变，它的属性也会完全发生改变。”[82] 摩西感到这样的事情显然也是可信的，不仅因为这位说话者不会说谎，而且因为手和杖的奇迹已经为他提供了证明。[83] 然而，尽管他相信神的话，但却试图拒绝承担使命，说自己没有口才，声音微弱，舌头笨拙，尤其是听了神对他说的话以后，他认为人的口才与神的口才相比就是无言，况且他原本就是一个谨慎的人，对重大的事情避而远之，认为这样的事情不适合他做。因此，他请求神选择别的已经被证明有能力轻松承担所托之事的人。[84] 尽管对他的谦卑很赞赏，但是神答道："你难道不知道是谁给了人一张嘴，是谁造出他的舌头、喉咙，以及能够合理说话的所有器官吗？就是我。因此，不要害怕，只要我发出一个指示，所有话语就会变得清楚明白，井井有条，所以，无人能够阻挡话语之流从纯洁的源泉轻易地流淌而出。还有，如果你需要一个阐释者，那么你会有的，你兄长的嘴巴会为你所用，向百姓传达你的话语，就像你把神的话语向他传达一样。”

【15】[85] 听了这些话，摩西知道，要是再坚持不接受会有多么危险，于是就带着妻子和孩子出发，踏上去埃及之路。① 他在路上遇到自己的兄长，就把神圣的消息告诉兄长，并劝兄长跟他一起走。实际上，他的兄长的灵魂已经由于神的警告而愿意顺服，所以毫不犹豫地答应愿意跟从。[86] 到达埃及以后，他们同心同德，首先秘密召集族里的长老，把神谕告诉他们，对他们说神如何怜悯和同情他们，保证让他们获取自由，离开当前这个国家，去一个更好的国度，还说神应许要亲自引领他们。[87] 听了这些话，他们有了去找国王的勇气，向国王提出要求，要他允许百姓出国献祭。他们告诉他，按照他们祖先的祭仪，他们必须在旷野里献祭，因为他们与其他民族不同，希伯来人的祭祀规则和方法是独特的，与通常的规则完全相反。[88] 这位国王的灵魂从幼年时起就浸淫在世世代代的傲慢之中，不曾接受只有心灵才能察觉的神，也不知道他们的眼睛看不见的东西；因此，他傲慢无礼地

① 本章至第 17 章，参见《出埃及记》4：27，5：22，7：8—13。

回答说："他是谁，我得服从他？我不知道你们所讲的这位新主。我也不允许这个民族借着节庆和献祭的名义出去撒野。"[89] 于是，这个苛刻、残忍、冥顽不化的人命令监工欺侮那些表现松懈和偷懒的工人。他说："你们竟然提出要举行庆典和献祭，但这就是我给你们的回答——这些事情在高压下就会忘记，只有那些过着舒适生活的人才会记得这些事。"[90] 就这样，他们遭受的不幸超过以往，他们对摩西及其同伴的怒火也被激发出来，骂他们是骗子，有时候悄悄地责骂，有时候则公然辱骂，指责他们不虔诚，假传神的旨意。于是，摩西展示神以前教给他的奇迹，他心里想，看到奇迹他们可能会改变普遍不信的态度，转而相信他所说的话。

【16】[91] 这些奇迹也很快地向国王和埃及贵族展示；所有巫师都被召进宫，摩西的兄长取了他的手杖嗖嗖地挥舞一阵以后，把它扔在地上，手杖立即就变成了蛇，周围的观众大为惊奇，恐惧地倒退，甚至准备逃开。[92] 在场的巫师和术士说："你们何必害怕呢？我们也精通这种事，用我们的技艺也能产生同样的结果。"[93] 于是，他们各人把手杖扔在地上，出现了许多蛇，它们围着第一条蛇扭动；但最先这条蛇与众不同，它高抬身体，扩展胸腔，张开血盆大口吸气，以不可抗拒的力量把所有蛇都吸进口中，就像用网把鱼全部兜了起来；吞噬它们之后，它恢复原状，变回手杖。[94]这一次，绝妙的奇观消除了每个心怀恶意之人的怀疑，他们承认这些事情不是出于人的狡诈或者是用技巧设计出来骗人的，而是某种神圣权能带来的，对神圣的权能来说，任何一项奇观都是轻而易举的。[95] 但是，尽管清晰的事实迫使他们承认真理，但他们并未收敛他们的厚颜无耻，反而坚持原有的残暴和不虔诚，似乎那才是最明确的赐福。对那些受到不公正奴役的人，他们没有表现出一点儿怜悯，也没有执行神圣权威的命令，而神已经凭借神迹显明自己的旨意，比神谕更加清晰。因此，需要有一种更加严厉的惩罚来实行一连串的打击，使那些理智不曾受过训练的蠢人恢复知觉。

【17】[96] 对这块土地的惩罚有十种，因为这些人把罪恶发挥到完全的地步，就他们所受的惩罚而言，十是一个完全数。这种惩罚非同寻常，因为

实施攻击的是宇宙元素——土、火、气、水。神的判断是，用来生成世界的质料也可以用来摧毁不敬者的土地；为了表明祂掌握的统治权是强大的，出于拯救人类的善意，神把创造宇宙所使用的工具转变为毁灭不敬者的工具。[97] 祂分配各种惩罚的方式是这样的：有三种惩罚属于比较稠密的元素，土和水，也就是制造我们身体的元素，祂把这种惩罚交给摩西的兄长负责；另外三种惩罚，属于气与火，这两种元素最富有生命的创造力，祂只交给摩西负责；第七种惩罚，祂交给两个人共同负责；十种惩罚里剩余的三种，祂留给自己。①[98] 祂开始行动，首先引入水灾；埃及人对水怀有特别崇高的敬意，因为他们相信水是大千世界最初的源泉，所以祂认为最好首先召唤水来谴责和告诫它的崇拜者。[99] 那么，马上发生了什么事情呢？摩西的兄长遵循神的命令，用他的手杖击打河水，于是，从埃塞俄比亚到大海，所有河水都变成了血，同样，埃及的湖、渠、泉、井，以及一切供水的地方，均如此。这样一来，他们无水可喝，于是沿着河岸挖地；不过他们挖出来的还是一股股血水，就像大出血一样喷射出来，无论何处都找不到一滴清水。[100] 各种鱼全死光了，因为原本赋予生命特性的水已经变成毁灭的手段，死鱼堆在一起发出的腐烂味道遍及全地。还有大量的人渴死，躺在十字路口堆成小山，因为他们的亲人没有力气把死者拖入坟墓。[101] 恐怖笼罩了七天，直到埃及人恳求摩西和他的兄长，他们再去恳求神，请神垂怜濒临死亡的人。神的本性乃是怜悯，于是神就把血变成可以喝的水，使水恢复纯洁。

【18】[102] 埃及人消停了一段时间，但不久以后故态复萌，像以前一样残忍和放肆；他们似乎认为，要么公正已经完全从人类中消失，要么那些受过一次惩罚的人不会再遭受第二次打击。他们就像愚蠢的孩子，必须经历多次教训，才能学会不轻视警告。而惩罚总是尾随他们的脚步，当他们作恶的脚步迟缓时，它也放慢速度；而当他们急切地奔向恶行时，它也会加快步伐，追上他们。[103]摩西的兄长再次得到神的命令，将他的手杖伸向河流、

① 斐洛对这十种灾难的记载与圣经里的顺序不同。参见《出埃及记》7：14—8：19。

湖泊和湿地；他伸出手杖，就有大量青蛙爬上来，不仅爬满集市和所有空地，还爬进农舍、住宅、神庙，每一个地方，无论是公共的，还是私人的，都爬满青蛙，派一种水里的动物来占领地上的区域，这似乎合乎自然，因为土是水的对立面。[104]人们既不能出去上街，因为所有通道都被青蛙占据，也不能待在家里，因为它们已经爬上房顶，占据内室，人们处于极其不幸、几近绝望的状态。[105] 所以，在国王答应他们允许希伯来人离开之后，他们就逃到先前帮助过他们的人那里去求救；那些人就代他们向神祈祷，神垂听了他们的祷告，让一些青蛙返回河里，让另一些青蛙马上死去，在十字路口堆成堆，此外，埃及人又从家里扫出一大堆青蛙尸体，它们散发着令人无法忍受的气味，更何况青蛙哪怕是活的，也非常难闻。

【19】[106] 然而，暂时摆脱惩罚，有了一点喘息空间以后，他们就像竞技场上的运动员，重整旗鼓，重新获得作恶的力量，他们迅速恢复原有的恶行，把长期遭受的灾难置于脑后。[107] 这一次，神不用水来折磨他们，而代之以土；但神指派了同一个人来执行惩罚，一听到命令，他再次用手杖击打地面，有成群的虱子连续不断地飞出，像一片乌云笼罩埃及全地。[108] 虱子是一种很小的动物，但是令人极为苦恼，因为它不仅伤害身体的表面，而且产生极其难受和有害的痛痒，它通过鼻孔和耳朵强行进入体内，人要是不加以提防，它还会飞进人的眼睛，伤害瞳孔。然而，面对一大群汹涌而来的虱子，尤其当它是神遣的惩罚时，还能有什么提防的办法呢？[109] 有人也许会问，神为什么要用如此渺小的、微不足道的动物来惩罚这个地方，而不用熊、狮子、豹子，以及其他吃人肉的野蛮动物；是的，要是不用这些动物，至少可以用埃及蝰蛇，一口就能把人咬死。[110] 这样的人要是真的不知如何回答这个问题，那就让他好好学一学：首先，神希望能以此告诫这块土地上的居民，而不是要毁灭他们，因为要是想彻底灭绝他们，祂就不会用动物来帮助祂惩罚人，而只要直接从天上降灾就可，比如瘟疫和饥荒。[111] 此后，还应当进一步教育这位询问者，让他补上终生需要的这一课。这一课是什么呢？人开战的时候，总要寻找最强大的工具来帮助他作战，以弥补他

自身的虚弱；但神是至高无上的权能，不需要任何帮助。当然，要是愿意使用某种工具进行报复，祂也不会选择最强壮、最庞大的工具，祂不会考虑它们的力量强大，而会赋予那些最卑微、最渺小的东西不可抗拒、不可战胜的力量，通过它们对作恶者实施报复。[112] 在这里就是这种情况。试想，还有什么东西比虱子更渺小？然而，它的力量如此强大，使整个埃及都陷入绝望，被迫大喊："这是神的手指①"；因为居住在地极之间的整个人类世界不可能抵挡祂的手，甚至连整个宇宙也不可能。

【20】[113] 所以，这是以摩西的兄长为中介实施的惩罚。现在我们要按适当顺序考察那些由摩西本人实施的惩罚，说明进行这些惩罚的是自然的哪些部分。我们发现，在土和水之后，气和天空这些宇宙中最纯洁的部分，在委派摩西对埃及人进行警告的惩罚中担当主角。[114] 首先，神开始搅动气。我们必须记住，除了位于南纬的那些国家，埃及几乎是唯一没有四季之一的冬季的国家。有人说，其原因可能是它离开热带不远，从热带传过来的炽热空气使它的周围环境变得很温暖。[115] 还有一个可能的原因，到了夏至的时候由于河水泛滥而乌云密布，到了冬天却又没了云彩。夏季开始的时候，河水上涨，夏季过完以后，河水停止上涨，在此期间地中海季风从尼罗河口对面骤然而至，阻挡河水流入大海。季风劲吹使海水上升得很高，掀起巨大的波浪，就像一道长城，把河水拦在里面；然后，从高地倾泻而下的水流继续流淌，而那些原本应当流出去的河水由于受到阻拦而回流，与上游流下来的河水相遇，河的两岸限制了水流，使它无法扩张，河水当然就涨得很高。[116] 另外一个可能的原因是埃及不需要冬季。因为，河水泛滥使田野形成许多湖泊，起到蓄水的作用，每年都能产出庄稼。[117] 确实，大自然的工作不会浪费，不会在一个不需要下雨的地方降雨。与此同时，大自然乐意在各种工作中运用它的技能，在相互对立中构成宇宙的和谐。所以，它让有些人从天上降下的雨水中得益，让有些人从地上流出的泉水和河水中得

① "神的手指"的意思是"神工"。

益。[118] 这就是这块土地的情况，[①] 隆冬季节享有春天的时光，只要有一些阵雨，沿海地区就成了沃土，而孟菲斯[②] 以上的部分，也就是埃及王宫的所在地，从来不下雨。然而，天空瞬间全变了，原本属于寒冬的天气一股脑儿发生；暴雨肆虐，冰雹齐降，狂风此起彼伏，咆哮怒吼，倾盆大雨伴随着惊天动地的雷鸣、电闪、霹雳。最后这些灾难提供了一幅极为奇异的画卷：冰雹成了人们的天敌，人们在冰雹中奔走，但他们不能让冰雹融化，也没有被冰雹制伏，他们只是保持警惕，不停地来回追逐冰雹。[119] 居民们逐渐变得失望，进而绝望，不仅是由于所有灾难一下子都降临，而且由于这些事情过于蹊跷。他们心里这样想，事实也确实如此，是神的愤怒引发了这些奇怪的事情；气以一种前所未有的方式通力合作，毁灭树木和果实，与此同时，许多动物消失，有些冻死，有些被沉重的冰雹砸死，有些被大火烧死，还有些被烧得半死，霹雳打在它们身上，留下伤口，作为记号警告看见伤口的人。

【21】[120] 当灾难有所缓解的时候，国王和他周围的人恢复了他们的勇气，于是摩西在神的命令下，把他的杖伸到空中，天上马上刮起了猛烈的南风，从白天到晚上，不断增强。这种风本身就是大量危害的源泉，因为南风是干燥的，会引起头痛和听力困难，从而引发不幸和痛苦，尤其在埃及这个地方，因为它位于南方，是太阳和行星轨道穿越的地方，所以当南风吹来的时候，灼热的阳光也会随之推进，烧毁一切。[121] 然而，南风也会带来大量动物，它们会摧毁植物，也就是蝗虫，[③] 它们像河流一样不停地涌来，布满整个天空，把雷电和冰雹之后留下的一切吞噬干净，所以，这个大国全境看不到有任何东西在生长。[122] 然后，那些掌权的大臣不得不承认自己处境恶劣，他们去见国王，对他说："你拒绝让这些人离开要到何时呢？你

---

① 从本节开始，斐洛叙述灾难的顺序开始偏离《出埃及记》。他的第四灾是雹灾，在圣经里是第七灾。参见《出埃及记》9：22—35。

② 孟菲斯（Μέμφις），古埃及城市，其废墟在今开罗以南。

③ 蝗灾是第五灾，在圣经里是第八灾。参见《出埃及记》10：1—20。

难道不明白埃及就要被毁灭了吗?”国王屈服了，或者好像屈服了，许诺要是能够解除这可怕的灾难，就答应他们的要求。摩西再次祈祷，有大风从海上刮来，吹散了蝗虫。[123] 然而，蝗虫被驱散以后，这位国王一想到要释放百姓，就感到非常厌烦，很不甘心，于是又兴起一场比先前所发生的所有灾祸更大的灾难;① 大白天的时候，黑暗突然笼罩大地，原因可能是当时出现了比通常更加完全的日食，也可能是由于连绵不绝的乌云遮挡了光线，巨大的力量把云彩压缩得密不透风。结果就是白天相当于黑夜，确实，除了漫漫长夜，一夜相当于三天三夜，它还能像什么?[124] 然后，我们得知，有些人赖床，不敢起床，另外一些人在有生理需要的时候不得不起床，他们扶着墙壁或者摸着其他物体艰难地行走，就像是瞎子。人工点火发出的光，有的因为风暴肆虐而熄灭，有的因为黑暗的深沉而几乎消失，所以，视觉这种最不可或缺的感官，尽管其本身是健全的，但是毫无用处，看不见任何东西;其他感官全部受到扰乱，如同死了女王的臣民。[125] 人们无法让自己说、听、吃，而是在沉寂和饥饿中痛苦地躺着，无心使用任何一种感官，被这场灾难完全打倒，直到摩西再次怜悯他们，向神恳求，神用光取代黑暗，用白天取代晚上，让各处的天空重现光明。

【22】[126] 我们得知，这些灾难就是通过摩西单独实施的，即冰雹和闪电之灾、蝗虫之灾、遮挡任何光明的黑暗之灾。但有一项灾难是交由他和他的兄弟共同实施的，我现在就开始描述这一灾难。②[127] 按照神的吩咐，他们从炉膛里取了炉灰，摩西把灰撒向空中，然后这些灰尘就突如其来地落到人和低等动物身上。这些灰尘使皮肤发炎，产生疼痛和溃疡，出现皮疹，又出现化脓的水疱，身体浮肿起来，这很有可能是潜伏在皮肤下面的炎症发作了，脓流了出来。[128]溃疡和炎症当然使这些使人极其痛苦和悲伤不已，但痛苦所导致的心灵疲惫比他们的肉体更加痛苦，至少不亚于肉体受的痛

① 黑暗之灾是第六灾，在圣经里是第九灾。参见《出埃及记》10：21—29。

② 疮灾是第七灾，在圣经里是第六灾，参见《出埃及记》19：8—12。

苦。可以看到，他们从头到脚全身都在溃疡，疼痛遍布每个肢体和部位，身体各处无一例外，全都是这个样子。所以，直到这位立法者为受苦者代祷，他们的病症才有所减轻。[129]把这种惩罚交给两个人去实施确实是合理的：交给兄长是由于落到人身上的灰尘出自于土，而凡是出自于土的都在他的掌管之下；交给摩西是由于这场灾难通过改变空气来打击他们，而出自天空和气的灾难是由他来实施的。

【23】[130] 剩下的三种惩罚是自行实施的，没有人的协助，我要尽可能好地逐一加以描述。首先，这里用到一种被称为狗蝇的动物，① 其凶残在自然万物中无与伦比。创造这个名称的人很聪明，很好地指出了它的特点，因为这个名称用地上和天上两种最无耻的动物的名字复合而成，一个是狗，一个是蝇。这两种动物在发动攻击时都非常固执、大胆无畏，若有人想要躲避，它们会百折不挠地发动攻击，不怕挫折，直到吃够血肉。[131] 狗蝇获得了二者的大胆，它能分泌毒液，十分可恶，它能从很远的地方嗖地飞过来，像投掷标枪一样把自己扔出去，猛地一个俯冲，牢牢地叮在受害者身上。[132] 这一次攻击还有神意在驱使，所以它的狠毒加倍，激发它的贪婪的不仅有本性，还有神意，神意要武装它，让它用自己的力量攻击人群。[133] 随狗蝇之后而来的惩罚也没有人的协助，那就是畜疫之灾；② 大批的牛、绵羊、山羊、各种负重的牲畜，以及其他牲畜，不约而同地在同一天里死亡，整个畜群在同一时间死亡，预示了后续的人的毁灭，正如我们在瘟疫中所看到的那样。据说，低等动物中突如其来的畜疫是人的瘟疫的前奏。

【24】[134] 在此之后，是第十样审判，也是最后一样，超过前面所有审判。③ 这就是埃及人的死亡，但不是所有人死亡，因为神的目的不是要让这个国家完全荒无人烟，也不是每个年龄段的大多数男男女女的死亡，而只要给他们一个教训。相反，神让其他人都活着，只处死长子，从国王开始，

---

① 狗蝇之灾是第八灾，在圣经里是第四灾，参见《出埃及记》8：20—30。

② 畜疫之灾是第九灾，在圣经里是第五灾，参见《出埃及记》9：1—7。

③ 长子和头生畜生之死是第十灾，在圣经中是第二灾，参见《出埃及记》12：29—36。

直到磨坊里最卑微的女子，每个人的长子都得死。[135] 夜半时分，首先叫父母为爸爸妈妈的、首先被父母称做儿子的、全都健康强壮的那些人，突然之间莫名其妙地成批死去，如我们所知的那样，没有哪户人家能幸免于难。[136] 黎明来临的时候，各家各户看到自己至亲至爱的人、直到昨天傍晚还在与他们同食同住的人，出乎意料地死去，当然悲痛欲绝，发出哀号之声。由于这场灾难非常普遍，出于同样的情感，人们一起发出哭喊，悲哀的挽歌响遍全地。[137] 如果他们每个人都待在自己家里，不知道邻居遭受的厄运，那么他们只是在为自己痛哭；而他们一旦出门，得知同样的灾难也降临到其他人头上，那么他们的悲伤马上就成倍增加。个人的悲伤比较轻、比较小，加上大家的悲伤，就会变得比较大、比较重，因为他们甚至已经丧失获得安慰的希望。如果他自己也需要安慰，怎么可能指望他去安慰别人呢？[138] 处在这种境况下的人往往会有这种想法，他们认为当前的状况是更大灾难的开始，他们充满恐惧，担心那些还活着的人也要彻底毁灭。所以，他们泪流满面、衣衫褴褛，一起冲向王宫，大声指责国王是所有这些落到他们头上的可怕事件的原因。[139] 他们说，如果一开始摩西来恳求他的时候，他就允许民众前去，那么他们就全然不会经受这些灾难了；但是，由于他爱好争论、固执己见，所以他应当受到的报应就应验在他们身上。然后，他们彼此鼓动，想要尽快把这些民众从整个国家赶出去，他们还宣称，多留他们一天，甚至多留一小时，都会给自己带来致命的报复。

【25】[140] 就这样，希伯来人被驱逐出这块土地，但是他们意识到自己的血统高贵，于是就大胆地像自由人一样行动，牢记蓄意强加在他们身上的不公正；他们随身带走了大量抢来的东西，有些自己背走，有些让牲口驮走。[141] 他们这样做不是由于贪婪，也不是如指控他们的人会说的那样，觊觎别人的财物。不，确实不是这样的。首先，他们只接受长期服役的工价；其次，他们要为自己受奴役而报复，但这种报复不是对等的，不是以牙还牙，而只是表示一下意思。试问，没收钱财与剥夺自由之间有什么相似之处，能等量齐观吗？有理智的人为了自由不仅愿意舍弃他们的财物，甚至愿

意牺牲生命。[142] 无论是哪一种情况，他们的行动是正确的，你要么认为这样做是和平的行为，他们只是在接受应得的工价，他们的雇主原先不愿意支付，长期扣留这些工钱，要么认为这样做是战争的行为，胜利者有权拿走敌人的财物，这是一条律法。如我前述，埃及人最初的恶行就是使客人和乞援者沦为奴隶，像对待俘虏那样。一旦有了机会，希伯来人无须任何军事上的准备就可以为自己复仇，因为有正义之神张开手臂保护他们。

【26】[143] 埃及受到这些灾难和惩罚的警告，而希伯来人虽然与埃及人同住一个城邑、村庄和房屋，却没有遭受任何灾难，尽管土、水、气、火这些自然界的组成部分参与了攻击，而人是不可能逃避这些灾难的。最奇怪的事情是，在同一地点和时间，同样的元素毁灭了某些人，而另外一些人却平安无事。[144] 河水变成血，但对希伯来人来说河水没有变；因为当他们想从河里汲水的时候，河水又变成可以喝的好水。青蛙这个族类从水里悄悄地爬上陆地，布满集市和家舍，但却远远地避开希伯来人，就好像知道如何区分这些人，知道谁该罚，谁不该罚。[145]无论是虱子、狗蝇，还是蝗虫，尽管对植物、果实、动物和人造成如此巨大的损害，却没有一只飞到希伯来人那里；连续不断的暴雨、冰雹和霹雳，也没有一样落到他们头上。他们没有患上最痛苦的溃疡，甚至连想都没想过。当其他人受困于深沉的黑暗时，他们生活在明媚的阳光下。埃及人的长子被杀死的时候，希伯来人没有人死去，也不像要死的样子。甚至在发生畜疫、造成无数牲畜死亡的时候，他们没有一只牲畜染病。[146] 确实，我认为，每一位见证当时所发生的事情的人，不得不认为希伯来人是其他人的痛苦的旁观者，他们不仅身处安全，而且由此学到最好、最有益的教训——虔诚。因为从来不曾有过如此清晰的审判，判断善恶，让恶者毁灭，让善者得救。

【27】[147] 出发的移民中，有超过六十万的青壮年，其余人，包括老人、妇女、儿童，难以计数。陪同他们的是一大群类别杂多的仆役随从，也就是说，私生子与亲生子混在一起。这些人有些是希伯来男子入赘到埃及人家、与埃及女子所生的孩子，有些是敬畏显现给众人的神圣恩惠，因遭受接

踵而至的、又多又大的惩罚而恢复明智头脑、转变立场的皈依者。[1] [148] 指定引领所有这些人的领袖是摩西，他被赋予这一职责，承担王位，他不像有些人那样，依靠武器和步兵、骑兵、海军的力量，把自己推上掌权者的位置，而是依靠他的善良、他的高贵行为、他从来不会不显明的博爱之心。[149] 再说，他的职位是热爱美德和高贵的神授予的，是他应得的奖赏。这是因为，他当时是在埃及掌权的国王的女儿之子，但他放弃了埃及贵族身份，由于看到人们在这块土地上所犯下的种种罪恶，以及他高尚的心灵天生憎恨邪恶，使得他彻底放弃原本可以继承的产业；那掌管万物的神认为，应当让他做一个人口更多、更强大的民族的王，这个民族注定要在一切民族之上，成为神圣的，它要代表人类，恒久地献上祷告，祈求让人类脱离邪恶，分有善良。[150] 得到这一职位以后，他不像有些人那样，费尽心机提升自己的家庭，提拔自己的儿子——他有两个儿子——执掌大权，使他们当前成为他的同党，日后成为他的继承人。在所有大大小小的事情上，他都遵循纯洁无欺的方针，像一位好法官，让不会腐败的理智来抑制他对孩子的自然亲情。[151] 他为自己确定了一个基本目标，就是有益于他的臣民；他的一切言行都是为了提高他们的利益，他不放过任何机会，推进民众共同的福祉。[152] 与迄今为止做过国王的人完全不同，他不积攒金银，不征收贡品，不占有房屋、财产、牲畜、奴仆、收益，或者富裕生活所需要的昂贵饰品，尽管只要想拥有，他就完全可能大量拥有。[153] 他认为，看重物质财富表明灵魂贫乏，所以他鄙视这样的财富，称之为盲目的；但是他可能比任何人都更加重视有眼睛就能看见的自然的财富，对此孜孜以求。在服饰、饮食和生活的其他方面，他不会讲排场、耍阔气，以此增加自己的虚荣和高贵。在这些事情上，他采取普通公民的方式，节俭而不铺张，但若需要使用这些真正的财富，那么他也表现得慷慨大方。[154] 这些财富就是他不断表现出来的自控、节制、温顺、机智、良知、知识、忍受艰难困苦、轻看享乐、公正、

---

① 参见《出埃及记》12：27、37 以下。

倡导美德、依法指责并惩罚作恶者、依法赞美并荣耀行善者。

【28】[155] 所以，由于他发誓放弃积攒金钱和对人有巨大影响的财富，神把最大、最完全的财富赐给他，作为对他的奖励。这项财富就是整个大地、海洋、河流，以及构成它们的所有元素和复合物。神认为，摩西配得上与祂共享祂所拥有的财产，所以就把整个世界交在摩西手里，作为与祂的后嗣完全相配的份额。[156] 因此，每种元素都服从他，当他是主人，改变自己的自然属性，听从他的命令，这样的事情也没什么可奇怪的。如俗话所说，属于朋友的东西是共有的，既然这位先知被称做神的朋友，那么可以推断，他也分有神的财产，只要对他有用。[157] 这是因为，神拥有万物而不缺乏任何东西；而这位善人，尽管在特定的意义上一无所有，甚至不拥有他自己，但却可以在其所能的范围内分有神的珍宝。这是完全合乎情理的，因为他是一位世界公民，所以他不属于任何人居住的城邑，他领受的不是哪一块土地，而是整个世界做他的份额，这是完全正确的。[158] 还有，能与天父和造物主合作，这是何等喜乐之事，而他有幸被认为配得上享有与天父同样的称号，这喜乐岂不是加倍扩大了吗？因为他被称做整个民族的神和王，我们得知，他得以进入神所在的幽暗之处，① 也就是那隐匿的、不可见的、无形体的，但又是一切存在物之原型的本质。因此，他看见的是必死者的肉眼所不能见的东西，并且在他自身中，在他的生命中，把这些东西展现出来让众人看，他在我们面前安放了一样完美而庄严的作品，就像一幅精美的图画，那些愿意模仿的人可以用它来做模型。[159] 那些能把这幅图画印在自己灵魂里，或者努力这样做的人，是幸福的。因为心灵能够最好地完整携带美德的样式，要是做不到这一点，那么至少也要拥有坚定不移的愿望，拥有这种样式。[160] 确实，我们全都知道，卑微的人会效仿杰出的人，依据杰出者表现出来的欲求来决定自己的兴趣爱好。[161] 因此，当某个统治者开始肆意挥霍、转向奢侈生活的时候，他的臣民几乎都会跟随他，尽情追求肚

① 参见《出埃及记》20：21。“于是百姓远远地站立，摩西就挨近神所在的幽暗之中。”

腹和性欲的快乐，超过他们的实际需要，只有一些得到自然的恩赐、拥有友善和吉祥、摆脱邪恶的人例外；与此相反，如果那个统治者采取一种较为严肃的生活原则，那么就算是极为放荡的人也会转向节欲，无论是由于畏惧还是羞耻，他们想要给人留下这样的印象，他们的目标归根结底与统治者的目标是一样的。事实上，比较差的人，哪怕处于疯狂之中，也不会指责比较好的人的行事方式。[162] 还有，摩西也许是命中注定要成为立法者，所以神意后来在他不知情的时候指派他担任那项工作，使他在那日子远未到来之前就成为通情达理之人，能活出律法的样式来。

【29】[163] 接受了他们心甘情愿给予他的权柄，又得到神的认可和支持，① 摩西提出，要带领他们去腓尼基、科勒叙利亚和巴勒斯坦定居，这个地方后来被称做迦南地，其边境距离埃及有三天路程。[164] 他当时带领他们走的不是一条直路。他避开了直路，部分原因在于他担心，如果当地居民害怕失去家园和个人自由，因此反对他们，进而对他们发动战争，那么他们就有可能被迫从原路返回埃及，这样一来，把此敌人换成彼敌人，把旧敌人换成新敌人，他们会遭到嗤笑，陷入比以前更加糟糕、更加痛苦的处境。还有部分原因在于，他希望带领他们经过旷野走一条远路，以此考验他们，在给养不充分、越来越少的情况下，看他们的忠诚度有多高。[165] 因此，他撇开直路，找了一条弯路，认为这条路通向红海，于是他们就出发了。我们知道，就在这个时候，出现了一样奇观，自然的一项伟大作品，无人记得以前看到过类似的景象。[166] 天上出现一团云彩，形状像一根高大的柱子，在人群前面移动，它的光在白天像太阳，到了晚上像火焰，所以，他们跟着一位不可能出错的向导，一路上不会迷路。确实，那云柱里也许隐藏着这位大王的一位副将，一位看不见的天使，一名不允许肉眼观看的先锋官。

【30】[167] 这位埃及国王得知他们在穿越荒无人烟、茫无路径的旷野，以为他们迷了路，他很乐意看到灾难降临到他们头上，认为他们必定要被困

---

① 从本章至第 32 章，参见《出埃及记》13：18—15：21。

死在旷野里，找不到出路。另外，他很后悔自己当初允许他们离开，想要把他们追回来，他指望他们中的大多数会由于恐惧而返回，重新当奴隶，他们要是执拗不听，就把他们全部杀死。[168] 于是，他率领他的所有骑兵、标枪手、投掷手、弓箭手，以及所有其他轻装部队进行追击，他还派车兵长带领六百辆最精良的、配有长柄大镰刀的战车，要他们保持战备状态，跟随轻装部队，随时准备投入战斗。他率领部队急速行军，急切地往前推进，想要袭击他们，突如其来地打击他们。这是因为，对付突如其来的灾难比意料之中的灾难要棘手得多，与小心提防的保卫力量相比，袭击毫无提防者显然更容易得逞。[169] 正当他怀着这样的愿望追赶他们、希望赢得一场毫无抵抗的胜利时，他们正好在海边扎营休息。他们正在准备吃早餐，突然听到一阵响亮的喧嚣，是全速前进的军队和马匹发出来的声音；他们从帐篷里一拥而出，踮起脚尖环视，竖起耳朵倾听。不一会儿，高山顶上就出现了敌人的军队，全副武装，有备而来。

【31】[170] 看到这奇怪而又意外的一幕，他们惊恐万分。他们没有打算自卫，因为缺乏必要的武器，他们远征不是为了打仗，而只是为了找地方定居。他们无法逃跑，因为他们后面就是大海，前面就是敌人，两边是无路可走的旷野深处。所以，他们心里充满辛酸苦涩，他们的信心被巨大的不幸所摧毁，就像陷于困境的人常做的那样，他们开始指责他们的领袖。[171] “你要带我们到这里来，被人宰杀，抛尸旷野，难道在埃及就没有坟地可以埋葬我们吗？当奴隶难道不比死要好一些吗？你用获得自由的希望引诱大众，然后又让他们承受更大的危险，威胁他们的性命。[172] 你难道不知道我们手无寸铁，而埃及人野蛮成性吗？你难道没看到我们陷入了多么大的困境，根本没有逃脱的可能吗？我们该怎样办呢？手无寸铁的我们能与全副武装的敌人打仗吗？处于这样的困境，我们能逃走吗？我们已经被冷酷无情的敌人包围，面对无路的旷野和无法摆渡的大海，就像困在网中一样，哪怕大海可以摆渡，又有谁能给我们提供船只？”[173] 听到这些话，摩西很体谅他们，但是他还记得神圣的信息，把他的心灵和语言同时用于不同的目的，

他用前者无声地恳求神，救他们脱离令人绝望的痛苦，用后者鼓励和安慰大声抱怨的不满者。[174] 他说："别泄气，神的抵御方法与人不同。你们为什么要急于相信徒有其表、似是而非的东西，并且只相信这种东西呢？神帮助人的时候不需要任何装备。在无路之处找到出路，这正是祂的特性。对被造物来说一切不可能之事，对祂来说只是可能的，为此祂已经做好了准备。"[175] 他在这样说的时候，还是镇定自若的；然而，过了一会儿，他就被经常临在他的神灵所凭附和充满，说出谜一样的预言："现在你们看到这些人全副武装向你们扑来，但以后你们看不到他们列队向你们攻击。它将完全毁灭和消失在深渊之中，大地上再也看不到他们的残余。这件事的应验不会太久，就在今天晚上完成。"

【32】[176] 这就是他的预言。但是到了日落时分，天上刮起异常猛烈的南风，下面的海水剧烈地往回扰动；尽管平常也有潮汐，但这一次的海浪比往常更加汹涌澎湃，潮水撞上海岸以后，被深深地卷入深坑，或者形成漩涡。天上没有星星，浓重的乌云遮蔽了整个天空，阴沉的夜晚使追赶者感到恐惧。[177] 这个时候，摩西按照神的吩咐，用他的杖去击打海水，他这样做了以后，海水分成两个部分。海水分开以后，一部分升得很高，然后停留在那里，像一堵墙似的岿然不动，坚不可摧；后面的海水似乎被一条看不见的缰绳向后拉，停止前行而高高耸立；介于两部分之间的地方，也就是开裂处，海水枯竭，出现一条宽阔的大路。看到这种情况，摩西大为惊讶和高兴，满怀喜悦地鼓励他的百姓，吩咐他们全速前进。[178] 当他们就要经过这条通道的时候，一个非同寻常的奇迹出现了。引路的云柱在其他时间都出现在人群的前面，但这个时候却出现在人群的后面，挡在追赶者与被追赶者之间，调整后者的行进路线，催促他们尽快抵达有安全保障的地方，遏制前者，不让他们前进。埃及人看到这种情况，变得惊慌失措，他们中间到处出现骚动。由于恐惧，他们的队伍陷入混乱。[179] 他们跌跌撞撞，绊倒、摔跤，试图逃跑，但却徒劳无益；因为，在黎明时分，希伯来人带着妇女儿童，包括婴儿，行走在干地上过了海，而埃及人那边的情形却完全相反。那

里北风劲吹，海潮回卷，腾起巨浪，扑向他们。原先分开的两部分海水从两边向他们涌来，然后合在一起把他们淹没，包括马匹、车辆，以及其他一切，甚至连一个拿火把的人[①]也没有留下，连向埃及人民报告这突如其来的灾难的人也没有。[180] 这项伟大而奇妙的神工使希伯来人惊讶不已，他们发现自己出乎意料地不战而胜，看到自己的仇敌在一瞬间全军覆没，于是他们就在海滩上组成两个唱诗班，一个男班，一个女班，向神唱感恩的颂歌。这两个唱诗班由摩西和他的姐姐分别主持，领唱颂歌，前者领唱男班，后者领唱女班。

【33】[181]他们从海岸出发，走了一些时候，不再惧怕来自敌人的危险。但是三天之后，饮水没有了，干渴再次使他们意气消沉。他们又开始抱怨自己的命运，就好像迄今为止从来没有好事落在他们头上。这是因为，一遇到恐惧之事，我们总是忘记以往得到的恩赐所带来的喜乐。[182] 然后，他们看见一些清泉，喜出望外地跑过去汲水，然而，由于他们对真理的无知，他们被蒙骗了。这水是苦的，他们尝了之后大失所望。他们的身体筋疲力尽，他们的灵魂沮丧灰心，之所以如此，与其说是由于他们自己，不如说是由于他们幼小的孩子，看到孩子们由于干渴而啼哭，他们禁不住泪流满面，无法忍受。[183] 有些考虑不周、在虔敬方面软弱的人，甚至说过去的事情不是为了要他们得到好处，反倒是把他们引入更加糟糕的不幸。他们说，哪怕就是在敌人手里死上三次，不要说死上一次，也比渴死要好，更何况实际情形可能比渴死更糟。在贤人看来，轻松而快捷地离开生命相当于不死；在真正的意义上，死亡的到来乃是一个缓慢而又痛苦的过程，对死亡的恐惧不会在死亡状态中出现，而只会在死亡过程中出现。[184] 当他们这样哀哭的时候，[②]摩西再次向神祈援，神知道自己的创造物是软弱的，特别人类是软弱的，知道他们的身体必须依赖于食物，他们离不开那些苛刻的家庭主妇，还

① 意指无人幸存。这一短语已经成为谚语。斯巴达军队里的祭司负责携带圣火，不允许熄灭。据说这就是这一谚语的起源。

② 参见《出埃及记》15：22—26。

有离不开吃的和喝的，所以就请神宽恕这些沮丧的人，也请神满足众人的需要，不要拖延到以后，考虑到这些必死的凡人天生目光短浅，渴望能马上得到帮助，他就请神尽快赐福给他们。[185] 他还未祷告完毕，神已经提前差下祂恩典的权能，打开祈援者灵魂里警醒的眼睛，吩咐摩西把指给他看的一棵树拔起来丢在泉水里，这棵树可能是天然长成的，为的是履行一种迄今为止不为人所知的美德，也可能是此刻造出来的，用来处理当前要解决的问题。[186] 摩西按吩咐他的事情做了，于是泉水变甜，成为可以饮用的水，乃至于人们不可能想到它原来是苦的，因为没有任何痕迹或气味能使人想起它先前的恶劣状况。

【34】[187] 他们加倍快乐地解除了口渴，因为意想不到的事情带来的愉悦远远超过实际的乐趣，他们把各种盛水的器皿装满水，然后继续上路，感到自己像是刚从宴席和狂欢活动中起身，兴高采烈，十分陶醉，不是因为喝了酒，而是因为引导他们的领袖的虔敬邀请他们参加清醒的狂欢。[188] 然后，他们到达了第二个停留的地方，名叫以琳，① 此地草木葱郁，泉水汩汩，十二口井里的清泉浇灌着七十棵枝繁叶茂的棕榈树。凡有敏锐洞察力的人都可以从这个清晰的记号中看出，这是恩赐给这个民族的幸福象征。[189] 因为这个民族有十二个支派，每个支派凭借它的虔敬，由供应长年不断的流水和永不中断的高贵行为的水井来表示，而整个民族的首领有七十位，他们可以被恰当地比做棕榈树这种最高贵的树，它不仅外表卓越，所结的果子也非同凡响。它也不像别的树那样，把自己给予生命的原则埋在根部，而是将它抬高，使它像心脏一样坐落在树干中央，让树枝围在它的周围，保卫它，就像保卫它们尊贵的女王。[190] 那些品尝了圣洁的人的心灵也具有这样的本性。这样的心灵已经学会向上凝视和高飞，由于它始终在向上攀升和观察神圣的美，所以它对地上的事物嗤之以鼻，视之如同儿童的把戏，而对那些

① 参见《出埃及记》15：27。“他们到了以琳，在那里有十二股水泉，七十棵棕树，他们就在那里的水边安营。”

真正具有意义的事物给予最深切的关注。

【35】［191］此后不久，他们耗尽了粮食，陷入了饥荒。必然性的力量似乎掉转头来攻击他们。那些苛刻的家庭主妇，还有饥饿和干渴，连续不断地对他们施加影响，结果一个问题缓解了，另一个问题接踵而至。这一点是受害者最无法忍受的，往往在他们以为自己已经摆脱干渴的时候，却发现饥饿正在伺机取而代之。［192］饥荒的出现不是他们唯一的困难，更有他们对将来能否获得给养产生的绝望。看到无边无际的荒漠完全不结果实，他们意气消沉。除了嶙峋的乱石、大片的盐碱地、石头的山峰，或者全是沙子的深谷，那里一无所有，没有江河、清泉，或者冬季的水流，没有水井，没有耕地，没有森林，无论是人造的还是原始的，没有动物，无论是天上的还是陆地的，只有喷出毒液置人于死地的爬虫，比如毒蛇和蝎子。［193］当时，他们回想起埃及的富饶多产，把那里的充裕和这里的匮乏相比，不禁心生恼怒，彼此述说这样的感受："我们怀着对自由的向往离开那个国家，然而现在我们甚至连性命也无法保证。我们的领袖许诺给我们幸福，而实际上我们成了最悲惨的人。［194］这个漫长的、无尽头的旅行究竟是为了什么？每个旅行者，无论是走海路，还是走陆路，总要设定某些目标，要么去集市或者港口，要么去城邑或者国家；只有我们前面是无路可走的茫茫旷野、令人痛苦的旅程，使人绝望的困境。随着我们的前行，出现在我们面前的好像是一片汪洋，广袤无边、深不可测、无路可通，愈来愈宽。［195］他用话语劝勉和鼓励我们，用空洞的希望塞满我们的耳朵，然后用饥饿折磨我们的肚子，甚至不给我们提供最起码的营养。他以定居的名义欺骗了这么多民众，首先把我们从一个有人居住的地方带到一个荒无人烟的地方，然后领着我们沿着这条结束生命的道路走向坟墓。"

【36】［196］受到这样的斥责以后，摩西与其说对他们的谴责感到愤怒，不如说对他们的判断缺乏稳定性而感到生气。经历了无数异乎寻常的奇怪事件以后，他们原本不应再被徒有其表、似是而非的事物所迷惑，而应当相信他，因为对他的真实可靠，他们早已有了最清晰的证据。［197］然而，考虑

到食物匮乏是人类面临的最大不幸之一，于是他就原谅了他们，他知道民众的本性是不稳定的，随时有可能被当下的情势所左右，其结果就是遗忘历史，对未来表示绝望。[198] 所以，当他们全部都被烦恼所湮没，期待近在咫尺、将要对他们发起攻击的厄运到来之时，神一方面出于祂本性中对人的仁慈和宽厚，另一方面也希望荣耀祂任命的领袖，更是为了使他们认识到他们这位领袖的虔敬和圣洁，既表现在清晰的事情上，也表现在晦涩的事情上，于是就怜悯他们，使他们解脱了痛苦。[199] 因此，祂设计了新奇的恩惠形式，通过更加清晰的显现来教训他们，要他们不可因为某件事情没有立即呈现出应有的面貌，就抱怨和泄愤，而要耐心忍受，等待好事来临。[200] 那么，究竟发生了什么呢？次日黎明时分，整个营地周围布满露水，这是神无声无息地降下来的；这是一种奇异的、非同寻常的降雨，它不是水、雹、雪、冰，也不是冬至时的云层变化所生成的东西，而是极其细小的白色颗粒，它们连续不断地倾泻而下，堆积在帐篷前面。这是一种不可思议的景象，他们大为吃惊，问他们的领袖："这是什么雨，先前从未有人见过这种雨，它为什么要降下来？"[201] 摩西在回答时被圣灵充满，说出以下神谕般的话："凡人拥有土壤深厚的平地，只要用犁耕成垄沟，撒下种子，再做其他各种农活，就能每年产出果实，提供丰富的生活必需品。但是，神不是使宇宙的一个部分顺服于祂，而是使整个世界及其所有部分都顺服于祂，让它们像奴仆一样按照祂的意愿事奉它们的主人。[202] 所以，在祂看来，此时应当让空气带来食物，而不是带来水分，就像大地也经常带来雨水一样。埃及的河流每年上涨，淹没田地，这个时候埃及的河流是什么，它不就是从地下涌出来的水吗？"[203] 哪怕就算到此为止，神的这项工作也足以令人惊讶，而实际上还有其他更加奇妙的事情。人们带着器皿从四面八方赶来收集这种谷粒，有的用牲畜驮，有的用自己的肩背，想把它们储存起来，以备日后不时之需。[204] 然而，结果表明，收藏或储存它们是不可能的，因为神的目的是永远恩赐新的礼物。收集了足够数量的谷物以后，他们兴高采烈地吃了起来，但是他们发现，没有吃完的，想要留给次日的，全都变了味，散发臭气，爬满蛆虫，根本无法储存。他们理所当然地把它们扔了，但却看到有新鲜的食物为他们预备，每天带着露水降到他们头上。[205] 赐给神圣的第七日的有一种特别的区分，因为在那一天不可做任何事情，禁止做或大或小的喜欢做的工作，因此他们也不能在那一天收藏必需的食物，于是神在前一天降下双倍的食物，吩咐他们收藏够吃两天的量。这样收集来的食物可以完好地保存，不会像以前那样腐烂。

【37】[206] 还有更加奇妙的事情。在他们旅行的漫长的四十年里，他们所需要的食物就是按照刚才提到的法则供应的，按定量进行分配，满足每个人的需要。[207] 与此同时，他们学会了如何正确规定[①] 他们十分想要知道的这个日子。这是因为，很久以前，他们曾经问过，这个世界的诞辰是什么，在此之上宇宙得以完成，这个问题一代又一代地传下来，但都没有解决，现在他们终于找到了答案，不仅通过神的宣告，而且也有完全确定的证据。这是因为，如我们所说，天上降落的多余的食物在其他日子里会腐烂，但是在第七日之前的那一天，这样食物不仅不会变坏，而且实际上降下了双倍的数量。[208] 他们使用食物的方法如下：黎明时分，他们收集天上降下来的东西，磨碎或碾碎，然后放在水里煮开，他们发现这样的食物非常讨人喜欢，就像蜂蜜饼，而且不需要复杂的烹调技术。[209] 事实上，不久之后，他们就得到了十分充足的给养，因为神乐意多多供给他们，不仅数量充足，而且凡是在富裕繁荣的国家里能够看到的食物，都在旷野里供给他们。到了傍晚，成群结队的鹌鹑不断地从海上飞来，遮蔽了整个营地；鹌鹑飞得很低，很容易捕捉。[②] 所以，他们抓了鹌鹑，宰杀清理干净，各人按自己的口味，烹调可口的肉食，他们还使用调味品，使食物更加美味。

---

① 意思是说，百姓们不知道如何计算世界的诞生日（圣七日）。参见本文第 2 卷第 263 节。

② 斐洛在本节中把《出埃及记》（16：13）的记载与《民数记》（11：31—33）的记载结合起来。

【38】[210] 尽管食物供应从未停止，① 而且允许他们多多地享用，但是严重的水荒又一次出现。在这种痛苦的压迫下，他们的心情又变得绝望，于是摩西拿出他曾经在埃及行过神迹的圣杖，在圣灵的激励下击打陡峭的② 磐石。[211] 磐石里面可能原来就蕴藏一股泉水，现在一打就把它的通道打开了，但也有可能是水在磐石中积聚，第一次受到猛烈打击以后就涌出水来。无论是哪一种情形，它在打击下开裂，里面的水喷涌而出，不仅解除了他们当下的干渴，而且还有更多的水供几十万人马长期使用。他们装满了所有盛水的器皿，就像上一次那样，上次那个泉眼里的水原来是苦的，但在神的眷顾下，苦水变成了甜水。[212] 如果有人不相信这些事情，那么他既不认识神，也不曾寻求认识祂；这是因为，他要是寻求过认识神，那么他立刻就会意识到，是的，他会坚定地察觉到，这些异乎寻常、不可思议的事情对神来说只不过是小孩的游戏而已。只要把眼睛转向那些真正伟大并且值得热切沉思的事物，他马上就可以看到被造的天空、行星和恒星有规律的运动、照耀我们的光明，白昼来自太阳，晚上来自月亮，位于宇宙中央的大地、广袤的大陆和岛屿、无数的动物和植物，还有浩渺的海洋、四季涌动的江河、长年不断的清泉，有的流出冷水，有的涌出热水，变化多端的空气、界限分明的四季，以及其他数不胜数的美丽事物。[213] 人若想描述宇宙的几个部分，或者毋宁说，想要描述宇宙的某个主要部分，就会发现自己的生命过于短促，哪怕他的寿命比其他任何人的寿命长。而这些事情，尽管确实神奇，人们却并不在意，因为他们已经习以为常。而对不熟悉的事物，哪怕是微不足道的事物，人们却不会这样；我们在形像奇特的事物面前失控，被它们的新奇性所吸引，对它们惊异不已。

【39】[214] 经过长途跋涉，③ 穿越无路可走的旷野之后，他们来到能看见有人居住的地方，这是一个国家的边缘，是他们想要定居的地方。占有这

---

① 参见《出埃及记》17：1—7；《民数记》20：1—13。

② 这个词亦可译为“坚硬的”，参见《申命记》8：15。

③ 参见《出埃及记》17：8—16。

个国家的是腓尼基人。他们原来想在这里找到和平安宁的生活，但是他们的希望落空了。[215] 因为统治那里的国王担心他们会烧杀掳掠，召集了他的各座城市的年轻人前来保护地方，希望阻止他们前进的道路；要是这个办法不管用，那就准备开战，用武力挫败他们，因为国王看到自己的人养精蓄锐，而对方经过长途跋涉，又遭受饥饿和干渴的轮番攻击，已经筋疲力尽。[216] 摩西从他的探子那里得知，敌人就在离他们不远的地方，于是就召集所有青壮年，又从他的助手中挑选一位名叫约书亚的担任将军，自己则迅速担负起更加重要的职责。他先是根据传统仪式洁净自己，然后立刻登上旁边的小山，恳求神保护希伯来人，把胜利赐给这个民族，因为这个民族是神从战争和其他更加严峻的困境中拯救出来的，神不仅驱逐了世人威胁他们的各种灾难，而且消除了那些发生在埃及的奇异灾难，以及在旅途中不断困扰他们的各种饥荒。[217] 当他们就要开战的时候，他的双手以极为奇妙的方式起作用。两只手轮流变得很轻和很重，它们处于前一种状态，并且高高举起的时候，他这边的战士们就英勇战斗，坚定不移，但若他的双手低垂下去，敌人就会占据上风。就这样，神用这些事情象征性地表明，大地和宇宙中最低的区域是指定给一方的份额，而以太，天空中最高的区域，是指定给另一方的份额；正如天在宇宙中拥有王权，高于大地，所以这个民族在战争中也应当战胜对手。[218] 然而，他的双手忽轻忽重，像天平一样上下摆动，这个时候，战斗的前景也会晦暗不明；但若他的双手突然失重，他的手指化作翅膀，高高抬起，像鸟类穿越空气飞行，并且保持这样飞升的状态，直到希伯来人取得最终胜利，他们的敌人全军覆没，受到公正的惩罚，因为他们恶待别人。[219] 摩西后来筑了一座祭坛，还根据这件事取名为“神的避难所”①，并在祭坛上献祭，念感恩的祷词，庆祝这一胜利。

【40】[220] 经过这场战斗，他得出了结论，由于这已经是他们旅行的第二年了，所以他应当考察这个民族想要定居的土地。他希望通过他们的第

---

① 七十子希腊译本为：“耶和华是我的避难所。”英译本为：“耶和华是我的旌旗。”

一手报告，对这个未来的国家拥有美好的愿景，并且根据实际情况来制订恰当的行动计划，而不是按照通常的方式无知地争吵。[221] 他挑选了十二个人，与支派的数量相对应，担任各支派的首领，这些人都是品德最高尚的人，受到众人的爱戴，这样做，为的是整个民族的各个部分不会因为其他部分得到的东西比自己多而彼此不和，各个支派都可以通过自己的首领去了解原居民的生活状况，如果使者能够报告实情，那么他们不难做到这一点。[222] 他把这些人挑选出来之后，对他们说了下面这番话："我们已经经历并且仍将忍受冲突和危险，有我们盼望分得的土地作为奖赏，我们信靠的这个希望是不会让人失望的，因为我们要去定居的那个国家人口众多。了解这些地方、这些人，以及他们的环境，是有益的，不了解是有害的。[223] 所以我们指派你们，借助你们的眼睛和理智，使我们能够考察这个国家的状况。所以，成为大众的耳朵和眼睛吧，让他们清楚地了解他们需要知道的事情。[224] 有三件事情我们想要了解：那个国家有多少人，他们的力量如何；他们的城市所建的位置是有利的，建筑是牢固的，或者相反；他们的土地是肥沃的，他们的田地和果园适宜生产，或者相反，是贫瘠的。因此，我们将以同等兵力对抗当地居民的数量和力量，以器械和围城装置来对抗他们在地理位置上的优势。关于土地肥沃与否的知识也必不可少，如果那里的土地是贫瘠的，那么冒着生命危险去获取它岂不是愚蠢。[225] 我们的兵器、器械和所有力量都在于对神的信心。装备了这种信心，我们就能藐视任何恐惧。有了信心就能克服困难，不仅是克服困难，而且是体格、勇气、经验和数量方面完全不可战胜的力量，凭借信心我们在茫茫旷野中仍旧能够获得资源充沛的城邑所能给予的一切。[226] 春季是考验一块土地好坏的最佳季节，也就是现在，因为在春季里，各种谷物趋向成熟，果树开始自然生长。不过，最好还是等到夏至时分，带回果子来，作为那块土地富饶的样品。"

【41】[227] 听了这些话以后，这些人就出发去执行任务，全体民众给他们送行，民众担心他们被抓走和处死，因此会带来双重巨大的不幸：一方面，这些人是他们各自支派的耳目，但却死去了；另一方面，敌人打算攻击

他们，但他们对敌人一无所知，而知道这些情况是非常有益的。[228] 这些人带上探子和引路的向导，他们就跟在向导后面。在接近目的地的时候，他们迅速登上相邻的最高峰，俯瞰这个国家。它有很多地方是平原，生长着大麦、小麦和青草，而高地上同样长满葡萄和其他树木，那里森林资源丰富，覆盖着茂密的参天大树，清泉、河流密布，提供了丰富的水源，从最低处到最高处，整个丘陵地带，尤其是山脊和陡峭的悬崖，都为浓密的森林所覆盖。[229] 他们还观察到各座城邑有牢固的防卫，一方面是占据有利的地形，另一方面是坚固的城墙。他们也考察了当地的居民，发现这里的人数量众多，体形高大，至少在身材和力气上像巨人一样，胜人一筹。[230] 记下这些事情以后，他们继续待在那里，以求获得更加准确的理解，因为第一印象往往是不可靠的，唯有花时间慢慢深入了解，才能掌握事实本身。与此同时，他们也想方设法摘了一些树上的果子，不是刚结出来的青涩的果子，而是正在变红成熟的果子，以便用这些能保持良好状态的东西向全体民众展示。[231] 他们尤其对那里的葡萄树结的果子感到惊讶，葡萄串非常大，顺着葡萄藤和嫩芽伸展，实在令人难以置信。他们剪下一串葡萄，把它挂在一根棍子中间，由两个年轻人抬着，一个在前，一个在后，担子太重，一直抬着非常累，就不时地换两个人轮流抬。在那些重要的事情上，这些使者并非同心同德。

【42】[232] 确实，他们中间有过无数次的争论，即使在返回之前的路上亦如此，尽管当时争论比较小，因为他们不希望他们之间的争论或者相互冲突导致民众产生分裂。但是，他们回来以后，这些争论变得更加严重。[233] 有一方详细描述了各城邑的防御工事和众多人口，夸大他们讲述的每一件事情，从而使听众产生畏惧；另一方则降低他们所看到事情的严重性，要求听众不要气馁，而要坚持寻找定居点，保证他们不费一兵一卒就能取胜。他们说，没有哪个城邑能抵挡如此强大的联合进攻，必定会被它的力量摧毁。双方都把各自的感受传递给听众的灵魂，一方把他们的胆怯传给丧气怯懦者，另一方把自己的勇气和希望传给精神抖擞者。[234] 但是，后者在

人数上只有前者的五分之一，也就是说，丧气怯懦者是精神抖擞者的五倍。由于怯懦占据了绝大多数人的灵魂，少数人的勇气也就湮没不见了；我们得知带来极为有利报告的人有两个，而提出相反报告的人有十个，后者在人数上远远超过前者，所以后者说服了全体民众，不接受前者的看法，而赞同他们的看法。[235] 关于那个国家，他们异口同声地赞美那里的平原和丘陵。但是百姓们立刻大声喊道："属于别人的好东西对我们有什么好处呢，更何况那里有严密的保护，谁也不能把它们夺走?"他们还猛烈攻击那两个人，几乎要用石头把他们砸死，认为他们偏爱令人愉悦的空洞言辞，而不是有益之物，认为他们选择说谎，而不是说出真相。[236] 这些事情引起了他们领袖的愤怒，与此同时，他又担心他们愚蠢地不相信神的话语，因此会有某种灾祸从神那里降临到他们头上。这种事情真的发生了。十个胆小的探子和那些分有他们愚蠢沮丧的人在一场瘟疫中死去，只有那两个人，也就是劝告他们不要害怕、要坚持定居计划的人得救了，因为他们顺服神谕而得到特别的恩惠，不会与其他人一道灭亡。

【43】[237] 这件事情就是他们没有马上进入打算定居的这块土地的原因。尽管他们能够在出埃及以后的第二年占据叙利亚的各座城邑和他们应得的那份土地，他们离开了直接通往那里的道路，到处游荡，艰难行走，穿越茫茫无路可行的地区，这样的地方一个接一个地出现，给他们的灵魂和身体带来无休止的疲乏，这是因为他们必须为自己的大不敬忍受惩罚。[238] 在已经过去的时间后面再加上整整三十八年，一代人的生活时间，他们在旅途中颠沛流离，在旷野里反复寻找出路，到了第四十年，他们终于成功抵达他们先前已经到过的那个国家的边境。[239] 在那里除了居住着其他人，还居住着他们自己的一些亲戚，在进入这个国家的关隘之前，① 他们想当然地认为，这些人会和他们联合起来反对他们的邻人，从各方面协助他们在这里定居，或者说，哪怕不协助他们，至少也会保持中立，不会干涉他们。[240]

① 参见《民数记》20：14—21。

希伯来人和居住在这些边远地区的民族，这两个民族的祖先是同父同母的两兄弟，而且是孪生兄弟。这两兄弟后来都成为人口不断增加的大家族的祖先，他们的后代生养众多，所以两个家族都发展成为人口众多的伟大民族。其中一个守着家乡，而另一个如上所说，由于饥荒而迁移到埃及，但许多年以后又回来了。[241] 后面这个民族尽管与前者长期分离，但他们仍旧保持着亲戚关系；所以，尽管这个民族要对付的人完全没有继承祖先的习俗，而是彻底抛弃了古老的群居生活方式，但它仍旧认为给同宗的亲戚送点礼表示好意乃是人之常情。[242] 另一个民族则正好相反，它对一切寻求友谊的举动感到不安。在习俗、语言、政策、行为中，它表现出无法化解的敌意，持有祖传的世仇之火。因为这个民族的创始人自愿把自己的长子权卖给他的弟弟，但后来又反悔，违反约定，想要收回已经放弃了的东西，索要他弟弟的血，他威胁说，如果他的弟弟不归还长子权，就要他的命；他们两人之间的这种不和，经过许多个世代以后，又在两个民族中间死灰复燃。[243] 由于上述亲属关系，希伯来人的首领摩西没有感到发动进攻是正义的，尽管他很有可能赢得一场没有对手的胜利。因此，他只要求对方允许他们穿越这个国家，并许诺遵守所有他同意的条件，不破坏房屋，不掠走任何牲畜，要是缺水或者缺乏其他东西，就用钱来买。但是这些非常和平的建议都被拒绝了，对方还威胁说，如果发现希伯来人踏上他们的国土，哪怕只是踩到门槛，他们就会发动战争。

【44】[244] 希伯来人被这样的答复激怒了，开始拿起武器，这个时候摩西站在众人能够听见的地方，对他们说："我的子民，你们的义愤是正当合理的。我们本着最仁慈的精神提出友好的建议。而他们却出于恶毒之心，给了我们可恶的答复。[245] 然而，他们的野蛮确实应该受到惩罚，但我们却并不因此而具有用武力报复他们的权利。我们这个民族的荣耀禁止我们这样做，它要求我们对比我们的善良与他们的卑鄙，不仅要考察某些具体的人是否应当接受惩罚，而且也要考察这种惩罚是否能由我们来恰当地执行。"[246] 然后，他转身带领民众走上另外一条路，因为他看到通向那个国家的

所有道路都已经被封锁，还设置了岗哨，这些人完全没有理由认为希伯来人会伤害他们，只是出于嫉恨和恶意才拒不让希伯来人走直路通过。[247] 这是最清楚的证明，这些人对这个民族的解放感到恼怒，正如他们无疑对这个民族在埃及所遭受的奴役感到喜乐一样。凡是对邻人的幸福感到伤心的人，必然对邻人的不幸感到快乐，尽管他们可能不承认这一点。[248] 希伯来人实际上以为他们的情感和愿望与自己是一样的，所以把自己的所有经历，痛苦的和快乐的，都告诉他们，而不知他们早已堕落，品性恶劣，喜爱争吵，肯定会对希伯来人的好运伤心悲哀，而对希伯来人的厄运欢喜雀跃。[249] 然而，当这些人的恶意暴露以后，希伯来人却遭到自己首领的阻止，不让他们用武力反对他们，他表现出两种最优秀的品质，优秀的理智，以及良好的情感。他的理智表现在提防可能降临的灾难，他的情感表现在甚至不愿对亲戚进行报复。

【45】[250] 后来，他绕过了这个民族的城邑；① 但是迦南这个毗邻国家的国王得到探子的报告，说有一群徒步旅行者出现在不远之处，他以为他们混乱无序，如果先下手发动攻击，必能轻易打败他们。于是，他召集他身边的年轻人组成精兵强将出发，迅猛攻击，把那最先遇到他、可以说没有任何作战准备的人打败了；俘虏了这些人之后，他对这意外的胜利感到喜悦，他乘胜前进，希望能打败其他所有人。[251] 但是，希伯来人并没有因为先头部队的溃败而感到沮丧，反而鼓起比先前更大的勇气，急迫地以自己的热忱填补由于同伴的被捕而出现的空缺，他们彼此鼓励，不要灰心丧气。他们喊道："让我们振作起来，行动起来。我们现在就要踏进那个国家。我们不可以泄气，而要拿出勇气来，有勇气就会有安全保障。结局往往是由开端来决定的。所以在这块土地的入口处，我们要打击那里的居民，使他们产生惊恐，要使他们以为他们城里的财富是我们的财富，而我们在旷野里的必需品的缺乏是他们的缺乏，我们要和他们交换位置。"[252] 就这样，希伯来人

① 参见《民数记》21：1—3。

相互鼓励，同时发愿要把这位国王和公民的城邑作为这块土地初结的果实献给神，神接受了希伯来人的祈求，激发他们的勇气，把敌人的军队交到他们手中。[253] 经过猛烈攻击、捕获敌人以后，他们按照先前所许的愿，献上感恩祭，把城邑、居民和财宝全都献给神，自己不拿一点战利品，他们还把整个王国称做“奉献的”，以此作为确定的事实。[254] 正如每个虔敬之人无论从自己的田地里收获了什么，都要把每年出产的初果献上，所以这个民族也把他们刚刚夺取的王国留下来，把这个伟大国家的很大一部分作为他们将要定居的初果献出来。因为他们认为，在他们还未献上土地和城邑的初果之前就分配土地是不虔敬的。

【46】[255] 此后不久，他们又在这块土地的边境地区发现了一口水质甜美的井。① 全体民众喝了个痛快，精神也更加抖擞，就好像喝的是烈酒，而不是水。神拣选的这个民族组织了唱诗班，兴高采烈地围着这口井，唱一首新歌，献给神，祂把这块土地作为他们的份额赐给他们，并在他们迁徙的路上真正地引领他们。他们在这个地方这样做，因为他们在经历了漫长的旷野之旅以后第一次来到这里，踏上有人居住的土地，而且在这个他们将要拥有的地方发现了丰富的水源，所以，他们认为不加以庆祝而离开这口井是不妥的。[256] 如他们所得知的那样，这口井不是普通人所挖，而是出自国王之手；国王这样做的目的不仅是找水，而且是通过花费大量的钱财，以显示这项工程的宏伟性，以及建造者的权威和高贵气质。[257] 摩西对这些未曾预见而连续到来的幸事大为喜乐，然后他继续赶路，他把年轻人分为前锋和后卫，把老人、妇女和儿童安排在中间，这样一来，即使有敌人袭击，无论是从前面还是从后面，弱者都能得到保护。

【47】[258] 几天以后，他进入了亚摩利人的国土，派使者去见他们的国王西宏，对他提出要求，这些要求与他先前对自己的亲戚提出过的要求是相同的。但是，西宏不仅傲慢无礼地对使者作了回答，若非有使节之法的限

① 参见《民数记》21：16—18。

制，他几乎要处死他们，而且召集他的所有军队，出发去攻打希伯来人，希望能够旗开得胜。[259] 然而，双方一交手，他就发现自己所对付的人绝对不是未经训练、毫无经验的战士，而是真正精通战事、不可战胜的行家，这些人不久前刚有过出色的表现，身强力壮、精神饱满、品性高尚，凭着这些品质他们轻而易举地捕获敌人，而对战利品却不拿一分一毫，只想把他们所获得的最初的奖赏奉献给神。[260] 所以，在这个场合，他们也用同样的决心和武器把自己装备起来，他们带着不可抵挡的正义作为同盟者出去迎敌，信心百倍，成为热情高涨的勇士。[261] 这方面的证据有清楚的表现。第二场战斗已不需要，因为第一场战斗是唯一的，所有敌人溃不成军，仓皇逃窜，然后被摧毁，彻底歼灭。[262] 他们的城池立刻既被清空又被充满，原先的居民全部逃走，胜利者占据了整个城池。与此相仿，这个国家的农庄也被居住者抛弃，由各方面都更加优秀的人来接收。

【48】[263] 这场战争在亚细亚所有国家引起极大的恐慌，① 尤其是那些毗邻地区的人，因为他们预料中的危险很快就要到来。邻国中有一位国王，名叫巴勒，掌管着东部一个幅员辽阔、人口众多的地区，尚未开战他就已丧失信心。由于不想和敌人发生正面冲突，避免公开使用武器的毁灭性战争，他求助于占卜和预言，他心里想，如果说希伯来人在战场上是不可战胜的，那么使用某种诅咒也许可以摧毁他们。[264] 当时有一个人生活在美索不达米亚，以擅长预言而闻名遐迩，他掌握了这门有着多种形式的技艺的奥秘，尤其是他在占卜方面卓有成效，因而受人尊敬，他在很多时候向许多人透露了伟大而不可思议的事情。[265] 他对有些人预言夏日里的暴风雨，对另外一些人预言隆冬的干旱和大热，对有些人预言丰产之后的绝收或者饥荒之后的丰收，对有些人预言江河的满溢或者干涸、对付瘟疫的各种办法，还有其他无数的事情。每一次预言都使他的声望上涨，成为大名鼎鼎的人，关于他的传说也不断地传播到各地。[266] 巴勒派了一些侍臣去请他前来，给他备

① 关于巴勒和巴兰的故事，参见《民数记》22—24。

了很多礼物，还许诺有其他酬谢，同时说明请他来的目的。但是这位预言家拒绝了，说神不允许他前往，这样说其实并非出于可敬的或真诚的情感，而只是想摆出著名预言家的姿态，说没有神谕的核准，他什么都不能做。[267] 这些使者没有获得成功，只好回到国王那里去，但是国王又挑选了一些更加高级的大臣，指派他们带着更多的钱财，再去邀请那位预言家，许诺会赐给他更多的礼物。[268] 受到这些当面呈上来的礼物和未来能够获得的东西的诱惑，也考虑到使者们的尊严，他表示愿意前往，但又假借这是神的命令。所以，到了次日，他做好了上路的准备，还说自己在梦中看到异象，这些异象非常清晰，使他不能停留，而要马上跟随使者上路。

【49】[269] 然而，他刚上路就得到一个明显无误的恶兆，表明他如此急切要去做的事情是错误的。[270] 他当时正骑着一头驴赶路，原来沿着一条直路前进，但却突然停了下来，然后，就好像有人在对面用力推它，它用后腿高高站起，然后往后倒退，左右转动，来回挣扎，无法保持安静，仿佛喝了酒，变得异常刚烈；尽管不断受到鞭打，但它无动于衷，几乎要把骑手掀翻；尽管他还坐在驴背上，没有掉下来，但却非常疼痛，他抽打驴子有多狠，他自己遭受的疼痛就有多大。[271] 路边有些房屋的墙壁和树篱挨得很近，驴子撞上去的时候，主人的脚、膝盖、胫骨会受到挤压而粉碎和断裂。[272] 这显然是个神圣的异象，持续了相当长的时间，这头惊吓不已的动物能够看见，但是这个人却看不见，可见他有多么漫不经心。他自称不仅能看见这个世界，还能看见这个世界的造物主，而实际上，甚至连非理智的动物的视力也比他强。[273] 最后，他总算认出挡道的是天使，不是因为他配得上看见这样的异象，而是为了叫他意识到自己的卑微和毫无价值，于是他开始祷告，祈求宽恕他由于无知而犯下的错误，但他表明自己决非故意的。[274] 然而，哪怕到了那个时候，他本来应当坚决地回家，但他还在问幽灵自己是否应当收起脚步回家。天使察觉到他在装糊涂，如此显而易见、不证自明、无须语言给予确认的事情，他为什么还要询问，就好像耳朵听到的东西比眼睛看见的东西更可信、语言比事实更可靠似的？于是天使不悦地回答

说："你继续赶路吧。你想赶紧去那里，但这件事对你无益。不管你心里是否同意，我要提醒你，要按照公义和便利的原则指引你的发音器官。我要勒紧你语言的缰绳，尽管你不明白，但你还在使用你的舌头说预言。"

【50】[275] 国王听说他已经近在咫尺，就带着护卫前来与他相见。刚见面的时候当然是友好的问候，接着就说了一些话指责他的迟缓和犹豫不决。然后举行盛宴以及其他各种活动，款待客人，由于国王抱有特定的目的，这些招待一场比一场壮观和奢华。[276] 第二天拂晓，巴勒把这位预言家带到一座山上，那里正好建有一根荣耀某位神的柱子，是当地人崇拜的地方。从那里，可以看到部分希伯来人的营地，国王就像一名瞭望塔里的哨兵，把希伯来人的营地指给这名巫师看。[277] 他看了以后说："王啊，请你在这里筑七座祭坛，每座祭坛献上一头公牛和一只公羊；我要走到一边去，求问神要说的话。"他走到外边，立即就被神灵凭附，真有先知的灵临在他，完全驱除他心里的巫术伎俩。因为巫师的伎俩和至圣者的激励是不能在一起的。然后，他回来了，看到燃烧着供品的祭坛，说出以下神谕，像是在复述别人放在他嘴里的话。[278]"巴勒把我从东方的美索不达米亚召来，路途遥远，想要借我的诅咒报复希伯来人。但是神没有诅咒的，我焉能诅咒？我从最高的山上用我的眼睛观看他们，用我的心灵领会他们。但是我不能伤害他们，他们要单独居住，不列在万民之中；之所以如此，不是因为他们的住处是分离的，他们的土地在其他人的土地之外，而是因为他们有独特的习俗，他们不会与其他人混同而离弃祖先的方式。[279] 谁曾明确地发现他们最初的繁衍是怎样播种的？他们的身体出于凡人的种子，但他们的灵魂是发了芽的神圣的种子，所以他们与神有亲缘关系。愿我的灵魂为肉体之生而死，好叫它列入义人的灵魂，甚至列入这些人的灵魂。"

【51】[280] 听了这些话，巴勒内心大为痛苦，等到说话者一停，他再也控制不住自己的激情。他大声叫道："你不感到害羞吗？我召你来是为了诅咒敌人，而你却为他们祷告？看来我是在不知不觉中欺骗自己，竟然把你当做朋友，而你原本就秘密地站在敌人一边，现在已经真相大白。难怪

你迟迟不肯到这里来，原来你对他们秘密地怀着依恋之情，厌恶我和我的百姓。诚如老话所说，用确定的东西证明不确定的东西。”[281] 另一个人刚从迷狂中解脱出来，回答说：“你对我的指责和诽谤完全是不公正的，因为我所说的没有一句是我自己的，而是神让我说的，我说的这些话，或者你现在听到的话，我不是第一次说，我以前也说过，当你派使者来的时候，我也是这样回答他们的。”[282] 但是国王想，换个地方也许能够骗过巫师，或者能够感动神，使他放弃原来的做法，于是就领他到另外一个地方去，在一个极高的山头把一部分敌人指给巫师看。然后，他又筑起七座祭坛，像以前一样献上同样数量的供品，然后让巫师行走，从飞鸟或者声音中去寻找好兆头。[283] 在这样独处的时候，他突然被神灵凭附，他的理智游离在外，茫然无知，不自觉地说出放入他口中的预言：“王啊，起来，侧耳听我言。神非人，必不致说谎，也非人子，必不致后悔，说过的话，绝不会不照着去做。凡是不能笃定施行的，必不会说，因为祂的话语就是祂的行为。至于我，奉命是祝福的，不是诅咒的。[284] 希伯来人中间不会有困惑和劳苦。他们的神就是他们的盾牌，众人都能看见，祂还把埃及的可怕灾难驱离他们身边，养育如此众多的人如同养育一个人。所以，他们毫不在意预兆和所有占卜的学问，因为他们信靠一位神，祂就是世界的统治者。我看见这百姓起来仿佛狮仔，雀跃好像公狮。他必吃野食，必喝被伤者之血，等他吃饱喝足，就不会昏睡，而会时刻警醒，唱胜利者之歌。”

【52】[285] 意外地发现这位预言家的力量竟然对自己如此不利，巴勒大为恼火，他说：“老兄，你既不要诅咒，也不要祝福，用沉默来避免危险好过令人不快的话语。”说了这些话以后，他好像马上忘了刚说过的话，做出与自己的论断不一致的事情，他又领着这位预言家转到另外一个地方，把希伯来人的一部分指给预言家看，恳求预言家诅咒他们。[286] 在这里，这位预言家证明自己比国王更加恶劣，因为尽管面对指责时他有完全真实的理由为自己辩解，也就是说他所说的话不是他自己的，而是受到神灵的启示，

传递另外一位的话，所以他应当拒绝跟随国王，马上回家去，但他却没有这样做，而是比引路者更加努力前行；之所以如此，部分原因是他被更大的邪恶，亦即自负所支配，部分原因是他尽管受到阻拦，口里发不出诅咒，但他的内心仍然渴望这样做。[287] 他到达一座高山，比以前到过的山更高更大，然后他吩咐他们建造七座祭坛，献上同样的供品，取来十四头牺牲，每座祭坛两头，一头公牛，一只公羊。但他本人没有像人们预料的那样，走出去寻找飞鸟或声音的兆头，因为他已经极大地蔑视自己的技艺，觉得它的快乐推测的能力已经全部丧失光芒，就像经年累月之后褪了色的一幅画。另外，他终于认识到，国王雇用他的目的与神的旨意是相悖的。[288] 所以，他面向旷野，看见希伯来人按照支派扎营居住，对他们的数量和秩序大为惊讶，那简直就像一座城，而不是一个营，他被神灵充满，说出以下的话语：[289]“真看之人在沉睡中，以不闭的心眼看见神的清晰异象，如此说：希伯来众人啊，你们的居所何等华美！你们的帐篷像成荫的幽谷，如河旁的园子，如水边的香柏。[290] 有一天，一个人要从你们中间出来，他要统治万邦，他的国必日益扩展，必大大振兴。这百姓在出埃及的旅行中，始终有神做向导，祂率领众人成纵队行进。[291] 因而，他要吞噬许多敌国，取尽它们的油脂，用他射程极远的弩箭毁灭仇敌。他蹲如公狮，卧如幼狮，藐视一切，无所畏惧，使其他一切畏他三分。凡激怒、招惹他的有祸了。凡给你祝福的，愿他蒙福；凡诅咒你的，愿他受诅咒。”

【53】[292] 国王大为恼怒，他说：“我召你来为我诅咒仇敌，你反倒三次为他们祝福。你快滚回家去吧，免得我控制不住愤怒，对你造成伤害。[293] 最愚蠢的人哪，你的疯狂使你自己失去了一笔巨大的财富和礼物、名誉和荣耀。你要从客居之地回到自己的本土，手上没有任何财物，只有谴责和深深的耻辱，所有人都可以看见，你带回去的只有对你原本引以为豪的学问的嗤笑。”[294] 另一个人① 回答说：“我在前面所说的话，全是从上界

① 指预言家巴兰。

来的神谕。现在我要说的建议出于我自己的意愿。”① 然后，他拉着国王的右手，秘密地告诉他用什么样的办法可以保卫自己，抵抗敌人的军队。他由此证明自己是个极不虔敬的人，我们完全可以质问他：“你为什么要提出与神谕完全相反的个人建议？这样做意味着你认为你的方案比神圣的话语更加强大。”

【54】[295] 那么好吧，让我们来考察一下他的这些指令，看它们如何挑战能够克敌制胜的真理，获得笃定无疑的胜利。他的建议是这样的。他知道忤逆是能够摧毁希伯来人的一种方法，所以他亲自开始引导他们通过放肆和淫荡走向不虔敬，通过大罪走向更大的罪，并且把快乐的诱饵放在他们面前。[296] 他说：“大王，你的国家里有奇美的女子。没有什么能比女人的美貌更能捕获男人。你只要允许最美丽的女人去卖淫，她们必能诱捕仇敌中的年轻人。[297] 但你必须指点她们，要欲擒故纵，不可让她们的追求者马上得到她们的美貌。因为卖弄风情会起挑逗作用，能使追求者的欲望炽烈，使他们的情欲燃烧。一旦他们被情欲控制，就没有什么事情是他们不敢做的或者不能忍受的。[298] 所以，当求爱者处于这种状态时，那些意在捕捉猎物的人中间的一个就会用一种轻佻的声调说：‘你若不抛弃你祖先的方式，改变信仰，敬我所敬之物，就不能得到我的爱。只要你愿意参加我们向石像、木像和其他偶像奉献的奠酒和献祭，就证明你的归信是真诚的。’[299] 求爱者被她的多变、美貌、甜言蜜语所诱惑，不会否定她，因为他的理智被捆绑，无法施展，他必然对她唯命是从，陷入可悲的境地，沦为情欲的奴隶。”

【55】[300] 这就是他的建议。国王认为这项建议很好，于是就不顾反对通奸的法律，公然废除禁止通奸的法律条文，就好像它们从未颁布过，允许女子无限制地与她们喜欢的人交媾。[301] 获得这种豁免权以后，她们极

---

① 参见《民数记》31：16。“这些妇女因巴兰的计谋，叫以色列人在毗珥的事上得罪耶和华，以致耶和华的会众遭遇瘟疫。”

大地误导了大部分青年的心灵，用她们的伎俩使青年人转向不虔敬，并很快就征服了他们。这样的情况一直在延续，直到非尼哈，也就是大祭司的儿子，对他所见的情景大为愤怒，想到自己的百姓在放纵身体享乐，同时他们的灵魂变得不受约束、毫无信心，他就感到害怕，于是这位年轻人表现出英勇的气概，与具有真正美德的人相符。[302] 非尼哈看见他的一位族人在拜偶像、招妓女，这个人不是低头看着地上，也不像通常那样偷偷地溜进去，免得有人看见，而是堂而皇之、毫无廉耻地去见那妓女，他还招摇过市，引以为豪，就好像他的行为是要得荣耀，而不是招嗤笑，看到这种情况，非尼哈充满痛苦和愤怒，乘他们还睡在一起的时候攻击他们，杀死了这对奸夫淫妇，还把那女子的生育部位刺穿，因为它原是用来接受非法种子的。[303] 有些热衷于自制和虔敬的人看到这种做法，就在摩西的命令下效仿非尼哈的行为，把参加人造偶像崇拜的朋友和亲属全部杀死。就这样，他们洁净了全民的污秽，对真正的罪人给予严厉惩罚，而对其他有清晰证据表明其虔敬的人，则不予伤害。他们对与他们确实有血缘关系的人也毫不手软，不会出于怜悯而宽恕他们的罪行，反倒认为杀死他们的人值得赞美。[304]我们得知，一天之内有两万四千人被杀死。随着他们一同被消灭的是玷污整个民族的共同污秽。完成涤罪以后，摩西寻思该如何奖赏大祭司的儿子才能与他的英勇行为相匹配，是他最先挺身而出，保卫了整个民族。不过，神先于摩西奖赏非尼哈，祂有声音赐给非尼哈最高的祝福，即平安，没有哪个凡人能有这样的恩赐；除了平安，他本人和他的整个家族将永远担任祭司，无人能从他们那里夺走祭司权。

【56】[305] 事已至此，他们内部的麻烦已经完全消除，[①] 凡有变节嫌疑的人都已经被消灭，时机看起来成熟了，可以向巴勒开战了，因为他不仅策划而且实施了如此大规模的灾难。在行动规划上，得到那名预言家的帮助，他原本指望预言家能用诅咒摧毁希伯来人的力量；而在实施过程中，他

① 从本章至第 59 章，参见《民数记》第 31 章。

以女子的淫乱和放荡为工具，使她们的情夫堕落，通过淫荡使他们的身体堕落，通过不虔敬使他们的灵魂堕落。[306] 不过，摩西认为最好不要动用整支军队，他知道人数过多、队伍庞大，反而会显得笨拙，容易受挫；与此同时，他想到要有预备队补充先锋队。于是，他挑选了青壮年中的佼佼者，每个支派选一千人，十二个支派就是一万二千人，指定非尼哈为将军，因为他已经证明自己具备那个职位所需要的勇敢；他献祭祈求一切顺利，然后派遣军队出发，并说了以下一席话鼓励他们：[307] "摆在你们面前的战争不是为了获得领土，也不是为了占有别人的财富，那是其他战争唯一或主要的目标，而这次是为了捍卫虔敬和圣洁，因为这些敌人使我们的亲属和朋友误入歧途，他们间接地使受害者可悲地灭亡。[308] 所以，既然我们亲手杀死了那些违反律法的人，如果我们宽恕犯下更大罪恶的敌人，那岂不荒唐；既然我们处死了那些学会如何作恶的人，如果放过强迫他们学习的老师并对他们所行的或所受的一切负责的人，那岂不荒谬。"

【57】[309] 在这些话的鼓励之下，他们灵魂中原本就有的勇敢使他们热血沸腾；他们走上战场，以不屈不挠的斗志去争取笃定的胜利，在战斗中表现得英勇无畏，强大无比，乃至于大量杀死对手，自己却毫发未损地凯旋而归，没有人牺牲，甚至没有人受伤。[310]说实在的，人若不知事实真相，那么看到他们，不会想到他们是从扎营的战场上回来，而会以为他们是从军事训练和演习中归来；这些活动在和平时期频繁地进行，目的就是操练，在朋友之间进行对抗练习。[311] 他们进而彻底毁坏或焚烧城池，乃至于无人能说这些地方曾经有人居住。在处理了无数囚犯以后，他们觉得处死那些男男女女是公正的，处死男人是因为这些邪恶行为是从他们开始的，处死女人是因为她们蛊惑年轻的希伯来人，使他们陷入淫荡和不敬，最终导致他们死亡；但对年幼的男孩和女孩，他们表现出怜悯，年纪小使孩子们得救。[312] 他们从王宫、私宅、乡村掠夺了大量财物来充实自己，城里能获得多少，乡下也能获得多少，然后他们装上从敌人那里得到的财物返回营地。[313] 摩西赞扬将军非尼哈和战士们的功绩，称赞他们这样做不是为了奖赏，也没有

想到要为自己抢夺战利品，而是把抢来的东西纳入共同财产，使那些待在后方帐篷里的人也有自己的份额。不过他下令要他们在营外待几天，大祭司要给那些实际参加过杀戮的联军成员施洁净礼。[314]尽管杀死敌人是合法的，但有鉴于人类具有共同的血缘关系，所以哪怕是出于自卫，迫不得已，杀人者也应当做出某些回应。因此，杀人者需要行涤罪礼，藉此宣布摆脱污秽。

【58】[315] 然后，他开始分配战利品，一半分给出征者，和没有参战的人相比，这部分人数很少；另一半分给留在营地里的人。他认为分给他们一份奖赏是合理的，因为尽管他们的身体没有参战，但至少他们的灵魂参战了，经历了冲突。预备队的热情并不比实际参战者低，只是因为有人占据第一线，所以他们才占据第二线。[316] 这样一来，少数人分到了较多财物，因为他们在危险的前方，而多数人分到的财物较少，因为他们留在营地里，他想到，必须把所有战利品的初果奉献出来。所以，预备队的人奉献五十分之一，上前线的人奉献百分之五。他命令把后一类贡物交给大祭司，前一类贡物交给在圣殿里事奉的仆人，他们被称做利未人。[317] 但是百夫长和千夫长，以及率领其他小分队的队长，都自愿奉献特殊的初果，以感谢他们自己和战友能得以保全，感谢他们获得的无法用语言加以描绘的光荣胜利。这些贡物全都是黄金饰品，每一样都来自所掳之物，还有一些非常昂贵的金器；摩西全都拿了，为了尊重奉献者的虔敬，他把金器存放在神圣会幕中，以纪念他们的感恩。这种分配初果的制度实在令人敬佩。[318] 那些非战斗人员虽然没有参加打仗，但他们的热心已经表现出几分美德，所以他把他们的贡物分给在圣殿事奉的仆人；战士们全身心投入激烈的战斗，表现出完全的男子汉气概，他把他们的贡物交给大祭司，也就是掌管圣殿仆从的人；每个小队长的贡物，作为奉献，交给总队长，乃至于交给神。

【59】[319] 所有这些胜仗都是在约旦河这边打的，① 没有过到河那边去，针对的是河这边这个土地肥沃的国家的富裕居民，这个国家有广阔的平原，

① 自本章至本卷末参见《民数记》第 32 章。

适合谷物生长，为牲畜提供优质草料。[320] 有两个放牧的支派，也就是整个民族的第六个部分，考察了这个国家，他们恳求摩西让他们得份额，马上在此定居；他们说，这个地区非常适合放牧，喂养牲畜，还有充足的水源，肥美的草地，适合养羊。[321] 然而，摩西认为他们要么是在分配时声称自己拥有优先权，没有相应的功劳就邀功请赏，要么是在面对战争时退缩，因为还有很多国王对他们虎视眈眈，准备抗击他们，国王们的财产位于河的那一边。[322] 因此，摩西极为愤怒，他恼火地回答他们说："那么，你们打算在这里定居，享受不应得的悠闲和懒怠，而让你们的同胞和朋友去经历仍旧存在的战争痛苦吗？事业尚未成功，其他人还在面对战斗、辛劳、苦难和极大的危险，这个时候，难道只能奖赏你们？[323] 不，你们收获平安和祝福，而别人在战争和无数灾难中挣扎，这是不公平的；或者说整体只能依附部分吗？不，正好相反，只有基于整体的功劳，部分才配得自己的份额。[324]你们享有和我们同等的权利，同一个种族、同样的祖先、同一个家族、同样的习俗、同样的律法，以及其他无数的事情，每一样都在加强血缘关系的纽带，增进和谐的意愿。既然你们一直断定自己在最大、最重要的问题上享有同等的份额，那么你们为什么在分配方面要求不公平的优先选择，带着统治者对臣民、主人对仆人常会显示出来的那种傲慢？[325] 确实，你们应当从别人所遭受的打击中接受教训；贤人不会等待灾难降临。事实上，你们自己的亲属为你们提供了警告的范例，因为你们先祖中窥探这块土地的人，还有那些与他们一样灰心丧胆的人，全都灭亡了，只有两个人除外；尽管你们原本不应该让自己的名字与这些人相连，但你们如此愚蠢，竟然学他们的胆怯，忘了这样做定会使你们更容易被人捕捉。你们扰乱了那些全心全意追求刚毅的人的决心，麻痹了他们的精神，使他们丧失了勇气。[326] 因此，你们若加速犯罪，必加速受罚；公正总是迟迟不动，这是它的特点，但一旦启动，它就会追上并抓住亡命之徒。[327] 当所有敌人都被消灭、不再有战争等着我们的时候，当所有联盟者在审查中没有发现离职、叛逃，以及其他任何导致失败的行为、证明他们的身心始终坚定不移的时候，当这个国家最终完全清除了原有居民的时候，对勇敢的奖赏和回报必将按照平等的条件奖给各个支派。”

【60】[328] 这两个支派温顺地聆听这样的告诫，就像亲生儿子聆听极为慈祥的父亲讲话。因为他们知道，他说话的时候并不因为拥有权柄而带着傲慢，而是出于对所有人的关怀，出于对公正和平等的尊敬，而且他对邪恶的憎恨绝非意在指责，而经常是为了使那些能够改进的人变得更加善良。[329] 他们回答说：“你要是有这样的想法，认为我们渴望离开这个同盟，时候未到就急于拿走自己的份额，那么你当然会义愤填膺。但是你必须清楚地明白，任何富有美德的行为，不论多么艰苦，都不可能使我们害怕而后退。凭着善良的行为，我们明白我们应当顺服你，因为你的确是伟大的领袖，面对任何危险也绝对不会退缩，我们在将来的任何战斗中会尽心尽职，直至抵达幸福的顶点。[330] 所以，我们必定会像以往那样，接受我们的任务，全副武装地跨过约旦河，不让我们的士兵有任何借口留在后面；但是我们尚未成年的儿子，我们的女儿和妻子，以及我们的大量牲畜，如果你允许，希望能留下来，我们先为女人和孩子建好房子，为牲畜造好畜棚，否则的话，他们会缺少防御和保护，我们还没有回来，他们就可能遭遇袭击者，受难被掳。”[331] 摩西的脸变得温和，说起话来也更加柔和，他的回答如下：“如果你们的话当真，你们所求的份额必为你们保留。如你们所请求的那样，留下你们的女人、孩子和牲口，然后你们自己跨过河，与其他人同在军营，全副武装，整队备战，一旦需要，马上投入战斗。[332] 以后，当所有敌人都被消灭、和平已经建立、胜利者要分配土地时，你们也会回到你们的人中间，享有你们那份美好的事物，收获你们所选择的那块土地长出的果实。”[333] 从他的嘴里听到这些应许，他们立刻充满喜悦和勇气。他们把百姓和牲口安置在有严密保护措施的地方，大部分是人造的防御工事，防止敌人来袭。然后，他们拿起武器，比其他同盟者更加热切地冲向战场，似乎只有他们在向敌人开战，或者至少是最先投入战斗。因为事先接受恩赐会使人更加乐意支持自己的同伴。他会感到，自己不是一个白白接受恩赐的人，

而是总要偿还不能逃避的债务。[334] 至此，我们讲述了摩西作为王的种种行为。下面，我们必须讨论他依靠大祭司和立法者的权能所取得的一切功绩，他拥有的这两种权能与他的王权配合得天衣无缝。

第二卷

【1】[1] 上文处理摩西的出生和抚养，也涉及他作为一名统治者所受的教育和历练，在这些方面，他的行为不仅是无可指责的，而且应当得到高度赞扬；上文还涉及他在埃及所做的工作，以及他在旅途中所做的工作，既包括在红海，又包括在旷野，没有什么语言能够恰当地描述这些工作；还有，上文讨论了他如何成功地战胜各种困难，把部分土地分配给那些战友。本文讨论与这些事情相关的一些问题，以及后来发生的事情。[2] 有人说过，要么国王是哲学家，要么由哲学家来当国王，这个时候城邦的福祉才能增进，① 此话有一定道理。而在摩西身上，不仅可以看到这样的表现，而且在他一个人身上，不仅具有这两种能力，王的能力和哲学的能力，而且还具有另外三种能力，第一种能力关乎立法，第二种能力关乎大祭司的职位，第三种能力关乎预言。[3] 我之所以选择这三种能力来写，乃是因为深信它们在同一个人身上结合是恰当的。依靠神的眷顾，摩西成为王、立法者、大祭司和先知；并在每一职责中赢得最高地位。然而，为什么它们全都结合在同一个人身上是恰当的，这一点需要解释。[4] 王的职责是命令行正确之事，禁止行错误之事。而命令做该做的事情，禁止做不该做的事情，正是律法特有的功能；所以我们马上可以推论，王是活的律法，律法是公正的王。[5] 但是，王和立法者不应当只把人事，还应当把神事，纳入他的视野；因为没有神的引导和眷顾，王和臣民不能正确行事。因此，就好像他需要大祭司的职

① 参见柏拉图《国家篇》V.473d。

位，有了事奉神的全部仪式和知识的保障，他可以祈求仁慈的存在者垂听他的祷告，让他和他统治的那些臣民能够防止邪恶，分有善良。那位存在者必定让祈祷得以成全，因为祂是仁慈的神，相信那些真正事奉祂的人配得上祂的特殊恩惠。[6] 然而，这位王、立法者、大祭司，尽管拥有如此丰盛的恩赐和财富，但他毕竟只是个必死的受造物，无数的事物，包括属人的和属神的，都包裹在晦暗之中，所以摩西还必须获得说预言的能力，为的是通过神意能够洞悉凭理智无法把握的事情。因为预言能在心灵无法企及的地方找到了它的出路。[7] 这四种能力的联合是美好的，完全和谐的；它们彼此联结，相互依靠，步调一致，互惠互利，就像美惠三女神一样，永恒的自然法使她们珠联璧合，不可分离。关于这些能力，完全可以用到论美德时常说的一句话：有了一个，就有了全部。①

【2】[8] 首先，我们要谈谈立法者的心灵状况。确实，我知道人要想获得立法者的美德，就应当完全拥有所有美德。但是，就如在家族中，尽管所有家庭都属于这个家族，但有些家庭之间的关系非常亲近，有些家庭则比较疏远，只是偶然有一些联系，所以我们必须假设，某些美德之间的联系要更加紧密一些，有些则较为疏远。[9] 立法能力尤其和以下四种美德结为兄弟和亲属：爱人类、爱公正、爱善良、恨邪恶。这四种美德每一样都会给有立法之热心的人带来消息。爱人类，他就必须为公众谋取共同福祉；爱公正就要求他尊重平等，让每个人得到应得之份额；爱善良就要认可本性卓越的事物，毫无保留地把它们供给与之相匹配的人，让他们充分使用；恨邪恶就是要摒弃使美德蒙羞之人，视之为人类的共同敌人而厌恶之。[10] 任何人哪怕只得到其中之一，就不是小事一桩了，更何况能够完全拥有它们，那真是一件奇事。似乎只有摩西完全拥有这些美德，并在他制定的法令中清晰地体现它们。[11] 凡是读过圣书的人都清楚地知道，如果不是我们所说的这种人，他就不可能在神的指导下把铭刻在灵魂里的范型和副本写下来，传给那些配

① 参见第欧根尼·拉尔修：《名哲言行录》VII.125。

得上使用的人，成为他们最宝贵的财富，也像我们面前的这些书中的律法，清楚地显明上述美德。

【3】[12] 摩西本人是所有国家的立法者中最优秀的，事实上比迄今为止出现的所有立法者更加优秀，无论是希腊人，还是野蛮人；他的律法是最好的，是真正出于神的，因为它们没有忽略任何需要的东西，下述证据可以最清楚地看出这一点。[13]任何人只要考虑一下其他民族的制度，就会发现，由于无数的原因，比如战争、暴政，或者时运强加给它们的其他不幸，它们一直是不稳定的。还有，由于生活物品的过量供应而产生的过度奢侈经常会扰乱律法；因为民众无法承受“过度的财物”① 而变得放纵，导致暴力；而暴力是律法的敌人。

[14] 只有摩西在这个方面例外，他的律法坚固、不可动摇、不会变动，可以说，刻有自然本身的印记，从颁布之日起直至今日，始终保持不变，我们完全可以期待，在将来的世代里它们仍会不朽，只要太阳、月亮、整个天空和宇宙存在，它们就存在。[15] 因此，尽管这个民族经历了诸多变迁，既有不断增加的繁华，也有朝着相反方向的变化，但整部律法，哪怕是最微小的部分，也没有受到一点儿扰乱，因为所有人都显然高度尊重它们庄严而神圣的特点。[16] 无论是饥荒、瘟疫、战争，还是国王和暴君，还是灵魂、身体、情欲、淫邪的反叛和攻击，还是其他任何邪恶，包括神遣的和人造的，所有这些都不能扰乱的东西，必定非常宝贵，无法用语言加以描述。

【4】[17] 律法始终应当受到安全的保护，尽管这件事本身也可以认为是伟大的，但我们尚未触及真正的奇迹。确实还有一些事情更加令人惊讶，甚至会有这样的事情，不仅犹太人，而且几乎所有其他民族，尤其是比较注重美德的民族，都变得极其圣洁，乃至于重视并荣耀我们的律法。在这一点上，我们的律法获得了某种独特的声望，这是其他任何法典所没有的。有关这一点的证据有如下述。[18] 纵观希腊人和野蛮人的整个世界，事实上没

① 参见《论亚伯拉罕》第 134 节。

有哪个国家是尊重别国制度的。确实，就连他们自己的制度也很难说能够永久保存，因为他们采用这些制度只是为了应对时事和环境的变化。[19] 雅典人排斥拉栖代蒙人的习俗和制度，拉栖代蒙人也排斥雅典人的习俗和制度；在野蛮人的世界里，埃及人不会使用西徐亚人的法律，西徐亚人也不会使用埃及人的法律；推而广之，欧罗巴人不会遵守亚细亚人的法律，亚细亚人也不会遵守欧罗巴人的法律。我们可以公正地说，从东方到西方，每个国家、民族、城邦，都厌恶外国的制度，以为表现出对别国制度的不尊重，就会提高对本国制度的尊重。[20] 只有我们的习俗和制度不是这样。它们吸引并赢得了所有人的关注：野蛮人、希腊人、大陆居民、岛上居民、东方人、西方人、欧罗巴人、亚细亚人、地极间的所有居民。[21] 试想，有谁不曾对那神圣的第七日表现出高度尊重，放下劳作，让自己休息，也让别人放松，自由人如此，奴仆也如此，甚至他的家畜亦如此？[22] 这个假日还涉及每一畜群，甚至涉及所有为了事奉人而创造出来的所有被造物，它们就像仆人一样事奉它们天生的主人。这个假日也还涉及每一种果树和植物，因为这个假日不允许剪除枝条，甚至树叶，也不可以采摘任何果子。在这一天，所有这些东西都被赋予自由，并且根据普遍法令，谁也不可触摸它们。所以，可以说它们生活在自主之中。[23] 还有，有谁不对这种比希腊人一年一度的所谓“圣月”更为严格的禁食表现出敬畏和尊重？因为在希腊人的这个节日里，人们尽情吃喝，畅饮美酒，各种饮料和食品大量供应，由此增强肚腹贪得无厌的享乐，并引起肚腹之下欲望的爆发。[24] 而在我们的禁食中，人们不吃不喝，为的是保持心灵洁净，使之不受情欲的困扰和束缚，而过分饱足才会产生情欲的困扰和束缚，他们可以恪守圣日，向万物之父祷告，请求主的息怒，赦免他们的旧罪，得享新的赐福。

【5】[25] 我们律法的圣洁始终是奇迹的源泉。不仅对犹太人如此，对其他所有民族亦如此，这一点既可以从我已经提到过的事实，也可以从我将要陈述的事实中显明。[26] 在古代，律法用迦勒底语言书写，许多年来一直保持那种样式，没有任何语言上的变化，只要它们尚未将自身的美向其他

人显明。[27] 然而，随着时间的流逝，完整有序的常规习俗被那些遵守习俗者加以传播，从而为世人所知，它们的名声开始传向四面八方。美好的事物，哪怕遭到嫉妒，暂时被乌云遮蔽，但只要它们的时候一到，就会重新光芒闪耀。当时，有些人认为，如果律法只存在于人类的一半当中，即只存在于野蛮人中间，而完全为希腊人所拒斥，那是一种耻辱，所以他们想要把律法书翻译出来。[28] 鉴于这项任务的重要性和公共效益，不能指望普通个人或一般官员来完成它，这样的人非常之多，要诉诸国王，而且是声望最高的国王。[29] 托勒密，别号斐拉德福，是继亚历山大之后第三位埃及的征服者。在造就一位优秀统治者的所有品质方面，他不仅超过同时代人，而且超过以往所有人；乃至于时至今日，在经过那么多世代以后，在不同的城市和国家还留有许多显示他伟大心灵的物品和纪念碑，还在吟唱赞美他的颂歌，并按众所周知的方式，以他的名字命名特别慷慨大方的行为或者规模特别宏大的建筑，称为斐拉德福的。[30] 简言之，与其他所有王朝相比，整个托勒密家族更加显赫，而斐拉德福又是托勒密家族中最出类拔萃的。这位托勒密所取得的可加以赞美的成就，几乎比其他托勒密加在一起的总和还要多，所以，正如头部位于身体的最高位置，我们也可以说他就是众王之首。

【6】[31] 这位伟人对我们的律法产生了热情，决定要将迦勒底语的经书翻译成希腊语，他马上派出使节去见犹大国的大祭司和国王，这两个职位由同一个人担任，解释他的愿望，并敦促犹大国的大祭司挑选德高望重之人，把整部律法译成希腊语。[32] 大祭司当然非常高兴，心想这必定是神的引导和眷顾，使这位国王本人要来承担这一任务，于是就找到一些具有最高声望的希伯来人，很高兴地把他们派到托勒密那里去，他们除了具有天赋之外，还受过希腊的教育。[33] 他们到达以后，受到盛情款待，为了答谢托勒密国王的款待，他们报以一场充满智慧和力量的语言盛宴。因为托勒密国王在考验他们每个人的智慧时不是提出老问题叫大家讨论，而是提出新问题，他们以格言的形式对这些问题做了很好的、有针对性的回答，因为这种时候不允许长篇大论。[34] 这场考验以后，他们马上开始履行崇高的使命。

考虑到翻译神的声音赐予的全部律法是一件非常伟大的事情，不能增添和减少，也不能有任何改变，必须保持原状，所以他们开始在城郊寻找最开阔的地方。因为城里挤满了各种人和牲畜，疾病流行，死讯不断传来，连健康的居民也会有种种不洁行为，从而使他们心生疑惑。[35] 亚历山大里亚城的前方就是法鲁斯岛，岛上有一片狭窄的陆地延伸到城边，小岛四周的海水不深，有许多连在一起的沙洲，所以海浪震耳欲聋的喧哗声经过长途跋涉抵达岸边时已经很弱。[36] 他们断定那个地方是最合适的，在这里可以找到平静和安宁，灵魂能够与律法亲密交谈，无人会来打扰他们的隐私，所以他们就把住处定在那里。他们捧起圣书，把双手伸向天空，祈求神保佑他们的目标不要落空。为了大部分人，甚至为了整个人类，能够受益，能够睿智地持久遵守这些真正受人尊敬的律法，过上更好的生活，神批准了他们的祈求。

【7】[37] 这里与世隔绝、人迹罕至，只有自然元素存在，土、水、气、天，它们的生成是他们神圣启示的第一主题，因为律法书始于这个世界被造的故事，他们变得像是被圣灵充满，在圣灵的激励之下奋笔疾书，不是各自单独写下不同的东西，而是众人一字不差地写下完全相同的内容，就好像有一位看不见的敦促者在向他们口授，让他们各自听写。[38] 然而，有谁不知道，每一种语言，尤其是希腊语，词汇丰富，同样的思想可以有不同的表达形式，比如改变单个语词和整个短语，使之适合具体语境，不是吗？但是，我们得知，我们的这部律法的情形却不是这样，用于翻译的希腊语词与迦勒底语词完全相应，适宜它们所指称的事物。[39] 在我看来，就好像在几何学和逻辑学里面，所要表达的意思不允许有多种表达形式，而只能保持它原初的形式不变，所以很清楚，这些作者找到了与他们想要表达的意思相对应的措辞，只有这种措辞，或者说这种比其他措辞更好的措辞，能够清晰地表达他们想要表达的意思。[40] 这方面最清晰的一个证据是，如果迦勒底人学了希腊语，或者希腊人学了迦勒底语，然后阅读两个版本，他们就会带着敬畏视二者为姐妹，甚至认为它们完全一样，无论在内容上，还是在措辞上，而在谈及作者时，不把他们当做翻译者，而把他们视为奥秘的先知和

祭司，他们思想的真诚使他们能够本着最纯洁的心灵，也就是摩西的心灵，携手共进。[41] 因此，时至今日，每年还在法罗斯岛上举行庆典和集会，渡海去那里的人不仅有犹太人，还有许多其他民族的人，既为了向这个地方致敬，因为那个版本的光芒首先在那里闪耀，也为了感谢神的美好恩赐，这件礼物既古老又永远年轻。[42] 祈祷和谢恩以后，有些人在海边搭起帐篷，有些人在露天里躺在沙滩上，与亲朋好友共庆，暂时把海滨看做比豪华城市里的精美大厦更加宏伟的居所。[43] 因此，律法在所有人眼中显得可敬和尊贵，无论他们是普通公民还是统治者，对我们的民族来说也一样，尽管我们的民族繁荣的时间不长。当一个民族不繁荣的时候，他们拥有的财富会在一定程度上受到怀疑，这是很自然的。[44] 但是，如果能够开辟一个新的开端，走向比较光明的未来，那么我们该指望看见多么大的向好的变化！我相信，每个民族都应当抛弃它自己独有的方式，把他们祖传的习俗扔到船外，转而荣耀我们的律法。因为，律法伴随着民族的繁荣，它的光芒闪耀必定会使其他光明变暗，就像太阳升起会遮蔽星辰。

【8】[45] 以上所述已经是对这位立法者的高度称赞，但是还有比这更大的赞扬，包含于圣书自身，我们现在必须转向这些圣书，以阐明这位作者的伟大品质。[46] 圣书由两部分组成，一部分是关于历史的，另一部分涉及命令和禁止，这部分我们放到后面去讲，先按照顺序充分处理前面这个部分。[47] 历史书的内容一部分处理创世，另一部分处理具体人物，有对恶人的惩罚，也有对义人的荣耀。我们现在必须说明他的律法书为何从历史开始，而把命令和禁止放在第二部分。[48] 这是因为他不像其他历史学家那样，认为自己的职责就是为了愉悦而记载古人的事迹，留给子孙后代，却不去改进这些故事所给予的乐趣；他叙述了早期的历史，从宇宙的创造开始，希望以此指明两件最重要的事情：首先，这个世界的父亲和造物主在最真实的意义上也是世界的立法者；其次，凡遵守律法者必定会高兴地接受义务，顺从自然，按照宇宙法则生活，所以他的行为与他的言语是和谐的，他的言语与他的行为也是和谐的。

【9】[49] 其他立法者可以分为两类：一类一开始就规定什么该做，什么不该做，然后制定对违法者的处罚条款；另一类认为自己高人一等，所以一开始不这么做，而是按照他们所理解的样式先建立国家，后制定法律，把他们认为与他们所建立的国家最匹配、最吻合的法律添加给它。[50] 但是，摩西认为前一条道路，即直接颁布法令而没有任何劝告，实际上是在把法令管制的对象当做奴隶，而不是当做自主的人，带有暴政和专制的味道，而第二条道路虽然在构想上是合理的，但显然不能使所有人完全满意，所以他在命令和禁止两个部分都采取了不同的路径。[51] 他的命令和禁止，与其说是命令，倒不如说是建议和告诫，他的律法书的前言后记中伴有大量必要的教导，为的是劝诫，而不是强迫。还有，他认为如果一开始就记载人造的城市有损律法的尊严，他用他灵魂的眼睛考察整部伟大和美丽的法典，认为它实在是太好了，太庄严了，乃至于不能置于任何世俗的城墙内，所以他插入关于"伟大之城"起源的故事，认为这些律法是对这个世界政体最忠实的描绘。

【10】[52] 无论是谁，只要仔细考察这些具体法令的性质，就会发现它们和宇宙是和谐的，与永恒的自然原理是一致的。[53] 因此，神当时认为应当给这些人丰盛的恩赐，使其生活幸福、财运亨通、其他外在之物充分完备，但是这些人后来全都悖逆美德，随意放纵自己，毫无约束，行无赖、不公正和其他种种恶事，他们以为争得了很多东西，其实却丧失了全部，摩西告诉我们，这样的人就算是敌人，也不只是人的敌人，而是整个天空和宇宙的敌人，他们要遭受的惩罚，不是通常的惩罚，而是奇异的、前所未有的惩罚，出自公正的大能、邪恶的憎恨者、神的助理。宇宙中最强大的元素，火和水，落到他们头上，随着时代循环，历史重演，他们有的被洪水淹死，有的被大火烧死。[54] 海平面抬高，春蓄冬涌的河流湍急，河水上涨，泛滥全地，淹没平原上的所有城池，天上一刻也不停地下着倾盆大雨，同样也淹没了高地上的所有城池。[55] 后来，这个种族又从幸存者开始繁衍，并且变得人口众多，由于这些后代并没有从他们祖先的命运中吸取教训，在智慧

上有所受益，而是致力于放荡的行径，甚至更加急迫地实施更加严重的恶行，所以，神决定用火摧毁他们。[56] 于是，如神谕所宣告的那样，天上闪电和降下霹雳，摧毁了不虔敬者和他们的城邑，一直到今天，叙利亚还留有这场可怕灾难的纪念，废墟、灰烬、硫磺、烟尘，黑黝黝的火焰还在升腾，就好像大火还在里面阴燃。[57] 不虔敬者在这些灾难中受到惩罚，而那些品德优秀、行为端庄者获得与其美德相应的奖赏。[58] 带着烈焰的霹雳降下来灭了全地，也灭了地上的居民，这时候只有一个人，一位旅居者，得到神的保护和眷顾，得到拯救，因为他显然没有犯下这个国家的种种恶行，尽管他作为旅居者，为了保护自己，通常会对主人的习俗表示尊重，知道若不尊重它们就会受到原住民的威胁。然而，他并没有达到智慧的顶点，他得到拯救也不是因为他的本性完善，配得上这一特权，而是因为只有他没有与众人同流合污，偏离正道，过上放荡的生活，满足自己的各种欲望，就好像给一堆篝火添柴。

【11】[59] 所以，我们得知，在大洪水中，几乎整个人类都灭绝了，只有一家人未受伤害，因为这个家里最值得尊敬的成员，也就是家长，不曾故意做过任何错事。他的幸存是一个值得记载的故事，这既是一样奇迹，也是进行教诲的手段。[60] 在神看来，他是一个适当的人选，不仅应免除众人共同的命运，而且他本人也适宜成为第二代人类的鼻祖，于是神借助神谕对他发出命令，他用木头建造了一所庞大的建筑物，三百肘尺长，五十肘尺宽，三十肘尺高。在这所建筑物里面，他设置了一系列房间，一楼、二楼、三楼、四楼。然后，他在船内装满食品，又引入地上和空中的各种动物，每种动物一公一母，保存种子，在将来更好的世代再次到来的时候可以使用。[61] 因为他知道神的本性是仁慈的，尽管个体消灭了，类必须得以保存，不会灭亡，因为这个种族与祂本身相像，而且祂想要创造的东西，祂是永远不会使之归于无的。

【12】[62] 这样一来，所有动物都顺服这个人，原先野蛮的变得温顺，驯服地跟从他，就像羊群跟随头羊。等它们全部进入以后，任何考察木头建

筑里的全体成员的人都可以公正地说，这是一个完整的微型世界，包含各种动物，这个世界先前拥有这些种类的无数个体，将来也可能会再次拥有。[63] 他预见到的事情不久以后成了现实，困境缓解了，洪水逐日削减，雨停了，淹没每一块土地的大水消退，部分是在太阳的照射下蒸发，部分是进入河床，流入地下裂缝和洞穴。就好像出自神的命令，每一种自然的形式，大海、清泉、河流，都回收了原先出借的必须偿还的债务；每一条溪流都回归原形。[64]这个地上的世界得以涤净，大地经过清洗重新显露，面貌一新，我们可以设想它带有当初与宇宙一同被造时具有的面貌，在这个时候，这个人和他的妻子、儿子、儿媳，还有全家人，都从这个木头建筑里出来，就像一群羊，原先聚集在里面的各种动物现在开始生殖繁衍。[65] 这是对善者的报答和奖赏，不仅为他们自己和他们的家人赢得安全，避开最大的危险，这些危险以自然元素的疯狂上升为手段，凶狠地到处攻击，而且使它们成为重建的领袖、第二次循环的开创者，它们作为生命的余烬重新点燃人类的历史，这种最高的生命形式领受了主权，辖制地上的一切事物，它生来具有神圣权能的样式和神圣本性的形像，它是无形者的可见者，永恒者的被造者。

【13】[66] 至此，我们已经充分处理了摩西生平的两个方面，作为王和作为立法者。我们必须开始解释第三个方面，与他的祭司职责相关。虔敬是祭司所需要的最主要和最重要的品质，他在非常高的程度上践行这种品质，同时运用他的伟大天赋。哲学在这些天赋里找到了肥沃的土壤，并且通过在他眼前展现的可敬真理进一步改良这片土壤，在美德的果实在语言和行为上显现、臻于圆满之前，她是不会停止工作的。[67] 由此，他达到了爱神的高度，也成为神所钟爱的，如其他极少数人那样。一种从天而降的喜悦使他激动，他如此显著地荣耀万物之主，也反过来被祂所荣耀。与贤人完全相应的一种荣耀就是事奉真正的存在者，而事奉神始终是祭司的职责。神把这种特权，这种世上无与伦比的赐福，给予他，作为他的份额，还有神谕在祭仪，以及与他执行的圣事有关的所有事情上对他进行指点。

【14】[68] 不过，他首先要洁净自己，就像灵魂要洁净，身体也要洁

净，不能有任何情欲，摆脱所有凡俗本性的需要：吃、喝、跟女人发生关系。[69] 这最后一件事他早已鄙弃多日，几乎从他被圣灵充满、开始担当先知之事起，就已经鄙弃，因为他认为应当使自己始终处于预备状态，随时准备领受神谕的信息。至于吃的和喝的，他连续四十天没有想到它们，这无疑是因为他拥有更好的沉思之食粮，靠着这些从天而降的食粮带来的振奋，他获得越来越多的荣光，首先是心灵上的，然后通过灵魂是身体上的，在两方面都变得如此强大和幸福，那些后来看见他的人简直不能相信他们的眼睛。[70]我们读到，在神的吩咐下，他上到一座难以接近、无路可走的高山，这座山是那一区域最高的，也是最神圣的，在上面停留了所说的那段时间，没有带任何生活必需品。然后，在所说的四十天以后，他下了山，脸庞比上山前要俊美得多，因此那些看见他的人对他充满敬畏和惊讶，甚至他们的眼睛也不能持续盯着他看，他身上发出炫目的亮光，就好像太阳的光芒。①

【15】[71] 还在山上的时候，他得到指示，获得与他的祭司职责相关的一切奥秘：首先是按照秩序排在最前面的事情，即圣所的建造和装饰。[72] 倘若已经占据他们想要移居的那块土地，他们肯定会在最开阔、最明显的地方建造一座宏伟的圣殿，以昂贵的石料为建材，环绕圣殿砌起高大的围墙，为事奉者建造大量的房子，并把这个地方称做圣城。[73] 然而，由于他们仍旧在旷野里流浪，还没有定居点，所以建造一个可以移动的圣所比较适合他们，让他们在赶路和扎营的时候可以在里面献祭，也可以进行所有其他宗教活动，不会缺乏居住在城里的人所具有的一切。[74] 于是，他们决定建造一个帐幕，一个至圣的作品，关于它的结构，神圣的声音在山上已经告诉摩西。摩西用灵魂的眼睛看见了将要建造的物体对象的非物体样式，这些样式必须根据感官所感受的样子复制成副本，也就是说，要依据原初的设计，要依据心灵察觉的范型。[75] 由他这位真正的大祭司来负责圣所的建造确实是合适的，这样做是为了让他在履行祭仪时能够与建筑物的构造完全

① 参见《出埃及记》24：18，34：28。

吻合。

【16】[76] 因此，这位先知的心灵刻上了模型的形状，这是用非物体的、不可见的形式秘密绘制或塑造出来的原型；然后，这位艺术家把建筑物的印记烙在具体需要的各种材料上，根据形像造出具体的物品。[77] 它的实际建造是这样的。用最结实耐用的皂荚木做成四十八根柱子，① 做柱子的材料要从最好的树干上砍下来，每根柱子要用一层很厚的金子包裹，有两个银座支撑，有一个金制的柱头固定在柱子顶上。[78] 关于这个建筑物的长度，这位工匠把四十根柱子排成两排，每排一半柱子，即每排二十根，柱子之间没有间隔，彼此相连，一根挨着一根，看起来就是一面完整的墙。关于这个建筑物的宽度，他把剩余的八根柱子竖在里面，六根竖立在中央位置，两根分别竖立在中心两边的角上，一根在左，一根在右；入口处再做四根柱子，和其他柱子一样，但它们只有一个底座，不像对面的柱子有两个底座；此后，在外面竖立五根柱子，它们与其他柱子不同之处在于它们的底座是黄铜的。[79] 就这样，帐幕里的全部柱子，除了在角上、视线难以企及的那两根以外，其他总共是五十五根，它们都是看得见的，五十五是最完美的数字，是从一到十的总和。[80] 但若你选择把那五根柱子排除在外，亦即竖立在被他称为院子的露天空地的入口处的那些柱子，那就只剩下一个最神圣的数字，五十是直角三角形三条边的平方之和，而直角三角形正是宇宙生成的最初源头。② 这五十是把里面的柱子相加所得的数字，即两边各二十，加起来是四十，中间是六，两根隐藏在角落里的不算，再加上对面支撑棚顶的四根。[81] 现在，我要首先说明把五添加到五十上去的理由，然后说明将二者分开的理由。五是感觉器官的数，人类的感官一方面倾向于外在的事物，另一方面也指向心灵，按照自然律，感官是心灵的侍女。所以他把边界的位置指定给这五根柱子，位于它们里面的部分靠近帐幕的至圣所，帐幕象

① 本章参见《出埃及记》26：18 以下。

② 3，4，5 是最小的直角三角形的三条边长，3，4，5 的平方之和等于 50。

征心灵王国，而在五根柱子之外与露天空地和院子相连的部分象征感觉王国。[82] 因此，这五根柱子的底座与其他柱子不同，是黄铜所制。由于在我们身上，心灵是感官的头和支配者，感觉的世界是末端，也就是心灵的底座，所以他用金子象征心灵，用黄铜象征感觉对象。[83] 这些柱子的尺寸如下：高十肘尺，宽一肘尺半，这样就使帐幕的所有部分看起来都相同。

【17】[84] 他还在帐幕周围饰以绚丽华美的织物，毫不吝啬地大量使用暗红色、紫色、朱红色、纯白色的织物。① 他做了十幅幔子，如他在圣书中所称道的那样，用刚才提到的这四种织物制造，每幅长二十八肘尺，宽四肘尺。就这样，我们发现了十这个最完全的数字，四这个数包含十的本质，二十八这个数等于它的各个因数之和，② 还有四十，这个数最富有生命，如我们所知，它就是人在自然实验室③ 里完全长成所需要的时间。[85]二十八肘尺的幔子布置如下：十肘尺沿着帐幕顶部铺开，那就是帐幕的宽度，剩下的搭着边挂下，盖住柱子，每边各九肘尺，距离地面一肘尺，这一作品如此宏伟，完全可以视为神圣的，因此不可拖地，以免沾染灰尘。[86] 十幅幔子加起来总的宽度是四十肘尺，其中三十肘尺是帐幕本身的长度，后面是九肘尺，剩下的一肘尺是入口处的门帘，由此形成完全封闭的帐幕。[87] 但在一定的意义上，幔子就是帘子，不仅因为它们覆盖帷幕顶部和墙壁，还因为它们是用同样的材料织成的：暗红色、紫色、朱红色、纯白色的线。他所说的罩子也是用和帘子同样的材料织成的，位于里面，覆盖四根柱子，外面五根柱子也有罩子覆盖，所以，未被祝圣的人甚至想远远地看一眼圣所也不可能。

【18】[88] 在选择织物的材料时，他从大量材料中选择了四种，与构成世界的基本元素——土、水、气、火——的数目相等，这些材料还与这些元素有确定的关系：亚麻布色或者纯白色出于土，紫色出于水，暗红色与气相

---

① 本章参见《出埃及记》26：1—14。

② 1，2，4，7，14 之和等于 28。

③ “自然实验室”指母腹，妇女的妊娠期约四十周，或者约十个月。

近，天然的气就是黑色的，而朱红色像火，因为二者都是鲜红色。在建造一座人造圣殿、献给万物之父和统治者的时候，他应当使用这位统治者创造万物时使用的那些东西。[89] 所以，按照上述方式建造的帐幕与圣殿相仿。① 它的圣所包含一个长一百肘尺、宽五十肘尺的区域，柱子的间距是五肘尺，总间距就是六十肘尺，长边为四十肘尺，宽边为二十肘尺，两边的宽度均为长度的一半。[90]这些柱子的材料是包银的皂荚木，所有底座都是黄铜造的，高五肘尺。这位工艺大师认为，被他称做院子的建筑高度应当减半，这样的话，帐幕的高度就是它的两倍，看起来更加引人注目。五幅亚麻幔子就像船帆一样挂在柱子上，长宽相连，亦成整幅，叫不洁净者不得入内。

【19】[91] 这个建造计划有如下述。帐幕本身设在中央，三十肘尺长，十肘尺宽，包括柱子的厚度。从三个点来看，即帐幕两条长边的端点和后院到院子边的距离是一样的，都是二十肘尺。而在入口处，间距就要大得多，有五十肘尺，考虑到进来的人数众多，这样的设置是合理的。增加了这个间距，院子的长度为一百肘尺，后院为二十肘尺，帐幕为三十肘尺，加上入口处的五十肘尺。[92] 帐幕的入口设在两个五十肘尺之间，作为分界线，也就是说东半边五十肘尺处是入口，而西半边的五十肘尺由帐幕和帐幕后面的区域组成。[93] 在通向院子的入口处开头的地方，建有另外一个非常漂亮的大型入口，由四根柱子组成，每根柱子上包裹着一幅彩色织物，与帐幕里面的幔子织法一样，使用的材料也一样。[94] 与这些建筑一道，还制造了圣洁的器皿，有约柜、灯台、桌子、香坛和祭坛，焚烧馨香和供品。用于焚烧供品的祭坛位于露天，与帐幕的门相对，② 它们的距离使事奉者有足够的空间做日常献祭之工。

【20】[95] 那只约柜放在至圣所的禁地里，位于帘子里面。约柜里外都包上精金，还用盖子盖住，圣书称这盖子为施恩座。[96] 圣书提到施恩座

---

① 参见《出埃及记》27：9—18。

② 参见《出埃及记》40：6，29。

的长度和宽度，但是没有提到厚度，由此可见它非常类似几何学中的平面。在神学意义上，它似乎象征神的恩赐权能；在属人的意义上，它代表高贵的心灵，心灵对自身仁慈，感到有责任借助知识压制并摧毁狂妄的自负，因为出于虚妄的爱，自负盲目得意，抬高自己，骄傲自大。[97] 约柜本身乃是律法的保险箱，里面存放着神交付的圣谕。而它的盖子，即所谓施恩座，用来支撑两只带羽翼的动物，它们在希伯来语中称做基路伯，而我们应当把它们叫做“认知”和完备的“知识”。①[98] 有些人认为，由于它们被面对面地安放，所以它们象征两个半球，大地之上的半球和大地之下的半球，而整个天空长有翅膀。[99] 但我本人却认为，它们喻意自有永有者的两种最令人敬畏和最高的权能，即创造的权能和做王的权能。神的创造的权能被称做神，因为祂借助这种权能创造、安排并规范这个宇宙，而祂作为王的权能被称做主，因为祂用这种权能管理已经生成的万物，一以贯之，用公正进行统治。[100] 既然只有祂是真正的在者，所以毫无疑问祂也是造物主，是祂使原本不存在的东西存在，祂也是万物本性上的王，没有谁能比造物主更加公正地管理一切受造之物。

【21】[101] 他把上面提到的其他三样用品放在第四根和第五根柱子之间，这个地方可以适当地称做神殿的前厅，用两块织物隔开，一块织物在里，一块织物在外，分别称做帘子和罩棚。② 他把香坛放在中间，象征对土和水的感恩，我们从这两种元素获得好处，而宇宙的中央位置本来就是分派给它们的。③[102] 他把灯台安放在南面，表示放光天体的运动；因为日月星辰在远离北方的南方环行。[103]灯台的主干分出六个枝了，两边各三个，这样枝干的总数就是七个；在所有枝子上装上灯和蜡烛架，象征有知识的人所说的行星。太阳就像灯台的枝干，在六个枝子中位于第四，它放出光芒照

---

① 或者译为“完备的知识和众多的技艺”。这两个词不是对两个基路伯的喻意解释，斐洛只是认为希伯来词有这样的含义。

② 参见《出埃及记》30：1 以下。

③ 参见《出埃及记》25：31 以下。

耀着上面三个枝子和下面三个枝子，把这架真正神圣的乐器调到完全和谐的程度。

【22】[104] 桌子被安放在北边，① 桌上有饼和盐，因为北风就是最能给我们带来食物的风，食物来自天和地，一个降雨，一个得到雨水浇灌之后使种子长成果实。[105] 与桌子一起摆设的是象征天地的东西，如我们所说，烛台象征天，烛台的组成部分象征地，因为烛台会产生蒸汽，所以烛台可以被恰当地称做蒸汽看守者或者香坛。[106] 他通常用意思是献祭看守者的一个名称来称呼放在露天院子里的大祭坛，因此，当他谈到吞噬牺牲的祭坛是牺牲的看守和护卫时，他指的不是本性要被火吞噬的牺牲的部分和肢体，而是指奉献者的意图。[107] 如果崇拜者没有仁慈心或正义，那么献祭就不是献祭，神圣的祭品就是亵渎神的祭品，祈祷就是包含恶兆的话语，彻底的毁灭就要临到他们头上。因为，献祭若只是外在的表象，那么它就不意味着赦免，而是提醒人们想起过去的罪恶。[108] 但若他是清心的和公正的，那么献祭就牢固了，纵然祭品被焚毁，或者说，哪怕祭品根本没有放到祭坛上。这是因为，真正的祭品，不就是神所钟爱的灵魂的奉献吗？这样的灵魂献上的感恩祭将会得到不朽，并被刻入神的名册，分享日月和整个宇宙的永生。

【23】[109] 此后，② 这位大师为将来的大祭司准备了一套袍服，质地精良、样式华美。它由两件衣服组成，一件称做外袍，另一件称做以弗得③。[110] 外袍的样式相对单调，因为它全部是暗红色的，只在最底端镶有金色的石榴和铃铛，织有花样。[111] 以弗得是一件非常富丽堂皇的艺术品，制作者对我们上面提到的各种材料拥有完备的知识，亦即暗红色、紫色、纯白色和朱红色的麻线，用金线把它们编织在一起。因为金线是用金叶捻成的，与各种颜色的麻线交织在一起。[112] 以弗得的两条肩带上饰有两块非常昂贵的绿宝石，宝石上刻着先祖的名字，一头六个，共十二个名字。胸口镶有

① 参见《出埃及记》25：23 以下。

② 本章参见《出埃及记》第 28 章。

③ “以弗得”的字面含义是“披肩”，有人认为是一种马甲，还有人认为是一种围裙。

另外十二块不同颜色的宝石，像图标似的，排成四行，每行三块。这些都镶嵌在他所谓的“理智之所”① 上面。[113] 这胸牌是四方的，叠为两层，供奉两种美德，一种是“清晰的展示”，一种是“真理”。② 整个胸牌用金环与以弗得相连，连接得非常牢固，没有缝隙，不会松开。[114] 还有一面金牌，③ 做成花冠的样子，有四个切口，牌上刻着只有耳朵和舌头都得了洁净的人才能在圣所里听和说的名字，其他人在别的地方都不能听和说。[115] 这个名字有四个字母，④ 这位学过神圣真理的大师说。也许是他把最先的四个数字，一、二、三、四，拿来作为象征符号；因为几何学上的点、线、面、体囊括万物，四里面包含了一切。音乐里最和谐的也是四分音、五分音、八分音和十六分音，其比例分别是四比三、三比二、二比一、四比一。四还有其他无数的优点，其中大部分在我那篇论数字的专文中已经做过详尽阐述。⑤ [116] 为了防止这块金牌碰到头，头冠下面有一条头带。此外，还做了头巾，因为东方的君主通常都戴头巾，而不是戴头冠。

【24】[117] 这就是大祭司的袍服。不过，我必须说一下它，以及它的各个部分的含义。我们认为，它的整体和部分典型地象征这个世界及其各个部分。让我们从这件长可及脚跟的袍子说起。[118] 这件袍子全部是用紫色麻线织成的，因此它是气的影像，因为气在本性上是黑色的；所以对一件长可及脚跟的袍子也可以这样说，因为气从月亮下面的区域延伸至地球各极，并且散布到所有地方。因此，这件袍子也从胸口一直延伸到脚跟，包裹整个身体。[119] 在袍子的踝关节处，醒目地绣着石榴、花和铃铛。花代表

---

① 即胸牌。

② 即乌陵和土明。参见《出埃及记》28：30。“又要将乌陵和土明放在决断的胸牌里，亚伦进到耶和华面前的时候，要戴在胸前，在耶和华面前常将以色列人的决断牌戴在胸前。”

③ 参见《出埃及记》28：36。“你要用精金作一面牌，在上面按刻图书之法刻着归耶和华为圣。”

④ 这里表达的观念很传统，认为刻在金牌上的四字母词 YHVH 不是出于希腊文本，也不是出于希伯来文本的“归耶和华为圣”，参见下面第 26 章。

⑤ 指斐洛《论创世》第 52 章里提到的“专门论文”。

土地，因为所有花和生长之物都来自于土；石榴或果子象征流动的水，果汁是流动的，所以这样的称呼是恰当的；而铃铛象征二者和谐的联合，因为没有水，生命不能从土里产生；没有土，生命也不能从水中产生，唯有二者结合为一，才能创造生命。[120] 它们的位置最清楚地证明了这种解释。这是因为，正如石榴、花边和铃铛位于长袍底端，它们所代表的东西，即土和水，在宇宙中同样位于最低的位置，在与万物大全的和谐一致中展现它们在固定的和适当的时令轮回中所具有的多种力量。[121] 这就证明了，从土、水、气这三种元素中生成一切必死可灭的生命形式，那件长袍，包括脚踝处的袍边，象征这三种元素，我们注意到这件袍子是一体的，而三种所说的元素也属于同一类，因为月光下的东西都是变动不居的，就如石榴和花样紧紧连接着衣袍，所以在一定意义上，土和水也悬挂在气上，气的作用就是支撑它们。[122] 至于以弗得，考虑到各种可能，可以说它象征天。首先，肩带上的两颗圆形的绿宝石，如有些人所认为的那样，象征支配白昼和黑夜的两个天体，即太阳和月亮，或者按照更加接近真相的说法，象征天穹的两个半球。因为，正如这些宝石彼此相等，大地以上的半球和大地以下的半球也相等，哪一个也不会像月亮那样有盈亏圆缺。[123] 它们的颜色也提供了类似的证明，因为整个天空呈现在我们的眼睛里就像绿宝石。每块宝石上还必须刻上六个名字，因为每一个半球也把黄道带分成两个部分，每个部分有六个宫。[124]其次，胸牌上的宝石的颜色各不相同，它们排成四行，每行三颗，它们所象征的不就是黄道带吗？因为这个带状区域分成四个部分，每一部分由三个宫构成，这四个部分构成一年里的四季：春、夏、秋、冬；四季各自的变化取决于三个宫，通过太阳依据数学法则的自转而为我们所知，太阳是不可动摇的，不可改变的，真正神圣的。[125] 因此，它们也和被正确地称为理智之所的东西相对应，因为正是有序的、牢固确立的理智原则创造出四季及其变化。而最奇怪的事情是，正是这种季节性的变化证明了它们的持久永恒。[126]十二颗宝石各有不同的颜色，彼此迥异，这一点确实很了不起，令人叹为观止。因为黄道带的每个宫也是这样，会在气、土、水和它们的各个阶段产生自己独特的颜色，在不同的动物和植物中亦如此。

【25】[127] 还有一点会在这个“理智之所”加倍，因为理智原则是双重的，既在宇宙中，又在人性中。在宇宙中，我们发现它以一种形式处理无形体的、原型的型相，理智世界由型相组成，而以另一种形式处理有形体的、可见的对象，它们是那些型相的摹本和肖像，这个可感世界就出自这些摹本。涉及人，它以一种形式居住在人里面，以另一种形式通过说话而出到外面来。前者就像一道清泉，后者是前者的源泉，说话就是从前者流出。居于支配地位的心灵位于里面，舌头、嘴巴和其他发音器官位于外面。[128] 这位大师还非常恰当地把四方形指定给理智之所，以此象征理智的原则，原则无论在自然中还是在人身上，必须在任何地方坚定不移，在任何方面不会动摇；因此，他把上面提到名称的两种美德，清晰地展示和真理，指派给理智的原则。因为，理智的原则在本性上是真实的，能够清晰地展示一切事物，而在贤人身上，作为另一种美德的摹本，以荣耀真理、使之完全脱离谬误为己任，不会让他嫉妒任何一旦显明就必对聆听者有益的事物，免得陷于黑暗。[129] 与此同时，我们每个人身上的理智有两种形式，外在的言语和内在的思想，他把两种美德分别交给二者，作为它们各自的特性；交给言语的是清晰的展示，交给思考着的心灵的是真理。思维的职责是不接受谬误，语言的职责是运用一切有用的词汇清晰而准确地展现事实。[130] 然而，理智的高调宣称无论如何可敬和卓越，随后若无相应的行为，理智就毫无价值。因此，由于在他的判断中，语言和思想决不应当与行动分离，所以他就把理智之所紧紧地系在以弗得上，或者系在肩带上，不让它松弛。因为他把肩膀看做是行为和活动的象征。

【26】[131] 这就是他用圣衣的形像所要表示的观念；至于他为祭司设计了头巾，而不是头冠，那是因为他表达了自己的判断，凡是向神祝圣而担当祭司的人高于其他所有人，不仅高于普通的平信徒，而且高于国王。[132] 头巾上面是一块金牌，金牌上刻着四个字母，如我们所知，它们表示那自存者的名字，这块金牌给人印象深刻，意思是任何事物若不求告祂，就不可能

存在；因为正是祂的善良和仁慈的权能使万物联系结合在一起。[133] 这就是大祭司准备履行圣职时的着装，为的是当他进入圣所献上祖传的祷告和祭祀时，可以带着整个宇宙一同进去，他的着装显现着宇宙的形像，长袍表示气，石榴表示水，花边表示土，朱红色表示火，以弗得表示天空，肩头的圆形宝石，每颗刻有六个名字，表示相似的两个半球，胸牌上的十二块宝石，排成四行，每行三块，表示黄道带，理智之所表示把万物结合起来并管理它们的那个理智。[134] 已经向世界之父祝圣的人必定需要父的儿子连同他所有完备的美德来为他的事业恳求，不再记得罪过，让美好的恩赐丰盛地降临。[135] 他也许打算让神的仆人学习这样的教训，哪怕他没有能力与这个世界的造物主相配，但无论如何也要与这个世界完全相配。因为他穿了一件象征这个世界的衣服，他的首要职责就是把这种样式铭记在心，从而在一定意义上把它从人的本质转化为世界的本质；如果有人胆敢说他本人就是一个小世界，小宇宙，那么只要说的是真理，他就应当完全大胆地说出来。

【27】[136] 门外入口处有一只黄铜的水盆，在制造这只水盆时，这位大师没有像通常那样使用粗糙的原料，而是用其他已经制造好的精致的私人物品当原料。这些物品是那些充满热情的妇女们拿来的，她们在虔敬方面堪与男人相媲美，决心要赢得美德大奖，渴望尽一切力量使自己在圣洁方面不亚于男人。[137] 因为她们不是接受别人的命令，而是完全出于自发的热情，把她们打扮自己美好容貌时使用的铜镜捐献出来，这是她们婚姻生活中的端庄和贞洁所献的真正恰当的初熟果实，也是她们心灵之美献出的初熟果实。[138] 这位大师认为应当接受这些东西，把它们熔化，制造水盆，而不是制造别的东西，用来洁净将要进入圣殿主持既定仪式的祭司，尤其是洗手和洗脚；这是一个象征纯洁无瑕的生命符号，这个生命在清洁的岁月中做出值得赞扬的行为，通过美德高地，行走在平坦的直道上，而不是行走在崎岖不平的小路上，乃至于在无路可走的恶的荒野之中行走。[139]他的意思是，让那些从水里得了洁净的人能够想到这件器皿的材料原来是镜子，到了最后他本人也能像看镜子一样看到自己的心灵；如果有什么非理智的情欲污点出

现，无论是由于快乐而把自己提升到本性不允许的高度，还是相反，还是由于痛苦而使他退缩，把他压倒，或者出于畏惧，偏离他面前的直路，走了弯路，或者由于欲望，拉着他朝向那些尚未获得的事物，那么他会努力医治痛处，清除污点，希望能够获得真正的美。[140] 身体之美在于身体各部分比例匀称，皮肤细腻，身体健康，但它的花季很短。而心灵之美在于信条的一致和美德的和谐。时间的流逝不能使它枯萎，在漫漫岁月中，它永葆青春，它的饰品是真理的亮丽色彩，行为与言语一致，言语与行为一致，进而达到思想和动机与二者相一致。

【28】[141] 等他学会了神圣帐幕的范型，他又把这些教导传授给那些理智敏锐、拥有天赋的人，让他们担当和完成这项工作，因为他们的手艺对这项工作来说是必要的，这项神圣的建筑要按照自然的顺序来建造。下一步要做的是，挑选最恰当的人做祭司，让他们了解如何在最佳时间，带着供品来到坛前，履行圣洁的仪式。[142] 于是，他按照功德，从全民中挑选了他的兄弟做大祭司，又任命他兄弟的儿子做祭司，他这样做并非对自己的家族有什么偏爱，而是喜爱他从他们的品性中观察到的虔敬和圣洁。下列事实可以清楚地表明这一点。他自己有两个儿子，但他认为他们谁也不配享有这样的声望，倘若他注重家庭亲情，那么他很可能会先选择他们俩。①[143] 征得全民同意以后，他们举行了祭司就职仪式，根据神谕给予的指令，他们以全新的方式就任，这是值得记载的。首先，他用最纯净、最新鲜的泉水给他们洗涤，然后给他们穿上圣衣；他给他的兄弟穿上那件用多种手艺织成的象征宇宙的长袍，也就是那件长及脚跟的外袍和绣有胸牌的以弗得；他给他的侄子们穿上细麻长袍，给所有三人系上腰带和穿上马裤。[144] 系腰带的目的是束紧袍子，以便做起圣事来不受影响；穿马裤是为了遮掩出于礼貌不能被别人看见的地方，尤其是他们要上下圣坛，快速走动。[145] 试想，他们的衣服若不能穿得如此服帖，能够预防不可预知的事件发生，他们就有可能

① 由此处到第 29 章末，参见《出埃及记》第 29 章，《利未记》第 8 章。

在热心而快速地履行职责的过程中裸露身体的某些部分，无法保持祝圣之地和祝圣之人的庄重。

【29】[146] 给他们穿好这些服饰以后，他拿来一些芳香异常的油，这些油由香料制造者精心合成，首先，用于放在院子里的物件，即大祭坛和水盆，向它们洒油七次；然后给帐幕和每件圣物洒油，约柜、蜡台、香坛、桌子、酒杯或酒碗、小瓶，以及所有在祭祀中需要或者有用的物件；最后，他来到大祭司面前，用大量油膏给大祭司抹头。[147]虔敬地做完这一切以后，他吩咐献上一头公牛和两只公羊。献公牛的目的是免罪，通过这一形像表明，罪是一切受造物天生的，甚至可以说，正因为它们是受造的，所以它们有罪；由于有这些罪，所以要通过祷告和献祭安抚神，免得激起祂的愤怒，降祸于人。[148] 关于公羊，一只作为完整的燔祭献上，感谢祂对宇宙大全的安排，我们每个人都按各自分得的部分得到恩赐，从各种元素受益：从土，我们得到居所和大地出产的食物；从水，我们得到饮用、清洗和航行；从气，我们能够呼吸，感官能够感知，所有感官都借助空气运行，气还给了我们一年四季；从通常所用的火，我们烧饭和取暖，从天上各种变化的火，我们得到光明，万物变得清晰可见。[149] 他献上另一只公羊，代表那些神的仆人和执事，他们为了自己的完善而借助神圣的洁净礼，这和他们要承担的职责相适应。[150] 然后，他取了公羊的血，洒了一部分在祭坛周围，其余的装入他藏在下面的小瓶里，把它抹在那些被接纳为祭司的人的身体的三个地方，耳垂、手尖、脚尖，全都在右边。以这一形像，他表示完全成圣的人必须在言语、行为和整个生命上都纯洁；因为言语靠听力来判断，手是行为的象征，脚是生命旅程的象征。[151] 此外，每个部位都要抹在底端，而且是在右边，我们必须认为这里指明了这样一个真理，万物之改善都需要一个灵巧的、习惯用右手的灵，力求达到幸福的极致，持之以恒地坚守目标，一切行为都指向它，就像弓箭手，把所有箭都射向生命的目标。

【30】[152] 所以，他的第一步是取来被称做成全之羊的单个牺牲未经混合的血，把血洒在上面提到的祭司身体的三个部位。然后，他在祭坛上取

了一些来自所有牺牲的血，再取一些上面提到的香料制造者配好的香油，把油和血混合。接着，他用这混合物洒在祭司和他们的衣服上，希望他们藉此不仅分有外部院子的圣洁，也分有里面圣所的圣洁，因为他们还要进到里面当执事，里面的所有物件都已经抹了油。[153] 还有其他一些献祭，有些是祭司代表他们自己奉献的，有些是全体长老代表整个民族奉献的。在此之后，摩西带着他的兄弟进入帐幕。这是第八天，也是节庆的最后一天，前面七天他一直在向他的兄弟和侄子传授奥秘，引导他们施行神圣的秘仪。进入帐幕以后，就像好老师教导聪明的学生，他指示大祭司该如何履行至圣所里的崇拜仪式。[154] 然后，他们俩走了出来，并向前方伸出双手，用极其真诚而纯洁的心作适合民族需要的祷告。当他们还在祷告的时候，一项巨大的奇迹发生了。圣所里突然出现了一团火焰。无论它是以太这种最纯净的实在的碎片，还是由于元素的自然转化，气转变成火，突然熊熊燃烧，并且凶猛地扑过来，落在祭坛上，烧毁祭坛上的一切，我想，这就清楚地证明所有这些仪式并非没有神的关注和监管。[155] 圣地有某种特殊的恩赐，高于人的技艺所能给予的东西，通过最纯洁的火元素，祭坛得以避免与日常使用的普通火接触，这也许是由于这样的火与众多的邪恶相连，这是很自然的。[156] 火的活动不仅用于低级动物，烤或煮它们的时候要用火，以满足可怜肚腹的残忍欲望，而且用来屠杀人类，有些人会设计用火烧死人，不是三四个人，而是成千上万，乃至无数。[157] 此前我们知道，带火把的箭能够烧毁装满人的船队，还能摧毁整座城邑，一直烧到房子的根基，使城里的一切化为灰烬，不留下任何痕迹能表明这里过去曾经有人居住。[158] 我想，就是由于这个原因，神要把日常使用的火从祂最纯洁而又神圣的祭坛上赶走，并降下属天火焰取代日常之火，以区分圣洁的火与不洁的火，属人的火与属神的火。因为对献祭的供品使用不易熄灭之火，而不是使用促进人类生活需要之火，这样做是恰当的。

【31】[159] 每天都必须献上许多祭品，尤其是在公众聚会和各种节庆的时候，有些是个人奉献的，有些是代表共同体奉献的，奉献的理由五花八

门，各不相同。人口如此众多的民族所表现出来的这种虔敬要求圣殿里有许多人事奉，在圣事上提供帮助。[160] 挑选这些人又是一个十分新奇和非凡的过程。他从十二个支派中挑选了一个最值得称道的支派，任命他们担当这一职责，作为对他们的奖赏和回报，因为他们的行为令神喜悦。①[161] 有关这一行为的故事如下：摩西上到山上，留在那里多日，与神密谈，没有下来，这个时候那些本性不稳的人认为他不在是个好机会，迫不及待地行起放肆不敬的事来，好像权威已经不再存在，忘了他们曾对自在者怀有的崇敬，变成了埃及寓言的热心崇拜者。[162] 后来他们仿造在那个国家被奉为神圣的动物，造了金牛犊，然后奉献不是献祭的献祭，组建不是唱诗班的唱诗班，他们唱起颂歌，却酷似哀歌，他们狂饮烈酒，烈酒使他们沉醉，愚蠢使他们迷狂，他们被这双重迷狂压倒。就这样，他们狂欢作乐，通宵达旦，对将来毫不警觉，与令他们快乐的邪恶结合，而公正的、无形体的监视者和他们应得的惩罚，却在那里准备发起攻击。[163] 他们一大群人聚在营帐里，一起不断地发出尖叫声，这声音传得很远很远，甚至在山顶上也能听见，当它撞击摩西的耳朵时，他正陷于困境，处于神对他的爱和他对人的爱之间的两难境地。他无法忍受抛开与神的交谈，那是私密的交谈，没有任何他者在场，但他也无法做到不顾众人，他们在群龙无首的混乱状态下会产生种种不幸。[164] 他擅长在不连贯、无意义的声音里猜到在别人看来模糊的、看不见的内心情欲的明显标志，所以他一听到喧哗吵闹声就知道背后的原因，就明白是醉酒引起了普遍的混乱，因为放纵产生饱足，饱足产生骚乱。[165] 所以，他被自身的两边一会儿往前拉，一会儿往后拉，使他朝向这里或那里，不知如何是好。正当他思量不定的时候，神圣的话语来了："快离开这里，下山去。百姓们正在追随不法之事。他们造了一个神，是人手的作品，有牛的样子，并向这不是神的神下拜和献祭，忘了他们所见过也听过的虔敬有多大的力量。"[166] 他感到沮丧，不得不相信那些不可思议的事情，然

---

① 由此处至第 32 章，参见《出埃及记》32。

而他要做中保和调解人，所以他并没有马上离开，而是首先祈祷和求援，恳请能够赦免他们的罪。然后，等这位保护者和代求者使统治者的愤怒缓解了，他才带着混合着喜乐和沮丧的心情往回赶。他感到喜乐是因为神接受了他的祷告，而民众的悖逆使他心里充满沮丧，他感到心情无比沉重，随时都会爆发。

【32】［167］等他回到营房里，看到众人的突然悖逆和幻想，不禁大为吃惊，这些事情与他们曾经追求过的真理大相径庭。他注意到，这种腐化的风气虽然已经传给众人，但有些人的心理仍旧是健全的，对邪恶抱有仇恨。所以他想把那些不可治愈之人与那些不乐意看到这种行为的人区别开来，与那些虽然犯了罪，但却改悔了的人区别开来，于是他发出通告，就像扔出一块探路石，想要准确地试探各人到底是倾向虔敬，还是倾向它的反面。［168］他说："凡属主的，都要到我这里来。"确实，尽管只有寥寥数语，却包含着丰富的含义，其主旨是："人手所造的作品，以及一切被造物，没有一个是神，只有一位神，亦即宇宙的统治者，凡是这样认为的人，就让他到我这里来。"［169］其他有些人由于致力于埃及的虚妄，变得喜好反叛，对他的话无动于衷，而有些人可能是出于对惩罚的畏惧，没有勇气站到他身边来，要么是害怕在摩西手上遭受报复，要么是害怕遭到反叛暴民的屠杀。因为民众往往会攻击那些拒绝与他们一样疯狂的人。［170］在所有人中间，只有一个支派，那就是著名的利未人，一听到摩西的通告就全速奔跑过来，就像一支军队，只要一个信号就使他们行动起来，他们的快捷表明了他们的热心和敦促他们走向虔敬的内在热切之情。［171］看到他们像赛跑者一样从起点冲过来，摩西就喊道："使你们奔向这里的速度无论是只存在于你们身上，还是也存在于你们心中，马上就会见分晓。你们各自拿起自己的刀，杀死那些恶人，他们的行为让他们该死上一千次，他们离弃真神，用可朽坏的被造物制造诸神，虚假地称之为神，冠以属于不朽者和非受造者特有的头衔。没错，杀死他们，尽管他们是亲人和朋友，但你们要相信善人之间没有亲情和友谊，只有虔敬。"［172］他们对他的劝诫已有准备，因为几乎从最初看见

那些人的冒犯行为起，他们就已经敌视那些人，于是他们大肆屠杀那些原本是他们至亲的人，多达三千人。这些人的尸体堆放在市场中央，众人看见以后对他们产生同情，但那些仍旧处于激昂和愤怒之中的杀手又使众人感到害怕，恐惧使他们变得聪明。[173] 摩西赞赏这种英勇行为，设想并确认与得胜者的这种行为完全相配的奖赏。没错，那些自愿拿起武器为神的荣耀而战、如此迅速取得胜利的人，应当接受祭司之职，配得上被提升为神的执事。

【33】[174] 被祝圣的人并非全部属于同一个等级。他们包括两部分人，一部分接受委派进入至圣所，祷告、献祭、执行其他圣礼，另一部分人被称做圣殿事奉者，他们没有执行圣礼的职责，但是日夜看守圣所以及照料里面的物件。由于这个原因，在许多地方给许多人造成无数麻烦的争夺优先权的斗争也在这里找到了滋生的土壤。圣殿事奉者站起来反对祭司，想要夺取他们的优先权，并且希望能够轻而易举地做到这一点，因为事奉者在人数上要比对方多出许多。[175] 为了防止人们认为这场骚乱是他们特有的阴谋，他们说服了十二支派中资格较老的支派与他们合作共事，这一支派有许多没有头脑的事奉者，他们以为自己能够把优先权拿过来，作为自己生来就有的权利。[176] 摩西从中察觉到一场针对他本人的猛烈攻击正在发起，因为他根据赐予他的神谕挑选了自己的兄弟做大祭司。但是有用心险恶的谣言说他假造神谕，说他挑选自己的兄弟是出于家庭亲情。[177] 他当然对此感到痛心，不仅因为他通过如此众多的证据表明自己的良好信念，却仍旧不被他们信任，而且因为这种不信还延伸到有关神的尊荣的行为，这种行为本身就能确保其真实性，哪怕是在其他一切事情上都作假的人在这些行为中也会很诚实，因为真理乃是神的侍从。但是，他认为用语言向他们解释自己的动机不太合适，因为他知道试图改变那些已经受制于相反观点的人的信念是徒劳无益的，所以他请求神用清晰的证据向他们表明他挑选祭司人选是诚实无欺的。[178] 神吩咐他拿来十二根木杖，对应十二个支派，在其中十一根木杖上，刻上各位长老的名字，在第十二根木杖上，刻上他的兄弟，也就是大祭

司的名字，然后把它们拿进圣殿里，一直拿进至圣所。摩西就按神所吩咐的去做，然后急切地等待结果。[179] 次日，受到神圣的激励和暗示，他让所有人都站在附近，他自己进去把木杖取了出来。其他木杖与先前没有任何分别，但是刻了他兄弟名字的那根木杖奇怪地发生了变化。就像一棵长势良好的植物，它长满了新芽，结满了果实。

【34】[180] 这些果子是坚果，其本性与其他果子正好相反，因为在大多数情况下，比如葡萄、橄榄、苹果，它们的种子与可以吃的部分有一定区别，而且它们的位置也不同，二者相互分离，可以吃的部分在外面，种子被包裹在里面。然而坚果不是这样，种子与可吃的部分是同一的，融合在一起，它们的位置也都在里面，受到双重保护和守卫，一层是非常厚的果壳，另一层是像木头那样的东西。[181] 它以这种方式象征完全的美德，这是因为，正如坚果的开端与终结是同一的，开端是种子，结局是果子，与此同理，美德也是如此。二者还有一个相同点，它们各自既是开端，又是终结；开端是说它来源于自己，而非来源于其他任何权能，终结是说它出于本性而渴望生命。[182] 这是用坚果象征美德的一个原因，但还有另外一个原因更加清楚。坚果的壳很苦，而像篱笆一样包裹果子的内层又极其坚硬；果肉被这两层东西包裹，所以要得到果肉很不容易。[183] 摩西在此发现了这个关于实践灵魂的比喻，他认为可以用这个比喻来鼓励灵魂追求美德，教导灵魂首先要忍受辛劳。辛劳是苦的、难的、硬的，但从辛劳中能够产生善良，而不会有任何软化。[184] 逃避辛劳，也就离弃了善良，只有耐心勇敢地忍受难以忍受的东西，才能通向赐福。在骄奢淫逸中生活的人，灵魂在日复一日无休止的奢侈中变得软弱无力，身体趋向于颓废，美德不可能住在身体里面；它必定会在正当理智的法庭上以此人滥用身体为理由与之脱离关系，然后去寻求另外的家。[185] 实际上，最圣洁的一群美德，公正、自制、勇敢、智慧，在实践者以及所有投身于艰苦朴素生活的人那里是相互联系在一起的，这样的生活就是自控、自制，以及简朴知足。依据这些美德，我们身上的最高权威，亦即理智，进到健康和幸福的状态，使威胁身体健康的可怕

危险化为乌有，大量的醉酒、暴食、淫荡和其他贪得无厌的欲望引发这些危险，导致身体粗壮肥胖，与敏捷的心灵为敌。[186] 还有，他们说，在按照常规春天发芽的所有树木中，杏树最先开花，给人以愉快的预告，说它不久以后会硕果累累，而且最后落叶，它朝气蓬勃、年复一年地开花结果，益寿延年。他用这些事实来比喻担任祭司的这个支派，指出它必定是整个人类中最先开花的，也是最后开花的，到了那个时候，无论何时，它必使神喜悦，使我们的生命像春天一样摆脱贪婪，而贪婪是我们阴险的敌人，是我们不幸的源头。

【35】[187] 我们在上面说过，真正完善的统治者要有四位助手。他必须拥有王的职分、立法的能力、祭司的职分、说预言的能力，就这样，作为立法者，他可以命令人们做该做的事，禁止人们做不该做的事；作为祭司，他不仅处理属人的事务，还处理属神的事务；作为先知，他在神的激励下宣告理智不能领悟之事。我已经讨论了前三者，说明摩西是最好的王、立法者和大祭司，现在我要接着往下总结，他还是一位拥有最高尚品质的先知。[188] 我完全明白写在圣书里的所有事情都是通过摩西传达的神谕，但我要把自己的初步评价局限于那些比较具有他个人特点的事情。所谓神圣的话语，有些是神亲自说的，以神的先知为解释者，有些是通过问答来显明的，还有些是摩西自己说的，在这个时候他被神凭附，失去自制。[189] 第一类神圣的话语绝对而又完全地揭示了神圣的美德、慈善和仁爱，凭着这些话，神鼓励所有人的行为要高尚，尤其是崇拜神的这个民族，神为他们开启了通向幸福的道路。[190] 在第二类神圣话语中，我们发现神和先知的结合与合作：先知就他孜孜以求的问题向神提问，而神作出回答，指点他。第三类神圣话语是立法者自己的话语：神把自己的预见能力赐给他，让他借助这种能力来显明将来的事情。[191] 第一类话语必须剔出讨论的范围。它们太伟大了，不是人的嘴唇所能称颂的；实际上，哪怕是天穹、世界和整个现存的宇宙，也几乎配不上赞美这类话语。此外，它们是通过一位解释者来表达的，而解释与预言不是一回事。我现在马上就要开始描述第二类话语，但要与第

三类话语交织在一起，因为在第三类话语中，说话者显然为神所凭附，这表明摩西在主要或者严格的意义上是个先知。

【36】[192] 为了履行诺言，我必须从下述事例开始。神圣的声音在四种情况下以问答的形式制定律法，从而具有混合的特点：一方面，先知在被神凭附的状态下提问，另一方面，天父回答他的问题，像朋友一样与他交谈，给他启示的话语。[193] 第一个事例讲的是这样一个人，不但摩西这个有史以来最圣洁的人会被他激怒，而且稍微敬神的人也会对他表示愤怒。① 这个出身卑贱的人是一桩不相配的婚姻的产物，他的父亲是埃及人，母亲是犹太人，如我们所读到的那样，他蔑视母系方面的祖传习俗，转向埃及人的不虔敬，接受那个民族的无神论。[194] 在诸民族中，几乎只有埃及人把大地立为能够挑战天穹的权能。他们认为应当把大地敬为神灵，而拒绝赋予天穹任何荣耀，似乎尊敬最外面的区域而不是尊敬尊贵的宫殿是正当的行为。在宇宙中，天穹是一所最圣洁的宫殿，而大地是外部区域，其本身诚然也是可敬的，但与以太相比，就要卑微得多，就好像黑暗与光明相比，夜晚与白昼相比，可朽的与不朽的相比，凡人与神相比。[195] 埃及人会有另外的想法，这是因为，他们的田地不像其他国家的田地那样，靠天上降下的雨水浇灌，而是靠江河的泛滥，每年都会有积水，所以他们说到尼罗河的时候，就以为它与天空相匹配，因此认为应当把它神化，他们在谈论田地的时候也使用极其尊贵的词汇。

【37】[196] 看哪，这个杂种与民众中有见地和知识的人争吵起来，大发脾气，无法控制自己，他还在埃及无神论的怂恿下，把对大地的不敬扩展到对天穹的不敬，用他的灵魂、舌头和所有语言器官进行诅咒，出于太多的邪恶，他用肮脏可憎的话语诅咒神，要知道，对于神，哪怕想要赞美祂，也不是人人都可以做的，只有最优秀的人才有这样的特权，甚至必须是那些得到完全彻底洁净的人。[197] 因此，摩西对他的疯狂和极端厚颜无耻感到震

① 参见《出埃及记》24：10—16。

惊，尽管义愤之灵在他心中很强大，他也愿意能够亲手清除他，但他还是担心惩罚太轻；因为要想提出适用如此不敬者的惩罚措施，超出了人力的范围。[198] 不敬神意味着不敬父母、国家和恩人。如果是这样的话，这个不但不敬神，而且还胆敢辱骂神的人，该堕落到何等地步？然而，与诅咒相比，辱骂只是轻罪。虚妄的舌头和放肆的嘴巴致力于无法无天的荒唐行径，这个时候他必定可怕地违背了道德律令。[199] 你这个家伙，回答我，有谁敢诅咒神？你能求告哪个神来进行你的诅咒？你难道能求告神的帮助来诅咒神吗？让这些亵渎而邪恶的念头见鬼去吧！但愿不幸的灵魂能洁净自身，通过迟钝的感官耳朵的帮助，听到这样的话能变得怒不可遏。[200] 说出如此亵渎神明之话语的舌头，难道不是麻痹的舌头？准备听从亵渎之语的耳朵岂不是闭塞的耳朵？它们若不是由公正所提供的，很可能就会是这样；公正认为，在极善或极恶的事物上面，不可以遮盖任何帕子，而要对它们进行最清楚的试验，检验它们是善还是恶，以便惩恶扬善。[201] 因此，摩西下令将此人拖入牢中，戴上锁链，然后恳求神的仁慈，请求祂赐给感官以力量，使我们能够看见按理不能看见、听见按理不能听见的东西，指示我们如何处置这个罪人，他犯下的罪行如此不虔敬、邪恶、闻所未闻、难以置信。[202] 神命令说应当用石头打死这个人，我在想，用石头打击灵魂坚硬得像石头一样的人是完全适当的，同时也希望所有人都来参与这项复仇的工作。这些人，如神所知，对这个罪人深恶痛绝，巴不得他死。而朝他扔石头这种刑罚显然是唯一能让成千上万的人共同参与的惩罚方式。[203] 惩治这个不敬的恶人以后，新的法令就起草确立了。在此之前，似乎并不需要这样的法令。但出乎意料的骚乱要求新的律法来遏制不法行为。由此颁布以下这条律法：凡诅咒神的，必担当他的罪，那直呼主名的，必被治死。[①] [204] 你说得好极了，最智慧的人！只有你痛饮了原汁原味的智慧之酒。你认为，呼名比诅咒更加恶劣，因为你不可能判一个犯了最大的不虔敬之罪的人以轻刑，把他

① 参见《利未记》24：15，16。

的罪列为轻罪，而你原先的法令要对一个犯了轻罪的人处以极刑。

【38】[205]不，他在这里用神这个词指的不是首要之神，宇宙的生育者，而是指不同城邦的众神，称之为神是虚假的，它们只是画匠和雕刻匠制造出来的图像。我们知道，这个世界充满木头和石头制造的偶像，以及诸如此类的造像。我们必须约束自己，不可侮辱它们，免得摩西的门徒养成习惯，说到神的名称时就表示轻蔑，而这个名称配得上最大的尊敬和爱戴。[206] 但若有人，不要说亵渎众神和凡人之主，就是胆敢不合时宜地称呼神的名，也要把他治死。[207]这是因为，以我们自己的父母为例，尽管他们只是凡人，但所有对父母抱着应有尊敬的人，都不会直呼他们个人的名字，而是用表示血缘关系的术语——父亲和母亲——来称呼他们，这种称呼既可以表现出间接承认父母所给予的无可比拟的恩惠，也可以表达他们自己一如既往的感恩之心。[208] 人们对父母尚且如此，对那些鲁莽的、不计后果的舌头不合时宜地乱用最圣洁的神的名字，把它当做纯粹咒语的人，我们难道认为还可以宽恕吗？

【39】[209] 把这样的荣耀归于万物之父母以后，先知开始放大圣七日，他用敏锐的眼光观看印在天空和整个世界、铭刻于自然本身的神奇美貌。[210] 他发现，首先，自然没有母亲，她不是从母亲而来，只从父亲而来，她不经生育，有出生却不经肚腹。其次，他看见的还不只这些，自然不仅可爱、没有母亲，而且还是永远的童贞女，既非从母亲而来，自己也不当母亲生育，既非从朽坏而来，亦非注定要遭受朽坏。最后，他在仔细观察自然的时候，在她里面看到了整个世界的诞生，① 这个日子普天同庆，大地和大地上的万物也庆祝这个日子，对这完全和谐的神圣数字大为喜乐，极为赞美。[211] 由于这个原因，在所有事务中都表现得非同凡响的摩西决定，凡是在他的自由民花名册上登记的、遵守自然律法的人，都要放下手头营利的工作和各种生计，在这段愉快欢乐的时间里大力庆祝，享受脱离辛苦劳作、解除

① 参见本文第一卷第 207 节。

疲惫和焦虑的轻松和愉悦。但是，享受这种闲暇不可像有些人那样，在运动中、在喜剧表演中、在跳舞中剧烈狂笑，也不可像渴望表演的傻瓜那样在舞台上浪费精力，跳到几乎要死的地步，这种安息不能通过听觉和视觉把它们的自然女王，亦即灵魂，降低到奴仆的地位，而只能在追求智慧中获得享受。[212] 这种智慧肯定不是咬文嚼字者和诡辩家构造出来的体系，他们出卖自己的理论和观点，就像在市场上出售商品，他们一直在使哲学与哲学对立，但却不感到脸红，哦，大地啊，太阳啊，为了获得并享有幸福，真正的哲学是用三股线——思想、语言和行为——编织起来的。[213] 有某个人无视圣七日的法令，① 尽管神圣的法令不断在他耳边回响，颁布这些法令的是神，而不是他的先知，奇怪的是颁布法令的声音是那些站在旁边的人可以看见的，而不是可以听见的；尽管知道所有人都在自己的帐篷里休息，但这个人仍旧穿过营地中间去取木柴。但是，他的罪行不可能掩人耳目，他还在行这恶事时就已被人发现。[214] 有些人走出营门去旷野偏僻之处祷告，他们看见了这一无视律法的景象，一个人为了生火而捡柴，他们几乎无法控制自己，想要杀死他。然而，经过考虑，他们遏制了强烈的怒火。尽管罪行一清二楚，他们不希望让人看到他们这些平民擅自行使惩罚权，而且不经审判，尽管这些人罪有应得，他们也不希望杀人流血，玷污这圣洁的日子。[215] 于是他们逮捕他，把他送到与祭司同坐的统治者面前，而全体民众则围成一圈旁听；这是一个惯例，只要有机会，每一天，特别是在第七天，如我上面所解释的那样，他们要向统治者学习智慧，聆听他对民众的解释和教导，知道该说些什么和做些什么，使他们在道德原理和行为上得到教化与改善。[216] 即使到了今天，这种习惯仍旧保留着，犹太人在每个第七日都要学习祖先的哲学，把那个时间用于追求知识，学习自然的真理。试想，我们在各城什么地方进行祷告，不就是培养审慎、勇敢、自制、公正，以及虔敬、圣洁和各种美德的学校吗？据此就能分辨对神的职分和对人的职分，从而正当

① 由此处至第 40 章，参见《民数记》15：32—36。

地尽职。

【40】[217] 于是，对神犯下大罪的这个人被暂时下到监里。但是摩西对如何处置他心怀疑惑。他知道这种行为该死，[①] 但使用哪一种惩罚方式最恰当呢？所以他的灵靠近了审判台，其实哪怕是灵也看不见这审判台，他求问未听就知道一切的审判者，问祂的判断是什么。[218] 那位审判者宣布祂的决定说，此人当死，而且不是别的死法，非用石头打死不可；因为他就像先前的罪犯一样，心灵已经变成毫无意识的石头，做出全然邪恶的、违反守安息日一切禁令的行为。[219] 怎么会这样呢？因为不仅有手工技艺，而且还有其他职业，尤其是那些为营利和生计而做的事情，都直接或间接地要用到火。因此，他经常禁止人们在第七日点火，把火当做万物之根基的原因在于这是最初的活动；如果这个活动停止了，那么他认为其他具体活动也就很自然地随之而停止。[220] 而木柴乃是烧火的材料，所以，他捡木柴就是犯了类似烧火的罪过。他犯的罪是双重的：首先，仅仅是捡木柴这个行为就违背了歇工的诫命；其次，从他所捡之物的本质来看，那是生火的材料，而火是一切技艺的基础。

【41】[221] 上面提到的两件事情都涉及对不虔敬之人的惩罚，通过问答的方式来核准。还有两个例子属于另一类：一例与继承一笔产业有关；另一例与在一个显然错误的时节举行的仪式有关。我们把后面这个例子放到前面来讲，这样做比较好。[222] 摩西把从春分开始的那个月定为一年的正月。他这样做不像有些人那样把荣耀赋予实际的时间，而是赋予自然对人的恩赐。春分时节，我们必需的食物麦子开始成熟，而树木繁花盛开，就要长出果子。这是次于麦子的食物，所以也晚一点生长。在自然界，不那么紧迫的事物总是在真正迫切需要的事物之后出现。[223] 小麦、大麦，以及其他粮食是迫切需要之物，没有它们，生命就难以维系；而葡萄酒、橄榄油，以及其他树上的果子不会最先出现，因为没有它们，人们仍旧可以活很多年，

① 违反安息日的规定是死罪。参见《出埃及记》31：14，35：2。

直到寿终正寝。[224] 在这个月要纪念逾越节，大约在第十四天、月亮圆满的时候，这个公众节日在希伯来语里称为“帕斯卡”（Πάσχα）；在逾越节中，祭品不是先由俗人送到祭坛前，再由祭司献祭，而是根据律法，整个民族都是祭司，每个人代表他自己，并亲手献祭。[225] 正当其余众人都喜庆欢乐，感到自己拥有祭司之荣耀的时候，有些人却处在眼泪和忧伤之中。他们最近死了亲人，而在为死者哀悼时感受到双重悲伤。除了失去亲人而悲伤以外，他们还感到丧失神圣祭仪的喜乐和荣耀。他们在那一天甚至不允许拿圣水洁净或淋洒自己，因为他们的哀悼期还有几天时间，没有超过规定的期限。[226] 节日之后，这些人满怀忧伤，沮丧地来到首领面前，讲述他们的情况，由于亲人最近过世，他们必须履行守丧哀悼的义务，不能参加逾越节的献祭。[227] 然后，他们祈求不要遭受比别人更多的不幸，不要把他们在亲人过世时承受的不幸视为应该受惩罚的恶行，而应当得到同情。不然的话，他们认为自己的命运甚至比死者更加糟糕，因为死者对自己的处境已经没有任何感觉，而他们还在忍受活的死亡，因为他们还保持着自我意识。

【42】[228] 听了这些话，摩西认为他们的申诉有理，认为他们不能参加献祭的理由是中肯的，同时也还掺杂着对他们的同情。然而，他在判断上犹豫不决，就像天平的摆动，一边压着同情和公正，另一边放着势均力敌的逾越节献祭的律法，清楚地规定正月第十四天要献祭。所以，由于在拒绝和认同之间摇摆不定，他恳求神来下论断，求神给一个神谕，说出祂的决定。[229] 神倾听了他的话语，赐下回答来表明祂的旨意，不仅感动了那些先知为其代求的人，而且感动了未来世代可能处于同样境况的人。而且，神的恩典还大大增加，祂在神圣的法令里包含了一些出于其他原因无法参加全民圣事的人。[230] 现在应该说出神此时赋予的宣告了。祂说：“为亲人哀悼，这是家庭不可避免的痛苦，不能算作冒犯。[231] 但若哀悼期未过，就不可进入圣所，那里必须保持洁净，免除一切污秽，不仅包括故意的污秽，也包括非故意惹来的污秽。但是，一旦哀悼期结束，那么一定不能拒绝让哀悼者同样分有圣事，从而使活人成为死者的延续。他们可以在二月份，也在第

十四日，做好第二次准备，像第一次那样献祭，对祭品遵守同样的规矩和办法。[232] 对于那些不是因为守哀悼，而是由于身在遥远的他国、不能参加全民崇拜的人，也必须允许他们做同样的事情。因为海外居住者和其他地区的居民都不是作恶者，不应失去同等的权利，尤其是这个民族已经发展得人口众多，国家已经不能容纳那么多人，有必要向世界各地输送移民。”

【43】[233] 也就是说，那些由于情况不允许而不能参加全民守逾越节的人，随后要尽其所能，弥补所忽略之事。讨论了这一事例以后，我要讨论最后一条法令，这条法令涉及遗产继承。它和其他法令一样，也是源于问答，从而具有混合的特点。[234] 有个人名叫西罗非哈，他声望很高，出身高贵的支派，有五个女儿，但是没有儿子。① 父亲死后，女儿们心里想她们可能会失去他留下的财产，因为按规定遗产应当由男性继承，于是她们就带着少女的端庄来到这位统治者面前，她们不是为了谋求财产，而是想保护她们父亲的名望和声誉。[235] 她们说：“我们的父亲死了，但是他并非死于导致众人毁灭的叛乱，而是安心过着普通公民的平静生活，所以可以肯定，他没有儿子不能算作一种罪过。表面上看我们是孤儿，但实际上我们希望在你这里找到一位父亲；因为对臣民来说，一位合法的统治者比自己的亲生父亲还要亲。”[236] 摩西赞美这些少女的判断力，以及她们对父亲的忠诚，但由于受到另一观点的影响，迟迟不能下判断，这种观点认为，应当由男人来分享遗产，作为他们承担兵役和战争的犒劳；而自然本性把女人排除在战争之外，从而也清楚地拒斥她们分享这样的奖赏。[237] 因此，在这种心灵摇摆和未决状态中，他很自然地把这个难题求告于神，因为他知道，只有神能够凭借永远不会出错、绝对正确的考验分辨出最细微的不同，从而显示祂的真理和公正。[238] 这位万物的造物主，世界之父，把天地水气以及它们所产生的一切紧紧结合在一起，祂是凡人和众神的统治者，从未鄙弃对这些孤女的请求作出回应。而且祂在回应中赐予的东西远远多于一位审判者所能

① 参见《民数记》27：1—11。

给予的东西，祂是如此善良和仁慈，祂的慈爱充满宇宙的每一个角落；因为祂完全批准了少女们的要求。[239] 我的主啊，我的主人啊，我该如何向您唱颂歌？什么样的嘴巴、舌头、其他语言工具、心灵，灵魂的主宰部分，能够担当这样的任务？就算星辰成为一个合唱队，它们的颂歌能配得上您吗？即使把整个天穹分解为声音，它能称颂您的哪部分卓越呢？他说："西罗非哈的女儿说得有理。"[240] 有谁不知这来自神的见证是多么大的称赞？所以，来看看吧，你们这些自夸者，脖子高昂、眉毛飞扬，吹嘘夸耀自己的繁荣昌盛，对待守寡这种不幸之事如同笑话，把可怜的不幸孤儿视为可笑之人。[241] 你们要注意，这些孤立和不幸者在神的眼里并非一钱不值、可有可无，文明世界处处存在的王国实际上就是神的国度里的最卑微部分；甚至环绕整个大地的区域只是祂的创造物最边缘的部分；我要说，你们要记住这一点，并且从中学习非常必要的教导。[242] 还有，祂尽管批准了少女们的请求，不让她们两手空空，但祂并没有把她们提升到与担负战争义务的男人相等的层次。对男人，祂分给他们产业，作为对他们英勇战绩的奖赏；对妇女，祂分给她们产业，乃是由于她们的善良和友好，而非对她们进行事奉的奖赏。祂的用词清楚地表明了这一点。祂说"礼物"和"你要赐给"，而不说"报酬"和"你要付给"，后面这两个词用来表示接受属于自己的东西，而前面这两个词用来表示接受白白给予的东西。

【44】[243] 在神就孤女的请求表明自己的旨意以后，祂还就继承遗产制定了更加一般的律法。祂首先指定儿子继承父亲的遗产，如果没有儿子，就由女儿做第二继承人。在讲到由女儿继承遗产时，祂的用词是把遗产"散布"给她们，就好像它是一种外在的装饰，而不是凭着不能剥夺的亲属权得来的遗产。因为被散布的东西与它所装饰的事物之间没有亲密的关系，紧密契合以及合一这种观念与它无关。[244] 继女儿之后，祂指定父亲的兄弟做第三继承人，指定父亲的叔伯做第四继承人，由此间接暗示了父辈也可以成为儿辈的继承人。不然的话，倘若认为祂把侄子的遗产分给叔伯是出于他们与他父亲的关系，但却取消了父亲本人的继承权，这岂不愚蠢。[245] 从事

物的自然顺序来看，儿子是父亲的继承人，而不是相反，所以祂没有提到父亲是儿子的继承人这种可叹不祥的可能性，避免父母从子女夭折的难以安慰的悲痛中受益这种观念。但是祂通过承认叔伯继承侄子遗产的权利暗示了这一点；祂由此达到了两个目的，既保持了庄重体面，又维护了财产不可流出家族的规定。叔伯之后，排在第五位的继承人是最近的亲戚。祂按照这样的顺序把遗产赐给继承人。

【45】[246] 在对混合性质的神谕进行必要阐述以后，接下来我要描述那些由先知本人在圣灵启示下讲述的神谕，这是我答应要做的事情。他被神凭附的第一个例子也是这个民族繁荣的开端，当时有大量百姓离开埃及，准备移居叙利亚的城邑。[247] 男人和妇女一道长途跋涉，穿越漫无边际、渺无路径的旷野，来到所说的红海之滨。然后，他们很自然地陷入大难，由于缺乏船只，他们不可能过海，也不认为退回去就能得平安。[248] 当他们处于这种境地时，更大的灾祸突然降临到他们头上。埃及国王带着一支可怕的步兵和骑兵部队，紧紧追赶他们，急切地想要赶上他们，惩罚他们离开埃及的行为。而实际上是他自己在神确凿无疑的告诫下允许他们离开的。但是，我们可以清楚地看到，恶人的脾气就是这样不稳定，就像一架天平，一点儿理由就使他上下摇晃，左右摆动。[249]就这样，他们陷于敌人和大海之间，每个人都对自己的安全感到绝望。有些人认为最可悲的死亡会是一种令人愉快的祝福，另外一些人相信被自然元素毁灭比成为敌人的笑料更好，所以打算投海自尽，他们在身上绑上重物，坐在岸边等候时机，打算等敌人靠近、近在咫尺的时候再跳下去，迅速沉到海底。

【46】[250] 但是，当这些绝望无助之人在死神门前惊慌失措的时候，这位先知看到整个民族像落网之鱼一样陷入惊慌，就被圣灵充满，说出以下这番话：[251]“你们必定感到惊慌。危险如此巨大，恐惧就在眼前。前面是无边无际的大海，没有港口可以避难，没有船只可以渡海；后面是紧追不舍的敌军，日夜兼程，步步紧逼。你们能转向或游向哪里去避难呢？突然之间，所有事物从四面八方攻击我们——大地、海洋、人，自然元素。[252]

然而，你们要鼓足勇气，不要害怕。你们要立稳脚跟，不可动摇，寻求神遣的不可见的帮助。不久以后它必定自遣，与你们同在，你们看不见它，它却为你们争战。此前你们不是经常得到它那看不见的保护吗？我看见它在准备战斗，把绳索套在敌人的脖子上。它把他们拖入大海，他们像铅一样沉入海底。[1] 你们看见他们仍然活着，我却看到他们死了，今天你们还会看见他们的尸体。”［253］所以，他说的这些话应许了他们根本不敢指望的事情。他们所经历的事实使他们开始发现从天上传下来的真理。因为他预言的事情靠着神的大能成为现实，尽管比任何预言更加难以置信。让我们来描绘一下这幅场景。大海分成两半，各自向后退去。裂缝边上的水从海的深处开始凝结成两面高墙，形成一条奇异的大道，两边是冻结的水墙。［254］以色列人经过这条通道，平安过海，如同行走在旱地或者石头铺成的道路上；沙子细碎，但它分散的颗粒合在一起形成整体；敌人马不停蹄地赶来，急匆匆地奔向自己的毁灭；天上的云柱跟在行走者后面，给他们指引道路，云柱里面是神的异象，闪烁着火光。［255］然后，那开裂后退为他们让路的大水又恢复原状，水墙之间干涸的裂缝突然又变成大海；凝结的水墙重新融化坍塌，把直冲过来的敌人冲下大海，就好像冲进沟壑，他们遭遇末日，被波浪吞噬，送进长眠之地！他们的尸体浮在水面上，成为末日的明证；最后一阵巨浪把尸体一下子冲到对岸，堆积在一起，这一景象不可避免地被得救者看见，因而，凭着神的大能而非人的能力，他们不仅脱离危险，而且还看见仇敌受到难以言表的惩罚。［256］在那以后，除了吟诵感恩之歌、敬拜施恩者，摩西还能做什么？他把全体民众分成两个唱诗班，一个男班，一个女班，他自己带领男班，委派他的姐姐带领女班，使两班相互呼应，和谐地向天父和造物主高唱赞美之歌，他们的赞颂混合着急躁之情和悦耳之调：急躁是因为他们急于表现感恩之情，相互之间进行比赛；悦耳是因为高音和低音配合协调；男声是低音，女声是高音，按一定比例混合，产生美不胜收的悦耳音

---

① 参见《出埃及记》15：10。“你叫风一吹，海就把他们淹没，他们如铅沉在大水之中。”

调。[257] 所有这些人都在摩西的劝导下同心合意地同唱一首颂歌，诉说我上面刚刚提到的那些强大而又神奇的作为。看见百姓欣喜若狂，这位先知大喜过望，再也无法克制自己的喜乐之情，于是就开始歌唱，他的听众也分成两队，与他同唱有关这些作为的故事。

【47】[258] 就这样，摩西开始了他作为被圣灵充满的先知事业。他下面这些话语涉及最基本、最必要的东西，亦即食物；这种食物不是地上产的，因为贫瘠的土地不结果实，而是黎明之前天上降下来的，不是只降一次，而是每天降，降了四十年，这种天上的果子样子像露水，像小小的谷粒。[259] 摩西看见了，就吩咐他们把它收起来，并在神的激励下说："我们必须相信神，因为我们在更大的事情上经验过祂，在无法指望的事情上经历过祂的仁慈。我们不可把祂送来的食物囤积起来。不可把任何食物留到明天。"[260] 有些人的虔敬不够坚定，听到这些话就想这也许并非圣言，而只是统治者的劝告，所以就把收来的食物留到第二天；但它首先腐烂，臭气散发到整个营地，然后从腐烂的食物里生出虫子。[261] 看到这件事，摩西当然不可避免地对他们的悖逆大为愤怒，试想，如此众多而又伟大的奇迹，诸多从外表看无疑不可能的事情，凭着神意的安排，轻而易举地完成了，在见证了这样的奇迹以后，他们不仅心存疑惑，而且由于缺乏学习能力，实际上并不相信。[262] 不过，天父以两个最令人信服的证据确认了先知的话。一个证据是祂当下就给予的，凡留存下来的食物全部腐烂变质，然后变成最可恶的活物虫子。另一个证据是祂后来给予的，众人收集的那些多余的食物在阳光下融化，消失不见。

【48】[263] 不久以后，摩西在神的激励下发表了第二次通告，涉及圣七日。这个日子的本性拥有崇高的地位，不仅从世界被造之时起如此，甚至在天空和一切可感之物生成之前亦如此。然而人们不知道，也许是由于水和火的连续破坏，后来的世代没有从前人那里接受记忆，能知道经年累月所发生事件的秩序。摩西在神的激励下，在通告中启示了这一隐蔽的真理，有一个迹象为此作了见证。[264] 这个迹象是这样的：从天上降下的食物刚开始

几天比较少，到了后来的某一天变成双倍的；在开头那几天，凡是保留下来的都融化了，最后变成蒸汽完全消失；而在后来那几天，它丝毫不变，完全保持原来的样子。听到和看到这些事情，摩西肃然起敬，与其说是出于猜测，倒不如说是受到神遣圣灵的激励，他发出关于安息日的通告。[265] 我几乎不用说这种猜测非常接近预言。因为若无圣灵引导人的心灵走向真理本身，心灵不可能确立如此正确的目标。[266] 这个奇迹之伟大不仅表现在降下双倍食物，而且与通常相反，这些食物一直保持原味，两种情况结合在一起，发生在第六日，从天上降下食物开始算起的第六日；随着第六日而来的则是第七日，七是最神圣的数字。然而，探究者经过思考就会发现，从天上降下食物是这个世界诞生的一个类比；因为这个世界的创造和上述食物的降落都是由神在六天中的第一天开始的。[267]原本的复制品与原本完全一样；这个世界作为神的最完善的作品从无到有，所以神在缺乏中呼唤丰盛，改变各种元素以适应迫切的需要，所以在这里不是由大地，而是由天空为他们生产食物，提供营养，那些人没有付出任何劳作，不费力气就得到了食物。[268] 在此之后，他说出第三个惊人的预言。他宣称，天空在安息日不再产出惯常的食物，没有什么东西像以往那样从天上降到地上，一点儿都没有。[269] 结果真的就是这样，他是在安息日前一天发出预言的，但是第二天早上有些缺乏信心的人还是去收粮，结果失望而归，满心困惑，同时指责自己的不信，高呼先知是真正的预言家、神的阐释者、唯一对隐藏的将来有先见之明的人。

【49】[270] 这就是他在圣灵的激励下发出的通告，涉及天上降下的粮食，① 但是后面还有一些例子需要注意，尽管有人可能会认为它们更像是劝告，而不是神谕。其中有一条诫命是在他们大大偏离先祖之道时发布的，我在上面说过这个故事。造出金牛犊以后，他们效仿埃及的虚妄，组成唱诗班，建起祭坛，牵来牲畜作祭，完全忘了真神，抛弃从先祖那里继承的、由

---

① 本章参见《出埃及记》第 32 章。

虔敬和圣洁培养出来的高贵品质。[271]看到这些事情，摩西的心被刺痛了。他心想，首先，整个民族不久以前还具有高于其他民族的清晰的眼光，怎么突然之间全都丧失，成为盲目的；其次，一个捏造出来的虚假寓言竟然熄灭了真理的明亮之光，这个真理，无论是日食还是众星的陨落，都不能在它身上投下阴影，因为它是靠自己的光照亮的，是属理智的、无形体的，感觉之光和它相比，犹如黑暗之于白昼。[272] 于是，他变成了另外一个人，不仅面容变了，心灵也变了，而且充满圣灵，他大声喊道："有谁没有参与这样的骗局，没有把主的名给予不是主的东西？有这样的人就站到我身边来。"[273] 在他的召唤下一个支派过来了，带着他们的心灵，决不亚于他们的身体，他们早已对不虔敬的做工者不满，想要杀死这些人，他们只是在寻求一位领袖和统帅，能有权告诉他们何时发动这样的攻击。摩西看到他们怒火中烧，充满勇气和决心，就比其他任何时候更加被圣灵充满，他说："你们各人要拿起自己的刀，冲进整个营房，不仅要杀死你们不认识的人，而且要杀死你们的挚友和至亲。为了荣耀真理和荣耀神，这是真正公正的行动，是不费多大力气就能保护和捍卫的事业。"[274] 所以，他们一下子杀死了三千名领头不敬神的人，没有遇到任何抵抗，不仅很好地说明他们没有参与无耻的罪行，而且称得上是最高尚的英雄，应当授予他们与他们的行为最为相配的奖赏，那就是祭司之职。看护圣洁的职责应当交给那些勇敢地为圣洁而战，并且取得成功的人。

【50】[275]关于该类话语还有一个更加明显的例子，在此我要提一下。① 其实我在前面谈论这位先知作为大祭司的能力时已经说过这个例子。这话也是在圣灵附体时从他自己嘴里说出来的，但不是很久以后才应验，而是一说完就应验了。[276]圣殿里的执事有两类，高级的是祭司，低级的是事奉者。当时祭司只有三位，② 而事奉者有好几千。[277] 后者因为在人数上大大多

① 参见《民数记》第 16 章。

② 即亚伦、以利亚撒和他以玛。

于祭司，就变得傲慢起来，看不起人少的祭司；这同一行为包含两方面的过犯，一方面试图将位卑者变成位高者，另一方面试图把在上者变成在下者。这就是臣民攻击统治者的时候发生的事情，它搞乱了最有利于推进共同福祉的秩序。[278]然后，他们相互串联密谋，聚集起一大批人，他们抗议先知，说他把祭司之职交给自己的兄弟和侄子是任用亲属，为他们的提拔作假证，而不是真的在神的指导下任命祭司，这些我们在前面都已经说过了。[279]这件事极大地伤害了摩西，使他感到悲哀，尽管他是最温和谦让的人，但他仍旧由于对邪恶的憎恨而受到激发，变得义愤填膺，于是他恳求神对他们的献祭掉转脸去；这不是说完全公正的审判者会接受不敬者的事奉，而是因为神所爱之人的灵魂也必须尽职，不能保持沉默，所以它急切地希望不虔敬者不会昌盛，甚至希望他们永远不能实现自己的目的。[280] 正当他内心热血沸腾、充满义愤的时候，圣灵降临到他，使他变成先知，说出如下这番话："不信几乎不会只降临到不信者头上。事实而非言语证明了这一点。经验会告诉他们教义没有向他们表明的事情，我没有说谎。[281] 这件事情稍后会以终结的方式来审判他们。如果他们遭遇的死亡是平常的自然死亡，那么我的神谕就是虚假的捏造；如果他们遭遇的死亡是新奇的、异乎寻常的，那就证明我不虚妄。我看见大地开裂，张开巨大的口子。我看见大批族人遭受毁灭，房子被拖入地裂，连同里面的人一道被吞噬，活人坠入阴间。"[282]他一说完这番话，大地就在一阵可怕的震动中开裂，裂口就在不敬者支帐篷的地方，于是他们成群地陷了下去，一下子消失不见了。裂口张开的目的一旦实现，口子也就合上了。[283] 稍后，霹雳落在二百五十个领头叛乱的人身上，集中摧毁了他们，没有留下一点遗体可以埋葬。[284] 这些惩罚措施紧密相连，两次惩罚非常壮观，清晰而又广泛地确立了先知的虔敬之名，神亲自证明了先知所说的话是真理。[285] 我们也不可不注意，惩罚不敬者的任务由大地和天空这两个宇宙的基本部分共同参与。因为不敬者的邪恶植根于大地，同时它长得很高，一直向上，抵达天穹上的以太。[286] 因此，这两种元素分别提供各自的惩罚措施：大地裂开口子，把那些对它已经成为负担的人拖进去，吞噬他们；天空降下最奇异的暴风雨，一团大火，把他们毁灭在火焰里。[287] 无论他们是被大地吞噬，还是被霹雳摧毁，其结果都一样；这两群人永远看不见了，前者陷入地裂，裂缝合上，恢复原先的样子，后者则被霹雳发出的火焰完全烧毁。

【51】[288] 后来，时候到了，他不得不把自己的旅程从地上转到天上，从可朽的生命转向不朽的生命，因为天父在那里召唤他，把他的灵魂和身体的双重本性融为一体，把他的整个存在转为像阳光一般纯洁的心灵。[289] 确实，我们发现他被圣灵充满，不再叙说关于整个民族的普遍真理，而是预言每个支派今后要实现的具体事情。有些事情已经发生，有些事情仍在期待之中，过去已经应验了的事情可以确保对未来之事的信心。[290] 出身迥异尤其是作为母系后裔的人，思想和目标丰富多彩、行为和习惯非常独特的人，作为一种遗产，完全应当领受适当的神谕和启示的话语。[291] 这确实很神奇，然而最神奇的是圣经的结论，它坚持认为整部律法书就是生灵之首，当时他已经被提升，站在那门口，打算一有信号就飞升上天，圣灵再次降临在他身上，在还有一口气的时候，他清晰地预言了自己的死亡，在未终结之时说明结局将如何到来；他预言自己被埋葬的时候无人在场，埋葬他的不是凡人，而是不朽的权能；他还说他不会在先祖的坟墓里安息，而要被交付给一座特别荣耀、从未有人见过的纪念碑；他还说整个民族要为他哀叹流泪整整一个月，无论是在家里还是在外面都要为他哀哭，纪念他对他们每个人以及所有人的慈爱和悉心关照。[292] 如圣经所记载的那样，这就是摩西作为王、立法者、大祭司和先知的生平。

论 十 诫

提 要

本文的希腊文标题是“ΠΕΡΙ ΤΩΝ ΛΟΓΩΝ ΟΙ ΚΑΙ ΤΟΥ ΚΕΦΑΛΑΙΑ ΝΟΜΩΝ ΕΙΣΙΝ”，意为“论十诫为律法之首”，英译者将其译为“On the Decalogue”。本文的拉丁文标题为“De Decalogo”，缩略语为“Decal.”，中文标题定为“论十诫”。原文分为33章（chapter），178节（section），译成中文约2.2万字。

从本文开始，作者对犹太律法进行诠释，而前面几篇传记性的文章(《论亚伯拉罕》、《论约瑟》、《摩西传》）可以视为这部分著作的导论。

本文处理摩西在西奈山立法时提出来的一些问题：

首先，摩西为什么要在旷野中立法？作者提出四个理由：(1）虚妄和偶像崇拜在城里盛行；(2）接受神圣律法的人首先必须洁净自己的灵魂，而孤独有利于推进改悔；(3）制定生活规范应当先于定居；(4）旷野中奇迹般的食物供应证明了律法的神圣起源（1—17节)。

其次，神赐予十条诫命，为什么是十条？作者用十的完全性作了回答(18—31节)。

再次，宣布诫命的声音具有什么样的性质？作者指出它不是神发出的声音，因为神不是凡人，而是神创造奇迹，让大地上的气发出的声音(32—35节)。

最后，在十诫中为什么要使用单数的“你”？这是因为：(1）强调个别灵魂的价值；(2) 使个体更加乐意顺服；(3) 这是一个教训，伟大者不要鄙视卑微者（36—44节）。作者接着描述了奇迹发生的场景，从天而降的大火发出声音，传递神圣的诫命（45—49节）。

作者指出十条诫命分成两组，每组五条，然后对这些诫命逐条进行解释（50—51节）。

第一组：第一条诫命，斥责多神论（50—51节），尤其批评多神论者把天体当做神来崇拜（52—65节）；第二条诫命，禁止偶像崇拜，揭示偶像崇拜的荒谬，指出崇拜无生命的偶像比崇拜天体更糟糕（66—76节），批评埃及人的动物崇拜（77—81节）；第三条诫命，禁止发伪誓（82—91节），也禁止滥发誓言（92—95节）；第四条诫命，与实际生活相对应，要确定一个时间给学习哲学（96—101节），七这个数字是神圣的，圣七日（安息日）是神圣的（102—105节）；第五条诫命，位于两组诫命之间，因为父母与神相似，不敬父母就是不敬神（106—111节），子女亏欠他们的父母，有义务赡养父母，从鸟类中可以看到这种对父母的回报（112—120节）。

第二组：第一条诫命，禁止通奸，斥责通奸的堕落，通奸会引发其他罪行，会摧毁家庭，对子女残忍（121—131节）；第二条诫命，禁止杀人，杀人既是非自然的，又是亵渎神明的，因为人是神的财产中最神圣的（132—134节）；第三条诫命，禁止偷窃，因为小偷可以发展为大盗（135—137节）；第四条诫命，禁止作伪证，作伪证与真理和公正相反，也会在法庭上使法官作出错误的审判，由此违反他们自己的誓言（138—141节）；第五条诫命，反对贪欲，作者使用斯多亚学派的术语讨论四欲：快乐、悲伤、恐惧、欲求，四欲中最后这种欲望是最致命的（142—153节）。

结论：概述十诫，说明有哪些具体的法规可以置于各条诫命之下（154—175节）。神以简单的命令或者禁令的形式表达十诫，而没有规定任何惩罚。因为祂是神，祂是善的，祂只是善事物的原因，而不是恶事物的原因（176—178节）。

正 文

【1】[1] 我们在前面几篇文章中讲了被摩西断定为智慧者的那些人的生平，圣经把他们确立为我们民族的奠基者，其自身就是不成文的律法。现在我要开始详尽地描述成文的律法。如果它们背后有什么喻义，我也不会错过。因为知识热爱学习，力求达到完全理解，它的方式是寻求隐秘的而不是显摆的含义。[2] 对于他为什么要在旷野深处而不是在城市里颁布律法，我们首先可以回答，大多数城邑都充满无数的邪恶，既有人对神不敬，又有人对人做坏事。[3] 一切事物都遭到贬损，真实的被虚假的压倒，受到似是而非的压制。所谓似是而非，就是本质上虚假却给人以正确合理的印象，这种合理性只是一种幻觉。[4] 所以，在城里还产生了骄傲这个最阴险的仇敌，一些用金冠、紫袍、大量仆从和马车装备来为虚假观念添加尊荣的人对它大为敬仰和崇拜；那些所谓幸福快乐的人高高地坐在这些车上，有时用骡马拉，有时用人拉，他们肩上扛着重担，而在极端傲慢的重压之下受苦的，不是身体，而是灵魂。

【2】[5] 骄傲还是其他许多邪恶的制造者，比如自夸、不逊、不公，而这些又是战争的源泉，包括内战和外战，使人间无处能够享有和平，无论是在家里还是在公共场所，是在海上还是在陆上。[6] 然而，我们为什么还要详述人与人之间的冒犯呢？骄傲使神圣事物开始彼此轻视，尽管它们被认为得到了最高的荣耀。不过，倘若没有真理，还能有什么荣耀可言？真理的可敬既在于名称，也在于功用，正如虚伪的本性当然是可耻的一样。[7] 神圣事物的这种轻视在那些视觉较为敏锐的人看来是显而易见的。人们使用雕塑和绘画的技艺塑造出大量形体，把它们放在神龛和庙宇中，建起圣坛，对着石头和木头的偶像顶礼膜拜，赋予它们属天的、神圣的荣耀，全然不顾它们都是毫无生气的死物。[8] 圣经把这样的人恰当地比做妓女所生的孩子；因为他们不知道自己的生身父亲是谁，以为他们母亲的情人都是他们的父亲；

同理，全城人不知道事情真相、不认识真正存在的神，错误地给大量其他事物冠以神的名称。[9] 于是，有些人崇敬这位神，有些人崇敬那位神，至于哪位神最好，众说纷纭，观点各异，这种分歧越来越大，导致在其他所有问题上争论不休。出于这种主要考虑，他选择远离城邑的地方立法。[10] 他心里还有第二个目的。凡要接受神圣律法的人，必须首先洁净自己的灵魂，把根深蒂固的污点清洗掉，那是由于接触城里各色人等而染上的。[11] 为了做到这一点，他只能离群索居，而且也不是一时半会儿就能做到，只有长期过这样的生活，使身上原先的过失逐渐消退和消失，才能做到这一点。[12] 好医生也这样保护他们的病人，他们认为在祛除病因之前病人不宜多吃多喝。祛除病因之前增加营养，非但无益，反而有害，犹如火上浇油。

【3】[13] 因此，他很自然地先带领他们脱离极为有害的与城市的联系，进入旷野，洁净他们灵魂中的罪过，然后开始在他们的心灵面前放置营养。除了律法和神的话语，这营养还能是别的什么吗？[14] 他的第三个原因如下：正如远行之人不会在弃岸登船之后才开始准备船帆、船舵和舵柄，而总是在岸上就为自己准备充足的航行用具，同理，摩西认为他们不应当拿走自己的份额，在城里定居，然后按律法的要求规范自己的公民生活；他们这样做是不够的，而应当首先为自己制定那种生活所需要的规范，并在一切能够保证共同体安全运行的事情上进行实践，然后定居下来，遵循预备好的公正原则，在与圣灵的和谐中，在圣爱中，得各人应得的份额。

【4】[15] 有人还提出第四个原因，这个原因并非与真理不合，而是非常接近真理。因为必须在他们心里确立这样的信念，律法不是某个人的虚构，而显然是神的谕言，所以他带领这个民族远离城邑，进入旷野深处，那里不仅没有种植的果子，甚至连饮水也没有。[16] 就在缺乏生活必需品、以为自己就要死于饥渴之时，他们突然发现大量食物自动产出，也就是天上降下被称做吗哪的食物，天上还落下大群鹌鹑，给他们打牙祭；等到苦水变

甜，适宜饮用，磐石开裂，流出清泉①，这时候他们再也不怀疑律法就是神的话语，因为他们在匮乏中得到如此意想不到的供应，这是真理最清晰的证据。[17] 那赐予充足生活资料的也提供了美好生活所需要的必要条件；因为，如果仅仅是为了活下去，那么只需要食物和水就够了，这些东西他们想要就可以有；而为了过美好的生活，他们需要律法和规条，使他们的灵魂得到提升。

【5】[18] 我提出这些原因，作为对所讨论问题的回答；不过，它们只是一些大概的猜测，真正的原因只有神自己知道。在这个话题上做了这番合宜的讨论之后，我要开始按顺序描述律法本身，同时我必须以导言的方式做一说明，神认为，有些律法应由祂亲自颁布，不用任何中介，有些律法则通过祂的先知摩西来颁布，摩西是祂从所有人中挑选出来担当真理启示者的最佳人选。[19] 我们发现，祂亲自颁布的、完全由祂亲口说出来的，既有律法训诫，又有专门律法的总纲，而那些由祂通过先知说出来的，全部属于前一类。

【6】[20] 我将尽我所能对二者做全面的讨论，先讨论那些更加具有概要性质的一般诫命。在这里，它们的数目首先引起我们的敬佩。这些诫命不多不少，正好就是十这个最完全的数。[21] 这个数包含了所有不同类型的数，有二这样的偶数，有三这样的奇数，有六这样既偶又奇的数，以及所有比例，无论是自己的倍数比，还是与自己的分数比，一个数乘以自己的因数就是前者，一个数除以自己的因数就是后者。② 所以，它也包含所有等比或级数，也就是算术中按等差递增或递减的一种数列，比如一,二,三；算术中的第二个数与第一个数之比等于第三个数与第二个数之比的等比数列，如一,二,四，这种数列，比可以是双倍、三倍或任何倍数，也同样可以是分数，比如二分之三,三分之四，诸如此类；还有一种数列，由中间项分别与

① 参见《出埃及记》15—16。

② 即假分数和真分数。

两个端项相比，它们的比是同一个分数，比如三，四，六。①[22] 十还包含三角形、四边形和其他多边形具有的属性，还包含和弦的属性，四分音、五分音、八分音、十六分音，其比率分别是一又三分之一，即三分之四、一又二分之一，即二分之三、二倍，即一分之二、四倍，即二分之八。[23] 所以，在我看来，那些最初给事物命名的人确实是贤人，他们把这个数称做10是非常有理的，它是10或者接受者，因为它接受并容纳每一种数、数列、级数，还有和弦。

【7】[24] 但是，除了以上所说，十真正应受尊敬的原因可能还在于它包含空间上有广延和无广延的自然。无广延的自然无疑就是点；有广延的自然就是线、面、体。[25] 限制在两点之内的空间是线；二维空间是面，线扩张成为宽度；三维空间就是体，长和宽之外再加上高，自然到了这里停顿下来，没有再造出多于三维的空间。[26] 所有这些都以数为原型，一是非广延的点的原型，二是线的原型，三是面的原型，四是体的原型，一、二、三、四加在一起就是十，它使那些有眼睛能看见的人瞥见其他美丽的事物。[27] 我们可以说，无穷的数列以十为单位来衡量，因为它的构成项就是四个数：一、二、三、四，同样的数项从整十中生出整百，也就是十、二十、三十、四十相加成为一百。同样，一千由几个一百构成，一万由几个一千构成，而这些单位，即十、百、千、万是四个起点，每一起点都产生出一个十来。[28] 除了以上这些已经说过的特点外，这个十在数中还显示出另外的特点：只能被一除尽的素数最初以三、五、七为模式；四方形，也就是四，立方体，也就是八，分别是两个二和三个二相乘构成的，完全数六则为它的各个因素三、二、一之和。

【8】[29] 然而，十的优点是无限的。哪怕对于专门研究数学的人来说，解答这个问题也是一项庞大的任务，那么，我们能够说清十的优点吗？我们岂非在对这个问题班门弄斧吗？但是，尽管我们不得不放弃陈述它的其

① 参见斐洛《论创世》第47章。

他优点，有一点却仍旧值得一提，不会贻笑大方。[30] 范畴，如那些研究哲学学说的人所说的那样，只有十个：实体、性质、数量、关系、主动、被动、状态、位置，以及一切存在物必不可少的时间和空间。[31] 没有任何事物不分有这些范畴。我有实体，因为从构成世界的元素，即土、水、气、火中，我借用了完全充足的东西，使我成为我所是的这个事物。我有性质，因为我是一个人；我有数量，因为我是一个有一定尺寸的人。若有人在我右边或左边，我就成为相对的；我若擦或刮什么，我就是主动的；我若被擦或被刮，我就是被动的。当我穿上衣服或者佩带武器时，我就处于某种具体状态；我若安静地坐着或者躺着，我就处于某个具体位置；此外，我必定既在空间里，也在时间里，如果没有二者，上述情形无一可能存在。

【9】[32] 这些观点已经得到充分讨论，现在可以撂下了。我们必须开始讨论下面的内容。当这个民族的男男女女聚集在一起的时候，这十句话或十个神谕实际上是律法或者诫命，是由万物之父传递下来的。祂的宣喻用的是祂自己的声音吗？当然不是，别让这种想法进入我们的心灵，因为神不是凡人，不需要嘴巴、舌头和气管。[33] 我得说，神这一次行使了一样真正的神迹，祂下令在气中产生一种比任何乐器都要奇异的无形体的声音，非常完美与和谐，既不是没有灵魂，也不像生物一样由身体和灵魂构成，而是非常清晰、独特的理智灵魂，它把形状赋予气，使它产生张力，把它变成燃烧的火焰，就像用气吹喇叭，发出响亮的声音，最远处和最近处都能听得清楚明白。[34] 人的声音如果传到很远的地方，就会变弱，越远越弱，人要是离得太远就接收不到声波，听起来就会模糊，因为人的发音器官也会衰退。[35] 这种新颖而奇异的声音借着神的大能运行并燃烧，神朝着它吹了一口气，把它传到四面八方，神在每个人的灵魂里造出一种比耳朵有用得多的听力，使这种声音的末尾听起来比它的开端还要嘹亮和清晰。耳朵只是一种反应迟钝的感官，受到气的激烈碰撞，才会产生反应，而神凭附的心灵会率先出击，主动前去聆听，以最快的速度接触话语。

【10】[36] 关于神圣的声音我就说到这里。不过，我们可以恰当地问，

神为什么认为摩西应当在这几万人全部集中在一个地方的时候才宣告他的十条神谕，他不像是在对众人说，而是像在对一个人说，不可奸淫，不可杀人，不可偷盗，等等。[37] 必须给出的一个回答是，祂希望给圣书的读者上最卓越的一课，也就是说，每个人只要守法，顺服神，在价值上就等同于整个民族，甚至等同于人口最多的民族，或者倒不如说，等同于所有民族，若可以再进一步，那就是甚至等同于整个世界。[38] 因此在别的地方，当祂称颂某个义人，说我是你的神的时候，祂其实也是整个世界的神。由此我们明白，凡被派驻到同一战线，令他们的指挥官感到同样满意的士兵，都享有同等的嘉奖和荣誉。[39]第二个原因是，说话者若只是一般性地训导众人，那就没有必要非得对某个个人讲不可；但是如果看起来祂的命令和禁止好像是对每个个体分别宣布的，那么祂在讲话中所给出的实践性指示同时也被认为适用于整个社群。告诫若是作为个人信息来接收，听者就会更加乐意遵从，但若是与其他人一道接收，他们就会对此充耳不闻，因为个人会拿大众作为不顺从的借口。[40] 第三个原因是，祂希望没有哪个君王或暴君因为傲慢和目中无人而鄙视卑微的平民，而要在神圣律法的学校里学习，收敛他的自负。[41] 非被造者、不朽者、永恒者不需要任何事物，祂是万物的创造者、施恩者、万王之王、众神之神，如若连祂都不能藐视最卑微的人，而会屈尊用神谕和律法来款待他，就好像他应当是唯一的客人，宴会就是单独为他准备的，为的就是让灵魂在神圣奥秘的指引下欢乐，被接受到最伟大的奥秘中去，那么我一个凡人该如何正确对待我的同胞呢？我应当自鸣得意、自吹自擂吗，尽管他们的运气不同，但他们都是我的亲属，拥有和我相等的权利，可以宣称自己是自然这位人类共同母亲的孩子？[42] 所以，尽管我被授予大地和海洋的统治权，我会使自己对最贫困的人和最卑微的人友善，和蔼可亲地对待他们，对那些无助的人、父母双亡的孤儿、孤寡老人，也同样如此，或者是一开始就没有子女，或者是子女早亡。[43]由于我是一个人，所以我不认为那种自命不凡的做派是正确的，而是要以自然为家，不超过自然的限度。我要使我的心灵习惯于拥有人的感情，不仅是因为繁荣和不幸可以向对立面发展，而且也因为即使好运长久，一个人也不要忘了他是谁。在我看来，这就是他想要以单数形式来叙说他那些喻言，把它们只告诉一个人的原因。

【11】[44] 那个地方成为奇迹发生的场景是很自然的，在那里，雷声震耳欲聋，闪电异常刺眼，无形的号角吹出的响声传到极远之处，云彩像柱子一样降落下来，一端立于大地，其他部分高高地升向天空，天上降下来的火把周围的一切都覆盖在浓厚的烟雾之中。神的大能降临之时，整个世界没有哪个部分还能无动于衷，它的所有部分会一起行动，为祂服务。[45] 百姓就站在附近。他们已经远离女色，保持洁净，放弃一切享乐，只保留生存必需的东西。在过去三天里，他们用水清洗和洁净自己，又洗净衣服。然后他们穿上洁白的衣衫，踮着脚尖，竖起耳朵，服从摩西的告诫，为圣会做准备，摩西知道这个圣会将要举行，这是他从自己蒙召时得来的神圣诫命中得知的。[46] 然后，从天而降的大火中发出一种声音，令他们大为惊讶，因为火焰化成清晰的话语，说的是听众熟悉的语言，它形成的命令如此清晰而明显，他们似乎是用眼睛看见的，而不是用耳朵听见的。[47] 我所说的这些事情得到律法书的证实，上面写道："众百姓看见声音"，这句话意思很多，因为人的声音是用耳朵听的，而神的声音确实是可见的。为什么会这样呢？因为神所说的不是话语，而是行为，要靠眼睛而不是靠耳朵来判断。[48] 说声音从火中出来，这话也令人敬佩，与神性相配，因为神谕经过提炼，就像金子在火里炼过。[49] 从象征意义来看，它还表达了这样的含义：由于火的本性既可发光又可燃烧，所以那些决心顺服圣言的人将永远生活在宁静的光明之中，律法本身就像星辰一样照亮他们的灵魂，而凡是悖逆的人仍然受到内在淫欲的燃烧，直到烧成灰烬，因为淫欲就像一团火焰，把它居于其中的那些人的整个生命烧毁。

【12】[50] 这些就是需要预先处理的要点。我们现在必须转向神谕本身，考察它们涉及的种种不同问题。我们发现，神把十条诫命分成两组，每组五条，刻在两块石板上，前五条得到首要地位，其次是后五条。二者都非常

卓越，有益于生活；二者都开拓出宽广的大道，朝着一个目标，始终追求卓越的灵魂沿着这条道路前行，一帆风顺。[51] 较高的一组诫命讨论下列问题：统治世界的君王原则；一般由人手制造的石头和木头的偶像；妄称神的名称之罪；敬守圣安息日，适宜安息日的圣洁；孝敬父母的职责。每条诫命分开来是独立的，合在一起又是统一的。就这样，这组五条诫命始于作为万物之父和造物主的神，终于模仿神的本性、生育具体人的父母。另一组五条诫命包含所有禁令，亦即禁止奸淫、杀人、偷盗、作假见证，以及贪婪或欲望。① [52] 我们必须十分仔细地考察每一条公告，不可有半点疏忽。一切存在物的超验的源泉是神，就如虔敬是美德的源泉，所以首先讨论这两条很有必要。大部分人对事实陷入错觉，而实际上其他人至少应当在自己心中确立这一事实。[53] 有些人神化土、水、气、火四大元素，有些人神化太阳、月亮、行星、恒星，有些人神化天穹本身，有些人神化整个世界。但是，他们却没有看见那至高至大的生育者、伟大的世界城邦的统治者、不可战胜之军的大首领、指引万物安全前行的领航员，把令人误解的头衔冠在上面提到的那些崇拜对象头上。[54] 不同的人给予它们不同的名称，有些人把大地称做科莱、得墨忒耳，或者普路托，把海称做波赛冬，造出水里的诸神顺服于他，给他配上大量侍从，有男有女。[55] 他们把气称做赫拉，把火称做赫淮斯托斯，把太阳称做阿波罗，把月亮称做阿耳忒弥斯，把启明星称做阿

---

① 参见《出埃及记》20：1—17。“神吩咐这一切的话说，我是耶和华你的神，曾将你从埃及地为奴之家领出来。除了我以外，你不可有别的神。不可为自己雕刻偶像，也不可作什么形像仿佛上天，下地，和地底下，水中的百物。不可跪拜那些像，也不可事奉它，因为我耶和华你的神是忌邪的神。恨我的，我必追讨他的罪，自父及子，直到三四代，爱我，守我诫命的，我必向他们发慈爱，直到千代。不可妄称耶和华你神的名，因为妄称耶和华名的，耶和华必不以他为无罪。当纪念安息日，守为圣日。六日要劳碌作你一切的工，但第七日是向耶和华你神当守的安息日。这一日你和你的儿女，仆婢，牲畜，并你城里寄居的客旅，无论何工都不可作，因为六日之内，耶和华造天，地，海，和其中的万物，第七日便安息，所以耶和华赐福与安息日，定为圣日。当孝敬父母，使你的日子在耶和华你神所赐你的地上得以长久。不可杀人。不可奸淫。不可偷盗。不可作假见证陷害人。不可贪恋人的房屋，也不可贪恋人的妻子，仆婢，牛驴，并他一切所有的。”

佛罗狄忒，把水星称做赫耳墨斯，其他星辰也都拥有从神话创制者那里流传下来的名称，这些人巧妙地把蒙骗听众的寓言编在一起，由此赢得命名上的荣誉。[56] 他们把天穹分为两个半球，一个在大地之上，一个在大地之下，与此相应，他们还称二者为宙斯的双生子狄奥斯库里，编出更加离奇的故事，说这对双生子轮流活着，一人活一天。①[57] 诚然，由于天穹总是一圈圈地转个不停，每个半球每日必定轮流改变自己的位置，或者在上，或者在下，但事实上，根本无所谓大地之上或大地之下的半球，只是由于我们自己的位置发生变化，所以我们习惯地把向上的部分称做地上半球，把向下的部分称做地下半球。[58] 人若是决心跟从真正的哲学，使他自己的虔敬变得纯洁无欺，摩西就会给他这项真正可敬而虔诚的诫命，不可把宇宙中的任何部分看做全能的神。因为世界已经成为现在这个样子，它的开端就是毁灭的开始，尽管按照神旨，它在受造时是不朽的，但它曾经有过一个不存在的时候。而说神在先前某个时候“不存在”，或者说神在某个具体时间中“生成”、神不是永恒的存在，那是一种亵渎。

【13】[59] 但是有些人的观点非常愚蠢，不仅认为上面所说的那些东西是神，还以为它们分别都是至大的原初之神。由于缺乏受教育的能力，或者对学习漠不关心，他们不认识真正的存在，以为除了可感事物以外，再也没有不可见的、观念性的原因，尽管他们身边有大量证据可以证明这样的原因是有的。[60] 他们有灵魂，并在灵魂的支配之下生活、计划、完成所有人类生活中的事务，但是他们的肉眼永远不可能看见灵魂，他们拥有的每一种抱负就是由于盼望看见一切神圣事物中最高贵的庄严者，这是自然的踏脚石，通向有关非被造者和永恒者的观念，祂作为不可见之驭手，指导着整个宇宙的安全运行。[61] 有人通过把属于主人的东西拿来交给仆人，就像把给予伟大君王的尊敬献给次级官员，不仅显得愚蠢之极，而且显得蛮横无比，同理，要是把对造物主的歌颂拿来奉献给祂的创造物，那么也可以肯定

① 参见荷马：《奥德赛》11：303。

此人是极其愚蠢、不讲公道的，因为他把不同的事物等量齐观，不仅没有更多地尊敬下级，反而废黜了上级。[62] 还有一些人的不敬到了无以复加的程度，甚至不给予同等的尊敬，他们对其他神竭尽荣耀之能事，而对祂，甚至连最普通的尊敬也不给，也就是说，对祂连起码的记忆也没有，他们本来有义务要记住的，假如不能做得更好，但是他们却忘记了，这种故意的遗忘导致他们最终陷入悲剧。[63] 还有一些人高谈阔论，满嘴谬论，陷入迷狂，广泛宣扬他们根深蒂固的不敬，想方设法亵渎神，他们磨快诽谤人的舌头，企图使虔敬者忧愁，使其受到不可言喻、无以安慰的忧伤的袭击，他们的恶言恶语通过耳朵像火焰一样侵蚀灵魂。这就是不敬神者的连续攻击，其本身就足以勒住虔敬者之口，后者认为此时最好保持沉默，免得挑起争斗。

【14】[64] 所以，让我们拒斥所有这些欺世盗名的行为，不可崇拜那些从本性上说是我们的兄弟的存在者①，尽管它们拥有比我们更加纯洁不朽的实体，因为被造物就其是被造物而言，都是兄弟，都有同一位父亲，宇宙的造物主。让我们的心灵、语言和所有官能精力充沛，积极活动，事奉非被造者、永恒者、万物之因，而不是贬低自己去取悦或顺从许多毁灭之事，甚至毁灭那些完全可能得救之人。[65] 所以，让我们在自己的心里深深刻上这条首要的、最神圣的诫命，认信并荣耀一位高于一切的神，让多神的观念不要抵及那些人的耳朵，他们的生活准则是追求无伪的真理。[66] 凡是敬拜太阳、月亮、天空、宇宙，或者敬拜它们的主要部分、视之为神的人，无疑犯了大错，因为他们把臣民放在统治者之上，抬高对他们的赞美，但是与偶像制造者相比，他们只是犯了小罪。偶像制造者按照自己的想象，用木头、石头、银子、金子和其他材料制造偶像，使人间充斥各种人造的绘画和雕塑作品，给人类生活带来了极大的伤害。[67] 因为这些偶像崇拜者切断了灵魂最卓越的支撑，这就是关于永生神的正确观念。就好像船只没有了压舱石，颠簸不定，到处漂泊，无法抵达港口，无缘在真理的停泊处安然歇

① 指天体。

息，他们对那唯一值得深思、需要敏锐洞察的事情茫然无知。[68] 在我看来，他们过着一种比那些丧失了身体视力的人还要悲惨的生活，因为那些身体残疾的人，不是出于他们自己的愿望，而是由于其他原因，或者是患了严重的眼疾，或者是被敌人恶意伤害，但这些人却是出于深思熟虑的目的，不仅使灵魂之眼变暗，而且毫不犹豫地把它完全抛弃。因此等待前者的是对他们不幸遭遇的同情，而对后者的堕落，则有完全相当公正的刑罚伺候。[69] 由于他们全然无知，甚至没有意识到连“无知的婴孩也知道”的真理，亦即工匠优于他的技艺所制造的作品，在时间上如此，因为他比他所制造的东西年长，在一定意义上是它的父亲，在价值上亦如此，因为直接生效的力量比被动产生的结果更受人尊敬。[70] 他们如果要在自己的罪里保持一致，就应当神化雕塑家和画家本人，给予他们最大的尊荣，但是他们却任由这些人默默无闻，不表示一点儿好感，却把他们的技艺所制造的雕像和画像当做神。[71] 艺术家们往往在贫困和受人蔑视中老去，不幸一个接着一个，伴随他们走进坟墓，而他们创造的作品却被披上紫袍、饰以金银和其他材料制造的昂贵饰物，不仅得到普通公民的供奉，连那些出身高贵、形体俊美者也对它们屈身下拜。因为祭司的出身需要详尽的考察，看它是否无懈可击，他的身体的各个部位也要仔细察看，看它们是否完美无缺，构成一个完全的整体。[72] 这些事情诚然可怕，但我们尚未触及真正恐怖的事情，更加糟糕的事情还在后头。我们知道有些偶像制造者向他们自己所造的偶像祷告和献祭；假如他们崇拜自己的双手，那么事情倒要合理得多；假如他们不喜欢这样做，因为不愿意显得过于自我本位，那么他们就应当去敬拜锤子、铁砧、画笔、钳子，以及使他们的材料发生形变的其他工具。

【15】[73] 对于这些精神错乱者我们确实可以大胆地说：“尊敬的先生，最好的祈祷和幸福的目标乃是变得像神。[74] 因此，你们要祈祷使自己变得像你们的偶像一样，享有最高的幸福，只不过有眼睛不能看，有耳朵不能听，有鼻孔既不能呼吸又不能嗅，有嘴巴既不能品尝又不能说话，有双手既不能给予也不能取得，不能做任何事情，有双脚不能行走，身体的任何部分

都不能活动，在你们的神殿监狱里日夜受到监视和看守，永远在祭品的熏烟里沉浸和啜饮。这就是你们所能想象的你们的偶像享有的好处。”[75] 事实上，我料想这样的告诫会使听者大发雷霆，如同听到诅咒而不是祈求，由此引出恶言恶语的否认和反击，而这恰好最有力地表明那些偶像崇拜者的不虔敬到了如何广泛的程度，他们承认，具有这样本性的众神使他们讨厌与众神相像这样的想法。

【16】[76] 所以，凡有灵魂者不可崇拜无灵魂的东西，因为自然的作品[①]掉过头来去伺候人手制造的东西是完全荒诞无稽的。但是，可以正确地判定埃及人不但犯有每个国家都可能犯的罪行，而且还有他们自己独特的罪状。除了竖立木头的和其他材料的偶像之外，他们还赋予非理智的动物，比如公牛、公羊、山羊，神圣荣耀的位置，为每一种动物编造惊人的神话传说。[77] 仅就崇拜这些动物而言，也许还情有可原，因为它们完全是家养的，对我们的生计有益。牛是耕田的，在播种季节开垄翻沟，扬谷的时候还是个非常能干的打谷手；羊能给我们提供最好的庇护，也就是衣服，如果我们的身体不穿衣服，就很容易毁灭，或者被酷热晒死，或者被严寒冻死，前者要承受太阳的炙烤，后者要承受寒流的冰冻。[78] 然而，埃及人实际上并未就此止步，而是走得更远，他们挑选了最残忍、最野蛮的野兽，狮子、鳄鱼、爬行类中的毒蛇，把它们尊为神圣，让它们出现在神庙、圣地、祭祀、集会、游行，以及其他类似的事情中。因为他们对神赐给人使用的两种元素，土和水，做了彻底搜索，寻找最野蛮的居住者，他们发现地上没有哪种动物比狮子更凶狠，水里没有比鳄鱼更残忍的动物，于是就把尊敬和荣耀归于它们。[79] 他们还神化了许多其他动物，比如狗、猫、狼，鸟类中有朱鹭、雕；还有鱼类，或者是鱼的整个身体，或者是鱼的某些特定部位。那么，还有比所有这些更加荒谬可笑的事情吗？[80] 确实，外人若是第一次来埃及，心灵还未被此地的虚妄侵蚀，那么他们很可能会觉得这一切简直要

① 这是一个相当奇怪的表述，指人，可能也包括星辰。

笑死人；而受过良好教育的人看到埃及人对这些完全可恶而不是可敬的事物如此尊敬，不免感到惊骇，对崇拜者表示怜悯，有充分的理由认为他们比他们所崇敬的动物更加可怜，这些有灵魂的人堕落到秉承那些被造物的本性，乃至于当他们经过他面前时，在他看来他们只是徒具人形的野兽。[81]所以，神在祂的圣典里绝不允许确立其他神，要求人们只敬祂这位真正的神，这不是因为祂需要人奉献给祂荣耀，祂本身是完全自足的，不需要任何东西，而是因为祂希望把在旷野里流浪的人带上不可能迷失方向的道路，好叫他们顺从自然，抵达最高目标，就是认识祂这位真正的神，祂是最原初、最完全的善，从祂那里涌出各种具体的善，就好像从源泉倾泻出汩汩流水，降临于这个世界和居住在这个世界上的人。

【17】[82] 至此，我们已经尽可能详细地讨论了第二条诫命。现在让我们按序仔细考察下一条诫命，即不可妄称神的名。明智者必定能够明白这条诫命为何要放在这个位置，因为名字总是在它所代表的事物之后，就像影子跟随物体。[83] 所以，在说了永在者的存在和祂应得的荣耀之后，他马上按照顺序给出一条诫命，涉及使用神的称号，人在这方面所犯的错误是五花八门的，多种多样的。[84] 完全不起誓是最好的办法，对生活最为有益，非常适合受过教育的理智之人，因为他知道只要任何时候都完全说真话，他的话就可以当做誓言；真正的起誓，如人们所说，只不过是“次优之旅”，因为人若仅凭起誓，那么他的可靠性就蒙上了可疑的阴影。[85]所以，让他稍微滞后和推延一些，通过不断延缓来完全避免起誓。即使情势所迫，不得不起誓，他也必须非常仔细地考虑起誓所涉及的一切可能性，因为这绝不是一件小事，习惯起誓会使起誓变得无足轻重。[86] 一个誓言就是一次对神的诉求，请祂见证所争论的问题；假如请求祂见证一个谎言，那当然是对祂最大的亵渎。我恳求你，请你在理智的帮助下观察伪誓者的心灵。你会看到这样的心灵不是宁静平和的，而是充满骚动和混乱，它苦于被人指控和谴责，遭受各种侮辱和责骂。[87] 每个灵魂都有一名监管者做它的挚友和密友，他的职责就是不让任何应受谴责的东西进入灵魂，他的本性是永远憎

恨邪恶、热爱美德，他既是灵魂的指控者，也是它的审判者。一旦被激发成为指控者，他就指责和控告，使灵魂蒙羞，他同时又作为审判者，教导、告诫和劝勉心灵改变方法。如果有力量说服它，他就感到喜乐和安宁；如果不能，他会战斗到底，绝不会在白天或晚上丢下它不管，而是不断地用荆棘刺它，给它留下致命的伤口，直到扯断它可悲而不幸的生命之线。

【18】[88] 现在该如何！我要对伪誓者说："喂，先生，请你为我作见证，说你看见、听见、完全接触过这些事情，而实际上你并未看见和听见这些事。"你敢对你的任何熟人这样说吗？我相信你不会这样说，因为这是不可救药的精神失常者才可能做的事。[89] 如果你是清醒的、心智健全的，你怎么有脸对你的朋友说"看在我们友谊的份上，跟我一道去作恶、违法、不敬"呢？显然，如果他听到这样的话，必然会对所谓的友谊弃之不顾，会自责竟然与这样的人有过友谊，会赶紧逃离这样的人，如同逃离野蛮而疯狂的野兽。[90] 所以，你既然不敢请朋友为一件事情做见证，又岂能恬不知耻地求告神，世界之父和统治者，为你作见证呢？你在这样做的时候，是否知道祂能看见和听见一切，或者说祂对此一无所知？[91] 如果说祂不知道，那么你是个无神论者，而不信神是一切邪恶的源泉；除此之外，你还使誓言失效，因为你指着神起誓，却把对人事的关心归于在你看来根本不关心它们的那一位。但若你相信神意是确定无疑的，那么当你对神说这些话的时候，哪怕不是用你的嘴巴和舌头说话，至少也是在你心里说话，你的不敬到了无以复加的地步。你会对神说："请你为我作伪证，与我一同作恶，行不当之事。为了使我保持美名，我希望你为我掩盖真相。神啊，请为另一个人作恶吧，高级的为低级的作恶，神为人作恶，这个人是最恶的恶人。"

【19】[92] 有些人虽然没有任何利益可图，却有着起誓的恶习，对根本没有什么争议的日常事务也不断地、轻率地起誓，用誓言来填满他们谈话中的沟壑，忘了言多必失、沉默是金的道理，而起誓太多难免会导致发伪誓和不敬。[93] 因此，想要准备起誓的人应当十分仔细、一丝不苟地进行考察，首先考察争论的问题，看它是否足够重要，是否实际上已经发生，他自

己是否对事实已经有了充分的把握；其次，考察他自己，看他的灵魂有无违法，身体有无染上污秽，舌头有无恶言，若是用宣称至圣之名的嘴说出可耻的话语，那就犯了渎圣罪。[94] 让他去寻找一个恰当的时间和地点。因为我知道得很清楚，有些人在粗俗不洁之处，在不应当提到父母，甚至家庭以外任何一位生活幸福的长者之名的地方，不厌其烦地起誓，使整个讲话变成一连串的誓言，在不恰当的地方滥用多种样式的圣名正好表现出他们的不虔敬。[95]凡对我所说的话不屑一顾的人，可以确定的是：首先，他受了玷污，是不洁的；其次，最重的惩罚在等着降临到他的头上。对考察人事的公义来说，对这样重大的恶行是绝对不能退让和姑息迁就的，如果公义认为不需要立即实施惩罚，那么我们要知道公义这是在放贷，以获得高额利息，要等到一个对所有人都有益的时候，公义才会来实施惩罚。

【20】[96] 第四条诫命讨论圣安息日，要求人们以虔敬的态度谨守这个日子。有些国家每月一次庆祝这个日子，以此为一个月的开端，而犹太人每隔六天庆祝一次，从不间断。[97] 创世记的记载里包含着一个令人信服的理由，我们得知这个世界是在六日内造成的，第七天神就停了祂一切的工，开始沉思创造得如此完好的万物，因此他吩咐那些生活在这个世界秩序中的人在这一点上也要如在其他事情上一样顺从神。[98] 于是他下令说，他们要工作六天，到了第七天就要安息，转向智慧的学习，当他们有时间沉思自然真理时，也应当思考在先前的日子里是否犯有不洁之罪，强迫自己在灵魂的议事会里以律法作为陪审员和协查员，严格审查他们说过的话和做过的事，以便纠正疏忽和过错，防止犯同样的罪过。[99] 虽然神用六天时间一劳永逸地完成了世界的创造，不再需要另外的时段，而每个人由于分有必朽的本性，需要有大量必需品供日常生活所需，但是他也不应当一刻不停地谋取生活必需品，直到生命终止，而应当恪守神圣的安息日。[100] 在这里，我们岂不是听到最可敬的充满大力的权能敦促我们首先要去追求各种美德和虔敬吗？它说："你们总要跟随神，须知，祂在六日内创造了这个世界，六日足够祂实现自己的目标，祂在这段时间里创造了世界，这也是专门留给你

们活动的时间模式。你们也要明白第七日你们要尽力学习智慧，我们知道祂在那一日审查自己所做的工，所以你们也要学会反省自然的教训和你们在生活中为谋求幸福而做的所有事情。”［101］所以，让我们不要忽视两种最佳生活模式的原型，即实践的和沉思的，要让原型永远呈现在我们眼前，在我们心中刻下它们二者清晰的影像和印记，说应该说的话，做应该做的事，从而使必朽的本性尽可能与不朽的本性相似。不过，神不需要任何形式的时间来完成祂的工，那么，在什么意义上我们说祂在六日里创造了世界，这个问题我们已经在别处做了喻意解释。①

【21】［102］至于数字七，它在所有存在者中占据优先地位，所以研究数学者业已殚精竭虑地对它做了解释。它是数字中的童贞女，本性上没有母亲，与原初的元一、行星的原型有最密切的关联，正如元一属于恒星界，从元一和七产生无形体的天，它是有形体的天的范型。［103］形成天的实体有一部分是不可分的，有一部分是可分的。由元一把握的原初的、至高的、坚定不移的旋转属于不可分的部分；由七掌管的在价值和次序上都位于第二位的另一种旋转属于可分的部分，这种旋转经过六重分隔，产生七个所谓的行星，或漫游者。［104］天穹的居住者并非都是漫游的，它们其实分有一种有福的、神圣的快乐本性，因而内在地没有这样的倾向。事实上，它们保持着同一性，周而复始地循环运动，不允许任何偏移或改变。正是由于它们的轨道与不可分的天穹的外圈相对而行，所以它们得到行星之名，其实是那些不善于思考的人把这个不恰当的名称轻率地扣在它们头上，把他们自己的游荡归于那些从未离开过它们在神圣营盘里的位置的天体。［105］由于这些原因，以及其他许多原因，七受到尊敬。但是，最能使人相信的七的优势是它最完全地显明了万物之父和造物主，因为在它里面，如同在镜子中，心灵看见了神的影像，神创造这个世界并支配所有存在物。

【22】［106］处理了第七日之后，神给出第五条诫命，要尊敬父母。这

---

① 参见斐洛：《喻意解经》1：2—4。

条诫命位于两组诫命之间；它是第一组最神圣的诫命中的最后一条，又与第二组关于人与人之间的义务的诫命相邻。[107] 我想这个原因是这样的：我们看到，父母按其本性来说位于必朽者与不朽者之间，说他们是必朽的，因为他们的身体必死，凡人和其他动物有亲缘关系；说他们是不朽的，因为他们的生育行为与作为万物生育者的神相似。[108] 我们知道，有些人把自己与这两个方面之一相连，但忽视另一个方面。他们畅饮虔敬热望的醇酒，舍弃其他所有牵挂，整个人生致力于对神的事奉。[109] 其他一些人形成了这样的观念，除了对人行公义以外没有任何善事可做，所以除了追求人的友谊，他们对其他事情都不感兴趣。出于对团契的渴望，他们以同等标准向所有人提供美食，供其食用，而且相信他们的义务就是尽其所能缓解令人恐惧的艰难困苦。[110] 这些人可以公正地称为爱人类者，而前一类人可以称为爱神者。但是这两类人在美德上都不完全，都只有一半；只有在两个部分都赢得荣誉的人才拥有完全的美德。而那些既没有以恰当的方式与人来往、与人同乐、替人分忧，也没有坚守虔敬和圣洁的人，他们的本性显然转变为野兽的本性。这种野蛮的兽性首先为那些不敬父母的人所取得，他们不尊敬父母，也就成为律法的两个方面的敌人，一个方面对着神，另一个方面对着人。

【23】[111] 所以，要让他们明白，他们在自然拥有的两个独特法庭上都被判决有罪。在神圣的法庭上，他们被判为不虔敬，因为他们对那些把他们从非存在状态引入存在状态、从而在这一点上成为神的效仿者的凡人没有表示应有的尊敬；在凡人的法庭上，他们被判为不人道。[112] 若是鄙弃最亲近、给他们带来最大恩惠的亲人，那么他们还能对谁表示友好呢？这些恩惠中有些是完全不可能做出回报的，比如，父母生育了他们，他们能够反过来生育父母吗？子女是自然赠送给父母的某种特殊财产，不受交换法则的约束。因此，若是由于不能完全回报父母，子女就一点儿也不予以回报，那么我们可以完全公正地对此表示最大的愤怒。[113] 我完全可以恰当地对他们说："野兽通过与人交往也会变得驯服。"说实在的，我经常听说狮、熊、豹

被人驯服，不仅温顺地对待那些喂养它们的人，对这些人满足它们的需要表示感谢，而且温顺地对待每一个人，这可能是由于这些人与喂养它们的人相像吧。事情原本就应该这样，低劣者跟随优越者总会对低劣者有好处，低劣者可望得到改进。[114] 然而，实际上我不得不说一下与此相反的情况："你们这些人要是以某些动物为榜样，那反倒好了。"它们受过训练，知道如何以恩报恩，以德报德。看门狗看家护院，一旦主人遇到危险，它们就挺身而出，舍己救主。他们说，牧羊犬为自己的责任而战，坚守岗位，直到胜利或者战死，为的是使牧人不受伤害。[115] 所以，这么说来，人在报恩方面还不如一条狗，动物中最文明的还不如畜生中最野蛮的，这岂不是丑闻中的丑闻吗？但若我们不能向陆地上的动物学习，那么就让我们转向有羽翼的、在空中飞行的族类，向它们学习行为正当。[116] 在鹳鸟中，老鸟若是不能高飞了，就留在鸟巢里，而它们的孩子，我几乎可以这样说，会飞过海洋和陆地，从各个角落收集食物，以满足父母的需要；所以，当它们因上了年岁而无法活动的时候，仍旧能够享受丰盛的食物；[117] 年轻的鹳鸟之所以看轻困难，满足父母对食物的需求，这是在虔诚孝敬的推动下这样做的，它们指望自己的子孙也会给予它们同样的对待，回报无法拒绝的人情——这种债务会在恰当的时候产生，也会在恰当的时候清偿——在这样的关系中，仅有一方或另一方都不能维持自身，当孩子是它们存在的初始阶段，做父母是它们生命的终结阶段。因此，没有任何教师，而是出于自然本性，它们欣然把养育幼仔的营养物拿来供养老者。[118] 面对这样的事例，那些对自己的父母不闻不问的人岂不应当羞愧地掩面，责骂自己忘恩负义？父母的福利原本应当是他们唯一或者最主要关心的事情，与其说他们是给予者，不如说他们是回报者，而父母的要求只是要他们给予一点应有的回报。因为子女的一切，没有什么不是从他们的父母来的，要么来自父母的赠予，要么向父母获取。[119] 虔诚和信神是美德中的女王。那么，它们住在这些人的灵魂里吗？没有，这些人把美德赶出这个领域，流放它们。由于父母原是神的仆人，担当生儿育女的任务，所以不敬仆人就是不敬主人。[120] 有些更加勇敢的心灵在颂扬父母之名时说，父母实际上就是显现出来叫人看见的神，复制了非被造者创造生命的工作。他们说，祂是这个世界的神和创造主，而父母只是他们所生孩子的生育者和创造者，人若不敬近在身边、眼睛能见的神，怎么能够去敬畏那不可见的神?

【24】[121] 他以这些有关孝敬父母的聪明言辞结束了第一组五条诫命，这组诫命与神的关系比较密切。在讨论第二组诫命的时候，他从通奸这个论题开始，这组诫命包含禁止伤害同胞的行为，他认为通奸是最大的罪行。[122] 这是因为，首先，通奸的根源存在于喜爱享乐，而享乐使纵欲者身体虚弱，使灵魂的力量松弛，丧失生存的手段，就好像无法扑灭的大火毁灭整个人生。[123] 其次，享乐鼓动奸夫不仅自己做坏事，而且还唆使另一个人成为他犯罪的帮凶，在不可产生任何联系的地方建立一种联系。拥有情欲的人进入迷狂时，他们的欲望无法通过一个人达到目的，与此相反，他们需要两个人一起行动，一个人当教师，一个人当学生，其目的就在于使放荡和荒淫这些最可耻的罪恶切实可行。[124] 我们甚至不能说堕落的只有淫妇的身体，而实际上疏远她丈夫的与其说是她的肉体，倒不如说是她的灵魂，是她的灵魂受到唆使，要她千方百计地拒绝丈夫，仇恨丈夫。[125] 如果这种仇恨公开的话，事情就不会那么令人震惊了，因为防范看得见的事情比较容易，但实际上怀疑这种事情都很困难，通奸很难被察觉，人们会用种种狡猾邪恶的诡计来掩饰，丈夫有时候受到各种欺骗还以为妻子深爱着自己。[126] 确实，通奸会给三个家庭带来灾难：一个是丈夫的家庭，他要忍受妻子背叛婚姻的痛苦，他拥有合法子女的希望也会全部落空；另外两个是奸夫的家庭和妻子的家庭，因为它们都会被这种丑闻和耻辱所玷污。[127] 如果他们通过婚姻有许多亲戚，通过与其他人的交往有众多亲朋好友，那么他们的恶行会迅速传播，影响整个城邦。[128] 如果妻子不贞，孩子的生父就不确定，就有疑问，不知道孩子的生父是谁，这也是一件令人十分痛苦的事情。如果奸情未被发现，通奸生下的子女就会占据合法子女的位置，这些假后代按理说不是他们的后代，但他们却会继承他们的假父亲的遗产，而实际上他们无

权这样做。[129] 奸夫在成功地发泄他的情欲、播下可耻的种子以后，他就走了，留下他的罪行的牺牲品成为受嘲笑的对象，那个丈夫像盲人一样被蒙在鼓里，不得不把他最大仇敌的子女当做自己的亲生子女来抚养。[130] 另一方面，如果坏事暴露，那么无任何过错的孩子成了最不幸的人，他们无法得到两个家庭的承认，丈夫的家庭或者奸夫的家庭。[131] 这就是不合法的性交会带来的灾难，理所当然受到神的深恶痛绝，故此通奸被列为首恶。

【25】[132] 第二条诫命是不要杀人。自然创造了人这种最温顺的、喜爱社交的群居动物，把理智赋予人，要他显示友谊与合作，在情感上和谐与互惠。所以，要让杀人者充分认识到，被他破坏的是如此卓越的律法和自然法则，这些律法是为了所有人的幸福而制定的。[133] 还有，要让他明白他犯了亵渎圣物罪，从圣地里盗窃神的财产中最神圣的东西。因为，奉献什么供品能比人更加神圣、更加值得尊敬？金银珠宝和其他贵重的物品可以用来装饰建筑物，建筑物和这些饰品本身一样是无生命的。[134] 但是，人因其存在的较高级部分，亦即灵魂，是最好的生灵，人最接近天这种一切存在者中最纯粹的事物，而且人们普遍承认，人与这个世界的父亲也最为接近，他的心灵拥有对永恒者和有福原型的模仿，他与永恒者的相似超过大地上的任何事物。

【26】[135] 第二组五条诫命中的第三条是禁止偷盗，因为想方设法谋求他人财物的人是国家的公敌，他想抢劫所有人，但只能抢劫某些人，因为当他的贪欲无限延伸的时候，他的能力相对弱小，所以他的活动只限于少数人的范围。[136] 所以，许多有能力抢劫整个城市的盗贼不在意受到惩罚，他们的庞大业绩使他们高于法律。这些人在本性上属于寡头统治集团，渴望暴力和统治，把他们盗窃的事实隐藏在权威政府的名称下。[137] 要让人们从早年开始就知道不要偷窃属于别人的东西，无论这些东西如何细小，因为在时间流逝的过程中，习惯迟早会比本性更加强大，况且小事情若不加以扼制，也会成长和繁荣，直至变得非常强大。

【27】[138] 在申斥了偷盗以后，他下一个要加以禁止的是作伪证。他

知道作伪证的人犯了许多非常严重的错误。首先，他们败坏了神圣的真理，人世间没有任何东西能比真理更加神圣，它像阳光一样普照万物，不使任何东西处于阴影之中。[139] 其次，除了讲假话，他们还掩盖事实，使人完全不知真相，他们与作恶者合作，参与攻击和伤害其他人，声称他们看见和听到了他们实际上并未看见或听到的事情，说自己对这些事情有确定的知识和完全的了解。[140] 确实，他们犯下了第三种罪，在后果上比前两种罪行更加严重。因为，缺乏口头或书面证据的时候，那些卷入官司的人会求助于证人，证词是法官们裁决的依据；在没有其他手段确定真相时，法官们只能考虑他们讲的话。这样一来，本来可以打赢官司的伪证受害者要遭受不公平的对待，因为听伪证的法官们的裁决是不公正、不合法的，而不是公正、合法的。[141] 事实上，这种超过所有其他罪行的无赖行为会导致不虔敬，因为按照规定法官们要发誓，而且要发那种最可怕的誓言，违背誓言的不是受骗者而是欺骗者，因为受骗者的过错不是故意的，而欺骗者则故意密谋陷害他们，欺骗者犯了密谋罪，他们还强迫做出裁决的人参与他们的行为；尽管法官们并不知道他们在做什么，但还是惩罚了那些实际上没有犯任何罪的人。我相信，这些就是他要禁止作伪证的理由。

【28】[142] 最后一条诫命是反对贪恋或欲望，他把贪恋视为潜伏的敌人。灵魂所有激情的动荡都会使灵魂脱离其恰当的本性，使灵魂难以保持健康，激情是最难对付的。因此，其他所有感觉似乎都来源于外部事物的不知不觉的造访和骚扰，而只有激情源于我们自身，是自觉的。我这样说是什么意思呢？[143] 那些被认为是好的东西，实际上存在于我们身上，对心灵呈现，它们唤醒了沉睡的灵魂，使它激动，就像一道光线突然在眼前闪耀。灵魂的这种感觉被称做快乐。[144] 当善的对立面恶强力进入心灵并带来致命创伤时，它会违反心灵的意愿，使心灵立即感到沮丧和失望。这种感觉被称做悲伤或者痛苦。[145] 当恶的事物还没有在我们身上居留，对我们施加压力，而只是在做准备的时候，它会提前送来不安和苦恼，这是使心灵产生恐慌的使者。这种感觉被称做恐惧。[146] 但是，一个人的心灵会产生某样好

东西的观念，这样东西没有呈现，但他渴望拥有它，并把心灵尽力向前推进，试图触及他想要的东西，这个时候可以说他朝着车轮伸手，他非常想抓住车轮，但又抓不住它，他此时的处境很尴尬，就好像他在追捕逃犯，具有无法抗拒的热情，但却比逃犯跑得慢。[147] 在感觉中我们也能发现类似的现象。眼睛总是想要看清远处的某些对象。眼睛尽力睁开，瞪到最大，它们具有超出其能力的强烈冲动，但它们最终看到的只是茫茫的一片，没有看清想要寻找的东西，它们的视力也由于持续的努力而变弱，变得模糊。[148] 还有，当我们听到远处传来的微弱声音时，耳朵会受到刺激，并立即转向这个声音，如果有可能，它们还会希望走近些，为的是能够完全听清楚。[149] 由于这个声音仍旧是模糊的，不能让人听得更加清楚，因此，为了领悟这个声音就需要有更大的耐心，人的这种愿望是无止境的、无法描述的。这种愿望会给他带来一种像对坦塔罗斯① 那样的惩罚；每当他想要抓住一个东西的时候，他总是在就要抓住时错过，所以那个被欲望控制的人渴望得到某些东西，但总是不能如愿，在徒劳的欲望中挣扎。[150] 正如那种会蔓延全身的疾病，如果不进行手术或烧灼，就会全身蔓延，身体的每个部位都会受到影响，所以，除非良医似的哲学理智能够控制欲望的泛滥，否则人生的一切事务必然会偏离正常的路线。这是因为，没有任何东西能够摆脱激情，激情一旦发现自身是安全的和自由的，就会像火焰一样蔓延，摧毁一切。[151] 长篇大论地谈论如此明显的事实也许非常愚蠢，因为可以说有哪个人或者城市不知道他们不仅每天而且每个钟点都在给我所说的这些事实提供清晰的证据呢？考虑到从金钱、女人、荣誉，或其他能带来快乐的任何东西中产生欲望，它引发的邪恶还是小的或偶然的吗？[152] 不正是由于这个原因，亲戚变得疏远，他们的善意变成致命的仇恨，人口稠密的大国由于内乱而变成废

---

① 坦塔罗斯（Ταντάλος），希腊神话人物，宙斯之子，吕底亚国王。他因得罪神灵，死后在地狱中受罚。他站在池水中，却要忍受干渴，喝不到水，只要他想用嘴喝水，池水立即流走。尽管他身后湖岸上长着果树，果实就长在他的额前，但他饥饿难忍，因为当他想要摘取果实时，天上就会刮起大风，吹走果实。

墟，陆地和海洋充满由海上和陆上的战争所导致的新的灾难吗？[153] 悲剧舞台如此熟悉的希腊人和野蛮人之间的战争全都源自一个原因，这就是欲望，对财富、荣誉和享乐的欲求。就是这些东西给人类带来了灾难。

【29】[154] 关于这个论题我们说够了，但是我们一定不要忘记十诫是记载在圣书中并且贯穿于全部法规的专门律法。[155] 第一条诫命概述了有关神的君主般统治的律法。它断言这个世界有第一因、统治者和国王，祂驾驶和引导着这驾宇宙马车，使之安全，祂已经把那些有害的政体，即寡头统治和暴民政治，从上天这一所有实在中最纯粹的部分清除出去，这些政体源自动乱和贪欲产生的恶人。[156] 第二条诫命概述与人手制作的东西相关的律法。这条诫命禁止制造偶像，它们一般由绘画和雕塑这些有害的技艺产生，被禁止的还有接受有关众神的出生、婚配，以及无数令人厌恶的、邪恶的神话传说。[157] 在第三条诫命中，祂指定在什么地方和什么时间发誓是合法的，什么人可以发誓，还宣布了跟那些谨守誓言者或不守誓言者有关的一切细节。

【30】[158] 必须把处理第七日的第四条诫命视为有关集会的诫命，无论是以节日的名义进行，还是为了涤罪而进行，它规定举行集会要保持恰当的洁净、可接受的祈祷，以及奉献完美的祭品。[159] 所谓第七日，我的意思是一方面要看它包括或者不包括六这个最有创造性的数字在内，另一方面，七优于六，在这一点上七与一相似。这两个方面都被他用来规定节庆的时间，用一来确定圣月和斋戒日，以胜利的号角声加以宣布；斋戒日这一天是禁食日，要求禁食和戒酒；希伯来人称这一天为逾越节，这一天全民献祭，无须等待祭司，因为神圣的律法允许每年有一个特别的日子，让全民族每一个成员自己去履行祭司的职责，他们有权自己献祭。[160] 还有，在收割节① 这一天要献上一捆谷物，感谢丰收，然后从这一天算起，过了

① 参见《出埃及记》23：16。“又要守收割节，所收的是你田间所种，劳碌得来初熟之物。并在年底收藏，要守收藏节。”

七七四十九天，就是五旬节，这一天的习惯是献上面饼，被称做“地里首先初熟之谷物做成的面饼”，因为它们是谷物的样品，谷物是神指定给人这种最文明动物的营养。[161] 他规定两个主要节日要庆祝好几天，时间就在春分和秋分，每个节庆延续七天，第一个节庆在春季，庆祝播下谷物的成熟，第二个节庆在秋季，庆祝收获树上的果实；还有，这七天很自然地分配到每个季节平分点的七个月，这样一来，作为一种特权，每个月都有一个圣日，可以欢庆和休息。[162]其他同类律法也制定得很好，有助于鼓励人们慷慨、友爱、简朴和平等。它们中的有些律法与所谓安息年有关，在安息年期间，绝对不能耕种土地、播种、犁田、修剪树木，从事其他任何农业劳动。[163]他认为在低地和高地上种植庄稼六年以后，应当让土地休耕，让它喘口气，土地也应当享受自然赋予它们的自由。[164]关于第五十年① 还有其他律法，它不仅以上面描述过的事情为特征，而且还以物归原主为特征，这是绝对必要的，充满友善和正义。

【31】[165] 跟孝敬父母有关的第五条诫命，提出许多必要的法规，涉及老年人与年轻人、统治者与臣民、捐助者与受助者、奴隶与主人的关系。[166] 父母属于上面提到的在上的等级，这一等级包括老年人、统治者、捐助者和主人，而子女与年轻人、臣民、受助者、奴隶则属于在下的等级。[167] 这里还有其他许多训导：年轻人对老年人要有礼貌，老年人要关心年轻人；臣民要服从统治者，统治者要关心臣民的福利；受助者要感恩，主动捐助者不要寻求偿还或归还，把帮助当做放债；仆人要忠于主人，主人要对仆人表示慷慨和友善，从而使他们之间的不平等趋向平等。

【32】[168] 第一组包括五条诫命，每条诫命都采用概述的形式，此外没有更多的内容，而专门的律法的数量相当多。另一组诫命的第一条是禁止通奸，顺带也谈到禁止诱惑女性和鸡奸，禁止不合法的、下流的性交。[169]

---

① 参见《利未记》25：10。“第五十年，你们要当作圣年，在遍地给一切的居民宣告自由。这年必为你们的禧年，各人要归自己的产业，各归本家。”

他已经描述过这些事情的特点，不仅是为了说明纵欲的多种形式，而且要以最公开的方式羞辱那些过着下流生活的人，让他们听到咒骂，使他们感到脸红。[170]第二条诫命是禁止杀人，归于这条诫命的是所有那些不可或缺的，普遍有益的，与施暴、侮辱、伤害和损伤相关的律法。[171] 第三条诫命是禁止偷盗，这条诫命还包括所有关于拒还欠款、拒还押金、不真诚的合作、无耻的盗窃，以及涉及一般贪婪的律法，贪婪会公开或者秘密地诱使人们占有他人的财物。[172] 第四条诫命禁止作伪证，也包含许多禁令。它禁止欺骗、假指控、与作恶者合作、假装诚实以掩盖不诚实，所有这些都是相应的律法要加以禁止的事情。[173]第五条诫命堵塞欲望这个一切非正义的根源，从欲望会产生最无法无天的行为，公开的或者秘密的，大的或者小的，与神圣的事物或者世俗的事物相关的，这些行为对身体、灵魂，以及被称做外部事物的东西有影响。因为没有任何事物能摆脱欲望，如我前述，欲望就像森林中的大火，扩散、吞噬、毁灭一切。[174] 在这条诫命之下的律法还有很多，制定它们的目的是为了告诫那些能够改造的人，惩罚那些纵情终生的叛逆者。

【33】[175] 关于第二组五条诫命要说的就是这些，神用与其神圣本性相符的方式亲自颁布了十条神谕，我们对它们的解释到此告一段落。与其本性相一致，神亲自宣布了这些专门的律法，而那些具体的法规则是通过最完善的先知来制定的，神之所以选中这位先知，乃是根据他的功德，圣灵充满了他，他成为神的话语的解释者。[176] 下面让我们来说明神为什么要以简单命令或者禁令的形式表达十诫或律法，而不规定任何惩罚，就像立法者针对未来的犯罪者规定具体的惩罚。因为祂是神，作为主祂是善的，祂只是善的而不是恶的事物的原因。[177] 所以，神认为颁布简单的命令，而不是把命令与法规混在一起，使它们具有惩罚的性质，这样做完全符合祂的本性，由此人们可以选择最好的东西，这一选择不是不自觉的，而是经过深思熟虑的，不是出于无意识的恐惧，而是有理智作为向导。因此祂不认为把祂的神谕和惩罚结合起来是恰当的，尽管祂并不因此而赦免罪人，相反祂知道，正

义女神就坐在祂的边上，审视着人类的事务，并且由于她生来就疾恶如仇，所以不会无动于衷，而会认为惩罚作恶者是她天生的任务。[178] 这对神的仆人和助理来说是适当的，就像战争期间的将军，他们应该对那些离开正义之师的逃兵实行严厉的惩罚。但是，神是伟大的国王，宇宙的总体安全应当归于祂，祂应该永久保卫和平，并且把和平的美好事物慷慨地提供给所有人，无论他们处于何时何地。确实，只有神才是和平之王，而祂的下属则是战争的首领。

论专门的律法

提 要

本文的希腊文标题是“ΠΕΡΙ ΤΩΝ ΕΝ ΜΕΡΕΙ ΔΙΑΤΑΓΜΑΤΩΝ”，意为“论专门的律法”，英译者将其译为“On the Special Laws”。本文的拉丁文标题为“De Specialibus Legibus”，缩略语为“Spec. Leg.”。中文标题定为“论专门的律法”。全部译成中文约 15.8 万字。

全文共分四卷，解释“摩西十诫”（《出埃及记》20∶2—17）。第一卷论第一、二诫：第一诫，承认一神，反对承认别神；第二诫，反对荣耀人自己雕刻的偶像。[①] 第二卷论第三、四、五诫：第三诫，要谨守誓言；第四诫，要守安息日；第五诫，要孝敬父母。[②] 第三卷论第六、七诫：第六诫，反奸淫和

① 《出埃及记》20∶2—6。“我是耶和华你的神，曾将你从埃及地为奴之家领出来。除了我以外，你不可有别的神。不可为自己雕刻偶像，也不可作什么形像仿佛上天，下地，和地底下，水中的百物。不可跪拜那些像，也不可事奉它，因为我耶和华你的神是忌邪的神。恨我的，我必追讨他的罪，自父及子，直到三四代，爱我，守我诫命的，我必向他们发慈爱，直到千代。”

② 《出埃及记》20∶7—12。“不可妄称耶和华你神的名，因为妄称耶和华名的，耶和华必不以他为无罪。当纪念安息日，守为圣日。六日要劳碌作你一切的工，但第七日是向耶和华你神当守的安息日。这一日你和你的儿女，仆婢，牲畜，并你城里寄居的客旅，无论何工都不可作，因为六日之内，耶和华造天，地，海，和其中的万物，第七日便安息，所以耶和华赐福与安息日，定为圣日。当孝敬父母，使你的日子在耶和华你神所赐你的地上得以长久。”

一切放荡；第七诫，反杀人和一切暴行。[1] 第四卷论八、九、十诫：第八诫，反对偷盗；第九诫，反对作伪证；第十诫，反对贪婪。[2] 最后指出，公正的主题贯穿十诫，以此结束整篇论文。

第一卷分为 63 章（chapter），345 节（section）。

文章开头讨论割礼和它的价值（1—7 节），指出割礼象征消除感官享受和自负（8—11 节），然后遵循《论十诫》的线索，对第一诫进行处理（12—20 节）。在处理第二诫时添加对偶像的解释，指出偶像象征空虚的事物，比如凡人崇拜的财富（21—31 节）。对神的存在进行证明，沉思神性，尽管神性非常神秘（32—50 节）。皈依者受到欢迎，而变节者必须处死，不得怜悯，就如非尼哈的故事所示（51—57 节）。禁止占卜和相似的活动，预言是神的馈赠，由此可见，律法教导的是恰当的神的观念（58—65 节）。

有关崇拜的规定（66—298 节）：从圣殿本身讲起（66—70 节），对崇拜作总体描述（71—75 节），关于圣殿的收入（76—78 节）、祭司和利未支派（79—81 节）、祭司的衣着（82—83 节）、大祭司的灵性要求（84—97 节）、大祭司履行职务时的禁忌（98—100 节），针对祭司的婚姻规定，有些规定只针对大祭司（101—111 节）、不能接触尸体（112—116 节），使用献祭用的圣食（117—130 节）。供给祭司阶层的财产有一部分是什一税，包括信徒奉献的初果（131—144 节），有一部分是献祭用的圣食中指定给他们的部分（145—155 节），圣殿事奉者的财产同样也包括什一税和来自四十八座城的奉献（156—161 节）。允许用作献祭贡品的动物有鸽子、斑鸠、绵羊、山羊、牛，全都不能有瑕疵（162—167 节）。日祭或安息日祭（168—176 节）；月朔的献祭（177—179 节）；其他节期的献祭（180—189 节）。还有，在各种场合所需要的奉献公山羊的赎罪祭（190—193 节）。这些献祭可以划分为：全燔祭、保存祭（平安祭）、赎罪祭（194—197 节）。第一类献祭的目的是

---

① 《出埃及记》20：13—14。“不可杀人。不可奸淫。”

② 《出埃及记》20：15—17。“不可偷盗。不可作假见证陷害人。不可贪恋人的房屋，也不可贪恋人的妻子，仆婢，牛驴，并他一切所有的。”

荣耀神，具体描写它的象征意义（198—211 节）。第二类献祭的目的是人的改善，反思牺牲各个部分的象征意义（212—223 节），把这种献祭再分为“赞美祭”（224—225 节）。第三类献祭是赎罪祭，它的目的是寻求对以往的宽恕，进行这种献祭的人多种多样，罪过分为有意识的和无意识的（226—246 节）。对拿撒勒人的特例的解释，有关“大愿”，奉献自我，分有上面三类献祭的全部本性（247—254 节）。上述所有献祭是平信徒奉献的，但是祭司也必须用细面当祭品（255—256 节）。崇拜者本人需要什么呢？他要洁净灵魂和身体（257—260 节），他使用的方法是混合牛膝草与水洒在小母牛的灰烬上，象征灵魂涤罪（261—272 节）。奉献馨香的祭坛优于奉献牺牲的祭坛（273—279 节），禁止把娼妓的工价带入圣殿（280—284 节），祭坛上不灭的圣火表示崇拜者的灵魂需要的卓越品质（285—288 节），祭品要与盐一同献上，祭品不能有酵（289—295 节）。作为感恩祭神圣灯台上的灯要整个晚上一直亮着，这样做的三个理由（296—298 节）。

论述《申命记》中提供的道德激励（299—318 节）。把《申命记》（23 : 18）理解为反对“秘仪”和公开宣讲公义（319—323 节），然后把《申命记》（23 : 1—3）解释为有五类人要从圣会中排除出去（324—326 节）。最后以一段冗长的喻意解经作为本卷的结论。作者对五类人进行否定：第一，否定荣耀柏拉图型相的人（327—329 节）；第二，否定无神论者（330 节）；第三，否定多神论者（331—332 节）；第四，否定荣耀人的心灵者（333—336 节）；第五，否定荣耀人的感觉者（337—343 节）。摩西想要寻找的是荣耀神的真正门徒（344—345 节）。

第二卷分为 48 章（chapter），262 节（section）。

关于第三诫守信誓（1—38 节）：首先从总体上否定发誓，因为使用简单的话语已经足够了，指着父母、上天发誓比指着神的名字发誓要好（1—5 节），但有许多人毫无顾忌地这样做（6—8 节）。如果说发誓是必要的、合法的，那么必须履行誓言，而召唤神来作见证是不虔诚的（9—11 节）。罪犯的或者斗气的誓言不应当履行（12—17 节）。有人因过度富裕而傲慢自大，有人尽管富裕，但保持着俭朴的生活（18—23节）。专门讨论寡妇的誓言，与童女和妻子的誓言不同，寡妇的誓言不能取消（24—25节）。讨论作伪誓以及对作伪誓者的惩罚（26—27节），相关的喻意解释（28—31节）。律法规定由祭司对奉献者进行估价（32—34节），对奉献的牲畜进行估价（35—36节），对奉献的房屋进行估价（37—38节）。

关于第四诫，守节日（39—222节）：以概要的方式处理这个主题，继以对神圣数字七作评价，开列律法中记载的十个节日（39—41节）。

第一个节日是每天都要守的节日，每日常献两只一岁的公羊羔作为燔祭。义人的生活遵循本性和各种规范，他们从生到死的生命时段是一个连续的节日，他们的生活安居乐业，充满各种美好的事物，一切安宁平和（42—49节）。

第二个节日是安息日，每隔六天以后在第七天守这个节日，希伯来人用其母语称之为"塞巴斯"（σάββας），即安息日。数字七的神秘性质（56—59节），辛苦劳作是必要的，但安息日更多的是灵魂与肉身轮流休息的时候（60—64节）。安息日禁止生火，不仅奴仆要休息，牲畜也要休息（65—70节）。联系其他规定显示七的神圣性：（1）在第七年取消一切债务（71—73节），放贷不收利息（74—78节）；（2）在第七年解放奴隶，仁慈地对待他们（79—85节）；（3）同样的教训不仅适用于主人对奴仆，而且适用于统治者对臣民，安息年是在第七年实行土地休耕（86—103节），提倡仁慈，允许穷人在休耕土地上拾荒（104—109节）；（4）同样的原则也运用于第五十年，在这一年把土地归还给最初的所有者（110—115节），关于房屋有专门的规定（216—121节），债务人和购买奴隶（122—123节）。对继承法作出一般评论（124—132节），对长子继承权作出评论（133—139节）。

第三个节日是月朔节，月朔就是新月或者月初。对这一节日发表若干评论（140—144节）。

第四个节日是逾越节，希伯来人称为"巴斯卡"（Πάσχα）。在这个节日里，平信徒扮演祭司的角色，将它解释为"从情欲逾越到智慧"（145—

149 节）。

第五个节日是除酵节，这个节日吃的食物是未经发酵的面饼。设立这个节日出于两点考虑：一是纪念这个民族的全民大迁徙；二是顺从自然的引导，与普遍的宇宙秩序相一致（150—161 节）。

第六个节日是禾捆节，在这个节日里要用第一个禾捆献祭，说明设立这一节日的若干原因。举行这个感恩祭，一是为了整个世界（162—167 节），二是为了以色列人，承认丰收的原因更多地在于自然，而非人工技艺（168—175 节）。

第七个节日称做七七节，这个节日不仅在秩序上排第七，而且在名称上来源于七这个数字。从禾捆节开始算起的第五十天，七个七天，再加上神圣的数字一，就到了这个节日。详细叙述设立这个节日的原因（179—187 节）。

第八个节日是圣月日（神圣的月份的开端），或称吹角节，人们在献祭的时候习惯在圣殿里吹响号角，这个节日由此得名。详细叙述这个节日具有的双重意义：一重是以色列民族特有的意义；另一重是整个人类普遍拥有的意义（188—192 节）。

第九个节日是斋戒节，时间在吹角节之后。某些心智反常的人认为这不是节日，因为人们对真正的喜乐茫然无知，而永远智慧的摩西用洞悉一切的眼睛看到了这一点，把斋戒日称做最伟大的节日，它是安息日的安息日，是七中之七，圣者中的更圣者（193—203 节）。

第十个节日是住棚节，这是全年的最后一个节日，住棚节的起源和意义（204—214 节）。

此外还有圣筐日，这个日子在哪一天不确定，它不是一个节日，但具有举行仪式的特点（215—222 节）。

关于第五诫孝敬父母（223—241 节）：父母介于神和人之间，并分有二者；他们显然是凡人，因为他们是有出生的、要死亡的，但他们也是神圣的，因为他们使其他人诞生，把非存在提升为存在。父母与自己的孩子，如同神与这个世界；父母尽其所能效仿神的权能，使人类变得不朽。在那些思考美德的人看来，长者高于幼者，老师高于学生，施恩者高于受惠者，统治者高于臣服者，主人高于仆人。父母位于这两个层次中较高的层次，他们是长者、教导者、施恩者、统治者、主人；儿女位于较低的层次，他们是幼者、学习者、受恩者、臣服者、仆人（223—236 节）。这条诫命也要求人们尊敬长者（237—238 节），父母有义务告诫子女避免淫荡（239—241 节）。

结论（242—262 节）：宣布死亡是给违反下述诫命者的恰当惩罚，违反第五条诫命（242—248 节），违反第四条诫命（249—251 节），违反第三条诫命（252—254 节），违反第二条和第一条诫命（255—256 节）。顺从这些诫命会得到确定的奖赏，而顺从第五条诫命没有确定的奖赏，因为美德就是给它自身的奖赏（257—262 节）。

第三卷分为 36 章（chapter），209 节（section）。

开卷语（1—5 节）：感叹烦琐的公务妨碍了学习，不过这种情况现在得以缓解，所以作者谢恩。

关于第六条诫命，反对奸淫和一切放荡（7—82 节）：哪怕结了婚也需要克制性欲，通奸是一桩大罪（7—11 节）。波斯贵族有母子相奸这种可怕的风俗（12—19 节）。律法禁止娶后母（20—21 节），禁止近亲结婚，禁止娶外族人（26—29 节）。律法也严格禁止已经离婚改嫁的女子重新回到原先的丈夫身边（30—31 节）。不得与经期的女子发生性关系（32—33 节），不要娶不会生育的女子（34—36 节）。鸡奸是一桩更大的罪（37—42 节），兽奸也是大罪，通过讲述帕西淮的故事来说明（48—50 节）。娼妓应当处死。要考察被怀疑与他人通奸的妻子（52—63 节）。要处罚强奸、诱惑寡妇或少女的人（64—71 节），要处罚诱骗或使用暴力与已经订婚的处女行淫的人（72—78 节），要处罚诬告高贵的妻子在结婚前已失去童贞的人（79—82 节）。

关于第七条诫命，反对杀人和一切暴行（83—204 节）：杀人是对神的亵渎，应当受到最大的惩罚（83—85 节），试图杀人也是一种邪恶（86—87 节）。讨论不能在圣殿里处死杀人犯（88—91 节）。因一时冲动而非故意的杀人罪可以打折，但对投毒者一定不能怜悯（92—99 节），投毒者可以归类为巫师，尽管还有一种更高级的巫术（100—103 节）。讨论无预谋的杀人，比如在争吵中失手杀人，律法规定，如果被打者没有死亡，那么打人者不必处以极刑（104—107 节）。殴打孕妇致其流产，若胎儿尚未成形，打人者要处以罚款，如果胎儿已经完全成形，就要当做大罪来处罚（108—109 节），强烈抨击弃婴，认为弃婴就是犯了杀人罪（110—119 节）。律法规定误杀者可以去“逃城”避难，利未族人杀死公牛崇拜者，这是一种神圣的行为（120—129 节）。误杀者避难的时间与大祭司的寿命有关，大祭司死去，误杀者方可返回故土（130—136 节）。主人殴打奴隶致死应受处罚（137—143 节），凶猛的牲畜抵触人致死应受处罚（144—146 节），挖坑挖洞时未作围挡，或者未作覆盖而致人跌入致死应受处罚，房上四围未修围栏致人跌落而死应受处罚（147—149 节）。律法禁止本来应当处以死刑的杀人犯通过支付赎金来减轻处罚，流血之罪要用流血来洗涤，血债要用血来偿（150—152 节）。无人可以代替罪犯去死，尽管有税吏想让纳税人的亲戚代缴税款，政治斗争中有所谓株连五族（153—168 节）。妇女为了帮助受辱的丈夫而用手抓对方的下体，有失体面，要砍去她的手作为处罚，对这条律法作解释（178—180 节）。惩罚要与罪行相对应(181—183 节）。从“以眼还眼”的律法延伸，谈论视觉的地位，视觉是心灵的表达（192—194 节）。从“以牙还牙”的律法谈到牙齿的不可或缺，牙齿对维持生命具有重要意义（195—204 节）。

结论（205—209 节）：接触自然死亡者的尸体会引起不洁，要通过洒水和沐浴得洁净，进过死人家的人不可触摸任何东西，因为死者拥有的一切都是不洁净的（205—206 节）。人的灵魂是宝贵的，但灵魂留在身后的一切都被污染了，失去了神圣的形像。不公正、不虔敬的人就是最真实意义上的不洁之人（207—209 节）。

第四卷分为 42 章（chapter），238 节（section）。

本卷讨论摩西十诫中的第八诫不可偷盗，第九诫不可作假见证，第十诫不可贪婪，兼论归于这些诫命之下的律例，以及十诫共有的公正。

关于第八条诫命（2—40 节）：暴力抢劫是一种比偷窃更大的罪恶，要作双倍赔偿，如果盗贼无力赔偿，可以将他卖为奴隶（2—4节）。这种处罚不算太严厉（5—6节）。可以杀死夜晚入室盗窃的贼，但在白天应当把他抓住，送去审判（7—10节）。律法规定盗窃羊和牛，要作出多倍赔偿，因为它们的用途很大（11—12节）。绑架是一种更加糟糕的偷窃形式，尤其当被绑架者是以色列人的时候（13—19节）。在别人的田地里放牧造成损坏，或者不小心引起火灾，也要作出赔偿（20—29节）。律法规定了复杂的托管手续，如何处理托管物被偷或被盗（30—38节）。偷盗引起的其他罪恶在作伪证处达到顶端（39—40节）。

关于第九条诫命（41—77节）：从不得作伪证开始，马上转换为不得认可众人不公正的行为（41—47节）。占卜是一种欺骗，作伪证实际上是对神的亵渎（48—54节）。审判员必须记住他们的神圣职责（55—58节）。律法强调审判员有三点专门的职责：第一，不得采信道听途说（59—61节）；第二，不得接受礼物，哪怕不会带来不公正的结果（62—66节）；第三，只考察事实真相，不考虑诉讼者的相貌（70—71节）。在审判中不可怜悯穷人。因为怜悯是对不幸者的同情，而自愿作恶者不是不幸，而是不公正。因此，不要由于怜悯穷人身无分文的困境而让他用卑躬屈膝、阿谀奉承的无耻行为逃脱惩罚。担任审判员的人必须是一个好的银钱兑换者，精心辨别事实，分辨真假，不让它们混在一起（72—77节）。

关于第十条诫命（78—229节）："不得贪恋"这条诫命导致冗长的探讨，有许多内容是对《论十诫》这篇文章的重复。邪恶源于对尚未得到的东西的贪恋（79—94节）。这位立法者明白必须限制贪恋，比如对食欲的节制（95—97节）。他首先谈论通过奉献初熟的果实来限制食欲（98—99节）。其次谈论禁食，规定不可吃的东西（100—101节）。所有食肉的野兽均列为不可吃的，只有十种分蹄的和反刍的食草动物可以吃（102—104节），对两种品质作解释（105—109节）。有鳍和鳞的鱼是可吃的（110—112节）。没有脚、靠肚子蜿蜒行走的，或者有四条腿和许多足的爬行动物，都是不洁净的，不可以吃。只有在地上蹦跳的爬行动物归到洁净的一类（113—115节）。不得吃自然死亡的和被其他动物杀死的动物（119—121 节）。不得吃勒死或闷死的动物，不得吃动物的血和油脂（122—125 节）。用圣经中鹌鹑的故事来说明暴食这种贪欲需要节制（126—131 节）。

上述专门的律例分属于十诫中的某一条，而主要的美德属于全部诫命，现在必须注意这些美德如何在各种律法中得到说明。虔敬、智慧，或审慎、节制，已经做过充分讨论。还有三样美德留待讨论：公正、勇敢或坚忍、仁慈或和善。论文其余部分主要说明公正。这里不需要重复在处理第九条诫命时说过的、与审判和法庭有关的公正，但在讨论公正时，先要提供关于公正的某种一般思想（132—136 节）。第一，律法告诉我们，必须把这些公正的律例记在心上，同时把它们的记号系在手上，使它们始终在眼前晃动(137—142 节)。第二，另外一条最可敬畏的命令是，所有律法都不可添加或删减，全都要保持制定时的样子，不做任何改动（143—148 节）。第三，另外一条具有普遍意义的诫命是不可挪移你邻舍的地界，那是先人所定的。这条律法适用于土地分配和设界，不只是为了消除贪婪，而且也是为了捍卫古代的习俗。举例说明公正：第一，不能抽签决定统治者或国王，用抽签来决定日常事务都是荒唐的（151—156 节），而要由民众选举，经由神确认，这样的统治者不能是外人(157—159 节)；第二，统治者必须学习律法及其原则(160—169 节)；第三，他必须效仿摩西，任命下属官员审判小案子，而大案子要由他本人审理（170—175 节）。所谓大案子不是指富人参与争讼的案子，而是指穷人、弱者、寡妇、孤儿参与争讼的案子（176—178 节）。犹太人在全人类中的地位就像孤儿（179—182 节），统治者一定不能用阴谋诡计，而要做民众的父亲（183—187 节）。统治者或审判者如果发现案子太困难，可以交给祭司审理（188—192 节）。

公正的一般准则：做生意时必须完全诚信（193—194 节）；必须当日支付雇工的工价（195—196 节）；不能虐待聋人和瞎子（197—202 节）。讨论一组禁令：不可让异类的牲畜交配；不可在葡萄园里种植两种不同的果子；不可穿两样掺杂料做的衣服。把这些禁令当做公正的原则来处理（203—207

节）。详细讨论土地不休耕，作为不公正的例子（208—218节）。

有关战争的律法：不要放纵愤怒，失去理智，要用更加坚定和稳固的心去做必须做的事。如果对手坚持轻率的行为，必须士气高昂地攻城，消灭敌人（219—225节），但不可毁坏敌对城邦的沃土，或者砍倒它们的树木（226—229节）。

结论（230—238节）：赞美公正，公正是平等之女，平等是一切生活的原则，也是宇宙秩序的一般原则。

正 文

第一卷

【1】[1] 十诫，如经上所称呼的那样，就是概括专门律法的总纲，我们在前面那篇文章中①已经对十诫作了详细解释。现在，我们要根据论述顺序的要求，考察这些专门的律例。[2] 我要从受到许多人嘲笑的这条律例开始。这条律例，亦即割除生殖器的包皮，被其他许多民族热心地遵守，尤其是埃及人，这个民族人口众多、历史悠久、热爱哲学，因此被视为出类拔萃的民族。[3] 所以，诽谤者应当停止幼稚的嘲笑，本着更加明智和严肃的精神，探讨这种习俗得以保持的原因，而不是过早地放弃这个问题，转而责备这个伟大民族的敏锐判断力。这些人完全应当反复认真地想一想，每一代都有成千上万的人接受这一手术，忍受强烈的疼痛，毁伤自己的和他们至亲至爱之人的身体，这里面必定有许多内情，要求人们保留并履行由古人引入的这种习俗。[4] 这里有四个主要原因。一是确保不患严重的、不可治愈的阴茎包皮病，即炭疽病或红斑病。我想，这种疾病之所以取这样的名字，乃是因为它会引发一种慢火，而那些留有包皮的人很容易感染这种火。[5] 二是使整个身体更加清洁，神职人员适宜这样做，所以埃及人把这一做法推向极致，要求他们的祭司剃须刮毛，因为某些需要清除的污垢会聚集和隐藏在毛发和包皮上。[6] 三是使被割的器官与心灵相似。二者的生成都是为了生育，心里面的灵产生思想，生殖器官产生生命。古人认为，使心灵产生概念的无形体高级元素应当与可见的、明显的、可感知事物的自然之父相似。[7]

① 指《论十诫》。

四是最重要的原因，这样做有利于多生孩子，因为我们得知，割除包皮可以使精液长驱直入，不会分散或者落入包皮的皱褶，因此接受割礼的民族显然生殖力最强、人口最多。

【2】[8] 这些解释是那些拥有神圣的恩赐、深入研究过摩西作品的古人传给我们的。对此我想要补充说，我认为割礼是两件必不可少的事情的象征，关乎我们的福祉。[9] 一件事情是要消除蛊惑心灵的享乐。为了寻求刺激，有些人在男女交媾时控制射精以延长交欢时间，所以立法者认为应当切短交欢的器官，从而使割礼象征消除过分多余的享乐，不仅要消除这种享乐，而且还要消除由这种最急迫的享乐所代表的其他所有享乐。[10] 另一件事情是，人应当认识自己，以消除灵魂里的自负狂妄的恶疾。因为有些人对自己能够像雕塑家一样巧妙地制造出最美好的生命，亦即人，而感到骄傲，于是自高自大，以为自己具有神性，他们闭上眼睛，不看一切事物生成的原因，其实他们完全可以看到反例，以纠正他们的错觉。[11] 因为在他们中间，有许多男人不能生育，有许多女人不能怀孕，他们的交配毫无功效，老来膝下无子。因此，需要把这种恶念以及其他对神不忠的念头从心灵中割除。[12] 这些问题就谈到这里。现在我们必须转向专门的律法，先讨论那些居于首位的律法，亦即以神专有的主权为主题的律法。

【3】[13] 有些人以为日月星辰是具有绝对权能的神，于是就把万事万物的原因归于它们。但摩西认为，这个宇宙是被造的，在某种意义上是一个最伟大的共同体，它有行政官和臣民；所谓行政官就是所有天体，恒定的或漫游的；所谓臣民就是存在于月亮之下，处于空中或地上的存在者。[14] 不过，在他看来，所谓的行政官并不拥有绝对的权力，而只是万物之父的副手，正是由于模仿祂的榜样，按照律法和公正治理一切被造物，它们才表现得如此得体；而那些没有察觉到那位高高在上的驭者的人，则把宇宙中一切事件发生的原因归于拉车的那群牲口，就好像它们才是仅有的行动者。[15] 我们至圣的立法者要使他们的无知发生转变，就说“你们举目观看、见到日

月星辰和各种天象时，不要误入歧途，敬拜它们”①。接受天体为众神，他把这种看法说成是误入歧途，这话说得非常正确而又恰当。[16] 太阳及其升降产生一年四季，动物、植物和果实都在确定的时期生长和成熟，月亮作为太阳的侍女和继承者，一到夜晚就接管太阳在白天的职责，照料和管理万物，其他星辰则以其与地上万物的交感与亲和力，用无数方式维护世上万物，看到这些事情，那些人就离题万里，设想只有它们才是神。[17] 其实，只要一直尽力行走在不会有任何迷失的正道上，他们马上就会明白，犹如感官是心灵的仆从，同理，感官所感知的一切事物是心灵所领会的神的仆从。它们如果能够获得第二的位置，那就已经足够了。[18] 试想，我们的心灵如此渺小而不可见，尚且能够主宰感官，而宇宙的心灵如此卓越、伟大而完美，却被否认是众王之王，祂能看见他们，他们却看不见祂，这岂非荒谬至极？[19] 所以，一定不可以为眼睛可见的天上众神拥有绝对的权力，它们只不过是位列二等地位的统治者，它们的本性应当受到矫正，尽管它们拥有卓越的地位，并非命中注定要受处罚。[20] 因此，我们的思想要超越可见的存在物的范围，去荣耀那非物体的、无形状的、唯有理智才能领会的那一位，祂不仅是众神之神，包括感官和心灵所感知的所有神，而且还是万事万物之创造者。如果有人把本来应当给予永恒者、造物主的尊崇给予某个后来才出现的被造的存在者，那么必须把他作为头脑发昏、犯了最大的不敬之罪的人记载下来。

【4】[21] 有些人把金银放在雕刻匠手中，就好像他们能够造出神来；雕刻匠取来原料，再用可朽的样式作模型，愚蠢至极地造出神像，以为它们就是神。② 建造神庙以后，他们又筑起祭坛，为了表示崇敬，他们精心设计其他礼仪和庆典，举行祭祀和游行，男女祭司尽可能摆出庄严的样子，来表现这种虚妄的炫耀。[22] 对这种偶像崇拜者，世界大全之统治者用这样的

---

① 《申命记》4∶19。“又恐怕你向天举目观看，见耶和华你的神为天下万民所摆列的日月星，就是天上的万象，自己便被勾引敬拜事奉它。”

② 从本章开始，斐洛解释第二条诫命。

话警告他们："你们不可作什么神像与我相配，不可为自己作金银的神像"①，这里要表达的教训无异于直接禁令，"既然禁止你们使用最好的材料制造神像，那就更不可以用别的什么材料造神像了"，因为金子和银子处在雕刻材料的首位。[23] 在我看来，除了直接的禁令，他还提出对提升道德具有重大价值的另外一个思想，强烈谴责那些想方设法追逐金银钱币的财迷，这些人积攒和珍藏金银财宝，如同对待圣所里的神像，相信金钱就是一切幸福快乐的源泉。[24] 还有，那些被渴望金钱这种重病缠身的穷人，尽管自己没有财富，不能立偶像敬拜，却对邻人的财富表现出惊人的崇敬，一大清早就去那些拥有大量财富的人家里祷告，好像那是最雄伟的神殿，在那里祈求主人赐福，尽管幸福属于神。[25] 对这样的人，他在别处说："你们不可偏向虚无的神，也不可为自己铸造神像。"② 他以此形像的方式教导他们，把神圣的荣耀给予财富是不恰当的。因为金银只是构成财富的最出名的质料，具有熔化的性质，但许多人认为这些"盲目的"财富是快乐唯一或主要的源泉，对之趋之若鹜。[26] 他把这些东西称做"偶像"，就像没有任何稳定或牢固的东西可以依靠的影像和幻影。它们好像变化不定的风，受制于任何一种变化和改变。对此我们拥有清楚的证据。它们有时候突然落在某个从未拥有过它们的人的头上，然后，当这个人以为自己已经紧紧抓住它们的时候，它们却突然跑走了。确实，当它们显现的时候，幻影就像偶像或镜子中的影像，欺骗和迷惑感官，它们看起来好像是存在的，但实际上没有持久的实体。[27] 其实，我们有什么必要去证明凡人的财富或虚荣，亦即那些在没有头脑的人看来色彩亮丽的东西，是不稳定的呢？我们知道，有人断言一切生灵和植物均有生灭，处于永恒的流变之中，尽管我们对流射的感知模糊不清，但它的流动过程非常迅速，总是挫败视力想要准确观看的努力。

【5】[28] 不仅财富和荣誉，以及诸如此类的东西，是偶像和无根基的

---

① 《出埃及记》20：23。"你们不可作什么神像与我相配，不可为自己作金银的神像。"

② 《利未记》19：4。"你们不可偏向虚无的神，也不可为自己铸造神像。我是耶和华你们的神。"

影子，而且那些神话编造者杜撰和传播的幻觉尽皆如此。神话编造者强化自己虚妄的想象，把它们营造为对付真理的堡垒，在舞台上呈现他们想象出来的新神，为的是使人们遗忘永恒的、真正存在的神。为了提高诱惑力，他们给谎言配上悦耳的音调、韵律和节奏，认为这样做就可以哄骗他们的听众。[29] 此外，他们还引进雕塑和绘画，共同设置骗局，试图利用他们精湛的技艺，通过色彩、形状和艺术元素来迷惑观众，欺骗两大主要感官：视觉和听觉，通过美的、无生命的形状欺骗视觉，通过诗歌和音乐的魅力欺骗耳朵，从而使灵魂变得焦虑不安、摇摆不定，成为它们的笼中之鸟。[30] 知道虚妄已经获得强大的力量，并得到人类更大一部分人的支持，不是出于被迫，而是完全出于他们的自愿，同时也担心献身于真正不朽的虔敬者可能会在湍流中被卷走，所以他在他们的心灵上打上深刻的、圣洁的烙印，即使经年累月也不会有任何磨损和淡化，永远不会抹去它们的特性。他不断重复这一教训，有时候说神是元一，是万物的创造者，有时候说祂是一切被造物之主，因为稳定性、不变性和统治权在本性上只能归于祂。[31] 我们还听说："惟有那些专门信靠神的人，今日全都存活。"① 倾心事奉最原初的大全之因、拒斥这种念头、事奉卑微者和看门者而不事奉这位国王，这种生活岂不是三倍快乐和三倍有福的？这种真正的生活刻在自然的法版上，它是不死的和永久的，记载它的作品必定与宇宙一道存活到永远。

【6】[32] 毫无疑问，要理解和阐明万物之父和统治者是很难的，但这并不是我们往后退缩而不去探求祂的理由。而在这样的探求中，有两个主要问题需要真正的哲学家进行思考：一个是神是否存在，这是那些信奉无神论的人必定要提出来的问题，无神论乃邪恶中之极恶；另一个是神的本质是什么。要回答第一个问题无须花费太多的劳动，而第二个问题，不仅难以回答，而且简直就是不可能。然而，这两个问题都必须加以考察。[33] 我们知道，认识任何一件作品总要牵涉到对作者的认识。看到雕像或绘画，有谁

① 《申命记》4：4。"惟有你们专靠耶和华你们神的人，今日全都存活。"

不会马上想到某位雕塑家或者画家？看到衣服、舰船和房子，谁能不想到纺织工、造船工和建造师？当一个人走进一座管理得井井有条的城市，看到市民生活安排得和谐有序，他能想到的岂不就是这座城必定由优秀的统治者管理？［34］所以，走进这座真正伟大城市的人，亦即进入这个世界的人，看到山坡和平原上遍布动物和植物，看到江河绵远流长，看到大海广袤无边，看到天空妥善地调节时令，看到一年四季相互交替、太阳和月亮分管昼夜，看到其他天体，包括恒星和行星，以及整个天穹，都在有序地运行，他岂不自然而然地，或者毋宁说不可避免地，产生有关造物主、天父和统治者的观念？［35］人的技艺的作品没有一样是自我成就的，而最高超的技艺和知识就显现在这个宇宙中，所以我们可以肯定，它确实是由具有卓越知识和绝对完善的造物主成就的。以这样的方式，我们就获得了神存在的观念。

【7】［36］至于神的本质，尽管确实难以追踪和领会，但仍然要求我们尽可能加以考察。没有什么事情能比寻找真神更加美好，哪怕发现祂是人力所不可及的，只要真诚地抱着学习的愿望，那么仅凭这样的愿望就能产生不可言喻的喜悦和快乐。［37］我们有证据可以说明，有些人不曾品尝过哲学的滋味，但却更加充分地享用哲学的论证和结论。理智带领他们展翅高飞，穿越上层天空，伴随太阳、月亮和整个天空运转，理智虽然渴望看见那里的一切，但却发现自己的视力变得模糊不清，因为从那里磅礴而出的光线如此纯粹而庞大，灵魂之眼在这耀眼的光线照耀下感到眩晕。［38］但是，理智并没有因此而怯懦地放弃追求，而是朝着尚未被征服的目标奋力向前，抵达那尽可能深邃沉思状态，这就好像运动员虽然无望拿到金牌，却仍旧努力为获取银牌而拼搏。这仅次于真正影像的第二位的奖赏包含推测、推理，以及所有可以归为可能性这一范畴的东西。［39］如此说来，正如我们尽管不知道也不可能明确断定每颗星辰的纯粹本质是什么，但我们仍旧热切地坚持寻求，因为我们生来热爱学习，这就使我们对那些看起来可能的东西感到喜悦。［40］同理，尽管不可能获得关于神的真正清晰的影像，但是我们仍旧不应当放弃这种寻求。就算毫无发现，这种寻求本身也是一种幸福，就好像

没有人会指责肉眼，因为尽管它不能看见太阳本身，却能看见太阳普照大地的光芒，也就是太阳散发出来的极为明亮的光辉。

【8】[41] 神钟爱和至爱神圣的向导摩西，当摩西向神恳求“求你将你自己显现给我”的时候，他眼前呈现的就是这种景象。从这句话，我们几乎可以清晰地听见受到圣灵感动的呼喊：“这宇宙是我的老师，把我领向知识，使我知道您是谁，知道您确实存在。它作为您的儿子告诉我谁是它的父亲，您的作品让我知道谁是它的创造者。但是，尽管我仍旧渴望了解您的本质，但却找不到万物中有哪个部分能够引导我获得这种知识。[42] 因此，我祈祷和恳求，请你接受一位恳求者的请求，我是一位爱神者，我的心灵只想事奉您；就好比有关光的知识并非来自别的源头，而就是光本身所提供的东西，同理，只有您能告诉我您本身是什么。由于缺乏老师的指点，出于想要了解您的渴望，我大胆地诉之于您，若有什么冒犯，万望原谅。”[43] 祂回答说：“你的热情可嘉，但这样的请求对任何由创造而生成的存在者来说，是不合适的。我按照接受者的能力白白赐予，什么适合就赐予什么；因为我能赐予的，人的能力并不一定能够轻易接受，因此，凡配得上我的恩典的，我就赐予他所能接受的一切恩惠。[44] 但是，理解我是人的本性所不能承受的事情，哪怕整个天空和宇宙也无法担当。所以，认识你自己，不要因为冲动而偏离正道，去追求力不能及的东西，也不可以因为对不可企及之物的渴求而情绪冲动，失去立足之地，而关于你可以获得之物，我会有求必应。”[45] 听到这里，摩西向祂提出第二个请求。摩西说：“我恭敬地听从您的警告，永远不想得到您清晰显现的影像。但我祈求您，至少让我看见围绕您的荣耀，让我借您的荣耀察觉守卫在您周围的权能，我很乐意了解它们，尽管迄今为止我不认识它们，但想要认识它们的念头在我心里产生了巨大的渴望，使我很想了解他们。”[46] 对此祂回答说：“你力求认识的权能不是靠视力看见的，而是靠心灵察觉的，就好像要察觉我是谁，靠的是心灵而不是视力，当我说‘他们是靠心灵察觉的’时候，我说的不是那些已经由心灵理解的东西，而是说如果其他的权能能够被理解，那么靠的不是感官，而是最

纯洁的心灵。[47] 尽管它们把某些印象和它们实际活动的摹本呈现给你们，但是你们不能理解它们的本质。你们人类使用的印章只要与蜡或者类似的材料相接触，就会在上面留下印记，或多或少，但印章本身的任何部分不会因此淡化，而总是保持原来的样子。你必须明白我的权能也是这样，它把性质和形状给予缺乏它们的事物，同时保持它永恒的性质不变，没有任何减损。[48] 你们中间有些人不恰当地称之为‘形式’或‘型相’，因为它们把形式赋予一切存在物，把秩序赋予无序者，把界限赋予无界限者，把边际赋予无边际者，把形状赋予无形状者，总而言之，把较差的东西变得较好。[49] 所以，不要指望能够理解我或我的权能的本质。不过，我很乐意并出于完全的善意允许你们分有可以实现的事情。我的意思是说，我邀请你们来沉思宇宙和宇宙的内容，这种景观不是肉眼所能理解的，只有不眠的心灵之眼能理解。但愿追求智慧的人对智慧满怀持久而深切的渴望，对那散发出异乎寻常之魅力的真理亦如此。”[50] 听了这些话，摩西的愿望并没有停息，而只是把燃烧着的对不可见之物的渴望保存在心里。

【9】[51] 所有像他这样弃绝虚无谎言、拥抱纯洁真理的人，无论他们是一开始就如此，还是通过皈依转向好的一面，抵达比较高尚的状态，都能得到神的认可，前者是因为他们并没有背弃自己高贵的出身，后者是因为他们的判断引导他们走向虔敬。摩西把后者称为“改信者”或者新加入者，因为他们加入了新的、敬神的共同体。[52] 因此，他把给予本地人的所有权利同样给予新来者，告诫旧贵族要尊重他们，不仅要对他们表示尊敬，而且还要表示特殊的友谊和非同寻常的善意。① 这样做确实有很好的理由。他说，为了美德和宗教的缘故，他们离开了自己的祖国、亲人和朋友。让他们不要否认自己拥有另一重公民身份、家庭纽带和友谊，让他们找到随时打算接纳避难者的庇护所，进入虔敬的营地。荣耀一神，正是最有效的爱的魅力

---

① 参见《利未记》19 : 34。“和你们同居的外人，你们要看他如本地人一样，并要爱他如己，因为你们在埃及地也作过寄居的。我是耶和华你们的神。”

和把善意联结起来的链条，使我们成为不可分割的整体。[53] 不过，他向他们提出忠告，由于他们公开谴责父辈和祖先的虚妄幻想，所以他允许他们享有与本地人平等的权利和地位，但是他们不可以空谈或毫无节制地辱骂他人承认的众神，免得对方受到刺激恼怒起来，对真神说出同样亵渎的话。因为他们不知道这里面的差别，他们从小受到的教育就把谬误当做真理来传授，这些谬误伴随他们成长，所以他们很容易误入歧途。[54] 但是，如果这个民族中有任何一位成员背弃元一真神，那就应当受到最严厉的刑罚。他们放弃了至关重要的职责，也就是虔敬的宗教事奉，选择了黑暗，而不是选择光明，蒙蔽了具有敏锐洞察力的心灵。[55] 所有热心追求美德的人都可以要求即时行刑，毫不迟延，而不必把罪犯带到陪审团、合议庭，或者哪个行政长官面前，允许他们充分发泄心中的情感，也就是说，出于对邪恶的恨和对神的爱，这些人强烈要求对不敬神者严惩不贷，决不怜悯，这样做是好的。他们应当认为，时势已经使他们成为议员、陪审员、司法官、公民大会成员、控方、证人、律法、百姓，等等，实际上可以说成为一切，所以他们可以毫无畏惧或毫无障碍地捍卫信仰，没有后顾之忧。

【10】[56] 律法书里记载了一个事例，有个人以这种可敬的勇气行事。① 他看见自己族中有人被外国女子的美貌吸引，与她们交媾，抛弃自己祖宗的习俗，想要参加一种虚假的宗教仪式。尤其是，他看到其中一人是这种倒行逆施行为的罪魁祸首，竟然厚颜无耻地在公共场合展示渎神的行为，还当着全体百姓的面，向木头和石头的偶像献祭，嘲弄圣名。于是，他的心中充满怒火，他把两边的观众丢在后面，跳上前来毫不犹豫地杀死了这对男女，他杀死这个男人，乃是因为他听过教导，但却沾染不洁，而他杀死这个女人，乃是因为她是邪恶的教唆者。[57] 这一情急之下的行动成为一种警示，训诫那些打算做出同样叛教行为的民众。所以，神赞扬他立了大功，他这样做是自发的，全心全意的，所以赐给他双重奖赏，平安和祭司的职责，赐给他

① 参见《民数记》25：1—15。

第一项是因为为神的荣耀而战的斗士配得上无战争的生活，赐给他第二项是因为对一个虔敬之人的最恰当奖赏就是赐给他祭司之职，让他公开宣称事奉天父，而受神的约束不仅好过自由，也好过做王。[58] 但是有些人陷入疯狂状态，乃至于到了无以复加的地步，他们不给自己留下任何悔改的余地，奋力钻进人造物的束缚，并通过契约承认这种束缚，这种契约不是写在羊皮纸上的，而是如对待奴隶的惯常做法，用烧红的铁烙在身体上。这种印记永远留在那里，时间的流逝也不可能使它们褪色。

【11】[59] 最圣洁的摩西在其他事情上显然也坚持类似的原则，因为他热爱并教导真理，渴望把真理铭刻在他的所有门徒心上，驱逐虚假的观念，并使之远离他们的理智。[60]知道占卜的技艺将极大地助长民众的错误生活，使其陷入疯狂，所以他禁止他们使用任何形式的占卜，把所有追随者、占卜师、涤罪师、鸟卜师、观察征兆的、使用咒语的，以及那些相信声音和语调的，统统赶出他的共同体。[61] 所有这些只不过是对似是而非的可能之事的猜测，而且同样的现象在不同时间使他们产生不同的观念，因为他们所依据的事情在本质上缺乏稳定性，理智也没有要求使用任何准确的试金石，使真相得到考验和确认。[62] 所有这些都为不虔敬铺平了道路。为什么会这样？这是因为，把注意力和信心放在它们身上的人会抛弃万物之首因，相信它们才是善恶的唯一原因，意识不到把自己的生命和注意力系于其上的铁锚是完全不可靠的，就好比飞鸟、飞鸟的翅膀、飞鸟在空中来回飞行、爬行动物从洞里出来觅食，等等；还有，内脏、血液和尸体，没有了生命，马上就会萎缩和腐烂，在这个过程中，它们的自然属性会变得更糟。[63] 摩西要求，凡是在律法共同体中登记在册的人，不是要在知识上求得完全，因为在这个方面有许多人接受过教育，学过占卜、问卦、辨音和似是而非的推论，而是要在向神尽职上求得完全，在这件事情上，没有任何可疑或模棱两可的东西，只有确定无疑的、赤裸裸的真理。①[64] 但由于渴望知道未来的念头

① 参见《申命记》18：15—18。

几乎在所有人心里根深蒂固，这种念头使他们转向观察祭司们进行的占卜以及其他方式的占卜，藉此发现确定性，而实际上它们充满不确定性，不断地确认自己的虚假，有鉴于此，他非常严肃地禁止他们这样做，同时告诉他们，只要不偏离虔敬，他们就不会对未来完全无知。[65] 被神凭附的先知会突然出现，说出预言式的神谕。他说的话没有一句是他自己的，他既被圣灵真正控制，说话时没有添加一点自己的理解，只是作为在另一位的提示下不断说出来的话语的通道。因为先知是神的解释者，祂充分利用他们的语言器官说出祂想要说的话。这些话语，以及诸如此类的话语，就是他关于一位真正存在的神的指令。这样开了头以后，他开始指出应当如何荣耀神。

【12】[66] 我们必须相信，整个宇宙就是最高、最真实意义上的神圣的圣殿，是一切存在物中最神圣的部分，也就是天空，宇宙的圣所，星辰是献给宇宙的供品，天使作为神的权能的仆从是神的祭司，无形体的灵魂并不像我们人那样由理智和非理智的本性复合而成，而是完全消除了非理智的本性，剩下整个心灵都是纯粹的理智，就像一个单一体。[67] 另外还有人手所造的殿，因为那些人的热心不应当阻拦，他们虔敬奉献，想要通过献祭感谢被赐予的恩福，或者祈求宽恕，赦免所犯的罪行。但是他规定，既不可在许多地方建殿，又不可在同一个地方建许多殿，因为他断定，既然神是一位，殿也应当只有一座。① [68] 还有，他不满意那些人想要在自己家里履行仪式，要求他们，即使人在地极也要赶到这座殿里来。以这种方式，他对他们的意向提出了最严峻的考验。一个人若不以虔诚的心献祭，就决不会下决心离开自己的祖国、朋友和亲人，寄居在一块陌生的土地上，而使他愿意忍受与自己最熟悉、最亲近的朋友分离的，可以说，忍受与他已经连成一体的人分离的，显然是由于虔敬具有更大的吸引力。[69] 事实上，我们拥有最可靠的证据。无数的民众来自无数的城邦，有的越过陆地，有的跨过海洋，

---

① 参见《申命记》12：5—7，11—14，17—18。

来自东南西北各个方向。他们把圣殿当做他们的总的港口和安全的避难所，他们摆脱生活的喧哗和巨大的混乱，在那里找到安宁与祥和，卸下从幼时起就沉重地压在他们头上的焦虑，在友好欢乐的场景中享受短暂的喘息。[70] 就这样，他们满怀令人感到安慰的希望，把闲暇献给神的圣洁和对神的荣耀，作为他们应尽的义务。迄今为止彼此并不相识的人之间形成了友谊，献祭和奠酒提供了沟通情感的机会，形成众人同心的最可靠保证。

【13】[71] 外面的围墙又宽又长，给这座圣殿增添了额外的宁静，四个柱廊装饰着围墙的四个角落，非常气派。每个柱廊都是双层的，① 所用的材料是石头和木头，用料极多，有经验工匠的高超技艺结合建筑师的精心设计，创造出完美的作品。圣殿的内墙较小，建筑风格也更加朴实。[72] 至圣所本身坐落在正中央，它的外观极为华丽，难以用语言描述。除了大祭司，一般人无法看见至圣所里面的一切，而纵然是负责每年一次进入至圣所履行祭司之职的大祭司，也没能看到什么。因为他端着火盆，火盆里盛满火炭，飘逸着香气，火盆散发出来的浓烟使周围的一切都弥漫在烟雾之中，他的眼睛因此而模糊，无法看清任何东西。至圣所的尺寸和高度使它显得像一座最高的山峰，赫然在目，尽管它所处的位置相对较低。[73] 事实上，这些建筑如此宏大，引人注目，人们看了以后大为赞叹，尤其是来访的外国人，他们拿这些建筑与自己国家里的公共建筑进行比较，对它们的华美和雄伟叹为观止。[74] 不过，根据律法的规定，围墙里面的地方不可栽种树木，作出这项规定的理由很多：② 第一，真正神圣的圣殿并非旨在提供休闲娱乐的场所，而是要体现宗教的庄严；第二，要使树木茂盛地生长，要使用人和动物的排泄物作肥料，而把这些东西带进里面，不能说不是一种亵渎的行为；第三，野生植物没有任何用处，如诗人所说，它们只是“土地的负担”，而栽培的果树结出的果实又会吸引心意软弱者，使他们分心，不能专注于神

---

① 即有两排柱子。

② 参见《申命记》16：21。“你为耶和华你的神筑坛，不可在坛旁栽什么树木作为木偶。”

圣庄严的仪式。[75] 还有，植物生长茂密的地方是作恶者的胜地，他们利用这些地方藏身，埋伏起来，从那里开始突然袭击，攻击他们想要攻击的人。宽阔的空间，四周没有任何障碍阻拦视野，这样的地方最适宜建造圣殿，进入圣殿并待在里面的人向外能够一览无余。

【14】[76] 圣殿的收入不仅来自地产，而且来自其他更大的源泉，这些源泉永远不会随时间而枯竭。只要人类还在延续，这些源泉就会延续，圣殿的收入也就会有安全保障，与整个宇宙同为永恒。[77] 律法规定，每个人从二十岁开始每年都要奉献初熟的果子。① 这些奉献被称为“赎价”，因为初熟的果子是以极大的热情奉献的。奉献者欢喜而又快乐地拿出奉献，指望这种赎价能使他们摆脱奴役或治疗疾病，获得完全的自由，彻底摆脱危险。[78] 由于这个国家人口众多，奉献的初果自然极为丰富。实际上，每个城邦都有为这种神圣的金钱而设立的钱庄，人们定期到这里来奉献。到了规定的时间，会有按功德挑选出来的使者、一些德高望重的人，到各个城邦去把神圣的金钱取走，在这些人的引导下，每个人的希望都将安全表达。因为，如律法所规定的那样，虔敬者的希望就依赖于这些初熟的果子。

【15】[79] 这个民族有十二个支派，其中有一个因其特殊功绩而被挑选出来担当祭司，这是对他们的勇敢和满腔虔敬之情的嘉奖，当时有人劝说众人效仿埃及人的愚蠢，相信那里的虚妄幻想，迷恋非理智的动物，特别是牛。② 看到众人尽皆听从这种不当判断，陷入罪恶中，这个支派不等待任何命令，完全自发地把这些迷惑人的首领全部杀死，他们对虔敬的捍卫被视为真正虔诚的行为。

【16】[80] 关于祭司有下述律例。它规定，祭司应当完全健全，身体没有任何残缺。③ 也就是说，不缺哪个部分，也没有哪个地方受伤致残，另一

---

① 参见《出埃及记》30：12—16。

② 参见《出埃及记》32。

③ 参见《利未记》21：17—21。

方面，也不能有多余的部分，无论是天生的赘物，还是由于后天疾病而生长出来的东西。皮肤一定不能得过麻风病、皮疹、赘肉，或者其他任何赘物。所有这些在我看来都象征着灵魂的完善。[81] 既然本性必朽的祭司身体尚且必须加以仔细审视，不可使之遭受任何重疾，更何况本性不朽的灵魂，岂不更加需要精心考察，经上告诉我们，灵魂是按照那自存之神的形像造的。① 道就是神的像，整个宇宙就是由祂塑造的。[82] 规定祭司要血缘纯洁、出身高贵，他的身体和灵魂都应当完美无缺以后，律例提及祭司履行神圣仪式时要穿着的服装。[83] 祭司的服装包括一件细麻布的内袍和一条裤子，后者用来遮住腰部，在圣坛上绝对不可以露腰，而穿内袍是为了使他们在尽职时动作敏捷，② 这套衣服没有别的装饰，就是一身短装，这样的装束是为了行动便捷，当他们携带祭品、贡物、奠酒，以及其他献祭所需要的物品时，仍旧能够毫无阻碍地快步行进。[84] 律例也规定大祭司进入至圣所献香时必须穿上类似的服装，③ 因为做这种衣服用的细麻布不像毛料，要由死去的动物提供；他还要穿上另一件衣服，这件衣服的构造非常复杂。它好像是对宇宙的模仿和复制。从它的设计可以清晰地看出这一点。[85] 首先，这件长袍是深蓝色的，衣摆一直垂到脚跟，罩住全身，它象征空气，因为空气生来就是深色的，同时空气又从位于上方的、月亮下面的区域一直延伸到大地的最低洼处。[86] 其次，这件长袍镶有一块织成的胸牌，象征天穹。肩部镶有两块绿宝石，极为珍贵。每个肩头各一块，两块都是圆形的，代表两个半球，一个是上面的天，一个是下面的地。[87] 然后，胸前镶有十二块不同颜色的宝石，排成四行，每行三颗，按照黄道带的样式排列，因为黄道带共有十二宫，一年四季，每季三宫。[88] 这部分服饰总体上被意味深长地称做理智之所，因为天穹和它

---

① 参见《创世记》1：27。“神就照着自己的形像造人，乃是照着他的形像造男造女。”

② 参见《出埃及记》28：40—43。

③ 参见《利未记》16：4。“要穿上细麻布圣内袍，把细麻布裤子穿在身上，腰束细麻布带子，头戴细麻布冠冕，这都是圣服。他要用水洗身，然后穿戴。”

的各个部分都按照理智的原则和比例构成，在那里没有任何东西是非理智的。他在理智之所镶嵌了两样饰品，一样他称做“清晰的显现”，另一样他称做“真理”。[89] 他用“真理”表示这样的意思，天上没有谬误的立足之处，虚假完全被驱赶到地上的区域，住在可诅咒的人的灵魂里；“清晰的显现”表示属天的存在者使我们的所作所为变得清晰可见，其本身原来是完全不可知的。这是不证自明的。[90] 试想，如果阳光从来不曾普照，我们怎能看见事物数不胜数的性质？或者数不胜数的色彩和形状？若非日月星辰的循环如此和谐伟大，无以言表，还有谁能向我们显明昼夜、年月以及一般的时间？[91] 如果没有这些天体教会我们计算时间的划分，我们怎能了解数的本性？如果没有星辰在各自的轨道上运转、环行，显明星象，谁能为航行者在茫茫幽深的大海上指明方向和开辟道路？[92] 研究天体的聪明人观察和记录数不胜数的其他现象，指明各种天象，预测天气是风和日丽，还是暴风骤雨，田地是五谷丰登，还是颗粒无收，夏季是温和湿润，还是干燥酷热，冬季是多灾多难，还是温暖如春，季节是干旱还是多雨，动植物是多产还是少产，以及诸如此类的事情。大地上所发生的一切事情都在天穹的脸上刻有记号。

【17】[93] 用金线在衣摆的底边绣上石榴、铃铛和花边，象征土和水。花边表示土，因为花是从土里长出来的；石榴，或者流动的果子，表示水，流水（ῥοη）这个名称是从流动（ῥύσιν）这个词派生而来的；铃铛表示宇宙各部分的和谐、一致和协调。[94] 各部分的排列顺序也令人敬佩。最上面是他所谓的胸牌，镶嵌宝石，是对天的模仿，因为天穹也在最上面。胸牌下面是长及脚跟的袍子，全是深蓝色，因为气也是深色的，并占据天穹下面第二的位置，底边是花边和石榴，因为宇宙的最低之处被指定给土和水。[95] 这件圣衣是精心设计的，它的样式就是对宇宙的一种模仿，在眼睛和心灵看来，它具有神奇的美。在眼睛看来，它呈现出极为惊人的样式，其多样和昂贵超过我们所有织物；在心灵看来，它的各部分都表示相应的哲学概念。[96] 它表达了这样的希望：首先，大祭司应当身披宇宙大全的形像，让他

借着对宇宙的不断沉思，使他自己的生活与整个宇宙相匹配；其次，在履行自己的圣职时，他应当以整个宇宙为其共同服事者。既然被奉献给世界之父，他就应当带着父的儿子，亦即宇宙，与他一道事奉造物主和生育者，这样做既完全正确而又适当。[97] 这件圣衣还象征第三条真理，对此也不可忽略不说。在其他民族中，祭司往往只为自己的亲人、朋友和同胞进行祷告和献祭，而犹太人的大祭司不仅代表整个人类进行祷告和感恩，而且还为自然的各个部分这样做，亦即土、水、气、火。因为他把这个世界看做自己的国家，而事实亦确实如此，所以他经常代表这个世界向统治者恳求、祈祷、抚慰，恳求祂使祂的造物分有祂自己的善良和仁慈。

【18】[98] 以开场白的形式说了这些话以后，① 他制定了另外一条律例，靠近圣坛进行祭祀的人在履行神圣职责的时候不可以饮酒，以及其他容易醉人的饮料，制定这条律例主要出于四方面的考虑，这就是防止松懈、遗忘、打瞌睡和做蠢事的危险。[99] 烈性饮料使身体功能衰退，肢体僵硬，不能灵活运动，使人变得迟钝和呆滞，不可避免地会使他打瞌睡，同时由于灵魂松弛而导致遗忘，做出蠢事。而当他清醒的时候，身体的各个部分轻盈灵活，运动自如，感官清晰，心灵敏锐，能够预见未来，回顾以往。[100] 确实，总的说来，酒必须被视为对生活的各个方面都毫无益处的东西，因为它压迫灵魂，使感官变得迟钝，使身体变得沉重，使我们的器官没有一个能够自由自在，倒使每一个器官受到阻碍，不能运行自如。在宗教仪式和典礼上所犯的错误比平时所犯的错误带来的伤害更大，正如违背我们对神的义务比违背对人的义务更加不可容忍。因此主祭在献祭期间不可沾染酒的规定是非常恰当的，以便他可以“将圣的、俗的、洁净的、不洁净的，分别出来”，② 将合法的和非法的分别出来。

【19】[101] 由于祭司在成为祭司之前只是一个人，必定也有求偶的本

---

① 参见《利未记》10：8—11。

② 《利未记》10：10。“使你们可以将圣的，俗的，洁净的，不洁净的，分别出来。”

能，所以摩西安排了纯洁的处女与他成婚，她的父母、祖父母、列祖列宗全是纯洁的，因其行为和世系的高贵而享有盛誉。[1]［102］妓女的身体和灵魂都是亵渎的，即使她放弃了皮肉生意，采取端庄而又贞洁的行为方式，但祭司仍旧不能娶她，甚至不能靠近她，因为她旧的生活方式是不洁的。让这样的人在其他方面保留其公民权，因为她已经费尽力气洁净自己，除去污秽，从恶行中悔改，这些事原本值得赞美。不是说别的人都不能娶她为妻，只是别让她靠近祭司。因为祭司的权利和义务非常独特，这一职务要求他从生到死都要过一种无可指责的生活。［103］既然表示不幸而非堕落的身体伤疤都使人无法进入祭司行列，那么不只是完全被迫，有时也出于自愿选择而出卖个人魅力的女人，若是只因为后来的勉强悔改，就可以离开原先的情人，直接与祭司成婚，把妓院换成圣地的居所，那么这样做岂不愚蠢？因为，无论如何，在悔改者的灵魂里仍然保留着过去恶行的伤疤和印痕。［104］在另一处有句话说得非常好，令人敬佩，"娼妓所得的钱，你不可带入圣殿"，[2]尽管金钱本身无罪，但它是娼妓的钱，是她做这种生意所得的钱。人们肯定不同意让这样的女人与祭司结合，因为她挣钱的方式是亵渎的，是卑劣的，尽管那些铸造金钱的金属与打在上面的印记都是真实的。

【20】［105］所以，律法对大祭司的婚姻有非常严格的规定，甚至不允许他娶寡妇，无论寡妇守寡是因为丈夫死了，还是被丈夫休了。[3]首先，这一规定是为了使圣洁的种子可以撒在纯洁而未经践踏的土壤里，确保所生的后代完全不和另一个家庭混杂。其次，与完全无辜而又正直的灵魂相结合，他们会发现很容易塑造这样的妻子的性格和秉性，因为处女的心灵更容易接受美德的影响和吸引，更乐意接受教导。［106］与此相比，有过另外一位丈

---

① 参见《利未记》21：7。"不可娶妓女或被污的女人为妻，也不可娶被休的妇人为妻，因为祭司是归神为圣。"

② 《申命记》23：18。"娼妓所得的钱，或娈童所得的价，你不可带入耶和华你神的殿还愿，因为这两样都是耶和华你神所憎恶的。"

③ 参见《利未记》21：13—14。"他要娶处女为妻。寡妇或是被休的妇人，或是被污为妓的女人，都不可娶，只可娶本民中的处女为妻。"

夫的女人接受教导自然就没有那么顺从。她的灵魂不再单纯得像张白纸，能够清晰地显示印在它上面的教训，而倒像是一块布满各种痕迹的粗糙不平的蜡版，难以抹平，并且不愿意再刻上其他印记，即使愿意，也会把它们与原有的印记相混。[107] 让大祭司一定要娶没有结婚的处女。我说的"处女"不仅排除与别的男子已有床笫之欢的女子，也排除已经与别人有婚约的女子，哪怕她还是纯洁的处女之身。

【21】[108] 至于普通祭司，有关他们婚姻的规定与大祭司基本相同，只是允许他们不仅可以娶处女，而且可以娶寡妇，不过只限于死了丈夫的寡妇。律法制定这一限制是为了从祭司的生活中消除敌意和争执。如果前夫还活着，那就很可能由于女性特有的嫉妒而引发争吵。前夫若是死了，也就不会对后任丈夫有敌意了。[109] 至于祭司和大祭司之间的不同，律法的观点在于，在一切事务上对大祭司的要求应当更加圣洁、更加纯净，这也包括他选择配偶，因此规定他只能娶处女为妻。而那些位居第二等级的祭司，律法对他们与女人的关系做出一点让步，允许他们娶有过婚姻经历的女人。

【22】[110] 还有，律法对大祭司的未婚妻的出身做了明确规定。大祭司要娶的妻子不仅必须是处女，而且必须是出身祭司家庭的女祭司，[①] 这样一来，新郎和新娘就属于同一家庭，在一定意义上也属于同一血统，所以这种结合是和谐完美的，是终身稳定的。[111] 不过，其他祭司也可以娶非祭司家庭的女子，这样做的部分原因是因为维护他们的纯洁所制定的限制条件并不多，部分原因是律法并不希望本民族的其他人在祭司制度中被完全排除。所以，他没有禁止其他祭司与民众中的平信徒结婚，婚姻可以建立第二层亲属关系。女婿就是岳父的儿子，岳父就是女婿的父亲。

【23】[112] 上述规定，以及诸如此类有关婚姻的规章制度，旨在促进

---

① 参见《利未记》21：14。"寡妇或是被休的妇人，或是被污为妓的女人，都不可娶，只可娶本民中的处女为妻。"

子孙后代的繁衍，但由于死亡总是伴随着生育，所以他也为祭司如何对待死亡制定律法。① 在这些律法中，他规定他们不可因为与死者有任何关系而沾染自己，无论是朋友还是亲人，无论关系有多么近，只有父母、儿女、兄弟和未婚的姐妹除外。[113] 但是，大祭司不可以参与外界的一切哀号，这项规定确实有充分的理由。② 其他祭司的事奉可以有人代理，哪怕祭司参与外面的哀号，一般的仪式也不会受到影响。但是大祭司的职责没有任何人可以代行，所以他必须始终保持未沾染的状态，绝对不可挨近死尸，这样才能随时预备在适当的时候毫无障碍地代表整个民族祷告和献祭。[114] 还有，大祭司既然献身于神，成了这支神圣队伍的首领，就应当远离一切身世的约束，不应再被父母、儿女、兄弟的亲情所支配，乃至于疏忽原本应当毫无推延地履行的宗教义务。[115] 摩西还禁止他为死去的亲人撕裂自己的衣服，即使是至亲至爱的人；他也不可以从头上拿掉祭司的标志，不可借口奔丧而以任何原因离开圣所。就这样，出于对圣所和他的个人饰品的尊重，他要控制自己的悲悯之情，一如既往地不受悲哀的影响。[116] 律法希望他代表整个民族去接近神圣者，而不只是个人；我们真的可以敬畏地说，大祭司站在二者的边界线上，从而使人有了一位中保，通过他请神息怒；使神有了一位仆从，把祂丰盛的恩惠延伸给人。

【24】[117] 紧接这些规定之后是他为分有初果的人立下的规矩。③ 他告诉我们，如果有祭司瞎了眼，断了手，瘸了腿，或者丧失了身体的某个部分，或者有了某个方面的缺陷，那么由于降临到他头上的灾难，他不能再行使祭司之职，但可以享有祭司共有的特权，因为他纯正的血缘仍旧是无可

---

① 参见《利未记》21∶1—3。“耶和华对摩西说，你告诉亚伦子孙作祭司的，说，祭司不可为民中的死人沾染自己，除非为他骨肉之亲的父母，儿女，弟兄和未曾出嫁，作处女的姊妹，才可以沾染自己。”

② 参见《利未记》21∶10—12。“在弟兄中作大祭司，头上倒了膏油，又承接圣职，穿了圣衣的，不可蓬头散发，也不可撕裂衣服。不可挨近死尸，也不可为父母沾染自己。不可出圣所，也不可亵渎神的圣所，因为神膏油的冠冕在他头上。我是耶和华。”

③ 参见《利未记》21∶17 以下。

指责的。①[118] 然而，如果祭司患了麻风病，出现了病症，或者有了遗精，那就不可接触圣餐桌或他的支派所得到的任何战利品，直至完全好转，遗精停止，或者患病的皮肤恢复健康。[119] 还有，如果祭司摸了不洁之物，或者如经常发生的那样夜晚遗精，那么在那一天他就不可享用圣物，而要用水洗身，但在日落以后就不可再阻止他进食。[120] 初果必须远离寄居在祭司家里的人，或者他雇用的工人；② 提到前者是因为给邻人提供住宿和招待是常有的事，这样就会有使圣物受到玷污的危险，因为不合时宜的慷慨可能成为不敬神的一种借口。我们一定不能与任何人分享任何东西，只能把我们的东西作为礼物送给适宜接受的人。否则的话，生活所拥有的最杰出、最宝贵的东西、亦即秩序，就会遭到破坏，被它最可恶的敌人，亦即混乱，所控制。[121] 如若商船上的水手与舵手同酬，舰船上的划桨者、水兵与舰长、司令同等待遇，或者骑兵与他们的指挥官，步兵与他们的军官，队长与将军，或者城邦里的诉讼人与法官、议员与主席，或者一般说来，平民与统治者，被一视同仁，那么就会产生动乱和分裂，名义上的平等就会产生实际上的不平等。这是因为，给予不同价值的事物以同样的报酬就是实际上的不平等，而不平等是万恶之源。[122] 基于同样的原则，不可把祭司的特权扩展到他们的邻人。否则的话，他们的邻人就会仅仅由于住在附近就可以吃圣物。要知道，特权不属于一个住宅，而属于一个等级。

【25】[123] 同理，谁也不必把这种神圣的特权赐给受雇的仆人，或者当他的工钱，或者用来交换他的服务。因为他有时会把这种礼物用于不正当的目的，从而玷污属于纯正血统和圣所职事的奖赏。[124] 由于这个原因，

---

① 参见《利未记》22：4—7。“亚伦的后裔，凡长大麻风的，或是有漏症的，不可吃圣物，直等他洁净了。无论谁摸那因死尸不洁净的物（‘物’或作‘人’），或是遗精的人，或是摸什么使他不洁净的爬物，或是摸那使他不洁净的人（不拘那人有什么不洁净），摸了这些人，物的，必不洁净到晚上。若不用水洗身，就不可吃圣物。日落的时候，他就洁净了，然后可以吃圣物，因为这是他的食物。”

② 参见《利未记》22：10。“凡外人不可吃圣物，寄居在祭司家的，或是雇工人，都不可吃圣物。”

律法规定外人不可分吃圣物，哪怕他出身高贵，血统纯正，父亲和母亲的世系均无瑕疵，也不允许分享圣物，免得这种特权遭受污染，把这种特权始终安全地保留在祭司阶层。[125]须知，献祭、圣仪，以及祭坛上的所有仪式，并非任何人都能主持，只有祭司才行，而指定给这些职务的奖赏却变成了所有人的共同财产，偶然进来的人也可以享用，所以说，如果一方面让祭司日夜操劳，耗尽体力和精力，另一方面又允许闲散人员分享他们所得的奖赏，这岂不荒唐可笑。[126] 不过，对家里养大的或买来的奴仆而言，祭司，亦即他的主人，应当从初熟的果子里分一份吃喝给他。首先，奴仆除了主人，没有别的经济来源，而主人的财产就是慈善捐助的神圣礼物，所以奴仆也必须靠它们来维持生计。[127] 其次，必然的事情必定会自动发生。我们的佣人总是与我们同在，分有我们的生活。他们为主人准备日常的食物和附加的菜肴，在餐桌边侍候，清理残羹剩饭。无论我们愿意与否，即使不公然拿走剩余的饭菜，他们也会悄悄地这样做。如果不让他们这样做，那么他们一定会去偷窃。也就是说，如果依赖主人的食物维持生计是一种罪过，那么这里不是只有一种罪，还有第二种罪，即偷盗，这样一来，享用圣物的权利似乎落到了盗贼手中，而不归那些纯洁无瑕的人享用，这岂非荒谬至极。[128] 第三个要考虑的要点是，初果的荣誉不会因为被仆人分享就遭受鄙视。对主人的敬畏必定能够防止出现这样的结果，因为主人使他们远离闲散的习惯，从而遏制他们任何轻率的行为。

【26】[129] 接下来，他开始制定一条充满人性化的规定。① 他说，如果祭司的女儿嫁给不是祭司的丈夫以后守了寡，无论是因为丈夫死去，还是因为丈夫离弃了她，并且膝下无子，那么她应当回到父家，重新获得她未嫁之前所享有的分享初果的权利。因为在一定意义上，她在美德上仍然是个处女，既没有丈夫，也没有儿女，除了父亲，她没有人可以依靠。[130] 但若

① 参见《利未记》22：13。“但祭司的女儿若是寡妇，或是被休的，没有孩子，又归回父家，与她青年一样，就可以吃她父亲的食物，只是外人不可吃。”

她有儿有女，这位母亲就必须去和她的儿女同住。因为儿女属于父家，母亲也把他们一并带入父家。

【27】[131] 律法没有给祭司分配土地，使他们能像其他人那样收获地上的果实，拥有丰富的生活必需品。而是在他们奉献圣物时，用超越一切的荣耀回报他们，即经上所说的神就是他们的产业。① 之所以说神是他们的产业，有两个理由：第一，与神共享他们奉献给神的感恩的圣物，这是一种最高的荣耀；第二，全心全意地履行神圣的仪式是他们的职责，因此而一定意义上，他们成了这份产业的托管人。[132]律法规定给他们如下奖赏和报酬：首先，他们随时都有基本的生活必需品，不必付出任何辛劳。他吩咐膳长要从小麦或其他谷物的生面团里分出一块，作为第一份，供给祭司。② 在此处，他还想到通向虔敬的途径，只要遵守这条留面团的规定，接受这条律法所包含的教训，也就向虔敬靠近了一步。[133] 从自己果腹的食物里不断地取出一部分作奉献，久而久之，他们就会习以为常，必然对神拥有不可磨灭的记忆，没有比这更大的恩福了。由于这个民族人口众多，献上的初果数量必然非常庞大，所以，哪怕是最穷的祭司也拥有大量生活必需品，所以他们看上去极为富裕。[134] 其次，他规定其他每一种物产都要献初果；从每台榨汁机里拿出葡萄酒，从每个打谷场上拿出小麦和大麦，同样，从橄榄里取出橄榄油，从其他果树取出果子，这样的话，祭司拥有的不只是生活必需品，不是只能在相对恶劣的条件下维持生计，而是能够享有丰富的生活奢侈品，日子过得愉快而惬意，这样的生活方式与他们的身份相吻合。[135] 第三样附加的规定是要把地上为人使用的所有动物的头生公仔分给祭司。③ 关于黄牛、绵羊、山羊，要献上真的幼仔，也就是雄性的小牛犊、羊羔和小山羊，从

---

① 参见《申命记》18：1—2。“祭司利未人和利未全支派必在以色列中无分无业。他们所吃用的就是献给耶和华的火祭和一切所捐的。他们在弟兄中必没有产业。耶和华是他们的产业，正如耶和华所应许他们的。”

② 参见《民数记》15：20。“你们要用初熟的麦子磨面，作饼当举祭奉献。你们举上，好像举禾场的举祭一样。”

③ 参见《出埃及记》22：30；《民数记》18：15—20。

吃和献祭的目的来看，它们都是“洁净的”，并且得到公认。至于其他动物，马、驴、骆驼，等等，可以再付一笔钱作为补偿，但不可讨价还价。[136] 所有这些牲畜数量极大，因为这个民族的人以牧人众多和饲养牲畜而闻名，他们拥有庞大的畜群，山羊、公牛、绵羊，各种家畜数不胜数。[137] 但这还不是全部。我们发现，律法把这条原则推向更大的范围，吩咐不仅要从各种收获中拿出初果，还要从他们自己的灵魂和身体中献出初果。① 因为孩子是从父母身上分离下来的部分，或者更加确切地说，他们毋宁是父母不可分离的部分，通过亲属和血缘关系，通过祖先的思想和记忆，他们和父母联系在一起，这些看不见的东西始终存在于子孙后代中，联系他们的还有亲情之爱，这是不能分解的自然纽带。[138] 然而，即便如此，父母也要将他们头生的儿子作为初果，作为感恩祭献上，感谢自己现在已经成了父母，指望将来生育更多的子女。与此同时，他也表达了自己的愿望，既然结婚生育的头胎是归于神的圣果，那么这样的婚姻不仅应当无可指责，而且应当配得上最高的赞美。想到这一点就能使夫妻相互珍惜，温柔和睦，挚爱家庭，同心同德，言行一致，相互关照，在真情之上建立牢固可靠的夫妻关系。[139] 但是为了防止父母离开孩子或孩子离开父母，他为作为初果的归圣的头生子规定了一个确定的价钱，并且吩咐所有人无论贫富都要拿出同等的捐献。② 他没有考虑捐献者是否尊贵，家境是否富裕，儿子是否俊美，而是确定了一个哪怕非常穷的人也能支付得起的价钱。[140] 因为对最高贵者和最卑贱者来说，孩子的出生是同样的事情，所以他认为律法规定的奉献也应当是一样的，而捐赠的数额，如我所说，尽可能限制在所有人力所能及的范围之内。

---

① 参见《出埃及记》13：2，22：29。“以色列中凡头生的，无论是人是牲畜，都是我的，要分别为圣归我。”“你要从你庄稼中的谷和酒榨中滴出来的酒拿来献上，不可迟延。你要将头生的儿子归给我。”

② 参见《民数记》18：15—16。“他们所有奉给耶和华的，连人带牲畜，凡头生的，都要归给你。只是人头生的，总要赎出来。不洁净牲畜头生的，也要赎出来。其中在一月之外所当赎的，要照你所估定的价，按圣所的平，用银子五舍客勒赎出来。”

【28】［141］然后，他又把另外一个相当大的财富源泉指定给祭司。① 他吩咐每个人都要从自己收获的粮、酒、油中拿出初果送给祭司，还要征收新增加的头胎牲畜，包括绵羊、山羊、公牛和其他家畜，从这个民族的庞大人口可以推断他们拥有多么丰富的牲畜。［142］从这些情况可以清楚地看到，律法赋予祭司尊严和荣耀。因此他规定各个人都要献上一部分财物，如同献给统治者，不过他们缴纳贡物的方式与城邦居民向当权者缴纳税赋的氛围完全相反。［143］城邦居民纳税是被迫的，极不情愿，所以他们在重负下呻吟。他们不愿正视税吏，把他看做毁灭的总代理。他们编造各种不同的理由，要求赦免规定的数量与金额，无视规定的时限。［144］而我们的百姓缴纳贡物时高高兴兴。他们抢在规定的时间之前缴纳，缩短时限，认为自己不是在付出，而是在接受。所以一年四季，他们带着祝福和感恩来上贡，男女都一样，他们心甘情愿，不需要任何催促，他们的满腔热情无法用语言描述。

【29】［145］这些就是根据每个人的财产征收的贡物，不过祭司也还有其他特殊的收入，非常恰当地来自人们奉献的供品。② 律法规定，要从每样牺牲的两个部位取两样礼物献给祭司，这两个部位是右腿或右肩，以及胸部的所有油脂，前者象征力量、勇敢，以及在给予和接受，以及一般活动中的所有合法行为，后者象征温和与文雅这些灵性的要素。［146］这些要素被认为位于胸部，因为自然指定胸部作为安放这些要素的最恰当的府邸，给胸部装上坚固的胸腔或胸甲，就像一名武装的士兵，可以抵抗敌人的进攻，因为它由许多块骨头组成，牢固而又坚硬，再用坚不可摧的肌腱把它们紧紧联系起来。［147］但是，从祭坛上撤下来供个人消费的献祭过的动物，有三个部

---

① 参见《民数记》18：12。“凡油中，新酒中，五谷中至好的，就是以色列人所献给耶和华初熟之物，我都赐给你。”

② 参见《利未记》7：31—34。“祭司要把脂油在坛上焚烧，但胸要归亚伦和他的子孙。你们要从平安祭中把右腿作举祭，奉给祭司。亚伦子孙中，献平安祭牲血和脂油的，要得这右腿为分。因为我从以色列人的平安祭中，取了这摇的胸和举的腿给祭司亚伦和他子孙，作他们从以色列人中所永得的分。”

分要归给祭司：前腿、两腮和脾胃。① 上面已经说过要把前腿归给祭司的原因，而两腮既是头部这个最主要的身体部分的一部分，也是说出来的话语的初果，因为说话需要两腮运动，使声音的流动成为可能。下巴震动，腮部的名字也就派生于此，② 然后，舌头与两腮撞击，在发声的过程中整个发音器官联结在一起。[148] 脾胃是腹部的赘生物，而腹部的命运就是成为那个非理智动物，亦即欲望的食槽，③ 欲望全身浸淫于吃喝之中，使腹部永远湮没在交替轮流给它供应吃喝的活动之中，就像母猪喜欢躺在烂泥里一样。所以把糟粕和渣滓之地分派给这种放荡不羁、肮脏不堪的动物是最合适不过了。[149] 自制是欲望的反面，获取自制则需要不断地练习，要用一切可能的手段努力追求，把自制视为最伟大、最完全的幸福，能够促进个人和公众的福利。[150] 所以，属世的、不洁的、不敬的欲望被逐出美德的范围，得到罪有应得的惩罚。而自制这种纯洁无瑕的美德无视各种吃喝玩乐，超然于腹部之乐之上，它会触及圣坛，带走腹部的赘物，鄙视暴食、贪婪，以及一切点燃情欲之火的东西。

【30】[151]此外，律法还规定奉献圣祭的祭司可以取得燔祭牲畜的毛皮，毛皮的数量无法估算，这不是一件小礼物，而是一大笔钱。从这些事情可以清楚地看到，律法不是为这个神圣的支派提供了一份财产来源，就像其他支派一样，而是以各种祭品的初果的名义，为他们提供了财产的来源，比其他所有祭品加起来还要尊贵、还要圣洁。[152] 为了不让捐献者有可能奚落接受者，律法规定要把初果先送进圣殿，再由祭司从那里取用。④ 这样的过程是恰当的，先由那些在生活的各个方面都得到神的赐福的人将初果作为感恩的祭品献给神，然后再由神将它们免费但又非常尊贵而荣耀地赐给那些在圣

① 参见《申命记》18∶3。"祭司从百姓所当得的分乃是这样，凡献牛或羊为祭的，要把前腿和两腮并脾胃给祭司。"

② 腮（σιαγών）从震动（σείω）派生而来。

③ 参见柏拉图：《蒂迈欧篇》70e。

④ 参见《民数记》18∶8—19。

殿里事奉的执事，因为神不需要任何东西。就这样，如果让人感到这种礼物不是从人而来，而是从万物之恩人而来，那么人们接受起来就不会有任何羞耻感了。

【31】[153] 既然获取奖赏的前景如此广阔，倘若还有生活正派、没有过错的祭司缺衣少食，那么他们就使我们成为违反律法的人，尽管他们没有对我们提出指控。因为只要我们服从诫命，按照规定献上初果，他们就不仅拥有充分的生活必需品，而且还能得到富裕生活所需要的全部物品。[154] 另一方面，如果这个祭司支派在未来拥有充足的生活资料，那就有效地证明了这种宗教习俗是普遍实行的，各个方面都认真遵守律法。然而，某些人的疏忽会导致这个圣职阶层的贫困，这样说是对的，这种疏忽确实也会导致不履行义务者本人的贫困，我们贸然指责所有人是不对的。[155] 不服从律法总会报应到违反律法者的头上，诱惑人们违反律法的事情全都转瞬即逝。而顺从自然的法则尽管会暂时显露出严厉和冷峻的一面，但其中包含最大的回报。

【32】[156] 他给祭司提供了庞大的收入来源，但也没有忽略次一等的人员，亦即圣殿里的事奉者。在这些人中间，有些人看守圣所，在圣地入口处做门卫，有些人守在圣地前面，防止有不法之徒进入圣地，无论他们是有意的还是无意的。有些人在圣地周围巡逻，一年四季，昼夜轮班。还有一些人负责打扫门廊和大厅，清除垃圾，保持圣地清洁。① 所有这些人都有指定的什一税作为给他们的报酬，他们在殿里事奉，这就是确定给他们的份额。②[157] 值得注意的是，律法要求从指定给他们做财产的什一税中先取出十分之一给高一级的祭司，否则就不允许他们使用这些什一税。③ 只有当这一条件满足了，才允许他们享用自己的收入。④

① 参见《民数记》18：21。"凡以色列中出产的十分之一，我已赐给利未的子孙为业。因他们所办的是会幕的事，所以赐给他们为酬他们的劳。"

② 参见《民数记》18：26—28。

③ 参见《民数记》18：32。"你们从其中将至好的举起，就不至因这物担罪。你们不可亵渎以色列人的圣物，免得死亡。"

④ 参见《民数记》35：2—8。

[158] 他还分给他们四十八座城，每座城的正前方有2000肘尺见方的空地，可以用来放养他们的牲畜，从事城市生活所需要的各种业务。[①] 在这些城邑中，有六座被指定为逃城，三座离约旦河岸较近，三座离约旦河岸较远，作为非故意杀人的罪犯的避难所。[159] 倘若有人对一个人的死负有责任，而无论死亡原因是什么，这个人进入圣地，用圣殿作为逃避危险的庇护所，那么这显然是亵渎行为，所以他把上述城邦作为第二个圣殿交给他们，城邦里的居民享有特殊而尊贵的地位，完全能够保证城邦不受暴力侵扰；如果有强权试图利用暴力捉拿前来请求避难的人，他们就会保护他，使他脱离危险，但他们这样做依靠的不是备战的措施，而是依靠律法赋予祭司的威望、尊严和特权。[160] 但是，逃难者必须待在他投奔的城邦的边界之内，因为复仇者就在城门口等候，他们与死者的关系使他们在失去亲人以后恨不得流杀人者的血，为自己的亲人报仇雪恨，哪怕这种杀人行为是不自愿的。在这里，深厚的亲情超越了严格的理智才能赋予的公正意识。但是他必须明白，避难者若是出到城外，他的活动将会招致某种毁灭，因为那个家庭的成员不会不注意他的动向，一旦落入他们的罗网和陷阱，他就走上了不归路。[161] 他逃亡的时限要和大祭司的寿命一致，大祭司死后，他就可以带着他应有的豁免权回家去。制定这些律例和其他类似的律例以后，他开始指明哪些动物适宜用来献祭。

【33】[162] 用于这一目的的动物，有些在陆地上活动，有些在空中飞行。有翅膀的动物可以分为无数类别，但是除了两种鸟，其他的都被忽略不计；这两种鸟是鸽子和斑鸠，选择鸽子，乃是因为它是本性驯服的群居动物中最温顺的，而选择斑鸠，乃是因为它是那些本性喜欢独居的动物中最驯服的。[163] 陆上动物的种类极多，几乎无法计算，但他只挑选了三种价值最高的，而把其他种类全部忽略，它们分别是牛、绵羊

---

① 从此处到章末，参见《民数记》35：9—28。

和山羊。因为这些动物最温驯，也最容易驯服。我们看到，这些牲畜每个畜群都有一个人看管，无论他是谁。他甚至可能不是成年人，而只是个孩子，但在他的引导下，牧群离开畜栏去牧场，需要的时候再有序地返回。[164] 还有许多迹象可以表明这些牲畜是驯服的，但最清楚的莫过于下列事实：它们全部都是食草动物，没有哪一种吃肉；它们的蹄子都不是弯的，它们的上下颌也不会长满牙齿，因为它们的上牙床不适合长牙，缺失所有门齿。[165]还有，在整个动物王国中，它们对人类最有用。绵羊给我们提供衣物，给我们的身体提供必不可少的保护；牛在田地里耕作，为播种做准备，等谷子长出来以后，又打谷脱粒，使之成为可以享用的食物；山羊的皮毛用于纺织和缝纫，为旅行者提供便携的帐篷，尤其是行军打仗，由于情势紧急，士兵们大部分时间不得不在郊外露营，他们更需要皮毛的保护。

【34】[166] 凡是拣选出来的动物必须是完全的，它的身体的任何部分都没有受伤，没有疤痕或瑕疵。事实上，这件深谋远虑的大事不仅要由那些带着祭品前来献祭的人去做，而且还要由主祭，也就是祭司中最有威望的人，作为拣选出来最适合进行这种检查的人，来对牲口从头到尾进行仔细检查，包括可见的部位和隐藏在肚腹和两股下的部位，免得有哪个小的瑕疵没有发现。[167] 这种检查之所以如此仔细，不是考虑到所奉献的祭品，而是考虑到奉献之人的清白。律法以此为象征教导他们，挨近圣坛祷告或谢恩时，他们的灵魂必须没有任何缺点、病痛，或者邪恶的情感，必须努力使灵魂圣洁，彻底清除它的污秽，让神看见它的时候不至于掩面而不显现。

【35】[168] 但是，由于献祭有两类，有些是为整个民族奉献的，或者更准确地说，是为整个人类而奉献的，有些是为单独的个人而奉献的，这些奉献者具有强烈的义务感，所以我们必须先谈论一般的献祭。[169] 对这些献祭的安排令人钦佩。有些献祭每日里进行，有些献祭在第七日进行，有些献祭在月朔或者圣月开始的时候进行，有些献祭在斋戒日进行，

还有些献祭在三个节庆时期进行。[①] 每天要献两只公羊羔在祭坛上，早晨献一只，黄昏献一只。两只都是感恩祭品，一只感谢白天的赐福，一只感谢晚上的赐福，这些赐福全是神片刻不停地赐给人类的。[②]［170］到了第七日，他把祭品的数量增加了一倍。他之所以使增加的数量等同于原来的数量，乃是因为他认为这个安息日，在他的记载中也被称为整个世界的诞生日，必定具有与永恒等同的价值，所以他打算把安息日所献的祭品比做日常所献羔羊的“永恒”。［171］还有，在帐幕里面每日两次焚烧最为芬芳的馨香，日出时一次，日落时一次，时间是在晨祭之前和晚祭之后。因此，血祭就作为感恩祭，为我们自身里面属血的元素献上感恩，香祭是为我们的主导部分，亦即我们身上的理智力量而奉献，它是按照神圣形像的原型样式[③] 塑造而成的。［172］每个安息日献在圣桌上的面饼，数量要与一年的月份相同，也就是总共十二个，分成两行，每行六个，与昼夜平分点相对应。[④] 因为每一年有两个昼夜平分点，一个在春季，一个在秋季，相隔六个月。由于这个原因，……。[⑤] 春分的时候，所有播下种子的谷物都成熟了，而树木刚开始结果；秋分的时候，树上的果子已经成熟，而新一轮的播种又开始了。就这样，大自然不断循环，轮流赐给人类不同的礼物，供桌上摆放的两排十二个饼就象征了这一点。［173］它们也象征自制这种最有益的美德，自制有简朴、知足和节俭作为保镖，对抗由无节制和贪婪精心策划的可恶进攻。对热爱智慧的人来说，有面饼就足以维持生计，能使身体抵御疾病，能使理智保持最大程度的健全和清醒。［174］而

---

① 参见《民数记》28：3—4。“又要对他们说，你们要献给耶和华的火祭，就是没有残疾，一岁的公羊羔，每日两只，作为常献的燔祭。早晨要献一只，黄昏的时候要献一只。”

② 参见《民数记》28：9—10。“当安息日，要献两只没有残疾，一岁的公羊羔，并用调油的细面伊法十分之二为素祭，又将同献的奠祭献上。这是每安息日献的燔祭。那常献的燔祭和同献的奠祭在外。”

③ 即圣道，神的样式，人的样式的原型。

④ 参见《利未记》24：5—8。

⑤ 此处原文有佚失。

美味佳肴、蜂蜜糕点、开胃小菜，以及精通烹饪技艺的厨师和糕点师制作的精美食品，都会迷惑味觉，味觉是所有感觉中最盲从的感觉，对文化和哲学一窍不通，它不是受制于听起来或看上去美不胜收的事物，而是受制于可恶的肚腹的贪欲，进而引发灵魂和身体的瘟病，往往无法医治。[175] 要在面饼上面洒上净乳香和盐，① 前者象征在智慧的法庭上没有哪种调料可以判定为比节俭和节制更加芳香，而盐表示万物的持久，因为食物只要洒上了盐，就能保存很久，盐足以作为调味品。[176] 我知道，所有这些事情都会引发那些最关注豪华宴席与奢侈餐饮的人的嘲笑和奚落，而那些追求满桌盛宴、可怜的奴仆、飞鸟、游鱼、肉锅，以及类似垃圾的人，却做梦也不可能品尝到真正自由的滋味。那些一心要与神共同生活，并以此为准绳，决心事奉真正存在的神的人已经训练有素，他们对这些事情全然不顾，知道如何鄙弃肉体的享乐，在研究自然真理中接受锻炼，学会追求理智的喜乐和甜美的享受。[177] 关于第七日，他制定了这些律例，然后开始处理月朔。月朔的时候必须奉献全燔祭，祭品总数是十头，包括两只公牛犊，一只公绵羊，七只公羊羔。因为月亮完成从亏到盈的循环是一个完整或完美的整体，所以他认为奉献动物的数目也应当是完全的。[178] 十是一个完全数，他极好地将它分配给上述祭品：有两只公牛犊作祭品，因为月亮处在永久运转之中，有向前和向后两种运动，一种运动是逐渐变圆，直到成为满月，另一种是逐渐亏缺，直到与太阳合一；有一只公绵羊作祭品，因为有一条法则或原则，藉此月亮的满盈和亏缺的时间相等；有七只公羊羔作祭品，因为月亮经历的形相变化以七为尺度。从合一算起的第一个七天，我们有了半月，第二个七天以后就是满月；然后又从满月变为半月，再逐渐消失，与太阳合一。[179] 他吩咐，要将调油的细面连同祭牲一起献上，再按所要求的数量配以奠酒，因为这些东西也会随着月

① 参见《利未记》24 : 7。“又要把净乳香放在每行饼上，作为纪念，就是作为火祭献给耶和华。”

亮在一年四季的循环达到各自的成熟，尤其要考虑它对果子成熟所产生的影响；而谷物、油、酒是对生活最有益的，是人必不可少的东西，因此当然要与所有祭品一同献上。[180] 与圣月初一的两个方面相一致，在这个日子要奉献双倍的祭。① 一方面这个日子是月朔，另一方面这个日子是圣月之初。作为月朔，献祭要和其他月朔一样；作为圣月之初，奠酒要有双份，不过公牛犊除外，只奉献一只。在这位立法者看来，在一年之始，应当选择本性不可分的一，而不选择本性可分的二。[181] 在被称做首季的春季及其昼夜平分点，他把这个节期宣布为除酵节，要守七天，每一天都有规定的仪式。他规定每天要奉献十牲，如月朔一样，除了赎罪祭品之外，整个燔祭的总祭品为七十头。[182] 也就是说，他认为这个节期的七天与第七个月的昼夜平分点的关系就好像月朔与月份的关系。因此，他赋予月朔和这一节期的七天同等的圣洁，七这个数字也表示七个月的月朔之和。[183] 仲春时节，谷物丰收在望。在这个季节，要为低地献上感恩祭，因为田野里长出了饱满的果实，而夏季的庄稼正在等待收割。这是人们普遍遵守的节日，称做初熟节，这个名称是名副其实的，因为新收割的第一批作物，新酿的奠酒，要奉献给神。[184] 这场献祭要奉献两只公牛犊、一只公绵羊和七只公牛羔，这十头祭牲要在火里完全烧尽，另外再奉献两只羊羔，归给祭司吃。他把后者称做保存祭，② 因为这些食物经历许多无常和变数以后被人保存下来。庄稼通常都会遭受种种破坏，有时是暴风雨，有时是干旱，有时是自然界中无数的天灾，有时是人类的许多行为，比如仇敌入侵，有人试图毁损邻人的土地。[185] 因此人们很自然地要为食物的保存而奉献感恩祭，感谢神驱散各种有害的力量。敬拜者还要在坛上奉献面饼，拿着面饼把手臂伸向天空，然后连同保存祭的肉食一起归给祭司，让他们用和他们的神圣职责完全相配的方式，享用面饼和肉食。

---

① 参见《民数记》29：1—6。

② 亦即平安祭。

[186] 到了第三个特定的季节，也就是第七个月的秋分的时候，在这个神圣的月份开头的日子要过吹角节，这一点我上面已经讲过了。[①] 到了这个节期的第十天是斋戒日，[②] 不仅热心向着虔敬和圣洁的人要谨守，而且那些从未做过虔诚之事的人也要谨守。所有人都被这日子的圣洁折服，对它望而生畏，连恶人也会与善人比赛克己和美德。[187] 这一天的高度尊严有两个方面，一个方面是它作为节日，另一个方面是它作为洁净和涤罪的时间，仁慈的神已经慷慨地赦免了人的罪，叫人从罪里面悔改，享有与清白无罪同等的尊荣。作为节日，他规定要献上与圣月初一相同的祭品，即一只公牛犊，一只公绵羊，七只公羊羔，以此把一和七联系起来，使开端与完结相一致。因为行为的完结与七相关，开端则与一相关。[188] 把献祭作为一种涤罪，他增添了三样祭品，吩咐他们再献上两头小山羊和一只公山羊，公山羊要在火里完全烧尽，再为两只小山羊拈阄；[③] 拈到阄的要献给神，另外一只要送到荒无人烟的旷野去，背负为罪人准备的诅咒，这些罪人已经转向较好的生活，得了洁净，通过现在的顺服洗去了以往对律法的悖逆。[189] 在这个月的十五日满月的时候要守节期，这个节期被称做住棚节，所献的祭品规模较大，因为在七天里要献上七十头牛犊，十四只山羊和九十八只羊羔。[④] 所有这些牲畜都要在火里烧尽。[⑤] 律法还规定，第八日要守为圣日。如果把完整的节期作为讨论的题目，那么这最后一日一定要详细讨论。这一日所献祭品的数量与圣月里的节日所献的祭品数量相等。[190] 关于代表这个民族，或者更加确切地说，代表整个人类所献燔祭的一般献祭，我已经尽我所能做了上面这些描述。这些燔祭，伴随着每

---

① 参见本章第 180 节。关于吹角节，参见《利未记》23：24。“你晓谕以色列人说，七月初一，你们要守为圣安息日，要吹角作纪念，当有圣会。”

② 参见《民数记》29：7—11。

③ 参见《利未记》16：9—10。

④ 参见《民数记》29：12—34。

⑤ 参见《民数记》29：36。“只要将公牛一只，公羊一只，没有残疾，一岁的公羊羔七只作火祭，献给耶和华为馨香的燔祭。”

日的小山羊祭，也就是为求得赦免的赎罪祭，① 小山羊的肉要留下来给祭司食用。[191] 这样的添加原因何在？节期就是喜乐的日期，而真正的喜乐，亦即没有任何虚假成分的喜乐，就是牢固树立在灵魂里的智慧，但若不对罪恶下药，不向情欲开刀，就不可能获得牢固的智慧，情形岂不就是这样吗？试想，燔祭上烧掉的每只牲畜尚且需要经过检查，发现没有损伤和瑕疵才能献上，那么敬拜者的心灵若不设法洁净，通过洗礼和洁净礼洗去污秽，使之变得干净和纯洁，那岂不是奇怪的自相矛盾，而心灵的洁净就是自然的正当理智借助健全无污的耳朵在那些爱神的灵魂里浇灌。[192] 除了这些事情，还有一点也要说一说。这些节期使人放下工作，得到休息，但同时也经常为违法犯罪打开无数通道。贪杯伴随着酗酒和粗俗的吃喝，激起肚腹贪得无厌的欲望，也点燃肚腹下面那个部位的欲望；它们同流合污，向四处泛滥，导致数不清的邪恶接踵而来，因为它们有节期豁免做大本营，逃避惩罚。[193] 这位立法者注意到所有这些事情，所以不允许他的百姓像其他民族那样过节日。他首先命令他们，在喜乐的时候正要克制对享乐的欲望，保持自身的纯洁。然后，他把他们召集到圣所，在一起唱圣歌、祷告、献祭，在这样的地方所呈现的场景和所说的话语，通过最高贵的感官眼睛和耳朵的作用，使他们陶醉于自制和虔敬。最后，通过赎罪祭他告诫他们不可继续陷在罪里，他祈求那些得到赦免的罪人不会无耻到在祈求赦免旧罪的时候又犯新罪。

【36】[194] 这些话题讲到这个程度以后，他开始划分献祭的类型。他把献祭分为三个主要类别，分别称为全燔祭、保存祭和赎罪祭。每一种献祭他都加上恰当的仪式作为点缀，成功地把规范与敬畏结合在一起。[195] 他的分类相当卓越，与事实完全吻合，表现出合理的逻辑结果。如果有人深入考察人们早期以献祭为祈祷和感恩之中介的动机，他就会发现有两种动机居于最高位置。一种是由于神本身的缘故而敬畏神，没有其他动机。这样的动

① 参见《民数记》28：29。“为那七只羊羔，每只要献伊法十分之一。”

机既是必然的，也是极好的。另一种是由于敬拜者能得到好处；这种好处包括两个方面，一个方面是希望能够分有祝福，另一个方面是想要摆脱罪恶。[196] 对于只为神本身的缘故而崇拜神的，他派给全燔祭，因为这种献祭确实是完整的和完全的，与具有同样性质不带任何凡人私利的动机完全相配；而就人的利益来说，由于思想是可分的，所以立法者也就进行划分，把他所称的保存祭与渴望分有祝福的意愿相对应，再把赎罪祭指定给希望摆脱罪恶的意愿。[197] 就这样，三种献祭非常恰当地对应三种目标，全燔祭没有别的意图，只有神本身，敬拜神就是好的；另外两种献祭都涉及我们自己的利益，保存祭为的是使人事得到安全保障，变得更好，赎罪祭为的是医治灵魂所犯的罪过。

【37】[198] 我们现在必须讲述有关这些献祭的规条，首先从最好的全燔祭开始。① 首先，他说献祭的祭牲必须是挑选出来的最好的雄性动物，也就是公牛犊、公羊羔，或者公山羊。[199] 其次，献祭者必须洗净双手，把手放在祭牲的头上，然后由一位祭司抓住它，杀死它，而另一位祭司手持一只小碗在下面接血，接了一些以后，就绕着祭坛把血洒在四周。燔祭的祭牲要剥皮，然后切成块，每一部分自身是完整的，脏腑与腿要用水洗净，然后把它们一并烧在圣坛上。就这样，它里面的一变成了多，多也变成了一。[200] 按照规条的字面意思来看，就是这些内容。但是这些符号也还表现出另外一重神秘的意义，字句的表面意思象征隐秘的、晦暗不明的事情。首先，全燔祭的祭牲是公的，因为雄性比雌性更完全，更具支配性，更接近作为原因的活动；而雌性是不完全的，处于从属地位，属于被动的，而不是主动的。[201] 同理，有两种成分构成我们的生命原则，理智和非理智；理智原则属于心灵和理智，是阳性的，非理智原则属于感觉领域，是阴性的。心灵属于完全高于感觉的那个类别，就好像男人高于女人；它没有瑕疵，得到了净化，因为完全的美德具有净化功能，它本身就是最虔诚的献祭，它的全

---

① 参见《利未记》1：3 以下。

部得到神的悦纳。[202] 把双手放在祭牲头上，我们从中发现一种最清白无过的行为，一种不沾染任何可指责之事、与自然的律法和律例完全吻合的生活。[203] 因为律法的希望如下：首先，敬拜者的心灵应当通过善良、有益的论断成为圣洁的；其次，他的生活应当自始至终由最好的行为构成。[204] 就这样，当他把双手放在祭牲头上时，可以大胆地凭着纯洁的良知说："这双手不曾拿恩赐行不义之事，不曾抢劫和诈骗，不曾沾染无辜者的鲜血。它们没有致残或受伤，也没有行过凌辱和强暴之事。其他任何可能招致控告或指责的事情，它们一样也没有做过；相反，它们使自己成为优秀而有益之事的谦卑助手，凡是在智慧、律法和明智而守法的人看来可敬的事情，它们都协助成就。"

【38】[205] 祭司要绕着圣坛洒一圈血，因为圆是最完全的图形，也可以保证没有哪个地方没有洒上这种至关重要的祭品。血可以被确切地称做包含生命原则的奠酒。所以，他以这种象征手法教导人们，当完整而完全的心灵一步步有序地经过语言、意向、行为作环形运动的时候，就显明了愿意事奉神的意愿。[206] 清洗肚腹和腿的规条具有丰富的象征意义。他借用肚腹的形像意指淫欲，最好把它清洗干净，因为它确实充满污点和污秽，浸淫于贪杯和酗酒则是一种导致灾祸的强大力量，受到训练以后会给人类生活带来浩劫。[207] 洗脚的意思是，他的脚步不再踏在地上，而是踩在空中。因为热爱神的灵魂确实从地上跳到天上，高高地展翅飞翔，渴望在太阳、月亮和其他所有圣洁而和谐的星辰大军中占据一席之地，在神的编排和引领下，与它们一道有序地前进，因为神的王权无疑是不可篡夺的，唯有祂使万物得到公正合理的治理。[208] 把祭牲分割成肢体，要么表明万物归一，要么表明它们从一而来，又归于一，有些人把这种交替称做满盈和亏缺，有些人称做大火和重建，大火指的是占绝对优势的热元素完全控制其他元素时的状态，重建则指四大元素通过相互退让而达到平衡状态。[209]经过我自己的思考，我得出以下这种比较正确的解释。荣耀存在者的灵魂只是存在本身，但他一定不可非理智地、无知地尊崇，而要以知识和理智来尊崇。当我们用理智

思考神的时候，我们认识到祂可以分为各种神圣的权能和美德。神是善，是宇宙的造物主和生育者，祂的旨意贯穿祂所产生的一切；祂是一位救主和施恩者，充分拥有全部祝福和一切幸福。这些属性的每一种都值得敬佩和赞美，每一种分开来如此，合起来亦如此。[210] 所以，其余的[①]也可以这样划分。我的心啊，当你想要感谢神创造了宇宙的时候，既要为了事物的总和感谢神，也要为它的主要部分感谢神，要把它们看做一个最完全的、有生命的、被造物的各个肢体。这些肢体就是天空、太阳、月亮、行星、恒星；然后是大地和地上的生物或植物，然后是海洋、河流，无论是春蓄还是冬涌，以及它们所包含的一切；然后是空气和它的各种状态，因为春夏秋冬这些季节年复一年地循环、对我们的生活大有裨益，这些季节就是为了保存月亮下的事物而不断变化的空气的不同状态。[211] 如果你是为了人而感恩，那么不仅要为整个人类感恩，而且也要为它的种和最主要的部分感恩，为男人和女人、希腊人和野蛮人，为居住在大陆的人和那些被命运抛到小岛上去的人感恩。如果要为某个单独的人感恩，那么要按照理智的引导划分感恩，不是把这个人划分为很小的部分，直至最小，而是要划分最重要的部分，首先分为身体和灵魂，这是他的两大组成部分，然后分为言语、心灵和感觉。因为只为某个部分感恩，其本身不配为神垂听。

【39】[212] 有关全燔祭就说到这里。我们现在必须思考保存祭。[②]这种献祭不在乎牲口是公的还是母的。屠宰以后，要把脂油、肝叶和两个腰子取来放在祭坛上，其余的就让献祭者大饱口福。[213] 但是为什么要用这些内脏部分献祭，我们必须仔细考虑，不可忽略以下要点。在我的思考过程中，我也经常深思这个问题：律法规定要把肝叶、双腰和脂油从动物身上取下来，作为供物献在祭坛上，但是为什么不用心脏或大脑这些部位作祭品，

---

① “其余的”指宇宙和人本身，它们也可以这种方式划分，就如前面划分神的属性的方式一样。

② 即平安祭。参见《利未记》3：1 以下。

而主导原则就位于二者之一。[214] 我期待这个问题能够呈现在那些用理智而不是只用眼睛阅读圣经的人面前。如果这些人考察以后能够发现更加令人信服的理由，那么他们将对自己和我都有益处；如若不然，我恳请他们考虑在心里留下好印象这种说法是否经得住考验。这种说法是这样的。我们刚才提到的两个部位中的一个是我们身上唯一包含并保留愚蠢、不义、胆怯，以及其他邪恶的部位，也就是说，这个主导性的原则要么在大脑里，要么在心脏里。[215] 因此，圣道以为神的祭坛是好的，可以用来宽恕和彻底赦免一切罪恶和过失，不应该让盛放心灵的容器靠近祭坛，心灵离开通向美德和高贵行为的道路，踏上不公和不敬的旷野，这个时候它会以这个容器为巢穴。试想，献祭若是让人想起罪，而不是忘掉罪，那岂不可笑。在我看来，这就是不可将占据最高位置的大脑和心脏献在祭坛上的原因。[216] 至于实际规定的部分，可以给出选择它们的适当理由。脂油是最肥满的部分，它覆盖内脏，如同衣服对内脏起保护作用，它是内脏丰富的源泉，对内脏有益，触碰起来十分柔软。之所以选择肾脏，是因为它们与睾丸和生殖器有关；肾脏位于生殖器旁，为其近邻提供帮助，与其合作，使自然的种子顺利经过管道，畅通无阻，不受邻近部分的干扰。肾脏本身就是血液的接收器，隐藏着液体排泄物，肾脏的旁边则是产生精液的睾丸。肝脏是最重要的内脏，可以作为典型的贡物，食物通过肝脏转变为血液，然后流入心脏，经过血脉输送到全身，维持整个身体。[217] 与食管相连的胃的贲门接受食物，食物先由牙齿咬碎，再经口腔咀嚼，然后通过贲门的运作，给胃部提供食物。胃从贲门接受食物，履行自然赋予它的第二职责，把食物变成汁液。有两条管道从胃延伸到肝，把食物排到这个接收器里，滞留一段时间。[218] 肝有两种特性：既可以做筛子，也是血液的制造者。作为筛子，它把所有坚硬、结块的东西分泌到邻近的胆管；作为血液制造者，通过容纳血液的心脏把已经过滤了的纯粹液体转变为充满生命力的血液，然后再把血液挤入心脏。如我们所说，从那里血液被输送到贯穿全身的血管，使身体生机勃勃。[219] 还有另外一个要点需要补充。肝的位置被造得非常高，表面非常光滑，扮演最明亮的镜子的角色。[①] 于是，当心灵从日常事务中退却，身体昏昏入睡，各种感官的障碍也一并消除，此时心灵开始转回自身，集中注意力观察它的概念；它观察肝，就如同观看一面镜子，从中可以清晰地看到它能够看到的一切，它同时纵观各种影像，看它们是否有什么丑陋的缺陷；若有缺陷，就一一避开，选择与它们相反的东西，等到对所看到的一切都感到非常满意时，就以梦为中介预言未来之事。

【40】[220] 保存祭的贡物要在两天内吃完，不能留任何一点贡物到第三天。[②] 这个规定有几个原因。一个原因是神圣供桌上的食物必须吃完，不可有不适当的拖延，要考虑到时间长了食物要变坏。不新鲜的肉类必定迅速腐烂，就算加上调料当防腐剂也无济于事。[221] 另一个原因是献祭的食物不可收藏，而要向众人开放，凡有需要的都可以白吃，因为它们现在已经不是献祭者的财产，而是接受了献祭的神的财产，祂是恩人，是慷慨的恩赐者，祂使那些献祭的欢乐人群成为圣坛的伙伴，分享祭坛上的食物。祂吩咐他们不可把自己看做款待者，因为他们只是这些美食的看管者，而不是主人。主人是祂，为宴席提供的美食已经全部属于祂，这些东西不可拿走，不可收藏，不可吝啬，这都是奴仆的恶习，而要仁慈，这是出身高贵者的美德。[222] 最后一个原因是保存祭实际上是代表二者献上的，亦即灵魂和身体，他让它们各有一天时间享用肉食。给我们本性中能够保存的这些元素指定相等的时间是合适的，这样可以使我们在第一天吃的时候想起灵魂的保存，在第二天吃的时候再想到身体的健康。[223] 恰当地说，由于没有第三样东西需要保存，他就严格禁止第三天再把贡物当做食物，他吩咐说，如果由于无知或漫不经心，有什么东西没吃完，就要立即用火烧了残留下来的东

---

① 参见柏拉图《蒂迈欧篇》71b。“神把肝造得坚实、平滑、光亮、甘美，同时又带有苦味，以便那发自心灵的思想力抵达肝脏时可以像照着一面反映物象的镜子那样被反映出来，提醒这部分灵魂，使其有所畏惧。”

② 参见《利未记》19 : 5—6。“你们献平安祭给耶和华的时候，要献得可蒙悦纳。这祭物要在献的那一天和第二天吃，若有剩到第三天的，就必用火焚烧。”

西。[①] 哪怕有人只是尝一口，那也是犯罪。他会对这个人说："可怜的傻瓜，你以为自己献了祭，其实没有。因为你提供的肉是渎神的，不洁的、粗俗的、可憎的，我不会悦纳。可鄙的暴食者啊，哪怕是在梦中，你也不曾瞥见献祭的意义。"

【41】[224] 赞美祭包含在保存祭这个总目之下。[②] 它的原则如下：人若从来没有遇到过什么不幸之事，无论是灵魂或身体中的，还是外在事物方面的，生活在无战争的和平时期，安逸舒适、好运连连、无灾无祸、诸事顺遂，在生命的广袤海洋上航行，阳光明媚、顺风从船后吹来，所以这样的人有义务感谢神为他领航，赐给他安全，使他不受疾病侵扰，赐给他利益，使他不受任何惩罚，总之，他遇到的都是好事，不掺杂一点儿邪恶；我要说，让我们用唱诗、祝福、祷告、献祭以及其他宗教所要求的谢恩方式感谢神。[225] 所有这些集中起来就有一个单一的名称，叫做赞美。这种献祭的肉[③]只能吃一天，而不像前面保存祭那样可以吃两天，也就是说，那些轻易获得恩惠的人应当毫不犹豫地欣然做出回报。

【42】[226] 关于赞美祭我们就讲到这里。接下来我们必须仔细考察第三种献祭，即赎罪祭。[④] 我们在这里有多种划分，既依据所涉及的人，也依据祭牲的种类。关于人，大祭司有别于整个民族和统治者，他是不同于普通民众的一类人。至于祭品，它们可以是公牛犊、公山羊，也可以是母山羊或母羊羔。[227] 另外一个最重要的区别在于罪过是有意的还是无意的。那些已经承认了自己罪过的人就是在转向较好的道路，他们对所犯罪过的自我谴责就是为了寻找无可指责的生活作为他们新的目标。[228] 所以，赎大祭司的罪和赎整个民族的罪，要通过献祭同样价值的牲口来得以洁净；在两

---

① 参见《利未记》19：7—8。"第三天若再吃，这就为可憎恶的，必不蒙悦纳。凡吃的人必担当他的罪孽，因为他亵渎了耶和华的圣物，那人必从民中剪除。"

② 参见《利未记》7：2 以下。

③ 参见《利未记》7：5。"祭司要在坛上焚烧，为献给耶和华的火祭，是赎愆祭。"

④ 参见《利未记》4。

种情况下都要献上一只公牛犊。赎统治者的罪按规定要献祭价值略低的牲畜，但同样也要是公的，也就是一只公山羊；赎普通平民的罪，可以献价值更低的牲畜，且是母的，不是公的，也就是献一只母山羊。[229] 这样做是恰当的，在献祭方面统治者应当做得比平民好，整个民族应当做得比统治者好，因为整体总是应当优于部分；同理，大祭司在洁净自身、祈求神的怜悯和赦免其罪过方面，也应当优先于整个民族。不过，显而易见，大祭司享有同等荣耀与其说是由于他自己的原因，不如说是由于他是这个民族的仆人，通过最圣洁的祷告和最纯洁的献祭，他代表所有人献上感恩祭。[230] 律法在这个问题上的命令给人留下非常深刻而神奇的印象。它说"若是大祭司无意中犯罪"，然后又加上"那是百姓犯罪"[①]。这些话清楚地告诉我们，真正的大祭司，名副其实的大祭司是不会犯罪的，就算他有失足的时候，那一定是外力强加给他的，不是由于他自己的原因，而是由于整个民族的某些失误。这些失误并非不可医治，而是很容易就可以治愈。[②][231] 所以，杀死公牛犊以后，他吩咐祭司要用手指头蘸血，对着至圣所第一幅幔子后面放置财物的地方弹血七次，然后拿血抹在香坛的四角上，对应它的四条边，把剩下的血倒在外面祭坛脚那里。[232] 他要按照规定在这座祭坛上献上三样东西，脂油、肝叶和两只腰子，如在保存祭里所规定的那样。但是，公牛的皮和肉以及从头到脚的所有其他部位，包括内脏，要搬到营外清洁开阔的倒灰之处用火烧掉。对于整个民族所犯的罪，他也作了同样的规定。[233] 如果罪过是某个统治者犯的，那么他要用公山羊洁净自己；如我所说，如果罪过是普通平民犯的，那就用母山羊或母羊羔。他把公牲畜指派给统治者，把母牲畜指派给平民，其他规定对二者都相似，也就是拿血抹在露天祭坛的四角，把脂油、肝叶和两只腰子献在坛上，其余的给祭司吃。

---

① 参见《利未记》4：3。"或是受膏的祭司犯罪，使百姓陷在罪里，就当为他所犯的罪把没有残疾的公牛犊献给耶和华为赎罪祭。"

② 参见《利未记》4：6—12。

【43】[234] 然而，罪有时是对人犯的，有时是对圣物和神圣者犯的，所以除了已经规定的对人所犯的过失行为的律例外，他又规定，对圣物所犯的罪，赎愆祭要用一只公绵羊献上，过犯者要先偿还给冒犯的对象所造成的损失，外加它固有价值的五分之一。[235] 对无意犯下的罪过作了诸如此类的规定以后，他对故意犯罪做出下列规定。他说："若有人在合伙关系上，或是在邻舍交付他的物上行了诡诈，或是抢夺人的财物，或是在捡了遗失的物上行了诡诈，受到怀疑，就说谎起誓，起了假誓。"①——如果他显然没有受到原告的指控，但由于内在良知的审判，他成了自己的原告，对自己的诡诈和伪证进行自我谴责，公然忏悔自己所犯的罪行，祈求宽恕——[236] 那么立法者规定这样的人也可以得到赦免，条件是他要证实自己的悔改，不仅是在口头上信誓旦旦，还要表现在行动上，要归还他人托付给他的东西，或者归还他抢夺来的东西，或者归还他捡来的其他人的遗物，或者归还他以其他手段侵占来的别人的财物，此外还要加上五分之一作为赔偿费，付给本主。[237] 立法者说，他用这样的方式安抚受害者以后，还必须进一步采取行动，前往圣殿祈求赦免他的罪，带着无可指责的信念，亦即灵魂深处的负罪感，救他脱离重大灾难，缓解致命的疾病，使他逐渐恢复健康。[238] 按照规定，他也要献上一只公绵羊，如冒犯圣物之人所做的那样。因为立法者认定，神圣领域里的过失犯罪等同于人事上的故意犯罪，尽管后者也可能是一种亵渎神圣的行为，因为它还附加了在各种情况下起伪誓，而人既然已经回心转意，走上正道，那就得到了矫正。[239] 然而，必须注意的是，尽管赎罪祭要献在祭坛上的供物与保存祭一样，亦即都是肝叶、脂油和双腰——这是很自然的安排，因为悔罪者也因脱离灵魂疾病而得到保存或拯救，这种疾病比身体所染的任何疾病更加可怕——但指定用祭牲的其他部分当食物的条件是不同的。[240] 这种区别有三点：地点、时间和接受者。② 地点是在

① 参见《利未记》6：2—7。

② 参见《利未记》6：25，26，29。

圣殿里，时间是一天而不是两天，分享者是祭司而不是那些献祭的人，当然也是男祭司。[241] 他之所以规定不得将肉带到殿外，乃是因为他希望悔罪者先前所犯的一切罪行都不会由于欠考虑的判断和心怀恶意、说话刻薄之人毫无约束的舌头而变得臭名昭著，作为侮辱性的、指责性的话四处传播，而要局限在圣殿范围之内，那里也是洁净的场所。

【44】[242] 这一诫命，以及要把这种献祭当做祭司的宴席，有几个原因：首先，为了荣耀这种献祭的提供者，因为客人的尊贵标志着款待者的荣耀；其次，使他们坚信神的恩典延及认罪悔改的人，因为祂若不是赐予完全的宽恕，就不会召唤祂的仆从和执事分享这样盛情款待的宴席；第三，若有祭司是不完全健全的，那就不允许他履行仪式，哪怕是最微小的瑕疵也会导致他被剥夺这一职责。[243] 他实际上在以这样的思想鼓励那些不再行走在恶道上的人，若能决心自我洁净已经使他们在祭司阶层中占有一席之地，把他们提升到与祭司相同的高贵地位。出于相似的原因，赎罪祭的肉要在同一天消费掉，以此表明在向着罪过前进时我们的动作要迟缓，而在朝着公义的目标前进时我们的动作要快捷。[244] 为大祭司或这个民族赎罪而献上的祭品不可以拿来做食物，而要在倒灰之处用火烧掉，如我所说。因为没有谁能比大祭司或这个民族更优越，能够为罪人代求。[245] 因此，像全燔祭那样把献祭的肉用火烧了、以此荣耀相关的人是很自然的，这不是由于神考虑到他们的地位做出这样的圣断，而是因为这些道德高尚、真正神圣的人所犯的罪过，要是放在别人身上，必被当做义行。[246] 正如深厚肥沃的田地，即使有时候不产庄稼，也比那些天生贫瘠的田地长出更多果子；所以我们也发现，那些道德高尚、被神至爱的人即使没有积极行善，也比恶人偶然的义行要好，因为恶人永远不可能有意行正直之事，这是他们的本性所使然。

【45】[247] 制定了这些有关献祭的特别种类，亦即全燔祭、保存祭和赎罪祭的律例以后，他又为另外一种包含这三种献祭的事情制定了律例，揭示存在于它们之间的友谊和亲缘关系。把它们之间联结起来的纽带被称为大

愿。[1][248] 我必须解释为什么会有这个名称。当百姓奉献了每一种财产的初果，小麦、大麦、油、酒、他们的果园里最好的果子、牲畜的头生公崽，洁净的直接奉献，不洁净的补以相应的价值，在此之后，他们再也没有财物可以表明他们的虔敬，于是就把自己作为祭品献上，由此表现出令人惊讶的圣洁和对神的异乎寻常的奉献。因此，称之为大愿是恰当的，因为任何人所拥有的财产中最大的财产就是他的自我，而他放弃了这个自我，置身于自我之外。[249] 他许愿以后，立法者给他如下指示。第一，在这段时间里，他不可以喝烈酒，凡是葡萄藤上结的都不可以吃，其他有可能使他丧失理智的饮品都不可以喝，而要像祭司一样克制自己。确实，要主持祭仪的祭司只能用水来满足欲望，不可以喝任何类型的酒。[250]第二，他一定不可以剃头，以此为凭据，他向人清楚地表明自己没有贬低所许之愿的纯正本性。第三，他必须保持他的身体纯洁，无污染，哪怕是自己的父母或兄弟死了，也不可挨近，要让他对自己最亲近者的亲情顺服于虔敬，这是既荣耀又有益的，是应当永远赢得的胜利。

【46】[251]当那既定的最后日子到来时，律法吩咐他拿三只牲畜来还愿，一只公羊羔、一只母羊羔和一只公绵羊，公羊羔为全燔祭而献，母羊羔为赎罪祭而献，公绵羊为保存祭而献。[2] 所有这些在许愿者那里都可以看到相似性：献全燔祭，因为他不仅交出了他的初果和礼物，而且交出了他自己；献赎罪祭，因为他是一个人，哪怕他是完人，就他是被造的存在物而言，也不可能避免犯罪；献保存祭，因为他已经承认并接受真正的保护者，亦即神，做他得以保存的主，而不是把医生及其治疗能力看做维系自己生命的主。[252] 因为医生都是必死的凡人，他们连自己的健康也无法保证，他们的能力并非对所有人都有益，对同样一些人也并非总是有用，有的时候甚至还会造成大害；而另外一位是这种能力以及施行这种能力的人的主宰。[253]

---

① 参见《民数记》6：1—12。

② 参见《民数记》6：13 以下。

我注意到，为三种不同的献祭奉献的三只牲畜在种类上没有区别，绵羊、公羊羔、母羊羔全部都是羊，这一点极为令人瞩目。律法希望借此表明我前不久提到过的这个要点，即这三种献祭是同一家庭里的三姊妹，因为忏悔的人得到保护，得到保护而不受灵魂之疾伤害的人悔改，他们都会奋力走向那完全而彻底健全的心灵，而全燔祭就是这种心灵的一个象征。[254] 另外一个要点，既然献身者许愿要把自己献上，那么必定要把他的某个部分献在祭坛上，而让祭坛沾上人血是渎圣的。所以，他出于热情而献上的这个部分应当是可以拿出来，但又不会引起身体疼痛或者伤残的部分。于是，他剃下自己的头发，头发之于身体，如同树上生长的多余枝条，把它们剪下来，放在烧煮保存祭之肉的火里，这种方式很恰当，至少可以保证信徒自身的某一部分作为圣火的燃料得以融入并分有献祭的本质，尽管不能合法地把它献在祭坛上。

【47】[255] 这些规定适用于普通平信徒，但祭司也必须把初果献在祭坛上，不能想当然地以为他们担当的事奉和主持仪式的职责使他们拥有豁免权。① 适宜祭司奉献的初果不是出于任何有血管和血的牲畜，而是出于人吃的最纯洁的食物。[256] 他们永久的献祭是用细面做的，每天奉献神圣标准的十分之一，早晨一半，晚上一半。面要用油调好，烤好，不能留下一点儿来吃。神圣的诫命规定，祭司所献的祭品要全部在火里烧了，不可有一点留下来做食物。我们已经尽我们所能描述了献祭的律例，下面要开始谈论献祭者。

【48】[257] 律法需要这样的人，灵魂和身体全都要洁净，他的灵魂要除去各种欲望、混乱、软弱以及言行上的任何邪恶，他的身体要清除通常包围它的一切污秽。[258] 律法为二者设定了各自合适的洁净方式。对灵魂，它让崇拜者为献祭提供牲畜；对身体，它采用洒水和洗礼，这些是我们稍后要加以谈论的。在这里，和在其他地方一样，我们必须优先考虑我们身上更

① 参见《利未记》6：20—22。

优越，更有支配权的一方，亦即灵魂。[259] 那么，灵魂如何洁净呢？立法者说："朋友，你要注意，你献上的祭牲是祭司凭着公正的心灵和敏锐的眼力挑选出来的，是众多牲畜中最好、最完全的，没有一点儿瑕疵，因为持续的训练已经使祭司养成准确无误的辨别能力。如果你用理智而不是用眼睛来观察这一点，就会逐渐洗去玷污你整个生活的罪恶和污秽，它们有的是无意的、偶然的，有的是出于你的自愿。[260] 因为你会发现，所有这些对牲畜的仔细检查是一种象征，比喻你自己行为的革新，改邪归正，因为律法原本不是为非理智的受造物制定的，而是为那些有心灵和理智的受造物制定的。它所关心的不是祭品要毫无瑕疵，而是献祭者不可受控于使人毁灭的情欲。"①[261] 至于身体，律法用洗礼和洒水来使它洁净，但不是说只洒一次和洗一次就万事大吉，就可以长驱直入地进入圣所，而是命令他要在外面待七天，第三天和第七天分别要洒一次水，然后用水洗净自己，方才可以进入圣殿献祭而安然无恙。

【49】[262] 下列规定也表现出卓越的智慧，值得我们注意。在绝大多数情况下，人们用未经混合的水做洒水之用。大多数人从海里取水，有些人从河里取水，也有人用水罐从井里取水。② 但是摩西最先使用灰烬，亦即圣火燃烧后余下的灰烬，我们马上就来解释这种灰烬是怎样获得的。他说，从这些灰烬中取一些放进一个器皿，然后把水倒进去。祭司用牛膝草蘸着这种水与灰的混合物，把它洒在受洗者身上。[263] 这样做的理由可以恰当地陈述如下。摩西希望前来事奉自有永有者的人首先能够认识自己，知道自己是用什么实在构成的。试想，一个人若对自身一无所知，他怎么可能去领会位于一切之上、超越一切的神的大能呢？ [264] 我们的身体是由土和水这两种实在构成的，涤罪仪式提醒我们认识这一点。因为他认为，最有益的洁净形式就在于此，不外乎叫人认识自己，知道构成自己的元素灰和水的本

① 参见《民数记》19：11 以下。

② 参见《民数记》19：17—18。

性，它们几乎不配受到尊敬。[265] 如果认识到这一点，人就会马上离开阴险的敌人，也就是离开自负，而放下自己的傲慢就能使神满意，但是这样做需要那位厌恶骄傲的拥有大能的神的帮助。有句经文说得好，说傲慢的话语和有傲慢的行为，不仅冒犯了人，而且也冒犯了神，亦即冒犯了公正和一切最卓越之事的创造者。[266] 所以，当他们这样被洒水、真正深受感动和激励以后，几乎就能听见元素本身，亦即土和水发出的声音，它们清楚地对他们说："我们就是构成你身体的实在；正是自然将我们混合，借助神圣的工艺塑造出人形。你形成的时候有我们在构造，你死了以后就分解成我们。凡被造成的东西没有一样会消失为非存在。它起初从哪里来，最后也要回到哪里去。"

【50】[267] 现在我必须如约描述这些灰烬的特殊性质。它们不仅是被火焰烧尽的木头的余烬，而且是一种非常适宜这种洁净仪式的活物的余烬。①[268] 他规定要将一只从未负过轭、无瑕疵的纯红母牛牵到城外宰了。然后，大祭司要取了血，向圣所前的每样东西洒血七次，再把母牛焚烧，要把牛的皮、肉、血、包括粪便在内的肚腹，完全烧尽。当火焰逐渐熄灭下去的时候，他要把三样东西，香柏木、牛膝草、朱红色线，丢到火的正中央。当火焰彻底熄灭以后，要有一个洁净的人把灰烬收起来，存放在城外一个洁净的地方。[269] 这些事情在象征意义上表示什么，我们在其他地方阐述《喻意解经》时已经做了充分描述。所以我们知道，意欲去圣殿参加献祭的人必须洁净自己的身体，使自己变得容光焕发，而且在洁净身体之前要先使灵魂变得洁净而聪明。要知道，灵魂是女王和女主人，它在所有方面都优于身体，因为指定给它的本性更加神圣。心灵借助智慧和教导智慧的真理而得以洁净，在它们的引导下，心灵走向对宇宙和宇宙里的一切事物的沉思，借助其他神圣美德，以及表现在高尚而大可赞美的行为中的对美德的践行，洁净自身。[270] 所以，凡是装饰着这些东西的人可以大胆地走向圣所，如同

---

① 参见《民数记》19：2—9。

回到自己真正的和最好的家，在那里把自己举为祭品。但凡心里藏着贪婪和不当欲望的人，应当保持安静，将自己的脸掩藏在混乱之中，遏制恬不知耻的疯狂，否则在那需要小心才会有益的地方，它都会鲁莽地横冲直撞。因为真正的存在者的圣地没有不洁者的立足之地。[271]对于这样的人，我要说："尊敬的先生，哪怕是举行百姓大祭，神也不会喜乐，因为万物无一不是祂的财产；祂拥有一切，但却并不需要它们，使祂喜乐的是爱神的意愿和行圣洁的人，因此祂接受他们不起眼的食物或大麦，接受一些没有什么价值的东西，认为这些东西非常宝贵，胜过那些昂贵至极、价值连城的东西。"[272]确实，尽管崇拜者什么也没有带来，但是他们把自己带来了，这就是奉献了最好的祭，完全洁净了的真正完美的高贵生命，他们唱颂歌，表感恩，崇敬他们的施恩者、救世主、神，有的时候用发音器官，有的时候不用舌头和双唇，只有心灵在灵魂里面讲故事或者发出赞美的呼喊。这些东西只有一种耳朵能够听见，那就是属于神的耳朵，因为人的听力不可能企及这样的观念。

【51】[273] 我上面说的话都是真的，但这些话不是我自己的话，而是出乎我本性的话，这一点不仅是不证自明的，而且可以从律例中得到说明，从而为那些并非故意争吵而滋生不信的人提供清晰的证据。[274] 律法要求建造两座不同的祭坛，制造它们的材料不同，安放它们的位置不同，它们的用途也不同。① 一座是用捡来的、未经雕琢的石头建造的，放置在露天，靠近通向圣所的大路，是献血祭用的。另一座用精金建造，放置在第一块幔子里面的至圣所，它不是等闲之辈所能见到的，只有处于洁净状态的祭司才能看见，其用途是献乳香祭。[275] 这就清楚地表明，虔诚之人所奉献的，哪怕是微不足道的一点儿馨香，在神的眼里也比卑微之人所献的成千上万的牲口要宝贵。正如金子比随意捡来的石头要好，至圣所里的一切比外面的东西要神圣，奉献馨香的感恩祭也比奉献牲口的血祭高级。[276] 因此，香坛得到的荣耀是特殊的，不仅表现在建造它的材料昂贵、结构和位置独特，而且

① 参见《出埃及记》27，30。

表现在它每天居于优先位置，敦促人向神谢恩，因为要在拂晓之时在里面献了馨香以后，才允许在外面献上全燔祭的祭品。[277]其象征意义不外乎是，在神看来宝贵的不是所奉献的祭品数量，而是献祭之人真正纯洁的理智之心。要是审判者打算作出公正的审判，你难道不认为他不会收受诉讼人的礼物，要是真的收了礼物，他就很容易受到受贿的指控，是吗？还有，既然好人不会接受坏人的礼物，尽管他们都是人，而且也许一个是穷人，一个是富人，那么请问，你认为神有可能被败坏吗？神乃是绝对自足的，不需要任何受造之物，祂本身作为原初的善，作为完全的完满，作为智慧、公正和一切美德的永恒源泉，难道不会转脸鄙弃不义者的礼物？[278] 倘若有人献给神的是他偷盗、抢劫、赖账或拒付的一部分利益，那么这个献祭的人岂不是在恬不知耻地把神看做他的恶行和贪欲的同谋？对这样的人，我要说："最可怜而又最可悲的人哪！你只能二选一：要么指望自己的行为不会被神发现，要么指望自己的行为得到神的许可。[279] 如果是前者，那么你对祂全视、全听的大能几乎一无所知；如果是后者，那么你的厚颜无耻到了无以复加的地步。你原本应当为自己所犯的罪过羞愧地掩起脸面，但你却反将你恶行的种种外在标记公开炫耀，并且引以为荣，乃至于分了一份给神。你献给祂不洁的初果，想不到律法不接受非法的东西，就如阳光不接受黑暗。而神是一切律法效仿的原型，祂是太阳的太阳，是一切可感事物在理智领域的原型，祂从不可见的源泉提供可见的阳光，好叫我们的眼睛看见。"[280] 神圣的法版上刻着一条非常好的律例：娼妓所得的工钱不可带入殿里。① 这工钱就是出卖自己的美貌、为了可耻的工钱而选择可耻生活的女人所得的钱。[281] 既然娼妓所献的礼物是不洁的，那么可以确定，那个在心里犯了淫念，将自己扔进耻辱和暴行的深渊，酗酒、贪食、恋钱、爱名、追求享乐以及无数情欲、灵魂的疾病、邪恶的人，他奉献的礼物更加不洁。那么要多长的时间

---

① 参见《申命记》23∶18。"娼妓所得的钱，或娈童所得的价，你不可带入耶和华你神的殿还愿，因为这两样都是耶和华你神所憎恶的。"

才能消除这些污点呢？在我看来，无论多长时间都不可能消除。[282] 娼妓的生意到了老年实际上往往终止，因为她们的美貌一旦凋零，就无人再来追求，她们像花儿一样，过了开花期就枯萎褪色。但是灵魂在长期的浸淫中对放荡的生活习以为常，它变成淫妇之后，要多长时间才能转回正派得体的生活呢？再长的时间都不可能，只有神才能做到，因为在我们不可能的事，在祂完全可能。[283] 所以，有意献祭的人必须考虑的不是祭品有无瑕疵，而是他自己的心灵有无完全脱离残疾和缺陷。还有，他要检查决定他的献祭动机。无论是为了已经得到的益处奉献感恩祭，是为了现有的恩福祈求保障，是为了未来获得其他赐福，还是为了避免灾祸，包括现在的和预料中的，所有这些都要求他把自己置于一种心理健康和安全的状态之中。[284] 如果他是为了已经成全的事情奉献感恩祭，就不可以从他领受这些恩惠的美德状态中堕落，免得显出他的忘恩负义。如果他要保障眼前的恩福或未来具有的美好愿望，就要以良好的行为来使自己与这些幸福事件相配。如果他是在祈求避免某些灾祸，那就不可以做任何该受惩罚和受到制裁的行为。

【52】[285] 他告诉我们，祭坛上的火要经常燃烧，不可熄灭。① 我认为这是符合自然的，也是适当的，因为仁慈的神赐给人类的礼物是经久不衰、无穷无尽、永不停息的，所以表示感恩的记号，亦即圣火，也应当一直燃烧，永远不灭。[286] 他也许希望以这样的方式，用同一把燃烧着的火把它们联合起来，无论新旧，以此表明它们完全履行感恩祭的职责，尽管它们所依据的资源各不相同，因为有的祭品非常丰富，有的祭品非常稀少。[287] 这是字面上的解释，其内在含义必须用喻意解经法来揭示。神真正的祭坛就是贤者感恩的灵魂，由完全的美德构成，这些美德未曾断裂和分割，因为美德没有哪个部分是没有用的。[288]在这灵魂的祭坛上，神圣的光永久燃烧，谨慎持守，不会熄灭，而心灵之光就是智慧，正如灵魂里的黑暗就是愚蠢。知识之于理智就如我们可见的光之于眼睛，光使眼睛看见有质料的事物，而

① 参见《利未记》6∶9，12—13。

知识引导心灵沉思无质料的、观念性的事物，它的光芒永久闪耀，从不变暗，更不会熄灭。

【53】[289] 此后他说："所有供物都要配盐而献"，① 如我前述，他借此表示完全的持久性。盐是身体的防腐剂，就此而言，盐的尊贵仅次于生命的原则。正如生命的原则可以使身体避免腐烂，同样，盐也在起这种作用，使身体保持完好，在某种意义上具有一定的不朽性。[290] 出于同样的考虑，他称祭坛为献祭的保存者，显然是由于它使献祭得以存续，所以才给它取了这个独特的、别具一格的名字，尽管所献的肉都烧在火里。因此，我们有了最清晰的证据表明他认为献祭不在于祭品，而在于献祭者的心意和热情。这种热情源于美德，具有连续性和持久性。[291] 他还添加了另外一条规定，凡是献上的祭品都不可以有蜜和酵。② 他认为这两种东西都不可以带到祭坛上；蜜不能带上祭坛可能是因为酿蜜的蜜蜂是不洁的动物。我们得知，蜜蜂是从死牛的腐败物中滋生出来的，正如黄蜂是从马的尸体中孵化出来的；[292] 或者说，他认为蜜象征过度享乐这种大恶，蜜刚到喉咙的时候感觉是甜的，随后就会产生苦味和持久的疼痛，但它必然会动摇和激怒灵魂，使灵魂的立场无法坚定，所以要禁止这种东西。[293] 禁止有酵是因为酵会产生膨胀。我们在这里又一次有了真理的象征，靠近圣坛的人谁也不可得意扬扬，骄傲自满；倒不如说，他应当凝视神的伟大，知道受造物特有的软弱，哪怕他比别人优越和兴旺发达，也不能例外；这样就会导致一个合理的结论，让他消除自负这个致命的敌人，粉碎那不可一世的骄傲自满。[294] 如果宇宙的造物主和创造者，尽管不需要祂创造的任何东西，但仍旧在意你的软弱，用祂巨大的力量和权能，使你成为祂的仁慈力量的分有者，让你拥有诸多缺陷的生活充满仁慈，那么你该如何对待其他人呢，他们是你的亲属，

---

① 《利未记》2∶13。"凡献为素祭的供物都要用盐调和，在素祭上不可缺了你神立约的盐。一切的供物都要配盐而献。"

② 《利未记》2∶11。"凡献给耶和华的素祭都不可有酵，因为你们不可烧一点酵，一点蜜当作火祭献给耶和华。"

来自与你同样拥有的元素，你没有带任何东西到这个世界上来，甚至连你自己也不是你带来的，是吗？[295] 高贵的先生，你赤条条地来到这个世界，又将赤条条地离开这个世界，你的生与死之间的时间是从神那里借来的。在这段时间内，你最适合做的事情就是培育友谊、和谐、平等、仁慈，以及其他美德，而要抛弃不平等、不正义、不和谐这些邪恶，就是这种邪恶使人这种最文明的动物转变为野蛮的、凶狠的动物！

【54】[296]他又吩咐幔子内神圣灯台上的灯要从傍晚到早晨一直点着。① 他制定这条规定有多重理由。第一个理由是，日光消失之后，圣地应当有灯光照亮，这样就永远没有黑暗，就此而言，灯与星辰相似。因为当太阳落山以后，星辰就会放射出自己的光芒，不会放弃自己在宇宙秩序中的位置。[297] 第二个理由是，晚上也应当举行某些与白天相同的事奉神的仪式。这样，没有哪个时间或时段会忽略感恩之礼。为了表明我们的感恩之心，最适合并与夜晚相匹配的祭品就是至圣所里最神圣的灯光，它完全可以被称为供奉的祭品。[298] 还有第三个理由，一个非常有说服力的理由：不仅我们醒着的时候能够体验祝福，就是我们入睡的时候也在享受恩福。慷慨的神为我们凡人提供了睡眠这种形式的强大支持，叫我们的身体和灵魂二者都得益。身体得以从白天的劳作中解放出来，灵魂放下焦虑和关注，退隐到自身之中，摆脱感官的压力和喧闹。就这样，灵魂如果在其他时间不能够做到，而在此时就可以享受独处，与自己谈心。因此律法决定这样分配感恩祭是正确的，在醒着的时候把祭品带到祭坛上表示感恩，入睡以后为了睡眠所带来的益处，点亮圣灯以表示感恩。

【55】[299] 这些规定以及诸如此类关于虔敬的要求都是以直接命令和禁令的形式给出的。现在要描述的其他规定则具有布道的性质，是告诫和奉劝。② 他对着人的心说："神不会向你索要什么重大、复杂、困难的东西，只

---

① 参见《出埃及记》27：21；《利未记》24：3—4。

② 参见《申命记》10：12 以下。

要求你做非常简单而又轻松的事情：这就是把他当做施恩者来热爱，如果做不到这一点，至少也要敬他如统治者和主人，尽一切可能踏上引导你取悦祂，事奉祂的道路，不是半心半意，而是全心全意，充满爱祂的心，信靠祂的诫命，尊崇公正。”[300] 在所有这些事物中，神自身保持一种不变的本性。就宇宙中的一切存在而言，除了人，还有什么能变得更好？太阳、月亮、其他众多星辰，或者整个天空是这样的吗？大地上的山峰会长得更高，低地会在水流喷涌扩展中变得更加宽广吗？海水会变成淡水，江河会变得像大海一样浩渺吗？不，它们各自固守神最初创造它们时所设定的那个界限。只有你，借助过着一种无可指责的生活，就要变得更好。[301] 这些诫命有哪一条是艰苦难行的？你不必跨越无船只航行的大海，在隆冬季节挑战深渊，在汹涌波涛中上下颠簸，在逆风朔雨中左右摇摆，或者踏上没有路径、无人走过、崎岖不平的旷野，总是担心那些有强盗或者野兽袭击的地方，或者像站在城墙上的岗哨，毫无遮挡地度过黑夜，时刻面临伺机下手的敌人的巨大威胁。不，让这样的念头滚开吧！考虑美好的问题不可以有任何令人讨厌的谈论，只有快乐的语言才适合描述如此有益的事情。①[302] 灵魂必定只会表示赞同，凡此种种都在你手边预备妥当。你难道不知道，感官能感知的天和只有思想能知道的天都属于神？后者可以非常恰当地被称为“天上的天”，② 还有，大地和地上的一切，整个宇宙，可见的事物和不可见的事物，以及无质料的、可见事物的类型，全都属于神。

【56】[303] 然而，神在整个人类中只拣选了那些真正意义上的人，作为具有特殊功德，配得上高于一切人之上的卓越地位的人，让他们事奉祂自身，祂是一切卓越之物的永恒之源，祂从那源泉中发出大量美德，使美德喷薄而出，叫人畅饮，喝来甘甜无比、受益匪浅；祂还给予不朽与琼浆玉液同样的宝贵，或者比它更美。[304] 那些没有尽情品尝美德之气的人是可怜而

① 参见《申命记》30：11—14。

② 参见《申命记》10：14。“看哪，天和天上的天，地和地上所有的，都属耶和华你的神。”

又可悲的，而那些原本应当畅饮公正和圣洁之甜美甘泉的人却从未品尝过高贵生活之杯，落下终身遗憾。[305] 但是，律法说有些人心里未受割礼，他们通过顽梗的脾性，不顺服于统治，放纵自己，不守规矩，抗拒管制，企图摆脱身上的轭。他告诫这些人说："割除你们心里的刚硬！"也就是说，要赶紧剪掉支配心灵的多余的蔓生物，那是毫无节制的情欲嗜好播种和培养出来的，是愚拙人，亦即心灵的恶的农夫种植的。[306] 他继续说道，不要让你的颈项顽梗，也就是说，你的心不可冷漠固执，完全不受约束，也不可由于极其顽固而追求任性的无知，那是充满危害的，要把一切本性上难以驯服和驾驭的东西当做敌人弃之一旁，转向顺服，欣然服从自然的律法。[307] 你岂不见这属于存在者的、原初的大权能既是仁慈的，又是惩罚性的？仁慈的权能叫做神，因为祂凭借这种权能展示并规范这个世界；另一个权能称为主，祂凭借这种权能主宰一切存在物。从早到晚祂不只是人的神，也是诸神之神，不仅是平民的统治者，也是所有统治者的统治者；作为真正的存在，祂是无比强大的。

【57】[308] 然而，尽管祂无比卓越、极其强大，却怜悯和同情那些完全孤立无援的穷人，不鄙弃寄居的外人和孤儿寡妇。他认为他们的贫贱配得上神的关怀，而国王、暴君、当权者，他反而不予考虑。[309] 他为新来者提供衣食，因为他们抛弃了他们生活于其中的祖先的规制与包裹着谎言和自负的习俗，长途跋涉，来到虔诚面前，全心全意地热爱单纯和真理，合乎情理地向祂这位真正的存在者祈援，服事祂，按各自的分，以适当的方式享有祂的保护和眷顾，借助他的帮助，神成为他们的庇护所。[310] 他供养孤儿寡妇是因为他们丧失了保护人，前者没有父母，后者没有丈夫，在这样的孤立无援中，没有人提供保护，因此他们不能失去一切盼望中最大的盼望，也就是对神的盼望，祂的本性是仁慈，不会拒绝关怀和眷顾处于凄凉境况中的他们。[311] 他接着说，只有神才是你可以夸口的，是你的大荣耀，你不可以任何财富、名誉、权力、美貌、体力以及诸如此类的东西自夸，头脑空虚的人才习惯以这些东西自吹自擂。首先，要想到这些东西本身并不拥有

真正的善；其次，它们是短暂的，转瞬即逝，就好像花朵尚未盛开，就已经凋谢了。[312] 我们要追求稳定可靠、坚贞不渝、始终不变的善，要尽心事奉，做祂的祈求者和崇拜者。① 所以，如果我们战胜了仇敌，就不可模仿他们那些不虔敬的方式，他们以为把自己的儿女烧给诸神就能显示他们的虔敬。[313] 这并不意味着所有外部的民族都有焚烧自己孩子的习俗。他们的本性并没有变得如此野蛮，在和平时期将他们至亲至爱的人以这种方式置于死地，即使是在战争时期，他们也未必会向战场上的敌人或者有深仇大恨的人做这种事情。倒不如说，这句话指的是这样一种焚烧着的火，当他们的孩子还在摇篮里的时候，他们就把有关真正存在之神的观念、产生真理的观念刻在他们心上，如同真正摧毁他们后裔的灵魂。[314] 如果我们被仇敌战败，不可以垂头丧气，就好像这种胜利是出于他们的虔敬。其实，在许多人看来，他们暂时的好运可以证明是一种隐患，是导致巨大的致命之恶的陷阱。这些不相配之人的胜利的原因完全可能不是由于其自身的缘故，而是由于我们不洁的行为要承受更多的困苦和灾难；我们生来就是神的国度里的臣民，在激发各种美德的律法下成长，从小就在拥有神圣天赋的人门下受训，所以我们鄙视他们的教义、相信和依靠真正值得我们敬拜的诫命，他们把生活中严肃的一面当做儿童的游戏，而把适合游戏的事情当做具有重大意义的问题。

【58】[315] 再者，如果有人打着先知的名义和幌子，自称神灵附体，要引领我们去崇拜别的城里供奉的神，那么我们不可听从他，不可被先知之名蒙骗，因为这样的人不是先知，只是冒名者，他的神谕和宣告都是自己捏造出来的谎言。[316] 如果有兄弟、儿女、妻子、家人、亲密朋友，或者别的看起来善良的人，努力劝说我们做同样的事情，要求我们与敌人友好往来，经常去他们的庙宇，加入他们的奠酒和祭神仪式，那么我们必须把他当成公敌，加以惩治，不可丝毫顾念他与我们之间的亲密关系；我们还必须把

---

① 参见《申命记》12：29—31。

他的建议四处报告给所有热爱虔敬的人，他们必须全速奔跑过来，毫不迟疑地惩罚这个不洁的恶人，相信处死他乃是虔敬之事。[317] 我们只可拥有一种亲密关系，那就是接受善良意志的标记，亦即甘愿事奉神，使我们的每一句话和每一件事都能促进虔敬。至于这些要么出于共同的祖先，要么基于血缘关系，要么通过联姻或其他类似的原因而被我们称做亲属的人，他们若不热切追寻同样的目标，亦即追寻神，这是使我们成为一体的所有情感中永不毁坏的纽带，那么我们就要把他们全部抛弃。因为专注于这种情感的人必将得到更加尊贵、更加神圣的亲属关系作为回报。[318] 我的这一许诺由律法得以确认，它说凡凭本性行使“喜悦的事”、“善良的事”的，都是神的儿子。① 经上说：“你们是你主神的儿子”，其意思显然是说，神必认为应当像一位父亲那样保护你们，供养你们。至于这种警告性的眷顾在多大程度上超过人的关心，相信我，要由赐予这种眷顾的超绝卓越的神来衡量。

【59】[319] 还有，他把秘仪、奥秘，以及各种欺世盗名、打诨取笑的知识逐出神圣的律法。② 对于生活在我们这种共同体里面的人，他不让他们参加哑剧般可笑的仪式，不让他们相信神秘传说，鄙视真理，追逐以黑夜和幽暗为其活动范围的事物，抛弃适宜在阳光下活动的事物。[320] 因此，凡是摩西的跟随者和门徒，一个也不可传授或接受有关这些仪式的知识。无论是教还是学，这样的行为都是在极大地亵渎神。要不然，请你们这些神秘主义者告诉我，如果这些事是好的，有益的，你们为什么要把自己封闭在深深的黑暗之中，把它们的好处只限制在三四个人中间，倘若能在集市中展示它们，你们岂非有可能惠及每个人，从而使所有人都确实地分有更好、更幸福的生活？[321] 美德的家中没有吝啬之灵的立足之地。③ 让作恶之人蒙羞，去寻找地洞、角落、幽暗之处，在那里隐藏和保存他们众多的罪恶，避开众人的视线。但是，让那些为众人谋福利的人利用说话的自由权利，在光天化

① 参见《申命记》13：18，14：1。
② 参见《申命记》13：17—18。
③ 参见柏拉图：《斐德罗篇》247a。

日之下穿越集市，欣然与聚集的会众交谈，让明媚的阳光照耀他们自己的生活，通过两种最高贵的感觉，视觉和听觉，为会众谋福利，通过视觉他们看见奇异而令人喜乐的景象，通过听觉他们享受话语新鲜甜美的甘露，[①] 这些话语能使并非完全不愿学习的人满心欢喜。[322] 你难道没有看到，自然也不掩藏他任何荣耀而可敬的作为，反而展示群星和整个天空，让我们看见，使我们喜悦，培养我们对哲学的热爱；同样，海洋、泉水、江河、空气，都欣然接受各种气流和微风的调节，产生一年四季的交替变化，生发出无数种类的动物、植物，还有果子，等等，全都为人所用，叫人享有，不是吗？[323] 那么，我们跟随她的目标，公开展示一切与有资格使用之人的利益有关且必不可少的事物，这样做难道不对吗？事实上，我们经常看到，凡是秉性善良的人没有谁会接受秘仪，而盗贼、海盗、可恶而又放荡的淫妇的朋友，只要把钱交给那些主持入会仪式的人，就往往会被接纳。所以，凡是因其自身的缘故而尊崇道德和真理的城邦或国家要把所有这些人统统赶出去。这个主题就讲到这里。

【60】[324] 尽管律法在规定友谊和仁爱时显得非常卓越，但它不允许任何无可救药的人以它们为屏障，而是命令他们滚开，离得远远的，以此保护这两种美德的高贵和尊严。[325] 因此，知道会众里必有不少卑鄙之人会悄然潜入，而周围的众人都不能察觉，所以它就禁止一切卑鄙之人进入圣会中，以此提防这种危险。首先是那些有女性化倾向的男人掩饰自己的性别，贬低自己的本性，逆性而行，呈现出放荡女子的激情和外表。律法禁止那些生殖器受伤或被阉割的人入会，[②] 让他们努力节制青春之花的绽放，但又使之不至于迅速枯萎，从而给已经造就的女性形像重新打上男性的烙印。[326] 律法不仅禁止娼妓入会，也禁止娼妓的孩子入会，[③] 因为他们带着母亲的耻

---

① 参见柏拉图：《斐德罗篇》243a。

② 参见《申命记》23：1。“凡外肾受伤的，或被阉割的，不可入耶和华的会。”

③ 参见《申命记》23：2。“私生子不可入耶和华的会。他的子孙，直到十代，也不可入耶和华的会。”

辱，他们的生育和出生在源头上就已经掺入杂质，由于他们母亲的情人数量众多，所以他们的身世混乱不堪，无法认识或认出自己真正的父亲。[327] 这是一个特别适宜喻意解释的话题，有许多可供哲学研究的问题。因为标识不虔敬者和不洁净者的头衔不是一个，而是多个，它们各不相同。有些人主张，无形体的理念或型相是一个空洞的名称，没有任何真正的实在，因此他们废除了事物存在的最基本元素，亦即存在者所有性质中的原初范型，具体事物的形状和尺度都以它为基础而形成。[328] 神圣的法版把这些东西当做“压碎了的”来谈论，正如任何事物被压碎就丧失了性质和形式，准确地说它什么也不是，只是一些无形式的质料；所以，消除了形式的信条使一切发生混乱，使之降低为存在之前的元素，这种形态没有形状和性质。[329] 还有什么事情能比这更加荒谬吗？因为当神从混沌的质料中创造出万物时，祂并不依靠自己的手艺来创造，因为祂的本性是快乐而又幸福的，不可能触摸无限定的混沌的质料。与此相反，祂充分利用无形的力量，其名称叫做形式，使万物各自取得相应的形状。但是上面这一另外的信条给它自己带来了巨大的混乱和无序。因为它消除了创造这些性质的力量，因此也就消除了性质。[330] 其他还有一些人在邪恶的竞技场上热烈地争夺不虔敬的金牌，他们进一步在神的存在和型相上蒙上一块帐幕。他们断言神不存在，只是为了人的益处，神才被说成是存在的，因为人们以为，只要相信祂无处不在、以永远警醒的眼睛审视一切，人们就会出于对祂的畏惧而避免行恶。这些人被律法恰当地称做“被阉割的”，他们由于丧失了万物之生产者的观念而迷失方向。他们没有能力生育智慧，反而奉行无神论这种最大的邪恶。[331] 第三类人是那些朝着相反的方向前进的人，他们引入大量的神祇，男的、女的、老的、少的。就这样，他们使这个世界感染了多神统治的观念，以便阉割人们心中有关一位真正存在的神的观念。[332] 正是这些人，律法将之比喻为“娼妓的孩子”。正如凡是有娼妓母亲的，肯定对自己的真正父亲一无所知，也说不出与他有什么关系，而必须接受母亲的情人和顾主中的大多数人，实际上是全部，做自己的父亲；同理，那些不认识一位真神，但却造出大量所谓假神的人对最具本质的实在茫然无知，他们原本应当从摇篮里就开始被灌输这种有关实在的知识，其他事情可以不教，或者以后再教，这一点必须教，或者必须先教。对学习者来说，还有什么主题能比真正存在的存在者，乃至于神，更好呢？

【61】[333] 这条禁令还延伸到第四类和第五类人。① 二者都在追求同一个目标，但他们为了实现目标所设计的路径各不相同。二者都是致命之恶的追随者，但是在对待灵魂上，却把灵魂当做一种财产，可以由两个人分享，并在他们之间进行分割，我们知道灵魂是由两个部分组成的整体，一部分是理智，一部分是非理智。这两类人有一类取了理智部分，亦即心灵，作为自己的份额，另一类取了非理智，而非理智又可以细分为各种感觉。[334] 心灵的拥护者认为心灵是人事的领导和主宰，断言它有能力通过记忆保存过去，对现在有稳定的把握，并通过对可预料之事的预测评估未来。[335] 他们说，心灵在高地和低地的肥沃土壤里耕耘播种，通过农业发明，极大地丰富了人类的生活。心灵建造船只，通过令人敬佩、无以言表的设计，把天然的旱地变成水道，在海上开辟航道，它的许多岔道就像公路一样，通向各国的港口和港外锚地，使大陆上的居民和岛屿里的居民相互了解，要是没有建造船只，他们可能永远不会见面。[336] 心灵发现了机械的、更加精巧的技艺，如人们所称呼的那样，这些技艺设计、培养、产生它们的最高成就，文字、数字、音乐，以及在学校里学习的全部科目。心灵也是哲学之父，而哲学是人类最大的幸事，哲学的各个部分的运用有益于人类的生活，逻辑部分提供精确使用的语言，伦理部分提供品性的改善，物理部分提供有关天和宇宙的知识。除此之外，他们还收集积累了大量赞美心灵的颂词，与上面提到的大致相仿，只是我们现在没有机会再讲了。

【62】[337] 拥护感觉的人用崇高的话语赞美感觉。他们讨论感官的用

① 第四类人是摩押人，第五类人是亚扪人。参见《申命记》23：3。“亚扪人或是摩押人不可入耶和华的会。他们的子孙，虽过十代，也永不可入耶和华的会。”

途，对之进行分类，他们告诉我们说，有两种感觉，即嗅觉和味觉，是生活的基础，还有两种感觉，即视觉和听觉，是美好生活的基础。[338] 味觉分辨滋味，担当进食的指挥者，鼻子也对一切被造物所依赖的空气扮演同样的角色。空气也是一种生存资料，自始至终，永不停止，不仅在我们醒着时给我们提供营养，保存我们的生命，而且在睡着的时候，我们也离不开它。关于这一点，我们有非常清晰的证据。试想，自然呼吸的过程若是被外力打断，哪怕只是极短的时间，死亡也会无情而又不可避免地接踵而至。[339] 再来说协助哲学、保证我们获得美好生活的感觉，视觉可以看见一切存在物中最美的光，并借助光看见其他一切事物，日月星辰、天地、海洋、各种各样的植物和动物，总而言之，所有类型、形状、颜色、大小的物体，而对这一切的思考又会产生一种敏锐的智力，使我们产生对知识的巨大渴望。[340] 除了这些好处，视觉还给我们带来其他具有极高价值的东西，使我们能够分辨亲人和外人，朋友和敌人，能够趋利避害。没错，身体的各个部位都有适当且不可或缺的功能，脚能行走、奔跑，以及进行其他以腿为工具的活动，手能干活，能给与拿，眼睛可以说有一种共同的价值，它们能使这些肢体和其他所有部位顺利运作。[341] 瞎子就是对这一事实最有力的证明，瞎子不能恰当地使用手脚，这就表明过去称他们为无能者与其说是一种谴责，不如说是一种同情。还有，一旦眼睛被毁坏，身体的功能就不仅是受损害，而且是完全消失。[342] 在听觉方面我们也看到非常神奇的现象。我们用听觉器官分辨音调、韵律、节奏，再用它们分辨和弦与和音、音乐的各种类型、音乐的体系，以及音乐的所有元素；还有，用听觉器官分辨各种讲话风格：法庭上的讲话、元老院里的讲话、歌功颂德的讲话，以及历史的叙述、对话交流、生意谈判，我们与那些时不时接触的人必然要使用这些语言。总之，我们可以说声音具有双重功能，可以用于言说，也可以用于歌唱。[343] 在耳朵看来，这两样东西对灵魂都有益。因为二者都是药剂，能使人健康和保护生命。歌曲用它优美的旋律吸引我们的欲望，控制其不稳定因素，用它悦耳的音调消除不协调的部分，用它有规律的节拍节制它的尺度。这三者各自具有多种形式，如乐师和诗人所证明的那样，在那些接受过良好教育的人那里，他们的信念必定成为习惯。语言遏制和阻拦恶的冲动，使那些被愚蠢而又苦恼的念头支配的人得到治疗。它对待温顺听话的人比较柔和，对待桀骜不驯的人比较激烈，因此有可能成为最大的利益的源泉。

【63】[344] 这就是崇信心灵的人和崇信感觉的人的论证路径，他们把神性归于各自的偶像，在自我专断中遗忘了真正存在的神。因此，摩西当然要把他们全都赶出圣会，无论是那些废除型相的人，他们被称做“碎裂的人”，还是那些完全否认神的人，他给这些人冠以“阉割的人”这个恰当的名称；对于那些传讲敌对的多神理论的人，他称之为“娼妓的孩子”，最后，对那些专断的人，有一方把理智神圣化，另一方把各种感觉神圣化。最后的这些人追求相同的目标，只是受到实现目标的不同计划的影响，无视唯一真正存在的神。[345] 但是，我们这些摩西的学生和门徒不会放弃对存在者的追寻，认为认识祂乃是最大的幸福。这也是永久的生命。律法告诉我们，凡是“专靠神的人，全都存活”①，并因此制定了一种充满智慧的重要学说。确实没错，不敬神的人的灵魂是死的，只有那些在属于唯一神的等级里担当事奉的人是活的，这样的生命能够永远不死。

第二卷

【1】[1] 我们在前面详细讨论了十诫中的两诫：一诫是不得认信别的神；另一诫是不得敬拜任何人造的偶像。我们还描述了可以恰当归入各条诫命的具体律例。我们现在要讨论十诫中的另外三诫，同样也要把那些可以归入它们名下的专门律例添加进来。[2] 这三条诫命中的第一条是禁止我们妄称神的名。它的意思是，好人的话就应当像誓言那样稳定可靠，忠贞不渝，没有

① 参见《申命记》4∶4。“惟有你们专靠耶和华你们神的人，今日全都存活。”

半点虚假，牢固地建立在真理之上。如若情势所迫，我们必须起誓，那么这些誓言也要指着父母起誓。他们若是活着，就指着他们的健康和幸福起誓；如果他们已经死了，就按照记忆指着他们起誓。可以说，父母是神圣权能的复制和相似物，因为他们使非存在成为存在。[3] 我们在律法书中读到，我们最初的创始人特别以其智慧而受人尊敬，其中有一位① 指着他父亲敬畏的对象起誓。我相信，这样做是为了子孙后代的利益，以此给他们上必要的一课：要以恰当的方式孝敬父母，把他们作为施恩者来爱戴，把他们作为自然指定的统治者来敬畏，而不可轻易使用神的名字。[4] 有些人在不得不起誓的情况下对起誓表现出不情愿、迟缓和畏缩，不仅在观众中产生疑惑，而且在那些监誓者中引起不安，这些人值得称颂；他们习惯于说，“是，指着……”，或者“不，指着……”，但在后面不添加任何内容，这种突然停止的方式清楚地表明，这里实际上并没有真正地起誓。[5] 当然，如果愿意的话，也可以在“是”或“不”后面作些添加，它不是最高贵、最可敬、最主要的原因，而是大地、太阳、星辰、天空和整个宇宙。这些事物配得上最崇高的敬意，因为它们在创世时被造的时间先于我们，而且根据创造它们的造物主的旨意，它们将永远保持同一，不会由于时间的流逝而改变。

【2】[6] 然而，有些人却显得漫不经心、极其轻率，他们忽略所有这些受造物，把他们的话语直接指向万物之创造主和父亲，从不停下来考察一下这个地点是亵渎还是神圣、这个场合是否恰当、他们自己在身体和灵魂上是否洁净、这一事务是否重大、这一目标是否必要。[7] 恰如俗话所说，他们以未曾洁净的双手酿造出一锅污浊不堪、混合一切的大杂烩，他们似乎可以毫无节制、不加约束地把大自然所赐予的语言天赋用于非法的目的，然而那个最卓越的工具，那个能够发出清晰声音和话语的器官，亦即那些给人类生活带来巨大好处，能够缔结友谊和团契的话语器官，应当完全用于把荣耀、

---

① 指雅各。参见《创世记》31：53。“但愿亚伯拉罕的神和拿鹤的神，就是他们父亲的神，在你我中间判断。雅各就指着他父亲以撒所敬畏的神起誓。”

威严、祝福归为创造万物的原因。[8] 事实上，他们的不虔敬极为显著，甚至在那些并无把握的问题上，都把硕大无比的头衔挂在嘴上，毫无廉耻地使用一个又一个的名称，把它们全都堆砌在一起，以为不断重复一连串誓言就能保证他们的目标确实可靠。这真是愚蠢至极的幻想。因为在明智的人看来，动辄起誓不能表明你有良好的信念，只能表明你没有信仰。

【3】[9] 若有人完全为情势所迫，不得不指着某种事物起誓，那么只要不是律法禁止的，他就应当恪尽所能，想尽一切办法起好誓，而且不让任何事物阻碍他实施决定，尤其是他的誓言是在理智的、正常的心灵状态下起的，而不是由于凶残的习性、炽热的欲望，或难以控制的念头而处于疯狂的状态，在自己都不知道自己说了些什么、做了些什么的情况下起的誓言。[10] 试想，还有什么事情比终身坚持诚实为人和有神作我们的见证更好呢？因为誓言无非就是请求神在某件有争议的事情上作证，而请求神作假见证，乃是极其亵渎神灵之事。[11] 尽管他看上去一个字也没有说，但他这样做实际上无异于直接说："我要拿你作为我的恶行的掩护。我耻于显现为一名罪人，请你做我的同谋；请你为我的罪行负责，而不是让我自己来负责。因为对我来说，作了恶但不被看作是恶棍，这一点非常重要，而你并不在意众人的看法，也不担心人们是否赞扬你。"这样的话语或思想极为不虔敬。听了这些话，有谁不会义愤填膺，不仅全然毫无恶意的神会如此，而且凡是对美德的滋味略有所知的父亲，甚至陌生人，都会感到愤怒。[12] 所以，如我所说，一切誓言只有当它们关乎可敬的事情，有益于改善人们在公共或私人事务上的行为，服从智慧、正义和公正的引导，才能成为好誓言。

【4】[13] 在这样的区分下，还有一类完全合法的誓言，用以感谢大量的祝福，要么是当前拥有的，要么是将来可以期待的。但若起誓的目的与此相反，那么宗教禁止我们将它们付诸实施。有些人随意起誓，说要偷盗和窃取圣物，或者说要强奸和通奸，或者说要攻击和谋杀，或者说要犯其他类似的罪行，并将誓言付诸实施，丝毫也不考虑他们所说的信守誓言只是一个借口，遵守他们的恶誓似乎比不犯这样的恶行更加糟糕，更加不能令神悦纳。

我们祖先的律法和古人确立的律例规定了公正和各种美德，而所谓律法和律例就是大自然的圣言，它们拥有内在的、固有的稳定和不变，这不就使它们相当于誓言吗？［14］凡是因为发誓要做恶事而做了恶事的人，可以确定地说，他的行为不是守信的行为，而是背誓的行为，因为这些誓言是应当尽心尽性恪守的，是发誓在公正而卓越之事上的记号。人若是为了根本不应当说出口的不正当的目的而起誓，然后又做出违背律法的行为来，那就是罪上加罪。［15］所以，让他克制自己，不去做坏事，同时祈求神让他分有仁慈的大能，宽恕他发了如此鲁莽的誓言。在能够解除一半负担的时候，却要选择双倍的负担，这岂不全然是愚蠢和弱智吗？［16］不过，有些人用誓言来确立他们的凶狠习性，或者由于极端乖僻的性格使他们的本性丧失友谊和怜悯，或者由于被愤怒所控制，愤怒就像严厉的女主人一样支配他们。他们宣称，他们不会接纳如此这般的某个人与他们同食或同住，或者说，他们不会给如此这般的某个人任何帮助，也不会从他那里接受任何东西，直到他生命终结。他们有时候还会在死后对那个人实行报复，他们留下指示，不允许按照惯常的仪式埋葬那个人的尸体。［17］对于这样的人，我要把对前一类人的忠告给予他们，亦即他们应当祷告和献祭，祈求神息怒，从祂那里获得他们所需要的东西，也就是医治他们灵性上的疾病，这种病靠人的力量不可能治愈。

【5】［18］但是还有其他一些人是自夸之人，他们因傲慢而自视甚高，由于追求高位，他们下决心无论如何也不能与节俭的真正有益的生活方式扯上关系。确实，如果有人指责他们，希望遏制他们毫无约束的欲望，他们就把这种告诫当做侮辱；他们既然追求奢侈的生活，于是就漠视告诫者，把可敬而富有极高价值的智慧教导当做可笑的事情加以嘲弄。［19］如果正好有某种丰富的资源或生活资料可供大肆挥霍，他们就发誓要使用和享受这些财富。这里有一个例子可以用来说明我的意思。不久前，有一个人拥有相当多的财富，过着沉迷酒色的荒淫生活，有一位老者，我想应该是他的亲戚，或者是他家族里的一位老朋友，批评他的行为，要他改过自新，严谨处世。但

他对这种批评极为反感，以发誓做出回应，说只要手头还有收入和钱财，就绝不采取节约措施，无论在城镇还是在乡村，无论在船上还是在路上，都要随时随地炫耀他的财富。不过，很明显，这样做与其说是在炫耀财富，不如说是在暴露他的傲慢和放荡。[20] 然而，在那些位高权重的人中间，至今仍有为数不少的人，尽管拥有大量积累下来的财富和资源，财富对他们来说就像从一个永恒的源泉中源源不断地流淌出来，但他们在使用时仍然像我们穷人一样。他们的杯子是陶制的，他们的面包是在土坑里烤的，他们的副食是橄榄、奶酪、蔬菜；他们夏天穿轻薄的衬衣，束腰带，冬天穿厚实的斗篷。他们有时候就用地板当床，什么象牙床、龟板床、金床与他们无关，还有绣花的铺盖、紫色的外袍、精制的蜂蜜蛋糕、满桌的美味佳肴，统统与他们无关。[21] 我以为，个中原因不只是因为他们得福于良好的本性，还在于他们从早年开始一直受到正确的教导。这种学说教育他们要重视人的利益，先于重视统治者的利益。它使自己居住在他们心中，几乎没有哪一天不提醒他们要牢记共同的人性，使他们脱离骄傲自满、自以为是的念头，降低他们自我膨胀的程度，用平等来医治他们的不平等。[22] 因此，他们使自己的城市变得繁华而富裕、有序而和平；他们不是从城市里夺走美好的事物，而是把所有好东西白白地、慷慨地给予城市。这些行为，以及诸如此类的行为，就是高贵者的行为，这些人是真正意义上的统治者。[23] 而那些新贵的行为与此大相径庭，他们被变化无常的命运吹进富有者的行列；他们对有眼睛就能看见的真正财富一无所知，甚至从来不曾在梦中想过这种财富的实质就是完全的美德，以及与它们一致的行为；他们碰到的是盲目的财富，并把这种财富作为自己的支柱，① 就这样，他们必然看不见眼前的道路，偏离正道，误入无路的荒野，崇敬根本不值得崇敬的东西，而对自然要求他们尊敬的事物却嗤之以鼻。这样的人，若是起了不合时宜的誓言，圣言必定给予严厉的谴责。他们几乎不能得到洁净和医治，甚至连本性仁慈的神也认

---

① 关于“能看见的财富”和“盲目的财富”，参见本文第一卷第 4 章。

为他们不配得到祂的宽恕。

【6】[24] 按照律法，童女和妻子不可以完全掌控自己所许的愿。[①] 律法把童女交给父亲监管，由丈夫判断妻子所起的誓言应该视为有效，还是应该取消。这样做显然是合理的。对前者来说，由于童女年纪幼小，不知道誓言的价值，所以需要别人为她们做判断；对后者来说，她们缺乏理智，常常会起一些对自己的丈夫没有好处的誓言；因此，律法把信守或取消诺言的权力赋予丈夫。[②][25] 寡妇没有人来为她们调停，既没有丈夫的调停，丈夫已经去世或弃她而去，又没有父亲的干预，她们既已出嫁，找到了新家，就离开父亲而去，所以她们不可以轻易起誓。一旦起誓，就无法撤销，因为她们没有保护者，这样的结果不可避免。[26] 若有人知道另外一个人发假誓，但是碍于友谊、害羞，或者恐惧，而不是出于虔敬，没有告发他，使他受到审判，那么他应受到与发假誓者同样的惩罚。[③] 因为把自己置于作恶者之列，就等于犯下同样的恶行。[27] 至于对作伪证者的惩罚，有些源自神，有些出于人。最高、最大的惩罚出于神，祂对这样的不敬绝对不会怜悯，而要让作恶者永远处于几乎令人绝望的不洁之中。我想，这是一种公正而又恰当的惩罚。因为既然他无视神，那么神就反过来无视他，以其人之道，还治其人之身，这又有什么值得稀奇的呢？[28] 人所给予的惩罚与此不同，或者治死，或者鞭笞。[④] 虔敬之心极为炽热的较好的一类人主张死刑，而那些愤慨之情不那么严重的人则主张由国家下令在公共场所当着所有人的面鞭笞冒犯者。事实上，除了奴性十足的人以外，鞭笞与死刑是同样严厉的惩罚。

【7】[29] 这就是从字面上对这些律例的主旨和概要的解释。我们也可

---

① 参见《民数记》30∶4 以下。

② 参见《民数记》30∶9 以下。

③ 参见《利未记》5∶1。“若有人听见发誓的声音，他本是见证，却不把所看见的，所知道的说出来，这就是罪，他要担当他的罪孽。”

④ 摩西五经没有给发假誓制定明确的惩罚，亦即规定不同于一般假见证的惩罚。

以按照喻意来解释这些部分，在某种喻言的意义上去研究它们。我们应当知道，自然的正确推理既有父亲的功能，也有丈夫的功能，只是二者所包含的孕育过程各不相同。说自然有丈夫的功能，乃是因为它把美德的种子贮存在灵魂里，如同藏在肥沃的田地里。说自然有父亲的功能，乃是因为它的本性就是生育好的意图和高贵而可敬的行为，然后以教育和智慧所提供的丰富真理之液养育它的子孙。[30] 心灵一方面像一位童女，另一方面像守寡或者已婚的妇女。作为童女，它保守自己的纯洁，使之不受邪恶的情欲、享乐、欲望、忧愁和恐惧的败坏。生育这位童女心灵的父亲对它具有权威。但是当心灵如同妻子，把有效的推理作为相应的配偶，与它同住，那么推论就要许诺对它负责，像丈夫一样把最高尚的思想注入它里面，使它受精。[31] 而灵魂若是丧失了与正确推理的天然联系或者婚姻纽带，也就失去了一切最优秀的东西，被智慧抛弃，因为它选择了一种有罪的生活，这样的灵魂必定会被它做出的导致自己毁灭的决定所缠绕。它没有任何办法来治疗自己的过错，没有智慧的推理，要么作为它的丈夫与它同住，要么作为它的父亲和生育者。

【8】[32] 那些献祭者不仅奉献他们的全部财产或者部分财产，而且还奉献他们自己，对此律法有一个估价的标准，它丝毫也不考虑美貌、地位，或者诸如此类的因素，而是对所有人一视同仁，只是男人与女人有区别，孩子与成人有不同。[33] 它规定，从 20 岁到 60 岁，一名男子的估价应当是 200 德拉克玛纯银币，一名女子是 120 德拉克玛；从 5 岁到 20 岁，一名男子是 80 德拉克玛，一名女子是 40 德拉克玛；从婴儿到 5 岁，一名男孩是 20 德拉克玛，一名女孩是 12 德拉克玛；至于年龄超过 60 岁的老人，一名男子为 60 德拉克玛，一名女子为 40 德拉克玛。[34] 所有男人和女人都要平等估价，一个年龄一个价，这一规定有三个最有说服力的理由：第一，一个人的许愿所具有的价值等于或相似于另一个人的许愿，无论是重要的大人物的许愿，还是贫穷的小人物的许愿；第二，让许愿者像奴仆那样，依据自己身体是否健康、相貌是否俊美来评估，要么估出一个很高的价，要么正好相

反，估出一个很低的价，这样做显然是不恰当的；第三，在人看来不平等的事情在神看来是平等的，这个观点值得崇敬，也是最令人信服的一个理由。

【9】[35] 以上这些就是律法给人类制定的律例。关于牲畜，我们有以下规定。① 人若是从他的畜群中挑出一只牲畜，而且是三类可用于献祭的洁净牲畜中的一类，要么是公牛，要么是绵羊，要么是山羊，那就必须献上那只牲畜，不可用好牲畜换坏牲畜，或者用坏牲畜换好牲畜。因为神所喜悦的不是动物的血肉或者油脂，而是奉献者无瑕的心意。但若他确实要更换，那就必须献上两只，而不是一只，包括原来那一只和想要替换的那一只。[36] 如果他许愿要奉献的牲畜是不洁净的，那就要把它拿到最受尊敬的祭司面前，祭司必须对它作出正确估价，不可超出它应有的价值，然后再添加那个价值的五分之一，如果必须拿洁净的牲畜当做供物，而不是这只不洁净的牲畜，那么所奉献的这样祭品的价值不可少于评估的固有价值。再说，这样做的意图是让信奉者为自己的错误感到窘迫，因为他不假思索地许了愿，以为不洁的牲畜在这个场合是洁净的，而这种错误很可能是由于某种对他有很大影响的心灵失常造成的。[37] 如果他奉献自己的房子，同样应当让祭司来估价，而不同购买者所要支付的金额各不相同。② 如果许愿者本人决定购回房子，那么他必须多付钱，外加估价的五分之一作为对两件坏事的惩罚：一件是轻率，另一件是占有欲；前者表现在轻率的许愿上，后者表现在想重新拥有自己已经交出去的东西。如果购买者不是原主，那么他只需支付应付的价钱，不必额外加价。[38] 立誓者不可在履行誓言时拖延很长时间。假如说我们在对待人的时候会尽快兑现我们的誓言，而在对待无所缺乏、无所需要的神的时候，却不按照指定的时间偿还，那就太奇怪了！用这样的拖延和迟缓，我们岂不证明自己犯了最大的鄙视神的罪恶，因为我们必须认为事奉祂乃是幸福的开端和圆满。有关起誓和许愿的话题就讲到这里。

---

① 参见《利未记》27：9—13。

② 参见《利未记》27：14—15。

【10】[39] 下一条诫命是恪守神圣的安息日（第七日）。[①] 这一诫命包括大量极为重要的问题，包括不同种类的节日；在第七个年头释放生来自由，但由于时运不济而沦为奴仆的人；债主向负债人显示仁慈，免去同胞所欠的债务，这也是有关第七年的规定；每隔六年要让土地休耕，无论是低地还是高地，让土壤恢复肥力；律法还有关于第五十年的规定。我们只要讲述这些规定，无须做出其他特别的努力，就足以在美德方面天然地趋向于圆满，使悖逆顽固者变得有些顺服。[40] 我们在早些时候已经详尽论述了七在数字中扮演的角色，讨论了它在十里面拥有的属性、它与十本身的密切联系，以及它与作为十的起因和源头的四的联系。我们还指出，从一连续加到七就得二十八，这是一个完全数，等于它的各个因数之和；另外，我们还指出，一个几何级数可以同时产生一个平方数和一个立方数，此外，通过研究，我们还可以揭示出其他许多美妙的结论。关于这些数字，我们一定不可停滞在当前的连接点上，而要考察呈现在我们面前的囊括在某个诫命之下的专门主题，从第一个主题开始，如我们所见，这就是节日。

【11】[41] 律法中记载的节日共有十个。第一个是每天都要守的节日，提到这一点可能会使人略感吃惊。[②] 第二个是每隔六天以后在第七天要守的节日，希伯来人用其母语称之为“萨巴斯”（σάββας），即安息日。[③] 第三个是月朔节，就是月亮和太阳相会之日。[④] 第四个是逾越节，希伯来人称为“巴斯卡”（Πάσχα）。[⑤] 第五个节日要献上第一个禾捆，就是神圣的禾捆节。[⑥] 第

---

① 从这里开始具体阐述第四条诫命。

② 参见《民数记》28∶3。“又要对他们说，你们要献给耶和华的火祭，就是没有残疾，一岁的公羊羔，每日两只，作为常献的燔祭。”

③ 参见《民数记》28∶9。“当安息日，要献两只没有残疾，一岁的公羊羔，并用调油的细面伊法十分之二为素祭，又将同献的奠祭献上。”

④ 参见《民数记》28∶11。“每月朔，你们要将两只公牛犊，一只公绵羊，七只没有残疾，一岁的公羊羔，献给耶和华为燔祭。”

⑤ 参见《民数记》28∶16。“正月十四日是耶和华的逾越节。”

⑥ 参见《利未记》23∶15。“你们要从安息日的次日，献禾捆为摇祭的那日算起，要满了七个安息日。”

六个是除酵节。[①] 然后是真正的第七个节日，称为七七节。[②] 第八个是圣月日（吹角节），[③] 第九个是斋戒日（赎罪日），[④] 第十个是住棚节，[⑤] 以此终结全年的节庆，以十这个完全数为终点。我们必须从第一个节日说起。

【12】［42］律法记载说，每一天都是节日，这就使律法与遵循本性和各种规范的义人的生活相对应，他们的生活无可指摘。只要邪恶尚未控制和支配我们里面追求真正有益之处的思想，没有把它们从各个灵魂中驱赶出去，换言之，只要美德的力量完全保持未被击败的状态，那么从生到死的生命时段才有可能是一个连续的节日，各家各户、各城各镇都能安居乐业，充满各种美好事物，一切安宁祥和。［43］然而实际上，人们总是想方设法彼此侵犯，相互攻击，无论男女都一样，这就使原本连续的这种怡人的快乐出现裂痕。举一个例子就可以清楚地证明我所说的话。［44］凡践行智慧之人，无论在希腊，还是在野蛮人的土地上，都过着纯洁无瑕、无可指摘的生活，他们既不会行不义之事，也不会对不义之事进行报复，而对好事者则一概避而远之，不去他们出没的场所，比如法庭、议会、集市、聚会处，以及一般鲁莽之人汇集的地方。［45］他们自己的愿望是过一种和平的生活，避免战争。他们最顺从自然以及自然所包含的一切：大地、海洋、大气、天空、居于其间的各种形式的存在物，这些东西都是他们研究的资料，因为他们在心灵和思想上分有太阳、月亮，以及其他恒星与行星的有序进程。尽管他们的身体牢牢地站立在大地上，但他们的灵魂插上了翅膀，所以他们可以穿越高空，对居住在那里的权能进行完全的沉思，如同真正的“世界公民”，把这个世

---

① 参见《申命记》16：16。“你一切的男丁要在除酵节，七七节，住棚节，一年三次，在耶和华你神所选择的地方朝见他，却不可空手朝见。”

② 参见《申命记》16：16。这个节日不仅在秩序上排第七，而且它的名称也从这个数字而来。

③ 参见《民数记》29：1。“七月初一日，你们当有圣会。什么劳碌的工都不可作，是你们当守为吹角的日子。”

④ 参见《民数记》29：12。“七月十五日，你们当有圣会。什么劳碌的工都不可作，要向耶和华守节七日。”

⑤ 参见《申命记》16：13。“你把禾场的谷，酒榨的酒收藏以后，就要守住棚节七日。”

界看做一座城市，把智慧的朋友作为它的公民登记入册，把这个宇宙共同体的领导权交在美德手中。

【13】[46] 这样的人充满了高尚的品质，他们习惯于蔑视身体的或外在的疾苦，训练有素，对无关紧要的事情能够真正漠然处之，能够武装起来，抵御享乐和淫欲，始终渴望克制一般的激情，懂得如何使用各种方法挫败那些由激情积聚起来的、针对他们的可怕威胁，任凭时运之风吹拂而绝不改变立场，因为他们已经事先预计到它们的攻击力度；哪怕再大的灾祸，只要预先采取措施，就会变轻，因为心灵在此时不会在事物中发现新奇的东西，而是对它无动于衷，觉得它很可能是某样陈旧的事情；我们说，这样的人对自己的美德感到喜悦，当然也会使他们的整个生活成为节日。[47] 确实，这样的人在城市里已经少得可怜，就像智慧的余烬还在燃烧，为的是不让美德完全熄灭，从我们人类中消失。[48] 然而，只要各个地方的人都能像这些极少数人一样思想和感受，成为自然要求他们成为的那个样子，让所有人都成为没有罪过、无可指摘、热爱健全理智、喜欢高尚道德的人，他们只因美德本身而喜欢它，把美德视为唯一真正的善，而把其他各种善视为奴仆和臣子，服从美德的权威，那么这些城市必定充满幸福，它可以完全摆脱一切导致忧愁和恐惧的原因，并充满产生喜乐和幸福的东西；所以，当每个季节来临的时候，人们就有充分理由过上快乐的生活，一整年就是一个节日。

【14】[49] 因此，按照真理的审判，没有一个恶人能过节，哪怕一瞬间也不可能，因为意识到自己作了恶，这种罪恶感会使他内心沮丧不已，哪怕脸上假装挂着笑容，心里也没有喜乐。恶人在哪里能够找到一个真正喜乐的季节？他的每个计划都是作恶，愚蠢就是他的生活伴侣，他的一切器官，舌头、肚腹、生殖器，都与合宜之事相反。[50] 关于第一样器官，那些要求他保持沉默的事情在他那里不假思索地脱口而出；出于贪婪，他毫无节制地填塞第二样器官，吃各种美味佳肴，喝大量烈酒；至于第三样器官，他滥用它们来满足可憎的淫欲，进行所有律法都加以禁止的交媾。他不仅狂热地侵犯别人的婚床，还充当鸡奸者，只为纵容污浊的、可咒诅的性欲，他强迫自

然性别为男性的人自我贬损，转变为女性。[51] 因是之故，伟大的摩西看到属于真正节日的美如此宏大，认为它完全超越人的理解能力，所以把它献给神，说这是“主的节日”。[52] 他想到我们人类的境况如此可悲而可怖，从灵魂里的贪欲和身体的软弱所产生的邪恶数不胜数，再加上时运变迁，邻居之间相互攻击，彼此造成并遭受无穷无尽的恶行，在这个时候，他不得不感到疑惑，想要知道人们既然在如此庞杂的事务海洋中颠簸，无论是否出于自己的意愿，都无法找到安宁与和平，或者远离危险的生活港湾，那么是否还能有人真正地拥有节日，这里说的节日不是通常意义上的节日，而是真正意义上的节日；这种真正的意义就是在对这个世界及其内容的沉思中顺从自然，使言语和行为保持一致，使行为和言语保持统一，从而找到喜乐和节庆。[53] 因此，必须宣告这场筵席只属于神，因为只有神是幸福的和神圣的，祂远离一切邪恶，充满完全的善，或者毋宁说，按照真理祂本身就是善，祂把具体的善物播撒在天空和大地上。[54] 因此，古时候有一个心灵富有的理智，它内心的情欲是平息的，它之所以发出笑声，乃是因为它心里有喜乐，喜乐也充满它的肚腹。① 然而当它考虑这个问题的时候，在它以为喜乐完全有可能是神的独有财产时，却误以为它自己处于超越人的能力的幸福状态，那岂不是犯罪，所以它感到害怕，否认它心里笑了，直到它的疑惑得到解除才释然。[55] 仁慈的神借助一个神谕解除了它的恐惧，神在神谕中吩咐它承认自己确实笑了，由此我们得到这样的教训，喜乐并非完全与被造物无关。喜乐有两种。一种是纯粹的，完全纯洁的，不包含与其自身本性相反的任何东西。这种喜乐属于神，不属于其他事物。另一种喜乐从这种喜乐流变而来，是混合的，掺杂了少量的忧愁，只要这种混合物保持这样的构成，即愉悦的成分比忧愁的成分多，贤人就把它当做最大的恩赐来接受。这个问题就讲到这里。

【15】[56] 在这个连绵不绝、无始无终的节日之后，第二个要守的节日

---

① 参见《创世记》18：11—15。

是神圣的第七日，每隔六天就过一次节。有些人看到它非比寻常的贞洁，就给它取名为童女。[①] 他们还称它为无母之子，由宇宙之父单独生育，这是一种与女性无关，只有男性的理想生育形式。它在数字中最富有男子汉气概，最勇敢和刚强，天生具有主权和领导地位。有些人给它取名叫“时节”，依据它在感觉领域内的显现而判断它具有概念的本性。[57] 七是一切现象的共同因素，在可感事物的世界里地位最高，按确定顺序完成年岁的过渡和季节的循环。比如有七大行星、大熊星座、昴宿星座、月亮的盈亏，还有其他天体的运行，和谐而又宏伟，难以用语言描述。[58] 但是，摩西从更高的视角给它取名为完成和完全，他规定六是使宇宙各部分生成的数字，七是使它们得以完全的数字。六是奇偶并存的数，由两个三组成，有奇有偶，偶数部分是它的阳性元素，奇数是它的阴性元素，依据永恒不变的自然法则，这两种元素就是生成之源泉。[59] 而七是个完全非复合的数，蛮可以恰当地称做六的光。因为七使得六创造的事物得以成全，因此七可以恰当地被称做世界的诞生日，也就是天父的完全之工，由完全的部分复合而成，显现出它本来的样子。[60] 在这一日，我们受命要停止一切的工，律法这样说不是为了教人们偷懒，与此相反，它总是教导人们忍受艰辛，激发人们辛苦劳累，鄙弃那些荒废时间的人，所以律法的指导是清楚明白的，要在这六个整天里尽心做工。毋宁说它的目的是让人在连续不停、没有中断的劳作中，喘口气，放松一下，借着某种适当的、有规则的体系使身体恢复元气，使人重新振作精神，再去从事原来的劳动。稍事休息不仅能使普通人，而且能使运动员积聚力气，以更大的力量迅速而又耐心地担当摆在他们面前的每一项任务。[61] 还有，祂虽然禁止人们在第七日有任何身体上的劳作，但却允许人们从事更高的活动，亦即研究美德知识的原理。律法吩咐我们花时间研究哲学，由此改善灵魂和占据支配地位的心灵。[62] 所以，在每个安息日，各座城市都有成千上万的学校开放，传授智慧、节制、勇敢、公正和其他美

① 参见《论十诫》第 21 章。

德，求学者正襟危坐，竖起耳朵，全神贯注，如饥似渴地聆听老师的话语，心中油然产生一种特殊的体验，引发最好的、肯定有益的、必使整个生活变得更加美好的东西。[63] 在大量研究过的具体真理和原则中，有两类主要美德实际上高于其他美德：一类是对神的责任，由虔诚和圣经来表示；一类是对人的责任，由仁慈和公义来表示，它们各自均可分为多种形式的分支，全都值得赞扬。[64] 这些事物清楚地表明，摩西不允许那些使用他的神圣教导的人在任何季节懒惰懈怠。但由于我们是由身体和灵魂构成的，所以他就给身体指派特定的任务，也给灵魂指派应得的份额，他真诚地希望二者能够相互轮流，等着换班。身体做工的时候，灵魂休息；身体休息的时候，灵魂开始做工。就这样，最佳形式的生活，理论的和实践的，彼此轮换，交替做工。实践的生活拥有六这个数来管理身体，理论的生活拥有七这个数来追求知识和心灵的完全。

【16】[65] 这一天禁止在任何地方生火，① 因为火被当做生命的源头和起点，没有火，人的生存所需要的必要条件没有一个能够实现。因此，禁止使用技艺所需要的、最主要也是最早的工具，尤其是那些机械，就为那些特定形式的事奉所需要的东西起了屏障的作用。② [66] 但是，他作出的进一步规定好像是为那些拒不听从他的诫命，更不顺服的人订立的，因为他不仅要求主人在安息日停歇一切工作，也允许男女仆人停工休息，并且传递给他们这样一个消息，每隔六天，他们就得到安全保障和几乎完全的自由，这就给主人也给仆人上了可敬的一课。[67] 主人自己必须习惯做工，不可等待仆人前来帮忙和照顾，这样的话，万一时事变迁，进入艰难时世，他们不至于由于不熟悉劳务而从一开始就丧失信心，对完成当前的工作感到绝望；另一方面，仆人也不应该拒绝更高的盼望，而应当在六日之后所得的放松之中发现自由的余烬或火花，期盼在他们继续尽心尽职地做工以后所能获得的完全

① 参见《出埃及记》35 : 3。"当安息日，不可在你们一切的住处生火。"

② 参见《出埃及记》20 : 10。"但第七日是向耶和华你神当守的安息日。这一日你和你的儿女，仆婢，牲畜，并你城里寄居的客旅，无论何工都不可作。"

自由。[68] 通过这种偶尔屈尊做奴仆的工作，再加上偶尔允许奴仆享受豁免，不用做工，人的行为必会朝着美德的完善跨出一步，因为表面显赫者和卑贱者此时都会想到平等，彼此偿还各自所欠的债。[69] 当然，律法立下的安息日不只是为了仆人，也是为了牲畜，尽管二者可能有完全的分别。因为仆人本性上是自由的，没有人生来就是奴仆，而非理智的动物原本就为人所用，服事于人，因此属于奴仆的等级。尽管它们的职责是驮负物品，为主人受累劳作，但它们同样要在第七日得到休息。[70] 其余的我们就没有必要细说了，哪怕是牛这种最有用、在人类生活中最必不可少的牲口也要卸下轭具，享受这个世界的生日，人们在预备播种时要用牛来耕地，庄稼收割以后也要用牛来打谷扬场。这个圣洁的日子的影响力非常广泛地扩展。

【17】[71] 他极为崇敬第七日，其他凡是分有这个数字的，都得到他的尊重。就这样，他立下条例，规定在第七年取消一切债务，① 既作为对穷人的救助，也作为对富人的挑战，要他们显露仁慈之心，把自己的东西分一些给匮乏之人，以便在灾难临头时也可指望自己得到同样的善意。人事变幻无常，时起时落，生活并不总是停泊在同一个港口，倒像一阵无定的风，不经意间就转了向。[72] 最好的方法应当是债权人慷慨大方，免除所有债务人的债。但由于他们并不都能做到如此宽宏大量，有些人守财如命，或者并非特别富裕，所以他规定，他们也应当捐献，献出这部分财产不会给他们带来任何痛苦。②[73] 他不允许他们向自己的同胞追讨欠款，但允许向其他人要求归还应得的份额。③ 他区分二者，把前者适当地称做兄弟，倡议对那些本性上是他兄弟的人和产业的共同继承人，谁也不可吝惜自己的东西。他把那些不同族的人称做外邦人，这样做非常合理，既然是外人，就没有伙

① 参见《申命记》15：1。“每逢七年末一年，你要施行豁免。”

② 参见《申命记》15：10。“你总要给他，给他的时候心里不可愁烦。因耶和华你的神必在你这一切所行的，并你手里所办的事上，赐福与你。”

③ 参见《申命记》15：3。“若借给外邦人，你可以向他追讨。”

伴关系，除非借助卓越的美德，把这种关系转变为亲属纽带，因为有一条普遍的真理，共同的公民身份取决于美德，律法把道德之美称做唯一的善。[74] 还有，放债取利是应该受指责的行为，① 因为借贷者不可能有非常多的生存之道，他显然是捉襟见肘了才会借钱，若是在偿还本金时还要支付利息，他岂不是必然陷入更加窘迫的境况？人若想从放贷中获利，就无异于无理智的牲畜，由于放置在眼前的诱饵而遭受后续的伤害。[75] 尊敬的放贷者，我要问你，你既然没有伙伴的感情，为什么要假装有伙伴的行为？你为什么外表显得友善和仁慈，行为却暴露出非人的、野蛮的兽性，除了追讨利息，还经常要求借贷者双倍偿还，使穷人进一步陷入贫困的深渊？[76] 因此，如果你在贪求更大的利益时连本金也一同丧失，没有人会同情你。正好相反，众人会兴高采烈，把你称做敲诈勒索者、唯利是图者，以及其他类似的称号，因为你在潜心等待别人的不幸，把别人的厄运当做你自己的好运。[77] 人们曾说，邪恶没有一点眼力，同理，放贷者也是瞎子，看不到偿还的时间。他出于贪婪而期望获得利益，哪怕不是完全不可能，也几乎不可能获得。[78] 这样的人完全可能为他的贪婪受到惩罚，只收回他提供的东西，使他知道不可以拿别人的不幸作交易，以不正当手段致富。借贷者应当享有律法的慈善，既不用支付单息，也不用支付复息，只需偿还本金。就后者来说，如果有恰当的机会，他们也会向现在借钱给他们的人奉献，给赐予他们恩惠者以同样的回报。

【18】[79] 在作了这类规定以后，他制定了一条通体都散发友善和仁慈的律例。他说："你弟兄中，若有一人被卖给你，让他服事你六年，到第七年就要任他自由出去。"②[80] 在这里，他再次使用了同胞弟兄这个词，借助这个名称在这个所有者的灵魂里悄悄地播下他与这个受他支配人有亲密关

---

① 参见《出埃及记》22：25；《利未记》25：35—37；《申命记》23：19。在最后一段经文中，向外邦人放钱取利是允许的。

② 参见《申命记》15：12。"你弟兄中，若有一个希伯来男人或希伯来女人被卖给你，服事你六年，到第七年就要任他自由出去。"

系这样一种思想。这条规定要求他不可鄙视此人如同陌生人，而要在圣言所显示的教训下激发一种极为初步的亲属感，从而对他获得自由、走向解放不会有任何怨恨。[81] 因为处于这种境况的人，尽管我们看到他们被称做奴仆，但实际上是从事服务工作以谋取生活必需品的劳工，而无论有多少人叫嚣自己对他们拥有绝对的支配权。①[82] 我们必须通过重述律法书中这些出色的规定来消除这些人的狂妄和残暴。我的朋友，被你称做奴仆的人是受你雇用的人，他本身也是人，归根到底是你的同类，进一步说与你同族，也许还属于同一支派或分支，只是为实情所迫沦为奴仆，采用现在这种装束。[83] 所以，要从你心里驱除那种邪恶而有害的东西，亦即傲慢。对待他要像对待你雇用的仆人，无论是给予还是索取。至于后者，他服事你不会有任何迟疑，无论在什么时候和地方都会毫不拖延，还未等你开口，他就迅速执行你的命令。所以你必须给他食物和衣裳作为回报，要关心他的其他需要。不可以给他上轭，像管理非理智牲口一样管理他，也不可把太多太重的担子压在他身上，使他力不从心；你不可以辱骂他，也不可以用恐吓来拖垮他，使他陷入悲惨的绝望状态；相反，你要按照常规的律法，给他时间和地点休息。“凡事不可过分”在任何情况下都是一条极好的格言，尤其适用于主人和仆人。[84] 无论如何，当你得到他的服事满了所规定的期限，也就是六年，当真正神圣的数字第七来临的时候，你要任他自由地出去，因他原本就是自由的，所以，我的朋友，你要毫不犹豫地放他走，并且为你有机会给予人这种最高贵的受造物以最大的利益而感到欣喜。因为对奴仆来说，没有比自由更大的恩惠了。②[85] 你也要高高兴兴地从你的各样财产中取出一些送给他，让他上路，由此让你的善行得到圆满。他离开你家时，你没有让他身无分文，而是给他装上生活所需的各种物品，这是对你的一种赞扬。否则，同样的事情还会发生。他可能会由于匮乏而陷入先前的痛苦窘境，由于失去

---

① 参见《申命记》15：13—18。

② 参见《申命记》15：13。“你任他自由的时候，不可使他空手而去。”

生活来源而再次被迫沦为奴仆，而你给他的恩惠也可能就会荡然无存。关于穷人就说到这里。

【19】[86] 后面的诫命是第七年让土地休耕歇息。① 作出这样的规定有几个理由。首先，他希望在所有用时间衡量的系列里，亦即在日、月、年里面，都赋予七以荣耀的地位，因为每个第七天是神圣的，如希伯来人所说是安息日；正是因为每年的第七个月有一年中最主要的节日，所以很自然地第七年也被标示出来，分有属于这个数字的一份尊荣。[87] 还有第二个理由。他说，不要完全受制于钱财，而要主动承受一些损失。这样的话，即使出现意外的损失，也会变得容易承受，而不会把它视为某种陌生的、异己的灾难而怨恨，陷入绝望。有些富人非常懦弱，稍有不幸降临就悲痛欲绝，好像失去了全部财产。[88] 而摩西的跟随者都成了他真正的门徒，从幼年起就在他的优秀体制中得到锻炼，甚至通过让最肥沃的土地休耕来使自己习惯于平静地忍受匮乏，通过学习宽宏大量的教导，主动且有意地让财富，甚至是确定无疑的财富之源，从自己手中失去。②[89]我在想，这里还有第三点启示，人绝对不要把难以承受的担子压在别人身上。试想，土地不可能有任何痛苦或喜乐的情感，尚且规定要让它的各个部分得到休息，更何况人呢？人不仅有感觉，这是包括非理智动物在内的所有动物共有的，而且还有理智这种特殊的恩赐。有了理智，艰辛和劳作所产生的痛苦情感就会在心里留下记录，打上比单纯的感觉要鲜明得多的烙印，所以人岂非更应当得到休息？[90] 因此，让所谓的主人停止把严厉的、几乎难以忍受的命令强加给他们的奴仆，过分的使用会使他们的身体垮掉，迫使他们的灵魂在身体之前崩溃。[91] 你要毫不吝啬地调整和约束你的命令。其结果必然是你自己可以享受悠闲，只需给予奴仆适当的关注，而你的奴仆亦会欣然执行主人的命令，尽力完成自己的任务，不会由于疲劳过度而过早迈入老年，我们确实可以这样

① 参见《出埃及记》23：11；《利未记》25：2 以下。

② 让土地休耕教导穷人要忍受匮乏，要富人自愿献出财物。

说，如果是这样的话，他们只能为我们服务很短的时间，很快就会丧失劳动力。[92] 与此相反，他们将尽可能延长青春年限，就像运动员那样，我不是指那些把自己养成一身肥肉的人，而是指那些洒下汗水、定期锻炼、获得生活所需的有用技术的人。[93] 所以，让城里的统治者不要用沉重而频繁的税赋和劳役折磨他们。这些统治者一方面装满自己的金库，另一方面在囤积钱财的时候也积聚了粗鄙的恶习，污染全部市民生活。他们故意选择最残暴无情、毫无人性的人做税务官，把资源放在这些人手上，让他们做过分的事情。这些人除了本性残暴以外，还享有主人给予的豁免权，他们决心每个行动都要迎合主人的喜好，令他们快乐，于是无恶不作，没有哪一种严厉的惩罚是他们不敢尝试的，无论有多么野蛮，从来不知怜悯与温和，甚至连做梦也不曾想到。[94] 因此，他们在执行税收指令时造成了普遍的混乱，破坏了所有秩序，他们不仅向受害者的财产强征杂税，而且想出各种极端残忍的折磨方式，侮辱他们的身体，蹂躏和强暴他们。[95] 确实，我听说过有这样一些人，他们怀着变态的疯狂和残忍，甚至连死人也不放过，这些人变得像野兽般残忍，竟然敢于鞭打尸体。有人指责这种野蛮行径非同寻常，说他们连死人都不放过，而死亡原本是摆脱一切灾难，并且确实是一切不幸的终止，使身体可以免受侮辱，然而它们遭受的不仅是侮辱，不能得到正常的葬仪，而且还要忍受暴行。他们为此所作的辩护则更加恶劣。他们说，他们这样凌辱死者不是为了实现侮辱无知觉的尘土这种毫无意义的目的，而是为了引起那些与他们有亲缘关系或者朋友关系的人的同情，让这些人把朋友的尸体赎回去，他们为此支付的钱财就是给朋友的最后的礼物。

【20】[96] 愚蠢的人哪，我要对你们说，你们真是太愚蠢了，你们所教导的东西你们自己不是事先学过吗？既然在自己心中剔除了所有友善和仁慈的感情，你们还能有能力引导别人表示怜悯吗，更何况你们还在他们面前施展最残暴的行为？你们竟然做这样的事情，尽管你们并非没有忠告者，尤其是我们的律法，我们的律法甚至让土地从每年的劳作

中得到歇息，给它一个休耕的时期。[97] 土地表面上看来是完全无生命的东西，但它其实处于一种回报的状态，它白白地得到恩惠，现在急于要偿还。第七年的豁免有整整一年的休耕，让土地得到完全自由的休息，土地在来年会变得非常肥沃，能比往年结出两倍甚至更多倍数的果实。[98] 我们也可以注意到，教练在对待他们的学生，也就是运动员的时候，也会采用极为相似的方法。他们让学生不间断地进行训练，但在学生精疲力竭之前一定会让学生放松一下，让学生过上一段有生气的新生活，不仅中断艰苦训练本身，而且改善规定的饮食，减轻艰苦程度，以便使灵魂愉悦，身体舒适。[99] 我们不可认为本来应当严格要求的专业教练在这里成了怂恿运动员松懈和懒惰的老师；他们是在依据一种科学方法使已经强壮的身体变得更加有力，使人的精力更加充沛，因为劳逸结合、张弛有度可以产生一种和谐。[100] 我从永不出错的自然智慧中学到这一真理，自然知道我们人类有多么劳累和疲乏，于是就把我们的时间分为白昼与黑夜，她把觉醒分给白昼，把睡眠分给夜晚。[101] 她是最仔细的母亲，担心她的孩子会筋疲力尽。在白天，她唤醒我们的身体，激励它们履行所有职责，满足生活所需，她斥责那些整日里好逸恶劳、骄奢淫逸的人。但是到了夜晚，就像在战场上那样，她召唤他们回来休息，照料自己的身体。[102] 人们撂下所有令人痛苦的事务的担子，这些担子从早到晚压在他们身上，回到家里以后，他们开始休息，在沉沉的睡梦中把白天的困苦烦乱置于脑后，然后等到疲劳解除，精力恢复，各人又急切地渴望从事自己熟悉的工作。[103] 自然通过睡眠和清醒分配给人这一双重的过程，结果就是通过活动和休息轮换交替，他们身体的各个部分变得更加灵巧和敏捷。

【21】[104] 为我们制定律法的先知宣告每隔六年土地要歇息、农夫要停工，这个时候他想到的就是这些。不过，他制定这条规定不只是出于我提到的这些原因，也受到惯常的仁慈的感动，他的目标就是把这种仁慈注入律法的每一部分，从而使阅读经文的读者对善良的、邻居一般亲切的习俗留下

深刻印象。[105] 他禁止他们在第七年封闭自己的田地。① 所有橄榄园、葡萄园都要敞开大门，其他田产亦如此，无论是种五谷的，还是种果树的，都要让穷人自由地使用田地里自然生长的果实，哪怕不能比主人优先使用，也完全可以与他们同等使用。②[106] 就这样，一方面他不允许主人们做任何耕耘的工作，因为他希望避免给他们留下这样一种痛苦的感觉，即他们花费了劳力，却没有获得收益；另一方面他认为，穷人在这一年无论如何应当把看起来属于别人的东西当做自己的东西来享用，使自己不至于穷困潦倒，遭人羞辱，或者沦为乞丐。[107]我们炽热的心灵岂非热烈地向往仁慈的律法？它教导富人要慷慨地捐献，拿出自己的所有东西来与别人分享，鼓励穷人不要总是奉承富人，对他们卑躬屈膝，似乎唯有祈求于他们的施舍才能弥补自己的匮乏，其实他们也可以不时地声称拥有果实的财富来源；这些果子，如我所说，是未经耕耘生长出来的，他们可以拿来当做自己的食物。[108] 寡妇和孤儿，以及其他由于没有盈余的收入而被轻视和漠视的人，此时却通过神的恩赐而突然拥有这样一种盈余，变得富足，神邀请他们在七这个神圣数字的认可下与主人共享果实。[109] 确实，所有牧民都可以赶着自己的牲畜放牧，可以挑选草肥水美、特别适合牲畜生长的草地放牧。就这样，他们充分利用这个自由时期所给予的豁免权，无论主人多么吝啬，也不能干扰这种权利。他们受制于一种非常古老的习俗，经过长期的践行，人们对这种已经成为自然本性的习俗习以为常。

【22】[110] 确立了节制和仁慈这一首要根基之后，他就在根基之上加立七七四十九年的数字，并把第五十年分别为圣。③ 他把这一点作为许多专门律法的主题，除了与其他安息年相同的规定以外，其他的规定也非常卓

---

① 参见《出埃及记》23：11。“只是第七年要叫地歇息，不耕不种，使你民中的穷人有吃的，他们所剩下的，野兽可以吃。你的葡萄园和橄榄园也要照样办理。”

② 参见《利未记》25：6。“地在安息年所出的，要给你和你的仆人，婢女，雇工人，并寄居的外人当食物。”

③ 关于“禧年”，参见《利未记》25：8 至章末。

越。[111] 这些规定中的第一条有如下述。他考虑让转让的地产在这一年物归原主，以便保证分配给家庭的东西不至于流失，好叫凡是分得财产的人没有谁会完全丧失这种赠物。①[112] 由于逆境会经常产生，所以有些人不得不卖掉自己的财产，所以他为这种人提供合理的需要，同时又采取措施防止购买者上当受骗。也就是说，允许卖主出售财产，但他必须非常清楚地把交易条件告诉买主。[113] 他说："不是按完全的所有权的支付，只是按固定的年数支付，不超过五十年。"因为在这里买卖的不是不动产，而是收成，这样说有两个非常有说服力的理由。一个理由是，整个国家都被称做神的产业，② 把神的财产登记到另外的主人名下，有违我们的信念。另一个理由是，每个业主都注定分有自己的一个部分，若剥夺他的这个部分，有违律法的公正。[114]因此，任何人若在这个第五十年结束之前有办法拿回自己的地产，或者是他的直系亲属能够这样做，那么立法者敦促他要想方设法以他出售时所得的地价收回地产，但不可让那在他困窘时帮了他的买主吃亏。[115] 另外，他同情和怜悯穷人，让穷人收回原先拥有的额外财富，但公开发誓要捐献的田地除外，因为既是许了愿的，这土地就属于奉献的祭品了。③ 宗教禁止这一节期影响奉献祭品的有效性，因此律法规定出售这样的地产应当索取适当的价格，不可对立誓者做出任何让步。

【23】[116] 这些就是关于地产的律例。关于房产则有不同的规定。④ 有些房产属于城邑，在城墙里面，有些是在城墙外面的乡村农舍。因此，律法允许后者随时可以赎回，并且规定到了第五十年尚未赎回的都应当归还原主，不必对前面的主人有任何补偿，就如对不动产的处理那样，因为农舍就是真正的不动产。[117] 卖主可以在一年内赎回城墙里面的房子，但一年以

---

① 参见《利未记》25：14—16。

② 参见《利未记》25：23。"地不可永卖，因为地是我的，你们在我面前是客旅，是寄居的。"

③ 参见《利未记》27：16—21。

④ 参见《利未记》25：29—31。

后，房子就归买主，免得他由于第五十年普遍的豁免而蒙受任何损失。[118] 他的理由是，他希望给新来者一个基础，使他们也感到自己已经牢牢地扎根于这个国家。由于他们没有分得土地，分配地产时他们还没有被算在内，所以律法就把房子分给他们作为酬金，热切希望那些向律法恳求的人、祈求保护的人，不至于像浮萍一样漂荡。[119] 当人们按照支派分配土地时，城邑尚未分布，甚至还没有成形，这个时候居民们在乡村的外屋居住。后来他们离开外屋聚集在一起，在多年的交往中集体感、友谊感越来越强，然后他们建造房屋，毗邻而居，从而形成城邑。如我所说，他们把这些房子分给新来者一份，免得他们觉得自己被排除在外，无论在乡下或在城里都没有房产。

【24】[120] 有关分别为圣的支派的律法如下。① 律法没有分给看守圣殿的人一块土地，认为他们所得的充足初果足以维生，但是律法指派他们在四十八座城邑里居住，每座城的前面有两千肘尺的空地。[121] 这些城邑里的房子并不像其他城墙里的房子那样，如果卖主在一整年内找不到赎回的方法，就要永归买主，而是在任何时候都可以赎回，就像一般人可以随时赎回乡村里的房子，利未人的住房与此相似。因为这些房子是他们在这块土地上应得之分的全部，一旦得到就不可夺走，就像人们分得农庄的房子永远属于他们。关于房子的话题就说到这里。

【25】[122] 关于债权人和债务人、仆人和主人之间的关系，律法也制定了与以上所述相似的律例。② 债权人不可追讨同胞的利息，只能收回他们提供的本金。主人对所买的奴仆要如同雇用的仆人，而不是天生的奴仆，只要能付赎金，就要保证他们当场获得自由，或者以后在必要的时候，比如从他们开始为奴算起第七年，或第五十年到来时，任他们自由出去，对后者来说，即使已到垂暮之年，哪怕只有一天，也要给他自由。因为禧年被认为是赦免的时间，事实也是如此，所有人都撤销以前的买卖，回归过去的繁

① 参见《利未记》25：32—34。

② 参见《利未记》25：35—41。

荣。[123] 不过，律法确实允许从别的国家获取奴隶，[①] 这样做有两个原因：第一，同胞与外人之间应该有所分别；第二，他的共同体不应当完全排除家仆的职责，那是他们最必不可少的财产。因为生活中有许多情形都需要奴仆提供服务。[124] 父母的继承人应当是儿子，如果没有儿子，就让女儿当继承人。[②] 正如男人在本性上优于女人，同样在亲属关系上，儿子也应当优先继承财产，填补逝者的空位，因为凡人或地上所生的东西都不可能不朽，这是一条必然的法则。[125] 如果女儿是未嫁的童女，父母活着的时候没有给她们置办嫁妆一类的财产，那么她们应当与男丁享有同等的继承权。保护这样的孤女，监护她们的成长，为她们提供生活必需品以及少女应有的教育，这些事务要由地方最高行政长官来负责，到了一定的时候，还要为她们安排恰当的婚姻，根据功德为她们考察和挑选夫婿。[126] 如果可能，丈夫应当是女孩的本家，出于同一家族，如果这一条办不到，那么至少也要出于同一区或同一支派；这样做为的是不会由于和别的支派通婚而把嫁妆转移到其他支派，而是把财产留在原先分配给他们的那个支派。[127] 如果死者没有子女，就由他的兄弟来当继承人，因为在亲属表上，除了儿女，排在第二位的就是兄弟。如果死者没有兄弟，那么继承权必须传到父系的叔伯。如果没有叔伯，那就传到姑母，然后是传到其他亲属关系最近的人。[128] 如果死者亲属很少，没有血亲还活着，那就由支派来继承财产。在某种意义上，支派就是更加宽泛的亲属。[129] 然而，某些询问者提出的一个问题不能回避。他们问道，律法在论到继承规则时提到各种亲属、同一个区的人、同一个支派的人，唯独没有提到父母，这是为什么呢？父母难道不是孩子的自然继承人吗，就如同孩子自然地继承父母的遗产？尊敬的先生，答案是这样的，律法实际上是由神赐予的，它总是期望人们能够顺从自然的过程，所以坚持不引入任何不吉利的念头。父母祈愿自己死了以后他们所生的孩子还能活着，

---

① 参见《利未记》25：44。“至于你的奴仆，婢女，可以从你四围的国中买。”

② 参见《民数记》27：8—11。

能够继承他们的名字、种族和财产，但是他们的死敌对他们的诅咒却正好相反，但愿他们的儿女都能够死在父母前面。[130] 立法者不想直白地说出白发人为黑发人送葬这种不合时宜的事情，因为整个宇宙的秩序是和谐一致的，而这种事情是不和谐的，所以他没有规定父母应当继承儿女的财产，这样做既是由于必须，又是为了得体。他知道，这样的事情与通常的生活轨迹或自然是不协调的。[131] 所以，他避免用直白的话语指定父母去继承死去子女的财产，否则他就把如此令人不快的权利授予他们，就好像在他们的伤口上撒上污泥，或者在他们的不幸上面撒盐，因此，他采用另外一种方式来表达他们的物权，这是治疗这种巨大伤害的简单的特效药。[132] 这种方式是什么呢？他宣称父亲的兄弟是侄子的继承人，叔伯拥有这种特权无疑是因为父亲的缘故，除非有人愚蠢到以为一个由于 B 而尊敬 A 的人会故意不尊重 B。那些对朋友的熟人殷勤相待的人难道会怠慢自己的朋友吗？事实岂非尊敬朋友的熟人的人必定也尊敬朋友？依据同样的原则，律法既然指定父亲的兄弟享有继承权，由于他们与父亲的兄弟关系的缘故，那么更应当认定父亲享有继承权，当然了，鉴于上面已经说过的原因，律法确实没有使用这样的话语，但它以一种比语言更加公认的力量明确了这样的意思，在这里立法者的意图显而易见。[133] 长子与他的弟弟们的“分”并不同等，律法判给他的是双份，① 这样做的一个理由是父母在生他之前只是丈夫和妻子，而由于有了这个头生子，他们成了父亲和母亲。另一个理由是，正是他们的长子在和他们说话的时候开始使用父母这些名称。第三个理由最重要，孩子没有出生之前家里没有血脉，而有了孩子就有了人类存续的硕果，这种存续在婚姻里播种，在孩子诞生时结果，从长子开始。[134]我以为，由于这个原因，如圣经所告诉我们的那样，那些仇敌的长子在一夜之间就被杀光，这些行为显得残酷无情，而我们民族的长子则分别为圣，献给神作感恩祭。对仇敌就应当给予沉重的打击，使他们不能得到任何慰藉，也就是毁灭他们最重要的

---

① 参见《申命记》21：15—17。

等级，而对成就救恩的神要献上孩子中的头生子作为初果，以示尊敬。[135] 但是，有些人在娶妻生子以后就忘记了原本明白的自制，在放荡的暗礁上毁灭。他们沉迷于对其他女人的疯狂情欲，虐待迄今为止一直属于他们的人，恶待与她们所生的孩子，他就好像不是他们的父亲，而是他们的叔伯，或者像继母一样对第一个家庭不仁不义，把他们自己和他们的全部所有献给第二个妻子和她们的孩子，他们受制于最邪恶的情欲，奢侈淫乐。对于这样的淫欲，若是可能，律法必定会毫不犹豫地加以遏制，阻止他们进一步喜戏与沉迷。[136] 但是，要治疗被煽动起来的兽性的狂热是非常困难的，甚至是不可能的，所以律法任凭这种父亲如同患了不治之症的人一样自行灭亡，但并不漠视因他追求别的女人而受到侮辱的妻子所生的儿子，规定这种儿子要在弟兄们的财产分配中得双份。[137] 这样做有几个理由。首先，律法要惩罚罪犯，强迫他善待他原先打算恶待的人，使他无法实施判断失当的意见。为此，律法把好处给予可能在它手上受损的人，并且担当父亲的角色。对长子来说，他的亲生父亲已经抛弃了这一角色。[138] 其次，它对遭受不公正待遇的受害者表示怜悯和同情，使他们分有如此给予的恩惠，从而摆脱痛苦不堪的困境。我们会很自然地认为，儿子得到双份利益所感受到的满足也为母亲所分享。事实上，律法不让她和她的家完全受制于仇敌，这种人性化的规定使她大受鼓舞。[139] 此外还有第三条理由。律法生来就有一种公正判断的能力。考虑到父亲已经把自己的财富慷慨赠予他所爱妻子的孩子，因为他爱他们的母亲，而对他所恨妻子的孩子，由于对他们母亲的恨恶，他全然不考虑他们的利益。就这样，前者甚至在他有生之年就继承了多于他应得的那一份，而后者很可能在他死后也无法从整个遗产中分得一点儿利益。因此律法规定，被弃妻子的儿子应当拥有长子的特权，得双份遗产，以便平衡两个家庭之间的遗产分割。这些事情就谈到这里。

【26】[140] 按照上面所讲的顺序，我们记载的第三种节日是月朔，现在我们要对它加以解释。月朔就是新月或者月份的开端，亦即两个月份相连接的时候，其长度在天文学家那里已经有了准确的计算。月朔之所以在节日

中占有一席之地有许多原因。第一，这是月份的开端，而数字和时间的开端都值得尊敬。第二，当这个时间来临时，天上的一切没有哪个是不发亮的，而在这个连接点，月亮被太阳遮住看不见了，它朝着大地的那一面是黑的，但到了新月，月亮又会重新发出天然的亮光。[141] 第三，在那个时候，有一种更加强大的元素为较为弱小的一方提供所需要的帮助。因为就在这个时候，太阳开始照射月亮，我们看到这种光，看到月亮开始显现它自己的美丽。这显然是在教导人们要友善和仁慈，让人绝不可吝啬自己的美物，而要效仿天上幸福快乐的存在者，从灵魂中剔除嫉妒，把自己的所有全部展现给众人，视之为共同财产，白白地给予配得者。[142] 第四，月亮穿越黄道带所用的周期比任何天体都要短。因为它完成那一循环只需要一个月时间，因此它环行的末端，亦即月亮结束环行回到起点，受到律法的尊重，律法宣告那一天是节日。这就再次给予我们一个可敬的教导，亦即在生活中，我们应当使结局与开端对应。只要我们把基本的欲望控制在理智之下，不让它们像没有牧人的牲畜一样造反和骚乱，就必定能做到这一点。[143] 至于月亮对大地万物的服务，没有必要详细讲述。因为证据非常清晰。当月亮增大时，河水与泉水涨高；而当月亮减小时，河水与泉水又会低落。月亮的变化导致海洋在落潮时收缩下降，然后在涨潮时突然汹涌澎湃，空气也随着天空的变化而变化，或者清晰，或者多云，还有其他各种变化。果实，包括地里种的谷物和树上结的果子，按照月亮的循环而逐渐成熟，这种循环养育并催熟了万物，使它们在露水与和风中成长。[144] 但是，如我所说，对月亮大唱颂歌，记载并概括它对地上生物和其他一切事物的作用，现在还不是时候。正是出于这些原因或者其他类似的原因，月朔受到尊敬，在节日中获得它的地位。

【27】[145] 月朔后面的第四个节日称做逾越节，希伯来人用方言叫它“巴斯卡”（Πάσχα）。在这个节日里，从中午到黄昏，全体百姓，无论老少，都要献上无数的供品，为那个特别的日子举祭，以荣耀祭司之职。因为在其他时间，祭司按照律法的规定，执行公共祭祀和个人的献祭，而在这一时刻，全民都举行神圣的仪式，以洁净的双手和完全的豁免权履行祭司之职。[146]

这样做的理由有如下述：这个节日是一种提醒和感谢，用来纪念以色列人顺服赐给他们的神谕，做出将二百多万男女迁出埃及的伟大创举。① 在那个时候，他们离开了一片土地，那里充满暴力、奉行排外的政策，更糟糕的是，那个地方把属神的荣耀归于非理智的被造物，不仅归于家养的牲畜，而且还归于野兽。他们当时格外喜乐，满腔热情、急不可待地想要表达自己的热心，于是就很自然地不等祭司来到就开始献祭。这一做法出于自发和本能的激情，后来得到律法的认可，规定每年过一次这个节日，提醒他们履行感恩的义务。借助古代史的研究，可以发现这些都是事实。[147] 不过，对于那些习惯于把文字上的事实转变为喻意解经的人来说，逾越节暗示的是灵魂的洁净。他们说，智慧的热爱者一心一意要跨越身体和情欲，二者都像湍流一样，若不筑起美德原则之堤来遏制汹涌的洪流，它们就会把他淹没。[148] 在这一日，每一幢住宅都被授予殿宇的外形和尊严，然后杀了牺牲，安排合宜的节日膳食。客人都受了洁净礼，坐在筵席上，但这筵席不同于其他节日聚会，没有放纵肚腹的美酒佳肴，而是以祷告、唱圣歌，以及祖先流传下来的习俗来庆祝节日。[149]这个民族节庆所在的日子非常值得注意，那是这个月的十四日，一个由两个七相加所得的数字，由此表明一个事实，在任何值得尊敬的事情上，不会没有七的影子，它总是带头给予威望和尊严。

【28】[150] 他把另外一个节日与逾越节连在一起，这个节日所吃的食物不同，我们平时不太吃，也就是未发酵的饼，所以这个节日就叫无酵节。设立这个节日可以看做出于两点考虑，一点是这个民族特有的，指的是刚刚提到的全民迁徙，另一点是普遍的，要顺从自然的引导，要与普遍的宇宙秩序相一致。要表明这一论断是绝对正确需要进行一些考察。这个月份按照阳历顺序排在第七，数字也排在第七，但在重要性上排第一，因此圣书把它算作正月。②[151] 我相信其原因如下。在春分的时候，我们有一种类似这个

① 参见《出埃及记》12：37；《民数记》11：21。

② 参见《出埃及记》12：2。“你们要以本月为正月，为一年之首。”

世界被造的第一纪元的样子和景象。各种元素在那个时候是分离的，被安置在和谐的秩序之中，既涉及各种元素自身，也涉及它们相互之间的关系。天空装饰着太阳、月亮和其他星辰的有序运动和循环，包括恒星和行星。大地上也装饰着各种植物，无论是高地还是低地，只要土壤深厚和肥沃，植物就会长得非常繁茂。[152] 所以神每年都把万物生长、欣欣向荣的春天展示在我们眼前，提醒我们纪念这个世界的被造。因此，律法有很好的理由把春分所在的这个月当做第一个月，因为在一定意义上，它就是最初起源的一个形像，从那最初的源头复制而来，就像作为原型之印章的一个印记。[153] 而秋分所在的这个月，尽管按阳历算是第一个月，但在律法上却不称为正月，因为在这个时候，所有果实都已经收藏，树叶开始凋零，所有在春天盛开的花朵已经被夏天的太阳烤焦，在秋天干燥的气流中枯萎。[154] 所以，把"第一"这个名称给予一个无论高地和低地都一片萧瑟、成为不毛之地的月份，在他看来是完全不合适、不恰当的。因为作为第一和领头的事物应当是所有最美好、最令人向往的事物，它们与动物、果实、植物诞生和增长的源泉相连，而不是与毁灭的过程及其暗示的黑暗思想相连。[155] 这个节日始于月半，第十五天，也就是月圆的日子，特意选择这一日是因为那个时候全然没有黑暗，万物都被持续照亮，太阳从早晨照到傍晚，月亮从傍晚照到早晨，同时星辰彼此让路，没有阴影笼罩在它们明亮的光体上。[156] 还有，这个节日要守七天，这表明七这个数字在宇宙中拥有优先性和高贵性，也表明凡是使人精神愉悦、使公众喜乐和感恩于神的事情，都应当伴随有关神圣的七这个数字的纪念，神有意使这个数字成为人类一切好事的源泉和源头。[157] 在这七天里有两天，亦即第一天和最后一天，被分别为圣。他以此给予开端和终结自然优先权；但他也希望在居间者与两端之间设立一种和谐，如乐器上的和谐音阶。他也许还希望使这一节日与连接第一天的上一个节日以及连接最后一天的下一个节日协调起来。这二者，首日和末日，除了自身的属性外，都还有对方的属性。首日是这一节日的开端，也是前一个节日的终结，末日是这一节日的终结，也是下一个节日的开端。因此，如我前叙，[①] 高尚者的整个生活可以被认为等同于一个节日，当做一个剔除了忧愁、恐惧、欲望，以及其他激情和灵魂疾病的人所过的节日。[158] 饼之所以是无酵的，或者是由于我们的祖先在圣灵的指引下开始迁徙，时间非常紧迫，只带了未发酵的面团，[②] 或者是由于在这个季节，即春季，恪守这个节日的季节，谷物还没有完全成熟，庄稼还在抽穗，尚未收割。正是这种果实的不完全，尽管它不久就会完全成熟，但仍然属于将来的果实，他认为可以和本季的食物相媲美，因为后者也是不完全的，以此提醒我们要怀有令人宽慰的盼望，自然确实拥有大量我们所需要的事物，她已经为人类预备了每一年的礼物。[159]圣经解释者还有另外一种说法，未发酵的食物乃是自然的恩赐，而发酵则是人的技艺。人们渴望除去大麦的粗糙，使口味变得适宜，通过不断的试验，学会了把自然生产的粗糙的东西变得精细。[160] 所以，如我所说，春天这个节日是为了使我们纪念这个世界的被造，而它最初的居民，第一代或第二代的大地之子，必定使用宇宙所赐的原汁原味的礼物，因为在那个时候享乐还未成为主宰，所以他规定在这个时候要使用与季节完全相宜的食物。他希望每年都能重新点燃远古时代那种庄重而简朴之风的余烬，利用节日聚会的闲暇，对古代俭朴而经济的生活方式表示敬佩和尊重，并且尽可能使我们今天的生活能够仿效遥远过去的生活。[161] 我们看到，圣桌上摆着十二个饼，[③] 对应十二个支派，这一点尤其为上面这些话提供了保证。这些饼全是无酵的，是原汁原味、没有混合的最明显例子，为享受而准备的人工技艺在做这些饼的时候全无用武之地，它们是纯自然的，除了必不可少的用途外，不提供别的享受。这个论题就说到这里。

【29】[162] 在这个节日的节期里，紧跟在第一天之后还有另外一个节日。它被称做“禾捆节”，[④] 之所以有这个名称，乃是因为它的仪式是拿一个

---

① 参见本卷第 13 章。

② 参见《出埃及记》12：34，39；《申命记》16：3。

③ 参见《利未记》24：5 以下。

④ 参见《利未记》23：10 以下。

禾捆作为初熟的供品放在祭坛上，它既是赐给以色列人的土地出产的初熟的庄稼，也是整个大地出产的初熟的庄稼，所以它既是为了这个民族的特殊目的，又是为了整个人类的一般目的。[163] 这样说的理由是，犹太民族和整个人类居住的世界，就如同祭司和这个国家。祭司这个神圣的职务确实属于这个民族，因为它履行一切洁净仪式，在身体和灵魂方面都遵守神圣律法的规定，克制肚腹以及其下部位的享乐，用理智引导非理智的感觉，并且遏制和主宰灵魂里面狂野而放荡的冲动，有时候用温和的劝说和聪明的告诫，有时候则进行更加严厉、更富有强制的谴责，利用人们对刑罚的恐惧，把刑罚作为一种威慑力量。[164] 当然了，按照真理的论断，不仅律法在一定意义上就是关于这一神圣职责的教导，遵循律法的生活必然带有祭司或者更加确切说大祭司的性质，而且还有特别重要的另外一个要点。不同的城邑敬拜不同的神，有男神、女神，在数量上没有限制，可以是无限多，这些都是诗人和广大民众的虚妄幻想的产物，对他们来说，追求真理是困难重重的，完全不是力所能及的事情。然而我们发现，并非所有民族都拥有同样的神；相反，不同的民族崇拜和敬重不同的神。他们根本不把外国人的神当做神来看待。他们认为其他人接受这样的神是儿戏和笑料，指责那些敬拜它们的人愚蠢至极，没有正常的思维能力。[165] 但若所有希腊人和野蛮人一致承认的神是存在的，认为祂是众神和人类的至高父亲，是整个宇宙的创造主，祂是无形体的，不仅眼睛不能看见，心灵也无法洞察，同时又是每个研究天文学和其他哲学的人渴求探索的问题，并尽一切可能寻找有助于认识这个问题、对之有用的方法，那么，所有人都应该相信和依靠祂，不可引入新的像木偶一样表演的神来接受同样的敬拜。[166] 当其他民族在这个至关重要的问题上犯了错的时候，确凿无疑的事实是犹太人纠正了他们所犯的过错，他们不考虑一切被造之物，因为它们既然是被造的，就必定会灭亡，而是选择事奉非被造的和永恒的那一位，首先是由于祂的卓越，其次是由于献身并依附于长者胜于依附幼者，依附统治者胜过依附臣服者，依附创造者胜过依附被造者。[167] 因此，看到有人竟然指责这个对世界各地的所有人表现出如此深厚的友谊和善意的民族是非人道的、残暴的，那真是令人吃惊万分，这个民族通过祷告、节日、献祭，用初熟的果子作供品，为整个人类代求，既代表那些逃避这种事奉的人，这原本是他们应该做的事情，又代表这个民族自己向真正存在的神致敬。[168] 关于这个为全人类献上感恩的节日就讲到这里。而这个民族特别的感恩也有许多理由。首先，这是由于他们无须继续流浪在各个岛屿和大陆上，作为外乡人和流浪汉在别人的家园里居住，遭受谴责，说他们伺机夺取别人的财物。他们也不会由于缺乏购买力而只能在这个大国里暂借一隅居住，而是获得了土地和城邑作为自己的财产，他们作为长期固定的居民住在这些产业上，所以把奉献地里出产的初果作为一项神圣的使命。[169] 其次，赐给他们的这块土地并非被人遗弃的、无足轻重的，而是肥沃的，非常适合饲养牲畜，出产丰硕的果实。在这块土地上，没有哪个地方的土壤是贫瘠的，即使在那些看起来似乎多石或坚硬的地方，也有非常深厚的地脉交叉，这样肥沃的土壤非常适合孕育生命。[170] 此外，他们所得到的土地也不是无人居住的，而是曾经容纳一个人口众多的民族，各大城邑也曾经住满身强力壮的公民。只是这些城邑如今已经成为空城，整个民族除了一小部分人以外已经消失不见，这种现象部分是由于战争，部分是由于天谴，因为他们奉行奇异怪诞的邪恶习俗和可恶的不敬行为，企图颠覆自然法则而造成的。那些取代他们进城居住的人可以从他们的厄运中吸取教导，从他们的历史中得到教训，如果他们仿效恶行，必将遭受同样的命运，如果他们尊崇美德的生活，必将拥有指定给他们的产业，不是作为定居者，而是作为本地人。[171] 所以，我们已经表明，禾捆节既是这个民族自己地里产生的一种祭祀，也是整个大地产生的一种祭祀，为这个民族和整个人类渴望享有的丰饶和富裕献上感恩。但我们一定不可忽视这种祭品代表许多有益的事情。首先，它叫我们记得神，我们还能找到比这更好的事情吗？其次，我们完全应当对祂进行回报，因为祂是丰收的真正原因。[172] 农夫的技艺所产生的结果是微不足道的，只不过就是拉出犁沟，挖掘或给植物培土，加深沟渠，修剪枝条，或者做其他类似的工作。而自然对我们的恩赐是必不可少的，极其有益的，肥沃的土壤、泉水或江河的灌溉、春季和冬季的激流、适合时节的雨水，适宜的空气，给我们带来真正催生生命的气息，还有无数种类的庄稼和植物。所有这些，有哪一样是人发明的，或者是人生养的？［173］不，自然才是它们的父母，自然把自己的所有财产毫不吝啬地分给人类，认定人是必死动物中最大的，因为人分有理智和智慧，选择人作为最相配者，邀请人分享她的所有。因此赞美和敬畏神的好客是恰当的、合适的，祂把整个大地作为一个真正宜人的家供给祂的客人，不但有充足的生活必需品，而且有奢侈生活所需要的财富。［174］而且我们知道不可以忽视施恩行善者，凡是对神感恩的就会习惯于对人感恩，人的需要是无限的，而神则无所需，祂本身就是完满。［175］这个献祭的禾捆是大麦，这就表明使用劣等庄稼献祭也不可随意指责。若是把所有庄稼的初熟果实全都献上，那样做是不敬的，因为它们大部分都是为了享乐而生产，而不是用做必需品而生产；同样，享受和分有尚未以适当而正确的方式献过感恩祭的食物，也是不合法的。所以律法规定要用大麦作为初果献祭，人们认为这种庄稼在重要性上位居第二，仅次于小麦。① 小麦是最重要的食物，它作为初果也更加优秀，所以律法把用小麦献祭的时间推迟到将来更加适当的时候。人们不提前使用小麦，而是留待恰当的时机，在既定的日子到来时献上各种不同的感恩祭。

【30】［176］禾捆节在律法上具有优先性，其理由有如上述，但它事实上也预告了另一个更大的节日。这个节日就是从禾捆节开始算起的第五十天，七个七天，再加上神圣的数字一，就到了这个节日，② 这个一是神的无形体的形像，神之所以像一，乃是因为祂也是单独的。这就是五十所展示的最主要的优点，但还有另外一点应当注意。［177］使这个数字的性质如此神奇而又可敬的原因很多，其中一个原因就是它是由最基本、最可敬的一个物体，亦即直角三角形构成的，这是数学家告诉我们的。直角三角形的边长分

---

① 《利未记》23 处没有提到这种规定。在斐洛时代人们可能普遍使用大麦作为初果献祭，所以斐洛就把它归为律法的规定。

② 七七四十九，再加上一，构成圣数五十。

别是五、四、三，加在一起是十二，这是黄道带的样式，是极其多产的六的双倍数，是完满的起点，因为它是各边相加的总和。但是我们看到，边长若是增加为平方数，亦即三乘三、四乘四、五乘五，其总和就得五十，所以我们必须说出平方数如何高于一次方，五十如何高于十二。[178] 若是二者中的较小者呈现在天空最杰出的黄道带上，那么较大者，亦即五十，必然是某种更加卓越的存在形式的范型。但是现在就讨论这个话题不合时宜。我们现在只需要注意二者的区别，以免把卓越的事物当做次要的事物来对待。[179] 第五十天要守的节日称做"初熟节"。① 按照惯例，这一天要用两个发过酵的细面饼献为祭，要用小麦做成的面饼，这是最好的食物。对"初熟节"这个名称的一个解释是，把青麦刚刚长出来的麦穗拿来，在人们尚未开始食用年终收成之前作为祭品献上。[180] 这无疑是公正和虔敬的任务，小麦是人必需的、健康而又可口的食物，馈赠者慷慨地提供，接受者白白地接受，所以人在向馈赠者献上样祭之前，一点儿也不可品尝它；事实上，这祭品不是作为礼物献上的，因为一切事物、财产、礼物无一不是馈赠者自己的，而是只作为一个记号，不论它有多么小，借此表达对神的感谢和忠诚，祂不需要任何利益，但却把祂的恩惠源源不断地赐给人。[181] 对这一名称的另一个解释可能是小麦是大地最好的产物，是最好的粮食，相比之下，其他所有谷物只能位居第二；就好比城邦的统治者或者船上的舵手是首要的，因为是他们在根据具体情况制定城邦的方针和船舶航行的路线；所以小麦之所以得到"初熟"这个复合名称，乃是因为它是一切谷物中最好的；它若不是最好的动物食用的粮食，也不可能是首要的产品。[182] 面饼是加酵的，尽管有禁令不可把酵带到坛上，但这样做不是要和律法相抵触，而是为了有一种祭品既是为了领受，也是为了给予。领受，我的意思是说献祭者的感恩，给予，我的意思是说献祭者带来的东西当下就归还给他们，没有任何拖延，只是不为他们自己所用。[183] 因为食物一旦分别为圣，就被那些有权力和权威的

① 参见本卷第 35 章。

人使用，这种权力属于那些做祭司的人，他们借着律法的恩典，有权力分享带到祭坛上来尚未被不灭之火烧掉的任何东西；这种特权或者是给他们履行祭司之职的报酬，或者是对他们在虔敬之路上所经历的比赛的奖赏，或者是对他们进行的神圣的分配，因为在分配土地时，他们不像别的支派那样分有应得的一份。[184] 但是酵母也象征另外两件事情：一方面，它代表最完全、最完美的食物，所以在我们的日常生活中，找不到比它更好或者更有营养的食物了；另一方面，由于小麦粉优于其他任何谷物研磨出来的粉，它的优越性显然使用它做成的祭品具有同样高贵的品质。[185] 另外一个要点更加具有象征的意义。凡是发酵的东西都会提升和膨胀，而喜乐就是理智的提升，或者是灵魂的提升。一切存在物没有哪样比拥有大量生活必需品更能使人喜乐了。这恰恰显示了人们的高兴和感激之情，发酵的面饼表达了他们内心不可见的幸福感。[186] 祭品是面饼而不是小麦粉，这是因为有了小麦我们就不会错过美味可口的食物。我们知道，在所有结籽的谷物中，小麦的生长和收割最晚。[187] 有两次感恩祭用这种最好的食物作供品，为的是过去和将来这两种时间：为了过去，因为我们的日子在丰衣足食中度过，没有经历匮乏和饥荒；为了将来，因为我们已经储藏和预备资源为将来所需，我们按照良好的经济法则分配和使用神的馈赠，这个时候我们心中充满美好的希望。

【31】[188] 接下来是这个神圣月份的开端，人们习惯在献祭的时候在圣殿里吹响号角，它的名称“吹角节”由此而来。这个节日具有双重意义：一重是对以色列民族特有的意义；另一重是对整个人类普遍拥有的意义。就前者来说，这是一个提醒，让人纪念一个伟大而神奇的事件，有关律法的神谕从天上赐下。①[189] 当时，天上发出轰隆隆的号角声，我们可以设想这号角一直响到世界的各个地极，使那些远离现场、远在地极的人也感到惊恐万状，他们可能会合理地推断这样强烈的记号必定预示伟大的结果。确实，人能够领受的东

---

① 参见《出埃及记》19：16。“到了第三天早晨，在山上有雷轰、闪电和密云，并且角声甚大，营中的百姓尽都发颤。”

西还能比从神的口中发出的普遍律法更加伟大或更加有益，而不像特殊律法要借着阐释者作中介吗？［190］这就是对这个民族特有的意义。以下则是它对全人类具有的普遍意义。号角是用于战争的工具，既在开战时吹响，召唤部队前进，向敌人进攻，也在召唤部队后撤时吹响，要他们返回各自的营地。还有另外一种战争，不是出于人力，而是出于自然，是自然自身发生的冲突，它的各个组成部分彼此攻击，它的遵守律法和公平的意识被贪求不公的欲望所克制。［191］这两种战争都会导致地上万物的毁灭。敌人砍掉果树，洗劫国土，放火焚烧粮食和开阔田野里成熟的庄稼，而自然的力量则利用干旱、暴雨、含有大量水分的狂风、灼热的阳光、夹带刺骨寒冷的冰雪来进行破坏，同时使一年四季有规律的交替变得混乱无序；在我看来，这是由于不虔敬而产生的一种状态，在这种状态下，事物不是按部就班，渐行渐近，而是像湍流一样，一下子倾泻在人的头上。［192］因此，律法借用号角这种战争工具来设立这一节日，称做“吹角节”，作为感恩祭用它来感谢神这位和平的缔造者和保护者，因为祂消灭了城里的纷争和世界各个部分的分裂，创造了丰产和大量的善物，但没有焚毁果实，一丁点儿火星就可以重新点燃它。

【32】［193］“吹角节”后面的节日是斋戒节。也许某些心智反常、恬不知耻地指责美好事物的人会说，没有吃喝的聚会，没有款待者和被款待者，没有大量供应的烈酒，没有豪华的餐桌，没有公共筵席具有的种种装饰，没有欢歌笑语的狂欢，没有嬉耍和诙谐的谈笑，没有伴随长笛、竖琴、手鼓、铙钹，以及其他乐器的舞蹈，只有那种灭人志气、蚀人骨气的靡靡之音通过耳朵激起人们不可遏制的淫欲，这算什么节日？［194］由于人们对真正的喜乐茫然无知，就以为节日的欢乐是在这些东西中间并借助它们找到的。永远智慧的摩西用洞悉一切的眼睛看到了这一点，所以他把斋戒日称做节日，最伟大的节日，在他的用语中称做安息日的安息日，① 或如希腊人所说，它是

① 参见《利未记》23：32。“你们要守这日为圣安息日，并要刻苦己心。从这月初九日晚上到次日晚上，要守为安息日。”

七中之七，圣者中的更圣者。[195] 他把这个名称赋予这个节日有许多原因。第一，因为这个节日必定包含自制，他确实总是在各处告诫人们要在生活的一切事务中显示这种品质，要控制舌头、肚腹，以及其下的部位，但在此时他特别吩咐他们要向它表示尊敬，留下特定的一天献身于它。对于一个已经学会漠视绝对必需的食物和水的人来说，有哪样奢侈品是他不能鄙弃的？奢侈品的存在与其说是为了保存和维持生命，倒不如说是在以各种损害的力量提供享乐。[196] 第二，在这个神圣的日子里，人们完全致力于祷告和恳求，从早晨到傍晚，人们在闲暇时间不做别的事，只是谦卑地恳求，真心希望神息怒，赦免他们的罪，包括有意犯的和无意犯的，同时怀有美好的希望，不是指望他们自己拥有功德，而是指望把宽恕放在惩罚之前的那一位的仁慈本性。[197] 第三，从斋戒日的时间来考虑，当时地上所有的果实都已经收割完毕。他认为这个时候立即去吃喝这些食物未免显得过于贪婪，而守斋、不把这些食物吃掉，显然出于完全的虔敬，这样做可以教导心灵不可相信预备好的、放在我们面前的东西，把它当做健康和生命之源。因为这样的东西往往表明是有害的，没有益处的。那些在丰收以后守斋、不吃不喝的人，他们的灵魂在向我们大声疾呼，尽管他们没有发出声音，但他们的话语却再明白不过了。[198] 他们说："我们乐意接受和贮藏自然的恩惠，但我们不会把使我们得以保存的原因归于任何可朽之物，而会归于神，祂是这个世界和其中一切事物的父母、父亲、救主，有能力也有权力使用或不使用这些东西滋养并维持我们的生计。[199] 比如，请看我们成千上万的先人在穿越无路可走、贫瘠荒芜的旷野的时候，在整整四十年一代人的生活中，如何得到祂的滋养，如同生活在最富饶的、最肥沃的土地上；看祂如何开启不为人知的泉眼，赐给他们大量饮用之水；看祂如何从天上降下粮食，既不多，也不少，够他们每天的饭量，要他们吃掉所需要的量，不可以储存，不可以把他们对祂的善良的盼望替换为对无生命的贮藏物的期望，不要向往丰盛，而要尊敬和崇拜丰盛的赐予者，用圣歌歌颂祂，敬拜祂，那是祂应得的。"[200] 按照律法的规定，第十天要守斋戒。但为什么是第十天呢？我们对这一数字的详尽讨论已经表明，有学识的人把它称做最完全的数，它包含所有的级数：算术的级数、和声的级数、几何的级数，还有谐音：四音程、五音程、八音程和十六音程，用比率来表示分别是四比三，三比二，二比一，四比一；另外它还包含九比八的比率。也就是说，它充分而又完整地概括了音乐学的主要真理，因此得到最完全者的称号。[201] 他规定这种不吃不喝的节日应当以十这个完备而又完全的数为基础，其本意是为我们身上最好的部分指定最好的营养。他并不希望有人把他当做教导他们认识奥秘的人，倡导人们忍受饥饿这种最无法忍受的痛苦，而只是希望在不停填塞身体这个容器的过程中有一个短暂的中断。[202] 这样做将确保从理智的源泉流出来的水纯洁而又清澈，缓缓流入灵魂，因为一直不停地提供食物会淹没身体，同时冲刷理智，但若受到控制，理智就能得到增强，在追求一切值得看、值得听的事物时能够勇往直前，如同在坚实的堤道上行走。[203] 此外，既然他们可能拥有的一切事物都显得充沛和丰富，他们享有的美善完备而又完全，那么在这种繁荣昌盛、充满恩惠的处境中，他们应当通过禁食来提醒自己，回忆什么是匮乏，并献上祷告和诉求。这样做原本就是恰当的、合乎时宜的，一方面恳求不要让他们真的经历匮乏，缺衣少食，另一方面表达他们的感恩，因为在这丰富的恩福里，他们想起免予遭受的灾难。这个问题就讲到这里。

【33】[204] 每年最后一个节日是住棚节，时间在秋分。① 我们从中可以引出两点喻意：第一，我们应当尊敬平等、痛恨不平等，因为前者是公正的起源和源泉，后者是不公正的起源和源泉。前者就像无遮挡的阳光，后者就像黑暗。第二，当一切果实都得以完全之后，我们的任务是感谢神，是祂使它们得以完全，并且是一切美物之源泉。[205] 秋天或者庄稼收割以后，如这个名称清楚表明的那样，是庄稼成熟、收割进库的季节，地里种的庄稼和

① 参见本文第一卷第 35 章第 189 节。

树上结的果子都上交应缴的年税和贡赋，地上还有数量庞大的各种动物，包括家养的牲畜和野兽，给人们提供了充足的食物，不仅有当下需要的食物，还凭借自然这个一切生命的朋友的预见，备有将来所需要的食物。[206] 还有，律法吩咐，在这个节期里，百姓要住帐篷。① 这样做的原因可能是，农夫此时不再需要在野外干活，不再有什么庄稼需要看护，各种果实都已藏入筒仓，或者藏入类似的地方，以避免经常由灼热的阳光和暴虐的雨水带来的破坏。[207] 当我们食用的谷物还在野外田里生长的时候，你只能跑出去，看守和保卫对你来说必不可少的粮食，而不像把自己关在房子里的女子，从来不踏出闺房半步。当你仍旧在野外逗留时，难免要遭遇严寒酷热，需要有高大茂盛的树荫随时为你遮蔽，而在大树下面躲避，就比较容易避开恶劣天气所带来的伤害。当所有果实都已经收集完毕以后，你们自己也可以寻求一种不受天气影响的生活方式，你们在地里劳动时含辛茹苦，而在此时你们可以休养生息。[208] 另一个原因可能是，它提醒我们要纪念我们的先人在旷野深处长途跋涉的经历，当时，在每一个居留点，他们都在帐篷里住了很多年。在富裕中不忘贫穷，在显赫中不忘卑微，身居高位不忘曾经是普通平民，在和平中不忘战争的危险，在陆地上不忘海里的风暴，在城市里不忘孤独的生活，这样做确实很好。没有比在繁荣昌盛中回想过去的不幸和困苦更加巨大的喜乐。[209] 除了给予喜乐，这样做对践行美德也有莫大的好处。试想，既面临好运，又面临灾难，最后摆脱灾难，享有幸福，这样的人心中必然充满感激之情，同时又担心情势逆转，因而急促地走向虔敬；与此同时，出于对现有恩福的感谢，他们就用歌声、颂词敬拜神，恳求神，祈求神息怒，好叫他们永远不再经历这样的灾难。[210] 还有，这一节日始于这个月的十五日，其原因与我们论到春季时所说的原因是一样的，② 亦即自然所赐予的大光充满宇宙，不仅白昼充满，夜晚也充满，因为在那一日，太阳和

① 参见《利未记》33：40—43。

② 参见本文第二卷第 28 章。

月亮先后升起的时间没有间隔，二者的光照之间没有任何黑暗的阻隔。[211] 在七日的王冠之上他又加上第八日，[①] 他称之为“终结的”，这样说显然不仅指这个节日的结束，而且也指我列举并描述的全年节日的结束。这是一年的最后一日，构成了一年的终结。[212] 八是第一个立方数，把它指定给这个节日也可能出于以下原因：它是更高的立体种类的开端，表明我们离开非实在之物，按照上升的权能抵达立体，最后抵达观念范畴的终结。[②][213] 确实，如我所说，这个秋天的节日是一种完满，是一年中所有节日的终结，但它好像更加稳定和牢固，因为此时人们已经从地里回来，不再担心是否能够获得丰收，不再为可能歉收而苦恼。确实，农夫的焦虑在庄稼收割入仓之前始终难以解除，因为有各种各样的人和动物都可能毁坏庄稼。[214] 这冗长的阐述均出于我对圣七日的尊敬，我也希望说明全年的各种节日显然都像一位母亲所生的孩子……荒唐和喜乐的场景……[③] 节日聚会及其提供的快乐生活带来了免除忧虑或沮丧的幸福，使人的身体和灵魂荡漾着愉悦之情，安逸的生活使身体舒畅，学习哲学使灵魂喜悦。

【34】[215] 除了这些节日之外，我们还有一个不是节日的日子，它具有节日普遍仪式的特点，被称做圣筐日，这是一个容易理解的名称，我要简短地说一说。[④] 出于多项原因，它显然不具有节日的身份和名望。它不像其他节日那样对整个民族产生影响，我们也看不到有什么祭牲拿到或领到圣坛上，然后献祭，最后用神圣不灭的火焚烧，也没有规定要持续多长时间。

【35】[216] 但是很容易看出它具有节日的特点，非常接近于一种普遍的仪式。每个拥有农场或田地的人都会拿上各种果实，装满我前面所说的筐子，心怀喜乐，把它们拿到圣殿里，作为他大丰收的样品，他把果实放在祭

---

① 参见《利未记》23∶36。“七日内要将火祭献给耶和华。第八日当守圣会，要将火祭献给耶和华。这是严肃会，什么劳碌的工都不可作。”

② 参见《论创世》第98章。

③ 此处原文有佚失。

④ 参见《申命记》31∶1—11。

坛对面，把它们交给祭司。他同时会背诵一首优美而可敬的圣歌，如果记不住，他就全神贯注地聆听祭司的背诵。[217] 这首圣歌的意思如下："我们的祖先离开叙利亚，移居到埃及，虽然人数不多，却发展成人口众多的民族。他们的后代在那里遭受当地人无数的恶待，眼看不能从人那里得到任何帮助，就转向神求告，寻求祂的帮助和庇护。[218] 神对一切遭受不公的人都是仁慈的，祂接受了他们的恳求，用神迹、奇事、预兆，以及当时所成就的一切神奇之事，挫败了他们的敌人，拯救了正在遭受种种邪恶的阴谋、被暴行蹂躏的受害者，不仅引领他们得到自由，还赐给他们丰饶的土地。[219] 我们若真的可以说把我们所领受的东西呈现给您，那么从这地里出产的果实，每一种我们都要拿一个样品献给您，我们的恩人！因为尊敬的主啊，所有这些东西，无一不是您的恩惠和礼物，您既认定我们配得上得到它们，我们就为您赐给我们的恩福感到自豪和喜乐，您的恩赐出乎我们的意料之外、完全超出我们的盼望。"

【36】[220] 这首圣歌在络绎不绝前来敬拜的人们口中不断诵唱，从初夏直到晚秋，经历了两个季节，整整半年时间。因为整个民族有这么多人，不可能在某个固定的时间带着时鲜果实一起前来献礼，只能分散在不同的时间来，哪怕是出于同一个地方的同一批人也只能如此。[221] 由于每年的环境、气候会有所不同，有时暖和一些，有时寒冷一些，再加上其他各种原因，就可能导致有些果子成熟得快一些，有些果子生长得慢一些，所以奉献果子样品的时间不可能精确地限定，只能延长为一个相当长的时间。[222] 这些祭品指定给祭司吃，因为他们没有分到土地，也没有财产可以获取收益，他们与生俱来的权利是拥有百姓奉献的祭品，作为对他日夜履行宗教之职的回报。

【37】[223] 至此，我已经完成了相关讨论，涉及数字七、与日月年相连且都涉及这个数字的事情以及与其相关的节日。在这一讨论中，我按照摆在我们面前的总纲，以其中诫命的顺序为我们讨论的顺序。现在我要开始讨论下一条诫命，它讲的是要孝敬父母。

【38】[224] 我在前面的论述中已经粗略地描绘了四条诫命，它们无论是在顺序上，还是在重要性上，无疑都名列前茅。它们包括有关治理宇宙的绝对主权的论断、禁止制造任何神的样式或偶像、禁止作伪证或一般地发假誓，以及关于圣七日的教义，所有这些诫命都旨在提升虔敬和虔诚。我现在要过渡到第五条诫命，它讲述的是孝敬父母的义务，我已经在专门讨论这个问题的地方指出，[①] 这一诫命位于人与神的边界。[225] 因为父母介于神的本性和人的本性之间，并分有二者；他们显然是人，因为他们是有出生的，要死亡的，但他们也是神圣的，因为他们使其他人诞生，把非存在提升为存在。在我看来，父母与自己的孩子，如同神与世界，正如神把存在赐给非存在；同理，父母尽其所能效仿神的权能，使人类变得不朽。

【39】[226] 父母值得尊敬，不仅是由于这一原因，还由于其他许多原因。在那些思考美德的人看来，长者高于幼者，老师高于学生，施恩者高于受惠者，统治者高于臣服者，主人高于仆人。[227] 父母位于这两个层次中较高的层次，他们是长者、教导者、施恩者、统治者、主人；儿女位于较低的层次，他们是幼者、学习者、受恩者、臣服者、仆人。这些说法都没错，它们是不证自明的，而逻辑证明将进一步确认它们的真理智。

【40】[228] 我要说，创造者总是高于被造者，创造者是其产生之结果的原因，生育者在一定意义上就是被生育者的原因和造物主。他们也处于教导者的位置，因为他们从婴儿期开始就把自己正好知道的一切传授给孩子，不仅教给孩子各种具体知识，给孩子年幼的心灵打上烙印，在最重要的问题，亦即取舍问题上，指导孩子，要孩子选择美德，回避邪恶，而且在行为方式上引导孩子。[229] 另外，把父母称做孩子的施恩者，还有什么事情比这件事情更加符合事实呢？首先，他们使孩子从非存在变成存在；其次，他们给孩子提供营养，后来又赋予孩子身体与灵魂受教育的权利，好叫孩子不仅有生活，而且有美好的生活。[230] 孩子们进体育场接受训练，使身体

① 参见《论十诫》第 22、23 章。

受益，获得充沛的精力、健康的体魄、矫健的身形、轻盈的步伐，优雅的举止。他们通过语文、算术、几何、音乐、哲学的整体教育使灵魂同样受益，把居于可朽身体里的心灵提升到高处，护送心灵抵达天庭，向心灵显示居住在天庭的幸福快乐的存在者，使心灵对那亘古不变的永恒和谐的秩序产生热切的渴望，心灵永远不会放弃这种秩序，因为它们顺服自己的首领和元帅。[231] 除了为子女提供各种益处，父母还对子女拥有权威。这种权威不是抽签得来的，也不是在城邑里靠投票产生的。若是那样，可能有人会说，抽中签是出于错误的时运，全然没有理智的成分，而投票则是乌合之众的冲动，总是草率鲁莽，不计后果，缺乏细心和慎重。然而父母的权威并不依赖这些事情，而是来自我们之上的自然，那以公正治理人事和神事的自然，通过最可敬、最完全的论断把权威赐予父母。

【41】[232] 因此父亲有权利责备自己的孩子，可以对他们进行严厉的告诫，如果他们低头不语，不接受告诫，就可以殴打、羞辱、捆绑他们。还有，如果采用这样的措施他们仍然忤逆不服，无可救药地自甘堕落，拒不服从管制，律法就允许父母加重对他们的惩罚，乃至于处死他们，但是这种事不能由父亲单独做决定，也不能由母亲单独做决定，这么大的处罚不能由他们中的任何一个来做决定，而要两人共同做决定。这是因为，若非儿子罪孽极为深重，使父母对他完全绝望，从而使自然牢固确定在他们心中的亲情荡然无存，就不能指望父母会一致同意处死他们自己的儿子。[233] 但是，父母不仅有权对自己的孩子施行权威，而且对他们还可行使主人的权力，与这种主人权力相对应的奴仆主要有两种：一种是家养的奴仆，一种是买来的奴仆。父母在自己孩子身上的花费，除了衣服、食物、生病时的看护、健康时的监护所支出的钱财以外，还有哺乳、指导、教育方面的支出，从婴儿到成年，其总数是购买奴仆的许多倍。这些孩子也像“家养的”奴仆，不仅出生在这个家里，而且还是由这家的主人生养的，是他们按照自然的法令生育的孩子。

【42】[234] 面对所有这些事实，他们对父母无论孝敬到什么程度都不

值得赞扬，因为我们提到的这些事情无论哪一件，其本身足以要求人们对父母表示尊敬。相反，他们若是不把父母当做长者来敬重，当做导师来听他们的话，不觉得有义务把他们当做施恩者来回报，不把他们当做统治者来服从，不把他们当做主人来敬畏，那就应当遭受谴责、辱骂，乃至于处以极刑。[235] 因此他说，要孝敬你的父母，他们仅次于神；自然这位竞赛的仲裁者赋予他们第二位的冠冕。在孝敬父母这件事情上绝不可以在行善的同时只是显得为善；行善就是追求单纯而又真实的美德，显得为善就是在追求美德的时候追求与之相伴的高尚名望和周围人的赞扬。[236] 因为父母几乎不考虑自己的个人利益，他们在子女的最高成就中寻找最大的幸福；而子女想要获得最高成就，就必须心甘情愿地聆听父母的吩咐，在一切正当有益的事情上顺从他们；因为真正的父亲不会给儿子有悖于美德的教导。

【43】[237] 当然，孝敬可能不仅表现在上述方面，而且也体现在对与自己父母同样年长之人的谦恭礼貌上。尊敬与自己没有亲属关系的年长的男女被认为就是纪念自己的父母。他把自己的父母当做原型，凡是与他们相像的，他都表示尊重。[238] 因此在圣经中，要求年轻人不仅把主要的座位让给老人，还要给他们让路，① 要尊敬白发人，白发表示老年，他们认为老年人享有优先权，并且指望自己也会等到这一天。[239] 在我看来，另外一条规定也是可敬的，他在这条规定中说：“各人都要敬畏自己的父母。”② 在这里，他把畏惧放在敬爱之前，这并不是说畏惧在任何时候都比敬爱好，而是说在他所遇见的情形中畏惧更加有用和有益。首先，需要指教和告诫的人往往缺乏理智，而理智的缺乏只有依靠畏惧来医治。其次，在立法者制定的律例中包含一条子女要敬爱父母的规定是不合适的，因为自然已经把这一点作为一种必然的本能，从人刚出生的时候起，就植根在这些有血缘关系的

---

① 参见《利未记》19 : 32。“在白发的人面前，你要站起来，也要尊敬老人，又要敬畏你的神。我是耶和华。”

② 参见《利未记》19 : 3。“你们各人都当孝敬父母，也要守我的安息日。我是耶和华你们的神。”

人的灵魂里。[240] 既然爱父母是本能教导的事情，而不是律法要求的事情，所以他没有提到要敬爱父母，而是吩咐要敬畏父母，因为有些人总是忽视自己的义务。父母极为温柔地怜爱子女，把他们紧紧地带在身边上，不怕艰辛，甘冒危险，从各方面为子女提供美好的礼物，但在这种时候，有些孩子不从有益于自己的方面去接受这种极端温柔的怜爱。他们热衷于追求奢侈和淫乐，赞成放荡的生活，在身体和灵魂两方面都逐渐损耗，使之不能再依靠自己特有的能力直立，他们毫不脸红地使它们的能力衰弱和瘫痪，因为他们从来不畏惧父母的责备，而是放纵自己的淫欲。[241] 所以，我们必须告诫这些父母，要用更加有效、更加严厉的措施医治他们孩子的这种损耗，也必须告诫这些孩子，要敬畏生养他们的父母，畏惧他们有如畏惧统治者和主人。只有这样才能使他们不做坏事，否则很难威慑他们。

【44】[242] 到此为止，我已经讨论了第一组五条律法总纲，以及归属于各条总纲的所有专门律法。但是，我还必须陈述违反这些律法要受到的惩罚。[243] 违反这些律法的罪过彼此之间有密切关系，其结果就是所有罪过都要受到相同的惩罚，亦即死亡，但是引起这种惩罚的原因各不相同。我们应当从最后一条诫命开始，这条诫命讲的是对待父母的行为，我们刚刚才谈论过这条诫命，对它记忆犹新。他说："打父母的，必要把他用石头打死。"① 这是完全正当的，因为公义绝不会允许虐待生命创造者的人存活。[244] 但是有些权贵和立法者重视人的意见，而不重视真理，他们规定打父亲的人要被砍去双手，这是一种似是而非的权变，因为他们希望得到那些缺乏头脑、考虑问题不周的人的赞同，以为犯人用哪个部位殴打父母，就要切除他的哪个部位。[245] 然而，把怨恨发泄到仆从身上而不是始作俑者身上，这样做是愚蠢的，因为施暴的不是手，而是使用双手的人，所以必须受惩罚的是这个人。否则的话，若有人用剑杀人，我们只要把那把剑扔掉就行了，杀人犯却可以逍遥法外；反过来说也一样，我们不必尊敬那些在战场上立下赫赫

① 参见《出埃及记》21：15。"打父母的，必要把他治死。"

战功的人，而只要去尊敬那些无生命的、供他们使用的装备和武器，这些东西是他们的行动的工具。[246] 以运动员比赛得胜为例，无论是单程跑、双程跑、长跑、拳击，还是一般的比赛，他们难道只想着给运动员的腿和手戴上花环，而不把他们的身体看做一个整体吗？引入这样的做法，把应当给予负有责任的人的惩罚或尊敬给予他们不可分割的组成部分，必定会显得非常可笑。同理，在音乐表演中，当有人非常成功地进行了长笛或竖琴表演，我们不会对这个人视而不见，而去赞美和尊敬他的乐器。[247] 既然如此，你们这些尊贵的立法者，为什么要我们砍去殴打父亲之人的双手呢？难道你们的目的是除了让罪犯变成完全的废人以外，还要让他们向被他们恶待的人征税，不是征年税，而是征日税吗？因为他们被废以后就无法养活自己。没有哪位父亲会铁石心肠，任由自己的儿子活活饿死，尤其是在他的怒火随着时间的流逝逐渐消退以后。[248] 哪怕他没有用双手攻击，而是用侮辱性的语言谩骂那些本来应当用美好语言赞颂的人，或者以其他方式做下侮辱自己父母的事情，也要把他治死。[①] 他确实是众人共同的敌人，是全民族的公敌。他凭借父母才得以存在，他只是他们的一个补充，对创造了自己生命的人都不友好，那么还有谁能指望从他那里得到友善呢？

【45】[249] 还有，凡是在其能力范围内把安息日的神圣变得世俗的人，一定要把他治死。[②] 我们正好相反，要用各种方式把污浊的事情变得洁净，无论是质料还是非质料，使它们变得较好，因为有如贤人所言，“众神的队伍中没有妒忌”[③]。而胆敢贬低和损毁分别为圣之物印记的，则表现出最大的不敬。[250] 在古代那场离开埃及、长途跋涉、穿越杳无人烟的旷野的大迁徙中，有这样一个事件。[④] 第七日到了，所有人都非常安静地待在自己的帐

---

① 参见《出埃及记》21：17。“咒骂父母的，必要把他治死。”

② 参见《出埃及记》31：14—15。“所以你们要守安息日，以为圣日。凡干犯这日的，必要把他治死，凡在这日作工的，必从民中剪除。六日要作工，但第七日是安息圣日，是向耶和华守为圣的。凡在安息日作工的，必要把他治死。”

③ 参见柏拉图：《斐德罗篇》247a。

④ 参见《民数记》15：32—36。

篷里，他们的总数有多少我在前面有过交代[①]，但有一个人擅自出去捡柴火，他绝不是一个地位卑下或者无足轻重的人，但他对律法嗤之以鼻，嘲笑那些恪守律法的人，表现出对律法的不满。[251] 他带着一抱柴火回来，然后其他人都从帐篷里涌了出来，考虑到这个日子的圣洁，他们虽然义愤填膺，却没有对他施暴，而是把他带到统治者那里，报告他的不敬行为。统治者让人把他监禁起来，等发出神圣告示以后，再把他用石头砸死，统治者把此人交到首先发现他的恶行的那些人手里。第七日是禁止点火的，其理由我在前面已经说过。[②] 我以为，这个理由也同样适用于为了点火而收集柴火的行为。

【46】[252] 至于祈求神做假见证的那些人，按照规定要处以死刑，这样做是完全正当的。哪怕是凡人，只要他是个正派的人，也难以容忍签字画押证明谎言为真的行为，在我看来，他很有可能会把怂恿他这样做的人都视为敌人，不值得信赖。[253] 因此我们必须宣称，神的本性虽然仁慈，但绝不会放过对不公正的事情发假誓的人，一个几乎不可能洁净的恶人，哪怕他逃脱了人的惩罚，也绝不可能逃脱神的惩罚；有成千上万对律法充满热心的人监视他，他们是最严厉的祖传习俗的看护者，对那些企图破坏律法的人毫不留情。否则我们必须设想，既然对不孝敬父母的人应当治死，那么当不虔敬之人侮辱比最高权威本身更加荣耀的名称时，岂不应当给予更加适当的处罚。[254] 谁也不会如此愚蠢，对较小的冒犯处以死刑，而对那些犯了大罪的人却不治死罪，要知道，辱骂或者殴打父母所包含的亵渎不如指着神的圣名起假誓所包含的亵渎大。[255] 如果说起假誓的人有罪，那么否定神的存在，敬拜被造物而非它们的造物主，以为不仅万物的元素土、水、气、火，而且还有太阳、月亮、行星、恒星，整个天空和宇宙，乃至凡人工匠的作品，用木头和石头塑造而成的人形，都应当敬拜，那么这样的人又该被处以多大的刑罚？[256]因此，就让他成为与这些人手制造的物品一样的东西吧。

① 参见本文第二卷第 27 章。

② 参见本文第二卷第 16 章。

敬拜无生命之物的人应当成为无生命之物，这样说是对的；尤其是，他若已经成为摩西的门徒，常从他的先知的口里听到那些最神圣、最虔诚的指令，那就更应当如此。[257]请听这些指令："别的神的名称你不可放在心里纪念，也不可以从你口中传说。你的心灵和言语要远离这些别的神，转向万有之父和造物主，使你对祂独一主权的认识成为最好的和最高贵的，使你的言语合乎礼仪，对你本人以及听你讲述的人有最大的裨益。"

【47】[258] 到此为止，我们解释了对违背五条神谕者的惩罚。而对于恪守它们的人，自然预备有奖赏，哪怕律法没有以命令的话语明确地说出来，也可以看出这是构成律法的基础。拒不承认别的神、不敬拜人手制造的作品、不起假誓，这些行为不需要别的奖赏。因为可以明确，奉行这样的自制本身就是最好的，也是最完全的奖赏。[259] 试想，真理的热爱者从哪里能找到比献身于独一的神，以坦诚无欺、纯洁无瑕的心事奉祂更大的快乐呢？我不祈求事奉虚妄者做见证，而祈求那些受到永远不偏离正道的热心激励的人、那些崇尚真理的人做见证。因为智慧本身就是对智慧的酬劳，正义和其他各种美德一样，都是对其自身的奖赏。再比如宗教意义上的唱诗班里最美丽的公主和舞蹈皇后，是她自己的奖牌和奖赏，为那些关心她的人提供快乐，为他们的孩子、孩子的孩子带来福祉，这些福祉永远不会失去。

【48】[260] 还有，那些守安息日的人在身体和灵魂两方面都以两种最基本的方式受益。身体的受益在于，暂停连续的、累人的劳作，获得休息；灵魂的受益在于，获得卓越的观念，知道神是世界的创造主，是祂所生的一切的看护者。因为祂在第七日使万物得以完全。这些事情清楚地表明，恰当地尊敬安息日就能为自己赢得益处。[261] 同样，凡是孝敬父母的也不可追求额外的奖赏，因为只要他定睛一看，就会发现他的奖赏就在他的行为本身之中。然而，由于这一诫命，就它是可朽事物而言，低于前四条诫命，前四条诫命涉及的范围更接近神，所以他用这样的话语给予鼓励："当孝敬父母，叫你可以得益，也叫你的时间延长。"他在这里指明了两种奖赏：一种是拥有美德，"益处"就是美德或者没有美德就不能存在的事物；另一种就是从

死里得救，延长生命，持久的生命讲的就是这个意思，只要你的灵魂涤除一切不洁之物，哪怕你还在身体里，也必拥有这种繁荣昌盛的生命样式。[262]至此，这个部分的主题已经得到充分讨论。在恰当的时候，我要开始考察第二组律法的内容。

第三卷

【1】[1] 我曾经有闲暇研究哲学，对这个宇宙及其内容进行沉思，浸淫于它的种种壮丽、美好和真正的幸福，使它的灵成为我的灵；在这段时间里，持续与我为伴的是神圣的主题和真理，我快乐地徜徉于其中，永不生厌腻烦。我没有低劣卑鄙的思想，也不会为了荣华富贵或身体舒适而奴颜婢膝，我生来高尚的灵魂始终高高在上，为神所激励，与日月星辰、宇宙众天同行。[2] 然后，我从太空极高之处俯视尘圜，就好像站在守望台上用我的理智之眼检视一切未知的凡俗之物，为自己得以摆脱凡人生活灾难而自谓有福。[3]然而，结果表明，致命的危害尾随我的脚步，亦即恨恶善者的嫉妒，突然攻击我，不停地用力把我往水下拉，直到把我淹没在那烦人的民事之海中，被波浪席卷而去，甚至无法把头抬出水面。[4] 不过，我在痛苦的呻吟中控制自己，因为从小就植根于我的灵魂，至今一直保存在我身上的对教养的渴望怜悯我，同情我，提升我，解除了我的痛苦。正是由于这种渴望，我不时地抬起头来，用我灵魂的眼睛环视四周，希望能吸入纯洁的、未曾沾染邪恶的生命之气，尽管我灵魂的眼睛模糊不清，因为外在之物的迷雾遮蔽了它们清晰的视野。[5] 如果在这纷乱的民事中我能得到意外的安宁，能有一段好天气，那么我会振翅踏浪，在知识微风的吹拂下，在水面上前进，知识的微风经常敦促我与它待在一起，可以说它就像一个逃离凶残主人的孩子，这个主人不仅是人，而且也是事务，是那从四面八方对我倾泻而下的事务的湍流。[6] 然而，即使是这样，我也应当感谢神，我虽然被淹没，但却没有

沉到深处，而是能够睁开灵魂的眼睛，得到智慧之光的照射，没有陷入终生的黑暗，而在我失去令人欣慰的盼望的时候，我曾经以为它们丧失了视力。所以，你们瞧，我有多么大胆，不仅阅读摩西的神圣消息，而且带着对知识的热爱洞察它们，显明众人不知道的事情。

【2】[7] 不借助代言人或翻译者，神亲自发出的十大神谕我们已经谈论了五条，亦即刻在第一块法版上的那些诫命，我们还讲了与这些诫命相关的所有专门的律法；而我们现在的任务是要尽力把这些诫命与刻在第二块法版上的诫命结合起来，努力把那些专门的律法纳入作为纲要的各条诫命之下。[8] 第二块法版上的第一条诫命是“不可奸淫”。我在想，之所以把它列为第一条，乃是因为享乐是一种整个有人居住的世界都能感受到的强大力量，世界上没有哪个部分能逃脱它的支配，无论生活在地上、海里，还是空中，都受它的控制，因为走兽、飞鸟、鱼类这三类生命物无一例外地敬重它，无条件地顺从它，听从它的指挥，期望接受它的每一瞥和每一下点头，甚至接受它的骄横任性和反复无常，对它的命令几乎是未令先行，急促而又迅速地献上它们的事奉。[9] 然而，哪怕是合乎自然的享乐，如果过分贪得无厌，也经常会受到严厉责备，比如狼吞虎咽地暴饮暴食，尽管所吃的食物没有一样是被禁止的；又如有些人贪慕女色，狂恋交欢，行不贞放荡之事，尽管不是和别人的妻子，而是和自己的妻子。[10] 在大多数情形下，责任与其说在于灵魂，不如说在于身体，身体既包含大量的火，也包含大量的湿气；就火而言，当它烧毁跟前的质料时，会马上要求提供新的质料；就湿气而言，它通过生殖器源源不断地流出，一刻不停地使之产生灼痛和瘙痒之感。[11] 与此不同，有些人疯狂地霸占别人的妻子，有时候是自己的亲戚朋友的妻子，这些人的生活给邻人带来浩劫，使家庭关系遭到大规模破坏，把对婚姻幸福的祈求变成诅咒，使对子孙后代的期盼落空。在这里，得了不治之症的是灵魂。这样的人是整个人类的公敌，必须处死，① 免得他们毁灭更多家庭，

① 参见《利未记》20：10；《申命记》22：22。

成为那些效仿恶人行为方式的人的诱导者。

【3】[12] 与性关系有关的律例所制定的另外一条规定也很好。它不仅禁止与别人的妻子发生性关系，而且禁止与寡妇发生关系，这样做是道德律法所不允许的。[13] 提到波斯人的习俗，它马上表现出极端厌恶和憎恨，认为这是有违神圣生命的极其严重的罪孽，是要绝对加以禁止的。[1] 因为波斯贵族娶自己的母亲，认为这样的婚姻所生的孩子出身最高贵，配得上拥有最高统治权。[14] 还有什么事能比这种事更加不洁和不净；父亲的床，原本应当视为神圣，敬而远之，但却使之蒙羞；衰老的母亲原本应当尊敬有加，却不予丝毫尊重；同一个男人是同一位妇女的儿子和丈夫，同一位妇女是同一个男人的妻子和母亲；二者所生的孩子既是父亲的兄弟，又是母亲的孩子；这位妇女既是她所生孩子的母亲，又是他们的祖母，这个男人既是他所生孩子的父亲，又是他们同父异母的兄弟。[15] 古代底比斯[2] 的希腊人中间有过这样的事，拉伊俄斯[3] 的儿子俄狄浦斯[4] 就是一例。不过，纵然如此，他们是在不知情的情况下而为之，并不是出于有意的策划，更况且这样的婚姻会产生大量灾难，没有什么东西能够阻止它最终走向悲剧。[16] 连绵不绝的内战和外战就是祖先和父辈留给子孙后代的遗产。希腊最大的城邦受到洗劫，本土的军队和联军小分队都被消灭，两边最勇敢的首领一个接一个地倒下，对统治权的渴望造成势不两立的世仇，导致兄弟相残。由于这个原因，不仅有家族和独立的地区，而且有希腊世界最大的部分，在最终的毁灭中归于尘土。原先人口稠密的城邦丧失了自己的居民，成为希腊灾难的纪念物和发人深省的不幸景象。[17] 践行这些行为的波斯人也不能免于同样的困境，他们总是在打仗、杀人和被杀。有时候他们攻打邻国，有时候镇压内乱。有许多暴乱从各地兴起，因为野蛮人的本性决不可能保持安宁。就这

---

① 参见《利未记》18：7 以下。

② 底比斯（Θήβαις），地名。

③ 拉伊俄斯（Λαΐους），人名。

④ 俄狄浦斯（Οἰδίπος），人名。

样，这一场暴乱还没有镇压下去，另一场暴乱又如火如荼，所以一年之中没有哪个季节能过上平静安宁的生活，无论冬夏，无论昼夜，他们都一身戎装，和平的时间少而又少，他们在野外扎营、忍受艰难的时间比住在城里的时间还要多。[18] 我不想提起诸王的丰功伟绩，他们登基时的第一项功绩是最悖理逆性的，也就是屠杀他们的亲兄弟，他们试图为这种谋杀行为辩护，说是预见到他们的兄弟很可能会起来攻击他们，所以先下手为强。[19] 在我看来，所有这些事情都起因于儿子与母亲的不恰当的婚配。因为监察人间事务的公义会把邪恶的行为报复在不虔敬的人身上，这种不虔敬从作恶者延伸到那些自愿把自己归入作恶行列的人。[20] 然而，我们的律例采取措施防范这些事情，甚至不允许前妻所生的儿子在父亲死后娶他的继母，① 这既是出于对自己父亲的尊敬，也是由于母亲和继母的名称非常相似，尽管这两个词所唤起的感情大相径庭。[21] 试想，人若得到不可侵犯别人妻子的教训，因为她被称做他的继母，那么他岂不是更不会娶他的亲生母亲；如果说他对父亲的记忆会使他尊重曾经做过他父亲妻子的女人，那么他对父亲的这种尊重必然使他不可能产生冒犯自己母亲的念头。若不然，一方面承认只有半个母亲身份的人的权利，另一方面践踏拥有完整母亲身份的人的权利，岂非可笑至极？

【4】[22] 接下来是禁止娶姐妹，这是一条极为卓越的规定，既是为了发扬自制的美德，又是为了促进外在行为的得体。② 我们知道，雅典人的立法者梭伦允许人们娶同父异母的姐妹，但是禁止娶同母的姐妹。而拉栖代蒙人的立法者则相反，允许后者，禁止前者。[23] 埃及人的立法者对以上这些防范措施嗤之以鼻，认为他们的立法半途而废，他们把自己的律法推到极致，产生一连串的邪恶。他毫无保留地把无节制这副毒药给予身体和灵魂，放任男人娶任何形式的姐妹，无论是同父异母的，还是同父同母的，不

① 参见《利未记》18：8。“不可露你继母的下体，这本是你父亲的下体。”

② 参见《利未记》18：9。“你的姊妹，不拘是异母同父的，是异父同母的，无论是生在家生在外的，都不可露她们的下体。”

仅可以娶妹妹，也可以娶姐姐或者孪生姐妹。经常有孪生兄妹，虽然出生时是分开的，不连在一起，但却出于情欲和肉欲结成并非真正意义上的伴侣和配偶。[24] 对于这些做法，我们最圣洁的摩西厌恶而摒弃，认为它与一个无可指责的共同体格格不入，只能怂恿和刺激人趋向最邪恶的习俗。他坚决禁止兄弟与姐妹结合，无论是同父同母的，还是父母只有一方相同的。[25] 羞怯是可爱的，为何要令它蒙羞？少女理应羞涩，为何要夺走她双颊上的红颜？为何要限制人与人的友谊和交往，把那些完全可以伸展蔓延到大陆、岛屿和整个人类世界的伟大而优秀的树木限制在各个分离的家族狭隘的空间里？因为与外来人联姻能够产生新的亲属关系，这种关系一点也不比血亲婚配低劣。

【5】[26] 依据这一原则，他禁止其他许多形式的结合，① 不允许娶儿子的女儿或女儿的女儿，不允许娶姑母、姨母，不允许娶伯母、婶母、舅母，或者儿媳、嫂子、弟媳，也不允许娶继女，无论是守寡的，还是未婚的。确实不用说当自己的妻子还活着的时候，那是绝对禁止的；哪怕妻子死了，也不可以娶这样的女子。因为继父实际上就是一位父亲，其职责是把妻子的女儿当做自己的女儿来看待。[27] 还有，他不允许同一个男人娶姐妹俩，无论是同一时间娶，还是不同时间娶，哪怕他已经抛弃了先娶的那一个。因为他认为，当前妻还活着的时候，无论与他为伴，还是被他休掉，无论她在独居，还是另嫁别人，神圣律法都要求她的姐妹不可取代她不幸失去的位置，而要学会不轻视亲人的权利，不可将天生就与她有如此亲密关系的人的失意当做踏脚石，不可安然惬意地享受和回报她的姐妹之仇敌的爱抚。[28] 因为从这个地方会产生深刻的妒忌和长期的怨恨，接踵而来的无数邪恶。正如身体的各个部分若是断绝天然的伙伴关系，抛弃各自在整个体系中的位置，彼此相争，就会产生无法医治的疾病和灾难。姐妹虽然是同一体系中各自独立的部分，但却借着本性和同一个父母而进入这一体系，构成单一的整体。

① 参见《利未记》18：10—16。

而嫉妒是最令人讨厌的激情，一旦爆发，就会产生前所未有的、难以消除的邪恶。[29] 但是他也说过，不可与外族人联姻，免得有一天被相反习俗的力量所征服，缴械投降，不知不觉地偏离通向虔敬的道路，走入无路的旷野。① 尽管你本人可能会坚守阵地，因为你的父母就把可敬的教导自幼就浇灌在你心中，经常对神圣的律法作出重要的解释，但是对你的儿女必定有诸多担心之处。他们低着头，完全有可能被虚假的习俗所诱惑，抛弃真正的习俗，他们很可能不懂如何尊敬独一之神，而这正是最大悲剧的开端与终结。[30] 还有一条诫命是，如果女子无论什么原因离开丈夫，嫁给别人，后来又独居，那么无论第二个丈夫是活着，还是死了，她都不要再回到第一个丈夫身边，她可以嫁给别的任何人，但不可与第一个丈夫复婚，因为当她选择新的婚姻，放弃旧的婚姻时，就已经解除了过去约束她的律例，把它们锁进了记忆深处。②[31] 如果有哪个男人愿意与这样的女人订婚，他必然担上堕落和丧失男子汉气概的恶名。因为他在自己的灵魂里消除了对邪恶的仇恨，轻松地打上了两种最大恶行的印记，亦即通奸和淫媒，而只有仇恨邪恶才能使我们的生活安定美好，使家事和公事井然有序。后来出现的和解是二者的证据。所以，死亡是给他的恰当惩罚，也是给那个女人的恰当惩罚。

【6】[32] 凡是在行经期的女人，男人不可与她亲近，整个经期都不可与她同房，要尊重自然的律法。③ 男人也必须记住这样的教训，不可为了粗鄙的、不合时宜的享乐而把有生殖能力的种子毫无效果地浪费掉。这就好比农夫喝醉了酒，发酒疯，把小麦和大麦种在池塘里或山泉上，而不是种在平地里，因为田地干了才能播种。[33] 自然每个月都要洁净子宫，就好像它是一块神秘的谷地；男人必须像一名好农夫，在田里等候恰当的时机，当田

---

① 参见《申命记》7∶3。“不可与他们结亲。不可将你的女儿嫁他们的儿子，也不可叫你的儿子娶他们的女儿。”

② 参见《申命记》24∶4。“打发她去的前夫不可在妇人玷污之后再娶她为妻，因为这是耶和华所憎恶的。不可使耶和华你神所赐为业之地被玷污了。”

③ 参见《利未记》18∶19。“女人行经不洁净的时候，不可露她的下体，与她亲近。”

地还被淹没在水中时，就要留下种子，否则种子就会无声无息地被水冲走，因为湿气不仅使人轻松，而且还使精液的生命力完全丧失，在自然的实验室子宫里面，它们塑造出生命，并以完美的工艺使身体和灵魂的各个部分得以成全。但若经期结束，他就可以大胆播种，不再惧怕种下的精子会归于乌有。[34] 对那些耕耘坚硬多石之地的人，也必须打上谴责的烙印。这样的人不就是那些与不能生育的女子交欢的人吗？为了追求纯粹的享乐，他们就像最好色的人，故意毁坏有生育能力的种子。试想，与这样的女人订婚，他们还能有其他什么动机呢？他们不可能希望传宗接代，因为他们知道这样的希望必定要落空；所以他们的动机只能出于不正常的迷狂和不可救药的淫荡。[35] 有些人娶少女为妻时不知道她有无能力做母亲，尽管后来长期没有生育表明她不会生育，但他们仍旧不愿意休妻，这样的人值得我们宽恕。他们长期相处所产生的难以割舍的情感强烈地影响他们，使他们无法摆脱这种吸引力。[36] 而有些人想要娶已经嫁过丈夫、表明她们没有生育能力的女人，他们这样做只是为了想要像猪和羊一样交欢，他们的名字要记入与神为敌的不敬者的名单。神出于祂的爱，努力为人类和一切生物提供每个种类自我保存和延续的条件，而那些想方设法破坏生命种子的人，毫无疑问是自然的敌人。

【7】[37] 还有一种罪行比上述罪行要严重得多，这种罪行就是鸡奸，已经蔓延到许多城邑。① 从前哪怕是提到这种事情也是极为可耻的，但如今它却成了可以夸耀的事情，不仅主动的一方如此，被动的一方亦如此，由于已经习惯忍受他们的女性角色所带来的疾病折磨，他们默认了身心的衰弱，连一丝男子汉气质都没有剩下。你们瞧，他们怎样低着头把头发编成辫子，弄得稀奇古怪，令人注目，他们怎样用化妆品、颜料，以及诸如此类的东西，涂抹和描画他们的脸，用香油滋润他们的身体。在所有这些化妆品中，香水最具诱惑力，供所有把自己打扮得美丽妖艳的人使用。[38] 事实

① 参见《利未记》18：22，20：13。

上，他们把男子变性当做一种技艺来奉行，一点儿也不觉得脸红。而在那些遵守律例的人看来，这些人完全应当处死，因为律例规定贬低纯正本性的阴阳人当死，万劫不复，一天，甚至一个时辰，都不配活，这样的人既是他自己的耻辱，也是他的家庭、故乡和整个人类的耻辱。[39] 热爱这种行为的人肯定也要受到同样的处罚。首先，他追求逆性之乐，尽其所能使城邑荒芜、无人居住，因为他破坏了人的生育方式。其次，他愿意做懦弱和娇气这些至恶的向导和教师，愿意跟年轻人鬼混，愿意使他们在如花般的青春期变得女子气，而这本来应该是锻炼体力的时期。最后，就像一个坏农夫，他任由肥沃的、能结果实的田地荒芜，想方设法使它不结果实，同时在那些根本不能指望生长任何作物的土地里日夜操劳。[40] 究其原因，我想，从许多国家给淫荡和女子气颁发的奖牌可以看出一些端倪。你确实可以到这些阴阳人大摇大摆地穿过最繁华的市场，在节日里排在游行队伍的最前列，被任命为执事，为圣事提供不洁的服务，引领奥秘和入会，主持庆祝得墨忒耳① 仪式。[41] 他们中有些人为了提升自己的青春美貌，渴望完全变成女人，进而阉割生殖器，他们身披紫袍，如同本地的大恩人，在保镖的护送下走在队伍的前列，吸引观众的注意。[42] 然而，如果有像我们的立法者所感受到的这种义愤指向那些不回避这种行为的人，如果人们把他们当做国家的公敌和祸害无情地予以消灭，那么其他人就会有所警惕。因为对已经定罪的犯人进行严厉的惩罚能够杀一儆百，遏制那些渴望做同样事情的人。

【8】[43] 比这更糟糕的是，有些人效仿西巴里特人②，以及比他们更加骄奢淫逸的人。这些人首先使自己成为美食专家，追求饮酒以及肚腹以下部位的其他淫乐。饱享这些淫乐之后，他们感到厌腻，进而走向极度的放荡，这是饱腻的必然结果，也就是说他们丧失了理智，不再对人类的男女产生情欲，而是对兽类产生情欲。③[44] 有故事说，很久以前，克里特岛

---

① 得墨忒耳（Δήμητρ），希腊女神，司掌农业、谷物和母性之爱。

② 西巴里特人（Συβαριτης），族名。

③ 参见《利未记》18：23，20：15—16；《出埃及记》22：19。

弥诺斯国王的妻子帕西淮[①] 就是这样的人。她对一头公牛着了迷，但苦于无法得到它的垂怜。情欲使她疯狂，因为得不着反而使她的爱慕更加强烈。后来，这个悲伤的女人向代达罗斯[②] 倾诉了自己正在遭受的痛苦。代达罗斯是当时最杰出的工匠，特别擅长设计一些装置，捕捉很难捉到的猎物。他别出心裁地制作了一头木质的母牛，让帕西淮从边上进入母牛的身子；那头公牛以为这是一头母牛，是自己的同类，于是就冲了过去，爬到它身上交配。就这样，她怀孕了，最后生下一个人身牛首的怪物，取名弥诺陶[③]。[45] 如果任由情欲毫无限制地蔓延，那么很有可能会出现别的帕西淮，不仅会有女人，而且也会有男人，疯狂地恋上兽类，从而产生逆性的怪胎，成为令人厌恶的人类无节制行为的标志；由此将会产生人头马[④]、狮头羊身蛇尾的吐火怪物，[⑤] 以及诸如此类迄今为止未曾有过的生命样式，那些仅仅存在于神话里的怪物。[46] 我们的律例规定的条款确实了不起，确保人们不接受任何非法的交配，哪怕是牲畜也不得与异类交配。[⑥] 没有一个犹太牧羊人会让公山羊与母绵羊交配，让公绵羊与母山羊交配，或者让公牛与母马交配，否则他就会作为违反自然法的罪人受到惩罚，因此他会小心翼翼地保护原初的物种，不接受任何杂交。[47] 没错，有些人重视骡子，胜过其他负重的驮畜，因为骡子的身体非常强健，所以他们也在马厩或其他养马的地方饲养他们称之为“塞郎”（θηλόν）的大驴子，让它们与母马交配，生出骡子或“半驴”这种杂交动物。但是，摩西认识到这种繁殖动物的方式是违背自然的，所以严禁这种交配，他立下更加宽泛的律例，规定动物无论是雌的还是雄的，都不可与异类交配。[48] 在设立

---

① 帕西淮（Πασιφάην），克里特弥诺斯王之妻。

② 代达罗斯（Δαιδάλως），人名。

③ 弥诺陶（Μινώταυρου），怪物。

④ 喀迈拉（Χιμαιρά），怪物。

⑤ 人头马，马人（Ἱπποκενταύρων）。

⑥ 参见《利未记》19：19。“你们要守我的律例。不可叫你的牲畜与异类配合，不可用两样掺杂的种种你的地，也不可用两样掺杂的料作衣服穿在身上。”

这一律例的时候，他想的是这种行为是否得体，与自然是否一致；不仅如此，他还告诫我们，就像从某个远处的制高点向男男女女发出警告，要他们从这些事例中知道，不可有任何非法的交配。[49] 因此，如果一个男人与四足动物淫合，或者一个女人听任四足动物的摆布，那么这些罪人应当处死，这些动物也应当处死；这首先是因为他们的情欲不正常，远远超越了放荡本身的界限，还因为他们的享乐令人作呕，哪怕描述起来也极其丢脸；这些动物也应当处死，因为它们参与了这些邪恶的活动，这样做的目的是确保它们不生怪物，这是这些可恶行为的结果。[50] 此外，哪怕不怎么在意礼仪的人也不会因为有任何生活用途而继续使用这样的牲畜，而是憎恶它们，视之为邪恶，不愿意看到它们，认为凡是它们碰过的东西必然是不洁的。当事物在生活中失去任何实用的价值，那么哪怕它们是有益的，也会成为多余的；正如诗人所说，它们只是“土地的负担”①。

【9】[51] 还有，摩西设立的国度不接受娼妓，② 因为她不正派、不端庄、不贞洁，也没有其他美德。她淫荡下流，毒害男人和女人的灵魂。她败坏具有不朽之美的灵魂而尊崇魅力短暂的肉体。她对遇到的男人极尽讨好之能事，并且出卖她的美色，犹如在市场上出售商品。她的每句话和每个行动都是为了俘虏青年，但与此同时，她煽动追逐者们彼此竞争，把她自己卑贱的奖赏给予出价最高的人。但愿她被人用石头砸死，因为她是公共生活的耻辱、瘟疫和祸害。她败坏了自然给予的恩典，而不是以自己高尚的生活美化恩典，而这本来是她应当做的事情。

【10】[52] 被抓现行或者有确凿证据的通奸行为应当受到律法的定罪。但若只是猜疑，律法认为不可由凡人来审判他们，而要把他们带到自然的法庭上去裁决。凡人可以裁决可见的事情，而神还可裁决隐匿的事情，因为只有祂能清楚地洞察灵魂。③[53] 所以律法对猜疑妻子的丈夫说：“你写一份

① 参见本文第一卷第 13 章。
② 参见《申命记》23：17。“以色列的女子中不可有妓女。以色列的男子中不可有娈童。”
③ 本章参见《民数记》5：12—31。

正式的质疑书，带着妻子来到圣城，站在法官面前，陈述困扰你的猜疑，不是怀着诬告者的心，或者怀着恶意谋划者的心，不惜一切代价想要赢得官司，而是怀着严查真相的心，没有任何似是而非的推论。[54] 这个女人面临两种危险，一是丧失生命，另一是使自己的过去蒙羞，这件事比死亡更加严重，她必须在自己的心里论断此事，如果她是纯洁的，那就以可敬的勇气为自己辩护，如果她的良心宣告她有罪，那就使自己顺服，利用羞愧减轻她的罪恶。因为不知羞耻最终就会抵达邪恶的顶点。[55] 如果两种陈述都不是决定性的，孰是孰非未见分明，那就让他们去圣殿，让男人站在圣坛对面，在当日的主持祭司面前讲述他的猜疑。与此同时他要为妻子带上大麦面做供品，表明他的指控不是出于荒唐的怨恨，而是出于真诚的意图，他的怀疑有合理的基础。[56] 祭司取了供品，把它递给女子，并除去她的方巾，使她在受到论断时头上没有遮盖，同时也去掉端庄的记号，因为头巾表示端庄，通常只有完全清白的女子才能披戴。[57] 但是不可以像对其他供品那样浇油，加乳香，因为在这种场合下的上供不是出于喜乐，而是极为痛苦的。作为供品的面是大麦的，也许因为它作为食物的价值不太确定，既可供非理智的动物食用，也可供身处困境的人食用，因此它是一个象征，一方面表示淫妇和野兽没有什么不同，都在随意地不停地交欢，另一方面表示受到指控的妻子是清白的，她忠诚于适合人类的生活。[58] 律法继续说道，祭司取来一只瓦器，把他从泉里汲取的纯洁之水倒进去，又从圣殿所在的地上取点尘土放在里面。这些事情，我在想，都是在象征的意义上寻求事实真相。瓦器表示通奸行为，因为它是脆弱的、易碎的，而犯通奸罪的人要被处以死刑；土和水则表示清白无辜，因为二者都是事物诞生、成长、鼎盛的因素。[59] 因此，在这两个事例中使用这些术语，为这幅画做了恰当的添加。律法说，水必须是“纯洁的”、“活的”，因为如果这个女人是无辜的，那么她的行为就是纯洁的，她配得上活着；土不是随意从哪里取来，而是从圣洁的地上取来，必定具有多产的能力，贞洁的妻子也必定如此。[60] 这些预备性的步骤都完成以后，那个女子应当走上前来，头上没有遮盖，带着大麦面，如前所述，祭司拿着盛了土和水的瓦器站在她面前，郑重地宣布："如果你没有违反婚姻的规矩，如果没有别的男人与你行淫，那么你就没有侵犯与你结为合法夫妻的男人的权利，你会被宣布无罪，不受惩罚。[61] 但若你无视自己丈夫的存在，急切地想要满足你的新的欲望，爱上别的男人，或者接受别的男人的爱，背叛或贬损最亲密、最宝贵的婚姻关系，那么可以肯定，你必将受到各种诅咒，你的身体必将应验诅咒。所以，来吧，喝下这导致诅咒的苦水，有些东西现今还隐秘不知，不久它将昭然于世。"[62] 然后，他把这些话写在一张纸上，把纸浸入瓦器里的水，把瓦器递给她，她喝了水以后就离开了。她若是贞洁的，就期待奖赏；她若是淫荡的，就等着严厉的惩罚。她若是受到诬告，可以指望怀孕生子，不必害怕和担忧不会生育。她若真的有罪，那么等待她的命运必定是肚腹发胀、红肿，子宫附近的部位也会受到可怕的感染，因为她没有按照祖先的习俗，为娶她为妻的丈夫保守这个部位的纯洁。[63] 为了防止婚姻制度发生剧烈的变化，律法非常仔细地制定律例，规定合法夫妻在同房过婚姻生活以后，在没有沐浴或洁净身体之前，不可触摸任何东西。① 这一规定引申开来，包含的意思是禁止通奸，或者禁止任何可能遭受通奸指控的事情。

【11】[64] 如果有人用暴力侮辱丈夫过世或分居的女子，他所犯的罪行轻于通奸，可以说是半个通奸。这种情形不应该处以死刑。但由于他把施暴、凌辱、不节制、厚颜无耻这些卑鄙的事情当做极为荣耀的事情来接受，所以他必须受到指控，法庭必须判他应该受到的惩罚或者应当作出的赔偿。[65] 玷污未婚少女是非常接近通奸的一种罪行，实际上就是通奸的兄弟，因为我们可以说它们都出于淫荡这同一母亲，只是有人总是习惯于给丑陋的事情加上华美的名称，羞于承认它的真实本性，赋予它爱情之名。还有，相近不等于完全相同，因为这种玷污所导致的伤害不像通奸那样波及好几个家庭，它只是集中在一个人身上，亦即那个少女本人。[66] 所以，我们对渴

① 参见《利未记》15：18。"若男女交合，两个人必不洁净到晚上，并要用水洗澡。"

望得到一位出身高贵的处女的人的建议是这样的："尊敬的先生，你不可涉足不计后果、不顾廉耻的大胆行为，或者设计阴险的陷阱，或者做其他类似的事情，亦不可公开或者秘密地证明自己是个流氓。[67] 如果你真心诚意地对这个女孩有感情，就到她父母跟前表明心愿，如果他们还活着；若不然，就到她兄弟、监护人，或者其他对她负责的人跟前，表明你的想法，像一位自由民那样向她求婚，恳请她不要认为你配不上她。[68] 那些关心这个女孩的人，谁也不会愚蠢到对你越来越真切的恳求持反对态度；如果经过考察，他们发现你的感情不是虚假的，不是表面上的，而是真诚的、有坚实根基的，那就更不会反对了。"[69] 如果有人处于强烈的迷狂状态，对理智的建议无动于衷，把狂乱的淫欲视为主宰力量，看重暴力，将它置于律法之上，或如俗话所说，转向抢劫和强夺，把自主的女子当做使女来对待，在和平时期就像战争年代一样作为，那么必须把他告到法官面前。[70] 如果这种暴力的受害者有父亲，那么父亲必须考虑是否要把她许配给毁了她的人。如果诱骗者不愿意，那么他必须付一笔嫁妆给女孩，对诱骗者的惩罚就限于经济处罚。如果父亲同意这门婚姻，诱骗者必须毫不犹豫地娶她，并同意添补与前一情形相同的嫁妆，不可随意退缩或者表示反对。这样做既有益于他本人，使强奸转变为出于合法的爱，而不是出于淫荡好色之行为，也有益于女孩，她在他们第一次结合时遭受了不幸，现在就要用稳定的、唯有死亡才能解除的婚姻来给她补偿。[71] 如果她没有父亲，法官就要问她是否愿意与这个男人为伴。无论她同意还是拒绝，所达成的条件必须与她有父亲的情形一样。

【12】[72] 有人认为，结婚之前，也就是双方已经毫无疑问地订立婚约，只是还没有举行婚礼，此时如果有别的男人用诱骗或者暴力的手段与新娘行淫，这种罪行介于玷污处女与通奸之间。① 但在我看来，这也是一种通奸。因为婚约是一份文件，签有男女双方的名字，还包括婚姻所需要的其他

① 参见《申命记》22∶23—27。

具体事宜，订婚等同于结婚。[73] 因此律法规定，要用石头把两个人都打死。也就是说，如果他们双方出于同样的目的而彼此合意做坏事，就要一同处死。试想，如果他们没有同样的目的和这种合谋关系，就不可能被认为是同犯。[74] 就这样我们发现，不同的情形使罪行有大小。当然了，如果是在城里犯的，罪行就会大些；如果是在城外犯的，是在杳无人烟的地方犯的，罪行就会小些。因为城外无人能够帮助女孩，就算她尽一切可能保护自己的童贞不受伤害，也无济于事，而在城里，有议事会、法庭、区公所、集市、警卫，以及其他掌权者和他们周围的普通人。[75] 可以肯定，每个人，无论多么平凡，在灵魂里都有对恶的憎恨，如果这种情感被唤醒，无须任何外力的影响，它的主人就会成为斗士，随时准备为任何显然受到侵犯的人战斗。

【13】[76] 至于施暴的男人，公正要追他到天涯海角，无论什么情况都不能宽恕他残暴的、无法无天的行为。而对女孩就不一样了。在一种情况下，她会得到同情和宽恕，如我已说；而在另一种情况下，要受到无情的惩罚。[77] 法官必须对她的立场进行仔细的调查，不可完全依赖现场的场景。因为在城里面，她可能是完全被迫的，而在城外面，她有可能是自愿地顺从非法的搂抱。因此律法保护在孤立无援的情况下受到奸污的女子，仔细添加了一条非常好的附加条款："处女喊叫而没有人帮她。"由此说来，她若既没有喊叫，也没有抵抗，而是自愿合作，那就是有罪的了，她拿地点来作借口，只是想叫人以为她是被迫的。[78] 还有，哪怕是在城里面，她愿意用一切可能的方法保护个人的尊严，但由于强奸者可能带有武器，使她无法求助，那么她还能得到什么帮助？如果强奸者在别人的帮助下捆绑她，堵住她的嘴，使她不能出声，那么她还怎么可能得到邻人的帮助？所以在一定的意义上，这样的人虽然身处城邑，却孤立无援，就帮助者而言是孤独的。而另外一个人，即使无人出来帮她，就她自愿合作而言，可以说她与那个在城里犯罪的人处于完全相同的位置。

【14】[79] 有些人和女人的交往变幻无常，既为她们疯狂，又厌恶和仇

恨她们，他们每个人的性格都包含大量混乱的东西。① 一有什么冲动，马上就被冲动所奴役，对这种冲动他们本应加以控制，但却不加控制。他们狂乱地奔跑，推翻和颠覆一切事物，无论是有质料的还是无质料的，结果就像瞎眼的盲人看不见面前和周围的东西，碰翻它们，给别人多少造成伤害，也给自己多少带来损伤。[80] 律法对这些人作了如下规定：人若依法娶了女子，与她结成夫妻，举行了婚礼，吃了筵席，却对妻子没有夫妻之情，侮辱和虐待这些高贵的女子，把她们当做妓女，这样的人若是想要休妻，却又找不到借口对妻子提出诬告，没有能够拿得出手的公开的证据，就把指控转向个人隐私，提出控告说他们自己以为娶的是处女，但却在第一次同房时发现她们早已失去童贞，那么，在这种情况下，全城的长老要聚集起来审理此事，那个女子的父母要出来为这一危及众人的案子进行辩护。[81] 因为这种危险不仅涉及身体上的贞洁受到责难的女儿，还涉及她们的监护人，对他们的指控不仅是说他们没有在女儿最关键的少女时期看护好她，还说他们作为处女交出去的新娘早已被别的男人侮辱，从而使新郎受骗蒙羞。[82] 所以，如果这个案子得到公正的审理，法官必须裁定这些诬告者应当受到的惩罚。它包括经济上的罚款和身体上的羞辱，也就是鞭笞，还有最令人难受的确认婚姻。也就是说，如果女方愿意与这样的人终身为伴，那么这个丈夫就不得休妻。因为律法允许妻子自愿留下或者离开，但丈夫没有任何选择的权利，这是对他们诬告的一种惩罚。

【15】[83] 谋杀或杀人，这个术语指的是杀死一个人的行为，② 但在其真正意义上，这是一种亵渎神的行为，是一种最大的亵渎神的行为；因为在宇宙宝库所拥有的一切珍宝中，没有哪样东西比人更加神圣、比人更像神，他是荣耀形像的光荣铸件，是按照道的原型样式塑造出来的。[84] 由此必然得出，必须把杀人者视为对虔敬和圣洁的冒犯，他的行为在最大程度上侵犯

---

① 参见《申命记》22：13—21。

② 从本章开始，斐洛转为论述第六条诫命，直到本卷末。

了二者。由于他行为凶残，一定要把他处死；[①] 诚然，按照罪孽，他真该死上一千次，但他只能死一次，因为人的死亡只能是一次性的，不可能重复，所以对他的处罚也必须是单数，不可能是复数。[85] 如果他做了什么就承受什么，那么没有什么难处；然而由于时间、行为、动机和当事人各不相同，我们怎么能说它们是一样的呢？事实上并非无缘无故的恶行发生在先，对恶行的惩罚发生在后；凶杀是完全非法的，而对凶杀的惩罚则是完全合法的；杀人者满足了让被杀者流血的愿望，而受害者从现场被搬走，既不可能报复，也不可能感受到报复所带来的快乐；前者能够单方面强加意志，是唯一的作用者，而对后者，只有他的朋友和亲人同情他遭遇的不幸、把他的事情当做他们自己的事情时，才有可能进行一点儿反击，难道不是吗？[86] 若有人用刀剑威胁别人的生命，就算没有真的杀死他，也必须认定此人在意愿上犯了杀人罪，只不过他的行为没有与意愿同步。狡猾地潜伏下来等候的人也一样，虽然没敢公然发起攻击，但他阴险地计划让人流血，他也应当得到同样的下场，至少他的灵魂要受诅咒，尽管他的双手还是清白的。[87] 不仅那些在海上或陆上与我们争战的人是我们的敌人，而且那些进行各种准备、安排他们的攻城器械俯临我们的港口和城池的人也是我们的敌人，尽管他们没有参与打仗；与此同理，在我看来，我们所认定的杀人犯不仅指那些杀了人的人，而且也包括那些每项行动都在公开或隐秘地毁灭生命的人，哪怕他们没有实施犯罪。[88] 如果由于胆怯或厚颜无耻这两种相反，但同样可以责备的情感，他们竟敢到圣殿里去寻求避难，指望能在那里得到帮助，所以必须阻止他们低头进入；就算他们偷偷地进来了，也要把他们交出去法办，宣告圣地不为恶人提供救助。[②] 因此，凡是做出无法补救行为的，就是神的敌人，而杀人的行为是无法补救的，因为被杀者所遭受的灾难无法补

---

① 关于杀人的刑罚可参见《出埃及记》21：12；《利未记》24：17，21；《民数记》35：16—21，30—31。

② 参见《出埃及记》21：14。“人若任意用诡计杀了他的邻舍，就是逃到我的坛那里，也当捉去把他治死。”

救。[89] 如果那些没有犯过罪的人都不可进入圣所，直到他们按照惯行的仪式用洁净的水洗净自己，那么请问，圣殿怎能成为犯了难以消除之罪而陷入诅咒之人的庇护所和居住地，其罪恶所产生的污染无论多久都无法抹去，正派的人只要想到圣洁的律法允许什么或者禁止什么，就不会让这样的人进入自己的家，又怎么会允许他进入圣殿呢？

【16】[90] 所以，他们罪上加罪，除了杀人，还抗法和不敬，这些犯罪者，如我所说，他们的行为应当死上一千次，而不是只死一次，必须把他捉去治死。另外一点考虑是，圣殿要为阴谋诡计的受害者的亲戚朋友保留封闭的场所，如果杀人犯把它做了居所，那么他们绝对不会进来与他同住在一个屋檐下。如若为了一个罪大恶极的人而把许多受到他的犯罪行为伤害的人驱逐出去，那岂不荒唐！这些人不仅未曾犯过任何罪行，还要忍受亲人过早死亡的不幸。[91] 摩西很可能出于敏锐的洞察力预见到遥远的将来，所以采取预防措施，规定被杀者的亲人进入圣殿以后不可在圣殿里杀人流血。因为亲情是一种难以约束的情感，看到那些狂妄之徒，这种情感会激发他们在一时冲动之下把那些人杀了，结果造成最严重的渎神行为，因为这样一来杀人者的血就与祭祀的血混合在一起，不洁者与分别为圣者混合在一起。出于这些原因，他下令要把杀人犯从圣坛捉走法办。

【17】[92] 不过，有些人手拿剑、矛、枪、棍、石头，或者其他诸如此类的东西，夺人性命，他们做出这样的行为可能并非出于预谋，心里也没有长期思考可恶之事，只是在一瞬间的本能冲动之下，放任愤怒胜过了理智，做出这等毁灭之事。果真如此，那么他们的罪恶要打个对折，因为他们的心灵还没有过早地受制于污染了的势力。① [93] 还有一些人是最大的恶棍，他们在行为和意愿上都是可憎的，他们就是巫师和投毒者，他们给自己寻找恰当的时间休闲和退隐，而时机一到就发起攻击，想方设法伤害邻居。[94] 因此他命令，投毒者，无论男女，都不可多活一天，甚至多活一个时辰，一

① 参见《民数记》35：16—18。

旦发现就要立即处死，因为没有任何理由搁置或推延对他们的惩罚。若是公开的敌意，那倒还可以防备，而那些借助毒药谋划偷袭的人所使用的手段和技艺则难以察觉。[95] 所以，唯一的方法就是先下手为强，拿别人可能从他们的行动中得到的遭遇去对付行为者。除去别的考虑，还有一点是公开用刀剑或其他武器杀人在某个具体场合可能杀死一些人，而在食物里拌入致命的毒药，对阴谋毫不知情的受害者可能会有成千上万。[96]我们肯定听说过，一大群客人为了友谊聚在一起吃喝，却不料毁灭不期而至，和平之杯带来的是争斗的苦涩，筵席变成了黄泉路。因此，这样做是对的，哪怕最通情达理、性情温顺的人也想让这些人流血，毫不迟疑地成为他们的执法人，把惩罚他们的职责掌握在自己手上，而不是交给别人，并视之为虔诚之职。[97] 因为这样做确实是极为可怕的，把作为生命之源的食物变成杀人的工具，在维持生命的自然手段中产生毁灭，所以，当他们在本能的推动下去吃喝的时候，他们却不知道陷阱就在面前，把他们以为能够保存生命，但却要灭绝生命的食物送进口中。[98] 若有人投放人毒物虽然不致命、但却会产生慢性疾病，这样的人必受同样的惩罚。因为在许多情况下，生病还不如死亡，尤其是拖延很久没有丝毫好转的疾病。我们知道，中毒引发的疾病很难治疗，有时候完全无法治愈。[99] 然而，身体因为这些阴谋诡计而遭受的痛苦常常没有灵魂所遭受的痛苦严重。精神错乱和失常、难以抵制的狂怒会突然发作，向他们猛扑过来，作为神指定给人类最大恩赐的心灵因此而遭受种种痛苦，当心灵对于得救完全失望之后，它就掉头在别处建立自己的家园，仍旧留在身体里的是低级灵魂，即灵魂的非理智部分，这是兽类也有的部分。人的本性若被理智抛弃，就会丧失灵魂里的高级部分，转变为兽的本性，尽管他的身体的外在特征还保留着人的样式。

【18】[100] 真正的巫术是一种科学的观察，能使自然的真相更加清晰地呈现出来，不仅普通人，而且诸王和最伟大的国王也认为巫术值得尊敬和追求，应当精细地研究，尤其是波斯人的国王对巫术的尊敬无以复加。据说在那个国家，若不首先进入巫师等级，就不能被提升为国王。[101] 但有一

种假巫术，完全可以恰当地称为歪曲的艺术，它是行骗的乞丐、寄生的食客、最低级的女人和奴仆所追求的伎俩，他们把巫术变成他们的职业，声称能使人净化和觉醒，许诺用某种巫术和咒语把人们的相爱变成势不两立的仇恨，再把他们的仇恨变成挚爱。那些头脑最简单、完全无辜的人受骗上当，直至最大的不幸降临，由亲戚朋友组成的庞大族群渐趋衰落，最后悄无声息地迅速毁灭。[102] 我相信，我们的立法者正是考虑到所有这些事情，所以命令对投毒者的审判不可有任何迟缓，相关刑罚要立即执行。因为稍有迟缓，就有可能使罪犯利用剩下的时间再次犯罪，同时使那些对自己的安全疑虑重重的人更加担惊受怕，他们以为投毒者的幸存就意味着他们自己的死亡。[103] 正如对毒蛇、毒蝎和一切有毒的动物，我们不会等到被它们咬了和伤了才去对付它们，而是一看到就毫不犹豫地把它们杀死，防止它们用毒液害人；对于投毒者也应同样如此，他们作为人原本得到美好本性，拥有理智的灵魂，对人拥有同胞情谊，但却由于生活习惯而变得面目全非，表现出猛兽的凶残，以伤害他们所能伤害的人为唯一享乐和谋利的源泉。

【19】[104] 有关投毒者的话题就说到这里。另外，我们不可忽视经常会有的这样一些意外的情形，比如，一个人心里并没有杀人的目的，事先也没有任何预谋，但是在一怒之下杀了人，犯了罪，愤怒这种难以控制的邪恶激情伤害极大，既伤害怀有怒气的人，也伤害怒气所指的对象。[105] 有时候，一个人去集市做生意，遇到另一个任性者辱骂他或殴打他，或者也有可能是他先引起的争执；然后他们大吵起来，他希望能停止争吵，尽快离开，于是就握紧拳头或者捡起石头狠狠地打过去。[106] 假如他击中要害，他的对手当场死亡，那么他也必定要被治死，他如何对待别人，也要受到同样的对待；如果他的对手没有被当场打死，而是受了伤，经过治疗和卧床休养以后又能起床行走，尽管他的腿脚不灵便，只能由他人搀扶或者拄拐棍行走，那么打人者必须罚款两笔：一笔补偿给对方造成的伤残，另一笔赔偿他的治疗费用。[107] 付了罚款以后他可以免受死刑，哪怕被打者后来死了。因为被打者既然已经恢复，还能走动，说明他的死亡不是殴打所致，而是由其他

原因引起。我们知道生活中经常会有一些意外的打击不期而至，夺走一些身体健康、毫无病症之人的性命。[108]殴打孕妇，打在她的肚子上使她流产，打人者要付罚金，如果流产的胎儿尚未发育成形，打人者必须为此暴行支付罚金，因为他阻断了大自然这位艺术家的创造，这位孕妇正在造人，正在创造最美好的生命。①[109] 但若胎儿已经成形，四肢齐全，那么打人者必须被处死，因为这样的胎儿已经是一个人，只是大自然认为分娩的时机未到，它还不能现身于世，就好像一尊雕像躺在工作室里，它什么也不需要，只等着从密室里运送出去，而打人者却在大自然的工作室里把它毁了。

【20】[110] 这一律例包含另一条更加重要的禁令，即禁止弃婴。弃婴是一种亵渎神的行为，而其他许多民族却由于根深蒂固的残暴本性，把这种行为视为可以自鸣得意的事情。[111] 如果说尚未足月的胎儿都要带它远离恶人之手，救其性命，何况已经足月出生的孩子更要把他送到指定给人类居住的新家，在那里分享大自然的恩赐。这些礼物是大自然从土、水、气、天取来馈赠给人类的。对天上的事物，自然给予沉思；对地上的事物，自然赐予主权和治权。自然慷慨地把各种元素所包含的东西赐予所有感官，又借助感官把它们所感知的一切赐予心灵，如同赠给一位强大的国王。理智以感官为侍从，没有它们，理智就不能理解。[112] 如果孩子的监护人剥夺了他们的福分，如果孩子刚出世就不让他们分有这一切，那么必须明确这些监护人违反了自然法，要受到最严厉的指控，他们追求享乐、仇恨人类，最可恶的是杀死自己亲生的孩子。[113] 他们是快乐的热爱者，他们在与妻子同房时不是为了生儿育女，繁衍后代，而是像猪、羊一样追求交配的快感。他们也是憎恨人类者，因为有谁能比这些与自己孩子为敌的冷酷无情者更加配得上这样的称呼呢？没有人会愚蠢到假定这些对自己的亲生骨肉做出如此可恶之事的人会尊重陌生人。[114] 关于一般谋杀的指控，尤其是杀害亲生子的指

---

① 参见《出埃及记》21：22。"人若彼此争斗，伤害有孕的妇人，甚至坠胎，随后却无别害，那伤害她的，总要按妇人的丈夫所要的，照审判官所断的，受罚。"

控，最清晰的证据是由他们的父母提供的。他们中有些人亲自下手，以难以置信的残忍和野蛮，把刚刚出生的婴儿闷死，让婴儿在刚开始呼吸的时候窒息，或者把他们扔进河里或者海里，系上重物，使他们迅速沉到水底。[115]还有些人把婴儿带到荒野里抛弃，他们嘴上说指望孩子得救，然而实际上任由他们遭受最痛苦的厄运。因为所有食人的野兽都会来到这里，享用由婴儿的监护人提供的筵席，而他们是孩子唯一的监护人，是孩子的父亲和母亲，本应保护孩子的安全。食肉的飞鸟也会飞来，啄食婴儿的碎尸，如果能早一点发现，它们就会低着头与地上的野兽争夺完整的尸体。[116] 假定有某些路人经过，心生怜悯之情，可怜这些被抛弃的孩子，捡回去抚养，供他们吃喝，关心他们的其他需要，如果是这样的话，我们该如何看待这种高尚行为呢？我们岂不认为，陌生人都愿意担负父母之职，而那些把孩子生下来的亲生父母却连陌生人的善心都没有，这样的人该当何罪？[117] 所以，如我所说，只要胎儿已经完全成形，摩西在宣布要处死导致孕妇流产的人的时候，隐晦而非直接地禁止了弃婴行为。无疑有这样一种观点，只要胎儿还在肚腹以下的子宫里，它就是它的未来母亲的一部分，这种观点既在自然哲学家中间盛行，他们终身研究理论知识，又在享有最高声誉的医生中间盛行，他们探索人体的结构，详尽考察人体的可见部分，同时通过谨慎的类比，研究人体隐秘不可见的部分，其目的在于，只要有治疗的手段，就不会由于无知而忽视可能导致严重危险的所有疾病。[118] 然而，一旦胎儿出生为人，就与产生它的器官脱离，成为独立的生命体，完整的人所需要的一切东西它一样也不缺。因此，杀婴无疑就是杀人，因为冒犯律法与年龄无关，只在于有无破坏对人类的信念。[119] 实际上，如果考虑年龄，在我看来对杀婴更有理由义愤填膺，因为对成年人来说，争吵和分歧能产生大量合理的依据，而婴儿刚刚来到世上，获得人的生命，他是完全清白无辜的，甚至连诬告也提不出来。因此，那些有预谋地伤害这种生命的人，必然被认定为最残忍、最无人性的人。神圣的律法讨厌他们，宣布他们应该受到处罚。

【21】[120] 神圣的律法提到，有人若是被无意杀害他的人杀死，这是

因为神把他交到了杀人者手里。[①] 这句话一方面是在为杀人者辩护，他确实剥夺了另外一个人的性命，但这是由于这个性命是有罪者的性命。[121] 可以设想，仁慈而宽厚的神绝不会把清白无辜之人交到杀人者手上；这个被交到杀人者手上的人肯定是依靠自己的足智多谋巧妙地逃脱了凡人的公正审判，但是在看不见的自然法庭上的审判和定罪可以完全真实地看见真相，不会受到任何措辞技巧的蒙蔽，因为它完全不接受任何花言巧语，只会把隐藏的意图和动机暴露在光天化日之下。[122] 另一方面，律法并没有把这个杀人者置于谋杀的罪名之下，他被认为是神圣审判的执行者，而只是认定他沾上了一点儿微不足道的污秽，他对此完全可以请求给予宽恕。因为神在惩罚那些罪孽深重、完全无法弥补的罪人时，利用那些罪恶极少且易于医治的人当助手，当然祂并不是赏识他们，而只是拿他们作为报复的恰当工具。因为祂不愿意让那些整个生命没有任何污秽、出身全无瑕疵的人出手杀人，无论对方如何罪该万死。[123] 因此，他宣布误杀人者可以逃跑，但并非没有区域和时间的限制。他给犯有这类罪行的人指定了六座城邑，这就是分给这个神圣支派的地产的第八个部分，[②] 这件事用"逃城"的名称记载下来，这些逃城是神赐给他们的；律法又进一步规定，放逐的期限等于大祭司的寿命，大祭司死后就应当允许逃跑者回来。[③]

【22】[124] 作出这种规定的第一个原因如下：上述那个支派由于一次公正的杀戮行为而领受了这些城邑作为奖赏，我们必须把这一行为视作迄今为止最英勇的行为。[④][125] 当时，先知摩西应召登上当地最高的圣山，从神那里领受统摄各种专门律法的总纲，在百姓面前消失了几天，于是和平的天生敌人由于这位统治者不在而跳了出来，散布恶习到营盘的每个角落，最

① 参见《出埃及记》21∶13。"人若不是埋伏着杀人，乃是神交在他手中，我就设下一个地方，他可以往那里逃跑。"

② 参见《民数记》35∶6，11—15。

③ 参见《民数记》35∶28。"因为误杀人的该住在逃城里，等到大祭司死了。大祭司死了以后，误杀人的才可以回到他所得为业之地。"

④ 参见《出埃及记》32。

后达到不虔敬的地步。他们嘲笑最卓越可敬的要崇拜真正存在之神的命令，效仿埃及人的虚妄，铸造金牛犊，献不是祭的祭，守不是节日的节日，跳死亡之舞，唱实际上是挽歌的圣歌。[126] 这个支派对这种突如其来的倒行逆施痛心疾首，内心充满对邪恶的仇恨，他们热血沸腾、情绪激昂、怒火中烧、义愤填膺，仿佛听到一声令下，不约而同地拿起武器，全然不顾危险地冲向陷于不敬和醉酒这双重迷狂里的仇敌。他们先对自己至亲至爱的人下手，因为除了神的爱，他们不承认其他的爱和亲人，在短短的几个时辰内，他们杀死了 24000 人，用这些人的下场威慑那些几乎与他们同样虚妄的人，警告他们完全可能遭受与此相同的下场。[127] 这场战役是本能地发动的，表现出对真正存在之神的虔敬和圣洁，这场战役对参与者来说充满危险，但却得到大全之父而非别人的赞赏，祂亲自论断参与杀戮之人的动机，宣称他们免遭任何杀人的诅咒，还赐给他们祭司之职，作为对他们的英勇行为的奖赏。

【23】[128] 所以他吩咐误杀者逃到指定给这个支派的那几座城邑里，在那里寻找慰藉，免得对得救完全绝望。这样的地方会使他想起这个支派曾经表现出来的大无畏的勇气；在这里他可能会想到，那些蓄意流人血的人不仅得到完全的宽恕，而且还得到巨大的奖赏，这样的结果令人无比向往，充满幸福快乐；他又想到，他们这样做尚且得到宽恕，更何况那些并非出于预谋的人的行为，岂不更应当得到宽恕？纵然不能得到荣耀，至少不必偿还他们所流之人的血。这表明并非每一种杀人都有罪，而只有伴随着不公义的杀人才应该受处罚，至于其他种类的杀人，如果是出于对美德的热烈追求，那是应当受到赞美的；若是误杀，则可免予处罚。[129] 这第一条理由无须多说，我们接下去解释第二条理由。① 律法希望保留误杀者的生命，因为从动机来说，误杀者是无罪的，而且他曾用他的双手担当公义的仆人，监察人间

---

① 误杀者选择利未人的城邑为逃城。这样做的第一条理由是利未人的历史表明杀人并非必然是罪，第二条理由是利未人的圣洁使他们的城邑成为比较安全的避难所。

事务。律法知道，那些嗜血的敌人、死者的亲属，正在监视他、等待他，不可抗拒的同情和难以平息的悲伤在敦促他们报仇，被盲目冲动的激情所裹挟，他们不会去查考什么是真正的或基本的公义。[130] 因此律法允许这样的人逃跑，寻求避难所，但不是逃到圣殿里去，因为他还没有洁净自己，也不是逃到某个偏僻的小地方，因为在这种地方他很可能会被人当做一个无足轻重的人交出去，而是逃到一座介于圣地和俗地的城邑，它在某种意义上可以算作二等的圣殿。我认为，这些圣城与其他城邑相比受到更大的尊敬，与其居民所受到的尊敬相对应。律法实际上希望利用为避难者提供庇护的城邑的高贵地位，使他们的安全拥有最坚实的根基。[131] 如我所说，律法规定了大祭司的死期就是避难者返回故土的日子，其理由如下。正如被蓄意杀害的每一个人都有亲人向凶手报仇，同理，整个民族也有一个众人共同的亲属和亲戚，那就是大祭司，作为统治者，他按照律法对诉讼者进行公正审判，日复一日地祷告、献祭、求福，就如为自己的兄弟、父母和孩子祈求，愿这个被视为单一整体的民族里的每个人、每个组成部分，都能够合而为一，同心同德，以和平与和谐作为自己的目标。[132] 所以，每个误杀者必定敬畏大祭司，视之为被害者的辩护人和保护人，因此，他要躲在避难的城邑里，不敢到城外去露脸，也就是说，他若是重视自己的安全，或者注意使自己的生命免遭危险，就不可离开逃城。[133] 如此看来，这位立法者说逃亡者要返回故土，必须等大祭司死了之后，这就相当于说，要等到众人共同的亲人死了之后逃亡者才能返回故土，因为只有他有权柄论断活人和死人。

【24】[134] 这就是我们发现的适合年轻人听的理由，至于对年长者和那些品性得到完全发展的人，另外一条理由可能会更加合适。对普通人来说，他只要保证不故意犯罪就可以了，对其他祭司也同样可以这么说，但是大祭司例外，他必须是完全清白的，除了不能有故意的罪恶，也不能有任何无意的罪恶。[135] 他不可沾染任何类型的污秽，无论是出于确定的目的，还是出于并非他所愿的灵魂里的某种活动。只有这样，他才能担当启示者的职位，在两个方面都清楚地表明他的动机无可指责，他的生活吉祥幸福，没

有沾染任何污点。[136] 由此得出的一个必然结论是这样的，这样的人必定把误杀者包含在他厌恶的对象之中，认为他们诚然不受诅咒，但也并非全然无罪，而无论他们在多大程度上得到允许，协助自然的旨意，她利用他们做工具，报复那些落到他们手上、在由她作为唯一法官的秘密法庭上被判处死刑的人。

【25】[137] 以上所说的律例适用于公民等级的自由人；接下来的律例讨论遭遇暴力而死的奴仆。奴仆在财富方面地位较低，但在本性方面可以取得与主人相等的权利，而在神的律法中，公正的标准是按照本性，而不是按照财富来确定的。因此，主人不可过分对奴仆使用权柄，表现得傲慢、轻视、野蛮、残忍。这些举止只能表明他没有平和的心，表明他放纵无度，企图摆脱一切责任，以僭主专制为楷模。[138] 人若将自己的家当做堡垒和要塞，不许家里人有言论自由，用天生的，或者也可能是习得的十分残暴的手段对待同胞，那他就是一名小僭主。[139] 他对他们的利用，证明了他若获得更多的财富，就不会安于现状，他首先会奴役他自己的祖国，然后攻打各个城邑、乡村和国家，这表明他不会善待他的其他任何臣民。[140] 这样的人必定清楚地知道，他的恶行不可能长期拖延、广泛延伸而不受任何惩罚，他必将遇到他的对手公义，公义是邪恶的憎恨者，被凌辱者的捍卫和保护者，必定会传唤他对受苦者的不幸状态做出说明。[141] 如果主人声称鞭笞仆人只是想要威慑，而不是想要置人于死地，那么他不仅可以轻松地离开，而且要被带上法庭，经受严厉的真理的考察，查明他究竟是否有杀人的动机；如果查出他的行为有预谋，是出于恶意，那么他必须死，他作为主人的地位完全无益于使他逃脱法律的审判。[142] 如果受害者没有在受鞭笞时当场死亡，而是过了一两天才死，那么情形就不同了，主人也就不会被认定犯有谋杀罪。① 就此而言，他有一个有利的辩解，也就是他没有把他们当场打死，后来让他们待在家里的时候也没有这样做，而是允许他们尽量活着，尽

① 参见《出埃及记》21：21。“若过一两天才死，就可以不受刑，因为是用钱买的。”

管只有很短的时间。此外，他还可以争辩说，如果为了伤害别人而自己也要受损，那么谁也不会愚蠢到要去做这样的事情。[143]没错，人若杀了奴仆，自己会遭受更大的损失，因为他使自己丧失了奴仆活着的时候为他提供的服务，所以他无异于失去了一样财物，这样财物很可能价值不菲。所以，若是奴仆犯了死罪，要带他到审判者面前，陈述他的罪过，让律法来决定他该受什么处罚，而不是把案子放在自己手上随意论断。

【26】[144] 如果牛触死了人，必须用石头打死那头牛，因为这样的牛不适合宰杀以后作祭，它的肉也不可吃。① 为什么呢？因为按照神圣律法的要求，不可食用触死人的牲畜的肉，或者用它们来使自己的食物变得更加可口。[145] 如果牲畜的主人原本知道牲畜野蛮狂暴，却没有把它拴住，任由它在野外游荡，那么主人就要对这起死亡事件负责任。触人的牲畜必须立即处死，主人也要治死，或者用赎金抵命。他该受什么处罚，该付多少赔偿，应当由法庭做出裁决。[146] 如果被触死的是奴隶，那么牲畜的主人必须赔偿给奴隶的主人同等的价钱；被触死的如果不是人，而是牲畜，那么肇事牲畜的主人同样要以物易物，要把死了的牲畜归自己，而且他应当心存感激，因为他作为肇事方放任这种伤害发生，但并没有遭受更大的损失。

【27】[147] 有些人在地面上挖很深的坑洞，要么是为了挖井，要么是为了建蓄水池，这是常有的事。在拓宽渠道以后，他们本来应当把口子围起来，或者用盖子盖好，但由于致命的疏忽或者一时糊涂，他们会使这些地方成为张着血盆大口的地狱。[148]如果有人走来，没有看见它们，一脚踏空，跌进坑里而命丧黄泉，任何人只要愿意，都可以代表死者去控告挖沟者，法庭必须裁决他们要受什么样的惩罚，或者要付多少银钱做赔偿。如果掉下去死了的是牲畜，那么他们必须按照活牲畜的价钱赔偿给牲畜的主人，而把死牲畜留给自己。[149] 和上面所讲的罪行属于同一类的还有，有些造房子的人任由房上敞开，没有在房上的四围安装栏杆，防止有人不小心从边上摔下

① 参见《出埃及记》21：28—36。

去。[①] 哪怕摔下来的人没有死，但就这些建房者的能力而言，他们也是杀人犯。他们必须受到与那些敞着井口不盖的人同样的处罚。

【28】[150] 律法禁止接受应当处以死刑的杀人犯支付的赎金，罪犯想要以此减轻对他的处罚，或者以驱逐代替死刑，因为流血之罪要用流血来洗涤，被蓄意谋杀者的血债要用杀人者的鲜血来偿还。[151] 由于恶人的邪恶是没有边界的，他们总是犯下大量暴行，使其邪恶无限地蔓延和膨胀，所以若是能够做到，立法者恨不得让他们死上无数次。但由于这是不可能的，所以他规定了另一种处罚作为补充，下令将杀人犯钉上十字架。[152] 然而，下达这一命令以后，他天生的仁慈马上恢复，对那些施暴者表示怜悯，他说："不可让太阳的余晖落在被钉十字架的人身上，要在太阳下山之前将他埋葬。"[②] 和宇宙的所有部分为敌的人在受刑之后要高高地悬挂起来，向太阳、天空、气、水、土展现，这样做是必要的；但同样必要的是，也要把他们推入死人之地埋葬，免得地上的事物受到他们的污染。

【29】[153] 另外一条极好的律例是，父亲不可代替儿子去死，儿子也不可代替父母去死，各人犯了死罪应当由各人自己承担，不可以牵涉别人。[③] 之所以制定这条律例，乃是考虑到有些人滥用权力，无视公义，还有一些人受到亲情的强烈影响。[154] 后者出于极端的、压倒一切的热爱，尽管他们自己是清白的，却经常心甘情愿地为罪犯牺牲自己，替他们去死。父母看到孩子，或者孩子看到父母遭到处罚，痛不欲生，感到后半生的日子比死还要痛苦，所以如果能够避免看到这样的情景，他们视之为巨大的好处。[155] 对这些人我们应当回答说："你们的爱不合时宜，不合时宜的事情应当受谴责，正如合乎时宜的事情应当受赞扬一样。确实，对那些行为举止配

---

① 参见《申命记》22：8。"Deu 22：8 你若建造房屋，要在房上的四围安栏杆，免得有人从房上掉下来，流血的罪就归于你家。"

② 参见《申命记》21：22—23。"人若犯该死的罪，被治死了，你将他挂在木头上，他的尸首不可留在木头上过夜，必要当日将他葬埋，免得玷污了耶和华你神所赐你为业之地。因为被挂的人是在神面前受咒诅的。"

③ 参见《申命记》24：16。"不可因子杀父，也不可因父杀子。凡被杀的都为本身的罪。"

得上友谊的人表示友好当然是对的，但没有哪个作恶者会是真正的朋友。那些被我们称做亲戚或亲朋好友的人一旦偏离正道，做出不当行为，也就成了外人；而同心同德地奉行公正和一切美德会使人产生亲密的关系，比血缘关系更加亲近，凡是抛弃这种亲密关系的，不仅把自己的名字写入外人和陌生人的行列，还会与他们成为不共戴天的死敌。[156] 既然如此，你为什么还要凭借虚假的友善和仁慈来掩盖软弱和怯懦的实质呢？你让同情控制了你的理智，表现出你怯懦的本性，结果犯了双重过错：一方面企图让罪犯逃脱惩罚；另一方面，你自己没有受到任何指控，却代他受罚，而且你还认为这样做是对的。”

【30】[157] 这些人还会辩解说，他们不求任何好处，完全是出于对最亲近之人超乎寻常的热爱，所以乐意放弃自己的生命去挽救他们。[158] 但有另外一类人，内心残忍、本性凶恶，必定被人鄙视，我不必说会被所有可敬之人鄙视，而是哪怕灵魂尚未完全开化之人也都会唾弃他们。我指的是这样一些人，他们隐秘狡猾或者公开大胆地进行威胁，要把最残忍的折磨强加给一些替罪羊，借口他们和匪徒是朋友、亲戚、伙伴，或者有某种关联，于是就想要毁灭这些无辜的人。他们这样做有时候并不是因为自己遭受了什么严重的伤害，而完全就是出于贪婪和劫掠的目的。[159] 不久以前，在我们这个区就有一个这样的例子。有一个人被任命为税吏。有些纳税人显然由于贫困而拖欠税赋，但又害怕他凶狠的报复而逃亡，于是他就用武力对付他们的家眷、孩子、父母、其他亲戚，殴打他们，恶待他们，用尽暴力和侮辱手段，目的是要他们说出逃跑者的下落，或者要他们代他缴税。由于他们既做不到第一条，因为不知道他的消息，也做不到第二条，因为他们与逃跑者一样身无分文，于是他就继续施暴，用各种刑具折磨他们的身体，最后用新近发明的刑罚处决他们。[160] 他在一个大筐里装满沙子，用绳子把沉重的筐子拴在他们的脖子上，让他们站在露天集市的中央，风吹日晒、被路人观看，让他们在重负下自己倒下，也让观看他们受刑的人感受痛苦。[161] 他们中有些人的灵魂比他们的眼睛看得更清楚，他们感到自己的身体在受虐

待，于是就借助刀剑、毒药、绳索，迅速结束自己的生命，他们认为处在这样的恶境之中，死了倒是一件幸事，因为从此不用再受折磨。[162] 其他没有抓住机会自杀的人被带出来排队，就好像是在分配遗产，首先是关系最近的亲属，然后是关系较近的亲属，再次是关系较远的亲属，以此类推，直到关系最远的。等到这些亲属都处理完了，就把虐待降临到他们的邻居，有的时候甚至降临到整个村庄和城邑，于是，那里的居民全都逃离家园，隐藏到他们认为不会被发现的地方，这些村庄和城市马上变得荒无人烟。[163] 然而，如果这些税吏是从未体验过人类文化的野蛮人，迫于专横的命令被迫去收税，那么也许还情有可原，并不令人吃惊，他们不仅每年征收财产税，而且还征收人头税，甚至采取恐怖行动，强迫活人代替所谓的债务人，即死人，缴纳税款。[164] 确实，虽说立法者在古时候是公正的标志和标准，但他们本人却不能避免最大的不公。他们关注的是人的意见，而不是真理，所以他们立下这样的律例，惩罚叛国者和独裁者，首先要株连他们的儿孙，其次要株连他们的五族。[165] 我们可能会问，这是为什么呢？如果他们一起作恶，自然应当一起受罚，但若他们与恶人毫无关联，从不追随同样的目标，也不对亲属的成功沾沾自喜，进而去追求安逸和享乐的生活，为什么要处死他们呢？难道他们的亲属关系是唯一的理由吗？所以，该受处罚的究竟是出生还是无法无天的行为？[166] 最尊敬的立法者，你们的亲戚很可能都是高贵的。如果他们是坏人，我想你们根本不可能想到要制定这样的法令。相反，若是别人提出这样的建议，你们定会感到义愤填膺，你们会采取防范措施，规定生活在安全中的人不应当与那些陷入危险的人同归于尽，也不可以使他们陷入与恶人相同的不幸境地。这两种处境，一种笼罩着某种危险，但你会加以防范，也不会让别人招惹；另一种不包含任何可怕的威胁，但人们经常会由于安全感而忽视保障无辜之人的安全。[167] 然而，我们的立法者把所有这些都考虑在内，他看到并厌恶在其他国家盛行的错误，认为它们对理想的共同体具有毁灭性的作用；凡是行为懒怠、凶残、丑陋的人，他都厌恶，他永远不会把与他们一起生活的亲人抓来一同受罚，让无辜者为别人的罪行陪葬。因此，他明确禁止因父杀子或因子杀父。［168］由此，他还论断说，受惩罚的人应当是犯了罪的人，无论是经济赔偿，还是更加严重的鞭笞，或者是让罪人受伤、致残、剥夺他的权利、流放，或者处以其他任何刑罚。一个人不能代替另一个人死，在这个陈述中，他把前面没有提到的情形都包括在内了。

【31】［169］集市、议事厅、法庭、众人聚会之处、公开讨论的户外场所，所有这些地方都适宜男人涉足。战争时期如此，和平时期亦如此。女人最适宜不出家门的户内活动，少女的活动范围不可超过中门，已经成年的女子则以大门为其活动界限。［170］有组织的共同体有两种：比较大的我们称之为城市，比较小的我们称之为家庭。二者都有自己的总督，较大的共同体的管理指派给男人，称之为政治，较小的共同体的管理，也就是家庭的管理指派给女人。［171］所以，女人不可多管闲事，干涉家庭以外的事务，而要过一种深居简出的生活。她不可像流浪者一样抛头露面，在街上闲荡，除非要去圣殿才能外出。哪怕是去圣殿，也不要在最热闹的时候出门，而要等到大部分人都已经回家的时候，就这样，她可以像一位名副其实的自由人，在安静的气氛中呈上祭品，献上恳求避恶趋善的祷告。［172］男人相互怒骂或彼此动粗的时候，若有胆大妄为的女人匆忙加入，美其名曰帮助她们陷入冲突的丈夫，这种行为是非常可耻的，该受谴责的。因此，律法规定，战争、战役、事关整个国家的紧急事务，她们都不可参与，这里考虑的是她们的体面，无论何时何地，都要坚定不移地保持，要把体面本身看做比任何形式的胜利、自由或成功更有价值的事情。［173］确实，如果一个女人知道她的丈夫受到侮辱，出于对丈夫的热爱，她在这种情感的驱使下赶去帮助他，那么她一定不可忘掉自己的性别，不可以无限大胆，超越本性的限制，要将她自己的行为方式限制在女人所能提供帮助的方式之内。如果有女人由于想要帮助丈夫摆脱侮辱，而使自己遭受侮辱，因为她过分大胆而招致严厉指责，那么这是一种可怕的灾难。［174］一个女人在集市上吵架，说出完全不得体的话，这是一种什么场景？作为女人，哪怕只是听到恶言秽语，也应当捂住耳

朵迅速离开。而实际上，有些女人的离经叛道已经到了何种程度，我们不仅听到她们在一群男人中间破口大骂、口吐恶言，而且看见她们动手打人，这些受过训练的手原本是绣花和纺纱用的，不是像摔跤手和拳击手那样用来打人。[175] 所有这些事情尚可容忍，但若一个女人完全失去端庄，乃至于在争吵中用手抓对方的下体，那可真是骇人听闻。① 尽管这样做显然是为了帮助她的丈夫，但这一理由并不能为她开脱罪责。要想遏制她的胆大妄为，必须让她受到处罚，使她想要再次犯罪时软弱无力，这样做也可对其他更加鲁莽的女人起威慑作用，使她们注意自己的行为举止。这种处罚就是砍去这只手，她用这只手触摸了为了体面她不能触摸的东西。[176] 体育比赛的管理者禁止妇女观看比赛，这样做值得赞扬，男人赤膊上阵的时候，女人不可在场观看，这样做不会损害妇女的端庄，也不会轻视自然为我们人类的各个部分所制定的法则。男人也一样，女人脱衣服的时候男人不可在场。两性都不可观看对方的裸体，要遵守自然的法则。[177] 如此说来，哪怕用眼睛观看也要受到谴责，更何况动手骚扰对方，那可真是罪莫大焉。因为眼睛是自由的，经常强迫我们看并不想看的东西，而双手属于受我们控制的部位，对我们唯命是从。

【32】[178] 这是通常的解释，大家都这么说，但我还从天赋极高的人那里听到过另外一种解释，他们认为律法书的大部分内容都是隐秘真理的外在符号，是在用话语象征未曾说出来的意思。这种解释如下。灵魂含有阳性和阴性的元素，就像家里有男人和女人，男人是阳性的，女人是阴性的。阳性的灵魂致力于独一神，视之为父亲、宇宙的造物主、万物的原因。阴性的灵魂信靠一切有出生和毁灭的事物，它施展各种能力，就像用手盲目地伸向可以触及的东西，与这个变幻无常的、被造的世界结成友谊，而不是与拥有神圣、不变、赐福三重幸福的事物结成友谊。[179] 因此，律法当然要命令

① 参见《申命记》25∶11—12。“若有二人争斗，这人的妻近前来，要救她丈夫脱离那打她丈夫之人的手，抓住那人的下体，就要砍断妇人的手，不可顾惜她。”

我们砍断抓住对方“下体”的手，这在象征的意义上不是说要让身体致残，失去最基本的器官，而是说要从我们的灵魂里消除一切不敬神的思想，通过出生而生存的事物在此基础上生成，因为“下体”象征播种和出生。[180]我还要追随对自然的研究，增加另外一种看法。一元是第一因的形像，二元是被动的、可分的质料。因此，尊敬二元胜过尊敬一元的人不会不知道他敬重质料胜过敬重神。由于这个原因，律法认定应当消除灵魂里的这种倾向，就好像它是一只手，因为若是把主动原则的权能归于被动元素，那么没有比这更大的不虔敬了。

【33】[181] 有些立法者规定犯罪分子应受的惩罚与他们所犯的罪行不相当，比如对侵犯人身的罪行处以经济罚款，对伤害或使人致残的罪行处以剥夺政治权利，对故意杀人罪处以驱逐出境、永久流放，对偷盗处以监禁，这样的立法者应当受到谴责。不对等和不公正与追求真理的共同体不相容。[182] 我们的律法鼓励我们平等，① 因为它规定罪人所受的刑罚要与他们的罪行相当，如果他们的恶行影响了邻居的财产，那就要罚没他们的财产；如果罪行是对身体的伤害，就要让罪犯的身体受伤，根据被伤害的肢体、部分或感官来决定应当给予罪犯何种处罚；如果罪犯的恶意扩大到夺人性命，那么他自己的性命也要被剥夺。容忍一个罪行与惩罚不对应的体系，就是在颠覆而不是在维护律法，在这里，罪行与惩罚属于不同的范畴，缺乏共同的基础。[183] 说这句话的时候，我设想其他条件是相同的，比如殴打一个陌生人与殴打自己的父亲不同，辱骂一名统治者与辱骂一个普通公民不同。同样的行为是否违法，要看它们发生在俗地还是圣地，发生在节日、庄严的集会、公共祭祀，还是发生在没有节日的时候或者不吉利的日子。所有其他类似情况都必须仔细考察，以决定惩罚的大小。[184] 他还说，如果有人打坏男仆或女仆的眼睛，就要放他得自由。② 这是为什么呢？正如自然把统治身

---

① 参见《出埃及记》21：24；《利未记》24：19—21；《申命记》19：21。

② 参见《出埃及记》21：26。“人若打坏了他奴仆或是婢女的一只眼，就要因他的眼放他去得以自由。”

体的权力赋予头部，头部位于整个身体的顶端，这是国王进行指挥的最合适的位置，从脖颈到脚的各个部分就像雕像下面的底座，都位于头部以下，同理，自然也把各大感官的支配权赐予眼睛。因此自然也给作为统治者的眼睛指定了一个高于其他感官的场所，希望除了其他特权以外，再给它最显赫、最突出的位置。

【34】［185］至于眼睛给人类提供的用途和好处，可能要花很长时间才能列举，但是眼睛最优秀的用途我必须提到。哲学是上苍降下来的，人用心灵去领受，但是使二者结合起来的是视觉，因为视觉最先察觉刚才通向天空的大道。［186］哲学是善物之源，是所有真正美好事物的源泉，从这个源泉中汲水的人，如果他这样做是为了获得和践行美德，那么他值得赞扬，但若他是为了不正当的目的，是为了使用诡辩术，以显得比别人聪明，那么他是可谴责的。因为在第一种情形里，这个人就像一个爱好交际的人，与他的所有宾客一同欢宴；而在第二种情形里，这个人就像一个独自狂饮烈酒的醉汉，他的作为只是为了表现醉态，既羞辱自己，又羞辱别人。［187］现在让我们来描述一下视觉如何做哲学的向导。眼睛向天穹观望，观看太阳、月亮、恒星、行星，它们是神圣的天体，是世界里面的一个世界；然后观看天体的升起和降落，观看它们井然有序、循环往复地运行，观看它们在固定的时间出现、相蚀、再现。［188］然后，视觉看到月亮的盈缺，太阳的运行，从这一边到那一边，从南到北，从北到南，由此产生一年四季，成全万物。视觉还看到无数的奇迹，它在凝视大地、海洋、低空的时候，迅速地把它所看见的所有事物呈现给心灵。［189］心灵通过视觉能够察觉视觉本身不能领悟的事情，但它并不止于所察觉的事物，它自己被知识和美物的奇异景象所吸引，逐渐得出合理的结论：所有这些事物并非出于盲目的冲动，机械地结合在一起，而是神的心灵使它们聚合，神可以称做是它们的父亲和造物主；它们也不是漫无边际的，宇宙的边界就是它们的界限，最外层的恒星界把它们围了起来，就像城邑的围墙；而按照自然律生育它们的父亲关心祂的子孙，祂的神意看护着这个整体和它的部分。［190］然后心灵开始查询，什

么是我们所看见的这个世界的实体；构成这个世界的元素是完全相同的，还是各不相同的；构成它的各个具体部分的元素是什么，使它们生成的原因是什么，是什么力量或者属性使它们结合在一起，这些力量是有形体的，还是无形体的。[191] 我们完全可以问，对研究这些问题我们能给予的名称除了哲学还能是什么，对考察这些问题的人还有比哲学家更恰当的名称吗？研究神、宇宙及其包含的一切，包括动物、植物，研究观念的原型及其所产生的感官可以感知的作品，研究每一种被造物好的和坏的性质，这样的研究表现出爱学习和爱思考的特点，是真正热爱智慧的，或者是哲学的。[192] 这是视觉赠给人类生活最大的恩惠。我想，视觉之所以能够获得这种卓越的地位，乃是因为它比其他感觉更接近灵魂。它与心灵同属一个家族，就好比说心灵是这个家族的首领，那么视觉与心灵生来最为亲密，视觉占据首要的、最高的位置。[193] 我们可以找到许多证据来证明这一点，有谁不知，当我们高兴的时候，眼睛就变得明亮，含有微笑，当我们难过的时候，眼睛充满焦虑和沮丧，如果肩上的担子越来越重，像要把人压垮，那么眼睛会涌出泪水；当我们怒不可遏的时候，眼睛里的血管就会扩张，看上去通红，像有烈火在燃烧；当我们的情绪平息下去以后，眼睛就会显得温柔而友好；当我们在沉思或者查考问题的时候，瞳孔会凝固，好像在分有我们的思想；而在缺乏理智的人身上，愚蠢会使他们的视线游移飘浮。[194] 总的说来，眼睛分有灵魂的情绪，当灵魂穿越无数阶段的时候，眼睛随之千变万化，这是它们之间的亲密关系带来的必然后果。确实，在我看来，在神创世界的其他任何地方，都看不到这样完全的表现，外在的、有形体的视觉完好地表现了内在的、不可见的理智。

【35】[195] 所以，若有人恶意伤害另一个人最优秀、最高贵的视觉，确实打了他的眼睛，那么只要对方是自由人，就必须以眼还眼，但若对方是奴仆，则另当别论。这样说不是说应当宽恕冒犯者，或者说他的过错可以减轻，而是因为如果处罚使主人受伤，那么奴仆会发现自己的处境比以前更糟。那个主人必定会为了自己的不幸而永远怀恨在心，必定会向他所认为的

死敌报复，让他每天干难以忍受的、力不从心的重活，这种沉重的压迫同时会使他精神崩溃。[196] 因此，律法一方面规定主人不可对自己的恶毒攻击不负责任，另一方面规定奴仆不可在失去眼睛之后遭受更多的伤害。[197] 律法之所以规定，若主人打坏奴仆的眼睛，就要毫不犹豫地放奴仆出去得自由，就是为了这样的目的。因为这样一来主人就遭受双重惩罚；他将损失奴仆的价值以及奴仆提供的服事，比这两点使他更加苦恼的第三点是，他不得不把一种涉及他的最高利益的好处给予一名仇敌，而他原本很希望能够无限期地加以虐待；这名仇敌不仅得到了自由，还摆脱了苛刻而又残暴的主人。

【36】[198] 下一条规定是，若有人打掉奴仆的牙，就要因此而放他得自由。① 为什么呢？因为生命是宝贵的，牙齿是自然设计用来保存生命的工具。有了牙齿，食物就能得到必要的处理。牙齿分为切牙和磨牙，前者能够切开或咬碎面饼和其他食物，这就是切牙这个名称的由来，后者能够将咬碎的食物磨成更小的颗粒。[199] 造物主和父亲不造无用的东西，就是由于这个原因，在人刚出生的时候，祂没有像创造其他器官那样直接造出牙齿；祂知道对吃奶的婴儿来说，牙齿是多余的负担，也会给分泌乳汁的乳房带来麻烦，因为婴儿在吮吸时会把乳房弄伤。[200] 因此，祂要等到恰当的时候，亦即婴儿断奶的时候，再让他长牙齿，添补这个器官，而在此之前，祂一直把它们储藏起来，直到婴儿不再以奶为食、能吃更加有营养的食物，需要我提到的这种工具时，才让它登场。[201] 所以，若有人胆大妄为，打掉奴仆的牙齿，这些牙齿忠诚地服务于他最基本的需要，维持生存，那就必须让他的邪恶行为的受害者得自由，让他自己蒙受损失，失去受害者提供的服事和照顾。当然，有人可能会问，牙齿和眼睛价值相同吗？[202] 我会回答说，就它们对各自被造的目的而言，它们具有相同的价值，眼睛为可见的事物而造，牙齿为可吃的食物而造。若有人对它们用心作比较，会发现眼睛是

---

① 参见《出埃及记》21：27。“若打掉了他奴仆或是婢女的一个牙，就要因他的牙放他去得以自由。”

身体器官中最高贵的，因为它沉思的天空是宇宙最高贵的部分，而牙齿是有用的，其作用在于加工维持生命最有益的事物，亦即食物。还有，一个人如果失去视力并不会无法存活，但若牙齿被打掉了，那么等待他的就只有最可悲的死亡。[203] 所以，如果有人故意伤害奴仆身上的这个部位，那么他必须明白，他施加在他们身上的这种行为的结果就是在食物充足的时候人为地制造饥荒。试想，如果他们丧失了有效处理食物所需要的工具，狠心的主人用残忍的行为使他们失去牙齿，那么纵然有大量食物，对他们又有什么用呢？[204] 因此，这位立法者在另外一个地方禁止债权人拿走债务人的全盘磨石或上磨石做抵押，还补充说这是在拿人的性命作当头。① 没错，剥夺别人生存所必需的工具无异于谋杀，因为他的敌意已经扩展到对生命本身的侵犯。[205] 立法者极为小心地提防有人可能会给别人带来死亡，所以认为那些摸了自然死亡者的尸体的人必定有七天不洁净，直到通过洒水和沐浴得到洁净。确实，哪怕这种人完全洁净了，他也不允许他们在七天内进入圣殿，而是吩咐他们要在第三天和第七天洁净自己。[206] 还有，那些进过死人家的人不可以触摸任何东西，直到洗净自己，也洗净他们当时穿的衣服。② 所有器皿和家具，其他正好在屋里的东西，死者实际拥有的一切，都是不洁净的。③[207] 这是因为人的灵魂是宝贵的，它离开这里去寻找别的家，而它留在身后的一切被污染，失去了神圣的形像。因为拥有神的样式的乃是人的心灵，它是按照理想的原型，亦即位于一切之上的圣道形成的。[208]他说，不洁净的人触摸过的其他一切事物都是不洁净的，因为它们都分有不洁净，受到污染。④ 可以认为这一宣告包含着更加深远的禁令，不仅考察身体，而

---

① 参见《申命记》24 : 6。“不可拿人的全盘磨石或是上磨石作当头，因为这是拿人的命作当头。”

② 参见《民数记》19 : 14。“人死在帐篷里的条例乃是这样，凡进那帐篷的，和一切在帐篷里的，都必七天不洁净。”

③ 参见《民数记》19 : 15。“凡敞口的器皿，就是没有扎上盖的，也是不洁净。”

④ 参见《民数记》19 : 22。“不洁净人所摸的一切物就不洁净。摸了这物的人必不洁净到晚上。”

且还深入探讨灵魂的气质和特点。[209] 不公正、不虔敬的人就是最真实意义上的不洁之人。他从来不去想要尊敬人事或者神事。他把一切弄得混乱不堪，他的欲望总是超越限度，他的罪恶巨大深重，因此他所做的每一件事情都是该受谴责的、变化不定的，与行为者的卑鄙一脉相承。相反，善良者的所作所为是可以赞美的，这是借着行为者的美德，按照普遍规律而获得的应有荣耀，这条规律是，有什么样的行为者就有什么样的行为结果。

第四卷

【1】[1] 我大胆地认为，我已经尽可能详细地讨论了不得通奸和不得杀人这两条诫命，以及可以归为这两种罪行的各种罪过。但是，我们还必须考察后续的那一条诫命，也就是第二块法版上的第三条诫命，或者总的第八条诫命，不得偷盗。[2] 任何人若是拿走属于别人的、他无权获得的财物，如果他公开这样做，使用暴力夺走这些财物，那么就要记录下来，视其为众人的公敌，因为他既违反律法，又厚颜无耻；但若他像小偷似的悄悄地这么做，想方设法不被别人发现，由于他的羞耻心可以减轻他的恶行，所以他只对他造成的损害负责，但他要按照自己的能力受罚，必须加倍偿还所偷的财物，[①] 就这样，用他理应遭受的损失来弥补他不公正的获取。[3] 如果他缺乏生计，不能赔偿盗窃的财物，那就可以把他卖掉，因为任由自己成为不合法地赢利之奴隶的人应该被剥夺自由，只有这样做才是正当的。以这种方式，受害方不至于没有得到任何赔偿就被打发走，或者由于盗贼一无所有也就忽视了受害者的利益。[4] 谁也不可指责这一判决没有人性，因为被卖之人并非终身为奴，而是会在第七年或者未满七年时就被释放，这是一项普遍的公

① 参见《出埃及记》22：4。"若他所偷的，或牛，或驴，或羊，仍在他手下存活，他就要加倍赔还。"

告，我在讨论安息日的文章中已经作了说明。①[5] 他也不可抱怨要支付所偷之物两倍的赔偿，甚至要被卖掉。因为他在好几个方面有罪：第一，他不满足已经拥有的财物，想要得到更多的东西，从而强化了极其有害的，甚至是致命的贪欲；第二，别人的财物使他眼红，他设下陷阱要把别人的财物占为己有，剥夺了这些财物主人的所有权；第三，他采取隐蔽的手段，一方面使他自己能够独享这种营生所得，另一方面使别人指控无辜之人，隐瞒事实真相。[6] 他似乎也可以成为自己的指控者，因为当他鬼鬼祟祟地偷窃时，他的良知判决他有罪，必定使他感到羞愧和恐惧。羞愧表明他感到自己的行为不体面，因为只有可耻的行为才会使人产生羞愧。恐惧则表明他认为自己应该受罚，因为正是想到惩罚才会产生恐惧。

【2】[7] 如果有人迷恋别人的财产，准备窃为己有，但由于用偷窃的方式无法轻易得逞，于是就在夜晚破门而入，利用黑暗来掩盖他的犯罪行为，这种时候户主只要在日出之前把他抓住，就可以在他闯入的地方杀死他。②尽管他实施的是轻微的盗窃，但他的意图却指向第二位的，但却更加严重的杀人，因为他已经做好准备，只要有人阻止，就用随身携带的铁器或其他武器自卫。但若太阳已经升起，情形就不一样了；这个时候一定不可将他杀死，而要把他带到治安官和审判者面前，按照规定的律例处罚。[8] 因为在晚上，管理者和普通市民都在家里休息和睡眠，受害者找不到人来救他，所以他必须亲自实行惩罚，这种情势使他既是治安官，又是审判者。[9] 然而在白天，法庭、议事会的大门敞开，城里有足够的人帮助他，有些人被选出来维护律法，有些人虽然未经挑选，但出于对邪恶的憎恨，不需要有人下令，就会自发地站出来支持受害者。盗贼必须被带到这些人面前，因为以这样的方式，那些被盗财物的所有者就不会受到任性和鲁莽的指控，表明他是在本着真正民主的精神保护自己。[10] 如果太阳已经升上地平线，他还擅

---

① 参见本文第二卷第 25 章。

② 参见《出埃及记》22∶2。“人若遇见贼挖窟窿，把贼打了，以至于死，就不能为他有流血的罪。”

自把盗贼当场杀死，过早地行使正义，那么必须认定他有罪。因为他选择了愤怒这种激情而舍弃了理智，并将律法置于他个人复仇欲望之下。我要对他说："我的朋友，不要因为你在夜里受到盗贼的侵犯，就在白天犯下更加严重的盗窃，你这样做损坏的不是金钱，而是公正原则，这一原则乃是规范共同体的基础。"

【3】[11]所以，其他被盗物要赔偿两倍的价钱，但若窃贼偷的是羊或牛，律法判决他们应该受到更大的惩罚，因为律法把优先性给予那些不仅在形体上，而且在对人类生活的用途上胜过其他所有动物的家畜。正是由于这个原因，他还在要赔偿的罚金总量上对上述两种动物进行区分。他计算出它们各自给人提供的用途，然后规定与此相对应的赔偿。[12] 窃贼偷一只羊要赔四只羊，偷一头牛要赔五头牛，[①] 因为羊有四大贡献：羊奶、奶酪、羊毛，以及每年产羊羔；而牛有五大贡献，除了三种与羊一样，即牛奶、奶酪、产仔以外，还有两种特有的用途，即耕地和打谷，前者是在播种之前，后者是收割之后，清除混在谷物里的杂质，用作粮食。

【4】[13] 拐带人口的人也是一种盗贼，他偷的东西是地上万物中最优秀的。[②] 律法规定，盗窃无生命的财物和对人类生活没有很大用途的动物，盗贼要按财物两倍的价格赔偿给财物的主人，但如上所述，盗窃最有用的家畜，亦即羊和牛，要分别赔偿四倍或五倍。[14] 而人，如我们所知，必定在一切生命中占据最高、最突出的位置，因为他的起源接近神，也可以说他出于神，因为他分有理智，他尽管看起来是可朽的，但理智赋予他不朽的力量。因此，凡是对美德怀有热心的人，都对绑匪义愤填膺，绝对不能原谅他们，这些人为了最不正义的利益，竟敢使那些不仅生来自由，而且与自己具有相同本性的人沦为奴隶。[15] 我们知道，奴隶会给主人带来很大好处，

---

① 参见《出埃及记》22：1。"人若偷牛或羊，无论是宰了，是卖了，他就要以五牛赔一牛，四羊赔一羊。"

② 参见《出埃及记》21：16。"拐带人口，或是把人卖了，或是留在他手下，必要把他治死。"

主人出于内心的仁慈释放家养的或买来的奴隶，使其摆脱奴役之轭，如果说这是可赞颂之事，那么剥夺自由人的权利该当何罪，自由乃是一切财富中最宝贵的，出身高贵、有教养的人认为，为自由而死乃是一大荣耀。[16] 我们确实知道，有些人的品性在不断地败坏，其中的恶意不断增强，抵达残酷无情的地步，最后干出绑架这种事来，不仅绑架别的国家和民族的人，还绑架自己民族的人，有时甚至是同一个地区或同一个支派的人。他们无视人们按照律法和习俗结成的伙伴关系，而这些习俗他们从幼年起就浸淫于其中，这些习俗在所有并非野蛮成性，也不奉行残忍的人的灵魂里牢牢地打上仁爱之心的烙印。[17] 他们为了某种完全非法的利益，把被绑架的人卖给奴隶贩子或者随意碰到的人，卖到外国为奴，使他们永远无法回归故里，甚至在梦中也不能再向他们的故乡致敬，再也不知道给人带来安慰的盼望是什么滋味。若把俘虏留在身边为奴，那么绑匪的罪过倒还小一些。实际上，他们犯了双重罪行，拿俘虏来作交易，把他们卖给两个主人，而不是一个，让他们连续服事两个主人。[18] 对他们自己来说，由于他们知道现今受制于他们的这些人先前如何富足，或许还有可能恢复良知，满心惊恐地想到命运多舛、时事难料，从而对这些人的穷困潦倒产生迟到的怜悯，而购买奴隶者对他们的出身一无所知，以为他们世代为奴，于是就鄙视他们，他们的灵魂也没有任何动机会触动他们天生的温和与仁慈的倾向、那种在对待自由人时才有可能显现的恻隐之心。[19] 对绑架罪的惩罚：如果被绑架者是外国人，由法庭判决绑架者应受的处罚；如果绑架者是本国人，不但绑架，而且还转卖，就要判处死刑，立即执行。确实如此，要知道这些人乃是亲戚，因血缘关系而紧密地联系在一起，尽管范围比较广。

【5】[20] 古人云："乡村也有讼案。"① 贪婪和觊觎他人财物的例子不仅出现在城里，也发生在城外，因为这种欲望的产生不是基于不同的地理位置，而是基于贪得无厌、喜欢争吵的人的念头。[21] 因此，最讲究法治的

---

① 引文出处不详。

国家就选出两类管理者和治安官来维持日常的安全和良好的秩序，一类在城墙里面执法，可以称做“城管”，另一类在城墙外面执法，可以恰当地称做“村管”，试想，若非村里也有损害邻居的人，那要村管有什么用？［22］所以，若有人管理绵羊、山羊或其他畜群，在别人的田地里放牧，任其糟蹋地里的果子或树木，那么他必须赔偿给主人同等价值的财物。①［23］他必须受罚，不得抱怨。律法对他的处理显得合情合理，而且非常宽大。尽管他的行为类似于人们相互残杀的战争时期的行为，这种时期往往使土地荒芜，毁损庄稼，但是律法没有把他作为公敌来惩罚，判处他死刑或者流放，甚至也没有把他的全部财产充公，而只是要求他赔偿主人的损失而已。［24］律法实际上经常寻找理由，减轻不幸的状态，它认为自然的本性和人的习俗中存在着非常大的温顺和仁慈，它找到一条很有说服力的理由为放牧者辩护，牲畜的本性是非理智的、难以控制的，尤其当它们在觅食的时候。［25］因此，入侵者只需对一开始把牧群赶到不该去的田地里这一点负责，因为他很有可能认识到了牲畜所做的坏事，想要尽快把它们赶走，而在这个时候牲畜低头吃草，饱餐鲜嫩的果子和作物，不服从牧人的驱赶，使他的努力徒劳无功。

【6】［26］然而，人们不仅在别人的田地里放牧会造成损害，还会由于不注意或者无预见而产生火灾，造成危害。火一旦碰到可燃物就会自行向四周延伸和蔓延。待火势大到一定程度，占据了主导地位，这个时候任何灭火措施都无济于事；而火焰则会充分利用这些材料，把它们当做燃料来增加火势，直到最后无物可烧，才会自行熄灭。［27］所以，谁也不可烧火而不加看管，无论是在家里，还是在户外。要知道，哪怕是一丁点儿未燃尽的余烬也常能变成熊熊烈焰，烧毁整座城市，假如风助火势，那么灾情就更大了。［28］因此，在残酷的战争中，最先、中间和最后使用的最有效武器就是火，战斗中依赖的与其说是步兵队、骑兵队、战船，以及大量供应的武器和机

① 参见《出埃及记》22：5。“人若在田间或在葡萄园里放牲畜，任凭牲畜上别人的田里去吃，就必拿自己田间上好的和葡萄园上好的赔还。”

械，不如说依赖于火。因为我们知道，只要将火箭射到大量战船组成的舰队的恰当位置，引起大火，就可以烧毁它，连同战船上的军队，或者烧毁他们寄予得胜希望的装备。[29] 还有，一个人若是点火焚烧荆棘，① 产生一团火焰，烧着了满是小麦、大麦、豌豆的打谷场，或者带穗的禾捆，或者长满牧草的草地，那么点火者必须赔偿损失；这样的经验给我们提供的教训是，要小心提防事物发生的最初端倪，不可煽动某种不可遏制的、天生具有破坏力的事物。但若不去煽动它，它就完全有可能保持安宁，不产生任何破坏。

【7】[30] 托管是人与人之间的所有行动中最神圣的、基于信任的行为，因为它建立在受托人的良好信誉之上。正式贷款有合约和书面文件，公开出借没有这些文件，但有目击者做见证。但是，这不是托管的方法。[31] 托管是一个人悄悄地把东西交给另外一个人代管，没有第三者在场。他会仔细环顾四周，谨防有人，他甚至不带仆人为他搬运东西，无论仆人有多么忠诚，因为他们俩所追求的目的显然都是不能让别人知道所发生的事情。一方希望没有人看到他托管的东西，另一方希望没有人知道他接受了托管的东西。这种无人看见的转移无疑有不可见的神做中介，他们俩当然都会求告神做见证，一方希望在需要的时候能够拿回财物，另一方希望在适当的时候能够归还财物。[32] 所以，若有人拒不交还托管物的，就必须明确告诉他，他的行为是完全错误的。他欺骗了把财物交给他保管的朋友的信心，用漂亮的话语掩盖丑恶的品质，戴着虚假诚信的面具，内心窝藏背信弃义。他的信誓旦旦归于无效，他的誓言没有兑现。所以，他既鄙弃了人的信任，也鄙弃了神的信任，亦即托管财物之人和最真实的见证者的信任，这位见证者能看见一切，听见一切，无论受托人打算按所说的去做，还是不愿按所说的去做。[33] 托管之物被受托人当做圣物来接受，他知道必须把托管之物完好保存，因为他要尊重真理和保持良好的信誉，如果托管之物被入侵者、小

① 参见《出埃及记》22：6。"若点火焚烧荆棘，以致将别人堆积的禾捆，站着的禾稼，或是田园，都烧尽了，那点火的必要赔还。"

偷、夜晚的盗贼这些专门窃取别人财物的恶人偷走，那么抓住罪犯就必须判罚两倍的价钱。①[34]若是没有抓住盗贼，受托人必须主动来到神的法庭上，双手伸向天空，指着自己的毁灭起誓，说他没有挪用托管物的任何部分，也没有帮助别人这样做，更没有捏造托管物被盗窃。② 否则，可能会有无辜方被处以罚金，也可能会造成对朋友的伤害，二者都是荒谬的，这些人相信朋友的良好信誉，因此跑去向朋友求助，但却被别人冤枉。[35] 托管之物不仅包括无生命物，也包括可能在两方面带来危险的活物：一方面活物可能被盗，这与无生命物相同；另一方面活物可能死亡，这是无生命物所没有的，是活物独有的。前者我们在上面已经作过讨论，现在我们要对后者制定律例。③[36] 若有托管的牲畜死了，受托人必须打发人找来委托人，把死尸指给他看，使自己免受任何质疑。如果委托人不在家，受托人不可召来委托人可能不愿意让他知道这些秘密的其他人；一旦委托人回到家中，受托人必须向委托人起誓，证明自己没有编造谎言，用死亡为借口来掩盖他的挪用行为。④[37] 如果接受的用具或牲畜不是叫他保管的，而是应他的要求借给他使用的，然后用具被偷，或者牲畜死亡，那么只要出借方当时在场，借用人就不必负责，因为他可以叫出借方来见证他没有造假。如果出借人当时不在场，那么借用人就得赔偿损失。[38] 这是为什么呢？因为主人不在，借用人就有可能让牲畜一直干活，致其过劳而死，或者对别人的用具漫不经心，没有小心看管，使小偷有机可乘，致使器具被盗，造成损失。[39] 这位立法者有异乎寻常的洞察力，知道事物之间如何彼此相继，所以他立下一系列前后有关联的禁令，使后面的事情与前面的事情和谐统一。他告诉我们，神在亲口说出的神谕中宣告，每一件说过的事情与将要说的事情之间是一致

---

① 参见《出埃及记》22：7。“人若将银钱或家具交付邻舍看守，这物从那人的家被偷去，若把贼找到了，贼要加倍赔还。”

② 参见《出埃及记》22：8。“若找不到贼，那家主必就近审判官，要看看他拿了原主的物件没有。”

③ 参见《出埃及记》22：9—13。

④ 参见《出埃及记》22：14—15。

的，“你们不可偷盗，不可说谎，也不可诬告你的邻舍。不可指着我的名起假誓，亵渎我的名”①。[40]这些教训确实非常好，因为被良知证明有罪的小偷必定会由于害怕受到惩罚而说谎。他既然否认自己所做的事情，就急切地想要指控另外一个人，提出诬告，想方设法使自己的指控显得合理。每一名这样的指控者必定是伪誓者，对虔敬不屑一顾，他缺乏正当的诉讼理由，就拿所谓的非科学的证明方式，亦即起誓，来做挡箭牌，因为他认为诉诸神就能使听众相信他。可以认定这样的人是不虔敬的、渎神的，他玷污了这个本性洁净的美名，亦即神的名。

【8】[41]“你不可起假誓。”这是十诫中的第九诫，是第二块法版上的第四条。只要恪守这一条诫命，就能给人类生活带来无数的恩福；相反，若不遵守这条诫命，就会导致无穷的灾害。诬告诚然要受到谴责，但是他的罪比起作假见证来倒要轻一些。[42]前者是为了保护自己，后者是当别人的帮凶；如果我们比较这两个坏人，为自己而犯罪的人的罪恶要小于为别人而犯罪的人的罪恶。[43]审判官对指控者总是带着厌恶之情，把他视为急于赢得官司而对事实真相几乎毫不关心的人。由于这样的原因，律法要求听众注意听取指控者的介绍。而对于证人，审判官从一开始就没有潜伏的敌意，听他讲话时没有先入之见，能够心平气和地聆听；同时，证人戴着良好信誉和真理的面罩，信誉和真理确实是最宝贵的事物的名称，但若它们被用作抓捕某种热切渴望之物的诱饵，那就成了最大诱惑力的名称。[44]因此，律法书在许多地方都告诫我们，不可认同不公正的人或行为，②因为若是认同不基于真诚的原因，那就是诱导人去证实谎言，正如每一个对不公正感到痛苦，并且敌视不公正的人就是真理的朋友。[45]当一个人怂恿我们像他一样作恶的时候，我会断然拒绝分有他的愚蠢，这没有什么值得稀奇的；但若违背律法的是广大民众，他们被汹涌的浪涛席卷而去，坠下悬崖峭壁，那么

---

① 《利未记》19：11—12。“你们不可偷盗，不可欺骗，也不可彼此说谎。不可指着我的名起假誓，亵渎你神的名。我是耶和华。”

② 参见《出埃及记》23：7；《利未记》19：15；《申命记》16：19—20。

要想保持距离，不与他们同流合污，就需要拥有高尚的灵魂和刚正不阿的精神。[46] 有些人以为，大众认为对的事情就是合法的和公正的，尽管它有可能是完全违法的。他们的论断没有什么道理，因为顺从自然是好的，而大众轻率的做法往往与自然引导我们做的事情背道而驰。[47] 所以，若有人聚众闹事，我们不可认同他们削弱公民生活的基础。“一个聪明的头脑胜过许多双手，成群的傻瓜则使愚蠢更甚。”①[48] 但是有些人表现出极度的邪恶，不仅指控别人从未做过的事情，而且坚持邪恶，将谎言延伸到天上，指证永远幸福快乐的神明。这些人就是征兆、预言、所献内脏的解释者，精通其他占卜技艺的占卜师，他们的技艺实际上是一种腐败的技艺，是伪装神圣先知的神灵凭附。[49] 因为先知的宣告没有一句是他自己的话，他只是一名解释者，他所说的话全部是由另外一位提示的，当他还不知道自己在做什么的时候，他的理智退却，被圣灵充满，把他的灵魂要塞让给了新的来访者和房客，亦即圣灵，圣灵利用发声器官指示他要说的话，这些话清晰地表达了他要预言的信息。[50] 凡是追求占卜这种虚假卑鄙交易的人，都把自己的臆想和猜测当做真理，而实际上却与真理相差极远，这样做为的是能够轻易俘虏品性不稳的人；可以这么说，他然后就会掀起一股强大的逆流，颠覆他们失去了压舱物的小船，阻止他们入港，在安全可靠的虔敬港湾停泊。他认为他必须把他猜测的结果说成不是他自己的发明，而是神谕，只不过秘密地赐予他一个人罢了，以此确保周围的广大民众信以为真，欣然接受。[51] 这样的人，这位立法者给他取了一个恰当的名字，称做假先知，因为他使真的预言掺了假，制造出虚假的赝品，遮蔽真品。而不久以后，这种伎俩就会原形毕露，因为自然的惯例不是永远隐藏真相，一旦时机来临，它那不可阻挡的力量就会显露它独特的美丽。[52] 正如日食的时候，阳光暂时变暗，但不久以后就会重新闪耀，放射出毫无阴影的万丈光芒，此时完全没有任何事物能使它变暗，它的整个表面一览无余地展现在美丽而辽阔的天空；

① 诗句出自欧里庇得斯：《安提俄帕》。

同样，尽管一些贩卖神谕的人不停地使用他们虚假的占卜术，以预言为名，用他们迷狂的话语来蒙骗神性，但他们将被轻易识破。真理必将回来重新闪光，照射极远之地，而曾经遮蔽它的谎言必将消失。[53] 他又添加了另外一条极好的命令，禁止他们接受单个人的证词。① 这是因为，首先，单个人的所见所闻可能是不完全的，或者是有误解、受蒙骗的，因为错误的观点数不胜数，攻击我们的材料无穷无尽。[54] 其次，接受某个证词而推翻多个证词是最不公平的，甚至推翻一个证词也不公平；就前者而言，证词的数量是多，它显然比一个证词具有更大的可信性；就后者而言，反证没有在数量上占优势，而相等与占优势不是一回事。既然如此，为什么还要接受控方证人的证词，而不采纳被告自己的辩护呢？所以，对那些不是完全没有证据，但也不拥有充分证据的案子，最好的办法是存而不决。

【9】[55] 律法主张，凡是恪守摩西制定的神圣律例的人，必然比那些顺从其他法律的人更能避免受到各种盲目激情和恶习的侵扰，这种情况尤其适用于那些通过抽签或选举担任审判官的人。那些人自称有权把公正分给别人，而他们自己却有需要负责的罪过，这是完全违背理智的。与此相反，他们必然带有自然运作的印记，就好像他们是从原型而来，因而可以效仿原型。[56] 想一想火和雪是如何发挥作用的吧。火使靠近它的东西变暖，它的热主要存在于自身之中；雪作为火的对立面，通过它自己的冷使其他事物变冷。同理，审判官若想用正义之水滋润来到他面前的人，他自身必须充满纯粹的公正，如同从甘泉中流出来的泉水滋润那些渴求真正合法行为的人的双唇。[57] 要做到这一点，一个人在担当审判官的职责时务必想到他在审理案子的时候自己也在受审，拿起投票板的时候也要拿起良好的判断，使自己能够抵御欺诈，公正地审判各人的功过，要鼓足勇气，不为罪犯的祈求和哀号所动。[58] 拥有这些美德的人会被恰当地视为公众的恩人。他就像一名优秀的舵手，驾驭航船，穿越事务的风暴，保障那些把利益托付给他的人

① 参见《民数记》35：30；《申命记》17：6，19：15。

的生命安全。

【10】[59] 律法给审判官的第一条命令是，不可听取谣言。[①] 这是什么意思呢？他说："我的朋友，洁净你的耳朵"，只要不停地把高尚的思想和话语之流灌进耳朵，只要耳朵拒不接受那些神话、闹剧、虚构的谎言，以及那些毫无根据的陈词滥调，那么耳朵就得了洁净。[60]"不可听取谣言"这个短语还有与上面所述相一致的另一层含义。人若把道听途说的事情作为证据，那么他们听到的东西是没有价值的、不安全的。为什么呢？因为眼睛熟悉真实的事物，在某种意义上与事实保持着联系，借着光明显示并检验一切，全面把握事实本身。有位古人说得好，耳朵不如眼睛可靠；[②] 因为耳朵并不贴近事实，耳朵听到的语词分散了人们对事实本身的注意，而事实并非必然如此。[61] 因此，某些希腊立法者似乎做得很对，他们仿效摩西最神圣的法版，规定不可把道听途说的话当做证据来接受，这就是所谓的眼见为实，耳听为虚。

【11】[62] 给审判官的第二条命令是不可收礼。律法说，贿赂能叫明眼人变瞎，[③] 又能败坏公正，阻止心灵沿着大道追求自己的事业。[63] 接受贿赂行不公正之事完全是堕落行为，接受贿赂行公正之事是一半堕落。有些执政者就处在通向邪恶的半道上，[④] 混合公正和不公正，他们担负支持受害者、惩罚作恶者的职责，但却没有毫不犹豫地将胜利记在必胜一方的名下，从而使他们的判决成为可以花钱购买的商品，还自认为这样做有理。[64] 他们在随后受到抨击时辩解说，他们并没有违反公正，因为那些应当输的人输了，应当赢的人赢了。这是一种恶劣的辩解，好的审判官必须做两件事：一是一丝不苟地依据律法进行判决；二是拒绝受贿。但若伸张正义的人却为

① 参见《出埃及记》23：1。"不可随伙布散谣言，不可与恶人连手妄作见证。"

② 参见希罗多德：《历史》1.8。

③ 参见《出埃及记》23：8。"不可受贿赂，因为贿赂能叫明眼人变瞎了，又能颠倒义人的话。"

④ 参见柏拉图：《国家篇》352c。

此而接受礼物，这就无意识地伤害了天生美好的事物。[65] 除此之外，他还在另外两个方面有错：一是他逐渐养成了贪慕钱财的习惯，而那种恶是滋生大罪的源头；二是他损害了原本应当受益的人，因为那人得为公正付出一笔钱财。[66] 因此，摩西给我们下了一条非常富有教育意义的禁令，要求我们以公正的方式追求公正，① 这就意味着人有可能以不公正的方式追求公正。他指的是那些为了钱财而进行公正判决的人，不仅在法庭上，而且在陆上、海上，或者在其他任何地方，或者也完全可以说在生活的一切方面。[67] 我们听说过有这样的人，他对别人寄存给他的没有什么价值的东西精心保管，然后欣然归还，但他这样做的目的是为了引诱对方，而不是为对方的利益考虑；也就是说，他的目标是通过一些小事得到对方的信任，引他上钩，从而保证在大事上也能得到同样的信任。这不是别的什么，就是以不公正的方式行使公正，因为把应当归还给别人的东西归还是公正的，而为了追求更大的利益这样做，那就不公正了。[68] 导致这种恶行的主要原因是过于熟悉谎言，从出生和摇篮时期开始，谎言就伴随他们的童年一起成长，保姆、母亲和其他随从，包括奴隶和自由人，家里人全是说谎大王。通过言辞和行为，他们的灵魂持久地与谎言为伴，谎言好像成了他们本性固有的必要部分，但若自然真的把谎言造就为天生的，那么谎言就应当随着对优秀事物习以为常而被消除。[69] 真理不就是生活中最优秀的事物吗？当这个拥有完善智慧的人想要给大祭司的袍子配上神圣的饰品，以表现非凡的美丽和宏伟时，他就在最神圣的部位，也就是灵魂的主宰所在的地方，绣上了真理的纪念牌。除了真理以外，他还放上一种他称做“清晰显现”的相似性质，代表我们所具有的理智的两个方面，内在方面和外在方面。外在方面要求清晰显现，使我们每个人里面不可见的想法显现出来，好让我们的邻人知道。内在方面要求用真理引导生活操守和寻找幸福的行为方式趋于完善。

---

① 参见《申命记》16：20。“你要追求至公至义，好叫你存活，承受耶和华你神所赐你的地。”

【12】[70] 给审判官的第三条命令是要他仔细考察事实，而不是挑剔诉讼人，要尽一切可能不让他自己去留意当事人的外貌。他必须强迫自己忽视和忘记那些他认识并记得的人，一方面有亲戚、朋友、同胞，另一方面有生人、敌人、外人，从而既不让亲情也不让仇恨影响他做出公正的判决。[71] 否则，他一定会像瞎子走路那样，跌跌撞撞，没有拐杖或扶手的引导，给他安全的依靠；因此，好的审判官必须在双方当事人头上蒙上一块面纱，而无论他们是谁，只顾单纯的事实本身如何。他必须依据真理，而非人的意见进行审判，必须想到“审判是属乎神的”，① 而审判官只是审判的管家。作为一个管家，他不可以出卖主人交托的财物，因为人类生活中最美好的事情就是他从一切事物中最优秀的那一位所领受的信任。

【13】[72] 除了这些律例以外，他又加上另外一条明智的律例，在审判时不可怜悯穷人。② 要知道，说这些话的这个人实际上在整部律法书中写满要怜悯和仁慈这样的教导，他对傲慢自大的人提出严厉警告，而对那些觉得有责任救济身遭不幸的邻人的人大加奖赏，这样的人不会把大量财富看作个人的财产，而会视为应与穷人分享之物。[73] 古人所说的话一点儿没错，人的行为有哪一样比行慈善更能使人与神相像，而人，作为被造者，若效仿神这位永恒者，那么还有比这更大的善行吗？[74] 所以，让富人不要在家里堆积大量的金银财宝，而要拿出来分给大家使用，这样的话，他可以使穷人解困，他们会对他的善举欢呼。如果处于高位，让他不要骄傲地高高在上，而要崇尚平等，允许那些身份低下的人自由发表意见。如果他身体强壮，那就让他成为弱者的支持者，不是像在体育比赛中伺机打败弱者，而是与弱者共享自己的力量，以此为他的雄心。[75] 凡是从智慧之井中汲水的，心里皆不可吝惜，无须别人下令，都要自发地有益于邻人，通过他们的耳朵把话语浇灌在他们灵魂里，使他们分享自己的知识。倘若看见有天赋的

① 参见《申命记》1∶17。“审判的时候，不可看人的外貌。听讼不可分贵贱，不可惧怕人，因为审判是属乎神的。若有难断的案件，可以呈到我这里，我就判断。”

② 参见《出埃及记》23∶3。“也不可在争讼的事上偏护穷人。”

青年像茁壮成长的树苗，他们就会欣喜地想，终于找到了一些可以传承的灵性财富，这才是唯一真正的财富。他们把这些青年带在身边，用原则和教义培育他们的灵魂，直到他们枝繁叶茂，结出高尚生活的果子。[76] 律法中镶嵌着这些华美的珍宝，吩咐我们要把财富分给穷人；只是在审判席上，我们不可怜悯他们。怜悯是对不幸者的同情，而自愿作恶者不是不幸，而是不公正。对不公正者要给予惩罚，正如对公正者要给予荣耀。[77] 因此，不要由于怜悯穷人身无分文的困境而让他卑躬屈膝、阿谀奉承的无耻行为逃脱惩罚。他的行为不配得到同情，远非如此，而是应当对他的行为感到愤怒。因此，担任审判官的人必须是一个好的银钱兑换者，他要精心辨别和筛选面前的每一个事实，分辨真假，不让它们混在一起。[78] 关于作伪证和审判，还有很多话可说，但为了避免冗长，我们必须转向十诫的最后一条诫命。这一条诫命，就像其他诫命一样，用一句凝练的话来概述，就是“不可贪恋”①。

【14】[79] 每一种贪恋都应受到谴责。这是对灵魂里的每一个“过分而无度的冲动”和“非理智的、逆性的活动”的谴责，因为二者不是别的什么，而就是打开长期存在的欲望的口子。所以，人若不限制自己欲望的冲动，不像控制桀骜不驯的驽马一样控制它们，他就会成为某种几乎致命的欲望的牺牲品，他会不知不觉地偏离正道，就像驾驭者，被拉车的牲口带入难以逃脱的沟壑或死谷。[80] 没有哪一种欲望像贪恋或者想要得到自己所没有的东西那么讨厌，这些东西看起来是好的，其实并非真好。这样的欲望产生强烈的、无穷的向往；它怂恿并驱使灵魂无休止地追逐，而那些被追逐的对象总是傲慢地在它前面飞，面朝追逐者，而不是背对他。②[81] 当追逐者怀着强烈的贪恋追赶这个目标时，它就会停一会儿，让追逐者以为有可能抓住它，然后它又会转身离去，二者之间的距离越来越远，只留下嘲笑和辱骂。

---

① 参见《出埃及记》20：17。“不可贪恋人的房屋，也不可贪恋人的妻子，仆婢，牛驴，并他一切所有的。”

② 参见斐洛：《论十诫》第 28 章。

与此同时，被远远地抛在后面的贪恋痛苦万分，追逐者可怜的灵魂招致坦塔罗斯①般的惩罚，如故事所说，坦塔罗斯眼看就要喝到水了，但水退了，他无法喝到水；当他想要摘果子吃的时候，果子就消失了，果实累累的树变得空无一物。[82] 正如饥饿和干渴这两个身体的无情而残忍的情妇折磨身体，使身体痛苦万分，就像遭受五马分尸之刑，甚至比这还要痛苦，若不用食物和饮水缓解它的暴力，常可置人于死地，而灵魂也是这样。贪恋使灵魂忘掉现在，变得空洞，然后灵魂想起遥远的东西，产生强烈而无法控制的疯狂，有了比刚才提到的饥渴更加残酷无情的情妇，尽管名称相同，但此时的饥渴不是想要满足肚腹，而是对钱财、名誉、权力、美女，以及其他无数事物的渴望，包括一切在人类生活中令人羡慕、值得为之拼搏的东西。[83] 正如逐步发展的疾病，亦即医生所谓的慢性病，不会停留在一个地方，而是四处游移，应了它的名字，逐步发展，向四面八方蔓延，掌握并控制身体的每一个部分，从头顶到脚底；同样，贪恋也会穿透整个灵魂，不会放过哪怕最小的地方，使其不受伤害。在这一点上，它与火的力量相仿，一旦被点燃，就凭借充足的燃料熊熊燃烧，吞噬一切，直到把一切化为灰烬。

【15】[84] 所以贪恋是一种异乎寻常的邪恶，或者应当说，贪恋是万恶之源。因为抢劫、赖账、诬告、强奸，还有诱奸、通奸、谋杀，以及所有错误行为，无论是私下的还是公开的，无论是在神圣事务中，还是在世俗事务中，这些邪恶还能从其他什么源头中流出来呢？[85] 把恶之发明者这一名称给予贪恋这种激情是最恰当不过了，纵然贪恋是邪恶最小的果子，爱的激情，在历史上不止一两次，而是经常地使整个世界灾祸遍地，这些灾祸数量实在太多，光是陆地上的区域无法容纳，于是就倾入海中，它们似乎被急流驱赶，海上各处充满敌对的船只，海战会产生的种种恐怖成为现实，然后它们又成群结队地上到海岛和大陆上，从源头出发，横扫左右，席卷前后，犹

① 坦塔罗斯（Ταντάλος），希腊神话人物，宙斯之子，吕底亚国王。他因得罪神灵，死后在地狱中受罚。

如涨落的潮汐。[86] 我们可以下列方式对贪恋获得更加清楚的洞见。它就像有毒腺的动物或者致命的毒药，无论攻击谁，必致其伤口日益恶化。[87] 我这样说是什么意思呢？如果贪恋指向钱财，就会使人成为小偷、扒手、盗贼，他们不还债，不归还托管物，接受贿赂，掠夺圣殿，以及诸如此类的所有行为。[88] 贪恋的目标若是名誉，他们就会变得骄傲自满，飞扬跋扈，变化无常，反复不定，耳朵被声音阻塞，对其他声音充耳不闻，他们一会儿跌倒在地，一会儿趾高气扬，因为民众随波逐流，不分青红皂白，一会儿给他们赞颂，一会儿给他们谴责，不能保持一致。他们轻率交友，鲁莽树敌，所以在他们那里，敌友可以轻易交换，化敌为友或化友为敌，还表现出诸如此类的其他种种品性。[89] 如果贪恋指向职位，他们就会热衷于拉帮结派，处事不公，专制暴虐，性情残忍，成为国家的敌人和软弱者无情的主人，他们仇视与他们势均力敌的同辈，以之为政敌，对权重位高的上级奉承谄媚，但又随时准备背信弃义，反戈一击。[90] 如果贪恋的目标是美貌，他们就成为勾引者、通奸者、鸡奸者、不节制和淫荡的栽培者，似乎这些大恶就是大福。我们知道贪恋一路向前，直抵舌头，引起无穷麻烦，因为有些人想要闭口不言，而有些人随口乱说，却不知复仇的公正有时会说出来，有时会保持沉默。[91] 当贪恋控制肚腹的时候，就会产生美食者，他们贪得无厌，骄奢淫逸，急切追求放荡的生活，沉溺于美酒和暴食，卑微地受制于烈酒、鱼肉、美味佳肴，就像贪婪的小狗，偷偷摸摸地围着筵席和饮食，最终导致比死亡更加痛苦的悲惨而又可恨的生活。[92] 正是这一点使那些对哲学并非浅尝辄止，而是饱餐大量正统原理的人提出了他们自己的理论。他们研究了灵魂的本性，发现它有三个组成部分：理智①、激情和欲望。他们把头部指定给拥有主权的理智作城堡，这是它最合适的居所，这里还驻扎着感觉器官，它们像卫士一样保卫着它们的国王，亦即心灵。[93] 他们把胸部指定给激情，这样做，部分原因是由于它像一名穿着胸铠的战士，即使不是完全

① 在拙译《柏拉图全集》中，“理智”译为“理性”。参见柏拉图：《蒂迈欧篇》69e。

安然无恙，也几乎不可能被最终击败，另一部分原因是由于它靠近心灵，可望得到邻者的帮助，后者可以用智慧吸引它，使它变得温顺柔和。他们把肚脐周围的地方，也就是被称做横膈膜的地方，指定给欲望。[94] 没错，欲望缺乏理智能力，所以应当让它尽可能远离理智的高贵处所，让它几乎处于最远的边界；最为重要的是，欲望是一头贪得无厌、荒淫无度的畜生，应当在取食和交配的区域放牧它。①

【16】[95] 最圣洁的摩西似乎看到了这一切，因此他从总体上拒斥欲望，憎恨它，认为它本身和它的作用都是最可耻的；摩西尤其痛斥欲望是对灵魂的一连串毁灭，所以必须摆脱欲望，或者使欲望服从理智的管理，这样万物才有可能全面渗透平安和良好的秩序，而善物的那些完全的样式会使幸福生活得以成全。[96] 由于喜欢简练，他习惯以一个事例作为教训来简要叙述无数的主题，所以他取了欲望的一种样式，即以肚皮为活动场所的样式，第一步是告诫和教训它，认为只要其他形式的欲望得知它们的长者，或者可以说它们的首领，顺服了自制之法，也就不会像从前那样骚动不安，必定会有所克制。[97]那么，他作为第一步的教训又是什么呢？这两件事情至关重要，就是吃与喝；他没有放纵二者，而是用最有益于自制、仁慈，以及最重要的虔敬的诫命来约束它们。[98] 他吩咐他们要从谷、酒、油、牲畜和其他东西中拿出样品来作为初熟的果子，一部分用来献祭，一部分送给行使职权的祭司做礼物；拿来作供品，是为了感谢畜群的发达和田地的丰收，拿来给祭司，是认可他们在殿里的服事，让他们在圣仪上的事奉得到一些酬劳。②[99] 无论如何，在没有留出初熟果实之前，谁也不可品尝或拿走自己果实的任何部分，这一诫条也有利于训练人的自制品质，那是对生活最有益的。人若是学会了不再冲动地攫取一年四季丰富的产出，而是耐心等待，直到初熟的果实分别为圣，那么他显然已经使他的激情冷却，从而控制了难以控制

① 参见柏拉图：《蒂迈欧篇》70e。

② 参见《申命记》18。

的食欲。

【17】[100] 同时，他也不允许神圣共同体里的成员毫无节制地使用并分有其他食物。地上、海里、空中所有最肥美的活物能够挑唆和激发邪恶的仇敌，亦即享乐，所以他严禁他们吃这些活物，因为知道这些活物为最盲从的感官味觉设置了陷阱，使人贪食，这是一种对灵魂和身体都极其危险的邪恶。因为贪食导致消化不良，而消化不良是一切失调和疾病的源头。[101] 在各种不同的陆上活物中，没有哪一种动物的肉比猪肉更加鲜美，凡是吃猪肉的人都承认这一点；而在水族活物中，同样可以说无鳞类是最好吃的。……① 为了激发那些具有追求美德天性的人培养自制的品质，他教导和训练他们要节俭和知足，努力摆脱奢侈的生活。[102] 他既不像斯巴达的立法者那样主张严格的朴素和苦行，也不像伊奥尼亚人和西巴里特人那样引诱人们过奢侈和纵欲的生活，追求美味佳肴。与之相反，他开启了一条介于二者之间的中庸之道。他使那些过于紧张的人放松，使那些过于松弛的人严谨，就像在一种乐器上把位于两端的最高音与最低音协调起来，弹出和音，从而产生一种和谐一致的、无人责备的生活方式。所以，他没有忽略任何事情，而是对可以吃与不可以吃的东西制定了非常细致的律例。[103] 可能有人会认为，食人肉的野兽使人遭受什么样的痛苦，人也可以使其遭受同样的痛苦，这样做是公平的。然而，摩西要求我们，哪怕它们可以提供令我们愉快的美味佳肴，也不可以吃它们。他考虑的是什么东西适合温文尔雅的灵魂，尽管做了什么事就要担当什么罪，这样做是完全合理的，但是遭受灾难者报复作恶者是不恰当的行为，要防止愤怒这种野蛮的欲望使他们不知不觉地变成野兽。[104] 他非常小心地提防这种危险，建议他们克制食欲，不对刚刚提到的这些活物产生欲望，同时严禁他们吃其他食肉动物。他对动物做了区分，把食草动物归入温和动物一类，因为它们确实本性温驯，以地上出产的本性温和的果实为生，不会伤害他者的性命。

---

① 此处原文有佚失。

【18】［105］食草动物有牛，绵羊，山羊，鹿，羚羊，狍子，野山羊，麋鹿，黄羊，青羊，共十种。[①] 由于他始终遵守数学的原则，通过深入观察，知道这些原则在一切存在物中都是非常重要的因素，所以他制定的律例，无论大小，没有不求助于他这位助手的，我们可以说，他的每一项立法都与恰当的数字相对应。在从一开始的所有数字中，十是最完全的，如摩西所说，十也是最圣洁的，所以他把洁净动物的种类定在十上，希望他族里的人就吃这些牲畜。［106］他还添加了一种普遍的方法来检验这十类牲畜，这种方法有两个标准，一个是蹄子分成两瓣，另一个是倒嚼反刍。[②] 凡是没有这两种情况，或者没有其中之一的，就是不洁净的。这两种情况可以用来象征老师和学生获取知识的最佳方法，区分好坏，避免混乱。［107］正如反刍的动物吃下食物以后，先让食物在食道里停留一会儿，然后再把它翻上来，重新咀嚼，然后再送进肠胃；同样，学生通过耳朵接受了老师教导的原则、智慧和学识以后，由于不可能一下子领会、准确无误地掌握它们，所以要经过一段时间，通过不断练习，凭借记忆，把听过的教训一点点回想起来，这就像对观念使用黏合剂，在他灵魂里牢固地留下这些观念的印象。［108］但是光有对观念的牢固理解显然是没有用的，我们还必须对它们进行区分，使我们能够选择应当选择的，舍弃应当避免的，而分蹄就象征着这种区分。这是因为生活的道路有两条分支：一条通向邪恶，另一条通向美德，我们必须避开一条，同时永不放弃另一条。

【19】［109］因此，不分蹄的或多蹄的牲畜都是不洁净的，因为前者寓示好的和坏的合而为一，具有同样的本性，如同混淆凹面与凸面，上坡与下坡；后者是因为在我们的生活中呈现出许多道路，欺骗我们，这还不如没有道路，凡是有多种可能性的，要找到最佳的、最有益的道路就很困难。

【20】［110］在对地上的动物作了这些规定以后，他接着描述水中洁净

---

① 参见《申命记》14：4—5。"可吃的牲畜就是牛，绵羊，山羊，鹿，羚羊，狍子，野山羊，麋鹿，黄羊，青羊。"

② 参见《利未记》11：3以下。

可吃的被造物。他也用了两个标记来区分它们，鳍和鳞；凡是无鳍无鳞或者缺少其中之一的，都被他排除和否定。[①] 这样做是非常恰当的，我要解释这里面的原因。[111] 没有鳍和鳞，或者没有其中之一的水中活物，湍流冲来就被冲走，无法抵挡水流的力量；而有鳞有鳍的活物，能把水流分开，迎着它，抵挡它，以其不可战胜的热情和勇气顽强地反击水流。如果受到冲击，就向后反推；如果受到追击，就迅速反击；哪里的道路受到阻挠，就在哪里开辟大道。[112] 这两类鱼也用作象征，第一类象征喜爱享乐的灵魂，第二类象征珍爱忍耐和自制的灵魂。通向享乐的道路是下坡，非常容易，其结果与其说是行走，不如说是被拉下去的；另一条通向自制的道路是上坡，无疑很艰苦，但很有好处。一条道路指引我们下山，让我们走下陡峭的山坡，使我们越走越低；另一条道路指引不朽者朝着天上走，他们不会在路上昏倒，有足够的力量忍受艰难的攀登。

【21】[113] 他又按照同样的方式，宣称凡是没有脚、靠肚子蜿蜒行走的，或者有四条腿和许多足的爬行动物，都是不洁净的，不可以吃。这些话有进一步的含义：在这里，爬行动物指的是那些致力于自己肚腹的人，他们像鸬鹚一样贪婪地填塞肚子，不停地给他们可怜的肠胃灌烈酒、烤肉、肥鱼，以及厨师和面包师用精湛技艺制作出来的各种美味佳肴，以此煽动和滋生永远贪得无厌的欲望之火。有四条腿和许多足的，他指的是不仅受制于欲望这种激情，而且受制于所有情欲的卑鄙之人。[114] 情欲分为四大类，但每一类又分为许多种，一位暴君的专制已经是残忍无比，更何况多位暴君的专制必定是最冷酷无情的、无法容忍的。他把有足有腿，因此可以在地上蹦跳的爬行动物归到洁净的一类，比如蚱蜢[②] 与所谓的斗蛇者；他在这里同样通过象征来探索理智灵魂的禀性和作风。而身体天生就有重量，有向下的倾向，会把那些没有什么理智的灵魂一同往下拉，并用大量属肉身的东西遏制和压倒灵

---

① 参见《利未记》11∶9以下；《申命记》14∶9以下。

② 参见《利未记》11∶21。“只是有翅膀用四足爬行的物中，有足有腿，在地上蹦跳的，你们还可以吃。”

魂。[115] 所以获得大力能够抵御向下坠的人有福了，他们得到指示，要向上离开地面和受制于大地的事物，进入太空和旋转的诸天，那里的景象令人无比向往，在那些全心全意而不是半心半意的天人眼里，这有多么值得赞美。

【22】[116] 讨论了地上和水里的各种活物这个主题，并尽其所能区分它们以后，他继续考察剩余的被造物，也就是空中的居住者。他认为有大量的鸟是不能吃的，因为这些鸟都是食肉的和有毒的，它们总是使用自己的力量攻击一切空中的被造物。①[117] 但是，他认为家鸽、野鸽、斑鸠、鹤类、鹅类，属于温驯高雅之族，凡是想吃它们的人可以随意把它们当做食物。[118] 就这样，他从生活在土、水、气这些宇宙元素中的各类活物中划出许多种活物，地上跑的、水中游的、空中飞的，叫我们不可以吃，如同从火中撤走燃料，使欲望之火熄灭。

【23】[119] 他进一步禁止人们与自然死亡的或被野兽撕裂的动物发生任何联系，② 禁止后者是因为人不可以和残忍的野兽一同进食，甚至完全可以说不能与它们同享肉宴；禁止前者可能是因为这种吃法有害健康，不卫生，因为尸体里除了鲜血，还有凝固的血浆；作出这些禁令也可能是考虑到举止要得体，不可触摸动物的死尸，要敬畏自然已经使然的命运。[120] 技艺高超的猎人知道如何命中目标，极少错失靶心，对这种运动乐此不疲，对狩猎成功扬扬得意，尤其是当他与别的狩猎者一同分享猎物时，更是自命不凡，希腊人和野蛮人中的大部分立法者都高度赞扬这种人，不仅赞扬他们的勇气，而且赞扬他们慷慨大方。然而，由于上述原因，这位神圣国度的创立者完全有可能指责他们，因为他严禁人们吃自然死亡或者被野兽撕裂的动物。[121] 有些致力于艰苦训练的人，由于热爱体育锻炼，也成了狩猎爱好者，因为这些人认为这是一种训练，他们是在为抵御敌人带来的危险而进行准备，所以当他狩猎成功，捕到猎物时，会把杀死的野兽扔给猎犬吃，作为

---

① 参见《利未记》11：13 以下。

② 拿来作食物或触摸动物这样的尸体。

对它们的勇敢和忠心的报酬或奖赏。但他本人不可触摸这些野兽的尸体，由此从他对待非理智动物的态度可以得知如何对待人类的敌人，人们不可为了不正当的利益而争斗，像拦路贼那样，而是为了自卫才去争斗，或者是为了报复他所遭受的伤害，或者是抵御他预计将来可能会遭受的伤害。[122] 然而，有些撒达纳帕鲁斯①类型的人贪婪成性，无限扩张他们的奢侈习俗。他们想出新的享乐方式，把动物闷死或勒死，让血液留在尸体里，这样的肉不适合用于献祭，血液是灵魂的基质，② 应当让它自由流动。[123] 能吃到肉他们应该心满意足，不应染指这些与灵魂相似的东西。所以在其他地方他为血这个主题立下律例，③ 谁也不可把血或脂油放入口中。禁止吃血是由于我已经提到的原因，即它是灵魂的基质，这个灵魂不是理智的灵魂，而是使感官得以运作的灵魂，是赐予生命的灵魂，是我们与非理智动物共同拥有的灵魂。

【24】[124] 圣灵是另一种灵魂的基质或实体，这是摩西专门证明了的真理。他在创世记的故事中说，神向第一个人，亦即我们人类的祖先，吹了一口生气，吹在他的脸上，这是身体最高贵的部位，④ 感官的处所就在那里，就好像心灵这位伟大国王的卫士。显然，这样吹出来的生气就是以太一样的灵，或者比以太一样的灵更好，它甚至就是圣者，是三倍圣者的神圣之光。不可以吃脂油，乃是因为它是营养最丰富的部分，他在这里再次教导我们要践行自制，培养对俭朴生活的渴望，放弃唾手可得的东西，甘愿为获得美德而忍受焦虑和劳苦。[125]正是由于这个原因，这两种东西，亦即血和脂油，要从整个祭牲中分离出来，作为一种初果献上，并要全部用完。血要作为奠酒洒在祭坛上，脂油要代替燃油做燃料，付诸圣洁的、祭祀用的火。⑤ [126]

---

① 撒达纳帕鲁斯（Σαρδανάπαλλος），传说中的亚述末代国王。

② 参见《利未记》17：11，14；《申命记》12：23。

③ 参见《利未记》3：17。“在你们一切的住处，脂油和血都不可吃，这要成为你们世世代代永远的定例。”

④ 参见《创世记》2：7。“耶和华神用地上的尘土造人，将生气吹在他鼻孔里，他就成了有灵的活人，名叫亚当。”

⑤ 参见《利未记》4：7—10。

摩西指责在他那个时代有些人是暴食者，他们以为自我放纵、随心所欲是最大的快乐，不满足只在城里过奢侈生活，在城里他们要什么就有什么，任何欲望都能得到满足，还要求在旷野中，在人烟茫茫的沙漠里，也能享有同样的生活，有鱼，有肉，有丰富的食品摆在那里出售。①[127] 所以当匮乏来临时，他们联合起来，厚颜无耻地指责、非难、吓唬他们的首领，不断地制造麻烦，直到他们的欲望获准得到满足，尽管那意味着他们的毁灭。获准的原因有两个：一是对神来说一切都是可能的，祂能在无路可通的困境中开出路来；二是为了惩罚那些任由自己的欲望放肆地膨胀并违背圣洁的人。[128] 拂晓时分，从海里飞来一群鹌鹑，落到营边和四周，方圆几十里都黑压压一片，这是身手矫健的人可能要走上一天的路程，而鹌鹑飞行的高度大约离地面两肘，所以很容易捕捉。[129] 原本以为他们会被这大能所作的奇迹所震惊，会满足于这样的奇观，并且充满虔敬，以虔敬为他们的食粮，不再吃肉。然而，这些活物实际上激发他们产生比以前更大的欲望，他们迫不及待地攫取那些看起来如此巨大的恩赐。他们用双手捕捉，塞满衣襟，他们把鹌鹑放到自己的帐篷里，然后又去捉更多的鹌鹑，过分贪婪使他们不知道适可而止，他们胡乱地料理一下鹌鹑，然后就贪婪地狼吞虎咽起来，这种愚蠢行为注定要使他们饮食过度而死。[130] 确实，他们不久以后就因流出胆汁而死，所以这个地方也由于这一降临他们的灾难而得名，被称为"贪欲的墓碑"，能够在灵魂中存在的邪恶没有比这个故事所说的贪欲更大的了。[131] 因此，摩西在他的告诫辞中所说的话极为精彩，"你们各人不可行自己眼中看为高兴的事"②，这就无异于说"各人不可放纵自己的贪欲。各人要为神所悦纳，为宇宙、自然、律法、智慧人所悦纳，放弃自恋。唯有这样，他才能获得真正的美德"。

【25】[132] 通过以上评述，我们已经尽力探讨了有关贪恋或欲望的问题，

---

① 参见《民数记》11。

② 参见《申命记》12：8。"我们今日在这里所行的是各人行自己眼中看为正的事，你们将来不可这样行。"

以此完成了我们对十条神谕以及附属于它们的律例的全面考察。如果我们把神的声音传达的主要诫命描述为一般的律法是对的，那么摩西作为传言人所宣布的所有律例就是附属于一般律法的个别律法，要想准确领会而避免混乱，需要对它们进行科学的研究；在这种研究的帮助下，我把整部律法分条缕析，把属于各条诫命的专门律例归到它们各自的名下。[133] 关于这一点就谈到这里。但是我们一定不可不知，正如十诫分别都有一些专门的律例与它同类，而与其他诫命没有共性，同理，也有一些东西是所有诫命共同的，不是只适用于一两条具体的诫命，而是适用于所有十条诫命。[134] 这些就是具有普遍价值的美德。十诫中的每一诫都个别地，或者在总体上，激励我们走向智慧、公正、虔诚，以及其他美德，再加上良好的思想和意愿，与审慎的话语结合在一起，与真正具有价值的言语行为结合在一起，所以，灵魂及其各个部分协调一致，就像造就和谐的音乐，使生活变成一首和谐而准确无误的乐曲。[135] 我们在前面已经说过虔敬或圣洁这位美德之王，也还谈到智慧和自制。我们现在的主题必定要落到公正身上，它的行事方式与以上这些美德非常相似。

【26】[136] 公正有一部分与法庭和审判官相关，这个部分决非无足轻重。我在详尽处理证据问题的时候，为了不使相关内容有遗漏，我已经提到了这个部分。重复已经说过的话不是我的习惯，除非具体情况迫使我这样做，所以我不再谈论这部分内容，而只是以此为前提，谈论这个话题的其余部分。[137] 律法告诉我们，必须把这些公正的律例记在心上，同时也要系在手上作为记号，使它们始终在眼前晃动。① 这些话的第一句是个比喻，指出公正之法不可交给不可靠的耳朵，因为听觉不可信，这些最好的教训必须印在我们最高贵的额头上，并盖上真实的印章。[138] 第二句的意思是，我们不可只接受有关善者的观念，还要以坚决的行动来证明我们对它们的赞

① 参见《申命记》11：8。“你们要将我这话存在心内，留在意中，系在手上为记号，戴在额上为经文。”

同，因为手比喻行动，所以律法吩咐我们把公正之法系在手上，作为一个记号。他没有明确说出它是什么东西的记号，我认为这里讲的不是一个事物，而是许多事物，它实际上是人类生活的所有因素的记号。[139] 第三句的意思是，无论何时何地我们都要想到它们，就好像它们近在眼前。经上还说它们要晃动，不是变得不稳定，有疑虑，而是借助它们的晃动，使视觉能对它们获得清晰的认识。因为晃动能够唤醒眼睛，使视觉发挥作用，或者更有可能是使眼睛惊醒，避免昏睡。[140]人若能在灵魂的眼睛里树立它们的形像，不是静止的，而是运动的，并且让它们自然地运动，那么这个人一定会被作为完人记载下来。他不再是门徒和学生，而成了老师和教员，他应当为愿意学习的年轻人提供知识，使他们从知识的源泉中汲取丰富的论述和原理。如果有人缺乏勇气，感到心虚，迟迟不敢前来学习，那么这位老师就应当亲自出马，把源源不断的教导灌入他的耳朵，如同灌入沟渠，直到这条灵魂的水渠满了为止。[141] 他确实要站出来把公正的原则教给亲戚朋友和所有年轻人，无论他们在家里还是在街上，在他们上床睡觉时要教，在他们醒来以后也要教，所以他们无论处于什么姿态，做什么动作，无论是独处，还是在公众场合，不仅在他们醒着的时候，而且在他们入睡的时候，都可以通过看见公正的影像而喜乐。① 灵魂整个儿充满公正，在公正永恒的原则和教义上自我训练，不留任何空间让不公正潜入，没有比这更加美好的喜乐了。[142] 他还吩咐他们把教导写在各家房屋的门框上，也写在城门上。② 就这样，无论是出门的还是留在家里的，无论是公民还是外邦人，都可以读到这些刻在门上的文字，永远记住该说什么和该做什么，既小心不做不公正之事，也不允许有任何不公正的事情出现，男人，女人，孩子，奴仆，无论是回到家里的时候，还是出门的时候，全都做应做之事，做对别人和自己都适宜之事。

---

① 参见《申命记》6∶7。“也要殷勤教训你的儿女。无论你坐在家里，行在路上，躺下，起来，都要谈论。”

② 参见《申命记》6∶9。“又要写在你房屋的门框上，并你的城门上。”

【27】[143] 另外一条最可敬畏的命令是，所有律法都不可添加或删减，全都要保持制定时的样子，不做任何改动。正如我们清晰所见，真实情况是所添加的东西是不公正的，所删减的东西却是公正的，因为凡是能够充分而又完全地拥有公正的事物，这位聪明的立法者没有任何一点忽略。[144] 他进而指出，其他每一种美德都已经达到完全的顶点。因为每一种美德都无所缺乏，在自我成全的过程中是完满的，所以，若有什么添加或删减，它的整个本性就会改变，变成相反的状态。[145] 让我来举例说明。勇敢这种美德以产生恐惧的事物为活动对象，是关于应当忍受什么的知识，凡是并非完全缺乏知识和文化的人，哪怕没有接受过多少教育，也都知道这种美德。[146] 但若有人沉溺于因傲慢而产生的无知，自以为是个超人，能够纠正无须纠正的事物，大胆地为勇敢添加或删减什么，那么他一定会完全改变勇敢的样式，在它上面添加另外一种样式，以丑陋取代美好，因为他给勇敢作了一点儿添加，就形成鲁莽，作了一点儿删减，就导致懦弱，至于勇敢这种对生活大有益处的美德，则连它的名称也消失得无影无踪。[147] 同理，若有人给虔诚这位美德之王添加什么，或大或小，或者相反，给虔诚删减什么，无论哪一种做法，都会改变甚至完全转换它的本性，添加会产生迷信，删减会导致亵渎。就这样，虔敬也消失不见了，而这个太阳的升起和大放光芒，乃是我们应当祈求的恩福，因为它是最大的恩福的源泉，它赐给我们事奉神的知识，而我们务必把这种知识看得比任何主权更尊贵，比任何治权更高尚。[148] 对其他美德也完全可以这样说，只是按照我的习惯，要避免冗长的讨论，做到言简意赅，所以，以上所举例子已经足够了，完全能够说明尚未阐述的内容。

【28】[149] 另外一条具有普遍意义的诫命是:“不可挪移你邻舍的地界，那是先人所定的。”[①] 我们可以这样想，这条律法适用于土地分配和设界，不

① 参见《申命记》19 : 14。“在耶和华你神所赐你承受为业之地，不可挪移你邻舍的地界，那是先人所定的。”

只是为了消除贪婪，而且也是为了捍卫古代的习俗。因为习俗乃是不成文的律法，是古人赞同的决定，但是它们没有刻在石碑上，也没有写在容易被虫啃噬的纸上，而是存在于同为公民的伙伴们的灵魂中。[150] 儿女从父母继承的东西，除了财产，还应当有祖先的传统习俗。他们生长在习俗之中，甚至从婴儿时期开始就与其一同生活，不会因为它们不是依靠文字记载来传递的而鄙视它们。遵守成文法的人没有什么可赞扬的，因为他是在告诫之下，出于对惩罚的害怕才这么做的。而忠实遵守不成文法的人值得赞颂，因为他展现的美德完全出于自愿。

【29】[151] 有些立法者引入抽签制度来任命行政官员，这是危害百姓利益的做法，因为抽签只能说明运气好，不表示有功德。事实上，幸运之签往往会落在众多卑鄙小人头上；若有好人掌权，他们会认为这些人甚至不配做他们的臣民。[152] 有些人说的“小统治者”也就是我们所谓的“主人”，他们不会留下有能耐的仆人，无论是家养的，还是买来的，而只会留下顺服听话的仆人；至于难以管理的奴仆，他们经常被成群地卖掉，这样的人不配做好人的奴仆。[153] 那么，用抽签这种幸运的阻挡者，用这种不确定和不稳定的方式来选择整个城邦或国家的统治者，这样做能行吗？在治病救人的问题上，根本就没有抽签的立足之地，因为医生不是靠抽签获得自己的地位，而是通过经验的考核得到认可。[154] 为了保证航行顺利和旅客安全，我们不会通过抽签来选一个人当舵手，然后直接派他去掌舵，这样的人可能由于无知而在风和日丽、风平浪静的环境下沉船，这样的事故没有任何自然的成分，全是人工所为；相反，我们会派一个我们了解的人，一个从小就在操舵技能上受过严格训练的人。这样的人肯定有过很多航行经历，驶过所有或大部分海区，仔细研究过港口、码头、抛锚地、碇泊处，无论是在岛屿上的，还是在大陆上的，通过对天体的精确观察，对航线了然于胸，哪怕不能说比陆地上的路线更清楚。[155] 通过观察星辰的轨迹，追随它们的有序运动，他能够在渺无人烟的地方开辟出宽广的大道，不会迷失方向，这真是不可思议的成就，本性属于陆地动物的人竟然能够在水中畅通无阻。[156] 一

个人要掌管庞大的、人口众多的城市，管理城邦的体制，管理各种事务，包括私人事务、公共事务、神圣事务，这样的任务我们完全可以称之为艺术的艺术，科学的科学，它只接受基于理智的证据的考验，所以，我们能把它作为摇摆不定的抽签游戏吗？

【30】[157] 一如既往的聪明的摩西在心中思考这些事情，他甚至没有提到通过抽签任命统治者，而是决定要通过选举来任命统治者。因此他说："你要从你弟兄中立一人作统治者，不可立外人为王"，① 由此表明，应当由同心同德的全体百姓自主选择统治者，并对他进行无可指责的详尽考察。选择之后还要得到神的进一步核准，由神来确认一切有利于共同福祉的事情，神甚至认为这个人可以称做从人类中拣选的，他与人类的关系如同眼睛与身体。

【31】[158] 另外还有两个不能立外人为王的原因：第一，防止他聚敛大量金银和牲畜，从臣民那里榨取大量不义之财。② 第二，防止他为了满足自己的贪欲，把本地人从土地上驱逐出去，强迫他们迁徙，到处流浪，或者激起他们增加财产的虚妄盼望，以便顺利地将他们迄今为止安全享有的东西据为己有。③ [159] 因为他有很好的理由设想，若是立与他们同一支派、同一血缘的人为国王，就会有一种纽带把臣民与国王联系起来，给他们带来最紧密的亲属关系，也就是拥有同样的公民身份、同样的律法、同样的神，把整个民族当做这位神的"分"，④ 这样的人绝对不可能犯刚才提到的罪过。他知道这样的人会做相反的事，不是放逐居民，而是提供条件让那些散居在国外的人回归本土；不是夺取别人的财富，而是把自己的私人财产慷慨地分给

---

① 参见《申命记》17:15。"你总要立耶和华你神所拣选的人为王。必从你弟兄中立一人。不可立你弟兄以外的人为王。"

② 参见《申命记》17:16。"只是王不可为自己加添马匹，也不可使百姓回埃及去，为要加添他的马匹，因耶和华曾吩咐你们说，不可再回那条路去。"

③ 参见《申命记》17:17。"他也不可为自己多立妃嫔，恐怕他的心偏邪。也不可为自己多积金银。"

④ 参见《申命记》32:9。"耶和华的分本是他的百姓。他的产业本是雅各。"

穷人，做所有人的公共财富。

【32】[160] 立法者吩咐所立的国王，自担任职位之日起，要亲手书写这部律法的总结，作为结局。① 他希望国王能够借此牢记律法于心。因为只凭单纯的阅读，思想会随着潮汐的涨落而忘却；而抽空把律法写下来，就能在心里生根，牢牢记住。因为心灵能够轻松地细想每一个要点，琢磨它们，而不会一掠而过，转到其他事情上去，直到把摆在面前的一切都牢牢掌握。[161]写下来之后，他还要每日阅读，熟悉所写的内容，好叫他对如此美好，对众人大有裨益的律例有永久不忘的记忆，通过不断的训练，使灵魂熟悉神圣律法的相伴，对它们产生一种坚贞不渝的热爱和渴望。长期相处，相濡以沫，不仅对人产生一种纯洁而真诚的感情，而且对这种完全值得我们热爱的作品亦如此。[162] 如果统治者学习的不是别人的作品和笔记，而是由他自己亲笔所写，那就更是如此，因为每个人熟悉自己写的东西，更能理解它的意思。[163] 还有，当他阅读的时候，他定会这样思考："这些话是我写的，我，一名优秀的统治者，尽管有一大群仆人，但我没有使用他们。我这样做难道是像那些为工钱而抄写的人填满书页吗？或者像那些为了训练自己的眼睛和双手而书写的人，使自己的视力变得敏锐，使自己成为快手吗？不，当然不是。我写这本书是为了马上把它们再次写入我的灵魂，把更加神圣的印记刻在心灵上，永不磨灭。[164] 别的国王手里都拿着权杖，而我的权杖就是这部律法最后的书卷，这是我的骄傲，我的荣耀，无物可以与之媲美，无人可以质疑这是主权的徽标，它是按照它的原型，也就是神的王权而制造的。[165] 我若以恪守这部神圣的律法为我的权杖和支柱，就可以赢得两样胜过一切的东西。② 一样是平等之灵，没有比它更大的善物了，因为傲慢和自大属于不能预见未来的灵。[166] 平等将得到公正的奖赏，其回报就是我

---

① 参见《申命记》17 : 18。"他登了国位，就要将祭司利未人面前的这律法书，为自己抄录一本。"

② 参见《申命记》17 : 19。"存在他那里，要平生诵读，好学习敬畏耶和华他的神，谨守遵行这律法书上的一切言语和这些律例。"

的臣民的善意和安全，而不平等将产生巨大的危险和隐患。如果我痛恨不平等，我就能逃脱这些危险，因为不平等将带来黑暗与战争；如果我崇尚平等，我就能终生抵御仇敌的恶意，避免骚乱，因为平等是光明和确定的秩序之母。[167]我能赢取的另一样东西是我守恒如常，不偏离左右，离开律例，乃至于歪曲它们，[①] 我会带着它们沿着中央大道，以坚定的步伐迈进，确保终生不会跌倒。”[168] 摩西习惯上把处于过度和不足这两极之间的中间道路称做“王道”，在这里我们也可以使用这个名称，因为在三者之中，位于中央者占据主导地位，它以牢不可破的纽带把两边的事物与自己联结在一起，位于两边的也如同卫兵，保卫着国王。[②][169] 恪守律法的统治者尊崇平等，不收受贿赂，以公正的方式进行公正的审判，按照律法自行操练，他告诉我们，这样的国王所得的奖赏是长久的统治，不是说给他很长的寿命统治国家，而是要告诉无知者，守法的统治者即使死了也是不朽的，他留给后世的言行永垂不朽，是不可摧毁的丰碑。

【33】[170] 被认定有资格担任最高级、最重要职位的人，应当挑选一些副职分担他的职责，进行统治、审判，处理其他有关公共福利的事务。一个人哪怕力大无穷，精力充沛，也不可能处理堆积如山的事务，尽管他热心如火，也会在日益增添的压力之下垮掉，除非他拥有一些助手，他们全是百里挑一的，在判断力、能力、公正、虔诚方面都是最佳人选，因为他们不仅毫无傲慢之气，而且痛恨傲慢，视之为致命的大恶。[171] 肩负国家大事的最杰出之人会在这样的人中间找到完全胜任的助手和支持者，以减轻他的重担，使他有喘息的机会。再者，问题有大有小，为了避免他在鸡毛蒜皮的小事上消耗精力，他应当把小事交给副手去处理，同时也保证他自己能够全力以赴地专注重要的大事。[172] 所谓大事，不可像有些人所理解的那样，是

---

① 参见《申命记》17：20。“免得他向弟兄心高气傲，偏左偏右，离了这诫命。这样，他和他的子孙便可在以色列中，在国位上年长日久。”

② 参见《民数记》20：17。“求你容我们从你的地经过。我们不走田间和葡萄园，也不喝井里的水，只走大道（原文作王道），不偏左右，直到过了你的境界。”

指争讼双方都是名人、富人、权贵的案件，而是指平民、穷人、无名小卒与其他强势群体的争讼，他们逃避致命灾祸的唯一希望在于审判官。[173] 神圣的律法书里有明确的例子，能够证明这些话是合理的，我们最好把这些例子抄下来。① 曾有一段时间，摩西亲自裁决公正问题，从早晨忙到深夜，后来他的岳父来了，注意到有问题需要定夺的人总是成群结队，摩西肩上的担子非常沉重，于是就提出了极好的建议，要摩西挑选一些代理人裁决小事，自己则专注于大事，让自己有时间休息。[174]摩西听从了这一确实有益的建议，从民众中挑出最有名望的人，任命他们担任他的副手和审判官，吩咐他们把比较重要的案件交给他本人。[175] 圣书里记载了这一事件，为的是教训每一代统治者：首先，要他们不可认为自己能够审理一切案件，拒不接受策士们的帮助，须知最富有智慧、为神所至爱的摩西也不拒绝这种帮助，更何况他们；其次，要他们挑选第二、第三层级的官员，不可把精力浪费在小事上，因而忽视更加重要的大事。因为人的本性决定了人不可能事必躬亲。

【34】[176] 我已经讲了两个例子中的一个，现在要添加第二个例子的论据。我说过，大案是指那些无权无势的小人物参与争讼的案子。卑微和软弱是寡妇、孤儿和寄居者的特点。正是对这些人的案子，统治一切的国王要亲自审理，因为在摩西看来，神这位宇宙的统治者也没有把这些人逐出他的审判范围。[177] 当这位受启示者在颂扬自有永有者的卓越时，他唱道："至大的神，大有能力，不以相貌取人，也不受贿赂，为人申冤"，然后他说到为谁申冤，不是为高官、僭主、陆地和海洋的掌权者，而是为"寄居者，为了孤儿寡妇"。②[178] 之所以为了寄居者，因为他作为朝圣者来到真理面前，敬拜唯一值得敬拜的那一位，抛弃他祖祖辈辈顶礼膜拜的神话故事和多神论，来到了一个更好的家，尽管他的父母、祖父母、祖先和其他血亲

---

① 参见《出埃及记》18：14—26。

② 参见《申命记》10：17—18。"因为耶和华你们的神他是万神之神，万主之主，至大的神，大有能力，大而可畏，不以貌取人，也不受贿赂。他为孤儿寡妇伸冤，又怜爱寄居的，赐给他衣食。"

都崇拜它们，由此他也把他的亲属，按常规是他仅有的同盟者的人，变成他的死敌。说他审案是为了孤儿，因为孤儿失去了父母，而父母是天生的帮助者和保护者，但却被处理争讼的力量所抛弃。说他审案是为了寡妇，因为寡妇失去了丈夫，丈夫把妻子从她父母那里接过来，负责保护她、照顾她，就保护而言，丈夫与妻子就如同父母与未出阁的少女。[179] 可以说，整个犹太民族与其他民族相比，在各方面都相当于一名孤儿。对其他民族来说，每当有不幸降临时，只要这种不幸不是出于上苍的直接干预，而是由于国家之间的交往，那么他们绝对不会没有帮手与他们结盟。但是没有哪个民族会帮助犹太民族，因为它生活在非同寻常的律法之下，这种律法必然是庄重而严厉的，因为律法教导最高标准的美德。然而，庄重是可怕的，是大多数人讨厌的，因为人们喜欢快乐。[180] 然而，如同摩西告诉我们的那样，他的像孤儿一样处于孤独状态的族人，始终是宇宙统治者怜悯和同情的对象，这个民族就是宇宙统治者的分，在这里他把这个民族从整个人类中分别开来，作为一种初熟的果子献给造物主和父亲。[181] 之所以如此，原因就在于这个民族的创始人表现出来的公正和美德，它们保存下来，就像不朽的树木，为子孙后代结出永不腐烂的果子，各方面都健康有益，尽管这些后代本身是罪人，但只要他们的罪是可以医治的，而不是完全向死的罪，那么这些果子就对他们有益。[182] 然而，谁也不可认为好出身就是一种完全的恩福，从而忽略高贵的行为，而要想到，人若有最好的出身，但却行事恶劣，给父母蒙羞，那么这样的人要招致更大的愤怒。人虽有真正优秀的榜样可以学习，但却学不到任何有利于引导他的生活，使他行走在正道上，使他的生活保持正当和健康的东西，那么这样的人是有罪的。

【35】[183] 律法对每个主管和执掌公共事务的人提出非常恰当的禁令，这样的人不得“在民中往来行骗”，① 因为这样的行为显示的是偏执狭隘的

① 参见《利未记》19∶16。“不可在民中往来搬弄是非，也不可与邻舍为敌，置之于死。我是耶和华。”

灵魂，以伪善掩盖它的恶毒。[184] 统治者管理臣民应当像父母管理孩子，因此他本人也可以得到臣民们亲生儿子般的尊敬，所以好的统治者真的可以被称做国家和民族共同的父母，因为他们表现出父母般的感情，有的时候胜过父母。[185] 但是，我们不应当把那些手握大权、毁灭和伤害臣民的人称做统治者，而应当称做敌人，他的所作所为无异于在战场上你死我活的敌人，而那些狡诈地作恶的人比公开的对手真的更加可恶。后者赤裸裸地表明他们的敌意，所以还容易提防；而前者的恶行却难以发觉，或者无法追踪，因为他们如同在舞台上一般披着奇怪的外衣，隐藏他们的真正面貌。[186]“规则”或“命令”是一个能够自我延伸的范畴，向各个生活领域渗透，我几乎可以说，它们只在范围和分量上有区别。因为国王与国家的关系就相当于村长与村庄的关系、家长与家庭的关系、医生与病人的关系、将军与军队的关系、旗舰与舰队和水兵的关系、船长与商人和货船的关系、船长与水手之间的关系。所有这些人都有力量，可以行善，也可以作恶，但是他们应当立志向善，向善就是有益于而不是有害于尽可能多的对象。[187] 这样做是在追随神，因为祂能够行善和作恶，但祂只立志行善。这一点可以从这个世界的创造和立序中表现出来。祂召唤非存在变为存在，从无序中产生秩序，使没有性质的东西变得有性质，使相异的东西变得相似，使完全不同的东西和谐统一，从无关和混乱中产生友谊与和谐，从不平等中产生平等，从黑暗中产生光明。因为祂和祂行善的权能始终以改变恶者的过失为己任，无论这种过失出现在哪里，都要把它变成善。

【36】[188] 好的统治者若立志与神相像，就必须效仿这些好事。然而，有大量的情况是人的心灵无法掌握或注意不到的。事实上，人的心灵被囚禁在熙熙攘攘的感觉之中，感觉很厉害，会用虚假的意见诱惑心灵，或者毋宁说人的心灵埋葬在必死的身体里，把身体称为坟墓是完全适当的，所以，审判官若有所不知，那么不必感到羞耻，而应当坦然承认自己的无知。[189] 否则的话，虚假的妄求者首先会使自己变得更加糟糕，因为他已经把真理赶

出灵魂的范围；其次，他若是在没有弄明白什么是公正的情况下就盲目做出判决，就会对诉讼者造成巨大伤害。[190] 所以，如果事实呈现出不确定性和很大的模糊性，他自己也觉得对事实无法把握，那么他应当放弃审判，把案子移交给更有辨别能力的审判官。① 这些人是谁呢？不应当是祭司以及他们的首领和领袖吗？[191] 因为真正事奉神的人，已经尽一切努力使自己的理智变得敏锐无比，在他们看来，哪怕微不足道的过失也要算作大错，因为他们所事奉的国王的伟大显现在一切事情上；因此行使职权的所有祭司在献祭时都不能喝烈酒，免得毒性潜入，扰乱他们的心灵和舌头，使理智之眼变得模糊。[192] 把这样的案子交给祭司审理的另一个可能的原因是：真正的祭司必然是一位先知，他依靠美德而不是依靠出身前来事奉真正的存在者，而对先知来说没有他不知道的事情，因为他内心有灵性的太阳和明亮的光芒，使他对不能用肉眼看见、只能用理智才能领会的事情有全面而清晰的理解。

【37】[193] 还有，那些和秤、天平、尺子打交道的人，那些店主、小贩、零售商，以及为了生计而出售其他所有商品的人，毫无疑问都要服从市场的管理者，他们若有健全的理智，那么他们自己就应当是管理者，行公正之事不是出于畏惧，而是出于自愿，因为出于自愿的公正行为在任何地方都比出于强迫更加受人尊敬。[194] 因此，他吩咐商人，以及所有从事这种营生的人，都要使用公道的天平、砝码、尺子，② 避免用不诚实的阴谋伤害顾客，要让每句话和每个行动都出于慷慨的、童叟无欺的心灵，要知道不公正的收入是完全有害的，而依靠公正得来的财富永远不会被夺走。[195] 既然匠人或做工者得工价是对他们的劳作的报酬，而且这种受雇者必定都是穷人，而

---

① 参见《申命记》17：8—9。"你城中若起了争讼的事，或因流血，或因争竞，或因殴打，是你难断的案件，你就当起来，往耶和华你神所选择的地方去见祭司利未人，并当时的审判官，求问他们，他们必将判语指示你。"

② 参见《利未记》19：35—36。"你们施行审判，不可行不义，在尺，秤，升，斗上也是如此。要用公道天平，公道砝码，公道升斗，公道秤。我是耶和华你们的神，曾把你们从埃及地领出来的。"

不可能是那些拥有大量钱财的富人，所以他命令雇主不可拖延工价，必须当日给付薪水。[1] 富人拥有充足的财产，他们在接受了穷人的服务以后，若不马上付给工价，那是完全悖理的。[196] 我们在这里岂不是清楚地看到对更大的不公正行为的告诫吗？试想，约定在黄昏时分，也就是结束工作回家时，雇工可以拿到他的报酬，但过了最后的时间仍然不支付工价，这样的事情尚且绝对不允许发生，更何况偷盗、抢劫、赖账，以及诸如此类的恶行，岂不更要加以禁止吗？禁止所有这些行为才能塑造灵魂，使之达到认可的标准，成为真与善本身的样式。

【38】[197] 另外一项极好的禁令是不可辱骂别人，尤其是聋子，因为他们既不能察觉自己遭受的恶，也不能进行报复，因为他们与辱骂者不在同一起点上。一方完全主动，另一方完全被动，这样的争斗是绝对不公平的。[198] 辱骂丧失说话能力的哑巴和听不见声音的聋子，这种罪过就相当于让瞎子走错路，或者把绊脚石放在瞎子面前。[2] 由于瞎子看不见，他们不可能跨过这些绊脚石，所以一定会被绊倒，他们既偏离正道，又伤了脚。[3][199] 实施这种诡计，或者对此感兴趣的人，律法用神的愤怒来威慑他们。这是正确的、合理的。因为只有神才把手伸向那些不能自助的人，保护他们。[200] 他的话无异于清楚地向作恶者宣告：“你们这些愚蠢的家伙，把别人的灾难当笑料，对那些遭受厄运的部位作恶，辱骂听不见的耳朵，向看不见的眼睛设置绊脚石，挡他们的路，以为用这样的方法伤害他们，他们不知道。但是你们绝对不可能逃过神的眼睛，因为祂审视一切，掌管一切，当你们践踏残疾者的不幸，似乎自己永远不会陷入同样的灾难时，要知道，你们所拥有的身体可以成为任何一种疾病的猎物，你们的感官是可灭的，一些细小的、极

---

① 参见《利未记》19：13。“不可欺压你的邻舍，也不可抢夺他的物。雇工人的工价，不可在你那里过夜，留到早晨。”

② 参见《利未记》19：14。“不可咒骂聋子，也不可将绊脚石放在瞎子面前，只要敬畏你的神。我是耶和华。”

③ 参见《申命记》27：18。“使瞎子走差路的，必受咒诅。百姓都要说，阿们。”

其平常的因素就有可能使它们受到责难，不只是聋了、瞎了，还有可能遭受无法治愈的残疾。”[201] 这些人失去了对真正自我的认识，以为显赫的地位能使他们超越人性的软弱，摆脱变幻不定、反复无常的命运的敌视，不知道命运经常突然降临到生活一帆风顺的人头上，在幸福的港湾里把他们的船只沉没。他们有什么权利自高自大，践踏别人的不幸，不顾公正这位万物之统治者的助手，它的权利和职责就是用它永不睡眠的眼睛的超然洞察力审视每一个角落的秘密，如同它们就在光天化日之下。[202] 这些人既然敢把无耻的怒火发泄到失明的眼睛、失聪的耳朵这样一些在某种意义上已经死亡的部位，如此残忍，那么在我看来他们完全有可能连死者也不放过，用一个流行的术语，他们毫无疑问会再次杀死死者。因此，如果这些器官所属的人离开了人世，他们必会显露出冷酷无情，对他绝对不会有一丁点儿人性和同情；但哪怕是在你死我活的战场上，对于已经倒下的敌人，也应该有这样的同情。这个主题的这一部分就讲到这里。

【39】[203] 他还制定了一组同类的禁令：不可让异类的牲畜交配；① 不可在葡萄园里种两种不同的果子；不可穿两样掺杂料作的衣服。② 在谴责通奸者时，我们已经提到第一条禁令，③ 为的是更加清楚地表明用阴谋破坏别人的婚姻，从而毁坏妻子们的道德，毁灭生育合法子女的真诚盼望，该有多么可恶。通过禁止不同种类非理智牲畜的交配，他显然是为了间接地防止通奸行为。[204] 不过，我们在这里也应当提到这样的律法，尽管我们在这里讨论的主题是公正，但我们一定不要忽略这里的机会，使用同样的观点引出更多的道德准则。我们知道，把可以联合的事物结合起来是正当的，同类生来就是为了联合，而异类则不能混合或结合，凡是打算把它们结合为正常的

---

① 参见《利未记》19：19。“你们要守我的律例。不可叫你的牲畜与异类配合，不可用两样掺杂的种种你的地，也不可用两样掺杂的料作衣服穿在身上。”

② 参见《申命记》22：9—11。“不可把两样种子种在你的葡萄园里，免得你撒种所结的和葡萄园的果子都要充公。不可并用牛，驴耕地。不可穿羊毛，细麻两样掺杂料作的衣服。”

③ 参见本文第 3 卷第 46 节以下。

同伴关系，就是不公正，因为这样做的人颠覆了自然法则。[205] 本质圣洁的律法对正当之事非常慎重，甚至不允许力量不同的牲畜一道耕地，因此禁止驴和壮牛共轭，免得力气比较弱的一方被迫与力气比较强的一方并驾齐驱，被累垮，倒在路上。[206] 确实没错，强壮的一方，即公牛，被列在洁净动物的名单上，而软弱的一方，驴子，则属于不洁净的动物。但是律法并不吝惜对似乎软弱者提供恰当的帮助，我想这是教导审判官的必不可少的一课，他们在审判的时候，只要认为审查的要点与出身无关，而只在于善行和恶行本身，就不可把出身卑微当做一个不利的因素。[207] 这组禁令中的最后一条，亦即禁止把羊毛和细麻这两种质地不同的材料编织在一起，也与前面两条禁令相似，因为在这里，不仅异类不可结合，而且如果二者结合，强势的一方也会导致裂缝的产生，而不是彼此统一。

【40】[208] 这组禁令中的中间一条是不可在葡萄园里种植两种不同的果子。第一个原因是不可让异类的事物混合，造成混乱。播种的庄稼与树木没有关系，树木也和庄稼没有关系，因此自然没有指定在同一个日子让二者每年生产果子，而是指定春季用来收割五谷，夏季用来收获果子。[209] 就这样，我们看到播种的庄稼过了扬花期，而园里的果树正好发芽。庄稼在冬季开花，果树则在冬季长叶；反过来，到了春季，所有庄稼枯萎了，而果树，包括种植的和野生的，正好抽枝发芽。实际上，庄稼成熟、丰收在望的时候，正是果子开始生长的季节。[210] 二者的本性如此大相径庭，所以他正确地把它们各自的开花期和结果期分开，遥远相间地安放，由此使无序变为有序。[211] 因为有序就相当于恰当，可以防止两个物种之间相互吸取营养而轮流伤害和被伤害。如果这种营养被吸走了，那就如同在灾荒和饥馑时期，所有庄稼都枯萎，几乎没有收成，这样的结果是无序的结果。[212] 第三个原因是，好的土地不应当承受两副非常沉重的担子：一副担子是在同一个地方播种和生长大量作物，另一副担子是要结出双重的果子。主人从一块田地里每年收获一次贡品就够了，就好比国王只能对一座城市收一次税。想要征收多于一次的税赋，就是极端的贪婪，是违背自然法则的一种邪恶。

[213] 因此，律法会对那些想在自己的葡萄园里播种来满足其贪欲的人说："你不可显得不如那些靠武力和远征军征服城乡的国王。他们着眼于未来，同时希望宽待臣民，所以认为每年最好只征一次税，免得在很短的时间内把民众逼到赤贫的地步。[214]但若你要在同一块土地上春季收获小麦和大麦，夏季收获树木的果子，那就是收双倍的税赋，会榨干它的生命力。就像一名运动员，你若不让他有喘息的机会，积聚力量准备下一次比赛，他就必定会变得精疲力竭。[215] 你显然过于轻易地忘记了我为这个共同体制定的禁令。仅当你记住我有关安息年的教训，我规定圣洁的田地劳作了六年，按照自然法则每年适时结出果子，到了第七年要休耕，不可让农夫的耕作把地力耗尽，你才不会不顾一切、耀武扬威地放纵你的贪欲，谋划前所未有的耕作样式，在适合种树，尤其是葡萄树的地方播下种子，为的是每年能够获得两种不同的收益，也就是不正当的收益，从而通过榨取收成以增加你的财富，这种榨取岂不正是出于无法无天的贪欲。[216] 若能下决心让自己的农场在第七年休耕，不向它们要收成，那么土地可以在劳作以后获得新的生命力，不会被双重担子压趴在地上，不堪重负。[217] 因此我必须对这种榨取发出通告，秋季收来的庄稼和果子都是不圣洁的，因为肥沃土壤里创造生命的灵性力量被扼杀了，也因为主人没有把自己的不正当的欲望控制在恰当范围之内，而是任其发作，恣意挥霍神的馈赠。"[218] 这些禁令蕴涵着对人类的疯狂贪欲的约束，所以我们的激情岂能越过禁令之雷池呢？人在当平民的时候已经知道不可从自己的作物中获取不公正的利益，他若成了国王，掌管更大的事务，他就要遵照已经养成的习惯对待男人和女人。他不可收取双重税赋，也不可用税赋榨取民众的生命力。长期熟悉的习惯具有莫大的力量，能够使脾气残暴的人变得温和，在某种意义上还能教导他们，使他们养成好脾气的样式，而公正地印刻在灵魂里的样式就是好样式。

【41】[219] 这些律法他是立给每个人的，但还有其他更加普遍的命令是对整个民族发布的，告诫他们应该如何对待朋友和盟友，还要知道如何对待那些脱离联盟的人。[220] 他告诉我们，如果这些人背叛同盟，并关起城

门，躲在里面，你们就应当把武装精良的军队开过来，把他们团团围住，然后在城外等待一段时间，这时候不要放纵愤怒，失去理智，以便用更加坚定和稳固的心去做必须做的事。[221] 所以，到了城外，他们必须马上派出使者向对手提出和谈条件，① 同时把围城的军力告诉对手。如果他们的对手对于自己的背叛行为感到后悔，愿意做出让步，和平解决，那么他们必须接受并欢迎谈判，② 因为和平，即使要做出很大的牺牲，也比战争更加有益。[222] 但若对手坚持轻率的行为，乃至于到了疯狂的地步，那么他们必须士气高昂地开始攻城，因为他们有公正这位不可战胜的同盟者。他们要把攻城装置安放在有利的位置，俯临城墙，一旦撕开口子，就一齐冲进去，用刀剑杀死前面的敌人，毫无顾虑地复仇，敌人怎样对待他们，他们就怎样对待敌人，直到把敌人宰杀干净。③ [223] 等到掳走金银和其他财物以后，他们一定要放火，把这座城池烧毁，免得过一段时间又兴起同样的城池，产生新的骚乱；这把火同时也在起威慑作用，它可以警告相邻国家的民众，因为人们可以从别人遭遇的灾难中学会明智地行事。[224] 但他们必须放过妇女，包括已出嫁的和未出嫁的，因为她们并不希望经受任何战争的打击，更何况她们天生软弱，有权豁免兵役。所有这些都清楚地表明，犹太民族乐意和所有追求和平的民族交朋友，和睦相处，但也绝对不会懦弱地屈从于非法的侵略。当它拿起武器的时候，要先区分哪些人是敌对的，哪些人是友好的。[225] 我要说，不分青红皂白地杀死所有人，甚至不放过只有微小过失，甚至根本没有过失的人，这种人的灵魂是野蛮而又残忍的；妇女也一样，她们的生活当然是和平的、居家的，若把她们当做发动战争的男人的同谋，那么这样的人也可以说是野蛮而又残忍的。[226] 确实，为了公正，律法向那

---

① 参见《申命记》20：10。"你临近一座城，要攻打的时候，先要对城里的民宣告和睦的话。"

② 参见《申命记》20：11。"他们若以和睦的话回答你，给你开了城，城里所有的人都要给你效劳，服事你。"

③ 参见《申命记》20：13。"耶和华你的神把城交付你手，你就要用刀杀尽这城的男丁。"

些生活在它的体制之下的人注入大爱，甚至不允许毁坏和践踏敌对城邦的沃土，或者砍倒它们的树木，毁坏果子。①[227] 它说："你为什么要嫉妒这些虽然没有生命，但却令人愉悦的还能结出美好果子的树木呢？请问，一棵树会对你有什么恶意，要把它连根拔起，它对你显示出什么祸害，或者会有什么祸害，你要如此惩罚它？②[228] 其实正好相反，它对你有益，它为胜利者提供丰富的食物，既有维持生存所需要的必需品，也有奢侈生活所需要的享乐的东西。不仅是人，而且还有植物，也会适时地向主人缴纳贡品，它们的贡品更加有益，因为如果没有它们，生活就是不可能的。[229] 但是应当毫不犹豫地砍下那些从未结过果子或者丧失结果能力的树木，以及那些野生树木，用来制作攻城的器械，充当开挖堑壕用的木桩和栅栏，需要的时候也可以制作梯子和木塔。这些用途，以及类似的用途，正好适合这些树木。"

【42】[230] 有关公正名目之下的律例就谈到这里。至于公正本身，哪位写诗作词的作家有资格对它唱赞美歌，确实，它的卓越不是哪一种颂歌能够表达的。且不说别的，它的最大的荣耀，它最令人敬畏的地方，也就是它的高贵血统，就足以不证自明，而无须其他所有赞扬。[231] 如自然哲学的大师们所告诉我们的那样，平等是公正之母，平等是没有云彩的光明，我们真的可以称之为灵性的太阳，正如它的反面不平等，亦即一物超过另一物，或被另一物超过，是黑暗的起源和源泉。[232] 天上和地下的一切事物都由平等按照不可动摇的律法和律例进行恰当的安排，有谁不知白昼与黑夜或黑夜与白昼的关系是太阳按照比例相同的间隔规定的？[233] 自然用春分和秋分给每一年的春季和秋季的日子作出清晰的标记，春分和秋分这些名称源于观察到的事实，哪怕最没有知识的人也能察觉白昼与夜晚的长度是相等

---

① 参见《申命记》20∶19。"你若许久围困，攻打所要取的一座城，就不可举斧子砍坏树木。因为你可以吃那树上的果子，不可砍伐。田间的树木岂是人叫你糟蹋么。"

② 参见《申命记》20∶20。"惟独你所知道不是结果子的树木可以毁坏，砍伐，用以修筑营垒，攻击那与你打仗的城，直到攻塌了。"

的。[234] 还有，月亮沿着自己的轨道运行，从相接到满盈，又从满盈到相接，不是按照平等相间的原则来规定的吗？它的整个运行轨道与它的盈亏过程是完全一样的，与数量的两种形式，亦即数和量，也完全对应。[235] 由于平等在天上受到特殊的荣耀，天空也就是一切存在中最纯洁的部分，所以它也在天的邻居空气中受到尊敬。一年分为四个部分，我们称做一年四季，它们包括空气的变化和轮替，这些变化和轮替看似无序，但却表现出惊人的有序。因为它被同等的月份分为春夏秋冬，每个季节三个月，它使年走向完满，如年度（ἐνιαυτος）这个名称所显示的那样，① 随着它走向完满，它把一切事物囊括在自身之中，它若没有接受四季的法则，是不可能做到这一点的。[236] 另外，平等还从天上和空中延伸到地下。平等最纯洁的部分与位于高空的以太同缘，而平等的另一部分像太阳一样，向地上发送光束，它的亮度仅次于太阳。[237] 在我们的生活中，凡是混乱的东西均为不平等所致，而保持应有秩序的东西则出于平等，这在一个整体中把它称做秩序② 最为恰当，而在城邦和国家里则可称做民主，它最遵守律法，是最好的体制，在身体里，平等就是健康，在灵魂里，平等就是高尚的状态。与此相反，不平等是疾病和邪恶的原因。[238] 不过，若想完整充分地赞美平等和公正这位平等的后裔，那么就算拥有最长的寿命，时间也还是不够，所以我已经说过的这些颂词若能唤起热爱知识者的回忆，我就心满意足了，其余的就记在他们的灵魂里吧，灵魂乃是神之珍宝最圣洁的居所。

---

① 参见柏拉图：《克拉底鲁篇》410d。“好吧，年度的名称也同样是这种情况。年或年度使大地上的植物和动物在既定的季节产生和成长，并在年度自身中巡视它们。因此，有些人叫它 ἔτος，因为它巡视（ἐτάζαι）事物，而其他人叫它 ἐνιαυτος，因为它这样做是在其自身之中（ἑαυτοι）。”

② 秩序、宇宙（κόσμος）。